Henrich · Kropholler
Internationales Privatrecht, Band III b
Art 20–24 n F EGBGB

Internationales Privatrecht

Band III b

Art 20–24 n F EGBGB

von

Dr. Dieter Henrich

Professor an der Universität Regensburg

und

Dr. Jan Kropholler

Privat-Dozent an der Universität Hamburg,
Wiss. Referent am Max-Planck-Institut, Hamburg

1988
J. Schweitzer Verlag KG Walter de Gruyter & Co., Berlin

Band III b der Sonderausgabe aus

J. von Staudingers Kommentar zum Bürgerlichen Gesetzbuch

10./11. Auflage, EGBGB Teil 2 a–5

Bearbeiter:

Art 20, 24 . . . . Privat-Dozent Dr. Jan Kropholler

Art 21–23 . . . . Professor Dr. Dieter Henrich

Redaktor: Dr. Dieter Henrich

Stand der Bearbeitung: Oktober 1987

Diese Bearbeitung erscheint inhaltsgleich sowohl als 10./11. Auflage als auch als 12. Auflage von J. von Staudingers Kommentar zum BGB. Die Gestaltung der Erläuterungen entspricht aus Gründen geänderten Satzverfahrens der 12. Auflage des Staudinger.

CIP-Titelaufnahme der Deutschen Bibliothek

Internationales Privatrecht. Sonderausg. – Berlin : Schweitzer de Gruyter.
Aus: J. von Staudingers Kommentar zum Bürgerlichen Gesetzbuch. EGBGB, Teil 2a – 5. 10./11. u. 12. Aufl. b. Art 20 – 24 nF EGBGB / von Dieter Henrich u. Jan Kropholler. – 1988
ISBN 3-8059-0744-3
NE: Henrich, Dieter [Mitverf.]

Satz und Druck: Wagner GmbH, Nördlingen. Bindearbeiten: Lüderitz & Bauer, Buchgewerbe GmbH, Berlin

Sonderausgabe

Internationales Privatrecht

aus J. von Staudingers Kommentar zum BGB, 10./11. Auflage,
EGBGB Teil 2a–5

Band Ia
Lieferung 1: Einleitung von Professor Dr. Friedrich Korkisch, Hamburg; Artikel 7, 8 von Professor Dr. Dr. h. c. mult. Günther Beitzke, Bonn; Artikel 9 von Professor Dr. Dr. h. c. mult. Helmut Coing, Frankfurt a. M., unter Mitarbeit von Professor Dr. Günter Weick, Frankfurt a. M.; Artikel 11 von Professor Dr. Karl Firsching, Regensburg.

Lieferung 2: Juristische Personen von Professor Dr. Bernhard Großfeld, Münster/Westfalen.

Band Ib
Internationales Schuldrecht I von Professor Dr. Karl Firsching, Richter am Bayerischen Obersten Landesgericht, Regensburg.

Band Ic
Lieferung 1: Internationales Schuldrecht II (Deliktsrecht) von Professor Dr. Bernd von Hoffmann, Trier. (Noch nicht erschienen.)

Lieferung 2: Internationales Sachenrecht von Professor Dr. Hans Stoll, Freiburg i. Br. (Erschienen als Band I Lieferung 5.)

Band II
Artikel 13–17 (Internationales Eherecht), §§ 606 bis 606b, 328 ZPO (Internationales Verfahrensrecht in Ehesachen) von Professor Dr. Franz Gamillscheg, Göttingen.

Band IIIa
Haager Kindschaftsrecht; Artikel 18 und 19 von Professor Dr. Dieter Henrich, Regensburg, und Privat Dozent Dr. Jan Kropholler, Hamburg.

Band IIIb
Artikel 20–24 nF von Professor Dr. Dieter Henrich, Regensburg, und Privat-Dozent Dr. Jan Kropholler, Hamburg.

Band IV
Lieferung 1: Artikel 24–26 (Internationales Erbrecht) von Professor Dr. Karl Firsching, Richter am Bayerischen Obersten Landesgericht, Regensburg.

Lieferung 2: Artikel 27 und 28 von Professor Dr. Dr. Eugen D. Graue LL. M., Kiel.

Lieferung 3: Artikel 5, 6 nF von Professor Dr. Dieter Blumenwitz, Würzburg. (Noch nicht erschienen.)

Redaktionelle Mitarbeit, Bearbeitung von Registern und Verzeichnissen: Professor Dr. Bernd von Hoffmann, Trier.

J. Schweitzer Verlag KG Walter de Gruyter & Co., Berlin

Vorwort

Nach unserer Kommentierung der Art 18 und 19 EGBGB (aF) einschließlich der Haager Konventionen zum internationalen Kindschaftsrecht schien es uns richtig, mit der Kommentierung der restlichen Partien des internationalen Kindschaftsrechts zuzuwarten, bis die damals (1979) schon absehbare IPR-Reform abgeschlossen sein würde. Wir wollten kein Buch schreiben, das alsbald nach seinem Erscheinen durch den berühmten Federstrich des Gesetzgebers zur Makulatur werden würde. Die Reform ließ freilich noch einige Zeit auf sich warten. Dadurch hat sich die Vorlage dieses Bandes verzögert.

Der hier vorgelegte Band enthält eine Kommentierung des internationalen Nichtehelichen-, Legitimations- und Adoptionsrechts sowie des Vormundschafts- und Pflegschaftsrechts, dh der Artikel 20–24 EGBGB nF. Darüber hinaus wurden diejenigen Staatsverträge aufgenommen, welche die Bestimmungen des EGBGB auf dem Gebiet des Verfahrensrechts ergänzen: die CIEC-Übereinkommen vom 14. 9. 1961 über die Erweiterung der Zuständigkeit der Behörden, vor denen nichteheliche Kinder anerkannt werden können, und vom 12. 9. 1962 über die Feststellung der mütterlichen Abstammung nichtehelicher Kinder, die Haager Übereinkommen vom 15. 4. 1958 über die Anerkennung und Vollstreckung von Entscheidungen auf dem Gebiet der Unterhaltspflicht gegenüber Kindern und vom 2. 10. 1973 über die Anerkennung und Vollstreckung von Unterhaltsentscheidungen sowie das UN-Übereinkommen vom 20. 6. 1956 über die Geltendmachung von Unterhaltsansprüchen im Ausland.

Rechtsprechung und Schrifttum sind bis zum 1. 10. 1987 – vereinzelt auch darüber hinaus – berücksichtigt worden.

Regensburg und Hamburg, im Januar 1988 DIETER HENRICH, JAN KROPHOLLER

Inhaltsübersicht

* Es handelt sich um eine Hilfspaginierung; zitiert wird nicht nach Seiten, sondern nach Randziffern.

Verzeichnis des abgekürzt zitierten Schrifttums

Siehe das entsprechende Verzeichnis bei den Erläuterungen zu Art 18, 19 aF EGBGB. Nachfolgend einige Ergänzungen:

Böhmer-Siehr	Das gesamte Familienrecht, Bd 2: Das internationale Recht (3. Aufl 1979 ff).
Ferid, IPR	Internationales Privatrecht. Das neue Recht. Ein Leitfaden für Praxis und Ausbildung (3. Aufl 1986).
HdbIZVR	Handbuch des Internationalen Zivilverfahrensrechts, Bd I (1982), Bd III/1 und III/2 (1984).
Kegel	Internationales Privatrecht (6. Aufl. 1987).
Keidel-Kuntze-Winkler	Freiwillige Gerichtsbarkeit, Teil A (12. Aufl 1987).
Palandt-Heldrich	Bürgerliches Gesetzbuch (46. Aufl 1987).
Soergel-Kegel	Bürgerliches Gesetzbuch, Bd 8 (11. Aufl 1983).

Abkürzungsverzeichnis

Siehe das entsprechende Verzeichnis bei den Erläuterungen zu Art 18, 19 a F EGBGB. Nachfolgend einige Ergänzungen:

AUG	Auslandsunterhaltsgesetz
BlSchuldbeitrKO	Blätter für Schuldbeitreibung und Konkurs
Bull civ	Bulletin des arrêts de la Cour de Cassation, Chambres civiles
DIV	Deutsches Institut für Vormundschaftswesen
DS	Recueil Dalloz Sirey
Foro it	Il Foro italiano
IPRax	Praxis des Internationalen Privat- und Verfahrensrechts
Nuove leggi civ comm	Le nuove leggi civili commentate
NJB	Nederlands Juristenblad
ÖAVorm	Der Österreichische Amtsvormund
Rev Als-Lorr	Revue juridique d'Alsace et de Lorraine
Rev hell	Revue hellénique de droit international
Rev trim dr fam	Revue trimestrielle de droit familial (Belgien)
Riv dir int	Rivista di diritto internazionale
Riv dir int priv proc	Rivista di diritto internazionale privato e processuale
RW	Rechtskundig Weekblad
Trav Com fr dip	Travaux Comité français de droit international privé
UChiLR	The University of Chicago Law Review
WGO	Monatshefte für Osteuropäisches Recht
ZffranzZR	Zeitschrift für französisches Zivilrecht

Vorbemerkungen zu Artikel 20 nF*

Systematische Übersicht

---

* Die Abschnitte II, III und VIII hat mein ehemaliger Assistent Dr. Jürgen Bredthauer selbständig entworfen, die Abschnitte IV und VI mein Assistent Marius Berenbrok. Beiden sei auch an dieser Stelle herzlich gedankt.

Alphabetische Übersicht

I. Überblick

1 **I. Überblick über die einschlägigen Staatsverträge**

Die Bestimmung des Art 20 EGBGB über die nichteheliche Kindschaft wird durch mehrere Staatsverträge teilweise verdrängt (vgl Art 3 Abs 2 Satz 1 EGBGB) und teilweise – auf verfahrensrechtlichem Gebiet – ergänzt. Im Bereich der Abstammung (Art 20 Abs 1 EGBGB) sind die Übereinkommen der CIEC zu beachten. Das Rechtsverhältnis zwischen den Eltern und dem nichtehelichen Kind (Art 20 Abs 2 EGBGB) wird meist durch das Haager Minderjährigenschutzabkommen von 1961 beherrscht. Die im Nichtehelichenrecht besonders bedeutsame Unterhaltspflicht ist Gegenstand von mehreren internationalprivatrechtlichen und internationalverfahrensrechtlichen Übereinkommen. Sie seien, obwohl das neue EGBGB in Art 18 eine eigene Kollisionsnorm über die Unterhaltspflichten enthält, der Vollständigkeit halber einstweilen an dieser Stelle mit erläutert. An bilateralen Abkommen ist das deutsch-iranische Niederlassungsabkommen von 1929 hervorzuheben, in dem auch das Internationale Familienrecht geregelt ist. Im einzelnen ist zu den Staatsverträgen folgendes zu sagen.

2 **1. Die CIEC-Übereinkommen über Vaterschaftsanerkenntnisse von 1961 und über die mütterliche Abstammung von 1962**

Diese beiden für die Bundesrepublik geltenden Übereinkommen werden unter II und III im einzelnen erläutert.

3 **2. Haager Minderjährigenschutzabkommen vom 5. 10. 1961**

Das Haager Minderjährigenschutzabkommen, das in Vorbem 252 ff zu Art 18 EGBGB eingehend erläutert ist, unterscheidet nicht zwischen ehelichen und nichtehelichen Kindern. Es muß auf Schutzmaßnahmen für das nichteheliche Kind (Vorbem 276 ff zu Art 18 EGBGB) und kraft Gesetzes bestehende Gewaltverhältnisse, wie die elterliche Sorge (vgl Vorbem 485, 489 ff zu Art 18 EGBGB), angewandt werden und geht im Rahmen seines Anwendungsbereiches dem Art 20 Abs 2 EGBGB vor. Das Minderjährigenschutzabkommen ist anzuwenden, wenn ein Minderjähriger im Sinne des Abkommens (Art 12) seinen gewöhnlichen Aufenthalt in einem Vertragsstaat hat (Art 13 Abs 1), insbesondere also, wenn er seinen gewöhnlichen Aufenthalt in der Bundesrepublik Deutschland hat; auf die Staatsangehörigkeit kommt es nicht an. Vertragsstaaten waren am 31. 12. 1986 außer der Bundesrepublik Deutschland: Frankreich, Luxemburg, Niederlande, Österreich, Portugal, Schweiz und die Türkei (Beil BGBl II Fundstellennachweis B 1986); außerdem seit dem 21. 7. 1987 Spanien (BGBl 1987 II 449).

3. Die Haager Unterhaltsübereinkommen von 1956 und 1973 4

Die kollisionsrechtlichen Haager Unterhaltsabkommen von 1956 und 1973 sind in Vorbem 16 ff und 250 zu Art 18 EGBGB erläutert. Das frühere Abkommen bezog sich nur auf Unterhaltspflichten gegenüber Kindern, das spätere regelt auch Unterhaltsansprüche gegenüber Erwachsenen (vor allem Ehegatten). Das Abkommen von 1973 ist am 1. 4. 1987 für die Bundesrepublik Deutschland in Kraft getreten; die Bundesrepublik hat den Vorbehalt gemäß Art 15 gemacht, daß ihre Behörden ihr innerstaatliches Recht anwenden, wenn sowohl der Berechtigte als auch der Verpflichtete Deutsche im Sinne des GG sind und der Verpflichtete seinen gewöhnlichen Aufenthalt in der Bundesrepublik hat (BGBl 1987 II 225). Beide Übereinkommen erfassen auch den Unterhaltsanspruch des nichtehelichen Kindes. Der Art 18 EGBGB ist dem Unterhaltsabkommen von 1973 nachgebildet.

Das Unterhaltsübereinkommen von 1973 ist ferner für folgende Staaten in Kraft getreten (BGBl 1987 II 225):
Frankreich 1. 10. 1977
Italien (Vorbehalt nach Art 15) 1. 1. 1982
Japan 1. 9. 1986
Luxemburg (Vorbehalte nach Art 14 Nr 3 und Art 15) 1. 1. 1982
Niederlande (Vorbehalt nach Art 15 und Erstreckung auf Niederländische Antillen sowie mit Wirkung vom 1. 1. 1986 unter Fortgeltung für Aruba) 1. 3. 1981
Portugal (Vorbehalte nach Art 14 Nr 2 und 3 und Art 15) 1. 10. 1977
Schweiz (Vorbehalte nach Art 14 Nr 1 und 2 und Art 15) 1. 10. 1977
Spanien (Vorbehalt nach Art 15) 1. 10. 1986
Türkei (Vorbehalte nach Art 14 Nr 1 und 2 und Art 15) 1. 11. 1983

4. Die Haager Unterhaltsvollstreckungsübereinkommen von 1958 und 1973 5

Die beiden kollisionsrechtlichen Haager Übereinkommen werden ergänzt durch zwei verfahrensrechtliche Konventionen über die Anerkennung und Vollstreckung von Unterhaltsentscheidungen. Das frühere Übereinkommen erfaßt nur Entscheidungen über die Unterhaltspflicht gegenüber Kindern, das spätere auch solche über die Unterhaltspflicht gegenüber Erwachsenen. Das frühere Übereinkommen gilt in der Bundesrepublik Deutschland seit dem 1. 1. 1962, das spätere seit dem 1. 4. 1987. Beide Übereinkommen sind für die Durchsetzung von Unterhaltsentscheidungen gegen nichteheliche Väter im Ausland wichtig. Sie werden deshalb unter IV und VI näher erläutert. S dort Rz 128 ff auch die Ausführungen über das Verhältnis zum EG-Gerichtsstands- und Vollstreckungsübereinkommen und Rz 127 zu den bilateralen Anerkennungs- und Vollstreckungsverträgen.

Die zu den beiden Haager Unterhaltsvollstreckungsübereinkommen ergangenen deutschen **Ausführungsgesetze** von 1961 bzw 1986 sind unter V (Rz 139) bzw VII (Rz 226) abgedruckt. Auf die wichtigsten Regelungen dieser Gesetze wird bei der Erläuterung der Übereinkommen jeweils hingewiesen. 6

5. UN-Übereinkommen über die Geltendmachung von Unterhaltsansprüchen im Ausland von 1956 7

Dieses internationalverfahrensrechtliche Übereinkommen gilt für die Bundesrepublik Deutschland seit dem 19. 8. 1959. Es betrifft alle Unterhaltsansprüche, nicht nur die gegenüber Kindern, und erleichtert die Geltendmachung der Ansprüche durch Einrichtung sog Übermittlungs- und Empfangsstellen. Die Empfangsstelle unternimmt im Rahmen der ihr vom Berechtigten erteilten Ermächtigung alle geeigneten

Schritte, um die Leistung von Unterhalt herbeizuführen (Art 6). Das Übereinkommen regelt ferner Rechtshilfe, Befreiungen von Gebühren und Prozeßkostensicherheit sowie Vorrang bei der Überweisung von Geldbeträgen. Es wird unter VIII (Rz 227) im einzelnen erörtert.

8 **6. Deutsch-iranisches Niederlassungsabkommen vom 7. 2. 1929**

Unter den bilateralen Staatsverträgen ist das deutsch-iranische Niederlassungsabkommen hervorzuheben, das die von Art 20 EGBGB geregelten Materien in seinen sachlichen Anwendungsbereich einschließt und der autonomen deutschen Kollisionsnorm gemäß Art 3 Abs 2 EGBGB vorgeht. Nach Art 8 Abs 3 dieses Abkommens gilt für die Angehörigen beider Vertragsstaaten auf dem Gebiete des Familienrechts das Heimatrecht. Nach dem Schlußprotokoll zu diesem Abkommen gehört zum Familienrecht ua die Abstammung (s Vorbem 781 zu Art 18 EGBGB). Aber alle anderen Angelegenheiten des Familienrechts sind ebenfalls erfaßt, darunter auch die Verpflichtungen des Vaters gegenüber der Mutter auf Grund der Schwangerschaft, das Rechtsverhältnis zwischen den Eltern und ihrem nichtehelichen Kind und die Unterhaltspflicht. Zu beachten ist freilich, daß Art 8 Abs 3 nicht für die Rechtsverhältnisse gilt, an denen Personen mit verschiedener Staatsangehörigkeit beteiligt sind (s Vorbem 782 zu Art 18 EGBGB). Wenn beispielsweise das iranische nichteheliche Kind mit gewöhnlichem Aufenthalt in Deutschland einen Unterhaltsanspruch gegen seine deutsche Mutter geltend macht, gilt das Haager Unterhaltsabkommen von 1973 und dementsprechend deutsches Recht. Wenn es dagegen seinen iranischen Vater auf Unterhalt in Anspruch nimmt, ist gemäß Art 8 Abs 3 des deutsch-iranischen Abkommens das iranische Recht maßgebend (vgl Art 19 des Haager Unterhaltsabkommens von 1973), weil an dem unterhaltsrechtlichen Verhältnis zwischen Vater und Kind nur iranische Staatsangehörige beteiligt sind und das Haager Übereinkommen frühere bilaterale Bindungen zu Drittstaaten unberührt läßt (BGH 15. 1. 1986, FamRZ 1986, 345 Anm Nolting = IPRax 1986, 382, 362 Anm Böhmer = MDR 1986, 659; MünchKomm-Siehr Anh I nach Art 19 EGBGB Rz 16).

9 **II. CIEC-Übereinkommen vom 14. 9. 1961 über die Erweiterung der Zuständigkeit der Behörden, vor denen nichteheliche Kinder anerkannt werden können***

Das Übereinkommen wurde von der Internationalen Kommission für das Zivilstandswesen (Commission Internationale de l'Etat Civil – CIEC) als CIEC-Übereinkommen Nr 5 ausgearbeitet und am 14. 9. 1961 von den ersten Mitgliedstaaten in Rom gezeichnet.

10 **Mitgliedsstaaten** und Daten des Inkrafttretens sind nach dem Fundstellennachweis B, Beilage zum BGBl II, Stand 31. 12. 1987:

Belgien 16. 9. 1967 BGBl 1967 II 2376
Bundesrepublik Deutschland 24. 7. 1965 BGBl 1965 II 1162

* **Schrifttum:** Denkschrift der Bundesregierung BT Drucksache IV, 1933, StAZ 1965, 66; Massfeller, Die Übereinkommen der Commission Internationale de l'Etat Civil (CIEC), StAZ 1962, 293, 321; ders StAZ 1965, 119; Niclas, Beurkundung der Vaterschafts- und Mutterschaftsanerkenntnisse von Ausländern im Jugendamt, ZBlJugR 1968, 7; Reichard, Anerkennung der Vaterschaft mit und ohne Standesfolge, StAZ 1966, 175; Richtlinien Baden-Württemberg vom 27. 12. 1965, StAZ 1966, 68; Richtlinien Rheinland-Pfalz vom 7. 3. 1966, StAZ 1966, 106; Simitis, Die internationale Kommission für Zivilstandswesen (C.I.E.C.), RabelsZ 33 (1969) 30.

Frankreich 29. 7. 1963 BGBl 1965 II 1162
Griechenland 22. 7. 1979 BGBl 1979 II 1024
Italien 5. 8. 1981 BGBl 1981 II 625
Niederlande 29. 7. 1963 BGBl 1965 II 1162
Portugal 4. 7. 1984 BGBl 1984 II 875
Schweiz 29. 5. 1964 BGBl 1965 II 1162
Spanien 5. 8. 1987 BGBl 1987 II 448
Türkei 21. 7. 1965 BGBl 1965 II 1162.

Sinn des Übereinkommens ist es einerseits, die Zuständigkeit der Behörden in den Vertragsstaaten zu erweitern, die zur Entgegennahme von Vaterschaftsanerkenntnissen befugt sind (Art 2, 3 und 4 S 1), andererseits die Berücksichtigung solcher Anerkenntnisse in den anderen Vertragsstaaten zu gewährleisten (Art 4 S 2 und 5). Das Übereinkommen betrifft nur das Verfahrensrecht der Mitgliedsstaaten, es läßt das materielle Recht unberührt (LG Bonn 14. 10. 1975 FamRZ 1976, 229 = IPRspr 1975 Nr 93; siehe auch: BGH 19. 3. 1975 BGHZ 64, 129 = NJW 1975, 1069 = MDR 1975, 654 = FamRZ 1975, 406 = IPRspr 1975 Nr 82 b; OLG Oldenburg 19. 7. 1974 StAZ 1974, 302 = Rpfleger 1975, 168 = IPRspr 1975 Nr 82 a). Eine kollisionsrechtliche Regelung findet sich lediglich in Art 4 Satz 1, der für die Form der Beurkundung auf das Ortsrecht verweist („locus regit actum"). Welches Recht für die materiellen Fragen der Vaterschaftsanerkennung gilt, sagt das Übereinkommen nicht. 11

Materiellrechtlicher Hintergrund sind die unterschiedlichen Rechtsfolgen, die mit einer Anerkennung in den Staaten verbunden werden. Es ist zwischen einer Anerkennung mit und ohne Standesfolge zu unterscheiden. Die Anerkennung mit Standesfolge hat die Funktion, ein rechtswirksames Vater-Kind-Verhältnis zu begründen. Eine Anerkennung ohne Standesfolge ist lediglich für den vermögensrechtlichen Bereich bedeutsam („Zahlvaterschaft"). Sie gab es in der Bundesrepublik Deutschland bis zum Inkrafttreten des Nichtehelichengesetzes am 1. 7. 1970. Gegenwärtig kennen alle Vertragsstaaten nur die Anerkennung mit Standesfolge. 12

Das Übereinkommen ist praktisch **nicht bedeutsam.** Da alle Vertragsstaaten nur die Anerkennung mit Standesfolge kennen, läuft die Gewährleistung des Übereinkommens leer, daß die Behörden der Vertragsstaaten Anerkenntnisse nach beiden materiellrechtlichen Systemen entgegennehmen können (Art 2 und 3). Das Übereinkommen betrifft auch nicht den Fall, daß das IPR eines Vertragsstaates für die Beurteilung des Anerkenntnisses eines Staatsangehörigen eines anderen Vertragsstaates auf das Recht eines Drittstaates verweist (anders MünchKomm-KLINKHARDT Anh nach Art 21 EGBGB Rz 2 Fn 3). Denn Art 2 und 3 beziehen sich nur auf Anerkenntnisse nach dem Heimatrecht des Angehörigen eines anderen Vertragsstaates, nicht aber auf Anerkenntnisse nach einer dritten Rechtsordnung. 13

Art 1 14

Im Sinne dieses Übereinkommens wird die urkundliche Erklärung eines Mannes, der Vater eines nichtehelichen Kindes zu sein, als „Anerkennung mit Standesfolge" oder „Anerkennung ohne Standesfolge" bezeichnet, je nachdem, ob durch die Erklärung familienrechtliche Bande zwischen dem Anerkennenden und dem nichtehelichen Kind, auf das sich die Erklärung bezieht, hergestellt werden sollen oder nicht.

Art 1 will lediglich die beiden oben Rz 12 dargestellten Anerkennungssysteme beschreiben. Es ist nicht notwendig, daß der Anerkennende in der Anerkennung ausdrücklich erklärt, welche Rechtsfolgen er mit seiner Erklärung verknüpfen will (BÖHMER-SIEHR FamR II 7.2 zu Art 1).

15 **Art 2**

Angehörige von Vertragsstaaten, deren Recht die Anerkennung mit Standesfolge vorsieht, können eine solche Anerkennung auch im Hoheitsgebiet von Vertragsstaaten vornehmen, deren Recht nur die Anerkennung ohne Standesfolge vorsieht.

Art 3

Angehörige von Vertragsstaaten, deren Recht die Anerkennung ohne Standesfolge vorsieht, können eine solche Anerkennung auch im Hoheitsgebiet von Vertragsstaaten vornehmen, deren Recht nur die Anerkennung mit Standesfolge vorsieht.

Die Art 2 und 3 bringen zum Ausdruck, daß eine Vaterschaftsanerkennung in jedem Vertragsstaat ausgesprochen werden kann, gleichgültig welche Bedeutung das materielle Recht dieses Staates einer Anerkennung beimißt. Der Staatsangehörige eines Vertragsstaates kann also in dem anderen Vertragsstaat eine Anerkennung **nach seinem Heimatrecht** erklären (so ausdrücklich Art 4). Das Internationale Privatrecht ist in diesem Zusammenhang nicht zu befragen. Nach dem eindeutigen Wortlaut der Art 2 und 3 erfaßt das Übereinkommen nur Anerkennungen durch **Staatsangehörige von Vertragsstaaten** (vgl AG Augsburg 10. 4. 1972 StAZ 1973, 19 = IPRspr 1972 Nr 87).

16 Das Übereinkommen setzt als selbstverständlich voraus, daß der Angehörige eines Vertragsstaates in einem anderen Vertragsstaat, der demselben System folgt, eine Anerkennung im Sinne seines Heimatrechts vornehmen kann (Massfeller StAZ 1962, 295).

17 Wer „Angehöriger eines Vertragsstaates" ist, richtet sich nach dem jeweiligen autonomen Recht des in Rede stehenden Staates, da eine besondere Vorschrift im Übereinkommen fehlt (Böhmer-Siehr FamR II 7.2 zu Art 2).

18 **Art 4**

Die in den Artikeln 2 und 3 vorgesehenen Erklärungen werden von dem Standesbeamten und jeder anderen zuständigen Behörde in der Form öffentlich beurkundet, die das Ortsrecht vorschreibt; in der Urkunde ist stets die Staatsangehörigkeit zu vermerken, die der Erklärende für sich in Anspruch nimmt. Die Erklärungen haben die gleichen Wirkungen, wie wenn sie von der zuständigen Behörde des Heimatstaats des Erklärenden abgegeben worden wären.

Art 4 schreibt für die nach Art 2 und 3 abgegebenen Erklärungen die **Form** der öffentlichen Beurkundung vor. Im einzelnen gilt das Ortsrecht („locus regit actum"). Sachlich zuständig ist der „Standesbeamte und jede andere zuständige Behörde". Die nähere Bestimmung dieser Behörde obliegt dem jeweiligen autonomen Recht, ebenso wie die Regelung der örtlichen Zuständigkeit.

19 In der Bundesrepublik Deutschland sind zur Entgegennahme von Vaterschaftsanerkenntnissen berufen:

(1) die Notare (§ 1 BeurkG),
(2) der Standesbeamte und ausdrücklich ermächtigte Angestellte des Jugendamtes (§ 29 a PStG; § 49 I Nr 1 JWG);
(3) die Amtsgerichte (§ 62 Nr 1 BeurkG), sowie das Prozeßgericht (§ 641 c ZPO);
(4) die Konsularbeamten der deutschen Auslandsvertretungen (§ 5 KonsG).

20 Der in Art 4 vorgeschriebene **Vermerk über die Staatsangehörigkeit** des Erklärenden ist nicht als Wirksamkeitsvoraussetzung zu verstehen. Es handelt sich lediglich um eine Sollvorschrift (Böhmer-Siehr FamR II 7.2 zu Art 4). Die Urkundsperson

ist nicht zur Prüfung der Staatsangehörigkeit verpflichtet; sie soll lediglich die Staatsangehörigkeit aufnehmen, die der Erklärende für sich in Anspruch nimmt.

Abs 2 stellt die Austauschbarkeit der in den Vertragsstaaten beurkundeten Aner- 21
kenntnisse sicher.

Art 5 22

Ausfertigungen oder Auszüge der Urkunden über die in Artikeln 2 und 3 vorgesehenen Erklärungen bedürfen im Hoheitsgebiet der Vertragsstaaten keiner Legalisation, wenn sie durch Unterschrift und Dienstsiegel oder -stempel der ausstellenden Behörde beglaubigt sind.

Art 5 enthält eine wesentliche Erleichterung des Rechtsverkehrs, da das Übereinkommen auf eine Legalisation verzichtet.

Art 6

Dieses Übereinkommen bedarf der Ratifikation; die Ratifikationsurkunden sind beim Schweizerischen Bundesrat zu hinterlegen.

Dieser setzt die Vertragsstaaten und das Generalsekretariat der Internationalen Kommission für das Zivilstandswesen von der Hinterlegung einer Ratifikationsurkunde in Kenntnis.

Art 7

Dieses Übereinkommen tritt am dreißigsten Tage nach der gemäß Artikel 6 vorgesehenen Hinterlegung der zweiten Ratifikationsurkunde in Kraft.

Für jeden Unterzeichnerstaat, der das Übereinkommen später ratifiziert, tritt es am dreißigsten Tage nach Hinterlegung seiner Ratifikationsurkunde in Kraft.

Art 8

Dieses Übereinkommen gilt ohne weiteres für das gesamte Mutterland jedes Vertragsstaats.

Jeder Vertragsstaat kann bei der Unterzeichnung, der Ratifikation, dem Beitritt oder später durch eine an den Schweizerischen Bundesrat gerichtete Notifikation erklären, daß dieses Übereinkommen auf eines oder mehrere seiner außerhalb des Mutterlandes gelegenen Hoheitsgebiete, auf Staaten oder Hoheitsgebiete anzuwenden ist, deren internationale Beziehungen er wahrnimmt. Der Schweizerische Bundesrat setzt alle Vertragsstaaten und das Generalsekretariat der Internationalen Kommission für das Zivilstandswesen von dieser Notifikation in Kenntnis. In den in der Notifikation bezeichneten Hoheitsgebieten tritt dieses Übereinkommen am sechzigsten Tage, nachdem die Notifikation dem Schweizerischen Bundesrat zugegangen ist, in Kraft.

Hat ein Staat eine Erklärung nach Absatz 2 abgegeben, so kann er später jederzeit durch eine an den Schweizerischen Bundesrat gerichtete Notifikation erklären, daß dieses Übereinkommen auf bestimmte in der Erklärung bezeichnete Staaten oder Hoheitsgebiete nicht mehr angewendet werden soll.

Der Schweizerische Bundesrat setzt alle Vertragsstaaten und das Generalsekretariat der Internationalen Kommission für das Zivilstandswesen von der neuen Notifikation in Kenntnis.

Für die in der Notifikation bezeichneten Hoheitsgebiete tritt das Übereinkommen am sechzigsten Tage, nachdem die Notifikation dem Schweizerischen Bundesrat zugegangen ist, außer Kraft.

Art 9

Jeder Mitgliedstaat der Internationalen Kommission für das Zivilstandswesen kann diesem Übereinkommen beitreten. Der Staat, der beizutreten wünscht, notifiziert seine Absicht durch eine Urkunde, die beim Schweizerischen Bundesrat hinterlegt wird. Dieser setzt alle Vertragsstaaten und das Generalsekretariat der Internationalen Kommission für das Zivilstandswesen von der Hinterlegung jeder Beitrittsurkunde in Kenntnis. Das Übereinkommen tritt für den beitretenden Staat am dreißigsten Tage nach Hinterlegung der Beitrittsurkunde in Kraft.

Eine Beitrittsurkunde kann erst hinterlegt werden, nachdem das Übereinkommen in Kraft getreten ist.

Art 10

Dieses Übereinkommen kann einer Revision unterzogen werden.

Revisionsvorschläge sind beim Schweizerischen Bundesrat einzureichen; dieser notifiziert sie den Vertragsstaaten und dem Generalsekretariat der Internationalen Kommission für das Zivilstandswesen.

Art 11

Dieses Übereinkommen gilt für die Dauer von zehn Jahren, gerechnet von dem in Artikel 7 Abs. 1 bezeichneten Zeitpunkt.

Das Übereinkommen wird, außer im Falle der Kündigung, um jeweils zehn Jahre stillschweigend verlängert.

Die Kündigung ist spätestens sechs Monate vor Ablauf der Geltungsdauer dem Schweizerischen Bundesrat zu notifizieren; dieser setzt die anderen Vertragsstaaten und das Generalsekretariat der Internationalen Kommission für das Zivilstandswesen davon in Kenntnis.

Die Kündigung wird nur für den Staat wirksam, der sie notifiziert hat. Für die anderen Vertragsstaaten bleibt das Übereinkommen in Kraft.

Zu Urkund dessen haben die unterzeichneten, hierzu gehörig bevollmächtigten Vertreter dieses Übereinkommen unterschrieben.

Geschehen zu Rom am 14. September 1961 in einer Urschrift, die im Archiv des Schweizerischen Bundesrats hinterlegt wird; jedem Vertragsstaat und dem Generalsekretariat der Internationalen Kommission für das Zivilstandswesen wird auf diplomatischem Weg eine beglaubigte Abschrift übermittelt.

III. CIEC-Übereinkommen vom 12. 9. 1962 über die Feststellung der mütterlichen Abstammung nichtehelicher Kinder*

23 **Überblick**

Das Übereinkommen über die Feststellung der mütterlichen Abstammung nichtehelicher Kinder wurde von der Internationalen Kommission für das Zivilstandswesen (Commission Internationale de l'Etat Civil – CIEC) ausgearbeitet und am

* **Schrifttum:** BÖHMER, Die CIEC-Konferenz in Den Haag, StAZ 1972, 209; Denkschrift der Bundesregierung BT-Drucksache IV/1933, StAZ 1965, 66; MASSFELLER, Die Übereinkommen

12. 9. 1962 von den ersten Mitgliedstaaten gezeichnet. Das Übereinkommen ist für die Bundesrepublik Deutschland seit dem 24. 7. 1965 in Kraft (BGBl 1965 II 1163).

Weitere **Vertragsstaaten** sind nach dem Fundstellennachweis B, Beilage zum BGBl II, Stand 31. 12. 1986: 24

Griechenland 22. 7. 1979 BGBl 79 II 1024
Luxemburg 28. 6. 1981 BGBl 81 II 457
Niederlande 23. 4. 1964 BGBl 65 II 1163
(für Aruba 1. 1. 1986 BGBl 86 II 934)
Schweiz 23. 4. 1964 BGBl 65 II 1163
Spanien 16. 3. 1984 BGBl 84 II 229
Türkei 12. 1. 1966 BGBl 66 II 105.

Sinn des Übereinkommens ist die Einebnung der unterschiedlichen Bestimmungen 25 der Vertragsstaaten über die mütterliche Abstammung nichtehelicher Kinder. Zu unterscheiden ist zwischen dem „Abstammungssystem" und dem „Anerkennungssystem". Nach dem „Abstammungssystem" werden Rechtsbeziehungen der Mutter zu ihrem nichtehelichen Kind bereits durch die Abstammung begründet (so nach §§ 1589, 1705 BGB; Art 1463 Abs 1 griech ZGB; Art 252 Abs 1 schweiz ZGB; Art 290 Abs 1 türk ZGB), während es in anderen Staaten zur Begründung von Rechtsbeziehungen zwischen Mutter und Kind einer ausdrücklichen Anerkennung des Kindes durch die Mutter bedarf (so nach Art 250 ital cc; Art 334 lux cc; Art 335 ff franz cc). Durch das Übereinkommen sollen die unterschiedlichen innerstaatlichen Vorschriften zugunsten des Abstammungssystems vereinheitlicht werden (Simitis RabelsZ 33 [1969] 41).

Die Notwendigkeit einer Begünstigung des Abstammungsprinzips wird durch das 26 Urteil des Europäischen Gerichtshofes für Menschenrechte vom 13. 6. 1979 (NJW 1979, 2449) bestätigt, wonach die Regelung des belgischen Code Civil, „in der zwischen einem nichtehelichen Kind und seiner Mutter verwandtschaftliche Beziehungen im Rechtssinne erst mit der Anerkennung des Kindes durch die Mutter oder mit der gerichtlichen Mutterschaftsfeststellung zustande kommen, die Rechte des Kindes und seiner Mutter aus Art 8 allein und iV mit Art 14 MRK verletzt".

Der **Anwendungsbereich des Übereinkommens** ist unklar und unter den Mitglied- 27 staaten der CIEC streitig. Das wurde bei einer Anfrage der italienischen Sektion deutlich, die den italienischen Beitritt vorbereiten sollte (Böhmer StAZ 1972, 213). Im wesentlichen haben sich vier verschiedene Ansichten gebildet:

(1) Die italienische Sektion vertrat die Meinung, Art 1 finde nur dann Anwendung, 28 wenn das IPR eines Vertragsstaats für die mütterliche Abstammung auf das eigene materielle Recht verweist. Diese Auffassung, die den Anwendungsbereich der Konvention stark einschränken würde und für die sich mE auch keine einleuchtende Begründung finden läßt, wurde von den anderen Mitgliedstaaten nicht geteilt. Italien hat daraufhin das Übereinkommen nicht ratifiziert. In der deutschen gerichtlichen Praxis wurde das Übereinkommen bei Maßgeblichkeit deutschen materiellen Rechts zugrundegelegt, ohne die Problematik des Anwendungsbereichs zu erörtern

---

der Commission Internationale de l'Etat Civil (CIEC), StAZ 1965, 119; Procès verbal de la Réunion de l'Assembleé Générale tenue à Berlin les 1, 2 et 3 septembre 1960, à Rome les 14, 15 et 16 septembre 1961; Richtlinien Baden-Württemberg vom 27. 12. 1965, StAZ 1966, 68; Richtlinien Rheinland-Pfalz vom 7. 3. 1966, StAZ 1966, 106; Savatier, Est-ce possible?, D Chron 1963, 229; van Sasse-van Ysselt-Simitis, Zum Mutterschaftsanerkenntnis nichtehelicher Kinder, StAZ 1969, 77; Simitis, Die internationale Kommission für Zivilstandswesen (C.I.E.C.), RabelsZ 33 (1969) 30; Niclas, Beurkundung der Vaterschafts- und Mutterschaftsanerkenntnisse von Ausländern im Jugendamt, ZBlJugR 1968, 7.

AG Münster 13. 11. 1973 IPRspr 1973 Nr 98 und 14. 3. 1974 FamRZ 1974, 330 = IPRspr 1974 Nr 121.

29 (2) Nach der wohl überwiegenden Auffassung in den anderen Vertragsstaaten findet Art 1 nur Anwendung, wenn Mutter und Kind Angehörige eines Vertragsstaates sind. Diese Auffassung wurde von Frankreich, den Niederlanden, der Schweiz und der Türkei vertreten. Im deutschen Schrifttum unterstützen sie HAUSMANN StAZ 1982, 121 Fn 4 und BÖHMER-SIEHR FamR II 7.3 unter A 3 a. Indes geht die Beschränkung des Anwendungsbereichs auf Angehörige von Vertragsstaaten letztlich auf ein Reziprozitätsdenken zurück, für das die Konvention keinen Anhalt gibt und das im Einheitsrecht grundsätzlich verfehlt ist (vgl auch SIMITIS RabelsZ 39 [1969] 41 f).

30 (3) Die am weitesten gehende Auffassung wurde von der Bundesrepublik Deutschland vertreten, der sich Belgien und Österreich anschlossen. Danach ist Art 1 ohne jede Einschränkung anzuwenden. Die Bestimmung greift nach dieser Meinung immer dann ein, wenn die Mutter im Geburtseintrag bezeichnet ist, gleichgültig ob der Eintrag in einem Vertragsstaat oder in einem Nichtvertragsstaat erfolgte und gleichgültig, welche Staatsangehörigkeit Mutter und Kind besitzen (in diesem Sinne im deutschen Schrifttum MASSFELLER StAZ 1965, 121; SIMITIS RabelsZ 33 [1969] 42; SOERGEL-KEGEL Art 20 EGBGB Rz 28; MünchKomm-KLINKHARDT Anh nach Art 20 Rz 4). Für diese Ansicht wird der Wortlaut des Art 1 angeführt, der keine Einschränkung des Anwendungsbereichs enthält. Ferner wird geltend gemacht, durch Art 1 werde das Kollisionsrecht der Vertragsstaaten verdrängt, da für Normen des IPR neben vereinheitlichtem Sachrecht, das auch internationale Sachverhalte umfasse, kein Raum bleibe (so SIMITIS StAZ 1969, 79). Indes gibt es keine allgemeine Regel dieses Inhalts (KROPHOLLER, Einheitsrecht 188).

31 (4) Vorzuziehen ist die Meinung, Art 1 dann anzuwenden, wenn nach dem Kollisionsrecht des Forums für die mütterliche Abstammung das Recht eines Vertragsstaates maßgebend ist (VAN SASSE-VAN YSSELT StAZ 1969, 77; vgl auch BayObLG 11. 3. 1982 BayObLGZ 1982, 114, 115 = IPRspr 1982 Nr 92 S 216 f). Eine unbeschränkte Anwendung des Übereinkommens auf alle Sachverhalte mit Auslandsberührung würde den Gedanken der Gerechtigkeit im IPR und den Entscheidungseinklang gefährden. Mangels einer einheitlichen Kollisionsnorm im Übereinkommen selbst und mangels eines ausdrücklichen Ausschlusses des IPR ist – hier wie sonst – auf das autonome Kollisionsrecht zurückzugreifen.

32 Diese Ansicht führt in der Regel zu demselben Ergebnis wie die (unter 2 geschilderte) Meinung, nach der Mutter und Kind Staatsangehörige eines Vertragsstaates sein müssen; denn bei gemeinsamer Staatsangehörigkeit von Mutter und nichtehelichem Kind ist nach dem Kollisionsrecht der meisten CIEC-Staaten deren Heimatrecht auf die Feststellung der mütterlichen Abstammung anwendbar. Auf der Grundlage der hier vorgeschlagenen Auslegung besteht wegen ihrer Nähe zu der unter 2 geschilderten Meinung Aussicht auf eine einheitliche „Vertragswirklichkeit" in allen Vertragsstaaten. Dieser Gesichtspunkt wird auch von BÖHMER-SIEHR FamR II 7.3 unter A 3 a betont.

33 Einen **Verzicht auf die Legalisation** enthält das Übereinkommen nicht – im Unterschied zu Art 5 des CIEC-Übereinkommens über die Erweiterung der Zuständigkeit der Behörden, vor denen nichteheliche Kinder anerkannt werden können (oben Rz 22). Insoweit gelten die allgemeinen Grundsätze.

34 Inhaltlich bringt Art 1 die widerlegbare Vermutung, daß die im Geburtseintrag als Mutter eingetragene Frau auch ohne ausdrückliche Anerkennung die Mutter des Kindes ist. Satz 2 stellt klar, daß der Gegenbeweis möglich ist. Die Zulässigkeit der Beweismittel richtet sich nach der lex fori (BÖHMER-SIEHR FamR II 7.3 zu Art 1).

Die Bestimmung läßt die Frage offen, unter welchen **Voraussetzungen** der Geburtseintrag erfolgt. Die Lösung ist im jeweiligen nationalen Recht zu suchen. Nach dem Sinn des Übereinkommens (oben Rz 25) darf das nationale Recht jedoch nicht die vorherige Anerkennung des Kindes durch die Mutter verlangen. Im deutschen Recht wird die Mutter aufgrund des § 21 PStG im Geburtenbuch eingetragen. 35

Art 1 36

Ist im Geburtseintrag eines nichtehelichen Kindes eine Frau als Mutter des Kindes bezeichnet, so gilt die mütterliche Abstammung durch diese Bezeichnung als festgestellt. Diese Abstammung kann jedoch bestritten werden.

Satz 1 enthält eine materiellrechtliche Regelung. Sie verdrängt das Kollisionsrecht nicht und ist demzufolge nur anzuwenden, wenn das Kollisionsrecht des Forums in der Frage der mütterlichen Abstammung auf das Recht eines Vertragsstaates verweist, oben Rz 31.

Gemäß Satz 2 bleibt die Möglichkeit eines Gegenbeweises offen. Die Nennung als Mutter im Geburtseintrag schließt also nicht aus, daß vor den Gerichten oder Behörden eines Staates mit den dort zulässigen Beweismitteln der Beweis erbracht wird, daß die Genannte nicht die Mutter ist. 37

Art 2 38

Ist die Mutter im Geburtseintrag des Kindes nicht bezeichnet, so kann sie vor der zuständigen Behörde jedes Vertragsstaats die Mutterschaft anerkennen.

Wie Art 4 zu entnehmen ist, enthält Art 2 (ebenso wie Art 3) eine reine Zuständigkeitsvorschrift. Unabhängig von der Staatsangehörigkeit kann die Mutter eines Kindes vor jeder zuständigen Behörde eines Vertragsstaates die Mutterschaft anerkennen, wenn die Eintragung in einem Vertragsstaat in Betracht kommt.

In der Bundesrepublik Deutschland sind nach § 29 b Abs 3 PStG zuständig: 39

(1) die Notare (§ 1 BeurkG, § 128 BGB);
(2) die Amtsgerichte (§ 62 Nr 1 BeurkG) und das Prozeßgericht (§ 641 c ZPO);
(3) die ausdrücklich ermächtigten Beamten oder Angestellten des Jugendamtes (§ 49 I Nr 1 JWG);
(4) der Standesbeamte, der die Geburt des Kindes beurkundet hat (§ 29 a PStG);
(5) die Konsularbeamten der deutschen Auslandsvertretungen (§ 5 KonsG).

Art 3 40

Ist die Mutter im Geburtseintrag des Kindes bezeichnet und legt sie dar, daß eine Anerkennung der Mutterschaft gleichwohl notwendig ist, um den gesetzlichen Erfordernissen eines Nichtvertragsstaats zu genügen, so kann sie vor der zuständigen Behörde jedes Vertragsstaats die Mutterschaft anerkennen.

Nach dieser Vorschrift kann eine **Anerkennung der Mutterschaft** vor der zuständigen Behörde eines Vertragsstaates auch dann erfolgen, wenn die Mutter im Geburtseintrag als Mutter eingetragen ist. Diese Möglichkeit ist im Hinblick auf Nichtvertragsstaaten (in Vertragsstaaten gilt Art 1), deren Recht eine Anerkennung der Mutterschaft verlangt, in das Übereinkommen aufgenommen worden. Die zuständigen Behörden sind zur Beurkundung der Anerkennung schon dann verpflichtet, wenn der Beteiligte die Erforderlichkeit der Anerkennung behauptet (MASSFELLER StAZ 1965, 119, 122). Denn die Vorschrift ist keine Verweisungsregel auf das Recht eines Nichtvertragsstaates, sondern eine Zuständigkeitsnorm (BÖHMER-SIEHR FamR II 7.3 zu Art 3). Eine Prüfungspflicht besteht nicht.

41 **Art 4**

Die Artikel 2 und 3 lassen die Frage unberührt, ob die Anerkennung der Mutterschaft rechtswirksam ist.

Die Vorschrift stellt klar, daß Art 2 und 3 nur Zuständigkeitsvorschriften sind. Für die Frage der Rechtswirksamkeit der Anerkennung sind diese Vorschriften nur insofern bedeutsam, als innerhalb der Vertragsstaaten ein nach Art 2 oder 3 abgegebenes Mutterschaftsanerkenntnis nicht mit der Begründung als unwirksam betrachtet werden darf, es sei nicht von der zuständigen Stelle entgegengenommen worden (Böhmer-Siehr FamR II 7.3 zu Art 4).

42 **Art 5**

Artikel 1 gilt, für jeden Vertragsstaat, nur für Kinder, die nach Inkrafttreten dieses Übereinkommens geboren sind.

Mit **Inkrafttreten** meint Art 5 den Zeitpunkt, zu dem das Übereinkommen für den jeweiligen Vertragsstaat in Kraft getreten ist. In Deutschland ist der maßgebende Stichtag also der 24. 7. 1965.

Art 6

Dieses Übereinkommen bedarf der Ratifikation; die Ratifikationsurkunden sind beim Schweizerischen Bundesrat zu hinterlegen.

Dieser setzt die Vertragsstaaten und das Generalsekretariat der Internationalen Kommission für das Zivilstandswesen von der Hinterlegung einer Ratifikationsurkunde in Kenntnis.

Art 7

Dieses Übereinkommen tritt am dreißigsten Tage nach der gemäß Artikel 6 vorgesehenen Hinterlegung der zweiten Ratifikationsurkunde in Kraft.

Für jeden Unterzeichnerstaat, der das Übereinkommen später ratifiziert, tritt es am dreißigsten Tage nach Hinterlegung seiner Ratifikationsurkunde in Kraft.

Art 8

Dieses Übereinkommen gilt ohne weiteres für das gesamte Mutterland jedes Vertragsstaats.

Jeder Vertragsstaat kann bei der Unterzeichnung, der Ratifikation, dem Beitritt oder später durch eine an den Schweizerischen Bundesrat gerichtete Notifikation erklären, daß dieses Übereinkommen auf eines oder mehrere seiner außerhalb des Mutterlandes gelegenen Hoheitsgebiete, auf Staaten oder Hoheitsgebiete anzuwenden ist, deren internationale Beziehungen er wahrnimmt. Der Schweizerische Bundesrat setzt alle Vertragsstaaten und das Generalsekretariat der Internationalen Kommission für das Zivilstandswesen von dieser Notifikation in Kenntnis. In den in der Notifikation bezeichneten Hoheitsgebieten tritt dieses Übereinkommen am sechzigsten Tage nach Eingang der Notifikation beim Schweizerischen Bundesrat in Kraft.

Hat ein Staat eine Erklärung nach Absatz 2 abgegeben, so kann er später jederzeit durch eine an den Schweizerischen Bundesrat gerichtete Notifikation erklären, daß dieses Übereinkommen auf bestimmte in der Erklärung bezeichnete Staaten oder Hoheitsgebiete nicht mehr angewendet werden soll.

Der Schweizerische Bundesrat setzt alle Vertragsstaaten und das Generalsekretariat der Internationalen Kommission für das Zivilstandswesen von der neuen Notifikation in Kenntnis.

Für die in der Notifikation bezeichneten Hoheitsgebiete tritt das Übereinkommen am sechzigsten Tage, nachdem die Notifikation dem Schweizerischen Bundesrat zugegangen ist, außer Kraft.

Art 9

Jeder Mitgliedstaat des Europarates oder der Internationalen Kommission für das Zivilstandswesen kann diesem Übereinkommen beitreten. Der Staat, der beizutreten wünscht, notifiziert seine Absicht durch eine Urkunde, die beim Schweizerischen Bundesrat hinterlegt wird. Dieser setzt alle Vertragsstaaten und das Generalsekretariat der Internationalen Kommission für das Zivilstandswesen von der Hinterlegung jeder Beitrittsurkunde in Kenntnis. Das Übereinkommen tritt für den beitretenden Staat am dreißigsten Tage nach Hinterlegung der Beitrittsurkunde in Kraft.

Eine Beitrittsurkunde kann erst hinterlegt werden, nachdem das Übereinkommen in Kraft getreten ist.

Art 10

Dieses Übereinkommen gilt für unbegrenzte Zeit. Jeder Vertragsstaat kann es jedoch jederzeit durch eine an den Schweizerischen Bundesrat gerichtete schriftliche Notifikation kündigen; dieser setzt die anderen Vertragsstaaten und das Generalsekretariat der Internationalen Kommission für das Zivilstandswesen davon in Kenntnis.

Dieses Kündigungsrecht kann erst nach Ablauf von fünf Jahren, gerechnet vom Tage der Ratifikation oder des Beitritts, ausgeübt werden.

Die Kündigung wird sechs Monate, nachdem die Notifikation dem Schweizerischen Bundesrat zugegangen ist, wirksam.

Zu Urkund dessen haben die unterzeichneten, hierzu gehörig bevollmächtigten Vertreter dieses Übereinkommen unterschrieben.

Geschehen zu Brüssel am 12. September 1962 in einer Urschrift, die im Archiv des Schweizerischen Bundesrats hinterlegt wird; jedem Vertragsstaat und dem Generalsekretariat der Internationalen Kommission für das Zivilstandswesen wird auf diplomatischem Weg eine beglaubigte Abschrift übermittelt.

IV. Haager Übereinkommen vom 15. 4. 1958 über die Anerkennung und Vollstrekkung von Entscheidungen auf dem Gebiet der Unterhaltspflicht gegenüber Kindern*

Überblick 43

Das Haager Übereinkommen vom 15. April 1958 über die Anerkennung und Vollstreckung von Entscheidungen auf dem Gebiet der Unterhaltspflicht gegenüber

* **Schrifttum:** BISCHOFF, Les Conventions de La Haye en matière d'obligations alimentaires, Clunet 91 (1964) 759; BOELE-WOELKI-BAVINCK-VINK, Internationaal Privaatrecht – Alimentatie (1972 tot

Kindern wurde auf der 8. Tagung der Haager Konferenz erarbeitet und trat für die Bundesrepublik Deutschland am 1. Januar 1962 in Kraft (BGBl 1962 II 15). Weitere **Vertragsstaaten** sind nach Fundstellennachweis B, Stand 31. Dezember 1986:

Belgien 1. 1. 1962 BGBl 1962 II 15
Dänemark 1. 1. 1966 BGBl 1966 II 56
Finnland 24. 8. 1967 BGBl 1967 II 2311
Frankreich (einschließlich überseeische Departements) 25. 7. 1966 BGBl 1967 II 1810 und 1969 II 2124
Italien 1. 1. 1962 BGBl 1962 II 15
Liechtenstein 7. 12. 1972 BGBl 1973 II 74
Niederlande (einschließlich Niederländische Antillen und Surinam) 28. 4. 1964 BGBl 1964 II 784 und 1407

---

medio 1980), WPNR 1983, 421; De Cesari, Diritto agli alimenti del figlio naturale – Convenzioni dell'Aja e ordine pubblico, Riv dir int priv proc 10 (1974) 238; Conetti, In tema di delibazione di sentenze straniere relative al diritto agli alimenti del figlio naturale, Riv dir int priv proc 9 (1973) 95; Dopffel, Vollstreckbarerklärung ausländischer Unterhaltstitel mit gesetzlicher Indexierung, DAVorm 1984, 217; ders, Vollstreckbarerklärung indexierter Unterhaltstitel, IPRax 1986, 277; Erauw, Duitse alimentatievorderingen en de openbare orde in België, RW 43 (1979–80) 1729; Ferid, Zum Stand der Entwicklung im internationalen Unterhaltsrecht, FamRZ 1956, 165, 197; Flore-Marmo, L'ottava sessione della Conferenza dell'Aja di diritto internazionale privato, Riv dir int 40 (1957) 554; Giardina, L'exequatur partiel en Italie des décisions étrangères en matière de filiation, Festschrift Wengler II (1973) 337; Gross, Zur Vollstreckbarerklärung von Unterhaltsentscheidungen gemäß dem Haager Übereinkommen vom 15. 4. 1958, DAVorm 1984, 549; Groth, Die Anerkennung und Vollstreckung deutscher Entscheidungen in vermögensrechtlichen Angelegenheiten – besonders Urteile über Kindesunterhalt – im Ausland, DAVorm 1977, 473; Grunsky, EWG-Übereinkommen über die gerichtliche Zuständigkeit und die Vollstreckung gerichtlicher Entscheidungen in Zivil- und Handelssachen im deutsch-italienischen Rechtsverkehr, RIW 1977, 1; Hausmann-Jayme, Zur Abänderung österreichischer Unterhaltstitel in Deutschland, ZBlJugR 1979, 290; Hoyer-Loewe, Staatsverträge über Rechtshilfe und Vollstrekkung (1964); Jaccottet, Les obligations alimentaires envers les enfants dans les Conventions de La Haye (Bern/Frankfurt 1982) 70; Jenard, Projet de convention concernant la reconnaissance et l'exécution des décisions en matière d'obligations alimentaires envers les enfants, Actes de la Huitième Session (1957) 314; Klinkhardt, Einige Erfahrungen mit der Geltendmachung von Unterhaltsansprüchen nichtehelicher Kinder im Ausland, ZBlJugR 1984, 161, 209; Köhler, Die Haager Übereinkommen (1978) 53; Lansky, Ralf, Das Haager Übereinkommen vom 15. April 1958 über die Anerkennung und Vollstreckung von Entscheidungen auf dem Gebiet der Unterhaltspflicht gegenüber Kindern (Diss Bonn 1960); Lansky, Neue Wege zur Geltendmachung von Unterhaltsansprüchen im Ausland, FamRZ 1959, 193; Linke, Die Versäumnisentscheidungen im deutschen, österreichischen, belgischen und englischen Recht. Ihre Anerkennung und Vollstreckbarerklärung (1972); Linke, Anm zu OLG Frankfurt 4. 6. 1976, FamRZ 1978, 924; Luther, Zur Vollstreckung von Unterhaltstiteln im deutsch-italienischen Rechtsverkehr, DAVorm 1979, 633; Majoros, Les conventions internationales en matière de droit privé II/1 (1980); Majoros, Konflikte zwischen Staatsverträgen auf dem Gebiete des Privatrechts, RabelsZ 46 (1982) 84; Martiny, Haager Übereinkommen über die Anerkennung und Vollstreckung von Entscheidungen auf dem Gebiet der Unterhaltspflicht gegenüber Kindern vom 15. 4. 1958, in Hdb IZVR III/2 Kap II Rz 265; Matscher, Vollstreckung im Auslandsverkehr von vorläufig vollstreckbaren Entscheidungen und von Maßnahmen des provisorischen Rechtsschutzes, ZZP 95 (1982) 170; Mezger, Les Conventions de La Haye sur la loi applicable et sur la reconnaissance et l'exécution des décisions en matière d'obligations alimentaires envers les enfants, Trav Com fr d i p 19–20 (1958–59) 123; Mezger, Anerkennung deutscher Vaterschafts- und Unterhaltsurteile in Frankreich, IPRax 1981, 103–106; Neuhaus, Bespr des Aufsatzes von de Winter in NedTIR 4 (1957) 133, RabelsZ 23 (1958) 196; von Overbeck, Une règle de conflits uniforme en matière d'obligations alimentaires envers les enfants, Ned TIR (1958) 255; Petersen, Die 8. Haager Konferenz, RabelsZ 24 (1959) 1; Pirrung, Zu den Anerkennungs- und Vollstreckungsverträgen der Bundesrepublik Deutschland mit Israel und Norwegen, IPRax 1982, 130; Rauch, Kollidierende Voraus-

Norwegen 1. 11. 1965 BGBl 1965 II 1584
Österreich 1. 1. 1962 BGBl 1962 II 15
Portugal 24. 2. 1974 BGBl 1974 II 1123
Schweden 1. 3. 1966 BGBl 1966 II 156
Schweiz 17. 1. 1965 BGBl 1965 II 1164
Spanien 9. 11. 1973 BGBl 1973 II 1592
Surinam 25. 11. 1975 BGBl 1977 II 467
Tschechoslowakei 6. 5. 1971 BGBl 1971 II 988
Türkei 25. 6. 1973 BGBl 1973 II 1280
Ungarn 19. 12. 1964 BGBl 1965 II 123.

Freilich ist zu beachten, daß eine **Neufassung** des Abkommens von 1973 besteht (s 44 unten Rz 140 ff) und daß dieses gemäß seinem Art 29 das Übereinkommen von 1958 in den Beziehungen zwischen den Vertragsstaaten, die beide Übereinkommen ratifiziert haben, ersetzt (siehe zum Ratifizierungsstand des neuen Übereinkommens unten Rz 143). Das Übereinkommen von 1958 ist in der Bundesrepublik Deutschland also nur noch im Verhältnis zu folgenden Staaten anzuwenden: Belgien, Dänemark, Liechtenstein, Österreich, Surinam und Ungarn.

Das Übereinkommen ergänzt das **Unterhaltsstatutabkommen** vom 24. Oktober 45 1956 (Vorbem 16 ff zu Art 18 EGBGB) und ist ebenso wie jenes auf Unterhaltsverpflichtungen gegenüber Kindern beschränkt; eine internationale Regelung über die Durchsetzung von Titeln auf diesem Gebiet erschien der Konferenz als das vordringlichste Problem mit den größten Chancen auf ein Einverständnis der Teilnehmerstaaten (Bericht Jenard Actes VIII 316). Einerseits ermöglicht die durch das Unterhaltsstatutabkommen gewährleistete einheitliche Anknüpfung die vereinfachte Anerkennung fremder Entscheidungen nach dem vorliegenden Übereinkommen; andererseits setzt erst die vereinfachte Anerkennung nach dem Unterhaltsvollstreckungsübereinkommen die Vorteile der einheitlichen Anknüpfung in die Praxis um. Trotz dieser Wechselwirkung zwischen den beiden Abkommen ist die Anwendung des UnterhVollstrÜbK von der (richtigen) Anwendung des Unterhaltsstatutübereinkommens unabhängig.

Das vorliegende Abkommen **erfaßt** nicht nur gerichtliche Unterhaltsentscheidun- 46 gen, sondern wegen der in manchen Staaten gegebenen Zuständigkeit von Verwaltungsbehörden in Unterhaltssachen auch Verwaltungsentscheidungen (Näheres unten Rz 52 ff). Im Gegensatz zu dem New Yorker UN-Übereinkommen über die

---

setzungen bei der Vollstreckung ausländischer Unterhaltsentscheidungen, IPRax 1981, 199; Sauteraud-Marcenac, Du recouvrement des aliments franco-allemand et des difficultés d'application des Conventions de Bruxelles et de La Haye, GazPal 1983, 1. Doctr 58; Schlafen, Heinz-Dieter, Der Anwendungsbereich des EWG-Gerichtsstands- und Vollstreckungsübereinkommens vom 27. 9. 1968 (Diss Köln 1979); Schlosser, Unterhaltsanprüche vor Gerichten der Alt-EWG-Staaten, FamRZ 1973, 424; Schröder, Jochen, Internationale Zuständigkeit (1971); Siehr, Auswirkungen des Nichtehelichengesetzes auf das internationale Privat- und Verfahrensrecht, FamRZ 1970, 457; Siehr, Auswirkungen des Nichtehelichengesetzes auf das internationale Privat- und Verfahrensrecht (1972); Sonnenberger, Die Vollstreckung deutscher Unterhaltstitel zugunsten nichtehelicher Kinder in Frankreich, IPRax 1985, 238; Stürner-Münch, Die Vollstreckung indexierter ausländischer Unterhaltstitel, JZ 1987, 178; Sumampouw, Les nouvelles conventions de La Haye. Leur applications par les juges nationaux I (1976) 184; II (1980) 66; Sumampouw, The New Hague Conventions in the Dutch Courts, Neth Int L Rev 24 (1977) 546; De Winter, Développements récents dans le droit international en matière d'obligations alimentaires, Ned TIR (1957) 133; Wolf, Alfred, Neue Möglichkeiten für die Durchsetzung von Unterhaltstiteln im Bereich der Europäischen Wirtschaftsgemeinschaft, DAVorm 1973, 329.
Vgl auch die Schrifttumsangaben zum HaagUnterhVollstrÜbK 1973 (unten vor Rz 140).

Geltendmachung von Unterhaltsansprüchen im Ausland vom 20. 6. 1956 (unten Rz 227) legt es selbst die Voraussetzungen der Anerkennung und Vollstreckbarerklärung fest. Nicht geregelt wird die internationale Zuständigkeit der die anzuerkennende Entscheidung erlassenden Behörden: als „convention simple" richtet sich das Abkommen nur an den Vollstreckungsrichter, dem Art 3 (indirekte internationale Zuständigkeit) vorschreibt, wann die Behörden des Erlaßstaates als zuständig iSd Anerkennungsvoraussetzungen anzusehen sind.

47 **Art 1**

Zweck dieses Übereinkommens ist es, in den Vertragsstaaten die gegenseitige Anerkennung und Vollstreckung von Entscheidungen über Klagen internationalen oder innerstaatlichen Charakters sicherzustellen, die den Unterhaltsanspruch eines ehelichen, unehelichen oder an Kindes Statt angenommenen Kindes zum Gegenstand haben, sofern es unverheiratet ist und das 21. Lebensjahr noch nicht vollendet hat.

Enthält die Entscheidung auch einen Ausspruch über einen anderen Gegenstand als die Unterhaltspflicht, so bleibt die Wirkung des Übereinkommens auf die Unterhaltspflicht beschränkt.

Dieses Übereinkommen findet auf Entscheidungen in Unterhaltssachen zwischen Verwandten in der Seitenlinie keine Anwendung.

1. Allgemeines

Artikel 1 bestimmt den **räumlich-persönlichen** sowie den **sachlichen Anwendungsbereich** des Abkommens; wenn Abs 1 vom „Zweck dieses Übereinkommens" spricht, bedeutet dies also nicht lediglich eine programmatische Festlegung der Ziele der Konvention. Der zeitliche Anwendungsbereich des Abkommens ergibt sich aus Art 12.

48 **2. Grundlegendes zum Anwendungsbereich (Abs 1)**

a) Die Konvention ordnet nur **in den Vertragsstaaten** die **gegenseitige** Anerkennung und Vollstreckung bestimmter Unterhaltsentscheidungen an: also müssen sowohl der Vollstreckungsstaat als auch das Ursprungsland der zu vollstreckenden Entscheidung Vertragsstaaten sein (vgl auch Art 2 aA).

49 **b)** Gegenstand des Abkommens ist die **Anerkennung und Vollstreckung** der im folgenden definierten Unterhaltsentscheidungen und nicht etwa die internationale Zuständigkeit zum Erlaß solcher Entscheidungen; die Regelung des Art 3 ist trotz mißverständlichen Wortlautes entsprechend zu verstehen (s dort Rz 105).

50 Ist eine Entscheidung nach den Bestimmungen der Konvention anzuerkennen, so bedeutet dies, daß ihr im Anerkennungsstaat die gleiche **Rechtskraftwirkung** zuzuerkennen ist, die ihr im Erlaßstaat zukommt (dazu unten Rz 116). Der Begriff der „Rechtskraft" wurde in diesem Zusammenhang nur wegen des häufig vorläufigen Charakters von Unterhaltsentscheidungen vermieden (so für das Folgeabkommen 1973: Bericht Verwilghen Nr 10, BT-Drucks 10/258, 33 = Actes et Doc XII/4, 388).

51 Das Abkommen regelt nicht die Vollstreckung ausländischer Unterhaltsentscheidungen, sondern nur deren **Vollstreckbarkeit** (vgl Art 2 aA, Art 6); liegen die Voraussetzungen der Konvention für eine Vollstreckbarerklärung der ausländischen

Entscheidung vor, richtet sich sowohl das Verfahren der Vollstreckbarerklärung (Art 6 I) als auch die Durchführung der Zwangsvollstreckung selbst nach dem Recht des Vollstreckungsstaates.

c) Nach Abs 1 sind **„Entscheidungen über Klagen"** anzuerkennen bzw für voll- 52
streckbar zu erklären. Tatsächlich werden aber nicht nur Entscheidungen im streitigen Verfahren („über Klagen"), sondern auch solche aus *nichtstreitigen Verfahren* sowie *Behördenentscheidungen* erfaßt (OLG Schleswig 18. 3. 1985 SchlHAnz 1985, 107 = IPRspr 1985 Nr 174; OLG Düsseldorf 29. 4. 1981 FamRZ 1982, 630 = IPRspr 1981 Nr 183; OLG Nürnberg 24. 10. 1978 FamRZ 1980, 925 = DAVorm 1979, 450 [dort: OLG München] = IPRspr 1978 Nr 99; Bericht Jenard Actes VIII 317; Lansky 67 ; Martiny in Hdb IZVR III/2 Kap II Rz 281). Letztere waren in den Anwendungsbereich aufzunehmen, da die Unterhaltsfestsetzung insbesondere in den skandinavischen Ländern bestimmten Behörden obliegt.

Den in den nordischen Staaten erlassenen **indexierten Unterhaltstiteln,** die auf 53
keinen ziffernmäßig festgelegten Betrag, sondern auf einen „Normalbeitrag" lauten, ist nach der Konvention Wirkung zu verleihen, indem die Vollstreckung der konkret geschuldeten Beträge ohne eine erneute Leistungsklage im Inland ermöglicht wird (OLG Schleswig 18. 3. 1985 SchlHAnz 1985, 107 = IPRspr 1985 Nr 174; zur Parallelproblematik beim deutsch-schweizerischen Anerkennungs- und Vollstreckungsabkommen vom 2. 11. 1929 BGH 6. 11. 1985 NJW 1986, 1440 = IPRax 1986, 294 = IPRspr 1985 Nr 184; Dopffel IPRax 1986, 277, 281; Stürner-Münch JZ 1987, 178, 179; anders OLG Düsseldorf 29. 4. 1981 FamRZ 1982, 630 = IPRspr 1981 Nr 183; zur Problematik der Abänderung indexierter Unterhaltsentscheidungen unten Rz 120 ff).

Wird also einerseits das Merkmal „Entscheidung" weit ausgelegt, um den Anwen- 54
dungsbereich des Abkommens den unterschiedlichen Verfahren staatlicher Unterhaltsfestsetzung in den einzelnen Vertragsstaaten anzupassen, so ist doch andererseits eine „Entscheidung" nur dann gegeben, wenn sie von einer zum Unterhaltsausspruch zuständigen *staatlichen* Stelle herrührt. Daher fallen **Unterhaltsverträge** grundsätzlich nicht unter die Konvention (Bericht Jenard Actes VIII 317; Martiny in Hdb IZVR III/2 Kap II Rz 282), und zwar auch dann nicht, wenn sie in *vollstreckbare öffentliche Urkunden* aufgenommen sind (Lansky 72 f; Martiny aaO). Etwas anderes gilt aber dann, wenn eine Unterhaltsvereinbarung der Parteien einer substantiellen gerichtlichen Kontrolle unterworfen wird; in diesem Fall liegt eine eigenständige gerichtliche Entscheidung vor, die dem Abkommen unterfällt (OLG Nürnberg 4. 7. 1984 IPRspr 1984 Nr 178; OGH 19. 3. 1986 ZfRvgl 1986, 233 = JBl 1986, 595 = Bericht Schütz ÖAVorm 1987, 44 zu einer gerichtlich genehmigten Unterhaltsvereinbarung nach § 26 tschech FamG).

Problematisch ist, ob **gerichtliche Vergleiche** in den Anwendungsbereich des Ab- 55
kommens fallen; in den Beratungen des zuständigen Arbeitsausschusses wurde die Einbeziehung ausdrücklich abgelehnt, offenbar weil die meisten beteiligten Rechtsordnungen gerichtliche Vergleiche nicht kennen (Lansky 70 f; vgl auch Bericht Jenard Actes VIII 317). In entsprechenden Prozeßsituationen ergeht statt dessen eine Art Anerkenntnisurteil (so zB für Belgien: Lansky 71). Andererseits wurden diese Bedenken in den Beratungen des Folgeabkommens 1973 fallengelassen; der Anwendungsbereich jenes Abkommens wurde wegen ihrer nicht unerheblichen praktischen Bedeutung ausdrücklich auf Vergleiche erstreckt (Art 1 Abs 2 Haag UnterhVollstrÜbK 1973; Bericht Verwilghen Nr 28, BT-Drucks 10/258; 37 = Actes et Doc XII/4, 395). Wenngleich es für den Schutzzweck des Abkommens keinen Unterschied macht, ob in einer Vergleichslage eine Art Anerkenntnisurteil ergeht oder ein gerichtlicher Vergleich geschlossen wird, und wenngleich die Ableh-

nung der Einbeziehung von Vergleichen deshalb nicht überzeugt, wird man sich doch über die erklärte Intention der Vertragsstaaten nicht hinwegsetzen können. Vergleiche sind also keine „Entscheidungen“ iSd Konvention (so auch LG Kempten 12. 7. 1965 DAVorm 1965, 253 = IPRspr 1964–65 Nr 250; Rb s'Gravenhage 28. 12. 1982 NedJur 1983 Nr 452 Anm SCHULTSZ; Bericht JENARD Actes VIII 317; LANSKY 69; MARTINY in Hdb IZVR III/2 Kap II Rz 282 mwN). Den Parteien in einem Unterhaltsprozeß ist in entsprechenden Situationen zu raten, anstelle eines Vergleiches durch Teilverzicht und -anerkenntnis zu einer unter das Abkommen fallenden Entscheidung zu gelangen (vgl LANSKY 71 f). Dagegen gilt das Übereinkommen für Vergleiche, die der richterlichen Genehmigung bedürfen (so für einen richterlich genehmigten Vergleich nach Art 158 Nr 5 schweiz ZGB: IPG 1975 Nr 40 [Hamburg]; s auch oben Rz 54).

56 **d)** Erfaßt sind Entscheidungen **internationalen oder innerstaatlichen Charakters.** Es werden also auch Entscheidungen solcher Fälle anerkannt und für vollstreckbar erklärt, die keine andere Auslandsberührung aufweisen, als daß sie nunmehr in einem anderen als dem Entscheidungsstaat vollstreckt werden sollen, etwa wenn der Unterhaltspflichtige erst nach der Verfahrensbeendigung seinen Wohnort in den Vollstreckungsstaat verlegt hat. Unerheblich ist somit auch, ob die Entscheidung unter Zugrundelegung des HaagUnterhÜbK, des IPR oder nur des materiellen Rechts des Entscheidungsstaates zustandegekommen ist (Bericht JENARD Actes VIII 317).

57 **e)** Der Begriff des **Unterhalts** ist ebenso wie im Haager Übereinkommen über das auf Unterhaltsverpflichtungen gegenüber Kindern anzuwendende Recht vom 24. 10. 1956 (Vorbem 16 ff zu Art 18 EGBGB) zu verstehen. Danach ist eine Entscheidung dann auf den Unterhalt bezogen, wenn sie das „ob“ oder „wie“ der Leistung von Geld oder Naturalien zur Deckung des Lebensbedarfs betrifft (Näheres Vorbem 24 ff zu Art 18 EGBGB; MARTINY in Hdb IZVR III/2 Kap II Rz 275).

58 **f)** Das Abkommen betrifft nur die Unterhaltsansprüche **unverheirateter Kinder,** die **das 21. Lebensjahr noch nicht vollendet** haben. Gleichgültig ist, ob das Kind ehelich, nichtehelich oder an Kindes Statt angenommen ist. Ebenso wie das HaagUnterhÜbK erfaßt das Vollstreckungsabkommen auch Ansprüche gegen Stief- und Pflegeeltern. Die Frage blieb zwar in den Beratungen unentschieden (vgl LANSKY 81 Fn 418); jedoch ist das Abkommen nach seinem Wortlaut und Schutzzweck nicht auf Ansprüche gegen Blutsverwandte zu beschränken (s auch Vorbem 146 zu Art 18 EGBGB; DE WINTER NedTIR 4 [1957] 150 = WPNR 1958, 74; NEUHAUS RabelsZ 29 [1958] 196; MARTINY in Hdb IZVR III/2 Kap II Rz 278 mwN; ablehnend LANSKY 80 f; unentschieden PETERSEN RabelsZ 30 [1959] 32, 36).

59 Wird in einer Entscheidung auch einem **Elternteil** Unterhalt zugesprochen, so ist die Konvention nur hinsichtlich des Kindesunterhalts anwendbar. Dies gilt selbst dann, wenn der „Schwerpunkt der Entscheidung“ auf dem Kindesunterhalt liegt (ebenso MARTINY in Hdb IZVR III/2 Kap II Rz 278; anders aber OLG Frankfurt 14. 7. 1981 IPRax 1981, 213, 199 Anm RAUCH = IPRspr 1981 Nr 185). Um eine einheitliche Vollstreckung der gesamten Entscheidung zu erreichen, besteht freilich nach Art 11 die Möglichkeit, auch den Kindesunterhalt nach dem EuGVÜ zu vollstrecken (s unten Rz 129 ff).

60 Der für die Anwendbarkeit der Konvention maßgebliche **Zeitpunkt,** an dem das Kind das 21. Lebensjahr noch nicht vollendet haben darf, richtet sich nach der *Entstehung des Anspruchs* (so LG Löwen 16. 6. 1975 DAVorm 1978, 618; MARTINY in Hdb IZVR III/2 Kap II Rz 279). Ein Abstellen auf die Einleitung des Vollstrekkungsverfahrens (so KÖHLER 53 Anm 4) erscheint demgegenüber unangemessen, weil das Abkommen auf die Qualität des Anspruchs und nicht auf die Zeit seiner

Durchsetzung abstellt: Erfaßt werden die Unterhaltsansprüche, die Kindern bis zur Vollendung des 21. Lebensjahres erwachsen (Martiny in Hdb IZVR III/2 Kap II Rz 279).

61 g) Im Gegensatz zum HaagUnterhVollstrÜbK 1973 (dort Art 1 Abs 1 Nr 2; Art 18 ff) regelt das Abkommen von 1958 nicht die Frage, ob auch Entscheidungen über den **Regreß** einer den Kindesunterhalt leistenden Behörde anerkannt werden können. Soweit der Regreß aufgrund einer (gesetzlichen oder rechtsgeschäftlichen) Abtretung des ursprünglichen Unterhaltsanspruchs stattfindet, läßt sich die Anwendung des Abkommens mit dem Wortlaut des Art 1 vereinbaren. Indes ist zu bedenken, daß die Konvention nur konsensfähig war, weil ihr Anwendungsbereich auf den Schutz der Kinder unter 21 Jahren beschränkt blieb (Bericht Jenard Actes VIII 316); eine Anwendung auf den Behördenregreß sollte also außerhalb ihres Schutzbereichs bleiben. Erst das HaagUnterhVollstrÜbK von 1973 will diese Ansprüche erfassen, ordnet aber weitgehende Prüfungspflichten des Vollstreckungsgerichts für die Vollstreckbarerklärung von Regreßentscheidungen an (Art 18 ff HaagUnterhVollstrÜbK 1973). Es würde der Entstehungsgeschichte beider Abkommen zuwiderlaufen, wenn Regreßentscheidungen nach dem Übereinkommen von 1958 ebenso wie andere Entscheidungen anerkannt würden, während das Exequatur nach dem Abkommen von 1973, das in diesem Punkt eine Erweiterung des Anwendungsbereiches bringen sollte, an besondere Prüfungspflichten geknüpft ist (vgl Bericht Verwilghen Nr 33 BT-Drucks 10/258, 38 = Actes et Doc XII/4, 397 f; ebenso Stein-Jonas-Münzberg § 723 ZPO Anh I 1 Anm 5; für eine Anwendung auf den Rechtsnachfolger dagegen Martiny in Hdb IZVR III/2 Kap II Rz 280; Lansky 82).

3. Teilanerkennung (Abs 2)

62 a) Für den Fall, daß eine Entscheidung nicht nur die Unterhaltspflicht selbst festlegt, sondern darüber hinaus noch andere Bestimmungen (etwa eine **Statusentscheidung**) enthält, stellt Abs 2 klar, daß die Konvention nur auf den Ausspruch der Unterhaltspflicht anwendbar ist. Diese Bestimmung wurde ebenso wie Art 5 Abs 2 S 2 des Haager Unterhaltsstatutsübereinkommens (s dazu Vorbem 209 ff zu Art 18 EGBGB) eingefügt, um die Erstreitung und Durchsetzung von Unterhaltstiteln unabhängig von der rechtspolitisch umstrittenen Statusfrage zu ermöglichen.

63 Die Abtrennung der Unterhaltspflicht von der Statusfrage hat bei beiden Übereinkommen zu unterschiedlichen Ansichten über die Tragweite der jeweiligen Bestimmung geführt (s zum HaagUnterhÜbK Vorbem 209, 213 ff zu Art 18 EGBGB). So wird Art 1 Abs 2 des vorliegenden Abkommens nicht einheitlich ausgelegt: Von manchen wird eine Trennung von Unterhaltspflicht und Statusfrage nicht für möglich gehalten, mit der Folge, daß das Abkommen entweder wegen Art 1 Abs 2 überhaupt nicht oder trotz dieser Bestimmung auf beide Fragen (Unterhalt und Status) angewandt wird (dazu sogleich b). Andere führen die Trennung von Unterhaltsanspruch und Statusfrage durch, mit der Folge, daß beide Fragen nach unterschiedlichen Regeln anerkannt werden können (s unten c).

64 b) In einer von der Cour d'appel Paris (3. 6. 1980 Rev crit 69 [1980] 775) bestätigten Entscheidung des Trib gr inst Paris (19. 6. 1979 Rev crit 69 [1980] 370, 377 Anm Ancel) wurde die Anwendbarkeit der Konvention auf ein in Deutschland ergangenes Unterhaltsurteil wegen der **Untrennbarkeit von Unterhaltspflicht und Statusentscheidung** nach deutschem Recht (§ 1600a S 2) verneint; die Unanwendbarkeit folge aus Art 1 Abs 2: wenn das Abkommen auf die Statusentscheidung unanwendbar sei, diese aber nach dem angewandten Recht untrennbare Voraussetzung für die

Unterhaltspflicht ist, könne nach Art 1 Abs 2 das Abkommen insgesamt keine Anwendung finden.

65 Ausgehend von derselben Prämisse (Untrennbarkeit von Statusentscheidung und Unterhaltspflicht) ist in der französischen Literatur (LEQUETTE, Anm zum Urteil der Cour d'appel Aix-en-Provence 19. 12. 1974 Clunet 103 [1976] 929, 936 f, dazu GAUDEMET-TALLON Anm zum Urteil Trib gr inst Aix-en-Provence 10. 6. 1982 Clunet 110 [1983] 152, 158 f) aber auch das entgegengesetzte Ergebnis vorgeschlagen worden: um das Abkommen wegen der Untrennbarkeit von Unterhalts- und Statusfrage nicht weitgehend leerlaufen zu lassen, müßten trotz Art 1 Abs 2 für die Zwecke des Abkommens die unabtrennbaren Statusentscheidungen (wie zB im deutschen Recht) mit anerkannt werden. Nur auf diese Weise könne man das Ziel der Unterhaltsvollstreckung im Ausland erreichen, ohne das zusprechende Urteil dadurch zu denaturieren, daß man seinem Statusteil nach autonomem Recht die Anerkennung versage.

66 c) Demgegenüber ergibt sich schon aus dem Wortlaut und der Entstehungsgeschichte des Art 1 Abs 2, daß bei Unterhaltsentscheidungen, die gleichzeitig die Statusfrage regeln, lediglich eine Teilanerkennung hinsichtlich des Unterhaltsausspruchs erfolgen soll. Die **Trennung von Unterhaltsausspruch und Statusfrage** war bei der Einführung des Abs 2 beabsichtigt und ist auch in das HaagUnterhVollstrÜbK 1973 (dort Art 3) übernommen worden, obwohl man sich der damit verbundenen Problematik bewußt war. In den Materialien heißt es: „Die mit dem Vollstreckbarerklärungsverlangen befaßte Behörde sollte die Anwendung des Übereinkommens demnach nicht systematisch mit der Begründung verweigern, daß die Unterhaltspflicht nur akzessorisch zu oder die Folge einer Familien- oder ‚Quasifamilien'-Beziehung ist, die in dem für vollstreckbar zu erklärenden Urteil nach dem Recht des Ursprungsstaates festgestellt ist" (Bericht VERWILGHEN Nr 38 BT-Drucks 10/258, 39 = Actes et Doc XII/4, 399).

67 Zwar entspricht es nicht dem deutschen internen Recht, wenn in Frankreich aufgrund der Konvention nur der Unterhaltsausspruch und nicht die Statusentscheidung anerkannt wird: damit hat das Kind entgegen § 1600a S 2 BGB in Frankreich wieder nur einen „Zahlvater". Aber nach der Konvention ist es nicht Sache des Vollstreckungsgerichts, bei der Entscheidung über die Vollstreckbarkeit das in der zu vollstreckenden Entscheidung angewandte Recht zu berücksichtigen (anders bei einem Exequatur nach französischem autonomem Recht, vgl ANCEL Anm zu Trib gr inst Paris 19. 6. 1979 Rev crit 69 [1980] 370, 379 f); das Vollstreckungsgericht hat nur die Voraussetzungen der Art 2 und 3 zu prüfen. Außerdem wird die Statusentscheidung in vielen Fällen nach dem autonomen Recht anzuerkennen sein, so daß es zu einer nur partiellen Anerkennung der deutschen Entscheidung, die dem § 1600a S 2 widersprechen könnte, gar nicht kommt (so zB in der Entscheidung des Trib gr inst Paris aaO; allgemein dazu für das Verhältnis Deutschland-Frankreich MEZGER IPRax 1981, 103, 104). Auch wenn Status- und Unterhaltsentscheidung schon nach autonomem Recht anzuerkennen sind, behält die Abtrennung des Unterhaltsausspruchs ihren Sinn, da nach der Konvention das Exequatur von wesentlich vereinfachten Voraussetzungen abhängt und daher schneller zu erlangen ist.

68 Der eigentliche Vorteil der Trennung von Unterhalts- und Statusfrage gemäß Art 1 Abs 2 zeigt sich vor allem in den Fällen, in denen die Entscheidung nach autonomem Recht kein Exequatur erhalten könnte. Hier kann der Unterhaltsausspruch – wenn auch um den Preis einer reinen Zahlvaterschaft – nach der Konvention von der Statusfrage getrennt und vollstreckt werden. Nur mit dieser Auslegung des Art 1 Abs 2 wird dem Schutzzweck des Abkommens (Vollstreckbarkeit des Unterhaltsanspruches auch bei unterschiedlicher Beurteilung der Statusfrage) entsprochen.

Gewiß ließe sich dieses Ziel auch dadurch erreichen, daß man zum Zwecke der Unterhaltsvollstreckung die Statusentscheidung in den Anwendungsbereich des Übereinkommens einbezieht (vgl LEQUETTE aaO). Aber dies widerspräche nicht nur dem Wortlaut des Art 1 Abs 2, sondern der Konzeption des ganzen Abkommens: über eine Anerkennung der Statusfrage konnte und wollte man sich nicht einigen (vgl Bericht JENARD Actes VIII 316; LANSKY 78 f). 69

Insgesamt ist also Art 1 Abs 2 so zu verstehen, daß auch notwendige Statusentscheidungen vom Unterhaltsausspruch zu trennen sind und nur letzterer nach der Konvention anerkannt wird (ebenso: Cass 12. 3. 1985 Rev crit 74 [1985] 677 m Anm ANCEL; Cass 27. 10. 1981 Bull civ 1981 I Nr 308, dazu ANCEL Rev crit 73 [1984] 504; Cour d'appel Paris 12. 7. 1977 Recueil Dalloz Sirey 1978 IR 101 Bericht AUDIT = Rev crit 68 [1979] 850; Trib gr inst Aix-en-Provence 10. 6. 1982 Clunet 110 [1983] 152 mit zust Anm GAUDEMET-TALLON; HERZFELDER Nr 331 ff; MARTINY in Hdb IZVR III/2 Kap II Rz 316; ANCEL Anm zu Trib gr inst Paris 19. 6. 1979 Rev crit 69 [1980] 370, 378 ff). 70

d) Abs 2 schließt nicht aus, daß **Kostenentscheidungen,** soweit sie sich auf die Unterhaltspflicht beziehen, ebenfalls nach dem Abkommen für vollstreckbar erklärt werden können (s zu Art 3 HaagUnterhVollstrÜbK 1973 unten Rz 163 und Bericht VERWILGHEN Nr 39 BT-Drucks 10/258, 39 = Actes et Doc XII/4, 400). 71

4. Keine Anwendung auf Unterhaltsentscheidungen gegen Verwandte in der Seitenlinie (Abs 3) 72

Der Ausschluß von Unterhaltsentscheidungen gegen Verwandte in der Seitenlinie (also gegen Geschwister und deren Abkömmlinge) entspricht der Einschränkung in Art 5 Abs 1 HaagUnterhÜbK. Die dazu geäußerte Kritik (Vorbem 207 zu Art 18 EGBGB) trifft auch auf das vorliegende Abkommen zu. Grundsätzlich soll die Anwendung der Konvention nämlich unabhängig von dem in der Unterhaltsentscheidung angewandten Recht sein; dieser Grundsatz wird hier durchbrochen. Der daraus resultierende Eingriff in das den Kindesunterhalt regelnde Rechtssystem kann zu Unstimmigkeiten führen, wenn das Kind seinen notwendigen Unterhalt nach diesem Recht teilweise von seinen Geschwistern zu erhalten hat (BISCHOFF Clunet 91 [1964] 766 f). Die Vollstreckbarkeit des notwendigen Kindesunterhaltes könnte dann nach der Konvention nicht erreicht werden. Im HaagUnterhVollstrÜbK 1973 ist die Beschränkung fortgefallen (s dort Rz 149).

Art 2 73

Unterhaltsentscheidungen, die in einem der Vertragsstaaten ergangen sind, sind in den anderen Vertragsstaaten, ohne daß sie auf ihre Gesetzmäßigkeit nachgeprüft werden dürfen, anzuerkennen und für vollstreckbar zu erklären,

1. wenn die Behörde, die entschieden hat, nach diesem Übereinkommen zuständig war;

2. wenn die beklagte Partei nach dem Recht des Staates, dem die entscheidende Behörde angehört, ordnungsgemäß geladen oder vertreten war;

jedoch darf im Fall einer Versäumnisentscheidung die Anerkennung und Vollstreckung versagt werden, wenn die Vollstreckungsbehörde in Anbetracht der Umstände des Falles der Ansicht ist, daß die säumige Partei ohne ihr Verschulden von dem Verfahren keine Kenntnis hatte oder sich in ihm nicht verteidigen konnte;

3. wenn die Entscheidung in dem Staat, in dem sie ergangen ist, Rechtskraft erlangt hat;

jedoch werden vorläufig vollstreckbare Entscheidungen und einstweilige Maßnahmen trotz der Möglichkeit, sie anzufechten, von der Vollstreckungsbehörde für vollstreckbar erklärt, wenn in dem Staat, dem diese Behörde angehört, gleichartige Entscheidungen erlassen und vollstreckt werden können;

4. wenn die Entscheidung nicht in Widerspruch zu einer Entscheidung steht, die über denselben Anspruch und zwischen denselben Parteien in dem Staat erlassen worden ist, in dem sie geltend gemacht wird;

die Anerkennung und Vollstreckung darf versagt werden, wenn in dem Staat, in dem die Entscheidung geltend gemacht wird, vor ihrem Erlaß dieselbe Sache rechtshängig geworden ist;

5. wenn die Entscheidung mit der öffentlichen Ordnung des Staates, in dem sie geltend gemacht wird, nicht offensichtlich unvereinbar ist.

1. Allgemeines

In Art 2 sind abschließend die **materiellen Voraussetzungen** aufgeführt, welche vor **der Anerkennung und Vollstreckbarerklärung** von Entscheidungen nach der Konvention geprüft werden dürfen. Sind auch die formellen Voraussetzungen durch Beibringung der nach Art 4 erforderlichen Unterlagen erfüllt, so hat die ersuchte Behörde das Exequatur ohne weitere Nachprüfungen zu erteilen (Art 5). Art 2 stellt klar, daß die zu vollstreckenden Entscheidungen auf ihre Gesetzmäßigkeit nicht nachgeprüft werden dürfen; eine **révision au fond** ist also **ausgeschlossen.** Ferner wiederholt Art 2, daß nur Entscheidungen aus Vertragsstaaten unter die Konvention fallen (s oben zu Art 1 Abs 1 Rz 48 sowie unten zu Art 8 Rz 118).

74 **2. Die Anerkennungsvoraussetzungen im einzelnen**

a) Indirekte Zuständigkeit (Nr 1)

Die Zuständigkeit der entscheidenden Behörde als erste Voraussetzung für die Anerkennung ist in Art 3 geregelt. Es wird aber lediglich vorausgesetzt, daß die Entscheidungsbehörde „nach diesem Übereinkommen" zuständig war. Bereits daraus ergibt sich, daß die in Art 3 aufgeführten Zuständigkeiten nur der ersuchten Behörde zur Überprüfung der Anerkennungsvoraussetzungen dienen, nicht aber der Entscheidungsbehörde zur Begründung ihrer internationalen Zuständigkeit (näher unten zu Art 3 Rz 105).

75 **b) Verteidigungsmöglichkeit der beklagten Partei (Nr 2)**

aa) Die **ordnungsgemäße Ladung der beklagten Partei** nach dem Recht des Entscheidungsstaates **oder** ihre **Vertretung** in dem entsprechenden Verfahren ist weitere Voraussetzung für die Anerkennung. Dabei wird eine fehlerhafte Ladung durch die tatsächliche Vertretung geheilt, da der Beklagte trotz des Verfahrensmangels die Möglichkeit hatte, sich vor Gericht zu verteidigen (Lansky 103).

76 Wie aus Art 4 Nr 3 hervorgeht, meint auch Art 2 Nr 2 nur die das Verfahren einleitende Ladung; im übrigen soll das Exequatur nicht von der Ordnungsmäßigkeit des zu der Entscheidung führenden Verfahrens abhängen. Der Beklagte ist insoweit auf die Rechtsbehelfe im Entscheidungsstaat verwiesen (Martiny in Hdb IZVR III/2 Kap II Rz 296). Der **Begriff der Ladung** ist nicht iS einer Zustellung zu

verstehen, sondern umfaßt jede Art der Bekanntgabe, mit der ein Gericht oder eine Verwaltungsbehörde das Verfahren einleitet (Bericht JENARD Actes VIII 317; LANSKY 104 f).

Nach dem **Recht des Entscheidungsstaates** richtet sich, wie die Ladung zu erfolgen 77
hat. Danach kann zB zulässig sein: die Ladung eines im Ausland wohnhaften Beklagten per Einschreiben (LG Heilbronn 11.5.1976 DAVorm 1977, 462 = IPRspr 1976 Nr 169), die Ladung durch Erteilung eines Zustellungsvermerks der Staatsanwaltschaft („remise au parquet", LANSKY 104 f; sowie zum HaagUnterhVollstrÜbK 1973 Bericht VERWILGHEN Nr 70 BT-Drucks 10/258, 46 = Actes et Doc XII/4, 415), die Ladung durch öffentliche Zustellung (§§ 203 ff ZPO, LANSKY 104) oder sogar ein Verzicht auf jede Ladung, wie bei einer Anhebung des „Normalunterhalts" in den skandinavischen Ländern (s dazu unten Art 8 Rz 120 ff; OLG Düsseldorf 29.4.1981 FamRZ 1982, 630 = IPRspr 1981 Nr 183; LG Frankfurt 22.6.1978 DAVorm 1979, 534 = IPRspr 1978 Nr 161; LG Hamburg 16.8.1974 DAVorm 1974, 682 = IPRspr 1974 Nr 178; SOERGEL/KEGEL vor Art 18 Rz 121). Soweit derartige Ladungen aber auf Versäumnisurteile hinauslaufen, sind noch die unten Rz 79 f genannten Einschränkungen zu beachten.

Die wirksame Zustellung von Ladungen kann sich nicht nur aus dem internen Recht 78
des Entscheidungsstaats, sondern auch aus bilateralen und multilateralen **Abkommen** ergeben (LANSKY 104), wie zB dem Haager Übereinkommen über den Zivilprozeß vom 1.3.1954 (BGBl 1958 II 576; BAUMBACH/LAUTERBACH/ALBERS/HARTMANN Einl IV 3 A, Anh § 202 Nr 5) und dem Haager Übereinkommen über die Zustellung im Ausland von gerichtlichen und außergerichtlichen Schriftstücken in Zivil- und Handelssachen vom 15.11.1965 (BGBl 1977 II 1453; BAUMBACH/LAUTERBACH/ALBERS/HARTMANN Einl IV 3 A; Anh § 202 Nr 2; dazu Cass [Italien] 10.2.1971 DAVorm 1978, 620).

bb) Sind **Versäumnisentscheidungen** anzuerkennen, wie es in Unterhaltssachen 79
häufig vorkommt, so kann der Vollstreckungsrichter die Anerkennung aus zwei Gründen versagen: zum einen, wenn die säumige Partei *von dem Verfahren schuldlos keine Kenntnis* hatte und zum anderen, wenn sie sich ansonsten ohne ihr Verschulden *nicht verteidigen konnte.* Wird also zB eine Ladung durch Erteilung eines Vermerks der Staatsanwaltschaft zugestellt („remise au parquet"), so ist dies zwar grundsätzlich zulässig, wenn diese Zustellungsart im Entscheidungsstaat möglich ist; die daraufhin ergangene Versäumnisentscheidung muß der Vollstreckungsrichter aber nur anerkennen, wenn der Beklagte sich nach den Umständen des Falles mutwillig einer andersartigen Zustellung entzogen oder auf andere Weise seine Unkenntnis vom Verfahren verschuldet hat (Bericht JENARD Actes VIII 317; LANSKY 105). Keine für die Anerkennung relevante Unkenntnis vom Verfahren liegt vor, wenn nach dem Recht des Entscheidungsstaates eine Ladung und Vertretung des Beklagten in bestimmten Verfahren nicht erforderlich ist (vgl oben Rz 77). Dies folgt schon daraus, daß in diesen Fällen der gesetzlichen Festlegung des Regelunterhalts keine Versäumnisentscheidung ergeht. Die fehlende Mitwirkung des Unterhaltsverpflichteten ist hier nach dem Abkommen hinzunehmen (MARTINY in Hdb IZVR III/2 Kap II Rz 297; LG Hamburg 16.8.1974 DAVorm 1974, 682 = IPRspr 1974 Nr 178).

In einer französischen Revisionsentscheidung (Cass 13.6.1978 Bull civ 1978 I 80
Nr 225) wurde die Verweigerung des Exequaturs aufgrund der Tatsache bestätigt, daß dem französischen Beklagten bei **Postzustellung** des deutschen *Versäumnisurteils* ein Empfang nicht nachgewiesen werden konnte; hier billigte der Vollstrekkungsrichter dem Beklagten zu, iS der Nr 2 Satz 2 zur Verteidigung außerstande gewesen zu sein, weil er wegen Unkenntnis der Erstentscheidung ein Rechtsmittel

nicht habe einlegen können. Indessen entspricht diese Argumentation nicht einem sinnvollen Verständnis der Nr 2 Satz 2, demzufolge das Exequatur nur dann verweigert werden darf, wenn die säumige Partei sich in dem Verfahren, das zu der zu vollstreckenden Entscheidung führte, nicht verteidigen konnte (kritisch zu der zitierten Entscheidung auch MEZGER, Rev crit 68 [1979] 646). Auch die in Deutschland übliche Postzustellung des verfahrenseinleitenden Antrags in *Betragsfestsetzungsverfahren* gefährdet die Anerkennung der so ergangenen Beschlüsse (dazu unten Rz 111).

81 Weiterhin kann die Abfassung der Ladung in einer **dem Beklagten unbekannten Sprache** zu unverschuldeter Unkenntnis vom Verfahren und damit zu einer Nichtanerkennung des Versäumnisurteils führen (Cass [Belgien] 24. 10. 1975 DAVorm 1978, 682). Jedoch ist nach den Umständen des Einzelfalls abzuwägen, ob den Beklagten hinsichtlich sprachbedingter Unkenntnis nicht ein Verschulden trifft. Wer zB aufgrund von Gesprächen mit dem entsprechenden ausländischen Konsulat von dem Unterhaltsverfahren wissen mußte, kann sich nicht darauf berufen, daß die Ladung in fremder Sprache abgefaßt war (Trib Bruxelles 18. 11. 1981 Rev trim dr fam 1982, 296). Nach dem Sinn und Zweck des Abkommens, die Vollstreckung im Ausland zu erleichtern, sollten auch an den Einwand sprachbedingter Unkenntnis strenge Anforderungen gestellt werden: in vielen Fällen wird dem als Unterhaltsverpflichteten in Anspruch Genommenen eine Übersetzung zugemutet werden können.

82 Schließlich kann die Anerkennung von Versäumnisentscheidungen trotz Kenntnis des Beklagten von dem Verfahren aufgrund **anderweitiger Unmöglichkeit, sich zu verteidigen,** verweigert werden. So wenn der Beklagte nicht rechtzeitig oder nicht persönlich geladen wurde (LANSKY 106; MARTINY in Hdb IZVR III/2 Kap II Rz 298). Die Ladung eines ausländischen Beklagten etwa drei bis vier Monate vor dem Termin ist jedoch ausreichend (Cass [Italien] 4. 4. 1978 DAVorm 1980, 321). Auch eine sonstige Verweigerung des rechtlichen Gehörs kann zur Nichtanerkennung einer Versäumnisentscheidung führen (LANSKY 106).

83 **c) Vollstreckungsfähigkeit der Entscheidung (Nr 3)**

aa) Grundsätzlich muß die anzuerkennende Entscheidung im Ursprungsland **Rechtskraft** erlangt haben. Der Begriff ist so zu verstehen, daß gegen die Entscheidung kein Rechtsmittel mit Suspensiveffekt mehr möglich ist (Bericht JENARD Actes VIII 317); er entspricht also dem der formellen Rechtskraft, der auch Verwaltungsentscheidungen fähig sind (LANSKY 109). Durch ein Wiederaufnahmeverfahren wird die Rechtskraft der Entscheidung somit nicht berührt, da dieses nach allen beteiligten Rechtsordnungen kein Rechtsmittel darstellt (Bericht JENARD Actes VIII 318; LANSKY 109).

84 Die grundsätzliche Beschränkung der Anerkennung auf rechtskräftige Entscheidungen entspricht einer weitverbreiteten staatsvertraglichen Praxis (vgl Bericht JENARD Actes VIII 317), da nur diesen, meist aus höheren Instanzen stammenden Entscheidungen im Anerkennungsstaat das nötige Vertrauen entgegengebracht wird. Ferner sollen die durch eine spätere Aufhebung der nicht rechtskräftigen Entscheidung entstehenden Rückabwicklungsprobleme vermieden werden.

85 **bb)** Trotz dieser Schwierigkeiten sind auch **vorläufig vollstreckbare Entscheidungen** aus humanitären Gründen zur Anerkennung nach der Konvention zugelassen worden: der Unterhaltsberechtigte kann nicht jahrelang auf ein rechtskräftiges Endurteil warten (Bericht JENARD Actes VIII 318; LANSKY 113; MARTINY in Hdb IZVR III/2 Kap II Rz 287). Die besondere Voraussetzung für die Anerkennung solcher Entscheidungen wurde dem römischen UNIDROIT-Entwurf aus dem Jahre

1938 entnommen (Bericht Jenard aaO; Bericht Verwilghen Nr 58 BT-Drucks 10/258, 44 = Actes et Doc XII/4, 409). Danach werden vorläufig vollstreckbare Entscheidungen nur dann anerkannt, wenn vergleichbare Maßnahmen auch nach dem Recht des Zweitstaates vorläufig vollstreckbar wären. Die Regelung basiert auf dem Gegenseitigkeitsgrundsatz; kennen beide Staaten gleichartige vorläufig vollstreckbare Entscheidungen, werden diese auch im Zweitstaat vollstreckt; kennt einer der Staaten derartige Entscheidungen nicht, findet keine Anerkennung statt (Lansky 114). Bei der in Deutschland beantragten Vollstreckbarerklärung einer nicht rechtskräftigen ausländischen Entscheidung muß jedoch beachtet werden, daß die Einlegung von suspendierenden Rechtsbehelfen im Ursprungsland nach § 5 Abs 1 AusfG (unten Rz 139) zur Aussetzung des deutschen Exequaturverfahrens führen kann.

Im Gegensatz zu dem römischen UNIDROIT-Entwurf blieb in der vorliegenden 86 Konvention das Problem ungeregelt, ob der Vollstreckungsschuldner bei späterer **Aufhebung der vorläufig vollstreckbaren Entscheidung** seine Schadensersatz- oder Ausgleichsansprüche nach dem Abkommen vollstrecken kann. Man war der Ansicht, daß die Anerkennung solcher Entscheidungen die Übereinkunft zu sehr belasten würde und daß Rückforderungsansprüche in Unterhaltssachen ohnedies selten Erfolg hätten (Bericht Jenard Actes VIII 321 f). Ihre Vollstreckbarkeit muß also nach autonomem Recht oder anderen Staatsverträgen bewirkt werden.

d) Widersprechende Entscheidungen und Rechtshängigkeit (Nr 4) 87

aa) Nr 4 enthält zwei negativ formulierte Anerkennungsvoraussetzungen: es darf in derselben Sache weder eine widersprechende Entscheidung des Anerkennungsstaates existieren (HS 1), noch darf dort ein Verfahren vor Erlaß der Entscheidung rechtshängig geworden sein (HS 2). Beide Voraussetzungen räumen dem gerichtlichen bzw behördlichen Vorgehen im Anerkennungsstaat einen weitgehenden Vorrang ein: Nach HS 1 verhindert die zweitstaatliche Entscheidung die Anerkennung des erststaatlichen Ausspruchs, selbst wenn das Verfahren im Anerkennungsstaat später eingeleitet wurde, und nach HS 2 braucht das zweitstaatliche Verfahren noch nicht einmal bis zur Entscheidung gelangt zu sein, um die Anerkennung der Erstentscheidung auszuschließen.

bb) Um den weitgehenden Vorrang **widersprechender Entscheidungen (HS 1)** des 88 Anerkennungsstaates abzuschwächen, wird vorgeschlagen, nur den vor der Erstentscheidung ergangenen Unterhaltssprüchen des Zweitstaates die das Exequatur hemmende Wirkung beizumessen (Lansky 120). Obwohl diese Auslegung dem Sinn des Abkommens grundsätzlich entspricht (Gleichstellung der Wirkungen in- und ausländischer Entscheidungen), wird man doch auch später ergangenen Entscheidungen des Anerkennungsstaates den Vorrang einräumen müssen: für eine Beschränkung auf zuerst ergangene Aussprüche bietet der Wortlaut des Art 2 Nr 4 HS 1 keinen Anhaltspunkt; vielmehr ergibt sich aus den Beratungen, daß die Mehrzahl der Delegierten bei jeder widersprechenden Entscheidung des Zweitstaates das Exequatur versagen wollte (Bericht Jenard Actes VIII 319; vgl aber in den Beratungen de Winter Actes VIII 203; aA Lansky 120; kritisch auch Martiny in Hdb IZVR III/2 Kap II Rz 310).

Auch wenn die Entscheidung des Anerkennungsstaates früher als die erststaatliche 89 ergangen ist, verhindert sie deren Anerkennung nach dem Wortlaut der Nr 4 nur, wenn sie zu ihr **in Widerspruch** steht. Nach den Beratungen ist dieses Kriterium indes bereits durch die bloße Existenz einer Entscheidung im Anerkennungsstaat erfüllt, selbst wenn sie sich inhaltlich nicht von der des Erststaates unterscheidet (Protokoll der Sitzung vom 19. 10. 1956 Actes VIII 202; dagegen Lansky 119

Fn 639). Dem ist zuzustimmen: bei inhaltlich gleichen Entscheidungen geht der frühere im Anerkennungsstaat selbst ergangene Unterhaltsausspruch vor.

90 Ferner können nur solche im Anerkennungsstaat erlassene Entscheidungen zu dem erststaatlichen Urteil in Widerspruch treten, die einen *Unterhaltsausspruch* enthalten; ein im Zweitstaat ergangenes Statusurteil verhindert die Anerkennung also nicht, selbst wenn sich aus dem dort angewendeten Recht eine der anzuerkennenden Entscheidung widersprechende Unterhaltsfolge ergibt. Daß die Anerkennung nach dem Übereinkommen von Statusentscheidungen unabhängig ist, ordnet Art 1 Abs 2 (dazu oben Rz 62 ff) für den Statusteil fremder Unterhaltsentscheidungen an. Für die Beachtlichkeit eigener Statusaussprüche im Rahmen des Art 2 Nr 4 dürfte nichts anderes gelten (Siehr 110 Fn 263; aA Lansky 119; unentschieden Martiny in Hdb IZVR III/2 Kap II Rz 311).

91 Das Abkommen läßt die Frage unbeantwortet, ob die im Anerkennungsstaat ergangene Entscheidung (formell) **rechtskräftig** sein muß, um die Vollstreckbarerklärung des erststaatlichen Ausspruchs zu verhindern. Hier wollte man der ersuchten Behörde einen Beurteilungsspielraum einräumen (Bericht Jenard Actes VIII 318). Nach dem Sinn der Konvention sollten jedoch nur rechtskräftige oder vorläufig vollstreckbare eigene Unterhaltstitel das Exequatur der fremden Entscheidung zwingend ausschließen: Der Unterhaltsberechtigte soll im Prinzip die früheste Vollstreckungsmöglichkeit wahrnehmen können. Es bleibt jedoch die Möglichkeit einer Versagung der Anerkennung nach HS 2.

92 cc) Die **Rechtshängigkeit derselben Sache** im Anerkennungsstaat kann die Anerkennung nach **HS 2** ausschließen. Die Formulierung, daß in diesem Fall die Anerkennung versagt werden „darf", soll dem Vollstreckungsrichter kein Ermessen einräumen, sondern bedeutet nur, *daß nach dem Abkommen* keine Verpflichtung zur Anerkennung besteht (Martiny in Hdb IZVR III/2 Kap II Rz 313). Sieht auch das autonome Recht oder ein sonstiger Staatsvertrag in diesem Fall keine Anerkennung vor, so ist diese zu versagen. Nach deutschem Internationalem Zivilprozeßrecht schließt die Rechtshängigkeit eines deutschen Verfahrens die Anerkennung einer fremden Entscheidung in derselben Sache jedoch nur dann aus, wenn das deutsche Verfahren früher eingeleitet wurde (Martiny in Hdb IZVR III/1 Kap I Rz 1147). Bei einem später als das Erstverfahren eingeleiteten Rechtsstreit kann die Anerkennung der Erstentscheidung infolge der weitmaschigen Regelung der Nr 4 HS 2 ebenfalls scheitern. Dies ist dann der Fall, wenn das autonome Recht des Anerkennungsstaates – anders als das deutsche Recht – einen unbedingten Vorrang der inländischen Rechtshängigkeit vorsieht. Das Abkommen läßt es nämlich zu, auch solchen Verfahren im Anerkennungsstaat eine Sperrwirkung für das Exequatur beizumessen, die unter Mißachtung des Ursprungsverfahrens nach dessen Einleitung begonnen worden sind. Dem Beklagten des Erstverfahrens wird auf diese Weise die Möglichkeit eröffnet, sich bei einer drohenden Verurteilung im Erststaat der Vollstreckung im Zweitstaat zu entziehen, indem er dort rechtzeitig negative Klage erhebt (Lansky 123). Dieses Ergebnis ist mit den Zielsetzungen des Abkommens schlecht zu vereinbaren; weder erfolgt eine Gleichstellung der Wirkungen in- und ausländischer Entscheidungen, noch wird die angestrebte unkomplizierte Vollstreckung ausländischer Unterhaltsaussprüche ermöglicht (vgl Bericht Jenard Actes VIII 315). Statt dessen fördert diese Regelung international den Erlaß einander widersprechender Unterhaltsentscheidungen (Lansky 123; vgl Mezger Trav com fr dip 19/20 [1958/59] 139; Jacottet 98). Zwar ist die Frage, ob das mit dem Zweitverfahren im Anerkennungsstaat befaßte Gericht die Klage wegen der früheren Rechtshängigkeit derselben Sache im Erststaat als unzulässig abweisen muß, nicht der Konvention unterworfen; jedoch wird der Erlaß widersprechender Entscheidungen schon dadurch begünstigt, daß die Konvention der Zweitentscheidung die genannte Sperrwirkung nicht ausdrücklich abspricht. Diese ungünstigen Auswirkungen vermeidet Art 5 Nr 3 UnterhVollstrÜbK 1973, indem er auf den Zeitpunkt der Verfahrenseinleitung abstellt und nur ein zuerst eingeleitetes inländisches Verfahren als Anerkennungshindernis zuläßt.

e) Ordre public (Nr 5) 93

aa) Die Aufnahme des ordre public-Verstoßes als negative Anerkennungsvoraussetzung hat den **Sinn,** die Berufung auf die öffentliche Ordnung zur Begründung der Nichtanerkennung so weit wie möglich zu unterbinden (so für das UnterhVollstrÜbK 1973 Bericht Verwilghen Nr 64 BT-Drucks 10/258; 45 = Actes et Doc XII/4, 412, vgl auch Bericht Jenard Actes VIII 319). Daher kann nur ein „offensichtlicher", also ein besonders einschneidender Verstoß gegen den ordre public die Nichtanerkennung rechtfertigen. Keinesfalls darf auf diese Weise eine versteckte materielle Nachprüfung der anzuerkennenden Entscheidung vorgenommen werden (vgl Art 2 Satz 1, Art 5). Einfache Verfahrensfehler oder die Tatsache, daß die Entscheidung nach Auffassung des Vollstreckungsrichters sonstwie unrichtig ist, führen also grundsätzlich nicht zur Verweigerung des Exequaturs (Lansky 124). Ebensowenig ist es mit dem ordre public „offensichtlich unvereinbar", wenn die anzuerkennende Entscheidung dem Unterhaltsschuldner höhere Zahlungen auferlegt, als sie bei einer Klage im Vollstreckungsstaat zu leisten wären (Martiny in Hdb IZVR III/2 Kap II Rz 301). Die Verträglichkeit mit der öffentlichen Ordnung des Vollstreckungsstaates ist im *Zeitpunkt der Anerkennung* zu beurteilen.

bb) Unterliegt die anzuerkennende Entscheidung einem Recht, das Unterhalt nur 94
nach erfolgter **Statusfeststellung** zuspricht, so darf sich die ordre public-Prüfung wegen der in solchen Fällen erfolgenden Abtrennung des Unterhaltsausspruchs von dem Statusteil (Art 1 Abs 2, dazu oben Rz 62 ff) grundsätzlich nicht auf die Statusfeststellung erstrecken. Jedoch wird in einigen Ländern (s unten Rz 96 ff) auch die Durchführung des Abstammungsbeweises wegen ihrer entscheidenden Wirkung für das Ergebnis des Unterhaltsausspruchs an der öffentlichen Ordnung des Vollstreckungsstaates gemessen. Ist der Abstammungsbeweis in Staaten mit notwendiger Statusfeststellung von der allein dem Abkommen unterliegenden Unterhaltsentscheidung in die Personenstandsfeststellung verschoben, so kann die nach Art 1 Abs 2 vorgesehene Trennung von Status- und Unterhaltsspruch ausnahmsweise durchbrochen werden (vgl Ancel Anm zu Cass 12. 3. 1985 Rev crit 74 [1985] 677, 679 ff; Martiny in Hdb IZVR III/2 Kap II Rz 302).

Einen offensichtlichen Verstoß gegen den ordre public begründet aber nicht die 95
Tatsache, daß das Recht des Vollstreckungsstaates und das der anzuerkennenden Entscheidung zugrundeliegende Recht sich in der Frage unterscheiden, ob die Verurteilung zu Unterhaltsleistungen eine Statusfeststellung voraussetzt oder ob eine „Zahlvaterschaft" vorgesehen ist. Für den deutschen ordre public ergibt sich dies schon daraus, daß die „Zahlvaterschaft" früher auch nach deutschem Recht möglich war. Im übrigen folgt dies aus dem Ziel der Konvention, die Vollstreckung von Unterhaltsentscheidungen auch dort zu ermöglichen, wo die beteiligten staatlichen Rechte in der rechtspolitisch brisanten Statusfrage differieren. Mit dieser Intention wäre es nicht zu vereinbaren, allein aufgrund derartiger Systemunterschiede durch die ordre public-Klausel zur Nichtanerkennung zu gelangen.

cc) In vielen Fällen sind die von dem entscheidenden Gericht zur Abstammungsfest- 96
stellung erhobenen **Beweise** von den Vollstreckungsgerichten auf ihre Vereinbarkeit mit der öffentlichen Ordnung im Vollstreckungsstaat überprüft worden. In **Frankreich** ist hier die immer noch bestehende Grundeinstellung spürbar, daß die Suche

nach dem Vater eines nichtehelichen Kindes und auch dessen Belastung mit Unterhaltsverpflichtungen die Ausnahme bleiben soll (MEZGER IPRax 1981, 104 mwN). So werden die der anzuerkennenden Entscheidung zugrundeliegenden Beweise oft an den im französischen Recht zulässigen Beweismitteln gemessen. Bei deutschen Unterhaltstiteln, bei denen die Abstammungsfeststellung innerhalb des Statusurteils erfolgt (§ 1600 a Satz 2 BGB), werden jedoch nicht nur die im französischen Recht zur Statusfeststellung zulässigen Beweise herangezogen, sondern auch die zur Feststellung einer bloßen Zahlvaterschaft möglichen (Cass 12. 3. 1985 Rev crit 74 [1985] 677 mit zust Anm ANCEL). In der jüngeren Rechtsprechung ist indessen eine Tendenz erkennbar, die Vereinbarkeit ausländischer Abstammungsbeweise mit dem französischen ordre public nicht mehr strikt an eine Übereinstimmung mit den französischen Beweisregeln zu knüpfen (Cass 9. 10. 1984 JCP 1984 IV Nr 343; 6. 3. 1984 Rev crit 74 [1985] 108 m Anm DROZ).

97 Fremde **Unterhaltsurteile** werden danach **in Frankreich nicht anerkannt,** wenn sich die Abstammungsfeststellung allein auf die Zeugenaussage der Mutter gründet (Cass 19. 12. 1973 DS 1974, 661 m Anm MEZGER = DAVorm 1978, 564; 18. 5. 1976 Rev crit 67 [1978] 351 m Anm SIMON-DEPITRE/FOYER = Clunet 105 [1977] 485 m Anm HUET). Die Anerkennung wird auch dann versagt, wenn die Zeugenaussage der Mutter nur durch die sich aus der Säumnis des Beklagten ergebende Geständnisfiktion gestützt wurde, wie sie das alte deutsche Nichtehelichenrecht kannte (Cass 10. 3. 1983 Rev crit 71 [1982] 724 m Anm MEZGER; 28. 10. 1981 Bull civ 1981 I Nr 319 = Rev crit 71 [1982] 761 f; 22. 4. 1981 Bull civ 1981 I Nr 124, dazu insgesamt KLINKHARDT ZBlJugR 1984, 167). Andererseits wurde eine Abstammungsfeststellung gebilligt, die allein auf der gesetzlichen Vermutung des § 1600o Abs 1 beruhte, nach der als Kindesvater anzusehen ist, wer der Mutter in der gesetzlichen Empfängniszeit beigewohnt hat, ohne daß schwerwiegende Zweifel an der Vaterschaft verbleiben (Cass 16. 2. 1982 Bull civ 1982 I Nr 69 = Rev crit 72 [1983] 724 f).

98 Selbst wenn die Vaterschaft des Beklagten durch serologische Gutachten festgestellt wurde, kann die Anerkennung eines Unterhaltstitels in Frankreich aber daran scheitern, daß die Kindesmutter zur Zeit der Empfängnis in anstößigen Verhältnissen lebte (Art 340-1, 342-4 cc; Nancy 16. 11. 1982 Rev Als-Lorr 63 [1983] 45 m Anm STECK, aufgehoben durch Cass 12. 3. 1985 Rev crit 74 [1985] 677 m Anm ANCEL mit dem Argument, der anstößige Lebenswandel iSd Art 342-4 cc [„débauche"] sei nicht erwiesen, obwohl die Kindesmutter Unterhalterin in einer Bar war).

99 Jedoch werden **Unterhaltstitel** in Frankreich stets **anerkannt,** wenn die Abstammungsfeststellung aufgrund der Zeugenaussage der Kindesmutter von anderen zuverlässigen Beweisen untermauert wurde. So verstößt es nicht gegen den französischen ordre public, wenn die Vaterschaft durch eine **Blutuntersuchung** positiv festgestellt wird, obwohl nach französischem Recht serologische Gutachten nur für negative Abstammungsbeweise zulässig sind (Art 340-1 cc; Cass 12. 3. 1985 Rev crit 74 [1985] 677 m Anm ANCEL; 16. 11. 1983 Bull civ 1983 I Nr 271, LS Rev crit 73 [1984] 702; Trib gr inst Aix-en-Provence 10. 6. 1982 Clunet 110 [1983] 152 m zust Anm GAUDEMET-TALLON). Weiterhin ist die beeidete Aussage der Kindesmutter bei gleichzeitiger Nichtbeibringung von Beweisen für einen behaupteten Mehrverkehr als ausreichend angesehen worden (Cass 25. 1. 1977 DS 1977, 685 m zust Anm MEZGER = Clunet 104 [1977] 470 m Anm RUZIÉ = Rev crit 67 [1978] 351 m Anm SIMON-DEPITRE/FOYER = DAVorm 1978, 565); ebenso ist ein Abstammungsbeweis aufgrund der beeideten Zeugenaussage der Mutter mit dem französischen ordre public vereinbar, wenn sie durch andere Zeugenaussagen und Indizien, wie Briefe, Photographien und Reisen des Beklagten zur Kindesmutter untermauert wird (Cass 6. 3. 1984 Rev crit 74 [1985] 108 m Anm DROZ).

In **Belgien** werden die Beweisbeschränkungen des Art 340 b cc nicht zum ordre public gerechnet, so daß grundsätzlich auch andere vom Entscheidungsgericht der Abstammungsfeststellung zugrundegelegte Beweise akzeptiert werden (Cass 25. 10. 1979 DAVorm 1980, 330; Rb Brüssel 22. 12. 1976 RW 40 [1976–77] 2606 m Anm VAN HOUTTE). Danach wird auch die Zeugenaussage der Kindesmutter nicht beanstandet, jedenfalls wenn sie von anderen Beweisen untermauert wird, zB Blutuntersuchungen oder Briefen des Beklagten (Brüssel 15. 11. 1981 Rev trim dr fam 1982, 296). Läßt sich der belgische Beklagte nicht auf eine ihm angebotene Blutuntersuchung ein, scheitert eine Verurteilung aufgrund der von anderen Indizien untermauerten Zeugenaussage der Mutter nicht am belgischen ordre public (Gent 24. 2. 1969 DAVorm 1970, 205). 100

Auch in **Italien** wird die Verwendung von Abstammungsbeweisen, die dem italienischen Recht fremd sind, nicht als offensichtlicher ordre public-Verstoß gewertet, da der einem nichtehelichen Kind geschuldete Unterhalt nicht als familienrechtliches, sondern als außervertragliches Schuldverhältnis qualifiziert wird, dessen Beweis nicht an der italienischen öffentlichen Ordnung zu messen sei (Cass 18. 11. 1970 DAVorm 1971, 475 ff). Lediglich der statusrechtliche Abstammungsbeweis ist nach dem italienischen ordre public nicht zulässig, wobei jedoch mit Statusfeststellungen verbundene ausländische Unterhaltsaussprüche wegen der Beschränkung des Abkommens auf den Unterhaltsteil der Entscheidung nicht an den italienischen Beweisregeln gemessen werden. Vielmehr wird betont, daß die Anerkennungsversagung aufgrund von Beweisbeschränkungen dem Sinn der Konvention zuwiderliefe, die Durchsetzung ausländischer Unterhaltstitel möglichst zu vereinfachen (Cass 16. 12. 1976 Riv dir int priv proc 14 [1978] 110, dazu LUTHER DAVorm 1979, 642 f; 19. 10. 1972 Clunet 103 [1976] 171 m Anm TREVES mwN). 101

dd) Auch **sonstige Verfahrensverstöße** können die Anerkennung der Entscheidung am ordre public des Vollstreckungsstaates scheitern lassen. In Deutschland wurde oft die Frage aufgeworfen, ob skandinavische Unterhaltsentscheidungen, die ohne Beteiligung des Beklagten ergehen, wegen Verstoßes gegen das Grundrecht auf **rechtliches Gehör** (Art 103 Abs 1 GG) nicht anzuerkennen seien. Die Anerkennung ist jedoch stets bejaht worden, wenn es sich lediglich um die Festsetzung des Normalunterhaltsbeitrags handelte und dem Unterhaltsschuldner im Abstammungsverfahren oder durch Einräumung einer Beschwerdefrist rechtliches Gehör gewährt wurde (LG Hamburg 16. 8. 1974 DAVorm 1974, 682 = IPRspr 1974 Nr 178; AG Hamburg 4. 2. 1976 DAVorm 1976, 237 = IPRspr 1976 Nr 163; AG Recklinghausen 3. 12. 1975 DAVorm 1976, 373 = IPRspr 1975 Nr 172). 102

Der deutsche ordre public ist ferner nicht verletzt, wenn bei einem dänischen Vaterschaftsanerkenntnis kein **Dolmetscher** hinzugezogen wurde, jedenfalls soweit der anerkennende Deutsche bei der Niederschrift seine mangelnden Sprachkenntnisse nicht vorgetragen hat (vgl § 16 BeurkG; LG Frankfurt 22. 6. 1978 DAVorm 1979, 534 = IPRspr 1978 Nr 161 und 18. 2. 1977 DAVorm 1977, 342 = IPRspr 1977 Nr 141). Ebensowenig wird der deutsche ordre public durch die **Unterhaltsfestsetzung in DM** seitens fremder Gerichte verletzt, auch wenn die Festsetzung der Devisenerlangung dienen sollte (OLG München 12. 11. 1984 DAVorm 1985, 164 = IPRspr 1984 Nr 181; OLG Düsseldorf 25. 6. 1980 DAVorm 1980, 762 = IPRspr 1980 Nr 4; vgl auch BGH 26. 11. 1986 NJW 1987, 1146 = FamRZ 1987, 370 = ZBlJugR 1987, 135). 103

Die **Zustellung** einer deutschen Unterhaltsentscheidung durch die Post gemäß § 175 ZPO ist am schweizerischen ordre public unter der Erwägung gemessen worden, daß die Rechtsmittelfristen mit der Aufgabe zur Post auch dann liefen, wenn die Entscheidung den Empfänger nicht erreiche. Ein Verstoß gegen die öffentliche 104

Ordnung wird jedoch verneint, wenn das Urteil den Schuldner nachweislich erreicht hat (BG 28. 10. 1970 DAVorm 1971, 77) oder wenn dieser trotz Aufforderung des Gerichts keinen inländischen Bevollmächtigten zum Empfang des Urteils bezeichnet hat (§ 174 Abs 2 ZPO) und daraufhin die für diesen Fall angekündigte Postzustellung erfolgt (BG 16. 11. 1971 BGE 97 I 250, Bericht LALIVE Clunet 103 [1976] 728).

105 **Art 3**

Nach diesem Übereinkommen sind für den Erlaß von Unterhaltsentscheidungen folgende Behörden zuständig:

1. **die Behörden des Staates, in dessen Hoheitsgebiet der Unterhaltspflichtige im Zeitpunkt der Einleitung des Verfahrens seinen gewöhnlichen Aufenthalt hatte;**
2. **die Behörden des Staates, in dessen Hoheitsgebiet der Unterhaltsberechtigte im Zeitpunkt der Einleitung des Verfahrens seinen gewöhnlichen Aufenthalt hatte;**
3. **die Behörde, deren Zuständigkeit sich der Unterhaltspflichtige entweder ausdrücklich oder dadurch unterworfen hat, daß er sich, ohne die Unzuständigkeit geltend zu machen, zur Hauptsache eingelassen hat.**

1. Allgemeines

Die Vorschrift regelt nicht die internationale Zuständigkeit für den Erlaß von Unterhaltsentscheidungen, sondern bestimmt lediglich, wann eine Behörde, insbesondere ein Gericht „nach diesem Übereinkommen" von der Vollstreckungsbehörde für zuständig angesehen werden soll **(indirekte Zuständigkeit).** Ist eine der in Art 3 genannten Zuständigkeiten gegeben, so folgt daraus nur, daß die Anerkennungsvoraussetzung des Art 2 Nr 1 erfüllt ist. Die internationale Entscheidungszuständigkeit selbst richtet sich nach dem autonomen Recht oder nach anderen Staatsverträgen, zB nach Art 5 Nr 2 GVÜ (BG 7. 7. 1966 BGE 92 II 82, 84 ff; Bericht VERWILGHEN Nr 47 f BT-Drucks 10/258; 41 = Actes et Doc XII/4, 404; LANSKY 95; MARTINY in Hdb IZVR III/2 Kap II Rz 289; SCHLOSSER FamRZ 1973, 425; PETERSEN RabelsZ 24 [1959] 40 ff; SOERGEL-KEGEL vor Art 18 Rz 129; STEIN-JONAS-MÜNZBERG § 723 ZPO Anh A I Anm 15, 27. Irrig LG Stuttgart MDR 1964, 1011 = IPRspr 1964–65 Nr 258; OGH 22. 1. 1968 ZfRvgl 1968, 300 mit abl Anm KROPHOLLER; OGH 16. 12. 1969 ÖJZ 1970, 351 = ZfRvgl 1971, 120 mit abl Anm HOYER, OLG Wien 7. 7. 1970 ZfRvgl 1972, 205 mit abl Anm MÄNHARDT). Weiterhin ist es für die Anerkennung von Entscheidungen nach der Konvention unerheblich, ob das Erstgericht nach seinem autonomen Recht zuständig war (MARTINY in Hdb IZVR III/2 Kap II Rz 289; STEIN-JONAS-MÜNZBERG § 723 ZPO Anh A I 1 Anm 15).

106 **2. Die einzelnen Zuständigkeiten**

a) Die Zuständigkeit der Behörden und Gerichte des Staates, in dem **der Unterhaltspflichtige** zZ der Verfahrenseinleitung seinen **gewöhnlichen Aufenthalt** hatte **(Nr 1),** entspricht dem Grundsatz „actor sequitur forum rei". Bei späterem Wechsel des gewöhnlichen Aufenthaltes bleibt die Zuständigkeit bestehen (perpetuatio fori). Der Begriff des „gewöhnlichen Aufenthaltes" ist autonom auszulegen; es ist also nicht nach dem Verständnis einer staatlichen Rechtsordnung zu fragen, sondern nach dem der Konvention eigenen. Danach ist physische Präsens von einiger tatsächlicher Dauer (etwa sechs Monate) oder doch voraussichtlicher Dauer für die Begründung des gewöhnlichen Aufenthaltes erforderlich; als Umschreibung dient die Formel der Rspr, daß eine Person an ihrem gewöhnlichen Aufenthalt den Schwerpunkt ihrer Bindungen, ihren Daseinsmittelpunkt habe (Näheres Vorbem 39 ff zu Art 18 EGBGB).

b) Auch die Behörden des Staates, in dem der **Unterhaltsberechtigte** zZ der 107
Verfahrenseinleitung seinen **gewöhnlichen Aufenthalt** hatte, sind nach dem Abkommen zuständig (**Nr 2**). Die Anerkennung dieser Zuständigkeit entspricht einer verbreiteten Tendenz, einen Gerichtsstand am gewöhnlichen Aufenthalt der schwächeren Partei (Unterhaltsgläubiger, Versicherungsnehmer, Verbraucher) zu eröffnen (vgl zB Art 5 Nr 2, 8 Abs 1 Nr 2, 14 Abs 1 GVÜ 1978). Die Behörden und Gerichte am gewöhnlichen Aufenthalt des Unterhaltsbedürftigen können seine persönlichen Bedürfnisse am besten beurteilen (Bericht Jenard Actes VIII 319). Jedoch ist zu beachten, daß gegen die Anerkennung von Entscheidungen, die im Gerichtsstand des Klägers ergangen sind, nach Art 18 Abs 1 ein Vorbehalt möglich ist.

c) Schließlich wird eine Zuständigkeit durch **ausdrückliche Unterwerfung** oder 108
durch **rügelose Verhandlung zur Hauptsache** begründet (**Nr 3**). Aufgrund dieser Regelung kann die Vollstreckungsbehörde auf eine Prüfung der anderen Zuständigkeiten verzichten, wenn es sich nicht um eine Versäumnisentscheidung handelt oder die rügelose Einlassung streitig ist (Lansky 102). Nr 3 erkennt eine Prorogation auch an, wenn die beteiligten Rechtsordnungen sonst keine Gerichtsstandsvereinbarungen in Unterhaltssachen kennen (Martiny in Hdb IZVR III/2 Kap II Rz 294), nicht jedoch eine Derogation der in Nr 1 und 2 aufgeführten Gerichtsstände (Lansky 102).

Art 4 109

Die Partei, die sich auf eine Entscheidung beruft oder ihre Vollstreckung beantragt, hat folgende Unterlagen beizubringen:

1. eine Ausfertigung der Entscheidung, welche die für ihre Beweiskraft erforderlichen Voraussetzungen erfüllt;

2. die Urkunden, aus denen sich ergibt, daß die Entscheidung vollstreckbar ist;

3. im Fall einer Versäumnisentscheidung eine beglaubigte Abschrift der das Verfahren einleitenden Ladung oder Verfügung und die Urkunden, aus denen sich die ordnungsmäßige Zustellung dieser Ladung oder Verfügung ergibt.

1. Allgemeines

Aus Art 4 ergibt sich zunächst, daß der Unterhaltsgläubiger sich um die Vollstrekkung seines Titels im Ausland ebenso selbst kümmern muß wie im Inland; damit sind die verschiedenen Bemühungen in den vorangegangenen Abkommensentwürfen gescheitert, den Unterhaltsgläubiger bei der Vollstreckung im Ausland etwa durch Einschaltung der Auslandsvertretung des Erststaates oder durch Einrichtung besonderer Behörden im Vollstreckungsstaat zu unterstützen (Lansky 138 f, vgl aber Art 13). Im Verhältnis zu Staaten, die dem New Yorker UN-Übereinkommen über die Geltendmachung von Unterhaltsansprüchen im Ausland vom 20. 6. 1956 (BGBl 1959 II 150) beigetreten sind, kann die Vollstreckung jedoch unter Vermittlung der Empfangsstelle nach Art 6 Abs 1 jenes Übereinkommens bewirkt werden (vgl Art 11; Lansky 139; zu dem New Yorker Übereinkommen s unten Rz 227 ff; zum praktischen Vorgehen bei der Geltendmachung deutscher Titel in Frankreich, Italien, Belgien und Spanien Klinkhardt ZBlJugR 1984, 161 ff, 209 ff). Hilfe bei der Geltendmachung deutscher Unterhaltstitel im Ausland gewährt das Deutsche Institut für Vormundschaftswesen, das im Auftrag des Berechtigten die Korrespondenz mit dem Ausland erledigt (vgl ZARBOCK DAVorm 1981, 514 ff).

110 **2. Vorzulegende Urkunden gemäß Nr 1 und 2**

Für die nach den Nr 1 und 2 vorzulegenden Urkunden sind beglaubigte Abschriften jedenfalls dann ausreichend, wenn dies im Verhältnis zwischen Entscheidungs- und Vollstreckungsstaat staatsvertraglich festgelegt ist (vgl LG Frankfurt 22. 6. 1978 DAVorm 1979, 534 = IPRspr 1978 Nr 161). Nicht ausreichend ist dagegen die nicht beglaubigte Fotokopie einer beglaubigten Abschrift (OGH 19. 12. 1984 ZfRVgl 1986, 133). Für Nr 2 genügt bei deutschen Entscheidungen das Rechtskraftzeugnis des deutschen Urkundsbeamten (Cass 25. 1. 1977 DAVorm 1978, 565 [Frankreich]). Generell kann aus der Rechtskraftbestätigung auf die Vollstreckbarkeit geschlossen werden (OGH 19. 12. 1984 ZfRVgl 1986, 133). Zur Ausfertigung von deutschen Versäumnis- oder Anerkenntnisurteilen, deren Vollstreckung im Ausland zu erwarten ist, enthalten die §§ 8 ff AusfG HaagUnterhVollstÜbK 1958 (abgedruckt unten Rz 139) Sonderregeln.

111 **3. Versäumnisentscheidungen**

Der nach Nr 3 bei Versäumnisentscheidungen notwendige Beweis ordnungsgemäßer Zustellung der Ladung wird in deutschen Verfahren, zu denen durch *Postzustellung* geladen wurde, regelmäßig nicht möglich sein. Soweit es dabei um deutsche Betragsfestsetzungsbeschlüsse geht, ist in Frankreich in vielen Fällen auf die Beibringung der nach Nr 3 erforderlichen Urkunden verzichtet worden (dazu KLINKHARDT ZBlJugR 1984, 167 f mwN). Dagegen wurde in einer italienischen Entscheidung (App Bologna 22. 11. 1985 DAVorm 1986, 917) einem Betragsfestsetzungsbeschluß das Exequatur verweigert, weil es an der ordnungsgemäßen Zustellung gefehlt habe und der Beschluß daher nicht als Entscheidung iS des Abkommens angesehen wurde. Daher sollten auch Betragsfestsetzungsanträge förmlich zugestellt werden (ebenso KLINKHARDT DAVorm 1986, 168).

112 **Art 5**

Die Prüfung der Vollstreckungsbehörde beschränkt sich auf die in Artikel 2 genannten Voraussetzungen und die in Artikel 4 aufgezählten Urkunden.

1. Durch positive Aufzählung der Prüfungsbefugnisse des Vollstreckungsgerichts verbietet die Vorschrift e contrario die sachliche Nachprüfung **(révision au fond)** der Erstentscheidung, wie auch Art 2 Satz 1 bestätigt (Bericht VERWILGHEN Nr 74 BT-Drucks 10/258, 47 = Actes et Doc XII/4, 416 f). Der Vollstreckungsrichter darf also zB nicht nachprüfen, ob das der Erstentscheidung zugrundegelegte Recht auch aus der Sicht des Vollstreckungsstaates angewandt worden wäre (JACOTTET 99; MARTINY in Hdb IZVR III/2 Kap II Rz 285) oder ob der festgesetzte Unterhaltsbetrag angemessen ist. Es bleibt dem Unterhaltsschuldner jedoch unbenommen, nach den Vorschriften des Zweitstaates Vollstreckungsschutz zu suchen oder dort auf Herabsetzung des festgesetzten Unterhaltes zu klagen (OLG Schleswig 18. 3. 1985 SchlHA 1985, 107 = IPRspr 1985 Nr 174; vgl auch LANSKY 131 ff).

113 **2.** Zu Zweifelsfragen kann die Anerkennungsvoraussetzung des Art 2 Nr 5 Anlaß geben, nach der einer Entscheidung das Exequatur bei offensichtlichem Verstoß gegen den ordre public des Vollstreckungsstaates versagt werden kann; der Vollstreckungsrichter muß hier in eine sachliche Überprüfung der Erstentscheidung

eintreten, um ihre Vereinbarkeit mit der heimischen öffentlichen Ordnung überprüfen zu können (LANSKY 125). Hier ist das Verbot der révision au fond verletzt, wenn zB an der Glaubwürdigkeit eines konkreten Beweises gezweifelt wird, nicht dagegen, wenn bestimmte Beweismittel allgemein für unzulässig gehalten werden.

Auch bei der Überprüfung der indirekten internationalen Zuständigkeit der ent- 114
scheidenden Behörde nach Art 2 Nr 1 iVm Art 3 ist eine eigene Beurteilung des Falles durch den Vollstreckungsrichter unerläßlich (s dazu Art 9 UnterhVollstrÜbK 1973, unten Rz 190 f). Indes erfordert der Sinn des Abkommens weitgehende Zurückhaltung des Vollstreckungsrichters bei von der Erstentscheidung abweichenden Beurteilungen (vgl dazu LANSKY 129 f).

Art 6 115

Soweit in diesem Übereinkommen nichts anderes bestimmt ist, richtet sich das Verfahren der Vollstreckbarerklärung nach dem Recht des Staates, dem die Vollstreckungsbehörde angehört.

Jede für vollstreckbar erklärte Entscheidung hat die gleiche Geltung und erzeugt die gleichen Wirkungen, als wenn sie von einer zuständigen Behörde des Staates erlassen wäre, in dem die Vollstreckung beantragt wird.

1. Das Abkommen regelt das **Verfahren** der **Vollstreckbarerklärung** nur vereinzelt (Art 4 vorzulegende Urkunden; Art 7 wiederkehrende Leistungen; Art 9 Armenrecht ua); nach **Abs 1** richtet es sich im übrigen nach der lex fori des Vollstreckungsgerichts, in Deutschland insbesondere nach §§ 1 ff AusfG vom 18. 7. 1961 (abgedruckt unten Rz 139). Anders als nach dem GVÜ ist nicht das Landgericht, sondern das Amtsgericht sachlich für die Erteilung des Exequaturs zuständig (§ 1 Abs 1 AusfG). Als Rechtsmittel gegen die Entscheidung des Amtsgerichts ist die sofortige Beschwerde an das OLG gegeben (§ 2 AusfG iVm §§ 1042c Abs 3 ZPO, 119 Nr 2 GVG); eine weitere sofortige Beschwerde findet nicht statt (§ 567 Abs 3 ZPO; BGH 10. 7. 1985 DAVorm 1985, 793 = JZ 1985, 1064 = IPRspr 1985 Nr 177). Es bleibt dem Vollstreckungsgläubiger jedoch unbenommen, in Deutschland erneut Unterhaltsklage zu erheben; in diesem Verfahren wird dann inzident über die *Anerkennung* des zusprechenden ausländischen Ausspruchs entschieden, ungeachtet der rechtskräftigen Abweisung im Exequaturverfahren. Ist die fremde Entscheidung danach anzuerkennen, ergeht in dem deutschen Verfahren eine inhaltlich übereinstimmende Sachentscheidung (BGH 26. 11. 1986, NJW 1987, 1146 = FamRZ 1987, 370 = ZBlJugR 1987, 135). Über das *Verfahren der Anerkennung* von Unterhaltsentscheidungen bestimmt die Konvention nichts – es gelten also jeweils die Regeln des Staates, in dem die Anerkennung geltend gemacht wird. In den meisten Staaten werden die der Konvention unterfallenden Entscheidungen ohne besonderes Verfahren (ipso jure) anerkannt (LANSKY 136).

2. Die mit dem Exequatur versehenen Entscheidungen stehen nach **Abs 2** in ihren 116
Wirkungen inländischen Titeln gleich. Etwas anderes gilt, wenn die Entscheidungen nach dem Abkommen lediglich anzuerkennen sind: in diesem Fall wird der Entscheidung im Anerkennungsstaat die gleiche Wirkung beigemessen, die ihr im Erlaßstaat zukommt (LANSKY 67). Nach dem Recht dieses Staates richtet sich also insbesondere der persönliche und sachliche Umfang der Rechtskraft (IPG 1971 Nr 37 [Hamburg]).

117 Art 7

Ist in der Entscheidung, deren Vollstreckung beantragt wird, die Unterhaltsleistung durch regelmäßig wiederkehrende Zahlungen angeordnet, so wird die Vollstrekkung sowohl wegen der bereits fällig gewordenen als auch wegen der künftig fällig werdenden Zahlungen bewilligt.

Da Unterhaltsleistungen idR über einen längeren Zeitraum wiederkehrend zu erbringen sind, ist das Exequatur nach Art 7 auch hinsichtlich künftig fällig werdender Zahlungen zu erteilen; es wäre unsinnig, den Unterhaltsgläubiger darauf zu verweisen, im Ursprungsland immer neue Titel für jeweils vergangene Unterhaltszeiträume zu erstreiten und diese nach der Konvention anerkennen zu lassen (vgl zu Art 11 UnterhVollstrÜbK 1973 Bericht Verwilghen Nr 94 BT-Drucks 10/258, 51 f = Actes et Doc XII/4, 424). Um der in einigen Vertragsstaaten bestehenden Praxis vorzubeugen, nur eine zZ der Entscheidung feststehende Summe zur Vollstreckung zuzulassen, wurde Art 7 in das Abkommen aufgenommen (Bericht Jenard Actes VIII 320 f).

118 Art 8

Die Voraussetzungen, die in den vorstehenden Artikeln für die Anerkennung und Vollstreckung von Entscheidungen im Sinne dieses Übereinkommens festgelegt sind, gelten auch für Entscheidungen einer der in Artikel 3 bezeichneten Behörden, durch die eine Verurteilung zu Unterhaltsleistungen abgeändert wird.

1. Aus der Vorschrift ergibt sich zunächst, daß auch **Abänderungsentscheidungen** in den Anwendungsbereich des Übereinkommens fallen. Ohne daß dies ausdrücklich bestimmt wird (wie in Art 2 Abs 2 HaagUnterhVollstrÜbK 1973), ist es für die Anerkennung von Abänderungsentscheidungen gleichgültig, ob die Erstentscheidung in einem Vertragsstaat oder in einem Nichtvertragsstaat ergangen ist; lediglich die aus Nichtvertragsstaaten stammenden Erstentscheidungen selbst unterfallen dem Abkommen nicht, selbst wenn sie bereits einmal in einem Vertragsstaat nach autonomem Recht für vollstreckbar erklärt worden sind (s zum HaagUnterhVollstrÜbK 1973 unten Rz 158 sowie Bericht Verwilghen Nr 40 BT-Drucks 10/258, 39 = Actes et Doc XII/4, 400 f; Martiny in Hdb IZVR III/2 Kap II Rz 283).

119 Weiterhin stellt die Vorschrift klar, daß Abänderungsentscheidungen unter denselben Voraussetzungen wie die der Konvention unterfallenden Erstentscheidungen anzuerkennen sind. Durch den Verweis auf Art 3 wird auch für Abänderungsentscheidungen keine internationale Zuständigkeit begründet, sondern nur festgelegt, wessen Abänderungsentscheidungen nach dem vorliegenden Abkommen anzuerkennen sind (indirekte Zuständigkeit). Die internationale Zuständigkeit richtet sich nach dem autonomen Recht (Martiny in Hdb IZVR III/2 Kap II Rz 290 mwN).

120 2. Das Übereinkommen läßt die Frage ungeregelt, ob **Unterhaltsanhebungen durch Gesetz** ebenso wie Abänderungsentscheidungen anzuerkennen sind. So lauten zB in Skandinavien die Unterhaltstitel lediglich auf einen „Normalbeitrag“, dessen Höhe jeweils durch Gesetz bestimmt wird. Aber nicht nur bei nachträglichen Unterhaltsanhebungen, sondern auch bei der erstmaligen Vollstreckbarerklärung derartiger **indexierter Unterhaltstitel** stellt sich das Problem, ob und wie solche unbezifferten Titel um die im einzelnen geschuldeten Beträge zu ergänzen sind, damit eine Vollstreckung im Inland nicht am vollstreckungsrechtlichen Bestimmtheitsgrundsatz scheitert (dazu etwa Stürner-Münch JZ 1987, 178, 181). Diese Ausfüllung der entsprechenden Unterhaltstitel ist in der Rspr mit dem Hinweis verweigert worden, nur „Entscheidungen“ (Art 1 Abs 1), nicht aber gesetzliche Unterhaltsfestsetzungen unterfielen dem Anwendungsbereich des Abkommens. Das Vollstreckungsge-

richt könne in den Unterhaltstitel nicht selbständig die jeweilige Höhe des Unterhaltsbeitrags einfügen; dafür bedürfe es einer erneuten Leistungsklage (OLG Düsseldorf 29.4.1981 FamRZ 1982, 630 = IPRspr 1982 Nr 183; weitere Nachw bei Gross DAVorm 1984, 549 Fn 6).

Es würde jedoch dem *Zweck der Konvention* widersprechen, wenn der Unterhalts- **121**
berechtigte im Anerkennungsstaat hinsichtlich gesetzlicher Unterhaltsfestsetzungen schlechter gestellt würde als im Entscheidungsstaat; das Erfordernis einer erneuten Leistungsklage könnte ihn zudem von der Geltendmachung des (erhöhten) Unterhalts abhalten. Ferner wurde in den Beratungen des Abkommens einstimmig festgestellt, daß das Exequatur über den durch Gesetz erhöhten Unterhalt ohne weitere Entscheidung zu ergehen habe (Bericht Jenard Actes VIII 321). Die jeweilige Höhe des geschuldeten Unterhalts kann verläßlich festgestellt werden, indem Auskunft von der zuständigen Unterhaltsbehörde oder den diplomatischen Vertretungen des Entscheidungsstaates eingeholt wird (Martiny in Hdb IZVR III/2 Kap II Rz 284). Sind andere als gesetzliche Indizes in Bezug genommen, so kann eine ziffernmäßige Ergänzung jedenfalls dann erfolgen, wenn sich die Höhe der Unterhaltsbeiträge aus „ähnlichen im Inland gleichermaßen zugänglichen und sicher feststellbaren Umständen" ergibt (BGH 6.11.1985 NJW 1986, 1440 = IPRax 1986, 294 = IPRspr 1985 Nr 184 zum Parallelproblem beim deutsch-schweizerischen Anerkennungs- und Vollstreckungsabkommen v 2.11.1929). Daher sind indexierte Unterhaltstitel ohne erneute Leistungsklage in der jeweils geschuldeten Höhe für vollstreckbar zu erklären (OLG Schleswig 18.3.1985 SchlHAnz 1985, 107 = IPRspr 1985 Nr 174 und – für das deutsch-schweizerische Anerkennungs- und Vollstreckungsabkommen – BGH 6.11.1985 NJW 1986, 1440 = IPRax 1986, 294, 295 = IPRspr 1985 Nr 184; OLG Hamburg 2.9.1983 FamRZ 1983, 1157 = DAVorm 1984, 524 = IPRspr 1983 Nr 178; LG Lübeck 8.12.1977 DAVorm 1978, 146 = IPRspr 1977 Nr 169; Rb s'Gravenhage 3.10.1977 NedJur 1978 Nr 559 Anm Schultsz; OGH 7.5.1986 JurBl 1986, 594; Bericht Jenard Actes VIII 321; Martiny aaO; eingehend Dopffel DAVorm 1984, 217, 232 und IPRax 1986, 277, 281; Stürner-Münch JZ 1987, 178; Gross DAVorm 1984, 594; IPG 1984 Nr 43 [Göttingen]).

Fraglich ist indessen, in welchem **Verfahrensstadium** die **Ausfüllung** des Unterhalts- **122**
titels mit den konkreten Beträgen erfolgen sollte. Diese Aufgabe ist bisher ganz überwiegend dem das Exequatur erteilenden Richter zugewiesen worden (BGH 6.11.1985 NJW 1986, 1440 = IPRax 1986, 296 = IPRspr 1985 Nr 184; OLG Schleswig 18.3.1985 SchlHAnz 1985, 107 = IPRspr 1985 Nr 174; weitere Nachw bei Stürner-Münch JZ 1987, 184). Erwägenswert erscheint es jedoch auch, die notwendigen Ergänzungen den Vollstreckungsorganen zu übertragen, damit bei Änderungen der Indizes (etwa gesetzlichen Unterhaltsanhebungen) kein neues Vollstreckbarerklärungsverfahren durchgeführt werden muß. Den Einwand, die Vollstreckungsorgane seien zur Ermittlung der jeweiligen Berechnungsmaßstäbe nicht in der Lage (vgl Dopffel IPRax 1986, 281) sollte man nicht überbewerten (Stürner-Münch JZ 1987, 185 f).

Bei gesetzlichen Unterhaltsanhebungen im Entscheidungsstaat ist jedoch zu beach- **123**
ten, daß diese nicht weitergehend berücksichtigt werden können als fremde Abänderungsentscheidungen; jene sind mE dem Unterhaltsstatut unterworfen (str; s dazu Vorbem zu Art 18 Rz 123 ff, 134). Also können auch gesetzliche Unterhaltsanhebungen im Anerkennungsstaat nur beachtlich sein, wenn das Recht des Entscheidungsstaates zZ der Anhebung noch Unterhaltsstatut ist (s auch Martiny in Hdb IZVR III/2 Kap II Rz 284). Dies ist regelmäßig dann der Fall, wenn der Unterhaltsberechtigte zu dieser Zeit seinen gewöhnlichen Aufenthalt noch im Entscheidungsstaat hat.

124 **Art 9**

Ist einer Partei in dem Staat, in dem die Entscheidung ergangen ist, das Armenrecht gewährt worden, so genießt sie es auch in dem Verfahren, durch das die Vollstreckung der Entscheidung erwirkt werden soll.

In den in diesem Übereinkommen vorgesehenen Verfahren braucht für die Prozeßkosten keine Sicherheit geleistet zu werden.

In den unter dieses Übereinkommen fallenden Verfahren bedürfen die beigebrachten Urkunden keiner weiteren Beglaubigung oder Legalisation.

Zur Praxis der Erlangung von Prozeßkostenhilfe in Frankreich, Italien und Belgien Klinkhardt ZBlJugR 1984, 161 ff, 209 ff.

125 **Art 10**

Die Vertragsstaaten verpflichten sich, den Transfer der auf Grund von Unterhaltsverpflichtungen gegenüber Kindern zugesprochenen Beträge zu erleichtern.

Die Verpflichtung der Vertragsstaaten zur Erleichterung des Unterhaltstransfers wurde eingeführt, weil dem Unterhaltsgläubiger keine noch so schnelle Vollstreckbarerklärung seines Titels in einem anderen Vertragsstaat nützt, wenn die daraufhin zugesprochenen Unterhaltsbeträge aus jenem Staat nicht oder nur unter Verzögerungen ausgeführt werden können (vgl Bericht Jenard Actes VIII 322; Lansky 142 f).

126 **Art 11**

Dieses Übereinkommen hindert den Unterhaltsberechtigten nicht, sich auf sonstige Bestimmungen zu berufen, die nach dem innerstaatlichen Recht des Landes, in dem die Vollstreckungsbehörde ihren Sitz hat, oder nach einem anderen zwischen den Vertragsstaaten in Kraft befindlichen Abkommen auf die Vollstreckung von Unterhaltsentscheidungen anwendbar sind.

1. Allgemeines

Die Vorschrift läßt dem Unterhaltsberechtigten die **Wahl**, ob er die Anerkennung und Vollstreckung seines Titels nach den Bestimmungen des Abkommens oder nach anderen im Vollstreckungsstaat einschlägigen Übereinkommen bzw nach den dortigen autonomen Anerkennungsregeln bewirken will. Der Unterhaltsberechtigte kann sich also jeweils auf die ihm günstigsten Anerkennungsregeln berufen; es ist ihm jedoch versagt, einzelne Bestimmungen aus verschiedenen Staatsverträgen oder autonomem Recht zu einem neuen Ganzen zusammenzufügen und auf diese Weise die Anerkennung einer Entscheidung zu bewirken (s zum UnterhVollstrÜbK 1973 Bericht Verwilghen Nr 101 BT-Drucks 10/258, 53 = Actes et Doc XII/4, 427; vgl jedoch zur möglichen Verbindung mit dem Anerkennungs*verfahren* nach dem GVÜ unten Rz 130).

127 **2. Bilaterale Staatsverträge und autonomes Recht**

Indessen wird die Berufung auf autonome Anerkennungsregeln oder bilaterale Staatsverträge selten günstiger als eine Anerkennung nach dem Abkommen sein (vgl Martiny in Hdb IZVR III/2 Kap II Rz 319 f). Hinzuweisen ist jedoch auf die Regelung des **deutsch-norwegischen** Anerkennungs- und Vollstreckungsvertrages vom 17. 6. 1977 (BGBl 1981 II 341), dessen Art 4 Abs 2 den Anwendungsbereich des UnterhVollstrÜbK 1958 im deutsch-norwegischen Verhältnis weitgehend dem des Folgeabkommens von 1973 angeglichen hat. Seit der Ratifizierung dieses

Abkommens durch die Bundesrepublik Deutschland ist diese Erweiterung jedoch großenteils obsolet geworden, da nunmehr das neuere Abkommen im Verhältnis zu Norwegen gilt. Seine Bedeutung behält es lediglich für Entscheidungen über die Entbindungskosten eines nichtehelichen Kindes, die dem UnterhVollstrÜbK 1973 nicht unterfallen (vgl zu dem deutsch-norwegischen Vertrag den gemeinsamen Bericht der Unterhändler in BT-Drucks 9/66, 22 f sowie PIRRUNG IPRax 1982, 130). Zu weiteren bilateralen Verträgen über die Vollstreckung deutscher Titel im Ausland GROTH DAVorm 1977, 485 ff.

3. Multilaterale Staatsverträge 128

Im Verhältnis zu anderen multilateralen Staatsverträgen treten Überschneidungen der Anwendungsbereiche vor allem mit dem GVÜ und dem **New Yorker UN-Übereinkommen** über die Geltendmachung von Unterhaltsansprüchen im Ausland vom 20. 6. 1956 (BGBl II 150) auf. Das New Yorker Übereinkommen regelt als Rechtshilfeabkommen keine Anerkennungspflichten für Unterhaltsentscheidungen, sondern erleichtert durch die Einrichtung von Übermittlungsstellen das Erstreiten von Titeln im Ausland sowie die Erlangung des Exequaturs für fremde Entscheidungen. Maßgeblich ist das autonome Recht des jeweiligen Vollstreckungsstaates oder einschlägige Staatsverträge, so daß es zu einer echten Konkurrenz des New Yorker Übereinkommens mit dem vorliegenden Abkommen nicht kommt; die Konventionen können einander vielmehr ergänzen (dazu oben Rz 109).

Demgegenüber können Unterhaltsentscheidungen nach dem **GVÜ** ebenso wie nach 129
dem UnterhVollstrÜbK 1958 anerkannt und für vollstreckbar erklärt werden (vgl Art 5 Nr 2, Art 26 ff GVÜ). Auch das GVÜ beansprucht in diesem Fall keinen Vorrang (nach Art 57 bleiben andere einschlägige Übereinkommen unberührt), so daß der Unterhaltsberechtigte das Wahlrecht aus Art 11 der hier kommentierten Konvention ausüben kann (OLG Köln 29. 2. 1980 MDR 1980, 1030 = IPRspr 1980 Nr 164, unzutreffend OLG Frankfurt 14. 7. 1981 IPRax 1981, 213, 199 krit Anm RAUCH = IPRspr 1981 Nr 185; KROPHOLLER Europäisches Zivilprozeßrecht, 2. Aufl [1987] Art 57 Rz 4 mwN). Im Unterschied zu den HaagUnterhVollstrÜbK regelt das GVÜ auch das Verfahren der Vollstreckbarerklärung, für das nach Art 22 GVÜ die Landgerichte sachlich zuständig sind; demgegenüber wird das Exequatur nach § 1 AusfG zum UnterhVollstrÜbK 1958 (abgedruckt unten Rz 139) in Deutschland von den Amtsgerichten nach autonomem Recht durchgeführt. Für den Unterhaltsberechtigten ist es meist zweckmäßig, für die Vollstreckbarerklärung seiner Entscheidung das einfachere und damit schnellere Verfahren nach dem GVÜ zu wählen (dazu SONNENBERGER IPRax 1985, 240).

Indessen zwingt dies nicht dazu, auch die Anerkennung selbst nach dem GVÜ 130
durchzuführen: Der Unterhaltsberechtigte kann das Exequaturverfahren nach dem GVÜ wählen, auch wenn sich die Anerkennungsvoraussetzungen nach den HaagUnterhVollstrÜbK richten (vgl dazu KROPHOLLER Europäisches Zivilprozeßrecht, Kommentar zum EuGVÜ, 2. Aufl [1987] Art 57 Rz 5). Diese *Durchbrechung des Vermischungsverbotes* verschiedener Staatsverträge erklärt sich daraus, daß das Verfahren der Anerkennung und Vollstreckbarerklärung in den UnterhVollstrÜbK nicht geregelt ist und die Übernahme des Verfahrens nach dem GVÜ den funktionellen Zusammenhang der Vorschriften jener Verträge daher nicht stört. Danach ist es ratsam, sich für das Verfahren der Vollstreckbarerklärung auf das GVÜ zu berufen; die Anerkennungsvoraussetzungen selbst können jedoch angesichts möglicher aus Art 27 Nr 4 GVÜ folgender Schwierigkeiten (dazu KLINKHARDT ZBlJugR 1984, 164, 210) dem UnterhVollstrÜbK 1958 entnommen werden.

131 Freilich ermöglicht das GVÜ die Vollstreckbarerklärung von Unterhaltsentscheidungen wegen seines vom UnterhVollstrÜbK 1958 verschiedenen räumlichen, sachlichen und zeitlichen Anwendungsbereiches auch in einigen Fällen, in denen das UnterhVollstrÜbK 1958 nicht anwendbar ist; auf das Wahlrecht des Unterhaltsberechtigten nach Art 11 kommt es dann nicht an. Insbesondere erfaßt des GVÜ alle Arten von Unterhaltsansprüchen und nicht nur die von Kindern unter 21 Jahren (vgl Art 5 Nr 2 GVÜ).

132 Art 29 **UnterhVollstrÜbK 1973** bestimmt, daß im Verhältnis zwischen dessen Vertragsstaaten das neuere Abkommen das ältere ersetzt. Im Verhältnis zu Staaten, die das neuere Übereinkommen noch nicht ratifiziert haben, bleibt also das UnterhVollstrÜbK 1958 maßgeblich (dazu Bericht Verwilghen Nr 102 BT-Drucks 10/258, 53 = Actes et Doc XII/4, 427).

133

Art 12

Dieses Übereinkommen findet keine Anwendung auf Entscheidungen, die vor seinem Inkrafttreten ergangen sind.

Anders als das UnterhVollstrÜbK 1973 (Art 24) gilt das vorliegende Abkommen nur für Entscheidungen, die nach seinem Inkrafttreten ergangen sind. Es kommt also nicht darauf an, ob die anzuerkennende Entscheidung zu diesem Zeitpunkt bereits rechtskräftig war (Groth DAVorm 1977, 478) oder ob in ihr Unterhaltsansprüche für die Zeit vor seinem Inkrafttreten zuerkannt werden (OLG Düsseldorf 25. 6. 1980 DAVorm 1980, 762 = IPRspr 1980 Nr 4).

134 Der maßgebliche Zeitpunkt des Inkrafttretens ist für das Verhältnis der jeweils beteiligten Vertragsstaaten gesondert zu bestimmen; für die Bundesrepublik Deutschland ist das Abkommen am 1. 1. 1962 in Kraft getreten (BGBl 1962 II 15). Entscheidungen aus anderen Vertragsstaaten werden in Deutschland also nach der Konvention anerkannt, wenn sie nach diesem Zeitpunkt und nach dem Inkrafttreten des Abkommens im Ursprungsstaat ergangen sind (vgl Art 16 Abs 2; zu der abweichenden Praxis der italienischen Gerichte Martiny in Hdb IZVR III/2 Kap II Rz 274).

135

Art 13

Jeder Vertragsstaat gibt der Regierung der Niederlande die Behörden bekannt, die für den Erlaß von Unterhaltsentscheidungen und für die Vollstreckbarerklärung ausländischer Entscheidungen zuständig sind.

Die Regierung der Niederlande bringt diese Mitteilung den anderen Vertragsstaaten zur Kenntnis.

Zusammenstellung der in den einzelnen Ländern zuständigen Behörden bei Köhler 60 ff.

Art 14

Dieses Übereinkommen gilt ohne weiteres für das Mutterland jedes Vertragsstaates.

Wünscht ein Vertragsstaat, das Übereinkommen in allen oder einzelnen sonstigen Hoheitsgebieten, deren internationale Beziehungen er wahrnimmt, in Kraft zu setzen, so notifiziert er diese Absicht durch eine Urkunde, die beim Ministerium für Auswärtige Angelegenheiten der Niederlande hinterlegt wird. Dieses übermittelt jedem Vertragsstaat auf diplomatischem Wege eine beglaubigte Abschrift.

Diese Erklärung wirkt für die Hoheitsgebiete, die nicht zum Mutterland gehören, nur im Verhältnis zwischen dem Staat, der die Erklärung abgegeben hat, und den Staaten, die ihre Annahme erklärt haben. Die Annahmeerklärung wird beim Ministerium für Auswärtige Angelegenheiten der Niederlande hinterlegt; dieses übermittelt jedem Vertragsstaat auf diplomatischem Wege eine beglaubigte Abschrift.

Art 15

Dieses Übereinkommen liegt für die bei der Achten Tagung der Haager Konferenz für Internationales Privatrecht vertretenen Staaten zur Unterzeichnung auf.

Es bedarf der Ratifizierung; die Ratifikationsurkunden werden beim Ministerium für Auswärtige Angelegenheiten der Niederlande hinterlegt.

Über jede Hinterlegung einer Ratifikationsurkunde wird eine Niederschrift aufgenommen; von dieser wird jedem Unterzeichnerstaat auf diplomatischem Wege eine beglaubigte Abschrift übermittelt.

Art 16 136

Dieses Übereinkommen tritt am sechzigsten Tage nach der gemäß Artikel 15 vorgenommenen Hinterlegung der vierten Ratifikationsurkunde in Kraft.

Für jeden Unterzeichnerstaat, der später ratifiziert, tritt das Übereinkommen am sechzigsten Tage nach Hinterlegung seiner Ratifikationsurkunde in Kraft.

Im Falle des Artikels 14 Absatz 2 wird das Übereinkommen am sechzigsten Tage nach Hinterlegung der Annahmeerklärung anwendbar.

Zum Ratifikationsstand des Abkommens s oben Rz 43.

Art 17

Jeder bei der Achten Tagung der Haager Konferenz für Internationales Privatrecht nicht vertretene Staat kann diesem Übereinkommen beitreten. Der Staat, der beizutreten wünscht, hat seine Absicht durch eine Urkunde zu notifizieren, die beim Ministerium für Auswärtige Angelegenheiten der Niederlande hinterlegt wird. Dieses übermittelt jedem Vertragsstaat auf diplomatischem Wege eine beglaubigte Abschrift.

Das Übereinkommen tritt zwischen dem beitretenden Staat und dem Staat, der erklärt hat, diesen Beitritt anzunehmen, am sechzigsten Tage nach Hinterlegung der Beitrittsurkunde in Kraft.

Der Beitritt wirkt nur im Verhältnis zwischen dem beitretenden Staat und den Vertragsstaaten, die erklärt haben, daß sie diesen Beitritt annehmen. Die Annahmeerklärung wird beim Ministerium für Auswärtige Angelegenheiten der Niederlande hinterlegt; dieses übermittelt jedem Vertragsstaat auf diplomatischem Wege eine beglaubigte Abschrift.

Es besteht Einverständnis darüber, daß die Hinterlegung von Beitrittsurkunden erst erfolgen kann, nachdem das Übereinkommen gemäß Artikel 16 in Kraft getreten ist.

Art 18 137

Jeder Vertragsstaat kann bei Unterzeichnung oder Ratifizierung dieses Übereinkommens oder bei seinem Beitritt einen Vorbehalt machen hinsichtlich der Anerkennung und Vollstreckung von Entscheidungen einer Behörde eines anderen

Vertragsstaates, deren Zuständigkeit durch den Aufenthaltsort des Unterhaltsberechtigten begründet ist.

Ein Staat, der diesen Vorbehalt macht, kann nicht verlangen, daß dieses Übereinkommen auf Entscheidungen seiner Behörden angewandt wird, deren Zuständigkeit durch den Aufenthaltsort des Unterhaltsberechtigten begründet ist.

Der **Vorbehalt** gegen Unterhaltsentscheidungen solcher Gerichte, die nur aufgrund des Klägergerichtsstandes zuständig sind (Art 3 Nr 2), wurde zugelassen, weil man befürchtete, eine Anzahl von Teilnehmerstaaten der Haager Konferenz werde das Abkommen andernfalls nicht unterzeichnen (Bericht Jenard Actes VIII 320). Tatsächlich haben nur Liechtenstein (BGBl 1973 II 74) und die Niederlande den Vorbehalt eingelegt, und die Niederlande haben ihn inzwischen wieder zurückgenommen (BGBl 1981 II 118). Im UnterhVollstrÜbK 1973 wurde ein entsprechender Vorbehalt nicht mehr ermöglicht (dazu Bericht Verwilghen Nr 50 BT-Drucks 10/258, 42 = Actes et Doc XII/4, 405 f).

138 Da das Übereinkommen auf dem Grundsatz der Gegenseitigkeit basiert, bestimmt Abs 2, daß Staaten, die den Vorbehalt gegen fremde Entscheidungen des forum actoris eingelegt haben, auch die Anerkennung eigener im Klägergerichtsstand ergangener Aussprüche nicht verlangen können. In der Bundesrepublik Deutschland werden solche Entscheidungen jedoch auch nach autonomem Recht anzuerkennen sein: Der durch § 12 AusfG zum UnterhVollstrÜbK 1958 eingefügte § 23 a ZPO eröffnet in Deutschland einen Klägergerichtsstand in Unterhaltssachen, wenn der Beklagte keinen allgemeinen Gerichtsstand im Inland hat; eine entsprechende Zuständigkeit fremder Gerichte wird man also ebenfalls billigen müssen (Martiny in Hdb IZVR III/1 Kap I Rz 692).

Art 19

Die Geltungsdauer dieses Übereinkommens beträgt fünf Jahre, von dem in Artikel 16 Absatz 1 bezeichneten Zeitpunkt an gerechnet. Dies gilt auch für die Staaten, die das Übereinkommen später ratifizieren oder ihm später beitreten.

Das Übereinkommen wird – außer im Fall der Kündigung – um jeweils fünf Jahre stillschweigend verlängert.

Die Kündigung ist spätestens sechs Monate, bevor die Geltungsdauer endet, dem Ministerium für Auswärtige Angelegenheiten der Niederlande zu notifizieren; dieses gibt allen anderen Vertragsstaaten davon Kenntnis.

Die Kündigung kann sich auf alle oder einzelne Hoheitsgebiete beschränken, die in einer gemäß Artikel 14 Absatz 2 erfolgten Notifizierung aufgeführt sind.

Die Kündigung wirkt nur für den Staat, der sie notifiziert hat. Für die anderen Vertragsstaaten bleibt das Übereinkommen in Kraft.

Zu Urkund dessen haben die gehörig befugten Unterzeichneten dieses Übereinkommen unterschrieben.

Geschehen in Den Haag am 15. April 1958 in einer Urschrift, die im Archiv der Regierung der Niederlande hinterlegt wird und von der jedem bei der Achten Tagung der Haager Konferenz für Internationales Privatrecht vertretenen Staat sowie den später beitretenden Staaten auf diplomatischem Wege eine beglaubigte Abschrift übermittelt wird.

V. Gesetz vom 18.7.1961 zur Ausführung des Haager Übereinkommens vom 15.4.1958 über die Anerkennung und Vollstreckung von Entscheidungen auf dem Gebiet der Unterhaltspflicht gegenüber Kindern* 139

Erster Abschnitt
Vollstreckbarerklärung ausländischer Entscheidungen

§ 1

(1) Für die Vollstreckbarerklärung von Entscheidungen, die über Unterhaltsansprüche von Kindern in einem der Vertragsstaaten des Haager Übereinkommens vom 15. April 1958 über die Anerkennung und Vollstreckung von Entscheidungen auf dem Gebiet der Unterhaltspflicht gegenüber Kindern ergangen sind (Artikel 1, 4 bis 8, 12 des Übereinkommens), ist sachlich das Amtsgericht zuständig.

(2) Örtlich zuständig ist das Gericht, bei dem der Schuldner seinen allgemeinen Gerichtsstand hat, und beim Fehlen eines solchen das Gericht, in dessen Bezirk sich Vermögen des Schuldners befindet oder die Zwangsvollstreckung durchgeführt werden soll.

§ 2

Für die Vollstreckbarerklärung der in § 1 Abs. 1 genannten Entscheidungen gelten § 1042 a Abs. 1, §§ 1042 b, 1042 c und 1042 d der Zivilprozeßordnung entsprechend.

§ 3

Hängt die Vollstreckung nach dem Inhalt der Entscheidung von einer dem Gläubiger obliegenden Sicherheitsleistung, dem Ablauf einer Frist oder dem Eintritt einer anderen Tatsache ab, so ist die Frage, inwieweit die Vollstreckbarerklärung von dem Nachweis besonderer Voraussetzungen abhängig ist, nach dem Recht zu entscheiden, das für das Gericht des Urteilsstaates maßgebend ist. Der Nachweis ist durch öffentliche oder öffentlich beglaubigte Urkunden zu führen, sofern nicht die Tatsachen bei dem Gericht offenkundig sind. Kann er in dieser Form nicht erbracht werden, so ist mündliche Verhandlung anzuordnen.

§ 4

(1) In dem Verfahren der Vollstreckbarerklärung einer Entscheidung kann der Schuldner auch Einwendungen gegen den Anspruch selbst insoweit geltend machen, als die Gründe, auf denen sie beruhen, erst nach dem Erlaß der Entscheidung entstanden sind.

(2) Ist eine Entscheidung für vollstreckbar erklärt, so kann der Schuldner Einwendungen gegen den Anspruch selbst in einem Verfahren nach § 767 der Zivilprozeßordnung nur geltend machen, wenn die Gründe, auf denen sie beruhen, erst nach Ablauf der Frist, innerhalb der er Widerspruch hätte einlegen können (§ 1042 c Abs. 2, § 1042 d Abs. 1 der Zivilprozeßordnung), oder erst nach dem Schluß der mündlichen Verhandlung entstanden sind, in der er Einwendungen spätestens hätte geltend machen müssen.

§ 5

(1) Ist die Entscheidung, deren Vollstreckbarerklärung beantragt wird, nach dem Recht des Staates, in dem sie ergangen ist, noch nicht rechtskräftig, so kann das Verfahren der Vollstreckbarerklärung ausgesetzt werden, wenn der Schuldner nachweist, daß er gegen die Entscheidung einen Rechtsbehelf eingelegt hat, der den Eintritt der Rechtskraft hemmt.

(2) Die Entscheidung über den Antrag auf Vollstreckbarerklärung ist auszusetzen,

1. wenn der Schuldner nachweist, daß die Zwangsvollstreckung in dem Staat, in dem die Entscheidung ergangen ist, eingestellt ist und daß er die Voraussetzungen erfüllt hat, von denen die Einstellung abhängt;
2. wenn der Unterhaltsanspruch vor Erlaß der Entscheidung, deren Vollstreckbarerklärung beantragt wird, im Inland rechtshängig geworden ist und eine rechtskräftige inländische Entscheidung noch nicht vorliegt.

---

* BGBl 1961 I 1033; Änderungen in §§ 8, 9 Abs 1 Satz 1 und 11 durch Art 7 Nr 14 der Vereinfachungsnovelle vom 3.12.1976, BGBl 1976 I 3281.

§ 6

Aus den für vollstreckbar erklärten Entscheidungen (§ 1 Abs. 1) findet die Zwangsvollstreckung statt, sofern die Entscheidung über die Vollstreckbarkeit rechtskräftig oder für vorläufig vollstreckbar erklärt ist.

Zweiter Abschnitt
Aufhebung oder Abänderung der Vollstreckbarerklärung

§ 7

(1) Wird eine der in § 1 Abs. 1 bezeichneten Entscheidungen in dem Staat, in dem sie ergangen ist, nach der Vollstreckbarerklärung aufgehoben oder abgeändert und kann der Schuldner diese Tatsache in dem Verfahren der Vollstreckbarerklärung nicht mehr geltend machen, so kann er die Aufhebung oder Abänderung der Vollstreckbarerklärung in einem besonderen Verfahren beantragen.

(2) Für die Entscheidung über den Antrag ist das Gericht ausschließlich zuständig, das in dem Verfahren der Vollstreckbarerklärung im ersten Rechtszug entschieden hat. Über den Antrag kann ohne mündliche Verhandlung entschieden werden; vor der Entscheidung ist der Gläubiger zu hören. Die Entscheidung ergeht durch Beschluß, der dem Gläubiger und dem Schuldner von Amts wegen zuzustellen ist. Der Beschluß unterliegt der sofortigen Beschwerde.

(3) Für die Einstellung der Zwangsvollstreckung und die Aufhebung bereits getroffener Vollstrekkungsmaßregeln gelten §§ 769, 770 der Zivilprozeßordnung entsprechend. Die Aufhebung einer Vollstreckungsmaßregel ist auch ohne Sicherheitsleistung zulässig.

Dritter Abschnitt
Besondere Vorschriften für deutsche gerichtliche Entscheidungen

§ 8

Ist zu erwarten, daß ein Versäumnis- oder Anerkenntnisurteil, durch das über einen Unterhaltsanspruch von Kindern (Artikel 1 des Übereinkommens) entschieden wird, in einem der Vertragsstaaten geltend gemacht werden soll, so darf das Urteil nicht in abgekürzter Form (§ 313 b der Zivilprozeßordnung) hergestellt werden.

§ 9

(1) Will eine Partei ein Versäumnis- oder Anerkenntnisurteil, das über einen Unterhaltsanspruch von Kindern ergangen und nach § 313 b der Zivilprozeßordnung in abgekürzter Form hergestellt ist, in einem der Vertragsstaaten geltend machen, so ist das Urteil auf ihren Antrag zu vervollständigen. Der Antrag kann bei dem Gericht schriftlich eingereicht oder mündlich zu Protokoll der Geschäftsstelle gestellt werden. Über den Antrag wird ohne mündliche Verhandlung entschieden.

(2) Zur Vervollständigung des Urteils sind der Tatbestand und die Entscheidungsgründe nachträglich anzufertigen, von den Richtern besonders zu unterschreiben und der Geschäftsstelle zu übergeben; der Tatbestand und die Entscheidungsgründe können auch von Richtern unterschrieben werden, die bei dem Urteil nicht mitgewirkt haben.

(3) Für die Berichtigung des nachträglich angefertigten Tatbestandes gilt § 320 der Zivilprozeßordnung entsprechend. Jedoch können bei der Entscheidung über einen Antrag auf Berichtigung auch solche Richter mitwirken, die bei dem Urteil oder der nachträglichen Anfertigung des Tatbestandes nicht mitgewirkt haben.

(4) Für die Vervollständigung des Urteils werden Gerichtsgebühren nicht erhoben.

§ 10

Einer einstweiligen Anordnung oder einer einstweiligen Verfügung, durch die über einen Unterhaltsanspruch von Kindern entschieden wird und die in einem der Vertragsstaaten geltend gemacht werden soll, ist eine Begründung beizufügen. § 9 ist entsprechend anzuwenden.

§ 11

Vollstreckungsbescheide und einstweilige Verfügungen, die über einen Unterhaltsanspruch von Kindern erlassen sind und auf Grund deren ein Gläubiger die Zwangsvollstreckung in einem der Vertragsstaaten betreiben will, sind auch dann mit der Vollstreckungsklausel zu versehen, wenn dies für eine Zwangsvollstreckung im Inland nach § 796 Abs. 1, §§ 936, 929 Abs. 1 der Zivilprozeßordnung nicht erforderlich wäre.

Vierter Abschnitt
Gerichtsstand in Unterhaltssachen

§ 12

In der Zivilprozeßordnung wird nach § 23 folgender § 23 a eingefügt:

„§ 23 a

Für Klagen in Unterhaltssachen gegen eine Person, die im Inland keinen Gerichtsstand hat, ist das Gericht zuständig, bei dem der Kläger im Inland seinen allgemeinen Gerichtsstand hat."

Fünfter Abschnitt
Schlußbestimmungen

§ 13

Dieses Gesetz gilt nach Maßgabe des § 13 Abs. 1 des Dritten Überleitungsgesetzes vom 4. Januar 1952 (Bundesgesetzbl. I S. 1) auch im Land Berlin.

§ 14

Dieses Gesetz tritt gleichzeitig mit dem Haager Übereinkommen vom 15. April 1958 über die Anerkennung und Vollstreckung von Entscheidungen auf dem Gebiet der Unterhaltspflicht gegenüber Kindern in Kraft.

VI. Haager Übereinkommen vom 2. 10. 1973 über die Anerkennung und Vollstreckung von Unterhaltsentscheidungen*

Überblick 140

Das Haager Übereinkommen über die Anerkennung und Vollstreckung von Unterhaltsentscheidungen vom 2. Oktober 1973 ist eine **Weiterentwicklung** des UnterhVollstrÜbK 1958 und ersetzt im Verhältnis zwischen seinen Vertragsstaaten das

---

* **Schrifttum:** Batiffol, La douzième session de la Conférence de La Haye de droit international privé, Rev crit 62 (1973) 243; Battaglini, Progetto di convenzione concernente il riconoscimento e l'esecuzione delle decisioni in materia di obblighi alimentari, Foro it 98 (1973) 85; Beitzke, Neuerungen im internationalen Kindschaftsrecht, ZBlJugR 1986, 477, 537; Bellet, Les nouvelles conventions de La Haye en matière d'obligations alimentaires, Clunet 101 (1974) 5; Biscaretti di Ruffia, Convenzioni in materia di obbligazioni alimentari, Nuove leggi civ comm 6 (1983) 83; van Boeschoten, De nieuwe alimentatieverdragen, NJB 1973, 1237; Cavers, Draft Convention on the Recognition and Enforcement of Decisions Relating to Maintenance Obligations, AmJ CompL 21 (1973) 154; de Cesari, Le nuove convenzioni dell'Aja in materia di obbligazioni alimentari, Riv dir int priv proc 19 (1983) 42; Herzfelder, Les obligations alimentaires en droit international privé conventionnel (1985); ders, Eine Grundsatzentscheidung des französischen Kassationshofs zur Anerkennungszuständigkeit, ZVglRW 86 (1987) 49; Jacottet, Les obligations alimentaires envers les enfants dans les Conventions de La Haye (1982) 172; Klinkhardt, Neues IPR und neue Unterhaltsabkommen, StAZ 1986, 675; Martiny, Haager Übereinkommen über die Anerkennung und Vollstreckung von Unterhaltsentscheidungen vom 2. 10. 1973, in Hdb

ältere Abkommen (Art 29). Entscheidender Unterschied ist die Ausdehnung des Anwendungsbereiches auf alle familienrechtlichen Unterhaltsansprüche (die ältere Konvention betraf nur den Kindesunterhalt); damit wurden auf Anregung des Europarates verstärkt die familienrechtlichen Probleme ausländischer Arbeitnehmer berücksichtigt (MATSCHER FS Liebmann II 991). Diese Erweiterung wird auch durch die Vorbehaltsmöglichkeiten des Art 26 nicht entscheidend eingeschränkt.

141 Ferner wurden manche zu dem UnterhVollstrÜbK 1958 entstandene **Auslegungsprobleme** beseitigt, wodurch der Anwendungsbereich der neueren Konvention ebenfalls gewachsen ist. So sind nunmehr Vergleiche in Unterhaltssachen ausdrücklich erfaßt (Art 1 Abs 2, Art 21); eine ausführliche Regelung hat auch die Anerkennung und Vollstreckbarerklärung von Regreßentscheidungen zugunsten einer zunächst leistenden öffentliche Aufgaben wahrnehmenden Einrichtung erfahren (Art 1 Abs 1 Nr 2, Art 18 ff).

142 Das Abkommen ist am 1. August 1976 in Kraft getreten; für die **Bundesrepublik Deutschland,** die mit der Ratifizierung unverständlich lange gezögert hat (kritisch KROPHOLLER FS Müller-Freienfels [1986] 409, 414 f), gilt es seit dem 1. April 1987 (BGBl 1987 II 220), Zustimmungsgesetz v 25. 7. 1986 (BGBl 1986 II 825). Die Bundesrepublik hat die Vorbehalte nach Art 26 Nr 2 a und b gegen Entscheidungen zugunsten von Verwandten in der Seitenlinie und Verschwägerten erklärt. Zu dem Übereinkommen ist ein **Ausführungsgesetz** vom 25. 7. 1986 ergangen (BGBl 1986 I 1156; abgedruckt unten Rz 226). Das AusfG regelt das nach Art 13 des Abkommens dem internen Recht jedes Vollstreckungsstaates vorbehaltene Verfahren der Vollstreckbarerklärung in Anlehnung an das Verfahren nach dem AusfG zum GVÜ (§ 3 Abs 4 AusfG zum UnterhVollstrÜbK 1973).

143 Weitere **Vertragsstaaten** neben der Bundesrepublik Deutschland sind (Stand 31. 12. 1987, Fundstellennachweis B, Beilage zum BGBl II):

Finnland (Vorbehalte nach Art 26 Nr 1, 2 a und b) 1. 7. 1983 BGBl 1987 II 220
Frankreich 1. 10. 1977 BGBl 1987 II 220
Italien (Vorbehalt nach Art 26 Nr 3; es werden jedoch solche Entscheidungen und Vergleiche anerkannt, die die einmalige Zahlung des im Fall der Auflösung der Ehe geschuldeten Betrags nach Maßgabe des Art 5 Abs 4 letzter Satz des Gesetzes vom 1. 12. 1970, Nr 898, vorsehen) 1. 1. 1982 BGBl 1987 II 220 f
Luxemburg (Vorbehalte nach Art 26 Nr 2 a und b, Nr 3) 1. 6. 1981 BGBl 1987 II 221
Niederlande (Vorbehalt nach Art 26 Nr 2 a und Erstreckung auf Niederländische Antillen sowie mit Wirkung vom 1. 1. 1986 unter Fortgeltung für Aruba) 1. 3. 1981 BGBl 1987 II 221
Norwegen (Vorbehalte nach Art 26 Nr 2 a und b) 1. 7. 1978 BGBl 1987 II 221
Portugal (Vorbehalte nach Art 26 Nr 1 und 2 b) 1. 8. 1976 BGBl 1987 II 222
Schweden (Vorbehalte nach Art 26 Nr 1, 2 a und b) 1. 5. 1977 BGBl 1987 II 222
Schweiz (Vorbehalte nach Art 26 Nr 2 a und b) 1. 8. 1976 BGBl 1987 II 222
Spanien 1. 9. 1987 BGBl 1987 II 404

IZVR III/2 Kap II Rz 325; MATSCHER, Gli obblighi alimentari nel diritto processuale civile internazionale, Studi in onore di Liebmann II (1979) 979; VON OVERBECK, Les nouvelles conventions de La Haye sur les obligations alimentaires, Schw Jb int R 29 (1973) 135; SAUTERAUD-MARCENAC, Du nouveau en matière de recouvrement international des pensions alimentaires, JCP 1977 I 2871; VERWILGHEN, Rapport explicatif, Actes et documents de la Douzième session IV (1975) 384; deutsche Übersetzung in BT-Drucks 10/258, 29.

Vgl auch die Schrifttumsangaben zum HaagUnterhVollstrÜbK 1958 (oben vor Rz 43).

Tschechoslowakei (Vorbehalte nach Art 26 Nr 2 a und b) 1. 8. 1976 BGBl 1987 II 222
Türkei (Vorbehalte nach Art 26 Nr 2 a und b, 3) 1. 11. 1983 BGBl 1987 II 222 f
Vereinigtes Königreich (Vorbehalte nach Art 26 Nr 2 a und b, 3. Erstreckung auf die Isle of Man mit Wirkung vom 1. 4. 1985) 1. 3. 1980 BGBl 1987 II 223 f.

Kapitel I 144
Anwendungsbereich des Übereinkommens

Art 1

Dieses Übereinkommen ist anzuwenden auf Entscheidungen über Unterhaltspflichten aus Beziehungen der Familie, Verwandtschaft, Ehe oder Schwägerschaft, einschließlich der Unterhaltspflicht gegenüber einem nichtehelichen Kind, die von Gerichten oder Verwaltungsbehörden eines Vertragsstaats erlassen worden sind entweder

1. zwischen einem Unterhaltsberechtigten und einem Unterhaltsverpflichteten oder

2. zwischen einem Unterhaltsverpflichteten und einer öffentliche Aufgaben wahrnehmenden Einrichtung, die die Erstattung der einem Unterhaltsberechtigten erbrachten Leistung verlangt.

Es ist auch anzuwenden auf Vergleiche auf diesem Gebiet, die vor diesen Behörden und zwischen diesen Personen geschlossen worden sind.

1. Allgemeines

Der **sachliche** sowie der **räumlich-persönliche Anwendungsbereich** des Übereinkommens ist in Kapitel I (Art 1–3) geregelt, der zeitliche Anwendungsbereich folgt aus Art 24. Insbesondere bei der Formulierung der Vorschriften über den Anwendungsbereich ist versucht worden, Zweifel auszuräumen, die bei der Anwendung des HaagUnterhVollstrÜbK 1958 aufgetreten waren.

2. Grundlegendes zum Anwendungsbereich (Abs 1) 145

a) Entscheidungen

Das Abkommen betrifft Entscheidungen, die von Gerichten oder Verwaltungsbehörden eines Vertragsstaates erlassen worden sind. Durch die ausdrückliche Nennung von Gerichten und Verwaltungsbehörden wird das weite Verständnis des Begriffes „Entscheidungen", wie es schon für das HaagUnterhVollstrÜbK 1958 galt, noch verdeutlicht (s oben Rz 52 f; Martiny in Hdb IZVR III/2 Kap II Rz 340 ff). Auf die Bezeichnung der Entscheidung kommt es nicht an (Art 2 Abs 1). Neben Entscheidungen werden **Vergleiche** (Art 1 Abs 2) und auf besondere Erklärung jedes Vertragsstaates auch **vollstreckbare öffentliche Urkunden** erfaßt (Art 25).

Die Entscheidungen und Vergleiche müssen aus einem **Vertragsstaat** stammen; die 146
Konvention beruht auf dem Gedanken der **Gegenseitigkeit,** so daß ihre Anwendbarkeit von dem Inkrafttreten für Ursprungs- und Vollstreckungsstaat abhängt.

b) Entscheidungen über Unterhaltspflichten 147

Gegenstand des Übereinkommens sind Entscheidungen über **Unterhaltspflichten** aus Familienbeziehungen. Unterhalt ist die Leistung von Geld oder Naturalien zur Deckung des Lebensbedarfes (s Vorbem 24 ff zu Art 18 EGBGB zum HaagUnterh-

ÜbK). Nicht vorausgesetzt ist, daß die Leistungen regelmäßig wiederkehrend zu bewirken sind, so daß auch die Zahlung eines einmaligen Betrages („lump sum") dem Abkommen unterfällt. Allerdings kann gegen die Anerkennung solcher Entscheidungen nach Art 26 Abs 1 Nr 3 ein Vorbehalt eingelegt werden.

148 Leider blieb auch im vorliegenden Abkommen ungeregelt, ob die Konvention nur auf **gesetzliche Unterhaltsverpflichtungen** oder auch auf **vertragliche** anwendbar ist (s schon zum HaagUnterhÜbK Vorbem 25 zu Art 18 EGBGB). Wegen der ausdrücklichen Beschränkung auf „Unterhaltspflichten aus Beziehungen der Familie" kommen indes ohnehin nur Unterhaltsversprechen zwischen Familienmitgliedern (einschließlich Verschwägerter) in Betracht. Soweit diese Unterhaltsverträge lediglich eine Bestätigung des gesetzlichen Unterhaltsanspruchs darstellen, steht die Anwendbarkeit der Konvention außer Zweifel (Bericht VERWILGHEN Nr 17 BT-Drucks 10/258, 34 f = Actes et Doc XII/4, 391; MARTINY in Hdb IZVR III/2 Kap II Rz 339). Nach Sinn und Zweck des Übereinkommens sollte seine Anwendbarkeit aber auch dann nicht verneint werden, wenn der Unterhaltsvertrag über das gesetzlich Geschuldete hinausgeht, sofern die vertragliche Verpflichtung nur an die Stelle der gesetzlichen tritt. Gegen eine Begrenzung auf die gesetzliche Verpflichtung spricht außerdem die ausdrückliche Einbeziehung von Vergleichen in das Abkommen (Art 1 Abs 2), die ebenfalls eine den gesetzlichen Unterhalt überschreitende Verpflichtung enthalten können (s auch Vorbem 25 zu Art 18 EGBGB; aA Bericht VERWILGHEN aaO; MARTINY aaO).

149 **c) Beziehungen der Familie, Verwandtschaft, Ehe oder Schwägerschaft**

aa) Die von der Entscheidung geregelte Unterhaltsverpflichtung muß aus **„Beziehungen der Familie"** stammen. Der durch diesen Oberbegriff festgelegte persönliche Anwendungsbereich des Übereinkommens stellt den entscheidenden Fortschritt gegenüber dem Unterhaltsvollstreckungsabkommen 1958 dar; dieses war auf Unterhaltspflichten gegenüber unverheirateten Kindern unter 21 Jahren beschränkt und fand darüber hinaus auf Ansprüche gegen Verwandte in der Seitenlinie keine Anwendung (Art 1 Abs 1 und 3). Dagegen sind von dem vorliegenden Abkommen alle denkbaren familiären Unterhaltspflichten erfaßt: Unter den Begriff der **„Verwandtschaft"** fallen die eheliche, die nichteheliche und die Adoptivkindschaft sowie die bloße Zahlvaterschaft (Bericht VERWILGHEN Nr 19 BT-Drucks 10/258, 35 = Actes et Doc XII/4, 391 f). Gleichgültig ist, ob die Verwandtschaft in gerader oder in der Seitenlinie besteht (Bericht VERWILGHEN Nr 20 aaO).

150 Unterhaltspflichten aus **„Beziehungen der Ehe"** erfassen auch Ansprüche zwischen geschiedenen oder getrennt lebenden Ehegatten oder solchen, die aufgrund einer Entscheidung der zuständigen Stelle getrennt von Tisch und Bett leben (Bericht VERWILGHEN Nr 21 BT-Drucks 10/258, 35 = Actes et Doc XII/4, 392). Auch Unterhaltsansprüche gegen **Verschwägerte** werden erfaßt, selbst wenn es sich um eine Schwägerschaft in der Seitenlinie handelt (Bericht VERWILGHEN Nr 22 aaO).

151 Zu beachten ist jedoch, daß gegen die Anerkennung von Entscheidungen, die Verschwägerte oder Verwandte in der Seitenlinie zu Unterhalt verpflichten, jeweils ein Vorbehalt möglich ist (Art 26 Abs 1 Nr 2). Ferner kann ein genereller Vorbehalt gegen alle Unterhaltsverpflichtungen eingelegt werden, die nicht gegenüber (früheren) Ehegatten oder Kindern bestehen (Art 26 Abs 1 Nr 1).

152 **bb)** Durch die Beschränkung des Anwendungsbereiches auf Unterhaltspflichten aus „Beziehungen der Familie" werden etwa die Unterhaltsansprüche aus **unerlaubter Handlung** oder die des **Schenkers gegenüber dem Beschenkten** (zB nach Art 955 cc [Frankreich]) nicht erfaßt (Bericht VERWILGHEN Nr 15 BT-Drucks 10/258, 34 = Actes et Doc XII/4, 390). Die Frage, ob Unterhaltsansprüche anläßlich eines

Erbfalls dem Abkommen unterfallen, wurde ausdrücklich in das Ermessen der mit der Anerkennung befaßten Behörde gestellt (Bericht VERWILGHEN Nr 23 BT-Drucks 10/258, 35 = Actes et Doc XII/4, 393). Hier ist wie folgt zu unterscheiden: Soweit der anläßlich des Erbfalles entstehende Unterhaltsanspruch in einer Familienbeziehung zwischen Erblasser und Unterhaltsberechtigtem wurzelt (zB § 1969 BGB), unterfällt er der Konvention; beruht der Anspruch auf einer anderen ratio, ist das Übereinkommen nicht anwendbar. So kann zB nach Art 606 des schweizerischen ZGB auch ein mit dem Verstorbenen nicht verwandter Erbe, der zZ des Erbfalls auf Kosten des Erblassers bei diesem wohnte, während eines Monats Fortzahlung des Unterhalts verlangen (vgl Bericht VERWILGHEN aaO; für eine Differenzierung danach, ob der Unterhaltsanspruch nur gegen die Erbmasse oder auch gegen den Erben persönlich gerichtet ist [mit der Folge der Anwendbarkeit des Abkommens] MARTINY in Hdb IZVR III/2 Kap II Rz 338).

d) Regreßansprüche 153

Die Konvention erfaßt nicht nur Entscheidungen zwischen Unterhaltsberechtigtem und Unterhaltsverpflichtetem, sondern bezieht – anders als das Unterhaltsvollstrekkungsübereinkommen von 1958 (s dazu oben Rz 61) – auch den **Regreß öffentlicher Stellen** mit ein, die dem Berechtigten Unterhalt geleistet haben (Abs 1 Nr 2). Die Anerkennung derartiger Entscheidungen ist in Kapitel IV (Art 18 ff) gesondert geregelt.

Nach den Materialien zur Entstehung des Abkommens bleibt unklar, ob auch der 154 **Regreß privater Institutionen oder Einzelpersonen** dem Abkommen unterfällt (Bericht VERWILGHEN Nr 91 BT-Drucks 10/258, 50 f = Actes et Doc XII/4, 422 f). Für eine Einbeziehung derartiger Entscheidungen wurde argumentiert, die öffentlichen Stellen sollten durch ihre Regreßmöglichkeit nicht gegenüber zahlenden Privatleuten oder -institutionen bevorzugt werden (MATSCHER FS Liebmann Bd II 994; vgl auch VON OVERBECK SchwJbIntR 29 [1973] 158). Gegen die Einbeziehung spricht, daß die Privaten nicht neben den öffentlichen Stellen ausdrücklich aufgeführt sind (vgl VON OVERBECK aaO; BELLET Clunet 101 [1974] 29; anders Bericht VERWILGHEN Nr 91 aaO). Ferner wäre bei einem Regreß privater Dritter ungeklärt, ob die Anerkennung dieser Entscheidungen nur den für Unterhaltsberechtigte selbst geltenden allgemeinen Voraussetzungen unterliegt (Art 4 ff) oder ob zusätzlich die Voraussetzungen für Regreßentscheidungen zugunsten öffentlicher Stellen erfüllt sein müssen (Art 18 ff). Die Einbeziehung privater Dritter in den Anwendungsbereich des Abkommens ist also mangels einer hinreichend deutlichen Konventionsregelung abzulehnen (anders Bericht VERWILGHEN Nr 91 aaO: Ermessen der anerkennenden Behörde).

3. Vergleiche (Abs 2) 155

Die ausdrückliche Einbeziehung der Vergleiche in das Übereinkommen entsprach wegen der Häufigkeit von Vergleichen in Unterhaltssachen einer praktischen Notwendigkeit, der sich nunmehr – anders als beim HaagUnterhVollstrÜbK 1958 – auch die Vertreter derjenigen Staaten beugten, deren Rechtsordnungen Vergleiche nicht kennen (s dazu oben Rz 55; Bericht VERWILGHEN Nr 28 BT-Drucks 10/258, 37 = Actes et Doc XII/4, 395).

Das Abkommen definiert den Begriff des Vergleichs nicht; nach Sinn und Zweck 156 der Konvention ist eine weite Auslegung geboten. Danach ist ein Vergleich ein privatrechtlicher Vertrag, den die Parteien zur Streitbeendigung schließen und der nach dem auf ihn anwendbaren Recht einen Vollstreckungstitel darstellt (Bericht VERWILGHEN Nr 29 aaO). Auf die Bezeichnung als „Vergleich" kommt es nicht an

(Art 2 Abs 1). Der Vergleich muß „auf diesem Gebiet" geschlossen worden sein, also Unterhaltspflichten aus Familienbeziehungen betreffen (dazu oben Rz 149). Jedoch reicht es aus, wenn der Unterhaltsvergleich in eine Urkunde mit hauptsächlich anderem Gegenstand miteinbezogen ist (etwa eine Trennungsvereinbarung, „deed of separation", nach irischem Recht; Bericht VERWILGHEN Nr 29 aaO; MARTINY in Hdb IZVR III/2 Kap II Rz 345).

157 Das Abkommen ist nicht auf *gerichtliche* Vergleiche beschränkt; der Vergleich muß lediglich vor der im Entscheidungsstaat zur Unterhaltsfestsetzung zuständigen Stelle (s dazu oben Rz 145) geschlossen worden sein. Als Parteien des Vergleiches kommen nur der Unterhaltsberechtigte, der Unterhaltsverpflichtete sowie Rückgriff nehmende öffentliche Stellen in Betracht.

158

Art 2

Das Übereinkommen ist auf Entscheidungen und Vergleiche ohne Rücksicht auf ihre Bezeichnung anzuwenden.

Es ist auch auf Entscheidungen oder Vergleiche anzuwenden, durch die eine frühere Entscheidung oder ein früherer Vergleich geändert worden ist, selbst wenn diese Entscheidung oder dieser Vergleich aus einem Nichtvertragsstaat stammt.

Es ist ohne Rücksicht darauf, ob der Unterhaltsanspruch international oder innerstaatlich ist, und unabhängig von der Staatsangehörigkeit oder dem gewöhnlichen Aufenthalt der Parteien anzuwenden.

1. Die Vorschrift konkretisiert den Anwendungsbereich des Abkommens. **Abs 1** stellt klar, daß es für das Vorliegen von Entscheidungen und Vergleichen nicht auf ihre Bezeichnung ankommt. **Abs 2** bestimmt, daß auch **Abänderungsentscheidungen** und abändernde Vergleiche unter das Übereinkommen fallen. Besonders erwähnt wird, daß die abgeänderte ursprüngliche Entscheidung (bzw der Vergleich) auch aus einem Nichtvertragsstaat stammen kann; damit wurde die schon zu Art 8 HaagUnterhVollstrÜbK 1958 anerkannte Auffassung festgeschrieben. Zu beachten ist jedoch, daß nur die Abänderungsentscheidung und nicht die ursprüngliche Entscheidung unter das Abkommen fällt; letztere kann aber nach dem autonomen Recht für vollstreckbar erklärt werden. Der Ausschluß der ursprünglichen Entscheidung gilt auch für den Fall, daß diese das Exequatur in einem Vertragsstaat bereits einmal nach autonomem Recht erlangt hatte; durch das Exequatur allein wird die Ursprungsentscheidung eines Nichtvertragsstaates nicht zur Entscheidung eines Vertragsstaates (wie etwa eine Abänderungsentscheidung). Nach dem das Abkommen tragenden Grundsatz der Gegenseitigkeit sollen nur Entscheidungen von Vertragsstaaten anerkannt werden (Bericht VERWILGHEN Nr 40 BT-Drucks 10/258, 39 = Actes et Doc XII/4, 400).

159 **2.** Wie schon das HaagUnterhVollstrÜbK 1958 enthält auch die vorliegende Konvention keine ausdrücklichen Regeln zu der Frage, ob **gesetzliche Unterhaltsanpassungen** des Entscheidungsstaates bei indexierten Unterhaltstiteln ebenso wie Abänderungsentscheidungen im Vollstreckungsstaat anerkannt werden müssen. Bei der Erörterung des Problems beschränkte sich die Kommission auf den Hinweis, daß die gesetzlichen Anpassungen schon in der Beratung des Vollstreckungsübereinkommens von 1958 einstimmig den Abänderungsentscheidungen gleichgestellt werden sollten (Bericht VERWILGHEN Nr 41 BT-Drucks 10/258, 39 = Actes et Doc XII/4, 401 mit Hinweis auf Bericht JENARD Actes VIII 321). Insgesamt sei auf die Erörterung der Problematik bei Art 8 HaagUnterhVollstrÜbK 1958 verwiesen (oben Rz 120 ff).

3. Abs 3 legt entsprechend Art 1 Abs 1 HaagUnterhVollstrÜbK 1958 fest, daß das Abkommen auf **internationale und innerstaatliche Unterhaltsansprüche** anwendbar ist. Es ist also ohne Belang, ob die zu vollstreckende Entscheidung bei ihrem Erlaß bereits eine Auslandsberührung hatte oder ob sie allein aufgrund des innerstaatlichen materiellen Rechts ergangen ist (Bericht Verwilghen Nr 42 BT-Drucks 10/258, 40 = Actes et Doc XII/4, 401). Hat die Entscheidung einen internationalen Charakter, so ist es für die Anwendung des Abkommens ohne Bedeutung, ob sie aufgrund des autonomen IPR eines Vertragsstaates oder eines der Haager Unterhaltsstatutübereinkommen getroffen worden ist. 160

Daß die Anwendung der Konvention unabhängig von der **Staatsangehörigkeit** und dem **gewöhnlichen Aufenthalt der Parteien** ist, ergibt sich bereits aus Art 1 Abs 1. Es wird in Abs 3 nur noch einmal klargestellt. 161

Art 3 162

Betrifft die Entscheidung oder der Vergleich nicht nur die Unterhaltspflicht, so bleibt die Wirkung des Übereinkommens auf die Unterhaltspflicht beschränkt.

1. Die Beschränkung des Anwendungsbereichs der Konvention auf den Unterhaltsteil von Entscheidungen und Vergleichen wirkt sich vor allem auf **Statusentscheidungen** aus, die mit dem Unterhaltsausspruch verbunden sind (zB nach § 1600a S 2 BGB). In diesem Fall sind Status- und Unterhaltsteil der Entscheidung für die Zwecke des Abkommens zu trennen, und nur der Unterhaltsausspruch ist anzuerkennen. Dieses bei dem entsprechenden Art 1 Abs 2 HaagUnterhVollstrÜbK 1958 umstrittene Verständnis der Vorschrift (s dazu oben Rz 62 ff) wurde in den Beratungen der Kommission zu dem vorliegenden Übereinkommen ausdrücklich bestätigt (Bericht Verwilghen Nr 37 f BT-Drucks 10/258, 39 = Actes et Doc XII/4, 399). Ferner können also auch Unterhaltsentscheidungen, die im Zusammenhang mit **Ehescheidungen** ergangen sind, in Deutschland nach dem Abkommen für vollstreckbar erklärt werden, ohne daß es auf die förmliche Anerkennung der Ehescheidung nach Art 7 FamRÄndG ankäme (Beitzke ZBlJugR 1986, 481).

2. In den Beratungen wurde ferner klargestellt, daß **Kostenentscheidungen** nicht durch Art 3 aus dem Anwendungsbereich des Abkommens ausgeschlossen werden sollten, und zwar gleichgültig, ob sie von einem Gericht oder einer Behörde getroffen wurden. Jedoch unterfällt die Kostenentscheidung nur insoweit der Konvention, als sie die Unterhaltspflicht betrifft. Bezieht sie sich neben der Unterhaltspflicht noch auf einen anderen Gegenstand, so ist es in das Ermessen des Vollstrekkungsgerichts gestellt, ob es den Kostenausspruch anteilig anerkennen will (Bericht Verwilghen Nr 39 BT-Drucks 10/258, 39 = Actes et Doc XII/4, 400). Nach dem Sinn des Übereinkommens sollte eine solche Anerkennung nach Möglichkeit erfolgen, also zB immer dann, wenn der Kostenentscheid seine Zusammensetzung erkennen läßt oder wenn sonst verläßliche Informationen darüber zu erlangen sind. 163

Kapitel II 164
Voraussetzungen der Anerkennung und Vollstreckung von Entscheidungen

Art 4

Die in einem Vertragsstaat ergangene Entscheidung ist in einem anderen Vertragsstaat anzuerkennen oder für vollstreckbar zu erklären/zu vollstrecken,

1. wenn sie von einer Behörde erlassen worden ist, die nach Artikel 7 oder 8 als zuständig anzusehen ist, und

2. wenn gegen sie im Ursprungsstaat kein ordentliches Rechtsmittel mehr zulässig ist.

Vorläufig vollstreckbare Entscheidungen und einstweilige Maßnahmen sind, obwohl gegen sie ein ordentliches Rechtsmittel zulässig ist, im Vollstreckungsstaat anzuerkennen oder für vollstreckbar zu erklären/zu vollstrecken, wenn dort gleichartige Entscheidungen erlassen und vollstreckt werden können.

1. Allgemeines

Kapitel II enthält die Voraussetzungen für die Anerkennung und Vollstreckbarerklärung von Entscheidungen nach der Konvention. Anders als im HaagUnterhVollstrÜbK 1958 wird zwischen positiven (Art 4) und negativen Anerkennungsvoraussetzungen (Art 5, 6) unterschieden. In der Sache sind die Unterschiede jedoch gering (vgl Bericht Verwilghen Nr 44, 59 BT-Drucks 10/258, 40, 44 = Actes et Doc XII/4, 402, 410).

165 **2. Zuständigkeit (Nr 1)**

Wie schon nach Art 2 Nr 1 HaagUnterhVollstrÜbK 1958 ist die **Zuständigkeit der Entscheidungsbehörde** (Nr 1) erste Voraussetzung für die Anerkennung. Wie in jenem Abkommen sind die in den Art 7 und 8 aufgeführten Zuständigkeiten jedoch nicht für die direkte internationale Zuständigkeit des Entscheidungsgerichts erheblich, sondern begründen lediglich dessen indirekte Zuständigkeit (Näheres bei Art 7, unten Rz 182).

166 **3. Rechtskraft (Nr 2)**

Als weitere positive Anerkennungsvoraussetzung fordert Art 4 Abs 1 Nr 2, daß gegen die anzuerkennende Entscheidung im Ursprungsstaat **kein ordentliches Rechtsmittel mehr zulässig** sein darf. In Verbindung mit Abs 2 entspricht diese Anforderung der Voraussetzung des Art 2 Nr 3 HaagUnterhVollstrÜbK 1958, nach der eine Entscheidung im Ursprungsland grundsätzlich Rechtskraft erlangt haben mußte, mit einer Ausnahme zugunsten vorläufig vollstreckbarer Entscheidungen. Der Begriff der „Rechtskraft" wurde in dem neueren Abkommen wegen des oft vorläufigen Charakters von Unterhaltsentscheidungen vermieden. Der Unterschied zu der Formulierung, daß „kein ordentliches Rechtsmittel mehr zulässig" sein dürfe, ist also rein terminologischer Natur (Bericht Verwilghen Nr 56 BT-Drucks 10/258, 43 = Actes et Doc XII/4, 409).

167 Der Wortlaut des Art 4 Abs 1 Nr 2 deutet darauf hin, daß es für die Frage, ob gegen die Entscheidung noch ein ordentliches Rechtsmittel zulässig ist, auf die **Einordnung der Rechtsmittel** durch das Recht des Entscheidungsstaates ankommt (so zB Bericht Verwilghen aaO). Indessen gewährleistet ein Abstellen auf das Recht des Entscheidungsstaates nicht die einheitliche Behandlung der Entscheidungen aus den verschiedenen Vertragsstaaten, da die Einteilung in ordentliche und außerordentliche Rechtsmittel häufig auf unterschiedlichen Kriterien beruht und teilweise überhaupt nicht vorgenommen wird (vgl Bellet Clunet 101 [1974] 21; vgl auch zu Art 30, 38 GVÜ EuGH 22. 11. 1977 Sammlung der Rspr des EuGH 1979, 2175, 2187 = RIW 1978, 186 = Rev crit 68 [1979] 426 m Anm Gaudemet-Tallon). Daher erscheint eine autonome Auslegung des Begriffes „ordentliches Rechtsmittel" zweckmäßig. Da durch die Neuformulierung dieser Anerkennungsvoraussetzung kein sachlicher Unterschied gegenüber dem entsprechenden Art 2 Nr 3 UnterhVollstrÜbK 1958 bezweckt war, liegt es nahe, ebenso wie dort darauf abzustellen, daß gegen die anzuerkennende Entscheidung kein Rechtsmittel mit Suspensiveffekt mehr möglich ist.

Denkbar wäre es auch, den Begriff des ordentlichen Rechtsmittels in Art 4 Nr 2 ebenso zu verstehen, wie er vom EuGH zu den Art 30, 38 GVÜ ausgelegt worden ist: Danach werden alle Rechtsmittel erfaßt, die zur Aufhebung oder Abänderung der Erstentscheidung führen können und für deren Einlegung im Urteilsstaat eine gesetzliche Frist bestimmt ist, die durch die Entscheidung selbst in Lauf gesetzt wird (EuGH 22. 11. 1977 Sammlung der Rspr des EuGH 1979, 2189 = RIW 1979, 186 = Rev crit 68 [1979] 426 m Anm GAUDEMET-TALLON). Folgt man dieser Auffassung, so erscheint es freilich geboten, solche Entscheidungen, gegen die ein „ordentliches Rechtsmittel" ohne Suspensiveffekt zulässig ist (wie zB die französische Kassationsbeschwerde), den vorläufig vollstreckbaren Entscheidungen gleichzustellen und damit ihre Vollstreckbarerklärung nach dem Abkommen zu ermöglichen, obwohl die Voraussetzung des Abs 1 Nr 2 nicht erfüllt ist. Denn andernfalls wären diese Entscheidungen im Ursprungsstaat vollstreckbar, ohne daß sie nach dem UnterhVollstrÜbK 1973 das Exequatur erlangen könnten. Eine derartige Einschränkung der Vollstreckungsmöglichkeit gegenüber der Rechtslage nach dem UnterhVollstrÜbK 1958, für die es allein auf den Suspensiveffekt ankam, war nicht beabsichtigt. 168

4. Vorläufig vollstreckbare Entscheidungen und einstweilige Maßnahmen 169

Nach Abs 2 müssen vorläufig vollstreckbare Entscheidungen und einstweilige Maßnahmen, obwohl gegen sie noch ordentliche Rechtsmittel zulässig sind, im Zweitstaat anerkannt werden, wenn dort eine vorläufige Vollstreckung gleichartiger Entscheidungen stattfindet. Diese Ausnahme von dem Grundsatz, daß nur unangreifbare Entscheidungen für vollstreckbar erklärt werden, wurde zugelassen, weil Unterhaltsberechtigte nicht jahrelang auf den benötigten Unterhalt warten können (s oben Rz 85 zum entsprechenden Art 2 Nr 3 HaagUnterhVollstrÜbK 1958; Bericht VERWILGHEN Nr 58 BT-Drucks 10/258, 44 = Actes et Doc XII/4, 409).

Jedoch ist zu beachten, daß der Unterhaltsschuldner die Aussetzung eines in der Bundesrepublik Deutschland stattfindenden Exequaturverfahrens nach § 6 Abs 2 AusfG beantragen kann, wenn er gegen die Entscheidung im Ursprungsstaat ein ordentliches Rechtsmittel eingelegt hat oder die Einlegung eines solchen Rechtsmittels noch möglich ist. In diesem Fall kann er auch erreichen, daß die Zwangsvollstreckung nur gegen Sicherheitsleistung erfolgt. Ferner gewährt § 9 Abs 2 AusfG iV mit § 30 Abs 1 S 2 AusfG zum GVÜ dem Schuldner einen Schadensersatzanspruch für den Fall, daß eine vorläufig vollstreckte Entscheidung im Ursprungsstaat später aufgehoben wird. Rückerstattungstitel, die der Unterhaltsschuldner im Ursprungsland erstritten hat, können jedoch auch nach der vorliegenden Konvention nicht für vollstreckbar erklärt werden. 170

Art 5 171

Die Anerkennung oder Vollstreckung der Entscheidung darf jedoch versagt werden,

1. **wenn die Anerkennung oder Vollstreckung mit der öffentlichen Ordnung des Vollstreckungsstaats offensichtlich unvereinbar ist oder**
2. **wenn die Entscheidung das Ergebnis betrügerischer Machenschaften im Verfahren ist oder**
3. **wenn ein denselben Gegenstand betreffendes Verfahren zwischen denselben Parteien vor einer Behörde des Vollstreckungsstaats anhängig und als erstes eingeleitet worden ist oder**

4. wenn die Entscheidung unvereinbar ist mit einer Entscheidung, die zwischen denselben Parteien über denselben Gegenstand entweder in dem Vollstreckungsstaat oder in einem anderen Staat ergangen ist, im letztgenannten Fall jedoch nur, sofern diese Entscheidung die für die Anerkennung und Vollstreckung im Vollstreckungsstaat erforderlichen Voraussetzungen erfüllt.

Bei Vorliegen einer der negativen Anerkennungsvoraussetzungen des Art 5 **„darf"** die Anerkennung der Entscheidung versagt werden; aus dieser Formulierung folgt, daß die Versagungsgründe des Art 5 im Gegensatz zu den zwingenden positiven Voraussetzungen des Art 4 und den negativen des Art 6 nur **fakultativ** sind (Bericht Verwilghen Nr 61 BT-Drucks 10/258, 44 = Actes et Doc XII/4, 411). Der Richter kann bei Vorliegen eines Anerkennungshindernisses zwar nicht nach der Konvention anerkennen, es bleibt ihm jedoch unbenommen, die Anerkennung auf ein anderes Abkommen oder das autonome nationale Recht zu stützen.

172 **1. Ordre public (Nr 1)**

Ebenso wie nach Art 2 Nr 5 HaagUnterhVollstrÜbK 1958 genügt nur eine **offensichtliche Unvereinbarkeit** mit der öffentlichen Ordnung des Vollstreckungsstaates, um der anzuerkennenden Entscheidung das Exequatur zu versagen; die Vollstrekkungsbehörden sollen „bei der Anwendung der Bestimmung über den ordre public die größte Zurückhaltung an den Tag legen, um nicht das Übereinkommen seines ganzen praktischen Wertes zu berauben" (Bericht Verwilghen Nr 64 BT-Drucks 10/258, 45 = Actes et Doc XII/4, 412). Über die Prüfung der Vereinbarkeit einer Entscheidung mit dem ordre public darf keinesfalls die ausgeschlossene (Art 12) sachliche Nachprüfung der Entscheidung („révision au fond") wieder eingeführt werden. Wenn, wie in der Praxis zum UnterhVollstrÜbK 1958 (dazu oben Rz 96 ff), die in der Erstentscheidung erhobenen Beweise auf ihre Vereinbarkeit mit der öffentlichen Ordnung des Vollstreckungsstaates geprüft werden, stellt dies bereits eine gewisse sachliche Überprüfung der Entscheidung dar; die Grenze zur révision au fond ist hier fließend, so daß bei der Annahme eines Verstoßes gegen den ordre public in diesen Fragen größte Zurückhaltung geboten ist.

173 Maßgeblicher **Zeitpunkt,** an dem die Entscheidung an der öffentlichen Ordnung des Vollstreckungsstaates gemessen wird, ist die Beantragung des Exequaturs (vgl nur Herzfelder Nr 317).

174 **2. Betrügerische Machenschaften (Nr 2)**

Betrügerische Machenschaften berechtigen nur dann zur Ablehnung des Exequaturs, wenn sie sich auf die anzuerkennende Entscheidung tatsächlich ausgewirkt haben. Die Voraussetzung hat im UnterhVollstrÜbK 1958 keine Entsprechung und wurde auch für das vorliegende Abkommen für überflüssig gehalten, da eine auf betrügerischen Machenschaften beruhende Entscheidung bereits wegen eines Verstoßes gegen die öffentliche Ordnung (Nr 1) nicht anerkannt werden muß (Bericht Verwilghen Nr 65 BT-Drucks 10/258, 45 = Actes et Doc XII/4, 412). Indessen wurde die Unterscheidung dennoch eingeführt, weil das Erschleichen von Urteilen (zB durch Vorlage falscher Urkunden) durch sein subjektives Element (Vorsatz) nicht unbedingt vom Begriff des ordre public umfaßt sei.

175 **3. Rechtshängigkeit (Nr 3)**

Nr 3 und 4 regeln das Problem konkurrierender Verfahren. Bei der Formulierung ist auf den Begriff der Rechtshängigkeit bewußt verzichtet worden, weil man meinte, damit würden nur solche Verfahren ausgeschlossen, die nicht nur denselben prozeßrechtlichen Anspruch, also das Unterhaltsbegehren, verfolgen, sondern auch auf demselben Klagegrund (Rechtsgrundlage des streitbefangenen Rechts) beruhen. Nach der Absicht der Kommission sollte aber bereits das Aufeinandertreffen von Verfahren zwischen denselben Parteien über denselben Anspruch zur Verweigerung des Exequaturs berechtigen (Bericht Verwilghen Nr 66 BT-Drucks 10/258, 46 = Actes et Doc XII/4, 413; kritisch Martiny in Hdb IZVR III/2 Kap II Rz 361).

Einer danach konkurrierenden ausländischen Entscheidung kann nach Nr 3 das 176
Exequatur versagt werden, wenn das ausländische Verfahren unter Mißachtung des Verfahrens im Anerkennungsstaat, also nach dessen Einleitung, begonnen wurde. Anders als der oft kritisierte Art 2 Nr 4 Abs 2 UnterhVollstrÜbK 1958 stellt die vorliegende Vorschrift auf den Zeitpunkt der Verfahrenseinleitung ab und verleiht damit auch international dem prozeßrechtlichen Prioritätsgrundsatz Wirkung.

4. Widersprechende Entscheidungen 177

Liegt im Anerkennungsstaat bereits eine Entscheidung in derselben Sache vor, so ist es nach dem Übereinkommen gleichgültig, in welcher zeitlichen Reihenfolge die Verfahren eingeleitet wurden: die inländische Entscheidung hat stets Vorrang. Also kann auch dem unter Mißachtung einer im Ausland bereits anhängigen Klage eingeleiteten inländischen Verfahren eine Sperrwirkung für die Vollstreckbarerklärung der ausländischen Entscheidung zukommen, wenn das inländische Verfahren zur Entscheidung gelangt ist, bevor um das Exequatur für den ausländischen Ausspruch nachgesucht wird. Die Gefahr, daß Unterhaltsschuldner bei drohender Verurteilung im Erststaat durch Erhebung einer negativen Klage im Vollstreckungsland die Vollstreckung der Erstentscheidung vereiteln, ist jedoch gering (vgl aber oben zu Art 2 Nr 4 HS 2 UnterhVollstrÜbK 1958 Rz 92); zum einen wird im Vollstreckungsstaat oft nicht rechtzeitig eine Entscheidung zu erreichen sein, zum anderen droht selbst in diesem Fall eine Vollstreckung aus der inländischen Entscheidung.

Ebenso wie die im Vollstreckungsstaat erlassenen Entscheidungen verhindern auch 178
Unterhaltsaussprüche aus Drittstaaten, seien diese Vertragsstaaten oder nicht, das Exequatur der zu beurteilenden Entscheidung; Voraussetzung ist nach dem Wortlaut der Nr 4 nur, daß sie im Vollstreckungsstaat – nach den dort geltenden Staatsverträgen oder dem autonomen Recht – anerkannt und für vollstreckbar erklärt werden können (vgl Bericht Verwilghen Nr 67 BT-Drucks 10/258, 46 = Actes et Doc XII/4, 413). Indessen ist nicht einzusehen, warum den drittstaatlichen Entscheidungen ohne weiteres der Vorrang gegenüber einem vertragsstaatlichen Unterhaltsausspruch gebühren sollte, für den das Exequatur nach dem Übereinkommen beantragt wird. Hier sollte man nur denjenigen drittstaatlichen Entscheidungen eine Sperrwirkung beilegen, die im Inland bereits für vollstreckbar erklärt sind (vgl Bellet Clunet 101 [1974] 23).

Art 6 179

Eine Versäumnisentscheidung wird nur anerkannt oder für vollstreckbar erklärt/vollstreckt, wenn das das Verfahren einleitende Schriftstück mit den wesentlichen Klagegründen der säumigen Partei nach dem Recht des Ursprungsstaats zugestellt worden ist und wenn diese Partei eine nach den Umständen ausreichende Frist zu ihrer Verteidigung hatte; Artikel 5 bleibt unberührt.

1. Besondere Anerkennungsvoraussetzungen gelten für die in Unterhaltssachen häufigen **Versäumnisentscheidungen,** deren Vorkommen sich aus der Zulassung des Klägergerichtsstandes (Art 7 Nr 1) und daraus ergibt, daß viele Unterhaltsschuldner „verschwinden“ oder sich sonstwie ihrer Verpflichtung zu entziehen suchen.

Art 6 will die beteiligten Interessen ausgleichen (Bericht VERWILGHEN Nr 68 BT-Drucks 10/258, 46 = Actes et Doc XII/4, 414).

180 2. Die Vorschrift stellt Anforderungen nur für das **verfahrenseinleitende Schriftstück** auf (s zu demselben Verständnis des entsprechenden Art 2 Nr 2 HaagUnterhVollstrÜbK 1958 oben Rz 76, 80). Ist eine der Anforderungen nicht erfüllt, so darf das Vollstreckungsgericht das Exequatur nicht erteilen (anders als bei den Voraussetzungen des Art 5, die es zur Nichtanerkennung nicht verpflichten; Bericht VERWILGHEN Nr 61 BT-Drucks 10/258, 44 f = Actes et Doc XII/4, 410 f). Im Gegensatz zum HaagUnterhVollstrÜbK 1958 wird für das verfahrenseinleitende Schriftstück ausdrücklich verlangt, daß es die wesentlichen Klagegründe enthält. Die bloße Aufforderung, zu einem bestimmten Zeitpunkt vor einer Behörde zu erscheinen, ist also nicht ausreichend (Bericht VERWILGHEN Nr 70 BT-Drucks 10/258, 46 = Actes et Doc XII/4, 414).

181 3. Das **Recht des Entscheidungsstaates** bestimmt darüber, wann eine Ladung ordnungsgemäß zugestellt ist; zulässig kann danach auch die Postzustellung, die Zustellung durch Niederlegung bei der Staatsanwaltschaft oder der Verzicht auf jede Ladung sein (s zum Ganzen oben Rz 77 zu Art 2 Nr 2 HaagUnterhVollstrÜbK 1958). Die Zustellung der Ladung kann ferner nach den im Entscheidungsstaat anwendbaren Staatsverträgen erfolgen. Im Gegensatz zu Art 2 Nr 2 HaagUnterhVollstrÜbK 1958 läßt die hier erläuterte Vorschrift nicht ausdrücklich die Nichtanerkennung von Versäumnisentscheidungen für den Fall zu, daß der Beklagte aufgrund der besonderen Zustellungsart des Entscheidungsstaates schuldlos keine Kenntnis von dem Verfahren hatte. Immerhin soll durch die Wendung, daß dem Beklagten das verfahrenseinleitende Schriftstück „zugestellt" worden sein muß, „das Mißtrauen der Delegierten gegenüber mehr oder weniger fiktiven Zustellungen" zum Ausdruck kommen (Bericht VERWILGHEN Nr 70 BT-Drucks 10/258, 46 = Actes et Doc XII/4, 414 f). Eine sachliche Änderung gegenüber der Rechtslage nach dem Vollstreckungsabkommen von 1958 war also nicht beabsichtigt. Zur Konkretisierung der Frage, wann einer „fiktiven Zustellung" und der daraufhin ergangenen Versäumnisentscheidung die Anerkennung zu versagen ist, wird man die zum HaagUnterhVollstrÜbK 1958 gebildeten Fallgruppen (oben Rz 79 ff) heranziehen können. Ebenso kann zur Bestimmung der von Art 6 geforderten ausreichenden Frist der säumigen Partei für ihre Verteidigung auf die Rechtsprechung zu dem Vollstreckungsabkommen von 1958 zurückgegriffen werden: eine Ladung im Ausland drei bis vier Monate vor dem Termin ist rechtzeitig (Cass [Italien] 4. 4. 1978 DAVorm 1980, 321).

182

Art 7

Eine Behörde des Ursprungsstaats ist als zuständig im Sinn des Übereinkommens anzusehen,

1. **wenn der Unterhaltsverpflichtete oder der Unterhaltsberechtigte zur Zeit der Einleitung des Verfahrens seinen gewöhnlichen Aufenthalt im Ursprungsstaat hatte oder**

2. **wenn der Unterhaltsverpflichtete und der Unterhaltsberechtigte zur Zeit der Einleitung des Verfahrens Staatsangehörige des Ursprungsstaats waren oder**

3. **wenn sich der Beklagte der Zuständigkeit dieser Behörde entweder ausdrücklich oder dadurch unterworfen hat, daß er sich, ohne die Unzuständigkeit geltend zu machen, auf das Verfahren in der Sache selbst eingelassen hat.**

1. Regelung der indirekten Zuständigkeit

Ebenso wie das UnterhVollstrÜbK 1958 regelt auch das vorliegende Abkommen **nicht die direkte internationale Zuständigkeit** zum Erlaß von Unterhaltsentscheidungen. Diese folgt vielmehr aus dem autonomen Recht des jeweiligen Erlaßstaates oder aus anderen Staatsverträgen (zB Art 5 Nr 2 GVÜ). Die in Art 7 aufgezählten Zuständigkeiten schreiben lediglich der anerkennenden Behörde vor, wann die entscheidende Behörde bei der Prüfung der Anerkennungsvoraussetzungen als zuständig iSd Art 4 Nr 1 anzusehen ist (**„indirekte Zuständigkeit"**; Bericht VERWILGHEN Nr 47 BT-Drucks 10/258, 41 = Actes et Doc XII/4, 404; HERZFELDER Nr 299; MARTINY in Hdb IZVR III/2 Kap II Rz 353). Gegenüber dem UnterhVollstrÜbK 1958 werden nunmehr zwei neue indirekte Zuständigkeiten zugelassen: zum einen der Gerichtsstand der gemeinsamen Staatsangehörigkeit von Unterhaltsberechtigtem und -verpflichtetem (Art 7 Nr 2) und zum anderen die Annexzuständigkeit des zur Ehescheidung zuständigen Gerichtes (Art 8).

2. Aufenthaltszuständigkeit (Nr 1) 183

Die nach **Nr 1** anzuerkennende Zuständigkeit des Staates, in dem der Unterhaltsberechtigte oder der Unterhaltsverpflichtete bei Verfahrenseinleitung seinen gewöhnlichen Aufenthalt hatte, entspricht der Regelung des Art 3 Nr 1 und 2 UnterhVollstrÜbK 1958. Der Beklagtengerichtsstand beruht auf dem Grundsatz „actor sequitur forum rei". Daneben wurde auch der Klägergerichtsstand, welcher der verbreiteten Tendenz entspricht, dem Unterhaltsgläubiger als schwächerer Partei die Klage zu erleichtern, für die Zwecke der Anerkennung zugelassen (Näheres bei Art 3 UnterhVollstrÜbK 1958 oben Rz 107, zum Begriff des gewöhnlichen Aufenthaltes s Vorbem zu Art 18 EGBGB Rz 39 ff). Während diese Zuständigkeit in Art 3 Nr 2 UnterhVollstrÜbK 1958 noch durch eine Vorbehaltsmöglichkeit in Art 18 abgeschwächt werden mußte, konnte man sich vorliegend einigen, auf einen Vorbehalt zu verzichten, um dem Abkommen nichts von seiner praktischen Relevanz zu nehmen (Bericht VERWILGHEN Nr 50 BT-Drucks 10/258, 42 = Actes et Doc XII/4, 405 f).

3. Staatsangehörigkeitszuständigkeit (Nr 2) 184

Im Gegensatz zu der Zuständigkeit nach Nr 1, für die der gewöhnliche Aufenthalt eines jeden der Beteiligten ausreicht, ist für die Staatsangehörigkeitszuständigkeit nach **Nr 2** erforderlich, daß sowohl der Unterhaltsverpflichtete als auch der Berechtigte bei Verfahrenseinleitung die Staatsangehörigkeit des Ursprungsstaates hatten. Diese vom Aufenthaltsgrundsatz abweichende Zuständigkeit wird mit einem Regelungsinteresse der Behörden des gemeinsamen Heimatstaates gerechtfertigt (Bericht VERWILGHEN Nr 51 BT-Drucks 10/258, 42 = Actes et Doc XII/4, 406). Wie bei mehrfacher Staatsangehörigkeit eines der Beteiligten zu verfahren ist, richtet sich nach dem autonomen Recht des Vollstreckungsstaates (Bericht VERWILGHEN aaO).

4. Zuständigkeitsvereinbarung (Nr 3) 185

Nach **Nr 3** ist die Zuständigkeit der Behörden des Staates zugelassen, die der Beklagte durch ausdrückliche Unterwerfung oder rügelose Verhandlung zur Hauptsache anerkannt hat. Anders als nach Art 3 Nr 3 UnterhVollstrÜbK 1958, der nur die Unterwerfung des Unterhaltsverpflichteten zum Inhalt hat, wird nach der neuen Formulierung auch die des Unterhaltsberechtigten erfaßt, der von dem Unterhaltsverpflichteten in einem nach Nr 1 oder 2 unzuständigen Staat zB auf Herabsetzung des Unterhaltes verklagt wurde (Bericht VERWILGHEN Nr 52 BT-Drucks 10/258, 42 = Actes et Doc XII/4, 406 f). Geregelt ist jedenfalls die nachträgliche Zuständigkeitsvereinbarung; die Frage, ob auch eine vertragliche Prorogation vor Streitentstehung im Vollstreckungsstaat anzuerkennen ist, dürfte zwar ebenfalls zu bejahen sein, praktisch aber wegen der weitgehenden Beschränkung der Konvention auf gesetzliche Unterhaltsansprüche (dazu oben zu Art 1 Rz 148) kaum ins Gewicht fallen (BELLET Clunet 101 [1974] 20; gegen eine vorherige Prorogation HERZFELDER Nr 301).

186 **Art 8**

Die Behörden eines Vertragsstaats, die über eine Unterhaltsklage entschieden haben, sind als zuständig im Sinn des Übereinkommens anzusehen, wenn der Unterhalt infolge einer von einer Behörde dieses Staates ausgesprochenen Scheidung, Trennung ohne Auflösung des Ehebandes, Nichtigkeit oder Ungültigkeit der Ehe geschuldet und wenn die diesbezügliche Zuständigkeit der Behörde nach dem Recht des Vollstreckungsstaats anerkannt wird; Artikel 7 bleibt unberührt.

1. Allgemeines

Art 8 begründet für die Zwecke der Anerkennung eine weitere indirekte Zuständigkeit (s zu diesem Begriff oben Rz 182), nämlich eine **Auffangzuständigkeit** für den Fall, daß infolge einer fremden Ehescheidung, Trennung oder eines ähnlichen Ausspruchs eine Unterhaltsentscheidung ergeht, ohne daß die Zuständigkeit der entscheidenden Behörde zu deren Erlaß bereits nach Art 7 anzuerkennen wäre. Der Unterhaltsteil solcher Entscheidungen ist gemäß Art 8 anzuerkennen, wenn die entscheidende Behörde aus der Sicht des Vollstreckungsstaates für die Ehescheidung (bzw die gleichgestellten Entscheidungen) international zuständig war.

187 **2. Sinn**

Die Anerkennung dieser Annexzuständigkeit hat den Sinn, den Anwendungsbereich des Abkommens mit dem von der Bundesrepublik Deutschland nicht ratifizierten Haager Übereinkommen über die Anerkennung von Ehescheidungen und Ehetrennungen vom 1. 6. 1970 abzustimmen (Bericht VERWILGHEN aaO; BELLET Clunet 101 [1974] 20f). Nach Art 1 Abs 2 jenes Übereinkommens sind nämlich Aussprüche über Nebenfolgen der Ehescheidung, also auch Unterhaltsentscheidungen, aus dessen Anwendungsbereich ausgeschlossen; die Anerkennung solcher Unterhaltsaussprüche nach dem hier kommentierten Abkommen könnte ohne die Vorschrift des Art 8 daran scheitern, daß die nach jenem Abkommen anzuerkennenden indirekten Zuständigkeiten sich nicht mit denen des Art 7 UnterhVollstrÜbK 1973 decken. Indem Art 8 die indirekte Zuständigkeit für die Anerkennung von Ehescheidungen und ähnlichen Entscheidungen nach anderen Staatsverträgen auch für die Anerkennung von Unterhaltsentscheidungen nach der vorliegenden Konvention ausreichen läßt, stellt die Vorschrift sicher, daß in Staaten, die beiden Abkommen beigetreten sind, dem Unterhaltsteil einer nach dem Ehescheidungsabkommen anzuerkennenden Scheidung durch das UnterhVollstrÜbK 1973 Wirkung verliehen werden kann.

188 In Art 8 wird die Anerkennung von Unterhaltsaussprüchen sogar dann ermöglicht, wenn die Ehescheidung selbst im Vollstreckungsstaat nicht anerkannt wird. Dies ergibt sich daraus, daß nur die indirekte internationale Zuständigkeit (nicht aber die anderen Anerkennungsvoraussetzungen) für die Ehescheidung von Art 8 in Bezug genommen wird (VON OVERBECK SchwJbIntR 29 [1973] 156; MARTINY in Hdb IZVR III/2 Kap II Rz 358; HERZFELDER Nr 302.3). Auch in diesen Fällen behält die

Vorschrift ihren Sinn, weil sie die Möglichkeit der Anerkennung von Unterhaltsentscheidungen, die häufig im Zusammenhang mit Eheurteilen ergehen, ganz allgemein erweitert.

3. Prüfung der internationalen Zuständigkeit 189

Für die Anerkennung der internationalen Zuständigkeit nach Art 8 sind das autonome Recht des Vollstreckungsstaates sowie – vorrangig – die für die Anerkennung von Ehescheidungen einschlägigen bi- oder multilateralen Staatsverträge allein maßgeblich (Martiny in Hdb IZVR III/2 Kap II Rz 357; Herzfelder Nr 302.1). Gleichgültig ist, auf welche Erwägungen das die Ehescheidung aussprechende Gericht seine internationale Zuständigkeit gestützt hat (Bericht Verwilghen Nr 53 BT-Drucks 10/258, 43 = Actes et Doc XII/4, 407). Schließlich braucht die das Eheurteil aussprechende Stelle nicht mit der die Unterhaltsentscheidung treffenden Behörde identisch zu sein; ausreichend ist, daß es sich um Organe desselben Staates handelt und daß der Unterhaltsausspruch in irgendeiner Form von dem Eheurteil abhängig gemacht wird (vgl Herzfelder Nr 302.5).

Art 9 190

Die Behörde des Vollstreckungsstaats ist an die tatsächlichen Feststellungen gebunden, auf die die Behörde des Ursprungsstaats ihre Zuständigkeit gestützt hat.

Die Vorschrift regelt, inwieweit der Vollstreckungsrichter bei der Überprüfung der indirekten internationalen Zuständigkeit nach Art 7 und 8 die Feststellungen der Erstentscheidung zugrundelegen muß. Damit steht Art 9 in folgendem Spannungsverhältnis: Einerseits kann nur der Vollstreckungsrichter überprüfen, ob die indirekte Zuständigkeit der Entscheidungsbehörde nach der Konvention gegeben war; auf welche Erwägungen jene ihre (direkte) internationale Zuständigkeit gestützt hat, ist dabei grundsätzlich unbeachtlich (Bellet Clunet 101 [1974] 21). Es ist also nicht zu vermeiden, daß der Vollstreckungsrichter eine eigene Subsumtion des anzuerkennenden Falles unter die Voraussetzungen der Art 7 und 8 vornimmt. Andererseits darf diese inhaltliche Kontrolle nicht zu einer versteckten Überprüfung der „Richtigkeit" der Entscheidung (révision au fond) führen (Bericht Verwilghen Nr 54 BT-Drucks 10/258, 43 = Actes et Doc XII/4, 407 f).

Nach Art 9 hat der Vollstreckungsrichter die Fakten zu übernehmen, ihre rechtliche 191
Würdigung obliegt ihm also selbst. Das Abgrenzungskriterium Tat- oder Rechtsfrage erlaubt eine recht weitgehende Überprüfung der Erstentscheidung: „pure" Tatsachen (etwa: Dauer des Aufenthaltes in einem Staat, Geburtsort einer der Beteiligten) sind selten allein erheblich (vgl Bellet/Goldman Clunet 96 [1969] 859). So kommt für das Zuständigkeitskriterium des gewöhnlichen Aufenthalts entscheidendes Gewicht der Rechtsfrage zu, wodurch die Präsenz einer Person als „gewöhnlich" zu bezeichnen ist. Hier sollte der Vollstreckungsrichter bei der Kontrolle einer einmal angenommenen Zuständigkeit zurückhaltend sein, damit nicht das Erstgericht zB einen gewöhnlichen Aufenthalt annimmt, die Entscheidung dann aber wegen Ablehnung desselben Kriteriums durch den Zweitrichter in ihrer Wirkung beschränkt wird. Die gemäß Art 9 zulässige rechtliche Überprüfung sollte hauptsächlich auf die Fälle beschränkt bleiben, in denen der Erstrichter ein anderes Zuständigkeitskriterium zugrundegelegt hat, als es die Konvention zur Überprüfung der indirekten Zuständigkeit vorsieht.

192 **Art 10**

Betrifft die Entscheidung mehrere Ansprüche in einer Unterhaltsklage und kann die Anerkennung oder Vollstreckung nicht für alle Ansprüche bewilligt werden, so hat die Behörde des Vollstreckungsstaats das Übereinkommen auf denjenigen Teil der Entscheidung anzuwenden, der anerkannt oder für vollstreckbar erklärt/vollstreckt werden kann.

Die in Art 10 ermöglichte **Teilanerkennung** unterscheidet sich von der nach Art 3 dadurch, daß hier alle Teile der Entscheidung dem Anwendungsbereich des Abkommens unterfallen. Scheitert die Anerkennung einer der in der Entscheidung zugesprochenen Ansprüche an den Anerkennungsvoraussetzungen (zB wegen offensichtlichen Verstoßes gegen die öffentliche Ordnung des Vollstreckungsstaates), so beeinträchtigt dies nach Art 10 nicht die Vollstreckbarerklärung eines anerkennungsfähigen Anspruchs aus derselben Entscheidung (vgl auch die Möglichkeiten des Antragstellers nach Art 14; Bericht Verwilghen Nr 72 BT-Drucks 10/258, 47 = Actes et Doc XII/4, 415 f).

193 **Art 11**

Ist in der Entscheidung die Unterhaltsleistung durch regelmäßig wiederkehrende Zahlungen angeordnet, so ist die Vollstreckung sowohl für die bereits fälligen als auch für die künftig fällig werdenden Zahlungen zu bewilligen.

Durch Art 11 wird das Exequatur auch für **erst künftig fällig werdende Zahlungen** zugelassen. Das gilt für Ansprüche von Privatpersonen ebenso wie für öffentliche Aufgaben wahrnehmende Einrichtungen, die für ihre Leistungen an den Unterhaltsberechtigten Regreß nehmen. Die dies scheinbar unterbindende Formulierung der Art 18 und 19, nach der die öffentlichen Stellen nur insoweit mit Hilfe der Konvention Regreß nehmen dürfen, als sie dem Unterhaltsberechtigten Leistungen *erbracht* haben, will den Rückgriff nur für solche Beträge verhindern, die dem Unterhaltsberechtigten tatsächlich nicht von der betreffenden öffentlichen Einrichtung, sondern von dritter Seite zugekommen sind oder zukommen. Es wäre unsinnig, die öffentlichen Einrichtungen zu verpflichten, von Zeit zu Zeit neue Regreßtitel zu erwirken, die dann jeweils nur für die Vergangenheit das Exequatur nach der Konvention erlangen könnten (Bericht Verwilghen Nr 94 BT-Drucks 10/258, 51 f = Actes et Doc XII/4, 424).

194 **Art 12**

Die Behörde des Vollstreckungsstaats darf die Entscheidung auf ihre Gesetzmäßigkeit nicht nachprüfen, sofern das Übereinkommen nicht etwas anderes bestimmt.

Die Vorschrift verbietet ausdrücklich die sachliche Nachprüfung **(révision au fond)** der anzuerkennenden Entscheidung. Der Vollstreckungsrichter darf also nur die Anerkennungsvoraussetzungen aus Kapitel II der Konvention (Art 4 ff) vor Erteilung des Exequaturs überprüfen. Die Anerkennungshindernisse sind in Art 5 und 6 der Konvention abschließend aufgeführt (Bericht Verwilghen Nr 62 BT-Drucks 10/258; 45 = Actes et Doc XII/4, 411).

195 Die das Exequatur erteilende Stelle darf insbesondere die Anerkennung einer Entscheidung nicht etwa deshalb ablehnen, weil ihr der festgesetzte Unterhaltsbetrag unangemessen erscheint. Der Unterhaltsschuldner hat lediglich die Möglichkeit, im Vollstreckungsstaat eine Entscheidung zur Herabsetzung der Unterhaltsschuld zu erwirken, die nach dem Abkommen auch zB im Aufenthaltsstaat des Gläubigers anzuerkennen wäre (Bericht Verwilghen Nr 76 BT-Drucks 10/258, 48

= Actes et Doc XII/4, 417). Ferner kann er Vollstreckungsschutz nach den Vorschriften des Zweitstaates in Anspruch nehmen (Martiny in Hdb IZVR III/2 Kap II Rz 377).

Die sachliche Nachprüfung ist nur insoweit verboten, als das Übereinkommen nicht etwas anderes bestimmt. Dies ist teilweise der Fall bei der Nachprüfung der positiven und negativen Anerkennungsvoraussetzungen nach Art 4 ff (Bericht Verwilghen Nr 77 BT-Drucks 10/258, 48 = Actes et Doc XII/4, 417 f. Näheres bei Art 5 UnterhVollstrÜbK 1958 oben Rz 112 ff). Für die Überprüfung der indirekten internationalen Zuständigkeit nach Art 4 Nr 1, Art 7 und 8 bestimmt Art 9 genauer, wie weit der Vollstreckungsrichter an die Erstentscheidung gebunden ist. 196

Kapitel III 197
Verfahren der Anerkennung und Vollstreckung von Entscheidungen

Art 13

Das Verfahren der Anerkennung oder Vollstreckung der Entscheidung richtet sich nach dem Recht des Vollstreckungsstaats, sofern das Übereinkommen nicht etwas anderes bestimmt.

1. Allgemeines

Wie schon das UnterhVollstrÜbK 1958 (Art 6 Abs 1) verzichtet auch das vorliegende neuere Abkommen darauf, das Verfahren der Anerkennung und Vollstreckbarerklärung umfassend selbst zu regeln (anders zB das GVÜ). Grundsätzlich maßgeblich ist das Recht des Staates, in dem die Entscheidung geltend gemacht wird; nur einzelne das Verfahren betreffende Probleme, die erfahrungsgemäß bei der Erlangung des Exequaturs besondere Schwierigkeiten aufwerfen, werden von der Konvention in den Art 14–17 geregelt. Diese Vorschriften verdrängen das jeweilige staatliche Verfahrensrecht (vgl auch Bellet Clunet 101 [1974] 24 ff).

2. Wirkungen der Vollstreckbarerklärung 198

Das Abkommen enthält keine dem Art 6 Abs 2 UnterhVollstrÜbK 1958 entsprechende Bestimmung über die Wirkungen der Vollstreckbarerklärung. Es gilt insoweit jedoch nichts anderes als nach dem früheren Abkommen: fremde Unterhaltsentscheidungen, die das Exequatur erlangt haben, stehen eigenen Titeln des Vollstreckungsstaates gleich (s oben Rz 116).

3. Verfahren der Anerkennung 199

a) Anders als nach dem UnterhVollstrÜbK 1958 gelten die besonderen Verfahrensvorschriften der Konvention nunmehr ausdrücklich auch für die bloße Anerkennung von Unterhaltsentscheidungen. Während es nach dem früheren Abkommen außer Zweifel stand, daß in Staaten, deren Prozeßrecht kein besonderes Verfahren für die Anerkennung fremder Unterhaltsentscheidungen kennt, die der Konvention unterfallenden Unterhaltssprüche ipso jure wirkten, wird jetzt bestimmt, daß auch für die Anerkennung die in Art 17 bezeichneten Urkunden beizubringen sind. Indes erklärt sich dies daraus, daß selbst in Staaten, in denen anzuerkennende Unterhaltsentscheidungen kraft Gesetzes wirken, wenn es in einem anderen Verfahren auf die Anerkennung der Entscheidung ankommt, Existenz, Inhalt und Anerkennungsfähigkeit der Entscheidung bewiesen werden müssen. Für diesen Fall ergibt sich aus Art 17, welche Urkunden dazu ausreichend sind. Dadurch ändert sich aber nichts an der Regel, daß das Abkommen selbst für die Anerkennung von Unterhaltsentscheidungen kein förmliches Verfahren verlangt (vgl Art 23, Bericht Verwilghen Nr 46 BT-Drucks 10/258, 41 = Actes et Doc XII/4, 403). Denn die Verfahrensregeln des Übereinkommens sollen keinen Rückschritt gegenüber den einzelnen staatlichen Rechten bewirken (Bellet Clunet 101 [1974] 24).

200 **b)** Das Verfahren der Vollstreckbarerklärung ist in den §§ 1 ff AusfG zum UnterhVollstrÜbK 1973 vom 25. 7. 1986 (BGBl 1986 I 1156) geregelt (abgedruckt unten Rz 226). Die Unterschiede zu dem Verfahren nach dem AusfG zum UnterhVollstrÜbK 1958 erklären sich daraus, daß die Ausführung des neueren Übereinkommens in ihren Grundlagen den Ausführungsbestimmungen zum GVÜ angeglichen wurde (vgl § 3 Abs 4 AusfG zum UnterhVollstrÜbK 1973; BR-Drucks 223/83, 22). Nach § 1 AusfG ist die ausschließliche sachliche und örtliche Zuständigkeit des Landgerichts am Wohnort des Schuldners gegeben, bei Fehlen eines solchen im Inland des Landgerichts, in dessen Bezirk die Zwangsvollstreckung durchgeführt werden soll. Gegen die Zulassung der Zwangsvollstreckung kann Beschwerde beim OLG eingelegt werden (§ 5 Abs 1 AusfG). Anders als nach dem AusfG zum UnterhVollstrÜbK 1958 (dazu oben Rz 115) ist gegen die Entscheidung des OLG die Rechtsbeschwerde beim BGH statthaft (§ 7 AusfG).

201 Eine weitergehende Angleichung der Ausführungsbestimmungen zu dem vorliegenden Übereinkommen, dem GVÜ sowie zu den neueren bilateralen Vollstreckungsabkommen ist durch den von der Bundesregierung vorgelegten Gesetzesentwurf für ein einheitliches „Anerkennungs- und Vollstreckungsausführungsgesetz (AVAG)“ beabsichtigt (BT-Drucks 10/6711 v 20. 6. 1986; vgl auch BR-Drucks 104/86).

202

Art 14

Es kann auch die teilweise Anerkennung oder Vollstreckung einer Entscheidung beantragt werden.

Art 14 stellt es ins Ermessen des Vollstreckungsgläubigers, eine voll anerkennungsfähige Unterhaltsentscheidung nur teilweise für vollstreckbar erklären zu lassen (im Unterschied zu Art 3, der eine Teilanerkennung vorschreibt, wenn die betreffende Entscheidung teilweise nicht in den Anwendungsbereich des Abkommens fällt). Der Gläubiger soll dadurch in die Lage versetzt werden, einer möglichen Nichtanerkennung der gesamten Entscheidung vorzubeugen, indem er etwa nur einen Teilbetrag des zugesprochenen Unterhalts für vollstreckbar erklären läßt. Ferner kann es darum gehen, für die Vollstreckung zu entrichtende Kostenvorschüsse zu senken. Der Antrag kann auch hilfsweise gestellt werden (Bericht Verwilghen Nr 80 BT-Drucks 10/258, 48 f = Actes et Doc XII/4, 419).

203

Art 15

Der Unterhaltsberechtigte, der im Usprungsstaat ganz oder teilweise Prozeßkostenhilfe oder Befreiung von Verfahrenskosten genossen hat, genießt in jedem Anerkennungs- oder Vollstreckungsverfahren die günstigste Prozeßkostenhilfe oder die weitestgehende Befreiung, die im Recht des Vollstreckungsstaats vorgesehen ist.

Unabhängig von der Höhe der im Ursprungsstaat erhaltenen Prozeßkostenhilfe ist dem Unterhaltsberechtigten im Vollstreckungsstaat die größte dort vorgesehene Unterstützung zu gewähren. Damit erübrigen sich schwierige Berechnungen. Angesichts der Tatsache, daß Entscheidungen von Gerichten und Verwaltungsbehörden unter das Abkommen fallen, wird auch jede Kostenunterstützung in Verwaltungsverfahren erfaßt. Der Antragsteller muß nicht Staatsangehöriger des Vollstreckungsstaates sein, um in den Genuß der Vergünstigung nach Art 15 zu kommen, es muß sich jedoch um den Unterhaltsberechtigten handeln. Klagt der Unterhaltsschuldner im Vollstreckungsstaat etwa auf Herabsetzung des Unterhaltsbetrages, so muß er die örtlichen Voraussetzungen für die Prozeßkostenhilfe erfüllen. Andererseits hat auch der Unterhaltsberechtigte die Möglichkeit, unabhängig von seiner Situation im Erstverfahren nach dem Recht des Zweitstaates Prozeßkostenhilfe zu beantragen (s insgesamt Bericht Verwilghen Nr 82 BT-Drucks 10/258, 49 = Actes et Doc XII/4, 419f).

Art 16 204

In den durch das Übereinkommen erfaßten Verfahren braucht für die Zahlung der Verfahrenskosten keine Sicherheit oder Hinterlegung, unter welcher Bezeichnung auch immer, geleistet zu werden.

Soweit der Anerkennungsstaat von Ausländern noch eine Prozeßkostensicherheit fordert, darf diese für das Verfahren der Anerkennung und Vollstreckung nach dem Abkommen nicht erhoben werden. Die Bezeichnung des Vorschusses ist unerheblich. Die Regelung entspricht Art 9 Abs 2 UnterhVollstrÜbK 1958 und ist auch in einer Anzahl bilateraler Verträge aufgegriffen worden (Bericht Verwilghen Nr 83 BT-Drucks 10/258, 49 = Actes et Doc XII/4, 420).

Art 17 205

Die Partei, die die Anerkennung einer Entscheidung geltend macht oder ihre Vollstreckung beantragt, hat folgende Unterlagen beizubringen:

1. **Eine vollständige, mit der Urschrift übereinstimmende Ausfertigung der Entscheidung;**
2. **die Urkunden, aus denen sich ergibt, daß gegen die Entscheidung im Ursprungsstaat kein ordentliches Rechtsmittel mehr zulässig ist und, gegebenenfalls, daß die Entscheidung dort vollstreckbar ist;**
3. **wenn es sich um eine Versäumnisentscheidung handelt, die Urschrift oder eine beglaubigte Abschrift der Urkunde, aus der sich ergibt, daß das das Verfahren einleitende Schriftstück mit den wesentlichen Klagegründen der säumigen Partei nach dem Recht des Ursprungsstaats ordnungsgemäß zugestellt worden ist;**
4. **gegebenenfalls jedes Schrifstück, aus dem sich ergibt, daß die Partei im Ursprungsstaat Prozeßkostenhilfe oder Befreiung von Verfahrenskosten erhalten hat;**
5. **eine beglaubigte Übersetzung der genannten Urkunden, wenn die Behörde des Vollstreckungsstaats nicht darauf verzichtet.**

Werden die genannten Urkunden nicht vorgelegt oder ermöglicht es der Inhalt der Entscheidung der Behörde des Vollstreckungsstaats nicht, nachzuprüfen, ob die Voraussetzungen dieses Übereinkommens erfüllt sind, so setzt sie eine Frist für die Vorlegung aller erforderlichen Urkunden.

Eine Legalisation oder ähnliche Förmlichkeit darf nicht verlangt werden.

1. Die **Liste der vorzulegenden Unterlagen** beschränkt sich auf Mindestanforderungen. Denn das Verfahren der Anerkennung und Vollstreckbarerklärung soll so weit wie möglich vereinfacht werden (Bericht Verwilghen Nr 84 BT-Drucks 10/258, 49 = Actes et Doc XII/4, 420). Die einzelnen Vorlagepflichten spiegeln die materiellen Anerkennungsvoraussetzungen wieder, deren Überprüfung sie ermöglichen sollen. Wird eine der geforderten Urkunden nicht beigebracht, so hat dies nicht die Ablehnung des Antrags zur Folge. Die Vollstreckungsbehörde muß dann vielmehr eine **Frist** für die Beibringung der fehlenden Unterlagen setzen (Abs 2); überhaupt

soll die Behörde des Zweitstaates eher Hinweise geben als Sanktionen verhängen (Bellet Clunet 101 [1974] 25). Ferner kann der Vollstreckungsrichter eine Frist zur Beibringung weiterer Unterlegen setzen, wenn zwar alle erforderlichen Urkunden vorgelegt worden sind, aber ihr Inhalt eine Überprüfung der materiellen Anerkennungsvoraussetzungen nicht erlaubt. Nach dem Willen der Kommission sollte von dieser Möglichkeit jedoch nur mit Zurückhaltung Gebrauch gemacht werden (Bericht Verwilghen Nr 85 BT-Drucks 10/258, 49 = Actes et Doc XII/4, 420f). Zu der Frage, inwieweit Art 17 für die bloße Anerkennung von Unterhaltsentscheidungen in solchen Staaten gilt, die kein besonderes Anerkennungsverfahren kennen, s oben Rz 199.

206 2. Ebenso wie nach Art 4 Nr 1 und 2 UnterhVollstrÜbK 1958 sind auch für Art 17 Nr 1 und 2 des vorliegenden Abkommens **beglaubigte Abschriften** jedenfalls dann als ausreichend anzusehen, wenn dies ein Staatsvertrag im Verhältnis zum Ursprungsstaat bestimmt (vgl zum UnterhVollstrÜbK 1958 LG Frankfurt 22. 6. 1978 DAVorm 1979, 534 = IPRspr 1978 Nr 161). Der Vollstreckungsrichter kann den Antragsteller von dem Erfordernis befreien, die notwendigen Urkunden in beglaubigter Übersetzung beizubringen (Nr 5). Eine **Legalisation** der Urkunden darf, unter welcher Bezeichnung auch immer, nicht verlangt werden (Abs 3).

207

Kapitel IV
Ergänzende Bestimmungen über öffentliche Aufgaben wahrnehmende Einrichtungen

Art 18

Ist die Entscheidung gegen einen Unterhaltsverpflichteten auf Antrag einer öffentliche Aufgaben wahrnehmenden Einrichtung ergangen, welche die Erstattung der einem Unterhaltsberechtigten erbrachten Leistungen verlangt, so ist diese Entscheidung nach dem Übereinkommen anzuerkennen und für vollstreckbar zu erklären/zu vollstrecken,

1. **wenn die Einrichtung nach dem Recht, dem sie untersteht, die Erstattung verlangen kann;**
2. **wenn das nach dem Internationalen Privatrecht des Vollstreckungsstaats anzuwendende innerstaatliche Recht eine Unterhaltspflicht zwischen dem Unterhaltsberechtigten und dem Unterhaltsverpflichteten vorsieht.**

1. Allgemeines

Für den Regreß öffentliche Aufgaben wahrnehmender Stellen unterscheidet das Abkommen *zwei Fälle:* Einerseits den Fall, daß die Regreß nehmende Stelle selbst Partei des ursprünglichen Verfahrens war (Art 18), andererseits den, daß die Erstentscheidung zwischen dem Unterhaltsverpflichteten und dem Unterhaltsberechtigten ergangen ist und die öffentliche Aufgaben wahrnehmende Stelle anhand dieses Titels Erstattung ihrer Leistungen verlangt (Art 19).

208 **2. Die zum Regreß berechtigten Einrichtungen**

Der Begriff der „öffentliche Aufgaben wahrnehmenden Einrichtung" ist weit zu verstehen: erfaßt sind alle natürlichen oder juristischen Personen, die im Rahmen der Unterhaltsverpflichtung zwischen dem Berechtigten und dem Verpflichteten kraft öffentlichen Auftrags oder Befähigung Leistungen erbringen. Dabei kann es sich um Privatpersonen oder halbstaatliche Organisationen ebenso handeln wie um auswärtige Organe eines Staates, wie zB ein Konsulat (s insgesamt Bericht Verwilghen Nr 90 BT-Drucks 10/258, 50 = Actes et Doc XII/4, 422). Gleichgültig ist auch, ob diese Stellen zu der Unterhaltsleistung verpflichtet waren oder ob sie etwa aus rein caritativen Zwecken geleistet haben, solange dem ein öffentlicher Auftrag zugrundeliegt (Bericht Verwilghen Nr 92 BT-Drucks 10/258, 51 = Actes et Doc XII/4, 423).

Das Abkommen läßt die Frage ungeregelt, ob **Dritte,** die weder zu den öffentliche 209
Aufgaben wahrnehmenden Einrichtungen gehören noch selbst Unterhaltsberechtigte sind, sich auf die Konvention berufen können. Haben solche Personen einen eigenen Regreßtitel gegen den Unterhaltsverpflichteten erstritten, „war es die Absicht der Verfasser des Vertrags, der mit dem Antrag auf Anerkennung und Vollstreckung befaßten Behörde die größte Beurteilungsfreiheit einzuräumen" (Bericht Verwilghen Nr 91 BT-Drucks 10/258, 50 f = Actes et Doc XII/4, 422 f). Mangels einer klaren Regelung über den Regreß privater Dritter sollte die Anerkennung derartiger Rückgriffsansprüche jedoch unterbleiben (s oben Rz 154).

3. Zusätzliche Anerkennungsvoraussetzungen 210

Die Ermöglichung des Rückgriffs durch die bezeichneten öffentlichen Stellen steht unter einer dreifachen Kontrolle, die zu den allgemeinen Anerkennungsvoraussetzungen nach Art 4 ff hinzutritt:

a) Sowohl in Art 18 als auch in Art 19 wird hervorgehoben, daß Rückgriffsbegehren 211
nur insoweit nach dem Abkommen für vollstreckbar erklärt werden können, als die betreffende öffentliche Stelle den Unterhalt an den Berechtigten **erbracht** hat. Damit soll verhindert werden, daß die öffentliche Stelle Leistungen erstattet verlangt, die sie nicht selbst oder nicht in dieser Höhe erbracht hat (vgl aber Art 11).

b) Nach Nr 1 überprüft die Vollstreckungsbehörde weiter, ob die öffentliche 212
Aufgaben wahrnehmende Einrichtung nach dem Recht, dem sie untersteht, **zu dem Rückgriff selbst ermächtigt** ist; dabei ist gleichgültig, ob der Regreß durch einen gesetzlichen Forderungsübergang (cessio legis) oder durch eigene Ansprüche der Behörde bewirkt wird (vgl Bericht Verwilghen Nr 92 BT-Drucks 10/258, 51 = Actes et Doc XII/4, 423 f). Hier erfolgt also eine partielle sachliche Überprüfung der Erstentscheidung durch die Vollstreckungsbehörde, und zwar einerseits daraufhin, ob das richtige Recht angewandt wurde (nämlich das Recht, dem die Einrichtung untersteht, meist ihr Sitzrecht, Art 9 HaagUnterhUbK 1973), und andererseits auf die richtige Anwendung jenes Rechtes hin.

c) Nr 2 bewirkt schließlich eine formal äußerst weitgehende Überprüfung der 213
Erstentscheidung, die sich aus dem Bestreben erklärt, einer ausländischen öffentliche Aufgaben wahrnehmenden Einrichtung nur insoweit das Exequatur zuzubilligen, als sie im Vollstreckungsstaat einen entsprechenden Titel hätte erstreiten können (Bericht Verwilghen Nr 96 BT-Drucks 10/258, 52 = Actes et Doc XII/4, 425). Daher schreibt Nr 2 vor, ausgehend vom **IPR des Vollstreckungsstaates** das auf die Unterhaltsverpflichtung hypothetisch anwendbare Recht zu bestimmen, wodurch die Erstentscheidung möglicherweise an einem Recht gemessen wird, das sie nicht berücksichtigen konnte. Dieser scheinbar erhebliche Eingriff wird jedoch praktisch selten zur Verweigerung der Anerkennung führen: Zunächst ist anhand des nach dem IPR des Vollstreckungsstaates aufgefundenen Rechtes nur zu überprüfen, ob zwischen Unterhaltsberechtigtem und Unterhaltsverpflichtetem überhaupt eine Unterhaltspflicht bestand (auf die Höhe kommt es also nicht an). Und zum anderen sind Unterschiede zwischen den einzelnen Rechtsordnungen in dieser

Frage selten: wer von wem Unterhalt fordern kann, wird in den meisten Staaten gleich beurteilt (Bericht Verwilghen Nr 96 BT-Drucks 10/258, 52 = Actes et Doc XII/4, 425).

214

Art 19

Eine öffentliche Aufgaben wahrnehmende Einrichtung darf, soweit sie dem Unterhaltsberechtigten Leistungen erbracht hat, die Anerkennung oder Vollstreckung einer zwischen dem Unterhaltsberechtigten und dem Unterhaltsverpflichteten ergangenen Entscheidung verlangen, wenn sie nach dem Recht, dem sie untersteht, kraft Gesetzes berechtigt ist, an Stelle des Unterhaltsberechtigten die Anerkennung der Entscheidung geltend zu machen oder ihre Vollstreckung zu beantragen.

Art 19 regelt, unter welchen Voraussetzungen eine öffentliche Aufgaben wahrnehmende Einrichtung (zur Definition dieses Begriffes oben Rz 208) für ihren Regreß gegenüber dem Unterhaltsverpflichteten das Exequatur für eine Entscheidung beantragen kann, die zwischen diesem und dem Unterhaltsberechtigten in einem anderen Vertragsstaat ergangen ist. Als erste Voraussetzung muß die öffentliche Stelle dem Unterhaltsberechtigten die im Rückgriff geltend gemachten Leistungen tatsächlich erbracht haben oder (fortlaufend) noch erbringen (vgl die Erläuterungen zu Art 11). Damit soll verhindert werden, daß jene Einrichtung Regreß für Leistungen nimmt, die sie nicht selbst erbracht hat (vgl Bericht Verwilghen Nr 94 BT-Drucks 10/258, 51 f = Actes et Doc XII/4, 424). Als zweite Voraussetzung ist zu prüfen, ob die öffentliche Aufgaben wahrnehmende Einrichtung nach dem Recht, dem sie untersteht (meist ihr Sitzrecht, anders etwa bei Konsulaten), die zwischen dem Unterhaltsverpflichteten und dem Unterhaltsberechtigten ergangene Entscheidung geltend machen kann. Das wird idR nur dann der Fall sein, wenn der in der Entscheidung zugesprochene Anspruch auf die öffentliche Einrichtung übergegangen ist (vgl Martiny in Hdb IZVR III/2 Kap II Rz 370); jedoch ist gleichgültig, auf welche Weise bewirkt wird, daß die betreffende Einrichtung die fremde Entscheidung geltend machen kann (Bericht Verwilghen Nr 92 BT-Drucks 10/258, 51 = Actes et Doc XII/4, 423 f).

Art 20

Die öffentliche Aufgaben wahrnehmende Einrichtung, welche die Anerkennung geltend macht oder die Vollstreckung beantragt, hat die Urkunden vorzulegen, aus denen sich ergibt, daß sie die in Artikel 18 Nummer 1 oder Artikel 19 genannten Voraussetzungen erfüllt und daß die Leistungen dem Unterhaltsberechtigten erbracht worden sind; Artikel 17 bleibt unberührt.

Kapitel V
Vergleiche

Art 21

Die im Ursprungsstaat vollstreckbaren Vergleiche sind unter denselben Voraussetzungen wie Entscheidungen anzuerkennen und für vollstreckbar zu erklären/zu vollstrecken, soweit diese Voraussetzungen auf sie anwendbar sind.

Kapitel VI
Verschiedene Bestimmungen

Art 22

Bestehen nach dem Recht eines Vertragsstaats Beschränkungen für die Überweisung von Geldbeträgen, so hat dieser Vertragsstaat der Überweisung von Geldbeträgen, die zur Erfüllung von Unterhaltsansprüchen oder zur Deckung von Kosten für Verfahren nach diesem Übereinkommen bestimmt sind, den größtmöglichen Vorrang zu gewähren.

Art 23 215

Dieses Übereinkommen schließt nicht aus, daß eine andere internationale Übereinkunft zwischen dem Ursprungsstaat und dem Vollstreckungsstaat oder das nichtvertragliche Recht des Vollstreckungsstaats angewendet wird, um die Anerkennung oder Vollstreckung einer Entscheidung oder eines Vergleichs zu erwirken.

Art 23 eröffnet dem Unterhaltsberechtigten ein Wahlrecht, die Anerkennung und Vollstreckung seines Titels auch nach anderen Staatsverträgen oder dem autonomen Recht des Vollstreckungsstaates zu betreiben. Dabei kann er sich jedoch nicht aus den verschiedenen Staatsverträgen und dem anwendbaren autonomen Recht einzelne Vorschriften herauslesen und zu einem neuen Ganzen zusammenfügen (Bericht Verwilghen Nr 101 BT-Drucks 10/258, 53 = Actes et Doc XII/4, 427. Näheres bei dem entsprechenden Art 11 UnterhVollstrÜbK 1958, oben Rz 126 ff; s auch Martiny in Hdb IZVR III/2 Kap II Rz 378 ff). Bei Einleitung eines Verfahrens auf Vollstreckbarerklärung sollte in jedem Fall deutlich gemacht werden, ob das Exequatur aufgrund des vorliegenden Übereinkommens, einer anderen Konvention oder des autonomen Rechts beantragt wird. Sonst besteht die Gefahr, daß die Anwendbarkeit des Unterhaltsvollstreckungsübereinkommens übersehen oder auf eine stillschweigende Wahl der autonomen Anerkennungsregeln des Vollstreckungsstaats geschlossen wird (vgl dazu die französischen Entscheidungen in der Sache *Fairhurst c. Simitch*, in denen trotz Anwendbarkeit des UnterhVollstrÜbK 1973 während des gesamten Verfahrens auf das autonome französische Recht abgestellt wurde; Cass 6. 2. 1985 Rev crit 74 [1985] 369, 243 Aufsatz Francescakis = Clunet 112 [1985] 640 Anm Huet; zum Ganzen Herzfelder ZVglRW 86 [1987] 49, 54 ff).

Art 24 216

Dieses Übereinkommen ist unabhängig von dem Zeitpunkt anzuwenden, in dem die Entscheidung ergangen ist.

Ist die Entscheidung ergangen, bevor dieses Übereinkommen zwischen dem Ursprungsstaat und dem Vollstreckungsstaat in Kraft getreten ist, so ist sie im letztgenannten Staat nur hinsichtlich der nach diesem Inkrafttreten fällig werdenden Zahlungen für vollstreckbar zu erklären/zu vollstrecken.

Der zeitliche Anwendungsbereich des Übereinkommens wird in Art 24 – anders als nach Art 12 UnterhVollstrÜbK 1958 – grundsätzlich unabhängig vom Zeitpunkt des Erlasses der Unterhaltsentscheidung geregelt. Um eine unvorhersehbare Belastung des Unterhaltsverpflichteten zu vermeiden, bestimmt jedoch Abs 2 für Entscheidungen, die vor dem Inkrafttreten des Übereinkommens ergangen sind, daß nur die nach diesem Zeitpunkt fälligen Zahlungen unter die Konvention fallen (Bericht Verwilghen Nr 103 BT-Drucks 10/258, 53 = Actes et Doc XII/4, 428). Für die vorher fälligen Beträge wird man im Verhältnis zwischen Vertragsstaaten, zwischen denen bereits das UnterhVollstrÜbK 1958 galt, trotz Art 29 die Anerkennung nach dem älteren Abkommen zulassen müssen.

217 **Art 25**

Jeder Vertragsstaat kann jederzeit erklären, daß er in seinen Beziehungen zu den Staaten, die dieselbe Erklärung abgegeben haben, alle vor einer Behörde oder einer Urkundsperson errichteten öffentlichen Urkunden, die im Ursprungsstaat aufgenommen und vollstreckbar sind, in das Übereinkommen einbezieht, soweit sich dessen Bestimmungen auf solche Urkunden anwenden lassen.

Vollstreckbare öffentliche Urkunden fallen nur im Verhältnis zwischen Staaten, die beide die Erklärung nach Art 25 abgegeben haben, unter das Abkommen. Von den 12 Vertragsstaaten haben bisher allerdings nur die Bundesrepublik Deutschland (BGBl 1987 II 220), die Niederlande (BGBl 1987 II 221) und Schweden (BGBl 1987 II 222) die vollstreckbaren öffentlichen Urkunden mit einbezogen (Stand: 25. März 1987).

218 **Art 26**

Jeder Vertragsstaat kann sich nach Artikel 34 das Recht vorbehalten, weder anzuerkennen noch für vollstreckbar zu erklären/zu vollstrecken:

1. Entscheidungen und Vergleiche über Unterhaltsleistungen, die ein Unterhaltsverpflichteter, der nicht der Ehegatte oder der frühere Ehegatte des Unterhaltsberechtigten ist, für die Zeit nach der Eheschließung oder nach dem vollendeten einundzwanzigsten Lebensjahr des Unterhaltsberechtigten schuldet;

2. Entscheidungen und Vergleiche in Unterhaltssachen
a) zwischen Verwandten in der Seitenlinie;
b) zwischen Verschwägerten;

3. Entscheidungen und Vergleiche, die die Unterhaltsleistung nicht durch regelmäßig wiederkehrende Zahlungen vorsehen.

Ein Vertragsstaat, der einen Vorbehalt gemacht hat, kann nicht verlangen, daß das Übereinkommen auf Entscheidungen und Vergleiche angewendet wird, die er durch seinen Vorbehalt ausgeschlossen hat.

1. Allgemeines

Trotz der Gefahr einer weitgehenden Aushöhlung des Anwendungsbereiches der Konvention sind in Art 26 drei Vorbehalte ermöglicht worden. Obwohl sich die Hoffnung der Konferenzteilnehmer, die Vertragsstaaten mögen nur mit größter Zurückhaltung von den Vorbehalten Gebrauch machen, nicht erfüllt hat (von den 14 Vertragsstaaten am 1. 9. 1987 hatten nur Frankreich und Spanien ohne jeden Vorbehalt ratifiziert, vgl oben Rz 143), werden die wesentlichen Erweiterungen des Anwendungsbereichs gegenüber dem UnterhVollstrÜbK 1958 dadurch nicht in Frage gestellt (vgl insgesamt Bericht VERWILGHEN Nr 105 BT-Drucks 10/258, 54 = Actes et Doc XII/4, 428 f.) Die Regelung in **Abs 2** entspricht dem der Konvention zugrundeliegenden **Grundsatz der Gegenseitigkeit:** wer einen Vorbehalt gegen bestimmte fremde Entscheidungen eingelegt hat, kann nicht erwarten, daß entsprechende eigene Aussprüche in den anderen Vertragsstaaten anerkannt werden.

219 **2. Einzelheiten**

Am weitesten geht der nach **Nr 1** ermöglichte Vorbehalt. Dieser „scheinbar rätselhafte Satz" („phrase apparemment sibylline"; Bericht VERWILGHEN Nr 106 BT-

Drucks 10/258, 54 = Actes et Doc XII/4, 429) entstand aus den Schwierigkeiten, die Definition für das Wort „Kind" in die Formulierung zu integrieren. Staaten, die den Vorbehalt nach Nr 1 erklären, müssen – positiv gewendet – dann noch alle Entscheidungen und Vergleiche anerkennen, die Unterhaltsaussprüche zwischen (früheren) Ehegatten oder gegenüber Kindern betreffen. Dabei werden Kinder ebenso wie in Art 1 Abs 1 UnterhVollstrÜbK 1958 als Personen definiert, die unverheiratet sind und das 21. Lebensjahr noch nicht vollendet haben. Im Vergleich zum UnterhVollstrÜbK 1958 ist der Anwendungsbereich des vorliegenden Abkommens also jedenfalls um den Ehegattenunterhalt (bzw den zwischen früheren Ehegatten) erweitert. Den Vorbehalt nach Nr 1 haben erklärt: Finnland, Portugal und Schweden (Stand: 25. 3. 1987, BGBl 1987 II 220 ff).

Von dem Vorbehalt gegen Entscheidungen und Vergleiche über Unterhaltsansprüche gegen Verwandte in der Seitenlinie (**Nr 2 a**) haben Gebrauch gemacht: Bundesrepublik Deutschland, Finnland, Luxemburg, Niederlande, Norwegen, Schweiz, Tschechoslowakei, Türkei und Vereinigtes Königreich. 220

Den Vorbehalt nach **Nr 2 b** gegen Entscheidungen in Unterhaltssachen zwischen Verschwägerten haben eingelegt: Bundesrepublik Deutschland, Finnland, Luxemburg, Norwegen, Portugal, Schweden, Schweiz, Tschechoslowakei, Türkei und Vereinigtes Königreich (Stand: 25. 3. 1987, BGBl 1987 II 220 ff). 221

Nach § 2 AusfG vom 25. 7. 1986 zum UnterhVollstrÜbK 1973 (unten Rz 226; vgl auch die Erklärung der Bundesrepublik Deutschland nach Art 34 Abs 1, BGBl 1987 II 220) soll die Anerkennung von Unterhaltsentscheidungen zwischen Seitenverwandten und Verschwägerten in der BRD jedoch nur unterbleiben, wenn nach dem gemäß Art 7 UnterhÜbK 1973 bzw Art 18 Abs 3 EGBGB anwendbaren Recht eine Unterhaltsverpflichtung zwischen diesen Personen nicht besteht. Der Vorbehalt des Art 26 Nr 2 wird also zu einer teilweisen révision au fond genutzt (vgl auch BR-Drucks 223/83, 23 f). 222

Auf Antrag der Delegation des Vereinigten Königreichs wurde der Vorbehalt der **Nr 3** gegen Entscheidungen zugelassen, aufgrund derer lediglich eine einmalige Unterhaltssumme („lump sum") zu zahlen ist. Diesen Vorbehalt haben erklärt: Italien, Luxemburg, Türkei und Vereinigtes Königreich. 223

Art 27

Sieht das Recht eines Vertragsstaats in Unterhaltssachen zwei oder mehr Rechtsordnungen vor, die für verschiedene Personenkreise gelten, so ist eine Verweisung auf das Recht dieses Staates als Verweisung auf die Rechtsordnung zu verstehen, die nach dem Recht dieses Staates für einen bestimmten Personenkreis gilt.

Art 28

Besteht ein Vertragsstaat aus zwei oder mehr Gebietseinheiten, in denen verschiedene Rechtsordnungen für die Anerkennung und Vollstreckung von Unterhaltsentscheidungen gelten, so ist

1. **eine Verweisung auf das Recht, das Verfahren oder die Behörde des Ursprungsstaats als Verweisung auf das Recht, das Verfahren oder die Behörde der Gebietseinheit zu verstehen, in der die Entscheidung ergangen ist;**
2. **eine Verweisung auf das Recht, das Verfahren oder die Behörde des Vollstreckungsstaats als Verweisung auf das Recht, das Verfahren oder die Behörde der Gebietseinheit zu verstehen, in der die Anerkennung oder Vollstreckung beantragt wird;**

3. eine Verweisung nach den Nummern 1 und 2 auf das Recht oder das Verfahren des Ursprungsstaats oder des Vollstreckungsstaats in dem Sinn zu verstehen, daß auch auf die einschlägigen Rechtsvorschriften und -grundsätze des Vertragsstaats, die für dessen Gebietseinheiten gelten, verwiesen ist;

4. eine Verweisung auf den gewöhnlichen Aufenthalt des Unterhaltsberechtigten oder des Unterhaltsverpflichteten im Ursprungsstaat als Verweisung auf den gewöhnlichen Aufenthalt in der Gebietseinheit zu verstehen, in der die Entscheidung ergangen ist.

Jeder Vertragsstaat kann jederzeit erklären, daß er eine oder mehrere dieser Vorschriften auf eine oder mehrere Bestimmungen dieses Übereinkommens nicht anwenden wird.

224

Art 29

Dieses Übereinkommen ersetzt in den Beziehungen zwischen den Staaten, die Vertragsparteien sind, das Haager Übereinkommen vom 15. April 1958 über die Anerkennung und Vollstreckung von Entscheidungen auf dem Gebiet der Unterhaltspflicht gegenüber Kindern.

Haben sowohl der Ursprungs- als auch der Vollstreckungsstaat das neuere Abkommen ratifiziert, wird das UnterhVollstrÜbK 1958 automatisch verdrängt. Im Verhältnis zu Staaten, für die das vorliegende Abkommen noch nicht in Kraft getreten ist, gilt die ältere Konvention jedoch fort (siehe für die Bundesrepublik Deutschland oben Rz 44). Die Vertragsstaaten des neueren Abkommens, die an das ältere nicht mehr gebunden sein wollen, müssen dieses nach Art 19 kündigen (Bericht Verwilghen Nr 102 BT-Drucks 10/258, 53 = Actes et Doc XII/4, 427).

Kapitel VII
Schlußbestimmungen

Art 30

Dieses Übereinkommen liegt für die Staaten zur Unterzeichnung auf, die Mitglieder der Haager Konferenz für Internationales Privatrecht zur Zeit ihrer Zwölften Tagung waren.

Es bedarf der Ratifikation, Annahme oder Genehmigung; die Ratifikations-, Annahme- oder Genehmigungsurkunden sind beim Ministerium für Auswärtige Angelegenheiten der Niederlande zu hinterlegen.

Art 31

Jeder Staat, der erst nach der Zwölften Tagung Mitglied der Konferenz geworden ist oder der Mitglied der Vereinten Nationen oder einer ihrer Sonderorganisationen oder Vertragspartei des Statuts des Internationalen Gerichtshofs ist, kann diesem Übereinkommen beitreten, nachdem es nach Artikel 35 Absatz 1 in Kraft getreten ist.

Die Beitrittsurkunde ist beim Ministerium für Auswärtige Angelegenheiten der Niederlande zu hinterlegen.

Der Beitritt wirkt nur im Verhältnis zwischen dem beitretenden Staat und den Vertragsstaaten, die innerhalb von zwölf Monaten nach Empfang der in Artikel 37 Nummer 3 vorgesehenen Notifikation keinen Einspruch gegen den Beitritt erhoben haben. Nach dem Beitritt kann ein solcher Einspruch auch von einem Mitgliedstaat

in dem Zeitpunkt erhoben werden, in dem er das Übereinkommen ratifiziert, annimmt oder genehmigt. Die Einsprüche sind dem Ministerium für Auswärtige Angelegenheiten der Niederlande zu notifizieren.

Art 32

Jeder Staat kann bei der Unterzeichnung, der Ratifikation, der Annahme, der Genehmigung oder dem Beitritt erklären, daß sich dieses Übereinkommen auf alle Hoheitsgebiete, deren internationale Beziehungen er wahrnimmt, oder auf eines oder mehrere dieser Hoheitsgebiete erstreckt. Diese Erklärung wird wirksam, sobald das Übereinkommen für den betreffenden Staat in Kraft tritt.

Später ist jede derartige Erstreckung dem Ministerium für Auswärtige Angelegenheiten der Niederlande zu notifizieren.

Die Erstreckung wirkt im Verhältnis zwischen den Vertragsstaaten, die innerhalb von zwölf Monaten nach Empfang der in Artikel 37 Nummer 4 vorgesehenen Notifikation keinen Einspruch dagegen erhoben haben, und dem oder den Hoheitsgebieten, deren internationale Beziehungen von dem betreffenden Staat wahrgenommen werden und für die die Notifikation vorgenommen worden ist.

Nach der Erstreckung kann ein solcher Einspruch auch von einem Mitgliedstaat in dem Zeitpunkt erhoben werden, in dem er das Übereinkommen ratifiziert, annimmt oder genehmigt.

Die Einsprüche sind dem Ministerium für Auswärtige Angelegenheiten der Niederlande zu notifizieren.

Art 33

Ein Vertragsstaat, der aus zwei oder mehr Gebietseinheiten besteht, in denen verschiedene Rechtsordnungen für die Anerkennung und Vollstreckung von Unterhaltsentscheidungen gelten, kann bei der Unterzeichnung, der Ratifikation, der Annahme, der Genehmigung oder dem Beitritt erklären, daß sich dieses Übereinkommen auf alle diese Gebietseinheiten oder nur auf eine oder mehrere dieser Gebietseinheiten erstreckt; er kann diese Erklärung jederzeit durch Abgabe einer neuen Erklärung ändern.

Art 34

Jeder Staat kann spätestens bei der Ratifikation, der Annahme, der Genehmigung oder dem Beitritt einen oder mehrere der in Artikel 26 vorgesehenen Vorbehalte machen. Andere Vorbehalte sind nicht zulässig.

Jeder Staat kann ferner, wenn er eine Erstreckung des Übereinkommens nach Artikel 32 notifiziert, die Wirkung eines oder mehrerer dieser Vorbehalte auf alle oder einige der von der Erstreckung erfaßten Hoheitsgebiete beschränken.

Jeder Vertragsstaat kann einen von ihm gemachten Vorbehalt jederzeit zurücknehmen. Eine solche Zurücknahme ist dem Ministerium für Auswärtige Angelegenheiten der Niederlande zu notifizieren.

Die Wirkung des Vorbehalts endet am ersten Tag des dritten Kalendermonats nach der in Absatz 3 genannten Notifikation.

Art 35 225

Dieses Übereinkommen tritt am ersten Tag des dritten Kalendermonats nach der in Artikel 30 vorgesehenen Hinterlegung der dritten Ratifikations-, Annahme- oder Genehmigungsurkunde in Kraft.

Später tritt das Übereinkommen in Kraft

- **für jeden Unterzeichnerstaat, der es später ratifiziert, annimmt oder genehmigt, am ersten Tag des dritten Kalendermonats nach Hinterlegung seiner Ratifikations-, Annahme- oder Genehmigungsurkunde;**
- **für jeden beitretenden Staat am ersten Tag des dritten Kalendermonats nach Ablauf der in Artikel 31 bestimmten Frist;**
- **für die Hoheitsgebiete, auf die das Übereinkommen nach Artikel 32 erstreckt worden ist, am ersten Tag des dritten Kalendermonats nach Ablauf der im genannten Artikel bestimmten Frist.**

Zum Beitrittsstand des Übereinkommens s oben Rz 143.

Art 36

Dieses Übereinkommen gilt für die Dauer von fünf Jahren, vom Tag seines Inkrafttretens nach Artikel 35 Absatz 1 an gerechnet, und zwar auch für die Staaten, die es später ratifiziert, angenommen oder genehmigt haben oder ihm später beigetreten sind.

Die Geltungsdauer des Übereinkommens verlängert sich, außer im Fall der Kündigung, stillschweigend um jeweils fünf Jahre.

Die Kündigung ist spätestens sechs Monate vor Ablauf der fünf Jahre dem Ministerium für Auswärtige Angelegenheiten der Niederlande zu notifizieren. Sie kann sich auf bestimmte Hoheitsgebiete beschränken, für die das Übereinkommen gilt.

Die Kündigung wirkt nur für den Staat, der sie notifiziert hat. Für die anderen Vertragsstaaten bleibt das Übereinkommen in Kraft.

Art 37

Das Ministerium für Auswärtige Angelegenheiten der Niederlande notifiziert den Mitgliedstaaten der Konferenz sowie den Staaten, die nach Artikel 31 beigetreten sind,

1. **jede Unterzeichnung, Ratifikation, Annahme oder Genehmigung nach Artikel 30;**
2. **den Tag, an dem dieses Übereinkommen nach Artikel 35 in Kraft tritt;**
3. **jeden Beitritt nach Artikel 31 und den Tag, an dem der Beitritt wirksam wird;**
4. **jede Erstreckung nach Artikel 32 und den Tag, an dem sie wirksam wird;**
5. **jeden Einspruch gegen einen Beitritt oder eine Erstreckung nach den Artikeln 31 und 32;**
6. **jede Erklärung nach den Artikeln 25 und 32;**
7. **jede Kündigung nach Artikel 36;**
8. **jeden Vorbehalt nach den Artikeln 26 und 34 sowie die Zurücknahme von Vorbehalten nach Artikel 34.**

VII. Gesetz vom 25. 7. 1986 zur Ausführung des Haager Übereinkommens vom 2. 10. 1973 über die Anerkennung und Vollstreckung von Unterhaltsentscheidungen (Unterhaltsvollstreckungs-Übereinkommens-Ausführungsgesetz) 226

§ 1
Zuständigkeit

(1) Für die Vollstreckbarerklärung von Entscheidungen und Vergleichen über Unterhaltspflichten aus einem anderen Vertragsstaat des Haager Übereinkommens vom 2. Oktober 1973 über die Anerkennung und Vollstreckung von Unterhaltsentscheidungen (BGBl. 1986 II S. 825) sowie von öffentlichen Urkunden aus einem anderen Vertragsstaat, der die Erklärung nach Artikel 25 des Übereinkommens abgegeben hat, ist das Landgericht ausschließlich zuständig.

(2) Örtlich zuständig ist ausschließlich das Gericht, in dessen Bezirk der Schuldner seinen Wohnsitz hat, und, wenn er einen solchen gar nicht oder nur in einem anderen Staat hat, das Gericht, in dessen Bezirk die Zwangsvollstreckung durchgeführt werden soll.

§ 2
Seitenverwandte und Verschwägerte

Die Anerkennung und Vollstreckung von Entscheidungen aus einem anderen Vertragsstaat in Unterhaltssachen zwischen Verwandten in der Seitenlinie und zwischen Verschwägerten ist auf Verlangen des Verpflichteten zu versagen, wenn nach den Sachvorschriften des Rechts des Staates, dem der Verpflichtete und der Berechtigte angehören, oder, mangels einer gemeinsamen Staatsangehörigkeit, des am gewöhnlichen Aufenthalt des Verpflichteten geltenden Rechts eine Unterhaltspflicht nicht besteht.

§ 3
Erteilung der Vollstreckungsklausel

(1) Ein Schuldtitel aus einem anderen Vertragsstaat, der in diesem Staat vollstreckbar ist, wird dadurch zur Zwangsvollstreckung zugelassen, daß er auf Antrag mit der Vollstreckungsklausel versehen wird.

(2) Der Antragsteller hat in dem Antrag einen Zustellungsbevollmächtigten zu benennen.

(3) Über den Antrag entscheidet der Vorsitzende einer Zivilkammer unverzüglich ohne mündliche Verhandlung und ohne Anhörung des Schuldners.

(4) Im übrigen sind auf die Erteilung der Vollstreckungsklausel die §§ 2 bis 7 und der § 10 des Gesetzes vom 29. Juli 1972 zur Ausführung des Übereinkommens vom 27. September 1968 über die gerichtliche Zuständigkeit und die Vollstreckung gerichtlicher Entscheidungen in Zivil- und Handelssachen (BGBl. 1972 I S. 1328), das durch die Vereinfachungsnovelle vom 3. Dezember 1976 (BGBl. I S. 3281) geändert worden ist, – im folgenden als Ausführungsgesetz zum Gerichtsstands- und Vollstreckungsübereinkommen bezeichnet – entsprechend anzuwenden.

§ 4
Form der Vollstreckungsklausel

(1) Auf Grund der Anordnung des Vorsitzenden, daß der Schuldtitel mit der Vollstreckungsklausel zu versehen ist, erteilt der Urkundsbeamte der Geschäftsstelle die Vollstreckungsklausel in folgender Form:

„Vollstreckungsklausel nach § 3 des Unterhaltsvollstreckungs-Übereinkommens-Ausführungsgesetzes.

Gemäß der Anordnung des ... (Bezeichnung des Vorsitzenden, des Gerichts und der Anordnung) ist die Zwangsvollstreckung aus ... (Bezeichnung des Schuldtitels) zugunsten des ... (Bezeichnung des Gläubigers) gegen den ... (Bezeichnung des Schuldners) zulässig.

Die zu vollstreckende Verurteilung/Verpflichtung lautet: (Angabe der Urteilsformel oder des Ausspruchs des Gerichts oder der dem Schuldner aus dem Prozeßvergleich oder der öffentlichen Urkunde obliegenden Verpflichtung in deutscher Sprache, aus der Anordnung des Vorsitzenden zu übernehmen).

Die Zwangsvollstreckung darf über Maßregeln zur Sicherung nicht hinausgehen, bis der Gläubiger ein Zeugnis vorlegt, daß die Zwangsvollstreckung unbeschränkt stattfinden darf.

Solange die Zwangsvollstreckung über Maßregeln zur Sicherung nicht hinausgehen darf, kann der Schuldner die Zwangsvollstreckung durch Leistung einer Sicherheit in Höhe von ... (Angabe des Betrags, wegen dessen der Gläubiger vollstrecken darf) abwenden."

(2) Wird der Schuldtitel aus einem anderen Vertragsstaat nur für einen oder mehrere der durch die Entscheidung zuerkannten oder in einem anderen Schuldtitel niedergelegten Ansprüche oder nur für einen Teil des Gegenstands der Verurteilung oder der Verpflichtung zur Zwangsvollstreckung zugelassen (Artikel 3, 10, 14 des Übereinkommens), so ist die Vollstreckungsklausel als „Teil-Vollstreckungsklausel nach § 3 des Unterhaltsvollstreckungs-Übereinkommens-Ausführungsgesetzes in Verbindung mit dem Artikel ... des Haager Übereinkommens vom 2. Oktober 1973 über die Anerkennung und Vollstreckung von Unterhaltsentscheidungen (BGBl. 1986 II S. 825)" zu bezeichnen.

(3) Die Vollstreckungsklausel ist von dem Urkundsbeamten der Geschäftsstelle zu unterschreiben und mit dem Gerichtssiegel zu versehen. Sie ist entweder auf die Ausfertigung des Schuldtitels oder auf ein damit zu verbindendes Blatt zu setzen. Liegt eine Übersetzung des Schuldtitels vor (Artikel 17 Abs. 1 Nr. 5 des Übereinkommens), ist sie mit der Ausfertigung zu verbinden.

(4) Auf die Kosten des Verfahrens vor dem Vorsitzenden ist § 788 der Zivilprozeßordnung entsprechend anzuwenden.

§ 5
Zustellung

(1) Eine beglaubigte Abschrift des nach § 4 mit der Vollstreckungsklausel versehenen Schuldtitels und gegebenenfalls seiner Übersetzung ist dem Schuldner von Amts wegen zuzustellen.

(2) Muß die Zustellung an den Schuldner durch öffentliche Bekanntmachung geschehen und hält der Vorsitzende die Frist zur Einlegung der Beschwerde von einem Monat (§ 6 Abs. 1) nicht für ausreichend, so bestimmt er eine längere Beschwerdefrist. Die Frist ist in der Anordnung, daß der Schuldtitel mit der Vollstreckungsklausel zu versehen ist (§ 3 Abs. 4 dieses Gesetzes in Verbindung mit § 7 des Ausführungsgesetzes zum Gerichtsstands- und Vollstreckungsübereinkommen), oder nachträglich durch besonderen Beschluß, der ohne mündliche Verhandlung erlassen wird, zu bestimmen.

(3) Dem Antragsteller sind die mit der Vollstreckungsklausel versehene Ausfertigung des Schuldtitels und eine Bescheinigung über die bewirkte Zustellung zu übersenden. In den Fällen des Absatzes 2 ist die festgesetzte Frist für die Einlegung der Beschwerde auf der Bescheinigung über die bewirkte Zustellung zu vermerken.

§ 6
Beschwerde

(1) Der Schuldner kann gegen die Zulassung der Zwangsvollstreckung Beschwerde bei dem Oberlandesgericht einlegen. Die Beschwerde ist, soweit nicht nach § 5 Abs. 2 eine längere Frist bestimmt ist, innerhalb eines Monats, wenn die Zustellung an den Schuldner in einem anderen Staat geschehen muß, innerhalb zweier Monate einzulegen. Diese Frist ist eine Notfrist und beginnt mit der Zustellung des mit der Vollstreckungsklausel versehenen Schuldtitels.

(2) Das Beschwerdegericht kann auf Antrag des Schuldners seine Entscheidung aussetzen, wenn gegen die Entscheidung im Ursprungsstaat ein ordentliches Rechtsmittel eingelegt oder die Frist für ein solches Rechtsmittel noch nicht verstrichen ist; im letzten Fall kann das Beschwerdegericht eine Frist bestimmen, innerhalb deren das Rechtsmittel einzulegen ist. Das Gericht kann auch die Zwangsvollstreckung von der Leistung einer Sicherheit, die es bestimmt, abhängig machen.

(3) Ist die Zwangsvollstreckung aus einem Schuldtitel zugelassen, kann der Schuldner Einwendungen gegen den Anspruch selbst in einem Verfahren nach § 767 der Zivilprozeßordnung nur geltend machen, wenn die Gründe, auf denen seine Einwendungen beruhen, erst

1. nach Ablauf der Frist, innerhalb deren er die Beschwerde nach Absatz 1 Satz 2 und § 5 Abs. 2 hätte einlegen können, oder
2. falls die Beschwerde nach Absatz 1 Satz 1 eingelegt worden ist, nach Beendigung dieses Verfahrens entstanden sind.

(4) Gegen den ablehnenden Beschluß des Vorsitzenden (§ 3 Abs. 4 dieses Gesetzes in Verbindung mit § 10 des Ausführungsgesetzes zum Gerichtsstands- und Vollstreckungsübereinkommen) kann der Antragsteller Beschwerde einlegen. Auf Grund des Beschlusses, durch den die Zwangsvoll-

streckung aus dem Schuldtitel zugelassen wird, erteilt der Urkundsbeamte der Geschäftsstelle des Oberlandesgerichts die Vollstreckungsklausel; § 4 Abs. 1 bis 3 dieses Gesetzes und § 7 Satz 2 des Ausführungsgesetzes zum Gerichtsstands- und Vollstreckungsübereinkommen gelten entsprechend.

(5) Im übrigen sind auf die Beschwerde die §§ 2, 11 Abs. 2, §§ 12 bis 14, § 15 Abs. 2 und § 16 Abs. 1, Abs. 2 Satz 3 des Ausführungsgesetzes zum Gerichtsstands- und Vollstreckungsübereinkommen entsprechend anzuwenden. In jedem Fall ist der Gegner vor der Entscheidung zu hören.

§ 7

Rechtsbeschwerde

(1) Gegen den Beschluß des Oberlandesgerichts findet die Rechtsbeschwerde statt, wenn gegen die Entscheidung, wäre sie durch Endurteil ergangen, die Revision gegeben wäre.

(2) Auf die Rechtsbeschwerde sind die §§ 2 und 18 bis 20 des Ausführungsgesetzes zum Gerichtsstands- und Vollstreckungsübereinkommen entsprechend anzuwenden. Auf die Form der Vollstreckungsklausel ist § 4 Abs. 1 bis 3 des vorliegenden Gesetzes entsprechend anzuwenden.

§ 8

Beschränkung der Zwangsvollstreckung auf Sicherungsmaßregeln; Fortsetzung der Zwangsvollstreckung

(1) Die Zwangsvollstreckung ist auf Sicherungsmaßregeln beschränkt, solange die Frist nach § 6 Abs. 1 oder § 5 Abs. 2 zur Einlegung der Beschwerde noch läuft und solange über die Beschwerde noch nicht entschieden ist.

(2) Auf die Beschränkung der Zwangsvollstreckung auf Sicherungsmaßregeln im übrigen und auf die Fortsetzung der Zwangsvollstreckung sind die §§ 22 bis 27 des Ausführungsgesetzes zum Gerichtsstands- und Vollstreckungsübereinkommen mit der Maßgabe entsprechend anzuwenden, daß an die Stelle der Bezugnahme auf Artikel 39 des Gerichtsstands- und Vollstreckungsübereinkommens die auf den vorstehenden Absatz 1 tritt; an die Stelle der Bezugnahmen auf die §§ 8, 9 Abs. 2, §§ 16, 17 des Ausführungsgesetzes zum Gerichtsstands- und Vollstreckungsübereinkommen treten die auf die folgenden Vorschriften des vorliegenden Gesetzes: § 4 (für § 8 des Ausführungsgesetzes zum Gerichtsstands- und Vollstreckungsübereinkommen), § 5 Abs. 2 (für § 9 Abs. 2 des genannten Gesetzes), § 6 Abs. 4 (für § 16 des genannten Gesetzes) und § 7 Abs. 1 (für § 17 des genannten Gesetzes).

§ 9

Aufhebung oder Änderung der Zulassung der Zwangsvollstreckung

(1) Wird die Zulassung der Zwangsvollstreckung auf die Beschwerde (§ 6) oder die Rechtsbeschwerde (§ 7) aufgehoben oder abgeändert, so ist der Gläubiger zum Ersatz des Schadens verpflichtet, der dem Schuldner durch die Vollstreckung des Schuldtitels oder durch eine zur Abwendung der Vollstreckung gemachte Leistung entstanden ist.

(2) Auf die Aufhebung oder Änderung der Zulassung der Zwangsvollstreckung sind die §§ 2, 29, 30 Abs. 1 Satz 2, Abs. 2 des Ausführungsgesetzes zum Gerichtsstands- und Vollstreckungsübereinkommen entsprechend anzuwenden.

§ 10

Besondere Vorschriften für Entscheidungen deutscher Gerichte

Auf Entscheidungen, die in einem anderen Vertragsstaat geltend gemacht werden sollen oder bei denen dies zu erwarten ist, sind die §§ 32 bis 35 des Ausführungsgesetzes zum Gerichtsstands- und Vollstreckungsübereinkommen entsprechend anzuwenden.

§ 11

Änderung von Gesetzen

1. Das Gerichtskostengesetz in der Fassung der Bekanntmachung vom 15. Dezember 1975 (BGBl. I S. 3047), zuletzt geändert durch Artikel 5 Abs. 1 des Gesetzes vom 7. Juli 1986 (BGBl. I S. 977), wird wie folgt geändert:

   Im Kostenverzeichnis (Anlage 1) wird in der Spalte „Gebührentatbestand" in der Überschrift zu A. IV. 2. die Zahlenangabe „3 bis 6" durch „3 bis 7" ersetzt; nach der Überschrift zu A. IV. 6. wird vor der Nummer 1096 eingefügt:

   „7. Verfahren auf Zulassung der Zwangsvollstreckung aus Schuldtiteln nach dem Unterhaltsvollstreckungs-Übereinkommens-Ausführungsgesetz vom 25. Juli 1986 (BGBl. I S. 1156)".

2. Das Rechtspflegergesetz vom 5. November 1969 (BGBl. I S. 2065), zuletzt geändert durch § 26 des Gesetzes vom 8. März 1985 (BGBl. I S. 535), wird wie folgt geändert:
   a) § 20 Satz 1 Nr. 12 wird wie folgt gefaßt:
      „12. die Erteilung der vollstreckbaren Ausfertigungen in den Fällen des § 726 Abs. 1, der §§ 727 bis 729, 733, 738, 742, 744, 745 Abs. 2 sowie des § 749 der Zivilprozeßordnung und der folgenden Vorschriften von Gesetzen zur Ausführung von Verträgen über die gegenseitige Anerkennung und Vollstreckung gerichtlicher Entscheidungen in Zivil- und Handelssachen:
         a) §§ 8, 16 Abs. 2 und § 20 Abs. 4 des Ausführungsgesetzes vom 29. Juli 1972 (BGBl. I S. 1328) zum Gerichtsstands- und Vollstreckungsübereinkommen vom 27. September 1968,
         b) §§ 8, 15 Abs. 2 und § 19 Abs. 4 des Ausführungsgesetzes vom 13. August 1980 (BGBl. I S. 1301) zum Vertrag mit dem Staat Israel vom 20. Juli 1977,
         c) §§ 8, 15 Abs. 2 und § 19 Abs. 4 des Ausführungsgesetzes vom 10. Juni 1981 (BGBl. I S. 514) zum Vertrag mit dem Königreich Norwegen vom 17. Juni 1977 und
         d) §§ 4, 6 Abs. 4 Satz 2 und § 7 Abs. 2 des Ausführungsgesetzes vom 25. Juli 1986 (BGBl. I S. 1156) zum Unterhalts-Vollstreckungsübereinkommen vom 2. Oktober 1973".
   b) § 20 Satz 1 Nr. 16 a wird wie folgt gefaßt:
      „16 a. die Anordnung, daß die Sache versteigert und der Erlös hinterlegt werde, nach den folgenden Bestimmungen der in Nummer 12 genannten Gesetze zur Ausführung von Verträgen über die gegenseitige Anerkennung und Vollstreckung gerichtlicher Entscheidungen: § 24 des Gesetzes vom 29. Juli 1972, auch in Verbindung mit § 8 Abs. 2 des Gesetzes vom 25. Juli 1986, § 23 des Gesetzes vom 13. August 1980 und § 23 des Gesetzes vom 10. Juni 1981;".
   c) § 26 wird wie folgt gefaßt:

„§ 26

Verhältnis des Rechtspflegers zum Urkundsbeamten der Geschäftsstelle

Die Zuständigkeit des Urkundsbeamten der Geschäftsstelle nach Maßgabe der gesetzlichen Vorschriften bleibt unberührt, soweit sich nicht aus § 20 Satz 1 Nr. 12 (zu den §§ 726 ff. der Zivilprozeßordnung und den in Nummer 12 angeführten Gesetzen zur Ausführung von Verträgen über die gegenseitige Anerkennung und Vollstreckung gerichtlicher Entscheidungen in Zivil- und Handelssachen), § 21 Abs. 1 Nr. 1 und 2 (Festsetzungsverfahren) und § 24 (Aufnahme von Erklärungen) etwas anderes ergibt."

§ 12

Berlin-Klausel

Dieses Gesetz gilt nach Maßgabe des § 13 Abs. 1 des Dritten Überleitungsgesetzes auch im Land Berlin.

§ 13

Inkrafttreten

(1) Dieses Gesetz tritt gleichzeitig mit dem Übereinkommen vom 2. Oktober 1973 über die Anerkennung und Vollstreckung von Unterhaltsentscheidungen in Kraft.

(2) Der Tag, an dem dieses Gesetz in Kraft tritt, ist im Bundesgesetzblatt bekanntzugeben.

VIII. UN-Übereinkommen vom 20. 6. 1956 über die Geltendmachung von Unterhaltsansprüchen im Ausland*

227 Überblick

Die **Vorgeschichte** des Übereinkommens reicht bis in die zwanziger Jahre zurück. Der zuständige Ausschuß des Völkerbundes erörterte seinerzeit ein multilaterales

* **Schrifttum:** Contini, The United Nations Draft Convention on Maintenance Claims, AmJCompL 3 (1954) 543; Ferid, Zum Stand der Entwicklung im internationalen Unterhaltsrecht, FamRZ

Übereinkommen über die Anerkennung und Vollstreckung von Unterhaltsentscheidungen. Der Ausbruch des Zweiten Weltkrieges verhinderte indes den Abschluß der Arbeiten. Sie wurden erst im Jahre 1948 aufgrund einer Entschließung des Sozialausschusses (des Wirtschafts- und Sozialrates) der Vereinten Nationen wieder aufgenommen. Dabei gelangte man zu der Überzeugung, daß ein Anerkennungs- und Vollstreckungsübereinkommen nur schwer praktikabel sei. Denn es werde meist nicht möglich sein, ein Urteil im Aufenthaltsstaat des Unterhaltsberechtigten gegen den Unterhaltsverpflichteten zu erwirken, weil ein entsprechender Gerichtsstand fehle. Der Sachverständigenausschuß entschied sich daher nach dem Vorbild eines Verfahrens zwischen verschiedenen Bundesstaaten der USA (LANSKY FamRZ 1959, 193, 194) für eine Änderung der Konzeption und schlug ein Amts- und Rechtshilfeübereinkommen vor, das vor allem die außergerichtliche Durchsetzung von Unterhaltsansprüchen auf administrativem Weg ermöglichen sollte. Im Mai/Juni 1956 beriet eine Staatenkonferenz, die auf Initiative der Vereinten Nationen zustande gekommen war, diesen Vorschlag.

Am 20. 6. 1956 wurde das Übereinkommen einstimmig angenommen und von 15 **228**
Staaten **gezeichnet,** und zwar von:

Bolivien, Ceylon, Bundesrepublik Deutschland, Dominikanische Republik, Ecuador, El Salvador, Griechenland, Israel, Kambodscha, Kuba, Mexiko, Monaco, Niederlande, Philippinen und Vatikan.

Bis zum Ablauf der Zeichnungsfrist, dem 31. 12. 1956 (Art 13), ist es von weiteren 11 Staaten gezeichnet worden, nämlich:

Brasilien, Republik China, Dänemark, Frankreich, Guatemala, Haiti, Italien, Jugoslawien, Kolumbien, Österreich und Schweden.

Mitgliedsstaaten und Daten des Inkrafttretens sind nach dem Fundstellenverzeich- **229**
nis B, Beilage zum BGBl II, Stand 31. 12. 1986:

Algerien 10. 10. 1969 BGBl 1971 II 852
Argentinien 29. 12. 1972 BGBl 1973 II 352
Australien 14. 3. 1985 BGBl 1985 II 1003
Barbados 18. 7. 1970 BGBl 1970 II 1045
Belgien 31. 7. 1966 BGBl 1966 II 1439
Brasilien 14. 12. 1960 BGBl 1961 II 80
Bundesrepublik Deutschland 19. 8. 1959 BGBl 1959 II 1377
Burkina Faso 26. 9. 1962 BGBl 1963 II 108
Chile 8. 2. 1961 BGBl 1961 II 356
China (Taiwan) 25. 7. 1957 BGBl 1959 II 1377
Dänemark 22. 7. 1959 BGBl 1959 II 1377
Ecuador 4. 7. 1974 BGBl 1974 II 1395
Finnland 13. 10. 1962 BGBl 1963 II 108
Frankreich 24. 7. 1960 BGBl 1960 II 2328

1956, 197; KLINKHARDT, Einige Erfahrungen mit der Geltendmachung der Unterhaltsansprüche nichtehelicher Kinder im Ausland, ZBlJugR 1984, 161, 209; KRISPI-NIKOLETOPOULOU, Le recouvrement des aliments à l'étranger selon la convention internationale de New York de 1956, Rev hell 22 (1969) 1; LANSKY, Neue Wege zur Geltendmachung von Unterhaltsansprüchen im Ausland, FamRZ 1959, 193; SAUTERAUD-MARCENAC, Convention internationale du 20 juin 1956 sur le recouvrement des aliments à l'étranger, JCP 1961, 1651; SCHÜTZ, Das Übereinkommen vom 20. Juni 1956 über die Geltendmachung von Unterhaltsansprüchen im Ausland (New Yorker Unterhaltsübereinkommen), ÖAVorm 1986, 63; SCHWIND, Der gesetzliche Unterhaltsanspruch im internationalen Recht, ÖJBl 1956, 193; URBACH, Neue Aspekte des internationalen Unterhaltsrechts, ZBlJugR 1961, 112.

Griechenland 1. 12. 1965 BGBl 1966 II 251
Guatemala 25. 5. 1957 BGBl 1959 II 1377
Haiti 14. 3. 1958 BGBl 1959 II 1377
Heiliger Stuhl 4. 11. 1964 BGBl 1965 II 462
Israel 25. 5. 1957 BGBl 1959 II 1377
Italien 27. 8. 1958 BGBl 1959 II 1377
Jugoslawien 28. 6. 1959 BGBl 1959 II 1377
Kap Verde 13. 10. 1985 BGBl 1986 II 415
Luxemburg 1. 12. 1971 BGBl 1972 II 31
Marokko 25. 5. 1957 BGBl 1959 II 1377
Monaco 28. 7. 1961 BGBl 1961 II 1629
Niederlande 30. 8. 1962 BGBl 1963 II 108;
weitere Bekanntmachungen BGBl 1963 II 1075 BGBl 1969 II 2178
Niger 17. 3. 1965 BGBl 1967 II 2580
Norwegen 24. 11. 1957 BGBl 1959 II 1377
Österreich 15. 8. 1969 BGBl 1969 II 2055
Pakistan 13. 8. 1959 BGBl 1959 II 1377
Philippinen 20. 4. 1968 BGBl 1968 II 508
Polen 12. 11. 1960 BGBl 1961 II 16
Portugal 24. 2. 1965 BGBl 1966 II 251
Schweden 31. 10. 1958 BGBl 1959 II 1377
Schweiz 4. 11. 1977 BGBl 1977 II 1299
Spanien 5. 11. 1966 BGBl 1966 II 1577
Sri Lanka 6. 9. 1958 BGBl 1959 II 1377
Surinam 11. 11. 1979 BGBl 1980 II 25
Tschechoslowakei 2. 11. 1958 BGBl 1959 II 1377
Tunesien 15. 11. 1968 BGBl 1969 II 764
Türkei 2. 7. 1971 BGBl 1971 II 1074
Ungarn 22. 8. 1957 BGBl 1959 II 1377
Vereinigtes Königsreich 12. 4. 1975 BGBl 1975 II 927;
weitere Bekanntmachung BGBl 1985 II 1207
Zentralafrikanische Republik 14. 11. 1962 BGBl 1963 II 108
Zypern 7. 6. 1986 BGBl 1986 II 922.

230 Im Verhältnis zu einigen Staaten wird über **Schwierigkeiten** bei der Anwendung des Übereinkommens berichtet, da die dortigen Empfangsstellen Ersuchen nicht wie vorgesehen erledigen (siehe für Italien DAVorm 1982, 242; für Israel DAVorm 1986, 45; für Griechenland und Marokko Schütz ÖAVorm 1986, 66).

231 Zu dem Übereinkommen wurden in sämtlichen Bundesländern der Bundesrepublik Deutschland gleichlautende **„Bundeseinheitliche Richtlinien"** erlassen. Siehe zB für

Baden-Württemberg: Justiz 1983, 325
Bayern: BayJMBl 1983, 157
Hamburg: HmbJVBl 1983, 117
Hessen: JMBl f Hessen 1983, 401
Niedersachsen: NdsRpfl 1983, 169
Rheinland-Pfalz: JBl 1983, 177
Schleswig-Holstein: SchlHA 1983, 151.

232 **Sinn des Übereinkommens** ist es laut Präambel und Art 1, die Verfolgung von Unterhaltsansprüchen sowohl auf gerichtlichem als auch auf außergerichtlichem Weg zu erleichtern, wenn Unterhaltsberechtigter und Unterhaltsverpflichteter ihren gewöhnlichen Aufenthalt in verschiedenen Staaten haben.

Kernstück des Übereinkommens ist die Verpflichtung jedes Vertragsstaates, nach Art 2 Abs 2, eine zentrale Stelle (Empfangsstelle) zu bezeichnen, die sich in Vertretung des Unterhaltsberechtigten um Durchsetzung der Unterhaltsansprüche bemüht. Der Antrag des Unterhaltsberechtigten gelangt, um die Bearbeitung zu beschleunigen, unmittelbar über die Übermittlungsstelle des Staates, in dem der Antragsteller seinen gewöhnlichen Aufenthalt hat, an die Empfangsstelle (Art 4). Die gerichtliche Durchsetzung der Unterhaltsansprüche wird durch die Inländerbehandlung erleichtert, die dem Antragsteller in Art 9 gewährt wird. Er wird also zB bei der Gewährung des Armenrechts (Prozeßkostenhilfe) einem Inländer gleichgestellt. 233

Fragen des **Internationalen Privatrechts** regelt das Übereinkommen nicht. Wenn Art 6 Abs 3 auf das „Recht des Staates des Verpflichteten" verweist, so wird damit nur das ausgedrückt, was auch ohne das Übereinkommen gelten würde (MünchKomm-Siehr nach Art 19 EGBGB Anh I Rz 21; Böhmer-Siehr FamR II Einf 8.6; Urbach ZBlJugR 1961, 112, 113). 234

Zum **Verhältnis zu anderen Staatsverträgen** ist folgendes zu sagen: Der Unterhaltsberechtigte hat die Wahl, ob er sein Begehren auf das UN-Übereinkommen oder auf ein anderes Abkommen stützen will, wobei sich der Anwendungsbereich der verschiedenen Staatsverträge nicht immer deckt. Das Wahlrecht des Unterhaltsberechtigten folgt aus Art 1 Abs 2. Danach ist es sogar möglich, daß der Berechtigte sich lediglich auf das „nationale Recht" beruft, womit gemäß Art 6 Abs 3 das Recht des Staates des Verpflichteten gemeint ist. 235

Folgende andere Übereinkommen kommen in Betracht: Für die **Anerkennung und Vollstreckung** von Unterhaltstiteln die beiden Haager Unterhaltsvollstreckungsübereinkommen von 1958 und 1973 (siehe oben IV und VI). 236

Für die Erledigung von **Rechtshilfeersuchen** sind neben Art 7 des Übereinkommens zu nennen: Das „Haager Übereinkommen über den Zivilprozeß" vom 1. 3. 1954 (BGBl 1958 II 576); das „Haager Übereinkommen über die Zustellung gerichtlicher und außergerichtlicher Schriftstücke im Ausland in Zivil- und Handelssachen" vom 15. 11. 1965 (BGBl 1977 II 1453), das „Haager Übereinkommen über die Beweisaufnahme im Ausland in Zivil- und Handelssachen" vom 18. 3. 1970 (BGBl 1977 II 1472) sowie verschiedene bilaterale Rechtshilfeabkommen. 237

Art 1 238
Gegenstand des Übereinkommens

(1) Dieses Übereinkommen hat den Zweck, die Geltendmachung eines Unterhaltsanspruches zu erleichtern, den eine Person (im folgenden als Berechtigter bezeichnet), die sich im Hoheitsgebiet einer Vertragspartei befindet, gegen eine andere Person (im folgenden als Verpflichteter bezeichnet), die der Gerichtsbarkeit einer anderen Vertragspartei untersteht, erheben zu können glaubt. Dieser Zweck wird mit Hilfe von Stellen verwirklicht, die im folgenden als Übermittlungs- und Empfangsstellen bezeichnet werden.

(2) Die in diesem Übereinkommen vorgesehenen Möglichkeiten des Rechtsschutzes treten zu den Möglichkeiten, die nach nationalem oder internationalem Recht bestehen, hinzu; sie treten nicht an deren Stelle.

Abs 1 umreißt den **sachlichen Anwendungsbereich** des Übereinkommens, nämlich die Geltendmachung von Unterhaltsansprüchen im Ausland. Gemeint sind lediglich Unterhaltsansprüche, die ihre Grundlage in einem Gesetz haben und nicht vertragliche. Dies kommt zwar nicht im Wortlaut zum Ausdruck, ergibt sich jedoch aus der Entstehungsgeschichte (Contini AmJCompL 1954, 543; Krispi-Nikoletopoulou

Rev hell 22 (1969) 1, 5; im Ergebnis auch BÖHMER-SIEHR FamR II Einf 8.6). Was im einzelnen zum Unterhalt gehört, muß mangels einer Regelung im Übereinkommen dem Recht des Empfangsstaates überlassen bleiben, genauer: dem nach dem Internationalen Privatrecht jenes Staates anzuwendenden Recht. In der Bundesrepublik Deutschland ist vor allem § 1610 Abs 2 BGB zu erwähnen, wonach der Unterhalt „den gesamten Lebensbedarf“ umfaßt.

239 Zu den **unterhaltsberechtigten Personen** zählen neben nichtehelichen Kindern auch Adoptivkinder sowie geschiedene Ehegatten, da Abs 1 hinsichtlich des Berechtigten nur allgemein von „Person“ spricht.

240 Nach Abs 1 muß sich der Berechtigte in einem Vertragsstaate **„befinden“.** Dem Übereinkommen ist nicht zu entnehmen, was darunter zu verstehen ist. Jedenfalls kommt es nicht auf die Staatsangehörigkeit an. Man wird davon ausgehen müssen, daß hier der „gewöhnliche Aufenthalt“ gemeint ist (BÖHMER-SIEHR aaO). Ein einfacher Aufenthalt genügt nur für solche Personen, für die das Bestehen eines gewöhnlichen Aufenthalts in irgendeinem Staat überhaupt geleugnet wird. Ein bloßer besuchsweiser Aufenthalt kann bei der Länge des Verfahrens im Regelfall nicht ausreichend sein (KRISPI-NIKOLETOPOULOU aaO 6). Weder die Übermittlungs- noch die Empfangsstelle sind jedoch verpflichtet, irgendwelche diesbezügliche Nachforschungen anzustellen.

241 Abs 1 setzt ferner voraus, daß der Verpflichtete „der Gerichtsbarkeit“ eines anderen Vertragsstaates untersteht, dh daß er dort verklagt werden kann. Maßgeblich ist das für den jeweiligen Staat geltende Prozeßrecht.

242 Abs 1 setzt schließlich voraus, daß der Berechtigte einen Unterhaltsanspruch **„erheben zu können glaubt“.** Diese Formulierung verwehrt sowohl den Übermittlungs- als auch den Empfangsstellen eine Schlüssigkeitsprüfung. Zu weit geht daher die Formulierung in Abschnitt B II der Bundeseinheitlichen Richtlinien zum Übereinkommen, wonach der zuständige Richter unter anderem zu prüfen hat, „ob die beabsichtigte Rechtsverfolgung nach dem im anderen Vertragsstaat anzuwendenden Recht aussichtsreich erscheint“. Die Richtlinie schränkt dieses Erfordernis in demselben Abschnitt wieder ein, wenn nur „ein mutwilliges, trotz Belehrung aufrechterhaltenes Gesuch“ abgelehnt werden kann, ein lediglich „unschlüssiges“ also nicht. Davon geht auch Art 4 Abs 1 aus. Das Übereinkommen hat im Inland Gesetzesrang, kann also von einer bloßen Verwaltungsanweisung, wie den „Bundeseinheitlichen Richtlinien“, nicht geändert werden.

243 **Abs 2** stellt ausdrücklich klar, daß das Übereinkommen keine Möglichkeiten zur Durchsetzung von Unterhaltsansprüchen verdrängen will, die bereits aufgrund von anderen internationalen Verträgen oder aufgrund des nationalen Rechts bestehen (siehe dazu oben Rz 235).

244 Zu Art 1 sind folgende **Vorbehalte** erklärt worden:

a) Niederlande

Die Geltendmachung eines Unterhaltsanspruchs wird nicht auf Grund dieses Artikels erleichtert, wenn in Fällen, in denen sowohl der Berechtigte als auch der Verpflichtete sich in den Niederlanden befinden und nach dem Armenfürsorgegesetz Unterstützung gewährt oder entsprechende Vorkehrungen getroffen wurden, im Hinblick auf die jeweiligen Umstände für die Fürsorge im allgemeinen keine Zahlung von dem Verpflichteten erlangt werden konnte.

b) Schweden

Schweden behält sich das Recht vor, falls die Umstände des Einzelfalles es notwendig erscheinen lassen, ein Gesuch auf rechtliche Unterstützung bei der Geltendmachung eines Unterhaltsanspruches, das von einer Person gestellt wird, die als politischer Flüchtling nach Schweden gekommen ist, zurückzuweisen.

Art 2 245
Bestimmung der Stellen

(1) Jede Vertragspartei bestimmt in dem Zeitpunkt, an dem sie ihre Ratifikations- oder Beitrittsurkunde hinterlegt, eine oder mehrere Gerichts- oder Verwaltungsbehörden, die in ihrem Hoheitsgebiet als Übermittlungsstellen tätig werden.

(2) Jede Vertragspartei bestimmt in dem Zeitpunkt, an dem sie ihre Ratifikations- oder Beitrittsurkunde hinterlegt, eine öffentliche oder private Stelle, die in ihrem Hoheitsgebiet als Empfangsstelle tätig wird.

(3) Jede Vertragspartei unterrichtet den Generalsekretär der Vereinten Nationen unverzüglich über die Bestimmungen, die sie gemäß den Absätzen 1 und 2 getroffen hat, und über die Änderungen, die nachträglich in dieser Hinsicht eintreten.

(4) Die Übermittlungs- und Empfangsstellen dürfen mit den Übermittlungs- und Empfangsstellen anderer Vertragsparteien unmittelbar verkehren.

Jeder Vertragsstaat ist nach diesem Artikel verpflichtet, eine oder mehrere **Übermittlungsstellen** sowie eine **Empfangsstelle** zu bestimmen und dem Generalsekretär der Vereinten Nationen mitzuteilen.

Die Zahl der **Übermittlungsstellen** hat das Übereinkommen nicht begrenzt. Nach 246
Abs 1 kommen dafür entweder „Gerichts- oder Verwaltungsbehörden" in Betracht.

Demgegenüber darf nach Abs 2 lediglich **eine Empfangsstelle** bestimmt werden. 247
Staaten mit verschiedenen Rechtsgebieten haben naturgemäß mehrere Empfangsstellen bestimmt. So besteht in Großbritannien jeweils eine Empfangsstelle für England und Wales, für Schottland und für Nordirland. Die Niederlande haben für die Niederländischen Antillen eine eigene Empfangsstelle eingerichtet. Empfangsstelle kann auch eine private Stelle sein. So ist in Pakistan (ohne Bundesstaat Karachi) „der Provinzialverband der pakistanischen Rotkreuzgesellschaft" Empfangsstelle.

In der **Bundesrepublik Deutschland** nehmen gemäß Art 2 Abs 1 des Zustimmungs- 248
gesetzes die Aufgaben der Übermittlungsstellen die von den Landesregierungen bestimmten Stellen wahr. Nach Abschnitt B Abs 1 der „Bundeseinheitlichen Richtlinien" ist dies die jeweilige Landesjustizverwaltung. Der Unterhaltsberechtigte kann nach Art 3 Abs 1 des Zustimmungsgesetzes seinen Antrag bei dem Amtsgericht seines gewöhnlichen Aufenthalts einreichen. Bei unter Vormundschaft stehenden Berechtigten ist das für die Vormundschaft zuständige Amtsgericht zur Entgegennahme des Gesuches berufen. Das Amtsgericht ist nicht etwa eine weitere Übermittlungsstelle, sondern in diesen Fällen lediglich der „verlängerte Arm" der Landesjustizverwaltung. Obwohl Art 3 des Zustimmungsgesetzes nur eine „Kann"-Vorschrift enthält, besagt die Richtlinie in Abschnitt B I Nr 1, daß das Gesuch bei dem Amtsgericht eingereicht werden „soll". Diesen Weg vermag eine bloße Verwaltungsvorschrift freilich nicht zwingend vorzuschreiben.

Die Tätigkeit der Übermittlungsstelle ist in der Bundesrepublik Deutschland nach 249
Art 3 Abs 2 des Zustimmungsgesetzes **gebührenfrei.**

Als Empfangsstelle war in der ursprünglichen Fassung des Art 2 Abs 2 des Zustim- 250
mungsgesetzes der Bundesminister der Justiz bestimmt worden. Durch Gesetz vom 4. 3. 1971 (BGBl II 105) ist das **Bundesverwaltungsamt** an seine Stelle getreten. Hintergrund für diese Gesetzesänderung war der unerwartet stark gestiegene Ar-

beitsanfall bei der Empfangsstelle, und zwar bedingt durch die große Zahl der Vertragsstaaten und die Zunahme der in der Bundesrepublik lebenden Ausländer (BT-Drucks VI/1352, 3).

251 Zur Erleichterung und Beschleunigung des Verfahrens läßt **Abs 4** den **unmittelbaren Verkehr** zwischen Übermittlungs- und Empfangsstelle zu.

252

Art 3
Einreichung von Gesuchen bei der Übermittlungsstelle

(1) Befindet sich ein Berechtigter in dem Hoheitsgebiet einer Vertragspartei (im folgenden als Staat des Berechtigten bezeichnet) und untersteht der Verpflichtete der Gerichtsbarkeit einer anderen Vertragspartei (im folgenden als Staat des Verpflichteten bezeichnet), so kann der Berechtigte bei einer Übermittlungsstelle des Staates, in dem er sich befindet, ein Gesuch einreichen, mit dem er den Anspruch auf Gewährung des Unterhalts gegen den Verpflichteten geltend macht.

(2) Jede Vertragspartei teilt dem Generalsekretär mit, welche Beweise nach dem Recht des Staates der Empfangsstelle für den Nachweis von Unterhaltsansprüchen in der Regel erforderlich sind, wie diese Beweise beigebracht und welche anderen Erfordernisse nach diesem Recht erfüllt werden müssen.

(3) Dem Gesuch sind alle erheblichen Urkunden beizufügen einschließlich einer etwa erforderlichen Vollmacht, welche die Empfangsstelle ermächtigt, in Vertretung des Berechtigten tätig zu werden oder eine andere Person hierfür zu bestellen. Ferner ist ein Lichtbild des Berechtigten und, falls verfügbar, auch ein Lichtbild des Verpflichteten beizufügen.

(4) Die Übermittlungsstelle unternimmt alle geeigneten Schritte, um sicherzustellen, daß die Erfordernisse des in dem Staate der Empfangsstelle geltenden Rechts erfüllt werden; das Gesuch muß unter Berücksichtigung dieses Rechts mindestens folgendes enthalten:

a) den Namen und die Vornamen, die Anschrift, das Geburtsdatum, die Staatsangehörigkeit und den Beruf oder die Beschäftigung des Berechtigten sowie gegebenenfalls den Namen und die Anschrift seines gesetzlichen Vertreters;

b) den Namen und die Vornamen des Verpflichteten; ferner, soweit der Berechtigte hiervon Kenntnis hat, die Anschriften des Verpflichteten in den letzten fünf Jahren, sein Geburtsdatum, seine Staatsangehörigkeit und seinen Beruf oder seine Beschäftigung;

c) nähere Angaben über die Gründe, auf die der Anspruch gestützt wird, und über Art und Höhe des geforderten Unterhalts und sonstige erhebliche Angaben, wie zum Beispiel über die finanziellen und familiären Verhältnisse des Berechtigten und des Verpflichteten.

Abs 1 wiederholt die bereits in Art 1 genannten Voraussetzungen, die ein Unterhaltsberechtigter für die Einreichung eines Antrages auf Geltendmachung seines Unterhaltsanspruches erfüllen muß. Auf die Ausführungen zu Art 1 kann daher verwiesen werden.

253 Die **Abs 3 und 4** stellen die Formalien auf, die an ein Gesuch zu stellen sind. Dabei ist in erster Linie das Recht des Staates der Empfangsstelle maßgebend. Präzisiert werden diese Formalien in der Bundesrepublik Deutschland durch Abschnitt B I Nr 2–6 der „Bundeseinheitlichen Richtlinien".

254 Ob die dem Gesuch beizufügenden öffentlichen Urkunden **legalisiert** werden müssen, richtet sich nach dem Recht des Empfangsstaates.

Über die **Sprache,** in der das Gesuch einschließlich der Anlagen abgefaßt sein muß, enthält das Übereinkommen keine Regelung. Um eine Verzögerung bei der Bearbeitung zu vermeiden, sollten den Schriftstücken im Zweifel **Übersetzungen** beigefügt werden. Da das Übereinkommen keine Regelung enthält, ist jeder Vertragsstaat frei, Übersetzungen in seine Amtssprache zu verlangen. Die praktischen Erfahrungen haben gezeigt, daß die meisten Vertragsstaaten die Beifügung einer Übersetzung fordern. Dementsprechend geht Abschnitt B I Nr 6 der „Bundeseinheitlichen Richtlinien" zu dem Übereinkommen (oben Rz 231) in Übereinstimmung mit § 25 Abs 1 der ebenfalls als Verwaltungsvorschrift bundeseinheitlich geltenden „Rechtshilfeordnung für Zivilsachen" (ZRHO) davon aus, daß jedem Gesuch Übersetzungen in die Sprache des anderen Vertragsstaates beizufügen sind. 255

Art 4 256
Übersendung der Vorgänge

(1) Die Übermittlungsstelle übersendet die Vorgänge der Empfangsstelle des Staates des Verpflichteten, es sei denn, daß sie zu der Überzeugung gelangt, das Gesuch sei mutwillig gestellt.

(2) Bevor die Übermittlungsstelle die Vorgänge übersendet, überzeugt sie sich davon, daß die Schriftstücke in der Form dem Recht des Staates des Berechtigten entsprechen.

(3) Die Übermittlungsstelle kann für die Empfangsstelle eine Äußerung darüber beifügen, ob sie den Anspruch sachlich für begründet hält; sie kann auch empfehlen, dem Berechtigten das Armenrecht und die Befreiung von Kosten zu gewähren.

Abs 1 berechtigt die Übermittlungsstelle zur **Ablehnung** von Gesuchen, wenn sie von deren Mutwilligkeit überzeugt ist. Daß ein Antrag nicht auf seine Schlüssigkeit zu prüfen ist, ist bereits ausgeführt worden (siehe oben Rz 242). Gegen die Ablehnung der Weiterleitung durch die Landesjustizverwaltung als Übermittlungsstelle steht dem Antragsteller in der Bundesrepublik das Rechtsmittel der §§ 23ff EGGVG zur Verfügung, da es sich um einen Justizverwaltungsakt handelt. Dies ist jedoch für die Praxis kaum von Interesse, da das Gesuch auch unter Umgehung der Übermittlungsstelle direkt an die Empfangsstelle übersandt werden kann (Klinkhardt ZBlJugR 1984, 161, 165).

Abs 2 verpflichtet die Übermittlungsstelle, darauf zu achten, daß sämtliche an die Empfangsstelle zu übersendenden Schriftstücke der Form desjenigen nationalen Rechts entsprechen, dem die Übermittlungsstelle untersteht. Die Pflicht, auch das im Staat der Empfangsstelle geltende Recht zu beachten, ergibt sich aus Art 3 Abs 4. 257

Nicht geregelt ist der Fall, daß der Antragsteller der Aufforderung der Übermittlungstelle zur **Vervollständigung des Antrags** nicht nachkommt. Bei gravierenden Mängeln wird eine Weiterleitung abgelehnt werden können (Schütz ÖAVorm 1986, 65). 258

Abs 3 Halbsatz 1 räumt der Übermittlungsstelle das Recht zur Abgabe einer **gutachterlichen Äußerung** zur Frage der Schlüssigkeit des Unterhaltsanspruchs ein. Eine Verpflichtung der Übermittlungsstelle wird dadurch aber nicht begründet (Krispi-Nikoletopoulou Rev hell 22 [1969] 1, 12). Nach welchem Recht diese Beurteilung erfolgen soll, sagt das Übereinkommen nicht. 259

Schließlich kann die Übermittlungsstelle eine Empfehlung gegenüber der Empfangsstelle aussprechen, ob dem Berechtigten das **Armenrecht** und die Befreiung von Kosten gewährt werden sollte (Abs 3 Halbsatz 2). 260

261 **Art 5**

Übersendung von Urteilen und anderen gerichtlichen Titeln

(1) Die Übermittlungsstelle übersendet gemäß Artikel 4 auf Antrag des Berechtigten endgültige oder vorläufige Entscheidungen und andere gerichtliche Titel, die der Berechtigte bei einem zuständigen Gericht einer Vertragspartei wegen der Leistung von Unterhalt erwirkt hat, und, falls notwendig und möglich, die Akten des Verfahrens, in dem die Entscheidung ergangen ist.

(2) Die in Absatz 1 erwähnten Entscheidungen und gerichtlichen Titel können an Stelle oder in Ergänzung der in Artikel 3 genannten Urkunden übersandt werden.

(3) Die in Artikel 6 vorgesehenen Verfahren können entsprechend dem Recht des Staates des Verpflichteten entweder Verfahren zum Zwecke der Vollstreckbarerklärung (Exequatur oder Registrierung) oder eine Klage umfassen, die auf einen gemäß Absatz 1 übersandten Titel gestützt wird.

Nach Abs 1 kann der Berechtigte an die Übermittlungsstelle einen Antrag stellen, **„endgültige oder vorläufige Entscheidungen und andere gerichtliche Titel"** zu übersenden, wobei eine derartige Entscheidung nicht unbedingt von einem Gericht eines Vertragsstaates erlassen worden sein muß.

262 Die **Übermittlung von Unterhaltstiteln** kann dazu dienen, deren Vollstreckbarkeit im Empfangsstaat herbeizuführen (Abs 1, 3). Sie können aber auch lediglich als Beweisurkunden in einem neuen Verfahren (Abs 2) verwendet werden. Die gegenseitige Anerkennung von Unterhaltsentscheidungen gewährleistet das Übereinkommen jedoch nicht.

263 **Art 6**

Aufgaben der Empfangsstelle

(1) Die Empfangsstelle unternimmt im Rahmen der ihr von dem Berechtigten erteilten Ermächtigung und in seiner Vertretung alle geeigneten Schritte, um die Leistung von Unterhalt herbeizuführen; dazu gehört insbesondere eine Regelung des Anspruchs im Wege des Vergleichs und, falls erforderlich, die Erhebung und Verfolgung einer Unterhaltsklage sowie die Vollstreckung einer Entscheidung oder eines anderen gerichtlichen Titels auf Zahlung von Unterhalt.

(2) Die Empfangsstelle unterrichtet laufend die Übermittlungsstelle. Kann sie nicht tätig werden, so teilt sie der Übermittlungsstelle die Gründe hierfür mit und sendet die Vorgänge zurück.

(3) Ungeachtet der Vorschriften dieses Übereinkommens ist bei der Entscheidung aller Fragen, die sich bei einer Klage oder in einem Verfahren wegen Gewährung von Unterhalt ergeben, das Recht des Staates des Verpflichteten einschließlich des internationalen Privatrechts dieses Staates anzuwenden.

Die Empfangsstelle wird nicht im eigenen Namen, sondern immer nur in **Vertretung** des Berechtigten tätig, und zwar auch bei einer etwaigen Zwangsvollstreckung. Dies ergibt sich bereits aus Art 3 Abs 3, durch den der Berechtigte zur Vollmachtserteilung der Empfangsstelle verpflichtet wird, und wird in Abs 1 noch einmal ausdrücklich hervorgehoben.

264 **Abs 1** hält die Empfangsstelle an, zunächst auf **gütlichem Weg,** etwa durch Abschluß eines Vergleichs, dem Berechtigten zur Durchsetzung seines Unterhaltsanspruchs zu verhelfen. Die Erhebung einer Unterhaltsklage soll lediglich „ultima ratio" sein.

265 **Abs 2** begründet eine **Benachrichtigungspflicht** der Empfangsstelle. Diese hat der Übermittlungsstelle laufend über ihr Vorgehen zu berichten. Falls die Empfangs-

stelle aus irgendwelchen Gründen nicht tätig werden kann, hat sie dies nach Satz 2 der Übermittlungsstelle unter der Angabe von Gründen mitzuteilen.

Abs 3 macht deutlich, daß das Übereinkommen keinerlei Regelungen des **Internationalen Privatrechts** enthält. 266

Art 7 267

Rechtshilfeersuchen

Kann nach dem Recht der beiden in Betracht kommenden Vertragsparteien um Rechtshilfe ersucht werden, so gilt folgendes:

a) Ein Gericht, bei dem eine Unterhaltsklage anhängig ist, kann Ersuchen um Erhebung weiterer Beweise, sei es durch Urkunden oder durch andere Beweismittel, entweder an das zuständige Gericht der anderen Vertragspartei oder an jede andere Behörde oder Stelle richten, welche die andere Vertragspartei, in deren Hoheitsgebiet das Ersuchen erledigt werden soll, bestimmt hat.

b) Um den Parteien die Anwesenheit oder Vertretung in dem Beweistermin zu ermöglichen, teilt die ersuchte Behörde der beteiligten Empfangs- und Übermittlungsstelle sowie dem Verpflichteten den Zeitpunkt und den Ort der Durchführung des Rechtshilfeersuchens mit.

c) Rechtshilfeersuchen werden mit möglichster Beschleunigung erledigt; ist ein Ersuchen nicht innerhalb von vier Monaten nach Eingang bei der ersuchten Behörde erledigt, so werden der ersuchenden Behörde die Gründe für die Nichterledigung oder Verzögerung mitgeteilt.

d) Für die Erledigung von Rechtshilfeersuchen werden Gebühren oder Kosten irgendwelcher Art nicht erstattet.

e) Die Erledigung eines Rechtshilfeersuchens darf nur abgelehnt werden:

1. wenn die Echtheit des Ersuchens nicht feststeht;

2. wenn die Vertragspartei, in deren Hoheitsgebiet das Ersuchen erledigt werden soll, dessen Ausführung für geeignet hält, ihre Hoheitsrechte oder ihre Sicherheit zu gefährden.

Die **Verfahrenserleichterungen** bei Rechtshilfeersuchen greifen nur dann, wenn zwischen dem Staat der Übermittlungsstelle und dem der Empfangsstelle bereits Rechtshilfe geleistet wird, gleichgültig, ob auf vertragloser oder auf vertraglicher Basis. Art 7 begründet keine Verpflichtung, den dort beschriebenen Weg zu beschreiten. Für die Erledigung von Rechtshilfeersuchen kommen auch die anderen vertraglichen Regelungen in Betracht, die zwischen den befaßten Vertragsstaaten gelten (s oben Rz 237).

Eine Verfahrenserleichterung für **Zustellungsersuchen** enthält das Übereinkommen 268
nicht. Insoweit gelten die zwischen den jeweiligen Vertragsstaaten üblichen Regelungen.

Auf Rechtshilfeersuchen im Verfahren der **Vollstreckbarerklärung** gemäß Art 5 269
Abs 3 kann Art 7 analog angewendet werden.

Art 8 270

Änderung von Entscheidungen

Dieses Übereinkommen gilt auch für Gesuche, mit denen eine Änderung von Unterhaltsentscheidungen begehrt wird.

Das Übereinkommen gilt nicht nur, wenn zum ersten Mal eine Unterhaltsentscheidung herbeigeführt werden soll, sondern auch für Änderungen bereits bestehender

Entscheidungen. Dabei kommt es nicht darauf an, ob eine Erhöhung oder eine Herabsetzung des Unterhalts angestrebt wird. Das Gesuch kann sowohl vom Berechtigten als auch vom Verpflichteten ausgehen. Ob die Änderung zulässig ist, richtet sich nach dem vom IPR des angerufenen Gerichts für maßgebend erklärten Recht.

271 **Art 9**

Befreiungen und Erleichterungen

(1) In Verfahren, die auf Grund dieses Übereinkommens durchgeführt werden, genießen die Berechtigten die gleiche Behandlung und dieselben Befreiungen von der Zahlung von Gebühren und Auslagen wie die Bewohner oder Staatsangehörigen des Staates, in dem das Verfahren anhängig ist.

(2) Die Berechtigten sind nicht verpflichtet, wegen ihrer Eigenschaft als Ausländer oder wegen Fehlens eines inländischen Aufenthalts als Sicherheit für die Prozeßkosten oder andere Zwecke eine Garantieerklärung beizubringen oder Zahlungen oder Hinterlegungen vorzunehmen.

(3) Die Übermittlungs- und Empfangsstellen erheben für ihre Tätigkeit, die sie auf Grund dieses Übereinkommens leisten, keine Gebühren.

Im Gegensatz zu Art 20 des Haager Zivilprozeßübereinkommens verlangt Art 9 für die Gewährung von **Armenrecht** nicht, daß der Berechtigte einem anderen Vertragsstaat angehört; sein Wohnsitz in einem Vertragsstaat reicht aus. Wegen der liberalen Regelung des § 114 ZPO, wonach Prozeßkostenhilfe weder vom Wohnsitz noch von der Staatsangehörigkeit des Klägers abhängig ist, hat diese Vorschrift innerhalb der **Bundesrepublik Deutschland** keine Bedeutung mehr. Der Grundsatz, daß staatsvertragliche Regelungen dem autonomen staatlichen Recht vorgehen, darf nach dem Sinn dieses Übereinkommens nicht bedeuten, daß günstigere Regelungen des autonomen Rechts ausgeschlossen sind.

272 **Schweden** hat zu Art 9 folgenden Vorbehalt erklärt:

Sind die Verfahren in Schweden anhängig, so erhalten die Befreiungen von der Zahlung von Gebühren und die Erleichterungen nach Art 9 Abs 1 und 2 nur Staatsangehörige eines anderen Vertragsstaates oder Staatenlose, die dort ihren gewöhnlichen Aufenthalt haben, oder Personen, die diese Vorteile ohnehin aufgrund eines Abkommens mit dem Staat, dessen Staatsangehörigkeit sie besitzen, genießen würden.

273 **Art 10**

Überweisung von Geldbeträgen

Bestehen nach dem Recht einer Vertragspartei Beschränkungen für die Überweisung von Geldbeträgen in das Ausland, so gewährt diese Vertragspartei der Überweisung von Geldbeträgen, die zur Erfüllung von Unterhaltsansprüchen oder zur Deckung von Ausgaben für Verfahren nach diesem Übereinkommen bestimmt sind, den größtmöglichen Vorrang.

Zu Art 10 sind folgende Vorbehalte erklärt worden:

Argentinien

Argentinien behält sich das Recht vor, die Anwendung des Begriffs „größtmöglicher Vorrang“ unter Berücksichtigung der Bestimmungen über die Devisenkontrollen in Argentinien einzuschränken.

Israel

Israel behält sich das Recht vor:

a) die erforderlichen Maßnahmen zu treffen, um die Überweisung von Geldbeträgen aufgrund dieses Artikels für andere Zwecke als zur redlichen Erfüllung bestehender Unterhaltsverpflichtungen zu verhindern;

b) die auf Grund dieses Artikels überweisbaren Beträge auf die für den Lebensunterhalt notwendigen Beträge zu begrenzen.

Art 11 274
Klausel für Bundesstaaten

Für einen Bundesstaat oder einen Staat, der kein Einheitsstaat ist, gilt folgendes:

a) Hinsichtlich solcher Artikel dieses Übereinkommens, für deren Ausführung der Bund die Gesetzgebungsbefugnis hat, sind die Verpflichtungen der Bundesregierung die gleichen wie diejenigen der Vertragsparteien, die keine Bundesstaaten sind.

b) Solche Artikel dieses Übereinkommens, für deren Ausführung die Gliedstaaten, Provinzen oder Kantone die Gesetzgebungsbefugnis haben, ohne jedoch nach der Bundesverfassung zur Ergreifung gesetzgeberischer Maßnahmen verpflichtet zu sein, bringt die Bundesregierung sobald wie möglich den zuständigen Behörden der Gliedstaaten, Provinzen oder Kantonen befürwortend zur Kenntnis.

c) Ein Bundesstaat, der Vertragspartei dieses Übereinkommens ist, unterrichtet eine andere Vertragspartei auf ihr durch den Generalsekretär übermitteltes Ersuchen darüber, welche gesetzliche Regelung und Übung innerhalb des Bundes und seiner Gliedstaaten in Ansehung einer einzelnen Bestimmung des Übereinkommens besteht und inwieweit eine solche Bestimmung durch gesetzgeberische oder andere Maßnahmen wirksam geworden ist.

Art 12
Geltungsbereich

Dieses Übereinkommen ist auch auf alle Hoheitsgebiete ohne Selbstregierung, Treuhandgebiete oder sonstigen Hoheitsgebiete, für deren internationale Beziehungen eine Vertragspartei verantwortlich ist, anzuwenden, es sei denn, daß sie bei der Ratifikation des Übereinkommens oder bei ihrem Beitritt erklärt hat, daß es auf eines oder mehrere dieser Hoheitsgebiete keine Anwendung findet. Jede Vertragspartei, die eine solche Erklärung abgegeben hat, kann in der Folge jederzeit durch eine an den Generalsekretär zu richtende Notifizierung die Anwendbarkeit des Übereinkommens auf eines oder mehrere oder alle dieser Hoheitsgebiete erstrekken.

Zu Art 12 sind folgende Vorbehalte erklärt worden:

Argentinien

Wenn eine andere Vertragspartei das Übereinkommen auf Gebiete erstreckt, über welche die Argentinische Republik Hoheitsgewalt ausübt, werden die Rechte der letzteren durch die Erstreckung nicht berührt.

Frankreich

Das Übereinkommen findet Anwendung auf die Gebiete der Französischen Republik, nämlich die Departements des Mutterlandes, die Departements Guadeloupe, Guayana, Martinique und Réunion und die überseeischen Gebiete (St. Pierre und Miquelon, Neukaledonien und zugehörige Gebiete und Französisch-Polynesien).

Niederlande

a) Das Übereinkommen ist vorläufig nur für das Königreich der Niederlande in Europa ratifiziert worden. Wird das Übereinkommen nach Artikel 12 zu irgendeinem Zeitpunkt auch auf die außereuropäischen Teile des Königreichs erstreckt, so wird dies dem Generalsekretär gehörig notifiziert werden. In diesem Fall wird die Notifikation die für jeden dieser Teile des Königreichs möglicherweise gemachten Vorbehalte enthalten (BGBl 1963 II 1075).

b) Die Regierung der Niederlande hat am 12. August 1969 dem Generalsekretär der Vereinten Nationen notifiziert, daß das Übereinkommen vom 20. Juni 1956 über die Geltendmachung von Unterhaltsansprüchen im Ausland (BGBl 1959 II 149) nach seinem Artikel 12 mit dem von der niederländischen Regierung bei der Ratifikation hinsichtlich des Artikels 1 gemachten Vorbehalt auch auf die Niederländischen Antillen Anwendung findet (BGBl 1969 II 2178).

Vereinigtes Königreich

Das Vereinigte Königreich hat bei Hinterlegung seiner Beitrittsurkunde nach Artikel 12 des Übereinkommens erklärt, daß sich die Anwendung des Übereinkommens nicht auf Hoheitsgebiete außerhalb des Mutterlandes erstrecken soll, für deren internationale Beziehungen es verantwortlich ist.

Art 13
Unterzeichnung, Ratifikation und Beitritt

(1) Dieses Übereinkommen liegt bis zum 31. Dezember 1956 zur Unterzeichnung durch jedes Mitglied der Vereinten Nationen und jeden Nichtmitgliedstaat auf, der Vertragspartei des Statuts des Internationalen Gerichtshofes oder Mitglied einer Sonderorganisation ist oder an den eine Einladung des Wirtschafts- und Sozialrates ergangen ist, Vertragspartei des Übereinkommens zu werden.

(2) Dieses Übereinkommen bedarf der Ratifikation. Die Ratifikationsurkunden werden bei dem Generalsekretär hinterlegt.

(3) Die in Absatz 1 bezeichneten Staaten können diesem Übereinkommen jederzeit beitreten. Die Beitrittsurkunden werden bei dem Generalsekretär hinterlegt.

Art 14
Inkrafttreten

(1) Dieses Übereinkommen tritt am dreißigsten Tage nach dem Zeitpunkt in Kraft, an dem die dritte Ratifikations- oder Beitrittsurkunde gemäß Artikel 13 hinterlegt worden ist.

(2) Für jeden Staat, der das Übereinkommen nach Hinterlegung der dritten Ratifikations- oder Beitrittsurkunde ratifiziert oder ihm beitritt, tritt es am dreißigsten Tage nach der Hinterlegung seiner Ratifikations- oder Beitrittsurkunde in Kraft.

Art 15
Kündigung

(1) Jede Vertragspartei kann dieses Übereinkommen durch eine an den Generalsekretär gerichtete Notifizierung kündigen. Die Kündigung kann sich auch auf einige oder alle der in Artikel 12 bezeichneten Hoheitsgebiete beziehen.

(2) Die Kündigung wird ein Jahr nach Eingang der Notifizierung bei dem Generalsekretär wirksam, ohne jedoch die Fälle zu berühren, die zur Zeit des Wirksamwerdens der Kündigung anhängig sind.

Art 16
Beilegung von Streitigkeiten

275

Entsteht zwischen Vertragsparteien über die Auslegung oder Anwendung des Übereinkommens eine Streitigkeit und kann sie nicht auf andere Weise beigelegt werden, so wird sie dem Internationalen Gerichtshof unterbreitet. Die Streitigkeit wird entweder durch Notifizierung einer dahingehenden Vereinbarung oder durch einseitigen Antrag einer Streitpartei vor den Gerichtshof gebracht.

Zu Art 16 sind folgende Vorbehalte erklärt worden:

Algerien

Algerien betrachtet sich durch Artikel 16 des Übereinkommens betreffend die Zuständigkeit des Internationalen Gerichtshofs als nicht gebunden und vertritt den Standpunkt, daß in jedem Fall das Einvernehmen der Streitparteien erforderlich ist, bevor eine Streitigkeit dem Internationalen Gerichtshof unterbreitet werden kann.

Argentinien

Argentinien behält sich das Recht vor, das in Artikel 16 des Übereinkommens vorgesehene Verfahren nicht in einer Streitigkeit anzuwenden, die in unmittelbarem oder mittelbarem Zusammenhang mit den in ihrer Erklärung zu Artikel 12 bezeichneten Hoheitsgebieten steht.

Art 17
Vorbehalte

(1) Macht ein Staat im Zeitpunkt der Ratifikation oder des Beitritts einen Vorbehalt zu einem Artikel dieses Übereinkommens, so übermittelt der Generalsekretär den Wortlaut des Vorbehalts allen Staaten, die Vertragsparteien dieses Übereinkommens sind, sowie den sonstigen in Artikel 13 bezeichneten Staaten. Jede Vertragspartei, die dem Vorbehalt widerspricht, kann innerhalb von neunzig Tagen nach dem Zeitpunkt der Übermittlung dem Generalsekretär notifizieren, daß sie den Vorbehalt nicht anerkennt; in einem solchen Falle tritt das Übereinkommen zwischen dem Staat, der Widerspruch erhoben hat, und dem Staat, der den Vorbehalt gemacht hat, nicht in Kraft. Jeder später beitretende Staat kann eine solche Notifizierung bei seinem Beitritt abgeben.

(2) Jede Vertragspartei, die einen Vorbehalt gemacht hat, kann ihn jederzeit zurücknehmen; sie hat dies dem Generalsekretär zu notifizieren.

Art 18
Gegenseitigkeit

Eine Vertragspartei darf sich gegenüber einer anderen Vertragspartei nur insoweit auf dieses Übereinkommen berufen, als sie selbst daran gebunden ist.

Art 19
Mitteilungen des Generalsekretärs

(1) Der Generalsekretär macht allen Mitgliedern der Vereinten Nationen und den in Artikel 13 bezeichneten Nichtmitgliedstaaten Mitteilung über:

a) Unterrichtungen gemäß Artikel 2 Absatz 3;

b) Mitteilungen gemäß Artikel 3 Absatz 2;

c) Erklärungen und Notifizierungen gemäß Artikel 12;

d) Unterzeichnungen, Ratifikationen und Beitrittserklärungen gemäß Artikel 13;

e) den Zeitpunkt, an dem dieses Übereinkommen gemäß Artikel 14 Absatz 1 in Kraft getreten ist;

f) Kündigungen gemäß Artikel 15 Absatz 1;

g) Vorbehalte und Notifizierungen gemäß Artikel 17.

(2) Der Generalsekretär unterrichtet ferner alle Vertragsparteien über Revisionsanträge und die Antworten darauf, die gemäß Artikel 20 eingegangen sind.

Art 20
Revision

(1) Jede Vertragspartei kann jederzeit mittels einer an den Generalsekretär zu richtenden Notifizierung die Revision dieses Übereinkommens beantragen.

(2) Der Generalsekretär übermittelt jeder Vertragspartei die Notifizierung mit dem Ersuchen, innerhalb von vier Monaten mitzuteilen, ob die Einberufung einer Konferenz zur Beratung der vorgeschlagenen Revision für wünschenswert gehalten wird. Spricht sich die Mehrheit der Vertragsparteien für die Einberufung einer Konferenz aus, so wird sie durch den Generalsekretär einberufen.

Art 21
Sprachen und Hinterlegung des Übereinkommens

Die Urschrift dieses Übereinkommens, dessen chinesischer, englischer, französischer, russischer und spanischer Wortlaut gleichermaßen verbindlich ist, wird bei dem Generalsekretär hinterlegt; dieser übermittelt allen in Artikel 13 bezeichneten Staaten beglaubigte Abschriften.

IX. Gesetz zur Geltendmachung von Unterhaltsansprüchen im Verkehr mit ausländischen Staaten vom 19. 12. 1986

276 **Überblick**

Das Gesetz zur Geltendmachung von Unterhaltsansprüchen im Verkehr mit ausländischen Staaten vom 19. 12. 1986, das sog Auslandsunterhaltsgesetz – AUG (BGBl 1986 I 2563) lehnt sich teilweise an die vorstehend erläuterten Regelungen des UN-Übereinkommens vom 20. 6. 1956 über die Geltendmachung von Unterhaltsansprüchen im Ausland an. Es soll, namentlich im Verhältnis zu den Staaten des angloamerikanischen Rechtskreises, ähnliche Wirkung erzielen wie ein Staatsvertrag. Es ist am 1. 1. 1987 in Kraft getreten.

277 **Ziel** des AUG ist nach der Begr RegE (BR-Drucks 32/85) folgendes: Die Geltendmachung von Unterhaltsansprüchen gegen Schuldner im Ausland war vor Erlaß des AUG für den in der Bundesrepublik Deutschland lebenden Gläubiger schwierig oder ganz ausgeschlossen, wenn hierüber keine zwischenstaatliche Vereinbarung bestand. Dies galt vor allem im Verhältnis zu den Staaten des anglo-amerikanischen Rechtskreises: sie leisten bei der Geltendmachung von Unterhalt nur dann Hilfe und erkennen ausländische Unterhaltstitel nur an, wenn in dem betreffenden ausländischen Staat eine dem anglo-amerikanischen Recht entsprechende „parallele" Gesetzgebung besteht und dies in einer förmlichen „Gegenseitigkeitserklärung" ausdrücklich festgestellt ist. Um die Durchsetzung von Unterhalt in den genannten Ländern zu erleichtern, schafft das AUG die Voraussetzungen dafür, daß von ihnen derartige Gegenseitigkeitserklärungen abgegeben werden können.

278 Das Auslandsunterhaltsgesetz führt die für förmliche Gegenseitigkeitserklärungen erforderlichen **Verfahrensregeln** in das deutsche Recht ein. Der Generalbundesanwalt wird als „Zentrale Behörde" bestimmt, welche die Interessen des ausländischen Unterhaltsgläubigers umfassend wahrnimmt. Das im Ausland begonnene Unterhaltsverfahren wird in der Bundesrepublik Deutschland fortgesetzt. Ebenso wie die Angehörigen derjenigen Staaten, zu denen die Gegenseitigkeit hergestellt worden ist, kostenlos die Hilfe deutscher Behörden beanspruchen können, werden aufgrund der Wirkung des AUG deutsche Unterhaltsbedürftige kostenlose Hilfe der ausländischen Behörden und Gerichte bei der Durchsetzung ihrer Unterhaltsforderungen erhalten.

279 Das AUG enthält – ebenso wie das UN-Übereinkommen vom 20. 6. 1956 – keine Regelung des **Internationalen Privatrechts** und des materiellen Unterhaltsrechts. Die Normierung ist nicht auf die Geltendmachung von Unterhaltsansprüchen von Kindern beschränkt, sondern gilt auch für die Unterhaltsansprüche Erwachsener, zB geschiedener Ehegatten.

280 Für eine **ins einzelne gehende Erläuterung** sei verwiesen auf die Begr RegE, BR-Drucks 32/85; ferner UHLIG-BERARD NJW 1987, 1521; BÖHMER IPRax 1987, 139; MÜLLER-FREIENFELS, Zweitstaatliche Unterhaltsprozesse, FS Kegel (1987) 389.

Gesetz vom 19. 12. 1986 zur Geltendmachung von Unterhaltsansprüchen im Verkehr mit ausländischen Staaten (Auslandsunterhaltsgesetz – AUG)

Erster Teil
Allgemeines

§ 1

(1) Unterhaltsansprüche, die auf gesetzlicher Grundlage beruhen, können nach dem in diesem Gesetz vorgesehenen Verfahren geltend gemacht werden, wenn eine Partei im Geltungsbereich dieses Gesetzes und die andere Partei in einem Staat ihren gewöhnlichen Aufenthalt hat, mit dem die Gegenseitigkeit verbürgt ist.

(2) Mit Staaten, in denen ein diesem Gesetz entsprechendes Gesetz in Kraft ist, ist die Gegenseitigkeit im Sinne dieses Gesetzes verbürgt, wenn der Bundesminister der Justiz dies feststellt und im Bundesgesetzblatt bekanntgemacht hat.

(3) Staaten im Sinne dieses Gesetzes sind auch Teilstaaten und Provinzen von Bundesstaaten.

§ 2

(1) Die gerichtliche und außergerichtliche Geltendmachung der Unterhaltsansprüche erfolgt über die Zentrale Behörde als Empfangs- und Übermittlungsbehörde. Die Zentrale Behörde verkehrt unmittelbar mit den im Ausland dafür bestimmten Stellen und mit den im Geltungsbereich dieses Gesetzes zuständigen Behörden.

(2) Die Aufgaben der Zentralen Behörde nimmt der Generalbundesanwalt beim Bundesgerichtshof wahr.

Zweiter Teil
Ausgehende Gesuche

§ 3

(1) Für die Entgegennahme und Prüfung von Gesuchen unterhaltsberechtigter Personen ist das Amtsgericht als Justizverwaltungsbehörde zuständig, in dessen Bezirk der Berechtigte seinen gewöhnlichen Aufenthalt hat.

(2) Das Gesuch soll alle Angaben enthalten, die für die Geltendmachung des Anspruchs von Bedeutung sein können. Hierzu gehören:

1. der Familienname und die Vornamen, die Anschrift, der Tag der Geburt, die Staatsangehörigkeit und der Beruf oder die Beschäftigung des Berechtigten sowie gegebenenfalls der Name und die Anschrift seines gesetzlichen Vertreters,
2. der Familienname und die Vornamen des Verpflichteten; ferner, soweit der Berechtigte hiervon Kenntnis hat, die Anschriften des Verpflichteten in den letzten fünf Jahren, der Tag seiner Geburt, seine Staatsangehörigkeit und sein Beruf oder seine Beschäftigung,
3. nähere Angaben über die Gründe, auf die der Anspruch gestützt wird, über die Art und Höhe des geforderten Unterhalts und über die finanziellen und familiären Verhältnisse des Berechtigten und, soweit möglich, des Verpflichteten.

Die zugehörigen Personenstandsurkunden und anderen sachdienlichen Schriftstücke sollen beigefügt werden. Das Gericht kann von Amts wegen alle erforderlichen Ermittlungen anstellen.

(3) Das Gesuch ist vom Antragsteller, von dessen gesetzlichem Vertreter oder von einem Rechtsanwalt unter Beifügung einer Vollmacht zu unterschreiben; die Richtigkeit der Angaben ist vom Antragsteller oder von dessen gesetzlichem Vertreter eidesstattlich zu versichern. Dem Gesuch nebst Anlagen sind von einem beeidigten Übersetzer beglaubigte Übersetzungen in die Sprache des zu ersuchenden Staates beizufügen. Besonderen Anforderungen des zu ersuchenden Staates an Form und Inhalt des Gesuchs ist Rechnung zu tragen, soweit nicht zwingende Vorschriften des deutschen Rechts entgegenstehen.

§ 4

(1) Der Leiter des Amtsgerichts oder der im Rahmen der Verteilung der Justizverwaltungsgeschäfte bestimmte Richter prüft, ob die Rechtsverfolgung nach deutschem innerstaatlichen Recht hinreichende Aussicht auf Erfolg bieten würde.

(2) Bejaht er die Erfolgsaussicht, so stellt er hierüber eine Bescheinigung aus, veranlaßt deren Übersetzung in die Sprache des zu ersuchenden Staates und übersendet die Bescheinigung sowie das Gesuch nebst Anlagen und Übersetzungen mit je drei beglaubigten Abschriften unmittelbar an die Zentrale Behörde. Andernfalls lehnt er das Gesuch ab. Die ablehnende Entscheidung ist zu begründen und dem Antragsteller mit einer Rechtsmittelbelehrung zuzustellen; sie ist nach § 23 des Einführungsgesetzes zum Gerichtsverfassungsgesetz anfechtbar.

§ 5

(1) Die Zentrale Behörde prüft, ob das Gesuch den förmlichen Anforderungen des einzuleitenden ausländischen Verfahrens genügt. Sind diese erfüllt, so leitet sie das Gesuch zusammen mit einer Übersetzung des Auslandsunterhaltsgesetzes an die dafür im Ausland bestimmte Stelle weiter. § 4 Abs. 2 Satz 2 und 3 ist entsprechend anzuwenden.

(2) Die Zentrale Behörde verfolgt die ordnungsmäßige Erledigung des Gesuchs.

§ 6

Liegt über den Unterhaltsanspruch bereits eine inländische gerichtliche Entscheidung oder ein sonstiger gerichtlicher Schuldtitel vor, so kann der Unterhaltsberechtigte unbeschadet des Gesuchs nach § 3 ein Gesuch auf Registrierung der Entscheidung im Ausland stellen. Die §§ 3, 4 und 5 sind entsprechend anzuwenden; eine Prüfung der Gesetzmäßigkeit des vorgelegten inländischen gerichtlichen Schuldtitels findet nicht statt.

Dritter Teil
Eingehende Gesuche

Erster Abschnitt
Inhalt der Gesuche und Aufgaben der Zentralen Behörde

§ 7

(1) Das eingehende Gesuch soll alle Angaben enthalten, die für die Geltendmachung des Anspruchs von Bedeutung sein können. § 3 Abs. 2 Satz 2 ist entsprechend anzuwenden.

(2) Das Gesuch soll vom Antragsteller, von dessen gesetzlichem Vertreter oder von einem Rechtsanwalt unter Beifügung einer Vollmacht unterschrieben und mit einer Stellungnahme des ausländischen Gerichts versehen sein, das den Antrag entgegengenommen und geprüft hat. Die

gerichtliche Stellungnahme soll sich auch darauf erstrecken, welcher Unterhaltsbetrag nach den Verhältnissen am Wohnort des Berechtigten erforderlich ist. Das Gesuch und die Anlagen sollen in zwei Stücken übermittelt werden.

(3) Die zugehörigen Personenstandsurkunden, andere sachdienliche Schriftstücke sowie, falls verfügbar, ein Lichtbild des Verpflichteten sollen beigefügt und sonstige Beweismittel genau bezeichnet sein. Dem Gesuch nebst Anlagen sollen Übersetzungen in die deutsche Sprache beigefügt sein; die Zentrale Behörde kann im Verkehr mit bestimmten Staaten oder im Einzelfall von diesem Erfordernis absehen und die Übersetzung selbst besorgen.

§ 8

(1) Die Zentrale Behörde unternimmt alle geeigneten Schritte, um für den Berechtigten die Leistung von Unterhalt durchzusetzen. Sie hat hierbei die Interessen und den Willen des Berechtigten zu beachten.

(2) Die Zentrale Behörde gilt als bevollmächtigt, im Namen des Berechtigten selbst oder im Wege der Untervollmacht durch Vertreter außergerichtlich oder gerichtlich tätig zu werden. Hierzu gehört insbesondere eine Regelung des Anspruchs im Wege des Vergleichs oder der Anerkennung und, falls erforderlich, die Erhebung und Verfolgung einer Unterhaltsklage sowie das Betreiben der Vollstreckung eines Titels auf Zahlung von Unterhalt.

Zweiter Abschnitt
Besondere Vorschriften für das gerichtliche Verfahren

§ 9

Bietet die beabsichtigte Rechtsverfolgung hinreichende Aussicht auf Erfolg und erscheint sie nicht mutwillig, so wird für Verfahren auf Grund von eingehenden Gesuchen nach diesem Gesetz auch ohne ausdrücklichen Antrag des Unterhaltsberechtigten Prozeßkostenhilfe mit der Maßgabe bewilligt, daß Zahlungen an die Landes- oder Bundeskasse nicht zu leisten sind. Durch die Bewilligung der Prozeßkostenhilfe nach diesem Gesetz wird der Antragsteller endgültig von der Zahlung der in § 122 Abs. 1 der Zivilprozeßordnung genannten Kosten befreit, sofern die Bewilligung nicht nach § 124 Nr. 1 der Zivilprozeßordnung aufgehoben wird.

§ 10

(1) Gerichtliche Unterhaltsentscheidungen aus Staaten, mit denen die Gegenseitigkeit gemäß § 1 verbürgt ist, werden entsprechend § 722 Abs. 1 und § 723 Abs. 1 der Zivilprozeßordnung für vollstreckbar erklärt. Das Vollstreckungsurteil ist nicht zu erlassen, wenn die Anerkennung der ausländischen Entscheidung nach § 328 Abs. 1 Nr. 1 bis 4 der Zivilprozeßordnung ausgeschlossen ist.

(2) Ist die ausländische Entscheidung für vollstreckbar zu erklären, so kann das Gericht auf Antrag einer Partei in dem Vollstreckungsurteil den in der ausländischen Entscheidung festgesetzten Unterhaltsbetrag hinsichtlich der Höhe und der Dauer der zu leistenden Zahlungen abändern. Ist die ausländische Entscheidung rechtskräftig, so ist eine Abänderung nur nach Maßgabe des § 323 der Zivilprozeßordnung zulässig.

(3) Für die Klage auf Erlaß des Vollstreckungsurteils ist ausschließlich das Amtsgericht zuständig, bei dem der Schuldner seinen allgemeinen Gerichtsstand hat und, beim Fehlen eines solchen im Inland, das Gericht, in dessen Bezirk sich Vermögen des Schuldners befindet; liegt der ausländischen Entscheidung ein Anspruch zugrunde, der nach § 621 Abs. 1 Nr. 4 oder 5 der Zivilprozeßordnung eine Familiensache wäre, so entscheidet das Familiengericht.

§ 11

Eine ausländische Entscheidung, die ohne Anhörung des Schuldners, vorläufig und vorbehaltlich der Bestätigung durch das ersuchte Gericht ergangen ist, gilt als Gesuch im Sinne des § 7. Die §§ 8 und 9 sind entsprechend anzuwenden.

Vierter Teil
Kosten

§ 12

Für das außergerichtliche Verfahren einschließlich der Entgegennahme und Behandlung der Gesuche durch die Justizbehörden werden weder Gebühren erhoben noch wird die Erstattung von Auslagen verlangt.

Fünfter Teil
Änderung des Rechtspflegergesetzes

§ 13

§ 29 des Rechtspflegergesetzes vom 5. November 1969 (BGBl. I S. 2065), zuletzt geändert durch Artikel 4 des Gesetzes vom 18. Dezember 1986 (BGBl. I S. 2501), erhält folgende Fassung:

„§ 29
Geschäfte im internationalen Rechtsverkehr

Die der Geschäftsstelle des Amtsgerichts gesetzlich zugewiesene Ausführung ausländischer Zustellungsanträge und die Entgegennahme eines Gesuchs, mit dem ein Anspruch auf Gewährung von Unterhalt nach dem Übereinkommen vom 20. Juni 1956 über die Geltendmachung von Unterhaltsansprüchen im Ausland in Verbindung mit dem Gesetz vom 26. Februar 1959 (BGBl. II S. 149) oder nach dem Auslandsunterhaltsgesetz vom 19. Dezember 1986 (BGBl. I S. 2563) geltend gemacht werden soll, werden dem Rechtspfleger übertragen."

Sechster Teil
Schlußvorschriften

§ 14

Dieses Gesetz gilt nach Maßgabe des § 13 Abs. 1 des Dritten Überleitungsgesetzes auch im Land Berlin.

§ 15

Dieses Gesetz tritt am 1. Januar 1987 in Kraft.

Art 20 nF
Nichteheliche Kindschaft

(1) Die Abstammung eines nichtehelichen Kindes unterliegt dem Recht des Staates, dem die Mutter bei der Geburt des Kindes angehört. Dies gilt auch für Verpflichtungen des Vaters gegenüber der Mutter auf Grund der Schwangerschaft. Die Vaterschaft kann auch nach dem Recht des Staates, dem der Vater im Zeitpunkt der Geburt des Kindes angehört, oder nach dem Recht des Staates festgestellt werden, in dem das Kind seinen gewöhnlichen Aufenthalt hat.

(2) Das Rechtsverhältnis zwischen den Eltern und einem nichtehelichen Kind unterliegt dem Recht des Staates, in dem das Kind seinen gewöhnlichen Aufenthalt hat.

Schrifttum

1. Schrifttum zu Art 20 EGBGB nF

Beitzke, Neuerungen im internationalen Kindschaftsrecht, ZBlJugR 1986, 477 und 537; Klinkhardt, Zur Feststellung der Vaterschaft nach dem neuen IPR, StAZ 1986, 237; ders, Gesetzliche Vertretung von Ausländerkindern, ZBlJugR 1987, 115; ders, Gesetzliche Amtspflegschaft auch über Ausländerkinder?, ZBlJugR 1987, 455; Krzywon, Eintritt der gesetzlichen Amtspflegschaft bei ausländischen Kindern?, BWNotZ 1987, 37; Rauscher, Neues internationales Kindschaftsrecht

– Schwerpunkte der Reform, StAZ 1987, 121; ders, Die gesetzliche Vertretung minderjähriger Kinder nach neuem IPR, StAZ 1987, 181; STURM, Das neue internationale Kindschaftsrecht: Was bleibt von der Rechtsprechung des BGH?, IPRax 1987, 1; ders, Die gesetzliche Vertretung minderjähriger Kinder nach neuem IPR, StAZ 1987, 181.

2. Neueres Schrifttum zu Art 20, 21 EGBGB aF (mit Ausnahme des Namens- und Unterhaltsrechts)
ANSAY-WUPPERMANN, Das Vaterschaftsanerkenntnis in den deutsch-türkischen Rechtsbeziehungen, StAZ 1974, 113; BEITZKE, Vaterschafts- und Mutterschaftsanerkenntnisse sowie Legitimation nach ausländischem Recht, StAZ 1962, 237; ders, Vaterschaftsanerkenntnisse von Ausländern vor dem Jugendamt, ZBlJugR 1962, 177; ders, Internationalrechtliches zum nichtehelichen Kind, StAZ 1970, 235; ders, Vaterschaftsfeststellung bei Ausländerkindern, ZBlJugR 1973, 369; ders, Les conflits de lois en matière de filiation en droit international privé allemand, Annales de la Faculté de droit et des sciences politiques et de l'Institut de recherches juridiques, politiques et sociales de Strasbourg 25 (1973) 115; BOGDANOWSKY DE MAEKELT, Die Herrschaft des Kindesrechts im internationalen Unehelichenrecht, RabelsZ 28 (1964) 401; BOSCHAN, Unehelichenrecht im internationalen Privatrecht Deutschlands und Frankreichs, StAZ 1959, 217, 243, 274; BRAGA, Muß die deutsche Frau ihr uneheliches Kind anerkennen, wenn sie den Vater französischer Staatsangehörigkeit heiratet? StAZ 1952, 149; BUSCHHAUSEN, Die Entscheidungen des BGH vom 28. 2. 1973, StAZ 1973, 178; ders, Das Vaterschaftsanerkenntnis unter Berücksichtigung ausländischen Rechts im Sinne der §§ 285 und 286 der Dienstanweisung für die Standesbeamten und ihre Aufsichtsbehörden, StAZ 1976, 252; FERID, Beischreibung der unehelichen Vaterschaft nach § 30 PStG auf Grund ausländischer Urteile? StAZ 1953, 50; HAUSMANN, Die Anerkennung nichtehelicher Kinder im deutsch-italienischen Rechtsverkehr, StAZ 1982, 93; ders, Das Vaterschaftsanerkenntnis im deutschen und italienischen IPR, StAZ 1982, 121; HENRICH, Die Anerkennung nichtehelicher Kinder in Fällen mit Auslandsberührung, BayStAZ 1971, 49; ders, Kollisionsrechtliche Probleme bei der Anerkennung nichtehelicher Kinder, StAZ 1974, 142; HOISCHEN, Die Eintragung von Vätern ausländischer Staatsangehörigkeit in deutsche Geburtenbücher, StAZ 1971, 60; JAYME, Zur Anerkennung des Kindes einer verheirateten Mutter durch den Erzeuger nach italienischem Recht, IPRax 1981, 160; JAYME-KOUSSOULAS, Zum Vaterschaftsanerkenntnis im deutsch-griechischen Rechtsverkehr, StAZ 1980, 38; JOCHEM, Das Erbrecht des nichtehelichen Kindes nach deutschem Recht bei Sachverhalten mit Auslandsberührung (1972); KLINKE, „Vaterlose" Kinder zweier „Väter" oder die Fortschritte des Nichtehelichenrechts, StAZ 1979, 226; KLINKHARDT, Die Feststellung der nichtehelichen Vaterschaft von Ausländern und ihre Wirkungen (1982); ders, Erneuerte alte Tendenzen im internationalen Nichtehelichenrecht, StAZ 1983, 182; KROPHOLLER, Die Kollisionsregeln des BGH für die Feststellung und Anerkennung der Vaterschaft, NJW 1976, 1011; ders, Sorgerecht und Pflegschaft für nichteheliche Ausländerkinder, IPRax 1984, 81; KRUMME, Die Wirkungen der gerichtlichen Vaterschaftsfeststellung bei Klagen nichtehelicher Kinder gegen einen ausländischen Erzeuger, ZBlJugR 1973, 260; LINK, Vaterschaftsanerkennung zu unehelichen Kindern durch Ausländer in der Bundesrepublik, StAZ 1968, 67; MEZGER, Das Kind mit den zwei Vätern, eine Erfindung des französischen Kindschaftsrechts von 1972, FS Ferid (1978) 621, 642; MÜLLER-CHORUS, Wie kann ein deutsches Vaterschaftsanerkenntnis für Italien Wirksamkeit erlangen? DAVorm 1982, 505; MÜLLER-FREIENFELS, Zur kollisionsrechtlichen Behandlung der Abstammungsklage, FamRZ 1957, 147; ders, Ergänzende Bemerkungen zum internationalen Nichtehelichenrecht, in: Beitzke (Hrsg), Vorschläge und Gutachten zur Reform des deutschen internationalen Personen-, Familien- und Erbrechts (1981) 161; NICLAS, Beurkundung der Vaterschafts- und Mutterschaftsanerkenntnisse von Ausländern vor dem Jugendamt, ZBlJugR 1968, 7; OBERLOSKAMP, Zum Recht des nichtehelichen Kindes einer Ausländerin in der Bundesrepublik Deutschland, ZBlJugR 1985, 221, 274; PALLARD-WENGLER, Uneheliche Kindschaft, in: Das internationale Familienrecht Deutschlands und Frankreichs (1955) 275; REICHARD, Rechtswirkungen der Vaterschaftsfeststellung mit Auslandsberührung, StAZ 1973, 181; SCHWOERER, Die französische Mutterschaftsanerkennung und ihre Abgabe durch deutsche Mütter, RabelsZ 16 (1951) 44; SIEHR, Auswirkungen des Nichtehelichengesetzes auf das internationale Privat- und Verfahrensrecht (1972); ders, Die Vaterschaftsfeststellung im deutschen internationalen Privatrecht, DAVorm 1973, 125; ders, Die allgemeine und besondere Geschäftsfähigkeit von Ausländern für eine Vaterschaftsanerkennung im Inland, StAZ 1976, 356; ders, Die Anfechtung der Vaterschaftsanerkennung im IPR, IPRax 1984, 20; SONNENBERGER, Vaterschaftsfeststellung und Unterhaltsanspruch im IPR, FamRZ 1973, 553; ders, Zur Entwicklung des Nichtehelichenrechts im IPR, StAZ 1976, 261; STENZ, Aufgaben der Standesbeamten, der Jugendämter und der Vormundschaftsgerichte anläßlich der Geburt von ausländischen nichtehelichen Kindern, StAZ 1984, 218; STÖCKER, Der Europäische Gerichtshof für

Nichteheliche Kindschaft

Menschenrechte zur Diskriminierung „nichtehelicher Kinder", DAVorm 1980, 249; ders, Internationaler ordre public zum Schutz der Menschenrechte, StAZ 1981, 16; Sturm, De alimentorum statuti vi attractiva, JZ 1974, 201; ders, Das Straßburger Marckx-Urteil zum Recht des nichtehelichen Kindes und seine Folgen, FamRZ 1982, 1150; Thümmel, Das IPR der nichtehelichen Kindschaft (1983); Urbach, Zur Stellung des unehelichen Kindes im IPR, ZBlJugR 1960, 179; Wilde, Die Beziehung des nichtehelichen Kindes zu seinem Vater in kollisionsrechtlicher Sicht (Diss Tübingen 1977).

Systematische Übersicht

Alphabetische Übersicht

Nichteheliche Kindschaft

A. Grundsätzliches

I. Vorrangige Staatsverträge 1

Die einschlägigen Staatsverträge, die dem Art 20 vorgehen (vgl Art 3 Abs 2 EGBGB nF) oder ihn ergänzen, sind in der Vorbem aufgeführt und erläutert. Im personenstandsrechtlichen Bereich ist das Übereinkommen der CIEC über die Zuständigkeit der Behörden, vor denen nichteheliche Kinder anerkannt werden können, zu beachten (Vorbem 9 ff), ferner das CIEC-Übereinkommen über die Feststellung der mütterlichen Abstammung (Vorbem 23 ff). Für das Rechtsverhältnis zwischen den Eltern und ihrem nichtehelichen Kind gilt vorrangig das Haager Minderjährigenschutzabkommen (Vorbem 3). Mehrere Übereinkommen zum Unterhaltsrecht erfassen auch die Unterhaltspflicht gegenüber einem nichtehelichen Kinde. Die kollisionsrechtlichen Haager Unterhaltsabkommen von 1956 und 1973 sind in Vorbem 16 ff und 250 zu Art 18 EGBGB erläutert. Die Kommentierung der Haager Unterhaltsvollstreckungsübereinkommen von 1958 und 1973 sowie des New Yorker Übereinkommens über die Geltendmachung von Unterhaltsansprüchen im Ausland von 1956 findet sich in der vorstehenden Vorbem.

II. Die Reform des autonomen deutschen Rechts

1. Die Vorschriften der Artt 20 und 21 EGBGB aF 2

Vor dem Gesetz zur Neuregelung des IPR vom 25. 7. 1986 (BGBl 1986 I 1142) war das IPR der nichtehelichen Kindschaft in zwei Artikeln geregelt: Art 20 EGBGB aF galt für das Rechtsverhältnis zwischen dem nichtehelichen Kind und seiner Mutter, Art 21 EGBGB aF für die Verpflichtungen des Vaters.

Die Vorschriften hatten folgenden Wortlaut:

Art 20. Das Rechtsverhältnis zwischen einem nichtehelichen Kinde und dessen Mutter wird nach den deutschen Gesetzen beurteilt, wenn die Mutter eine Deutsche ist. Das gleiche gilt, wenn die Reichsangehörigkeit der Mutter erloschen, die Reichsangehörigkeit des Kindes aber bestehen geblieben ist.

Art 21. Die Unterhaltspflicht des Vaters gegenüber dem nichtehelichen Kinde und seine Verpflichtung, der Mutter die Kosten der Schwangerschaft, der Entbindung und des Unterhalts zu ersetzen, wird nach den Gesetzen des Staates beurteilt, dem die Mutter zur Zeit der Geburt des Kindes angehört; es können jedoch nicht weitergehende Ansprüche geltend gemacht werden, als nach den deutschen Gesetzen begründet sind.

3 Der einseitig (in Richtung auf die Anwendbarkeit des deutschen Rechts) formulierte Art 20 EGBGB aF wurde allgemein als allseitige Kollisionsnorm verstanden: für das Rechtsverhältnis zwischen Kind und Mutter war das Heimatrecht der Mutter maßgebend. Es galt im Rahmen des Art 21 EGBGB aF auch für die Pflichten des Vaters. Die von Art 21 EGBGB aF nicht erfaßten Rechtsbeziehungen zwischen Kind und Vater wurden in entsprechender Anwendung der Artt 18, 19 EGBGB aF grundsätzlich nach dem Heimatrecht des Vaters beurteilt. Dieser Grundsatz wurde allerdings nach der Rechtsprechung des BGH für die gerichtliche Vaterschaftsfeststellung und für die Vaterschaftsanerkennung durchbrochen, sofern das deutsche Recht Unterhaltsstatut war (vgl im einzelnen Vorbem 78 ff zu Art 18 EGBGB sowie unten Rz 58 ff).

4 **2. Grundsätze des geltenden Rechts**

Das geltende Recht begnügt sich mit einer einzigen Vorschrift über das Nichtehelichenrecht. In Art 20 ist sowohl das Verhältnis des Kindes zur Mutter als auch die Rechtsstellung des Vaters geregelt.

5 In Abs 1 wird das auf die **Abstammung** von Mutter und Vater anwendbare Recht bestimmt. Die Anknüpfung der Abstammung sollte nach den Vorstellungen des RegE grundsätzlich für beide Eltern einheitlich sein, um die Schwierigkeiten zu vermeiden, die sich aus der früheren Aufspaltung der kollisionsrechtlichen Rechtsstellung des Kindes in seinem Verhältnis zur Mutter einerseits und zum Vater andererseits ergeben konnten (Begr RegE, BT-Drucks 10/504, 68). Deshalb wird in Abs 1 S 1 einheitlich das Heimatrecht der Mutter zur Zeit der Geburt des Kindes für maßgebend erklärt. Von diesem Grundsatz dürfte in der Praxis freilich wenig übrig bleiben, da Abs 1 S 3 eine Feststellung der Vaterschaft auch nach dem Aufenthaltsrecht des Kindes zuläßt.

6 Gemäß Abs 1 S 2 entscheidet das Heimatrecht der Mutter ferner – wie schon nach Art 21 EGBGB aF – über die **Verpflichtungen des Vaters** gegenüber der Mutter **auf Grund der Schwangerschaft.**

7 In Abs 2 wird für die Beurteilung der **Wirkungen des Rechtsverhältnisses** zwischen den Eltern und ihrem nichtehelichen Kind, also insbesondere für die elterliche Sorge, das Recht am gewöhnlichen Aufenthalt des Kindes berufen – eine Abweichung vom früher geltenden Staatsangehörigkeitsprinzip, die sich auch in Art 19 Abs 2 S 2 für Kinder aus anderen unvollständigen Familien findet.

8 Für den **Namen** des nichtehelichen Kindes und seinen **Unterhaltsanspruch** gelten besondere Normen (Art 10 und Art 18 EGBGB).

9 **Rechtspolitische Kritik** fordert Art 20 EGBGB vor allem deshalb heraus, weil zum einen die in ausländischen Rechten zunehmend preisgegebene Unterscheidung zwischen ehelichen und nichtehelichen Kindern im Grundsatz immer noch beibehalten wurde und weil zum anderen nicht durchgehend offen auf den Lebensmittelpunkt des Kindes abgestellt wurde (vgl auch die Stellungnahme des Max-Planck-Instituts, RabelsZ 47 [1983] 644–650 sowie die Kritik unten Rz 18 und 43). Ein zeitgemäßes Kollisionsrecht muß die Interessen des Kindes durch Anknüpfung an „sein" Recht in den Vordergrund rücken und für nichteheliche (wie für eheliche) Kinder im Grundsatz auf den gewöhnlichen Aufenthalt des Kindes abstellen. Daß eine derartige Lösung durchaus möglich und praktikabel ist, zeigt beispielhaft der Schweizer IPR-Gesetzentwurf; vgl die kritische Gegenüberstellung des deutschen und des schweizerischen Entwurfs durch Siehr und Dutoit, in: Lausanner Kolloquium über den deutschen und den schweizerischen Gesetzentwurf zur Neuregelung

des IPR (Zürich 1984) 161 ff bzw 197 ff. Gemäß Art 66 Abs 1 des Schweizer Entwurfs richten sich die Entstehung des Kindesverhältnisses sowie dessen Feststellung oder Anfechtung grundsätzlich nach dem Recht am gewöhnlichen Aufenthalt des Kindes. Das gleiche gilt gemäß Art 80 Abs 1 für die Wirkungen des Kindesverhältnisses. Die Unterscheidung zwischen ehelichen und nichtehelichen Kindern wurde in der Schweiz aufgegeben, und der gewöhnliche Aufenthalt des Kindes bestimmt grundsätzlich das Kindschaftsstatut. Auch nach dem deutschen Gesetz entscheidet in den wichtigsten Fragen der gewöhnliche Aufenthalt des Kindes. Das wird aber nur in Art 20 Abs 2 für die Kindschaftswirkungen offen ausgesprochen; für die Vaterschaftsfeststellung und Vaterschaftsanerkennung ergibt es sich aus der in Abs 1 S 3 enthaltenen alternativen Anknüpfung, die den (vermeintlichen) Grundsatz Abs 1 S 1 weitgehend aushöhlt.

3. Frühere Reformvorschläge 10

Vor der Neufassung des Art 20 durch das Gesetz zur Neuregelung des IPR vom 25. 7. 1986 (BGBl 1986 I 1142) wurden verschiedene, von der Gesetz gewordenen Fassung abweichende Reformvorschläge vorgelegt, vgl Siehr, in: Reform des deutschen IPR (1980) 53 ff.

Auf den **gewöhnlichen Aufenthalt des Kindes** stellte der Gesetzentwurf von Neuhaus-Kropholler ab, ohne zwischen ehelichen und nichtehelichen Kindern zu unterscheiden, RabelsZ 44 (1980) 331 f (Art 18, 29). Für nichteheliche Kinder ebenso, aber für eheliche Kinder abweichend Kühne-Entwurf 127 ff; in diesem Sinne auch Thümmel 150. Die Thesen von Mitarbeitern des Max-Planck-Instituts unterwarfen die Wirkungen der Kindschaft ohne Unterscheidung zwischen ehelichen und nichtehelichen Kindern dem Aufenthaltsrecht des Kindes, während für die nichteheliche Abstammung gemäß These 12 alternativ auch das Heimatrecht des Vaters, der Mutter oder des Kindes in Betracht kommen sollte (RabelsZ 44 [1980] 351, 360, 362). 11

Das gemeinsame **Heimatrecht der Eltern** wollte der Deutsche Rat für IPR in erster Linie berufen, s Lauterbach, KindschR 2 f § A. Während dieser Vorschlag nur eine einzige subsidiäre Anknüpfung (an den gewöhnlichen Aufenthalt des Kindes) bei verschiedener Staatsangehörigkeit der Eltern vorsah, wurde er später zu einer *Anknüpfungsleiter* ausgebaut: zwischen gemeinsames Heimatrecht der Eltern und Aufenthaltsrecht des Kindes wurde das Recht des Staates eingefügt, in dem sich beide Eltern gewöhnlich aufhalten, s Beitzke, PersR 9 § A Abs 1. 12

III. Übergangsregelung (Art 220 EGBGB) 13

Gemäß Art 220 Abs 1 EGBGB bleibt auf vor dem 1. 9. 1986 (Inkrafttreten der Neufassung des EGBGB) abgeschlossene Vorgänge das bisherige IPR anwendbar. Gemäß Abs 2 unterliegen die Wirkungen familienrechtlicher Rechtsverhältnisse vom 1. 9. 1986 an den Vorschriften des neuen EGBGB. Für die in Art 20 geregelten Sachfragen gilt demnach das Folgende.

1. Abstammung 14

Wenn die Abstammung im Verhältnis zur Mutter oder zum Vater vor dem 1. 9. 1986 festgestellt worden ist, handelt es sich in jedem Falle um einen abgeschlossenen Vorgang, für den das bisherige Kollisionsrecht anwendbar bleibt.

15 Im übrigen ist – wie Art 20 Abs 1 zeigt – grundsätzlich auf den Zeitpunkt der Geburt des Kindes abzustellen. Wenn das Kind vor dem 1. 9. 1986 geboren wurde, liegt ein abgeschlossener Vorgang vor, für den das bisherige Kollisionsrecht (s unten Rz 57 ff) maßgebend bleibt (BGH 18. 3. 1987 NJW 1987, 2296 = FamRZ 1987, 583 = MDR 1987, 747; zweifelnd Beitzke ZBlJugR 1986, 478).

16 **2. Ansprüche der Mutter auf Grund der Schwangerschaft**

Bei einer über den 1. 9. 1986 hinausreichenden Schwangerschaft richten sich die Ansprüche der Mutter gegen den Vater bis zum 31. 8. 1986 nach Art 21 EGBGB aF, ab 1. 9. 1986 nach Art 20 Abs 1 S 2 EGBGB nF. Die Unterscheidung hat indes kaum praktische Bedeutung, da beide Normen auf das Heimatrecht der Mutter zur Zeit der Geburt abstellen.

17 **3. Rechtsverhältnis zwischen den Eltern und ihrem Kind**

Gemäß Art 220 Abs 2 EGBGB ist für das Rechtsverhältnis zwischen den Eltern und ihrem nichtehelichen Kind ab 1. 9. 1986 die Kollisionsnorm des Art 20 Abs 2 maßgebend, und zwar auch, wenn das Kind vor diesem Datum geboren wurde. Am 1. 9. 1986 kann also ein Statutenwechsel eingetreten sein. Freilich gilt das vorrangige Haager Minderjährigenschutzabkommen unverändert weiter.

18 **B. Anwendungsbereich**

In seinem **persönlichen Anwendungsbereich** bezieht sich Art 20 EGBGB auf **nichteheliche Kinder**. Das deutsche Kollisionsrecht übernimmt aus dem deutschen materiellen Recht die Unterscheidung zwischen nichtehelichen und ehelichen Kindern, obwohl sie zunehmend bekämpft wird (vgl Kropholler, Kritische Bestandsaufnahme im Nichtehelichenrecht, AcP 185 [1985] 244) und auch in den Haager Konventionen zum Kindschaftsrecht, die von der Bundesrepublik Deutschland ratifiziert sind, nicht mehr enthalten ist. Die unerfreuliche Folge ist, daß für die Zwecke der Anwendung des deutschen Kollisionsrechts Kinder auch dann als „nichtehelich" eingestuft werden müssen, wenn das für diese Kinder maßgebende materielle Recht die Unterscheidung zwischen nichtehelichen und ehelichen Kindern bereits aufgegeben hat.

19 Die kollisionsrechtliche **Vorfrage** – auch Erstfrage genannt (vgl Neuhaus, Grundbegriffe 140 ff) –, ob ein Kind im Hinblick auf eine Ehe der Mutter ehelich oder nichtehelich ist, wird selbständig angeknüpft und grundsätzlich nach dem in Art 19 Abs 1 EGBGB bezeichneten Recht entschieden (so auch Begr RegE, BT-Drucks 10/504, 67). War die Mutter bei der Geburt oder früher verheiratet und kennt das von Art 19 Abs 1 EGBGB berufene Recht die Unterscheidung von ehelichen und nichtehelichen Kindern nicht mehr, so ist zu fragen, ob diese Rechtsordnung das Kind beiden Ehegatten zurechnet, weil sie verheiratet waren. Sofern dies geschieht, kann nicht von einem „nichtehelichen" Kind im Sinne des Art 20 EGBGB gesprochen werden. Auch wenn ein Kind durch Legitimation oder Adoption die Stellung eines ehelichen Kindes erlangt hat, worüber die von Art 21 und 22 EGBGB berufenen Rechte entscheiden, ist Art 20 EGBGB nicht anwendbar. Für Einzelheiten sei auf die ausführlichen Erläuterungen zum Begriff „eheliche Kinder" im Art 19 EGBGB aF verwiesen (Art 19 Rz 89 ff), die für das neue Recht entsprechend gelten.

I. Abstammung 20

Die Vorschrift erfaßt in ihrem Abs 1 zunächst die „Abstammung", also die Frage, wer als Mutter oder Vater eines nichtehelichen Kindes anzusehen ist. Diese Frage ist nicht zu verwechseln mit der in Art 19 EGBGB geregelten nach der „ehelichen Abstammung", also der Frage, ob ein Kind als „ehelich" oder „nichtehelich" gilt.

Ein **Vergleich der materiellen Rechte** verschiedener Staaten zeigt, daß es in der 21
Beurteilung der Abstammungsfrage erhebliche Unterschiede gibt. Es „stehen sich das eine gerichtliche Abstammungsfeststellung fordernde sog. Abstammungssystem und das sog. Anerkennungssystem gegenüber, das Rechtswirkungen an die nichteheliche Kindschaft nur dann knüpft, wenn das Kind vom Vater und häufig auch von der Mutter anerkannt worden ist. Zunehmende Verbreitung finden Mischlösungen, die beide Systeme kombinieren, wie dies etwa für das deutsche Recht seit Inkrafttreten des Nichtehelichengesetzes von 1969 der Fall ist" (Begr RegE, BT-Drucks 10/504, 67).

Im einzelnen entscheidet das durch Abs 1 S 1 berufene Recht im Verhältnis zur 22
Mutter und im Verhältnis zum **Vater**, „ob ein Kindschaftsverhältnis durch Abstammung oder durch Anerkennung begründet wird, ferner über die Anfechtung oder sonstige Vernichtung der Anerkennung" (Begr RegE, BT-Drucks 10/504, 67). Abs 1 S 3 betrifft die gleichen Fragen, aber nur im Verhältnis zum Vater. Das Abstammungsstatut entscheidet auch über die erforderlichen **Zustimmungen**, jedoch ist zusätzlich Art 23 zu beachten (näher unten Rz 54).

II. Ansprüche der Mutter auf Grund der Schwangerschaft 23

Gemäß Abs 1 S 2 gilt die Regelung des S 1 auch für „Verpflichtungen des Vaters gegenüber der Mutter auf Grund der Schwangerschaft". Welche Verpflichtungen damit gemeint sind, sagt weder das Gesetz noch die Begründung. In Art 21 EGBGB aF wurden die Verpflichtungen des Vaters spezifiziert, nämlich „der Mutter die Kosten der Schwangerschaft, der Entbindung und des Unterhalts zu ersetzen". Von Abs 1 S 2 eindeutig erfaßt sind die bisher in Art 21 EGBGB aF geregelten **Kosten der Entbindung** und der **Ersatz weiterer Aufwendungen**, die infolge der Schwangerschaft oder der Entbindung notwendig waren (vgl § 1615 k BGB). Auch die Verpflichtung des Vaters, ggf die **Beerdigungskosten** zu tragen, wenn die Mutter infolge der Schwangerschaft oder der Entbindung gestorben ist (vgl § 1615 m BGB), fällt unter Abs 1 S 2.

Zweifelhaft ist, ob die Verpflichtung des Vaters, der Mutter aus Anlaß der Geburt 24
für eine gewisse Zeit **Unterhalt** zu gewähren (vgl § 1615 l BGB), von Abs 1 S 2 erfaßt ist oder ob sich diese Pflicht nach Art 18 EGBGB bzw dem Haager Unterhaltsabkommen von 1973 (Vorbem zu Art 18 Rz 250) bemißt. Stünden hier lediglich zwei Bestimmungen des autonomen deutschen Rechts in Konkurrenz, so läge es nahe, Art 20 Abs 1 S 2 als die speziellere Vorschrift zu erklären und ihr den Vorrang vor Art 18 einzuräumen. Dafür ließe sich anführen, daß Art 21 EGBGB aF den Unterhaltsanspruch der Mutter gegen den Vater ebenfalls erfaßte, daß ein abweichender Wille des deutschen Gesetzgebers anläßlich der Neufassung nicht zum Ausdruck gekommen ist und daß der materiellrechtlich zusammenhängende Komplex von Verpflichtungen des Vaters gegenüber der Mutter auf Ersatz der Entbindungskosten und auf Zahlung von Unterhalt kollisionsrechtlich nicht ohne Not auseinandergerissen werden sollte. Diese Argumentation kann freilich deshalb nicht ohne weiteres durchgreifen, weil das Haager Unterhaltsabkommen von 1973 als völkerrechtlich bindender Vertrag Vorrang vor der autonomen Kollisionsnorm des Art 20 Abs 1 S 2 EGBGB genießt (vgl. Art 3 Abs 2 S 1 EGBGB). Mit anderen

Worten: Wenn das Haager Übereinkommen die Unterhaltspflicht des Vaters gegenüber der Mutter eines nichtehelichen Kindes erfassen will, muß die Regelung des Übereinkommens bzw des Art 18 EGBGB, der das Übereinkommen inkorporiert, vorrangig angewendet werden, damit keine völkerrechtlich eingegangene Verpflichtung verletzt wird. Der Anwendungsbereich des Übereinkommens ist freilich nicht deutlich. Gemäß seinem Art 1 ist es auf Unterhaltspflichten anzuwenden, die sich „aus Beziehungen der Familie“ ergeben. Dieser Begriff ist nach der Entstehungsgeschichte weit aufzufassen (Bericht VERWILGHEN BT-Drucks 10/258, 34 Nr 15 und 56 Nr 118: „Familienbeziehungen im weiten Sinn“). Ob das Übereinkommen allerdings so weit reicht, daß die Beziehungen zwischen Vater und Mutter des nichtehelichen Kindes zu den „Familienbeziehungen“ zu rechnen sind, ist zweifelhaft. Der Schweizer Gesetzgeber interpretiert das Übereinkommen in diesem Sinne, vgl die amtliche schweizerische Begründung Bundesblatt 1975 II 1395, 1397. Folgt man dieser weitgehenden Interpretation, so darf Abs 1 S 2 auf die Unterhaltspflicht gegenüber der Mutter nicht angewendet werden. Die geschilderten Auslegungsschwierigkeiten hätten sich vermeiden lassen, wenn der deutsche Gesetzgeber – dem sachgerechten Vorbild des Art 18 folgend – alle Ansprüche der Mutter gegen den Vater dem Recht ihres gewöhnlichen Aufenthaltes unterstellt hätte (vgl die Kritik des Max-Planck-Instituts, RabelsZ 47 [1983] 650 f).

25 Die von Abs 1 S 2 erfaßten Verpflichtungen des Vaters sind nach dem Heimatrecht der Mutter zur Zeit der Geburt zu beurteilen, unabhängig davon, ob dieses Recht die Ansprüche aus einer familienrechtlichen oder aus einer deliktsrechtlichen Norm herleitet. Das **Deliktsstatut** ist nur nach solchen Ansprüchen zu befragen, die von Abs 1 S 2 nicht erfaßt sind, wie beispielsweise Schadensersatzansprüche der Mutter wegen begangener Notzucht (zum früheren Recht teilweise abweichend SOERGEL-KEGEL Art 21 Rz 46 m w Nachw).

26 III. Rechtsverhältnisse zwischen den Eltern und ihrem Kind

1. Überblick

Von Abs 2 wird das „Rechtsverhältnis zwischen den Eltern und einem nichtehelichen Kind“ erfaßt. Geregelt sind hier die **Wirkungen der nichtehelichen Kindschaft**; nach den Gesetzesmaterialien betrifft Abs 2 „insbesondere die elterliche Sorge, den Wohnsitz des Kindes, Mitarbeitspflichten sowie Ausstattungsansprüche und Folgen aus den Verwandtschaftsbeziehungen zu den Familien der Mutter oder des Vaters“ (Begr RegE, BT-Drucks 10/504, 67). Besondere Erwähnung verdient ferner das Umgangsrecht des Vaters.

27 Die **elterliche Sorge** und alle **Schutzmaßnahmen** zugunsten des Kindes fallen zwar unter Abs 2, jedoch ist insoweit der Vorrang des Haager Minderjährigenschutzabkommens zu beachten. Darauf ist sogleich zurückzukommen.

28 **Nicht** von Abs 2 erfaßt sind die Fragen nach dem *Namen* des Kindes, insbesondere die Einbenennung (s dazu Art 10 EGBGB), nach den *Unterhaltsansprüchen* (s dazu Art 18 EGBGB) und nach dem *Erbrecht* (s dazu Art 25 EGBGB). Zum Erbstatut (Art 25), nicht zum Nichtehelichenstatut (Art 20), zählt auch der *vorzeitige Erbausgleich* (§ 1934 d BGB); so mwN BGH 19. 11. 1985 BGHZ 96, 262 = NJW 1986, 2190 = IPRax 1986, 241, 229 zust Anm KEGEL = FamRZ 1986, 259 = IPRspr 1985 Nr 118; anders noch STAUDINGER-FIRSCHING Art 24 Rz 38. Für die *Amtspflegschaft* und *Amtsvormundschaft* s Art 24 EGBGB Rz 41 ff, für öffentlichrechtliche Schutzmaßnahmen wie *Fürsorgeerziehung* und *Schutz der Pflegekinder* s Art 24 EGBGB Rz 21 f.

2. Elterliche Sorge und Schutzmaßnahmen (Vorrang des Haager Minderjährigenschutzabkommens) 29

Der Vorrang des Haager Minderjährigenschutzabkommens, der bei gewöhnlichem Aufenthalt des Kindes in einem Vertragsstaat, insbesondere in der Bundesrepublik Deutschland, besteht (s Vorbem 3), nimmt Abs 2 viel von seiner Bedeutung.

a) Elterliche Sorge 30

Für das Sorgerecht kraft Gesetzes gilt bei gewöhnlichem Aufenthalt des Kindes in Deutschland (Art 13 I MSA) der Art 3 MSA und nicht der Art 20 EGBGB. Gem Art 3 MSA ist ein Gewaltverhältnis, das nach dem Heimatrecht des Minderjährigen kraft Gesetzes besteht, in allen Vertragsstaaten anzuerkennen. Der Vorschrift kommt kollisionsrechtliche Bedeutung zu, und sie geht dem autonomen deutschen IPR als Spezialregelung vor (Vorbem 252, 480–485, 495 zu Art 18 EGBGB). Auch das Bestehen **gesetzlicher Vertretungsmacht** beurteilt sich nach dem von Art 3 MSA berufenen Recht (dazu rechtsvergleichend KLINKHARDT StAZ 1986, 241 f).

Die kollisionsrechtliche Bedeutung des Art 3 MSA liegt vor allem darin, daß vor 31 Anordnung einer Schutzmaßnahme die Frage, ob bereits kraft Gesetzes ein Gewaltverhältnis besteht, in allen Vertragsstaaten einheitlich nach dem Heimatrecht des Kindes beantwortet wird. Die Vorschrift ist aber auch in jeder anderen Situation, in der es auf das Bestehen eines gesetzlichen Sorgerechts ankommt, zu beachten. Denn es würde zu widersprüchlichen Ergebnissen führen, wenn man das Bestehen des Sorgerechts bei Anordnung einer Schutzmaßnahme anerkennen, dagegen in anderen Zusammenhängen – zB bei der abstrakten Frage nach der Vertretungsmacht – ignorieren würde. Wie SCHWIMANN im einzelnen herausgearbeitet hat, ist das Bestehen eines ex-lege-Verhältnisses – ebenso wie die Anordnung von Maßnahmen – unmittelbarer Regelungsgegenstand des Abkommens (SCHWIMANN ÖJBl 1976, 238; nach eingehender Abwägung zustimmend HENRICH, FS Schwind (1978) 86 ff; KRZYWON BWNotZ 1987, 39 f; RAUSCHER StAZ 1987, 129; KLINKHARDT ZBlJugR 1987, 455; ferner KG 27. 1. 1987 ZBlJugR 1987, 249 = OLGZ 1987, 145 = IPRax 1987, 320, 302 Anm SIEHR mwN; – anders aber BayObLG 26. 5. 1983, BayObLGZ 1983, 125 = IPRax 1984, 96, 81 abl Anm KROPHOLLER = IPRspr 1983 Nr 83; OLG Hamburg 19. 5. 1987 DAVorm 1987, 707 = IPRax 1987, 324, 302 Anm SIEHR; STURM StAZ 1987, 181; PALANDT-HELDRICH, BGB, 46. Aufl (1987) Anh zu Art 24 EGBGB Anm 1 b zu Art 3 MSA mwN). Das Abkommen hat nicht nur Schutzmaßnahmen zum Gegenstand, sondern es bezieht sich umfassend auf den Schutz von Minderjährigen, wozu eben auch die kraft Gesetzes bestehenden Schutzverhältnisse gehören. Dies kommt durch Titel und Präambel des Übereinkommens, die nicht allein von Maßnahmen sprechen, hinreichend deutlich zum Ausdruck. Auch der Wortlaut des Art 3 MSA läßt keine Einschränkung seines Anwendungsbereichs erkennen.

Zur Schließung der Regelungslücke, die dadurch entstehen kann, daß das Heimatrecht des Kindes ein Sorgerecht nicht ex lege entstehen läßt, sondern eine Maßnahme vorsieht, während das Aufenthaltsrecht keine Maßnahme anbietet, weil es ein ex-lege-Verhältnis eingreifen läßt, wie das deutsche Recht in § 1705 BGB, s unten Rz 73 f.

b) Schutzmaßnahmen 32

Maßnahmen zum Schutze des nichtehelichen Kindes sind bei gewöhnlichem Aufenthalt des Kindes in der Bundesrepublik Deutschland oder in einem anderen Vertragsstaat des Übereinkommens nach dem Haager Minderjährigenschutzabkommen zu treffen. Wegen des Vorranges dieser völkerrechtlichen Vereinbarung (vgl Art 4 Abs 2 EGBGB) gelangt Art 20 Abs 2 EGBGB nicht zur Anwendung. Im Ergebnis ist der Unterschied zwischen der Regelung des Übereinkommens und der des autonomen deutschen Rechts nicht erheblich, weil auch nach dem Haager Abkommen grundsätzlich das Recht am gewöhnlichen Aufenthalt des Kindes entscheidet (Art 1 und 2).

33 Der Begriff der Schutzmaßnahme ist – auch im Hinblick auf die nichteheliche Kindschaft – in Vorbem 276 ff zu Art 18 EGBGB ausführlich erläutert. Hierauf sei verwiesen. Maßnahmen, die dem Minderjährigenschutzabkommen unterliegen, sind vor allem solche bei Gefährdung der Person oder des Vermögens des Kindes, wie Entziehung oder Beschränkung der elterlichen Sorge nach Art von § 1666 BGB, sowie Entscheidungen über den Umgang mit dem Kind.

34 Nur wenn das Kind seinen gewöhnlichen Aufenthalt nicht in einem Vertragsstaat des Haager Übereinkommens hat, ist Art 20 Abs 2 EGBGB für diese Schutzmaßnahmen anwendbar.

35 **IV. Name**

Die für den Namen des nichtehelichen Kindes einschlägige Kollisionsnorm ist Art 10 EGBGB. Für die Zustimmungserfordernisse zu einer Namenserteilung ist Art 23 EGBGB zu beachten.

36 **V. Unterhalt**

Die Unterhaltsansprüche des nichtehelichen Kindes richten sich nach Art 18 EGBGB bzw nach den vorrangigen Haager Unterhaltsübereinkommen von 1956 und 1973 (s Vorbem zu Art 20 EGBGB). Obwohl Art 18 EGBGB das Haager Unterhaltsübereinkommen von 1973 weitgehend kopiert, sind beide Rechtsquellen theoretisch zu unterscheiden: Art 18 EGBGB kommt (streng genommen) nur zur Anwendung, soweit das Unterhaltsabkommen nicht eingreift (Art 3 Abs 2 EGBGB). Die für die Vollstreckung von Unterhaltsansprüchen im Ausland wichtigen Haager Vollstreckungsübereinkommen von 1958 und 1973 sind in Vorbem 43 ff zu Art 20 EGBGB erläutert; das UN-Übereinkommen über die Geltendmachung von Unterhaltsansprüchen im Ausland von 1956 findet sich in Vorbem 227 ff zu Art 20 EGBGB, das Auslandsunterhaltsgesetz vom 19. 12. 1986 in Vorbem 276 ff zu Art 20 EGBGB.

C. Das maßgebende Recht

37 **I. Abstammung (Abs 1 S 1 und 3)**

1. Allgemeines

Gemäß Abs 1 S 1 ist für die Abstammung das Heimatrecht der Mutter zur Zeit der Geburt maßgebend. Dieses Recht gilt für alle Fragen der Abstammung des Kindes sowohl im Verhältnis zur Mutter als auch im Verhältnis zum Vater. Die als Grundsatz formulierte Norm des S 1 wird durch die in S 3 für die Feststellung der Vaterschaft zugelassenen alternativen Anknüpfungen praktisch weitgehend verdrängt. Diese Alternativanknüpfungen bezwecken eine Begünstigung des Kindes. In seinem Interesse sollen mehrere Möglichkeiten offenstehen, die Vaterschaft festzustellen.

Feststellung der Vaterschaft in S 3 meint nicht nur die gerichtliche Feststellung. Der Wortlaut dieser Kollisionsnorm folgt vielmehr dem § 1600 a S 1 BGB, wonach bei nichtehelichen Kindern die Vaterschaft durch Anerkennung oder gerichtliche Entscheidung „festgestellt" wird. S 3 erstreckt sich also im Verhältnis zum Vater wie das allgemeine Abstammungsstatut des S 1 auf alle statusrechtlichen Fragen, wie Anerkennung, Zustimmungen, Anfechtung der Anerkennung und gerichtliche Feststellung der Vaterschaft (Ferid, IPR Rz 8–308). Dagegen gilt S 3 nicht für die Feststellung der Mutterschaft. 38

Nach welcher der durch S 1 und S 3 zur Auswahl gestellten Alternativen die für die Feststellung der Vaterschaft maßgebende Rechtsordnung im Einzelfall bestimmt wird, richtet sich nach dem **Kindeswohl** (Bericht des RAussch, BT-Drucks 10/5632, 43). Auch Praktikabilitätserwägungen können eine Rolle spielen, jedoch dürfen sie nicht zu Lasten des Kindes gehen. Der Vorrang des Kindeswohls entspricht dem Sinn der Alternativität, das Kind zu begünstigen. Soll beispielsweise die Vaterschaft festgestellt werden, um einen fremdem Recht unterliegenden Unterhaltsanspruch durchzusetzen, so ist, wenn das Unterhaltsstatut eine der Sperrwirkung des § 1600 a S 2 BGB vergleichbare Regelung trifft und das Heimatrecht des Mannes eine Vaterschaftsfeststellung im Statusverfahren nicht kennt, im Interesse der Durchsetzung des Unterhaltsanspruchs auf das gemäß Art 20 Abs 1 S 3 Alt 2 bestimmte Statut der Vaterschaftsfeststellung zurückzugreifen (so im Ergebnis auch die Rechtsprechung des BGH vor dem Inkrafttreten des neuen EGBGB; s unten Rz 63). 39

Zu den Besonderheiten hinsichtlich einer **Rück- oder Weiterverweisung** bei der alternativen Anknüpfung der Vaterschaftsfeststellung s unten Rz 80. 40

Für die **Beseitigung der Vaterschaftsfeststellung**, insbesondere für die **Anfechtung eines Vaterschaftsanerkenntnisses**, gilt folgendes: Grundsätzlich hat die Anfechtung nach dem Recht zu erfolgen, nach dem das Anerkenntnis abgegeben worden ist. Das der Alternativität in Abs 1 S 1 und 3 zugrundeliegende Günstigkeitsprinzip bedeutet nicht etwa, daß die Beseitigung der Vaterschaftsfeststellung nur möglich ist, wenn sämtliche in Betracht kommenden Rechte sie gestatten. Im materiellen Recht der einzelnen Staaten sind die positiven und die negativen Möglichkeiten der Vaterschaftsfeststellung nämlich aufeinander abgestimmt; in manchen Rechtsordnungen stehen geringen Zustimmungserfordernissen großzügige Anfechtungsmöglichkeiten gegenüber, in anderen ist es umgekehrt. „Was auf diese Weise zusammengehört, kann sinnvollerweise nicht auseinandergerissen werden" (Klinkhardt StAZ 1986, 238). Ist das Vaterschaftsanerkenntnis aber nach mehreren der in Art 20 alternativ berufenen Rechtsordnungen wirksam, so kommt das Günstigkeitsprinzip zum Tragen. Das Anerkenntnis kann dann nur dadurch beseitigt werden, „daß es nach all den Rechtsordnungen angefochten wird, nach denen es wirksam ist – mögen auch die Anfechtungsgründe verschieden sein; es genügt, daß nach jeder der in Betracht kommenden Rechtsordnungen ein nach dieser Rechtsordnung maßgebender Anfechtungsgrund durchgreift" (so treffend Beitzke ZBlJugR 1986, 539; im Ergebnis ebenso Palandt-Heldrich Art 20 Anm 2 d dd). 41

Die **Wirkung einer deutschen Entscheidung**, welche die Vaterschaft allgemein, dh für und gegen alle, feststellt (vgl § 640 ZPO), beschränkt sich nicht auf ein einzelnes Rechtsverhältnis, sondern erstreckt sich auf alle Rechtsfragen, auch solche, die sich nach einer anderen Rechtsordnung richten können, wie Name, Legitimation oder Erbrecht (Beitzke ZBlJugR 1986, 537 f; zum EGBGB aF siehe etwa Soergel-Kegel Art 21 Rz 28 f mwN). Die gleiche umfassende Wirkung ist einer **ausländischen Vaterschaftsfeststellung** zuzusprechen, die inter omnes gelten soll und im Inland gemäß § 328 ZPO anzuerkennen ist. Keine die Vaterschaft mit allgemein bindender Wirkung feststellenden Statusurteile sind beispielsweise die „affiliation 42 orders“ aus dem anglo-amerikanischen Bereich (FERID, IPR Rz 8–315). Zur Bedeutung eines – entsprechend Art 20 Abs 1 S 1 bzw S 3 Alt 1 – nach ausländischem Recht abgegebenen **Vaterschaftsanerkenntnisses** für die Beischreibung im Geburtenbuch s unten Rz 145.

43 **2. Feststellung der Abstammung nach dem Heimatrecht der Mutter (Abs 1 S 1)**

In der Begründung des RegE, auf den Abs 1 S 1 zurückgeht, wurden abweichende Vorschläge, insbesondere eine Anknüpfung an den gewöhnlichen Aufenthalt des Kindes, noch verworfen (BT-Drucks 10/504, 68). Die Begründung vermochte indes **rechtspolitisch** nicht zu überzeugen, weil sie die Nachteile einer Anknüpfung an den gewöhnlichen Aufenthalt des Kindes (mangelnde Klarheit, Gefahr von Manipulationen) überbewertete, die Nachteile der gewählten Anknüpfung an die Staatsangehörigkeit der Mutter dagegen gar nicht erwähnte (vgl zur Kritik im einzelnen die Stellungnahme des Max-Planck-Instituts, RabelsZ 47 [1983] 647 f). Insbesondere bedeutet das Auseinanderfallen von Abstammungsstatut und dem durch den gewöhnlichen Aufenthalt bestimmten Unterhaltsstatut (Art 18 Abs 1 S 1 EGBGB) eine unnötige Komplizierung. Deshalb wurde in einem späteren Stadium des Gesetzgebungsverfahrens (durch den Rechtsausschuß des Bundestages) in Abs 1 S 3 Alt 2 die Möglichkeit geschaffen, die Vaterschaft auch nach dem Recht am gewöhnlichen Aufenthalt des Kindes festzustellen.

44 Für die in S 1 gewählte **Anknüpfung an die Staatsangehörigkeit der Mutter** wurde angeführt, sie sei leicht zu ermitteln und „zugleich sachgerecht und praktikabel“. Sie bringe „zudem eine der Kollisionsregel für die Abstammung ehelicher Kinder in der Sache nahestehende Lösung, welche die Unterschiede der Anknüpfung auf das unvermeidbare Maß beschränkt und damit dazu beiträgt, Schwierigkeiten aus unterschiedlichen für eheliche und nichteheliche Abstammung maßgeblichen Rechtsordnungen bei der Beurteilung der Rechtsverhältnisse von Kindern zu vermeiden“ (Begr RegE, BT-Drucks 10/504, 68). Dies sind freilich eher Schlagworte („sachgerecht“, „praktikabel“, „unvermeidbares Maß“) als inhaltlich überzeugende Aussagen.

45 Als **maßgebenden Zeitpunkt** nennt Abs 1 S 1 **die Geburt des Kindes**. Die Unwandelbarkeit wird folgendermaßen gerechtfertigt (Begr RegE, BT-Drucks 10/504, 68): Bei der nichtehelichen Abstammung gehe es um die Begründung eines Statusverhältnisses; hier müsse „die Anknüpfung im Interesse der Stabilität und der internationalen Entscheidungsharmonie an einem festen Zeitpunkt ansetzen“; außerdem könne eine wandelbare Anknüpfung zu „Manipulationen“ verleiten.

46 Indes: „**Rechtspolitisch** ist die schnellebige, vielfachen Wandel mit sich bringende Zeit seit dem ersten Weltkrieg für den Gedanken der Unwandelbarkeit rechtlicher Regelungen wenig günstig“ (NEUHAUS, Grundbegriffe 304). Demzufolge hat in der deutschen Reformdiskussion (s oben Rz 10 ff) niemand die unbewegliche Anknüpfung an den Zeitpunkt der Geburt des Kindes befürwortet. Sie ist auch deshalb mißlich, weil eine Vaterschaftsfeststellung in den meisten Fällen nur eine notwendige Vorfrage für beweglich angeknüpfte Kindschaftswirkungen ist, insbesondere für Unterhaltsansprüche (Stellungnahme des Max-Planck-Instituts, RabelsZ 47 [1983] 649). Der Gesetzgeber hat sich schließlich selbst in Abs 1 S 3 Alt 2 für eine wandelbare Anknüpfung der Vaterschaftsfeststellung entschieden (s unten Rz 53) und damit die für die Unwandelbarkeit in S 1 vorgebrachten Argumente entkräftet.

47 Die Starrheit der in S 1 festgelegten Unwandelbarkeit wird durch die **alternativen Anknüpfungen** in Abs 1 S 3 gemildert, wonach die Vaterschaft auch nach dem Heimatrecht des Vaters im Zeitpunkt der Geburt des Kindes oder nach dem (jeweiligen) Aufenthaltsrecht des Kindes festgestellt werden kann.

3. Vaterschaftsfeststellung nach dem Heimatrecht des Vaters (Abs 1 S 3 Alt 1) 48

Gemäß Abs 1 S 3 Alt 1 kann die Vaterschaft auch nach dem **Heimatrecht des Vaters** im Zeitpunkt der Geburt des Kindes festgestellt werden. Zum Begriff der Vaterschaftsfeststellung in dieser Kollisionsnorm s oben Rz 38.

Die Feststellung der Vaterschaft nach dem Heimatrecht des Vaters bildet eine **echte Alternative** zur Anwendung des Heimatrechts der Mutter gemäß Abs 1 S 1. Zwar erwähnt die Begr RegE zu S 3 nur folgende Konstellation (BT-Drucks 10/504, 68 f): „Wenn das Heimatrecht der Mutter unter Verstoß gegen den ordre public eine Feststellung der Abstammung (auch) nach dem Vater nicht zuläßt, kann nach S 3 das Heimatrecht des Vaters angewandt werden." Die Begründung trifft damit sicher einen typischen Anwendungsfall. Aber das Gesetz macht die Anwendung des S 3 nicht von irgendwelchen einschränkenden Voraussetzungen abhängig. Insbesondere wird nicht vorausgesetzt, daß eine Vaterschaftsfeststellung nach dem Heimatrecht der Mutter unmöglich ist. Erst recht muß nicht geprüft werden, ob die Regelung des Heimatrechts der Mutter gegen den deutschen ordre public verstößt. Es handelt sich also nicht – wie beispielsweise in Art 18 Abs 1 S 2 EGBGB – um eine bloß subsidiäre, sondern – wie in Art 19 Abs 1 S 2 EGBGB – um eine alternative Anknüpfung. Das bestätigt auch die im Rechtsausschuß des Bundestages beschlossene Alt 2 des S 3 (vgl BT-Drucks 10/5632, 43). Es kann deshalb auf das Heimatrecht des Vaters immer dann zurückgegriffen werden, wenn seine Anwendung praktikabler erscheint als die des Heimatrechts der Mutter und wenn die Anwendung des Vaterrechts dem Kindeswohl entspricht. 49

Maßgeblicher Zeitpunkt ist auch in S 3 Alt 1 die Geburt des Kindes. Für die Unwandelbarkeit des Abstammungsstatuts lassen sich hier die gleichen Gründe anführen wie in S 1, und es sprechen auch die gleichen rechtspolitischen Bedenken gegen sie (s oben Rz 45 f). 50

4. Vaterschaftsfeststellung nach dem Aufenthaltsrecht des Kindes (Abs 1 S 3 Alt 2) 51

Gemäß Abs 1 S 3 Alt 2 kann die Vaterschaft auch nach dem Recht des Staates festgestellt werden (zum Begriff der Vaterschaftsfeststellung in dieser Norm oben Rz 38), in dem das **Kind seinen gewöhnlichen Aufenthalt** hat. Diese Alternative war im RegE noch nicht vorgesehen. Die Begr RegE erwähnte lediglich die Möglichkeit, auf das Recht am gewöhnlichen Aufenthalt des Kindes als Recht, das gemäß Abs 2 allgemein auf die Rechtsverhältnisse der Eltern zum Kind anzuwenden ist, für die Feststellung der Abstammung dann zurückzugreifen, wenn beide Eltern nicht feststehen (BT-Drucks 10/504, 69).

Alt 2 wurde im Rechtsausschuß des Bundestages beschlossen (s BT-Drucks 10/5632, 43). Man wollte bei der Abstammungsfeststellung mehrere Anknüpfungen im Interesse der Begünstigung des Kindes alternativ nebeneinander stellen. Außerdem sollte die Fortführung der Rechtsprechung des BGH ermöglicht werden, nach der in den Fällen, in denen das Kind seinen gewöhnlichen Aufenthalt in Deutschland hat und der **Unterhalt** sich nach deutschem Recht bemißt, auch die Vaterschaft nach deutschem Aufenthaltsrecht festzustellen ist (BGH 28. 2. 1973 BGHZ 60, 247, 251; 15. 2. 1984 BGHZ 90, 129, 141 f; dazu unten Rz 58 ff). Es ist zu erwarten, daß die Feststellung der Vaterschaft in der Praxis in der Regel aufgrund S 3 Alt 2 erfolgen wird. Für eine vorrangige Berücksichtigung dieser Alternative spricht auch, daß die Haager Unterhaltsübereinkommen von 1956 und 1973 überwiegend so verstanden werden, daß im Rahmen der Abkommen das materielle Recht am gewöhnlichen Aufenthalt des Kindes zugleich auf die Frage der Abstammung anzuwenden ist (s unten Rz 64). 52

53 **Maßgeblicher Zeitpunkt** in S 3 Alt 2 ist nicht die Geburt des Kindes. Das folgt schon aus dem Wortlaut dieser Alternative, die – anders als S 1 und S 3 Alt 1 – diesen Zeitpunkt nicht nennt. Vielmehr kommt es auf den jeweiligen gewöhnlichen Aufenthalt des Kindes an. Dafür spricht auch der Sinn der Alt 2, eine Parallelität mit dem Unterhaltsstatut zu ermöglichen. Das Unterhaltsstatut wird gemäß den Haager Unterhaltsübereinkommen von 1956 und 1973 sowie gemäß Art 18 Abs 1 S 1 EGBGB wandelbar nach dem jeweiligen gewöhnlichen Aufenthalt des Kindes bestimmt. Der Gesetzgeber hat es bei der Einfügung der Alt 2 leider versäumt, die verfehlte Unwandelbarkeit auch in S 1 und in S 3 Alt 1 zu beseitigen (dazu oben Rz 46 und 50).

54 **5. Zustimmung des Kindes oder eines Dritten zur Abstammungserklärung (Art 23 EGBGB)**

Über die Erforderlichkeit und die Erteilung der Zustimmung des Kindes und einer Person, zu der das Kind in einem familienrechtlichen Verhältnis steht, zu einer Abstammungserklärung entscheidet grundsätzlich ebenfalls das nach Art 20 Abs 1 ermittelte Abstammungsstatut. Gemäß Art 23 EGBGB ist zusätzlich das Heimatrecht des Kindes zu befragen. Das Heimatrecht des Kindes tritt also zum Abstammungsstatut hinzu, es ist kumulativ anzuwenden. Maßgeblich ist die Staatsangehörigkeit des Kindes **vor** der Anerkennung. Diese Staatsangehörigkeit ist regelmäßig dieselbe wie die der Mutter. Die Vorschrift des Art 23 verhindert insbesondere, daß dem Kind durch ein nur dem Heimatrecht des Vaters entsprechendes Vaterschaftsanerkenntnis ein unerwünschter Vater aufgedrängt werden kann. Für weitere Einzelheiten sei auf die Erläuterungen zum Art 23 verwiesen.

55 Zu beachten ist, daß die **Zustimmung der Mutter** zum Vaterschaftsanerkenntnis nach verschiedenen ausländischen Rechtsordnungen, insbesondere nach dem Recht vieler sozialistischer Staaten, erforderlich ist. Es genügt dann nicht, daß die Mutter als gesetzliche Vertreterin ihres Kindes zustimmt, sondern sie muß die Zustimmung auch im eigenen Namen erklären. Beitzke (ZBlJugR 1986, 539) berichtet, daß die mütterliche Zustimmung häufig unterbleibt, weil der das Vaterschaftsanerkenntnis beurkundende Jugendamtsbeamte zur Beurkundung einer von der Mutter kraft eigenen Rechts abgegebenen Zustimmungserklärung nach § 49 JWG nicht zuständig ist. Wenn das anwendbare fremde Recht die *vorherige* Zustimmung verlangt, nützt nicht einmal deren Nachholung. Es ist also darauf zu achten, daß eine etwa erforderliche Zustimmung der Mutter kraft eigenen Rechts rechtzeitig eingeholt und von einer dafür zuständigen Person entgegengenommen wird.

56 **6. Form der Anerkennung und der Zustimmungserklärungen**

Die Form eines Mutterschafts- oder Vaterschaftsanerkenntnisses sowie die Form der Zustimmungserklärungen bestimmen sich nach Art 11 Abs 1. Es ist also entweder das nach Art 20 Abs 1 ermittelte Abstammungsstatut oder das Recht des Staates anzuwenden, in dem die Erklärung abgegeben wird. Bei Abgabe der Erklärungen in Deutschland ist öffentliche Beurkundung vorgeschrieben (§ 1600 e BGB), es sei denn, das Abstammungsstatut sieht eine mildere Form vor. Zur Anerkennung eines amerikanischen, nur beglaubigten Anerkenntnisses IPG 1982 Nr 39. Zur Zuständigkeit zur Entgegennahme von Vaterschafts- und Mutterschaftsanerkenntnissen in der Bundesrepublik Deutschland s Vorbem 19 und 39.

II. Feststellung und Anerkennung der Vaterschaft und Unterhaltsstatut 57

Vor dem Inkrafttreten des Gesetzes zur Neuregelung des Internationalen Privatrechts vom 25. 7. 1986 (BGBl 1986 I 1142) hat der BGH für die Feststellung und Anerkennung der Vaterschaft besondere Kollisionsregeln geschaffen, die auf das Unterhaltsstatut Bezug nehmen. Diese Regeln sind in Vorbem 78 ff zu Art 18 EGBGB dargestellt. Im folgenden seien die seither ergangenen wesentlichen Entscheidungen des BGH nachgetragen. Die im Schrifttum geübte Kritik an der Konzeption des BGH ist hier nicht aufzunehmen (vgl dazu im einzelnen Soergel-Kegel Art 21 Rz 27 f mit Nachw), weil sich die Rechtslage nach dem Inkrafttreten des Gesetzes zur Neuregelung des IPR vom 25. 7. 1986 anders darstellt. Vielmehr soll (unter 2) sogleich der Frage nachgegangen werden, mit welchen Modifikationen die Rechtsprechung nach dem Inkrafttreten des neuen Gesetzes weiterhin Bestand haben kann.

1. Die bisherigen Kollisionsregeln des BGH 58

Der BGH unterschied vor der Neufassung des EGBGB durch das Gesetz vom 25. 7. 1986 danach, ob deutsches oder ausländisches Recht den Unterhaltsanspruch beherrscht.

a) Deutsches Unterhaltsstatut 59

Wenn sich die Unterhaltspflicht nach deutschem Recht richtete, wurde nach ständiger Rechtsprechung auch die Feststellung und Anerkennung der Vaterschaft nach *deutschem* Recht beurteilt (vgl Vorbem 81 ff und 92 ff zu Art 18 EGBGB). Dies wurde daraus hergeleitet, daß das deutsche Unterhaltsrecht in § 1600 a S 2 BGB die Feststellung oder Anerkennung der Vaterschaft zur Voraussetzung des Unterhaltsanspruchs erklärt und daß die Durchsetzung dieses Anspruchs häufig entweder unmöglich oder erheblich erschwert wäre, wenn die Vaterschaftsfeststellung sich nach einem anderen Recht als dem Unterhaltsstatut richten würde. Die Vaterschaft ist nicht inzident, sondern im Statusverfahren festzustellen, wenn Unterhaltsstatut das deutsche Recht ist. Dies hat der BGH erneut bestätigt: BGH 27. 6. 1984 NJW 1985, 552 = MDR 1985, 215 = FamRZ 1984, 1001 = IPRax 1985, 224, 207 Anm Henrich = IPRspr 1984 Nr 168.

Nach der vorgenannten Entscheidung des BGH muß die Vaterschaft zu dem in 60
Deutschland lebenden Kind selbst dann noch nach deutschem Recht festgestellt werden können, wenn eine Vaterschaftsfeststellungsklage im Ausland unter Anwendung ausländischen Rechts mit der Begründung abgewiesen worden ist, familienrechtliche Beziehungen zwischen einem nichtehelichen Kind und seinem Vater könnten nur durch Anerkennung entstehen. Dieses Ergebnis, zu dem der BGH in analoger Anwendung von § 328 Abs 1 Nr 3 ZPO aF gelangte, läßt sich nach der Streichung der Nr 3 durch das Gesetz zur Neuregelung des IPR vom 25. 7. 1986 (BGBl 1986 I 1142) nur noch durch Berufung auf den ordre public (§ 328 Abs 1 Nr 4 ZPO) erzielen. Dem gewandelten Verständnis von den Rechten eines nichtehelichen Kindes und dem ihm durch das GG gewährten besonderen Schutz entspricht es, daß es seinen Vater auch gegen dessen Willen in einem Gerichtsverfahren feststellen lassen kann (so Henrich IPRax 1985, 208).

In einem weiteren Beschluß hat der BGH entschieden, daß bei deutschem Unter- 61
haltsstatut das Heimatrecht des Mannes auch dann nicht zum Tragen kommt, wenn ein den Voraussetzungen des ausländischen Rechts genügendes Vaterschaftsanerkenntnis vorliegt (BGH 15. 2. 1984 BGHZ 90, 129 = NJW 1984, 1299 = FamRZ 1984, 576 = StAZ 1984, 194, 198, 306 krit Anm Beitzke und Rauscher = IPRax

1986, 35, 21 Anm KLINKHARDT = IPRspr 1984 Nr 96; anders zB BEITZKE, Praxis des neuen Familienrechts, 129, 139 f und SONNENBERGER StAZ 1976, 261, 263). Vielmehr sei die Wirksamkeit des Vaterschaftsanerkenntnisses *allein* nach deutschem Recht zu beurteilen. Dies gilt nach dieser Rechtsprechung sogar, wenn das Vaterschaftsanerkenntnis dem gemeinsamen Heimatrecht aller Beteiligten entspricht und anerkennungsfreundlicher ist, also weniger weitreichende Erfordernisse aufstellt als das deutsche Recht und zB die in § 1600 c BGB verlangte Zustimmung des Kindes nicht voraussetzt. Die alleinige Maßgeblichkeit des deutschen Rechts findet nach dieser Entscheidung ihre Rechtfertigung nicht nur in der Sperrwirkung des § 1600 a BGB, sondern auch in der Schutznorm des § 1600 c BGB. Das nur nach dem Heimatrecht wirksame Vaterschaftsanerkenntnis kann also nicht bewirken, daß der Anerkennende im Geburtenbuch als Vater beizuschreiben ist oder daß er zum Unterhalt verpflichtet ist, wohl aber kann es von anderen Kollisionsnormen beherrschte Folgen haben, zB eine Ehelichkeitsvermutung entkräften oder den Familiennamen des Kindes beeinflussen. Diese Rechtsprechung, die den Personenstand des Kindes bei deutschem Unterhaltsstatut ausschließlich nach deutschem Recht beurteilt, ist mit dem neuen Recht (Art 20 Abs 1 S 1 und 3 Alt 1) freilich schwerlich zu vereinbaren (s unten Rz 67). Für das Erfordernis der Zustimmung des Kindes ist nach dem neuen EGBGB die besondere Vorschrift des Art 23 zu beachten.

62 **b) Ausländisches Unterhaltsstatut**

Wenn sich die Unterhaltspflicht nach ausländischem Recht richtet, beurteilt sich nach der vor dem 1. 9. 1986 liegenden Rechtsprechung des BGH die Feststellung und Anerkennung der Vaterschaft **grundsätzlich** nach dem Heimatrecht des Mannes (BGHZ 63, 219, 222 ff; bestätigt durch BGH 9. 4. 1986 NJW 1986, 2193 = FamRZ 1986, 665 = DAVorm 1986, 651). Eine Gleichschaltung mit dem Unterhaltsstatut ist nämlich nicht notwendig, wenn das ausländische Unterhaltsrecht eine dem § 1600 a S 2 BGB vergleichbare Sperrwirkung nicht kennt (vgl Vorbem 85 ff und 96 zu Art 18 EGBGB).

63 Von diesem Grundsatz hat der BGH eine **Ausnahme** gemacht: BGH 16. 5. 1979 BGHWarnR 1979 Nr 130 = MDR 1980, 42 = FamRZ 1979, 793 = StAZ 1980, 18 = DAVorm 1979, 574 = IPRspr 1979 Nr 113. Wenn danach das fremde Unterhaltsstatut (im konkreten Fall: der DDR) eine der Sperrwirkung des § 1600a S 2 BGB vergleichbare Regelung trifft und das Heimatrecht des Mannes (hier: Türkei) eine Vaterschaftsfeststellung im Statusverfahren nicht kennt, gelten die in BGHZ 60, 247 für den Fall eines deutschen Unterhaltsstatuts entwickelten Grundsätze (Vorbem 83 zu Art 18 EGBGB) entsprechend. Eine Vaterschaftsfeststellung im Statusverfahren ist nach Maßgabe des ausländischen Unterhaltsstatuts zu treffen: „Denn es wäre ein unvertretbares Ergebnis, wenn der Klägerin ein Unterhaltsanspruch abgesprochen würde, der ihr – bei Vorliegen des mit der Klage behaupteten Sachverhalts – sowohl bei einer ausschließlichen Beurteilung nach dem Recht der DDR als auch bei einer ausschließlichen Beurteilung nach türkischem Recht zustehen würde."

64 **2. Modifikationen des bisherigen Richterrechts**

Aus dem *Gesetzeswortlaut* des Art 20 läßt sich nichts dafür entnehmen, daß für die Feststellung und Anerkennung der Vaterschaft in Hinblick auf das Unterhaltsstatut besondere, von Art 20 Abs 1 S 1 und S 3 abweichende Regeln gelten sollen. – Freilich werden die *Haager Unterhaltsübereinkommen* von 1956 und 1973 überwiegend so interpretiert, daß im Rahmen der Abkommen das materielle Aufenthaltsrecht zugleich auf die Frage der Abstammung anzuwenden ist (s Vorbem 70 ff zu Art 18 EGBGB). Den Art 18 EGBGB nF, der dem Haager Unterhaltsübereinkommen von 1973 nachgebildet wurde, wird man im gleichen Sinne wie die Übereinkommen auslegen müssen. Indes sollten diese unterhaltsrechtlichen Normen jedenfalls nicht so verstanden werden, daß *ausschließlich* das Unterhaltsstatut über die Abstammung entscheiden darf. Vielmehr liegt es im Sinne der von den Übereinkommen erstrebten Verbesserung der Rechtsstellung des Berechtigten, die nach einem anderen Statut getroffene gleichwertige Feststellung oder Anerkennung der Vaterschaft grundsätzlich ebenfalls genügen zu lassen (insoweit zutreffend Sturm IPRax 1987, 3 f; vgl auch Beitzke ZBlJugR 1986, 537 ff; anders Klinkhardt StAZ 1986, 238 f). – Schließlich ist zu beachten, daß nach den *Gesetzgebungsmaterialien* Art 20 Abs 1 S 3 Alt 2 nicht zuletzt aus dem Grunde in das Gesetz eingefügt wurde, um die Fortführung der geschilderten Rechtsprechung des BGH zu ermöglichen (s oben Rz 52).

Das *Hauptanliegen des BGH*, die Durchsetzung von Unterhaltsansprüchen des deutschen Rechts nicht durch ein divergierendes Abstammungsstatut an der Sperrwirkung des § 1600a S 2 BGB scheitern zu lassen (vgl Vorbem 81 zu Art 18 EGBGB), läßt sich in Anwendung von Art 20 Abs 1 gewöhnlich erreichen. Im Regelfall, in dem sich die Unterhaltspflicht nach dem gewöhnlichen Aufenthalt des Kindes bemißt (vgl Art 18 Abs 1 S 1), läßt sich der Gleichlauf des Abstammungsstatuts über Art 20 Abs 1 S 3 Alt 2 herstellen. In den Fällen von Art 18 Abs 1 S 2 und Abs 5 führt Art 20 Abs 1 S 3 Alt 1 zu der erstrebenswerten Parallelität der Anknüpfungen. Nur in dem Sonderfall des Art 18 Abs 2, in dem bei gewöhnlichem Aufenthalt des Kindes im Ausland ersatzweise deutsches Recht anzuwenden ist, kann es, wenn Vater und Mutter Ausländer sind, zu einem Auseinanderfallen von Unterhalts- und Abstammungsstatut kommen. 65

Nach alledem erscheint es möglich und sinnvoll, die Vaterschaftsfeststellung – auch wenn es um Unterhaltsansprüche geht – **grundsätzlich nach Art 20 Abs 1** zu beurteilen. Freilich ist es dann in Anwendung des Abs 1 in der Regel empfehlenswert – und nach manchen Stimmen durch die Haager Unterhaltsübereinkommen sogar geboten (s oben Rz 64) – aus den alternativen Anknüpfungen des Abstammungsstatuts diejenige auszuwählen, die zu einem Gleichlauf mit dem Unterhaltsstatut führt. Dabei braucht es im allgemeinen keinen Unterschied zu machen, ob Unterhaltsstatut deutsches oder ausländisches Recht ist. In dem Regelfall, in dem sich der Unterhalt nach dem gewöhnlichen Aufenthalt des Kindes bestimmt (Art 18 Abs 1 S 1 EGBGB bzw die entsprechenden Normen der Übereinkommen), sollte die Vaterschaft daher auch nach diesem Aufenthaltsrecht festgestellt werden (Art 20 Abs 1 S 3 Alt 2). Insbesondere wenn sich die Unterhaltspflicht nach deutschem Recht richtet, wird man eine Feststellung der Vaterschaft nach deutschem Recht idR bevorzugen. 66

Allerdings ist die Rechtsprechung des BGH, welche die Abstammung bei deutschem Unterhaltsstatut *ausschließlich* nach deutschem Recht beurteilt und ein nach dem Heimatrecht des Vaters wirksames Anerkenntnis nicht genügen läßt, mit dem neuen Recht (Art 20 Abs 1 S 1 und 3) schwer zu vereinbaren (vgl oben Rz 61). Vielmehr sollte die Vaterschaft gemäß Art 20 Abs 1 S 1 und 3 grundsätzlich auch nach dem Heimatrecht der Mutter oder des Vaters anerkannt werden können. 67

Beispiel (nach BGH 15. 2. 1984, oben Rz 61): Eine verheiratete Italienerin, die mit einem anderen Mann in Deutschland zusammenlebt, der ebenfalls Italiener ist, bringt ein Kind zur Welt, das als nichteheliches angezeigt wird. Der Erzeuger erkennt das Kind an. Während der BGH auf die Wirksamkeit des Vaterschaftsanerkenntnisses bisher deutsches Recht anwandte und verlangte, daß das Kind dem Anerkenntnis zugestimmt hatte (§ 1600c BGB), genügt es jetzt, daß das Vaterschaftsanerkenntnis nach italienischem Recht wirksam war, Art 20 Abs 1 S 3 Alt 1 (ebenso JAYME IPRax 1986, 269). Für das Zustimmungserfordernis gilt Art 23 EGBGB.

68 Eine andere Frage ist es, ob eine ausländische Vaterschaftsfeststellung oder ein Vaterschaftsanerkenntnis im Einzelfall dem Standard des deutschen Rechts nicht genügt oder gegen den deutschen ordre public verstößt. Ist dem ausländischen Recht eine dem deutschen Recht entsprechende Vaterschaftsfeststellung unbekannt oder widerspricht ein ausländisches Vaterschaftsanerkenntnis im Einzelfall dem deutschen ordre public, so kann über eine der alternativen Anknüpfungen doch wieder das deutsche Recht zum Zuge kommen.

69 **III. Ansprüche der Mutter auf Grund der Schwangerschaft (Abs 1 S 2)**

Die Verpflichtungen des Vaters gegenüber der Mutter auf Grund der Schwangerschaft unterliegen gemäß Abs 1 S 2 ebenfalls dem Recht des Staates, dem die Mutter bei der Geburt des Kindes angehört. Trotz der geringen wirtschaftlichen Bedeutung dieser Ansprüche hielt der Gesetzgeber es für geboten, für die Beurteilung unwandelbar auf das Heimatrecht der Mutter zur Zeit der Geburt des Kindes abzustellen, um „Manipulationen" beim Staatsangehörigkeitserwerb auszuschließen (Begr RegE, BT-Drucks 10/504, 68). Über den Kreis der erfaßten Verpflichtungen des Vaters, insbesondere über die Abgrenzung der Norm zum Unterhaltsstatut und zum Deliktsstatut s oben Rz 25.

70 **IV. Rechtsverhältnis zwischen den Eltern und ihrem Kind (Abs 2)**

Gemäß Abs 2 unterliegen die **Wirkungen** der nichtehelichen Kindschaft dem Recht des Staates, in dem das Kind seinen gewöhnlichen Aufenthalt hat. Diese Regelung stimmt mit der in Art 19 Abs 2 S 2 EGBGB für diejenigen ehelichen Kinder getroffenen Regelung überein, deren Eltern nicht in einer Ehe leben (zu denken ist namentlich an Scheidung oder Tod). Der Gesetzgeber trägt damit der Ähnlichkeit der Lage der nichtehelichen Kinder und der ehelichen Kinder bei nicht mehr bestehender Ehe Rechnung. In beiden Fällen besteht kein hinreichender Grund für eine elternbezogene Anknüpfung der Wirkungen des Kindschaftsverhältnisses. „Das Anpassungs- und Integrationsinteresse des Kindes hinsichtlich seiner Umwelt steigt zudem bei unvollständigen Familien stark an. Außerdem kann sich für örtliche Behörden oder Gerichte verstärkt die Notwendigkeit zum Handeln ergeben" (Begr RegE, BT-Drucks 10/504, 66).

71 Der Inhalt des Begriffes „**Rechtsverhältnis zwischen Eltern und einem nichtehelichen Kind**" ist oben Rz 26 ff im einzelnen erläutert. Die **Bedeutung** des Abs 2 ist dadurch erheblich eingeschränkt, daß eine besonders wichtige Rechtsfolge des Eltern-Kind-Verhältnisses, die *Unterhaltspflicht*, von Abs 2 nicht erfaßt wird. Vielmehr gelten für sie die Haager Unterhaltsübereinkommen von 1956 und 1973 bzw Art 18 EGBGB. Für den *Namen* des nichtehelichen Kindes ist Art 10 EGBGB maßgebend. Für Fragen der *elterlichen Sorge* und für *Schutzmaßnahmen* ist der Vorrang des Haager Minderjährigenschutzabkommens zu beachten.

72 **1. Vorrang des Haager Minderjährigenschutzabkommens**

a) Elterliche Sorge

Bei gewöhnlichem Aufenthalt des Kindes in einem Vertragsstaat, insbesondere in der Bundesrepublik Deutschland, ist eine nach dem Heimatrecht des Kindes kraft Gesetzes bestehende elterliche Sorge der Mutter oder beider Eltern gemäß Art 3

MSA anzuerkennen. Besteht nach dem Heimatrecht des Kindes ex lege ein Sorgerechtsverhältnis, so ist dieses maßgebend. Auf das von Art 20 Abs 2 EGBGB berufene Aufenthaltsrecht kommt es für das Entstehen der elterlichen Sorge dann nicht an; insbesondere ist bei gewöhnlichem Aufenthalt des Kindes in der Bundesrepublik Deutschland § 1705 BGB verdrängt durch die im Heimatrecht des Kindes bestehende Regelung, welche die elterliche Sorge kraft Gesetzes eintreten läßt (s oben Rz 31). Auch die gesetzliche Vertretungsmacht beurteilt sich dann nach dem Heimatrecht des Kindes (dazu rechtsvergleichend Klinkhardt StAZ 1986, 241 f sowie die Übersicht in DAVorm 1987, 387 ff). Gewährt das Heimatrecht kraft Gesetzes die uneingeschränkte elterliche Sorge, so kommt der Eintritt einer gesetzlichen Amtspflegschaft nicht in Betracht s Art 24 Rz 43.

Umstritten ist die Frage, wie bei gewöhnlichem Aufenthalt des Kindes in Deutsch- 73
land zu verfahren ist, wenn die Mutter nach dem Heimatrecht des Kindes (Art 3 MSA) nicht kraft Gesetzes die elterliche Sorge erhält, wie zB nach türkischem Recht. Darf man dann das gesetzliche Gewaltverhältnis des deutschen Aufenthaltsrechts (§ 1705 BGB) einschieben (analog Art 1, 2 MSA und in Übereinstimmung mit Art 20 Abs 2 EGBGB)? Oder ist der Mutter die elterliche Sorge durch eine Maßnahme zu übertragen (gem Art 1, 2 MSA iVm umgestaltender Anwendung des § 1705 BGB)?

Der erstgenannten Auffassung ist der Vorzug zu geben (vgl im einzelnen Vorbem 74
439–448 zu Art 18 EGBGB; zustimmend Soergel-Kegel Vor Art 18 EGBGB Rz 34. *Anders* die Rechtsprechung des BayObLG, zB 26. 5. 1983 BayObLGZ 1983, 125 = IPRax 1984, 96, 81 abl Anm Kropholler mwNachw = IPRspr 1983 Nr 83; 26. 3. 1985 DAVorm 1985, 701 = Rpfleger 1985, 296 = IPRspr 1985 Nr 86). Die Annahme eines gesetzlichen Gewaltverhältnisses nach Aufenthaltsrecht ist praktischer, weil nur so wirklich gewährleistet ist, daß nicht das Kind uU jahrelang schutzlos bleibt und Vertretungshandlungen der Mutter sich nachträglich als unwirksam herausstellen (siehe zur Illustration zB BayObLG 11. 3. 1982, BayObLGZ 1982, 144, 149 = IPRspr 1982 Nr 92: achtjähriges türkisches Kind; die vor Jahren namens des Kindes erteilte Zustimmung der Mutter zum Vaterschaftsanerkenntnis wurde mangels Einsetzung der Mutter in die elterliche Sorge als unwirksam betrachtet). Nur so und nicht durch eine (womöglich verspätete) richterliche Übertragung der elterlichen Sorge auf die Mutter kann das Ziel der Konvention erreicht werden, ausländischen Minderjährigen in Deutschland den gleichen Schutz zu gewähren wie den inländischen. Im deutschen Recht wird es sogar als ein Gebot der Verfassung (Art 6 Abs 5 GG) angesehen, auch für nichteheliche Kinder den Träger des Sorgerechts bereits bei der Geburt zu bestimmen; „denn das nichteheliche Kind hat gleich dem ehelichen Kind Anspruch darauf, daß seine personalen Verhältnisse zu seinem Schutz rechtlich geregelt sind, wenn es auf die Welt kommt" (BVerfG 24. 3. 1981 BVerfGE 56, 363, 389 = FamRZ 1981, 429, 435). Zur *rechtskonstruktiven* Begründung s des weiteren Kropholler IPRax 1984, 82. Zur Frage der *Pflegschaft* in diesen Fällen s Art 24 Rz 43.

b) Schutzmaßnahmen 75

Für Schutzmaßnahmen gilt bei gewöhnlichem Aufenthalt des Kindes in einem Vertragsstaat das Haager Minderjährigenschutzabkommen (s oben Rz 32 ff). Danach können Schutzmaßnahmen grundsätzlich (Art 1 und 2) sowie bei ernsthafter Gefährdung des Kindes (Art 8) nach dem Recht des Staates ergriffen werden, in dem das Kind seinen gewöhnlichen Aufenthalt hat. Hat das Kind seinen gewöhnlichen Aufenthalt nicht in einem Vertragsstaat, so bestimmen sich die Schutzmaßnahmen gemäß Art 20 Abs 2 EGBGB ebenfalls nach dem Recht des Aufenthaltsstaates. Einer besonderen Bestimmung, daß bei einer Gefährdung des Kindeswohls Schutzmaßnahmen nach dem Recht des Aufenthaltsstaates ergriffen werden können (vgl für eheliche Kinder Art 19 Abs 3 EGBGB), bedurfte es für nichteheliche Kinder also nicht. Für eheliche Kinder war sie nur deshalb notwendig, weil Art 19 Abs 2 S 1 EGBGB für das Eltern-Kind-Verhältnis nicht ohnehin auf den gewöhnlichen Aufenthalt des Kindes abstellt (BegrRegE, BT-Drucks 10/504, 67).

76 **2. Begriff des gewöhnlichen Aufenthalts**

Der Begriff des gewöhnlichen Aufenthalts wird im EGBGB bewußt nicht definiert, um die Einheitlichkeit der Begriffsbildung im staatsvertraglichen und autonomen deutschen Kollisionsrecht nicht zu gefährden (BT-Drucks 10/504, 41). Eine ausführliche Erläuterung des Begriffes für das Haager Kindschaftsrecht findet sich in Vorbem 39 ff zu Art 18 EGBGB. Da der Begriff im autonomen deutschen Kindschaftsrecht keinen anderen Inhalt haben soll, kann auf diese Erläuterung verwiesen werden.

77 Ergänzend sei die **Leitlinie** zur Ausfüllung des Begriffes wiedergegeben, die sich in der Begründung zum Regierungsentwurf zur Neuregelung des deutschen Internationalen Privatrechts findet (BT-Drucks 10/504, 41 f). Dort heißt es: „Der Begriff des gewöhnlichen Aufenthalts kennzeichnet nach allgemeiner Auffassung den Ort oder das Land, in dem der Daseinsmittelpunkt einer Person liegt (BGH NJW 1975, 1068). In erster Linie ist dabei der gewöhnliche Aufenthalt aus nach außen zutage getretenen, objektiven Merkmalen eines längeren Aufenthalts zu erschließen. Hierauf stellt auch § 9 Satz 1 der Abgabenordnung (AO 1977) für das Gebiet des Steuerrechts ab: ‚Den gewöhnlichen Aufenthalt hat jemand dort, wo er sich unter Umständen aufhält, die erkennen lassen, daß er an diesem Ort oder in diesem Gebiet nicht nur vorübergehend verweilt.' In dieselbe Richtung zielt die vom Ministerkomitee des Europarats am 18. Januar 1972 angenommene Entschließung (72) I zur Vereinheitlichung der Rechtsgrundbegriffe ‚Wohnsitz' und ‚Aufenthalt', wo es in Regel Nr 9 heißt: ‚Für die Frage, ob ein Aufenthalt als gewöhnlicher Aufenthalt anzusehen ist, sind die Dauer und die Beständigkeit des Aufenthalts sowie andere Umstände persönlicher oder beruflicher Art zu berücksichtigen, die dauerhafte Beziehungen zwischen einer Person und ihrem Aufenthalt anzeigen' (mit einer Vorbemerkung von Loewe und dem Erläuternden Bericht in deutscher Übersetzung abgedruckt in ÖstJZ 1974, 144). Dies schließt nicht aus, daß bei bestimmten Fallgestaltungen auch subjektive Merkmale eine erhebliche, zT sogar ausschlaggebende Rolle spielen, zB bei Begründung gewöhnlichen Aufenthalts durch Niederlassung an einem Ort in der Absicht dauernden Verbleibens. Die Bedeutung subjektiver Elemente in einem Sonderfall behandelt Absatz 3 [des Art 5]."

78 **3. Maßgebender Zeitpunkt**

Das Statut des Eltern-Kind-Verhältnisses gemäß Abs 2 ist **wandelbar.** Wird der gewöhnliche Aufenthalt des Kindes nach seiner Geburt verlegt, so ist von dem Zeitpunkt an, in dem ein gewöhnlicher Aufenthalt in einem anderen Staate begründet wird, das Recht dieses Staates maßgebend. Die Sondervorschrift des Art 5 Abs 3 ist zu beachten.

D. Bedeutung der allgemeinen Regeln des IPR

I. Rück- und Weiterverweisung (Art 4 Abs 1 EGBGB) 79

Die Rück- und Weiterverweisung ist gemäß Art 4 Abs 1 EGBGB **grundsätzlich** zu beachten, also auch im Kollisionsrecht der nichtehelichen Kindschaft. Das Gesetz folgt bewußt der bisherigen aus Art 27 EGBGB aF entwickelten rück- und weiterverweisungsfreundlichen Praxis im Internationalen Familienrecht (BegrRegE, BT-Drucks 10/504, 38). Im Rahmen der bisherigen Art 20 und 21 EGBGB aF iVm Art 27 EGBGB aF war anerkannt, daß ein Renvoi des Heimatrechts zu befolgen ist (Staudinger-Graue Art 27 Rz 115–121; Soergel-Kegel Art 20 Rz 22, Art 21 Rz 67–69 mwN).

Gemäß Art 4 Abs 1 S 1 ist eine Rück- und Weiterverweisung aber nicht zu 80
beachten, sofern dies dem **Sinn der Verweisung widerspräche**. Letzteres ist nach den Gesetzgebungsmaterialien ua dann der Fall, „wenn der Sinn einer *alternativen Anknüpfung* dadurch verfehlt würde, daß trotz Berührung zu verschiedenen Staaten nur ein einziges innerstaatliches Recht anzuwenden wäre, weil alle in Betracht kommenden Rechte auf ein und dieselbe Rechtsordnung (weiter) verweisen" (BT-RAussch, BT-Drucks 10/5632, 39). Über diesen speziellen Fall hinausgehend wird man allgemein sagen dürfen, daß eine Rück- oder Weiterverweisung bei einer alternativen Anknüpfung nur „in favorem" zu beachten ist, nicht aber wenn sie die durch die Alternativanknüpfung bezweckte Begünstigung vereiteln würde (in diesem Sinne auch von Overbeck Rec des Cours 176 [1982-III] 148 ff; Keller-Siehr, Allgemeine Lehren des IPR [Zürich 1986] 477). MaW: Wenn das durch die Alternativanknüpfung vorgegebene Ergebnis durch das fremde materielle Recht erreicht wird, hat es dabei sein Bewenden; wenn es dagegen nicht erreicht wird, ist ein Renvoi des fremden Kollisionsrechts zu beachten. Diese Interpretation des Art 4 Abs 1 S 1 führt zu praktikablen Ergebnissen, die S 1 ermöglichen will, indem er den Renvoi nicht als starres, keine Ausnahmen zulassendes Prinzip ausgestaltet. Demzufolge ist die *Vaterschaftsfeststellung* nach dem *materiellen* Heimatrecht der Mutter oder des Vaters bei der Geburt des Kindes zulässig oder nach dem *materiellen* Recht des Staates, in dem das Kind seinen gewöhnlichen Aufenthalt hat (Art 20 Abs 1 S 1 und 3 iVm Art 4 Abs 1 S 1). Bei der zuletzt genannten Anknüpfung entspricht ein Ausschluß des Renvoi auch der erstrebten Gleichschaltung mit dem Unterhaltsstatut (s oben Rz 52), das gemäß den Haager Unterhaltsübereinkommen von 1956 und 1973 sowie Art 18 EGBGB ebenfalls ohne Zulassung des Renvoi ermittelt wird. Da der Sinn der alternativen Anknüpfung aber darin liegt, die Feststellung der Vaterschaft zu begünstigen, wird man sie außerdem dann für zulässig halten müsen, wenn das Kollisionsrecht einer der drei in Abs 1 S 1 und 3 für maßgebend erklärten Rechtsordnungen ein viertes Recht beruft, das die Vaterschaftsfeststellung ermöglicht.

Soweit eine Rück- und Weiterverweisung gemäß Art 4 Abs 1 zu beachten ist, greift 81
sie unabhängig davon Platz, ob das deutsche Kollisionsrecht an die **Staatsangehörigkeit** anknüpft (wie zB für die Verpflichtungen des Vaters gegenüber der Mutter gemäß Abs 1 S 2) oder an den **gewöhnlichen Aufenthalt** (wie zB für die Wirkungen der Kindschaft in Abs 2).

Auch eine sog **versteckte Rückverweisung**, die namentlich das Kollisionsrecht der 82
Staaten des Common Law nicht selten enthält, ist zu befolgen. Die von Art 20 EGBGB bezeichnete fremde Rechtsordnung muß also nicht ausdrücklich das deutsche Recht für maßgebend erklären, sondern es genügt, daß die Anwendung deutschen Rechts dem Sinn des fremden Kollisionsrechts entspricht (s statt vieler Neuhaus, Grundbegriffe 282 ff; Staudinger-Graue Art 27 Rz 16).

83 Die Regeln über Rück- und Weiterverweisung gelten auch dann, wenn das IPR des Staates, dem die Mutter (Abs 1 S 1) oder dem der Vater bei der Geburt des Kindes angehört (Abs 1 S 3), das Statut für **wandelbar** erklärt und also bei Staatsangehörigkeits- oder Aufenthaltswechsel das Recht des neuen Heimat- oder Aufenthaltsstaates entscheiden läßt. So wurde auch im bisherigen Recht zu Art 21 EGBGB aF entschieden (Soergel-Kegel Art 21 Rz 68). Mit dem Wegfall der vom inländischen Kollisionsrecht vorgesehenen Unwandelbarkeit müssen wir uns hier abfinden, da das fremde Kollisionsrecht, das wir berufen, sie nicht kennt (Neuhaus, Grundbegriffe 305).

84 Über den **Inhalt des ausländischen Kollisionsrechts** werden unten Rz 94 ff einige Hinweise gegeben.

II. Mehrstaater und Staatenlose

85 **1. Mehrstaater**

Das Heimatrecht eines Mehrstaaters ist gemäß Art 5 Abs 1 EGBGB zu ermitteln. Kommt es also gemäß Art 20 Abs 1 S 1 EGBGB auf das Heimatrecht der Mutter zur Zeit der Geburt an und gehört sie mehreren Staaten an, so ist das Recht desjenigen Staates anzuwenden, mit dem sie in diesem Zeitpunkt am engsten verbunden ist. Ist die Mutter auch Deutsche, so geht diese Rechtsstellung gemäß Art 5 Abs 1 S 2 EGBGB immer vor.

86 **2. Staatenlose**

Für einen Staatenlosen ist gemäß Art 5 Abs 2 EGBGB sowie nach den einschlägigen Staatsverträgen und Sondergesetzen in der Regel der gewöhnliche Aufenthalt anstelle der Staatsangehörigkeit maßgebend (vgl im einzelnen etwa Soergel-Kegel zu Art 29 EGBGB aF). In Art 20 Abs 1 S 1 und 3 EGBGB tritt bei Staatenlosigkeit oder nicht festzustellender Staatsangehörigkeit also an die Stelle der Staatsangehörigkeit der Mutter bzw des Vaters der gewöhnliche Aufenthalt der Mutter bzw des Vaters im Zeitpunkt der Geburt des Kindes.

87 III. Einzelstatut bricht Gesamtstatut (Art 3 Abs 3 EGBGB)

Ähnlich wie vordem Art 28 EGBGB aF schreibt Art 3 Abs 3 EGBGB vor, daß sich die familien- und erbrechtlichen Verweisungen des EGBGB nicht auf solche Gegenstände beziehen, die sich nicht in dem Staat befinden, auf dessen Recht verwiesen wird, und die nach dem Recht des Belegenheitsstaates „besonderen Vorschriften" unterliegen. Hier soll ausnahmsweise das Recht des Belegenheitsstaates gelten. Auch das gemäß Art 20 Abs 2 für die vermögensrechtlichen Wirkungen der nichtehelichen Kindschaft maßgebende Recht tritt nach Wortlaut und Sinn des Art 3 Abs 3 EGBGB in einem solchen Fall zurück. Die praktische Bedeutung dieser Einschränkung ist freilich gering. Ein erdachtes Beispiel aus dem Recht der ehelichen Kindschaft bringt Staudinger-Henrich Art 19 Rz 107.

88 IV. Vorfragen (Erstfragen)

Die kollisionsrechtliche Vorfrage – auch Erstfrage genannt –, ob ein Kind nichtehelich ist, wird selbständig angeknüpft. Sie ist grundsätzlich nach dem in Art 19 Abs 1 EGBGB bezeichneten Recht zu entscheiden; s im einzelnen oben Rz 19.

V. Ordre public (Art 6 EGBGB) 89

Das von Art 20 EGBGB berufene ausländische Recht ist ausnahmsweise nicht anzuwenden, wenn seine Anwendung zu einem Ergebnis führt, das mit wesentlichen Grundsätzen des deutschen Rechts, insbesondere mit den Grundrechten, offensichtlich unvereinbar ist (Art 6 EGBGB).

Für das Verhältnis zwischen **nichtehelichem Kind und seiner Mutter** ist der ordre public in der Vergangenheit kaum praktisch geworden (s Soergel-Kegel Art 20 Rz 25). Eindeutig *nicht* gegen den ordre public verstößt eine ausländische Rechtsordnung, die eheliche und nichteheliche Kinder gleichstellt. Denn das soll gemäß Art 6 Abs 5 GG auch im deutschen Recht geschehen, und wenn viele ausländische Rechtsordnungen in der Gleichstellung weiter gehen als das deutsche Recht, so können wir von diesen Rechten nur lernen (vgl Kropholler, Kritische Bestandsaufnahme im Nichtehelichenrecht, AcP 185 [1985] 244 ff) und dürfen ihre Anwendung keinesfalls verweigern. Dagegen kann das Fortbestehen bestimmter Unterschiede zwischen ehelichen und nichtehelichen Kindern zu einem Verstoß gegen die öffentliche Ordnung führen. Der Europäische Gerichtshof für Menschenrechte hat in seinem Urteil vom 13. 6. 1979 im Fall *Marckx*, in dem es um die Beurteilung des belgischen Rechts ging, strenge Maßstäbe angelegt (deutsche Übersetzung des Urteils Stöcker EuGRZ 1979, 454 = DAVorm 1980, 265; siehe zu dem Urteil die Aufsätze von Jayme NJW 1979, 2425; Stöcker DAVorm 1980, 249; Sturm FamRZ 1982, 1150 mwN). Indes wird man die Waffe des ordre public – der Intention des Gesetzgebers entsprechend – zurückhaltend handhaben müssen („offensichtlich unvereinbar“), zumal das deutsche Recht in der Gleichstellung nichtehelicher und ehelicher Kinder keineswegs international führend ist, sondern hinter dem in vielen europäischen Staaten herrschenden Standard zurückbleibt. 90

Auch für das Verhältnis zwischen **nichtehelichem Kind und seinem Vater** ist die Nichtanwendung ausländischen Rechts wegen eines Verstoßes gegen die öffentliche Ordnung kaum deshalb denkbar, weil das ausländische Recht nichteheliche und eheliche Kinder gleichstellt, wohl aber, weil es die nichtehelichen Kinder gegenüber den ehelichen zu sehr benachteiligt. Unter der Herrschaft des alten EGBGB hat die deutsche gerichtliche Praxis den ordre public in Fragen der *Abstammung* mitunter eingreifen lassen. Hier ist in Zukunft stärkere Zurückhaltung möglich (diese empfahl schon zum früheren Recht Soergel-Kegel Art 21 EGBGB Rz 75); denn bei einem Verbot oder einer Beschränkung der Vaterschaftsfeststellung nach dem Heimatrecht der Mutter ist gemäß Abs 1 S 3 immer noch eine Vaterschaftsfeststellung nach dem Heimatrecht des Vaters oder dem Aufenthaltsrecht des Kindes möglich, ohne daß vorher entschieden werden müßte, ob das Heimatrecht der Mutter gegen den deutschen ordre public verstößt, s oben Rz 49. 91

Im einzelnen wurde unter der Herrschaft des EGBGB aF ein Verstoß gegen die öffentliche Ordnung in folgenden Fällen angenommen: Bei einem Verbot, ein Ehebruchskind anzuerkennen (so zu Art 252 ital codice civile OLG Celle 16. 11. 1971 NJW 1972, 397 = IPRspr 1971 Nr 96; OLG Hamburg 30. 6. 1972 StAZ 1973, 72 = IPRspr 1972 Nr 99; OLG Karlsruhe 19. 9. 1972 FamRZ 1972, 651 = IPRspr 1972 Nr 77b) oder sonstigen weitreichenden Beschränkungen der Vaterschaftsfeststellung oder -anerkennung (OLG Saarbrücken 28. 6. 1973 DAVorm 1973, 417 = IPRspr 1973 Nr 84 [Algerien]). Bei Ausschlußfristen für die Erhebung der Vaterschaftsklage hat die Rechtsprechung geschwankt. Einen Verstoß gegen die öffentliche Ordnung bejahte für die zweijährige französische Ausschlußfrist LG Wuppertal 10. 7. 1958 FamRZ 1959, 376 abl Anm Schwoerer = IPRspr 1958–59 Nr 133; dagegen wurde er für die einjährige Frist des Schweizer Rechts verneint von OLG Stuttgart 25. 11. 1970 BWNotZ 1971, 22 = DAVorm 1972, 133 (Bericht) = 92

IPRspr 1970 Nr 89 S 281. Die Regelung der DDR (§ 60 FamGB), die nur dem Staatsanwalt die Befugnis verleiht, eine rechtskräftige Vaterschaftsfeststellung anzufechten, wurde wegen Verstoßes gegen den ordre public nicht angewandt vom KG 30. 9. 1974 FamRZ 1975, 54 = OLGZ 1975, 229 = IPRspr 1974 Nr 111; auch die Regelung der DDR (§ 54 Abs 2 S 2 FamGB), nach welcher der wahrscheinlichste Erzeuger als Vater anzusehen ist, soll gegen den ordre public verstoßen (so jedenfalls AG Hamburg-Wandsbek 15. 4. 1982 DAVorm 1982, 706 = IPRspr 1982 Nr 184).

93 **VI. Interlokales Recht (Verhältnis zur DDR)**

Im Verhältnis zur DDR ist Art 20 EGBGB ebenfalls anzuwenden, allerdings mit Modifikationen. Nach der Rechtsprechung (s zuletzt BGH 16. 5. 1984 BGHZ 91, 186 = NJW 1984, 2361 = IPRax 1985, 37, 18 Anm von Bar = ROW 1985, 50 Anm Drobnig = IPRspr 1984 Nr 63) und herrschenden Meinung (s Staudinger-Sturm Einl zu Art 7 ff EGBGB Rz 352 und 356; anders Palandt-Heldrich Anh zu Art 3 Anm 2 mwN) tritt im innerdeutschen Kollisionsrecht an die Stelle der Staatsangehörigkeit das Anknüpfungsmerkmal des gewöhnlichen Aufenthalts. Im Falle des Abs 1 S 1 ist also auf den gewöhnlichen Aufenthalt der Mutter, im Falle des Abs 1 S 3 auf den gewöhnlichen Aufenthalt des Vaters im Zeitpunkt der Geburt abzustellen (vgl zu Art 20 und 21 EGBGB aF auch die Rechtsprechungsnachweise bei Soergel-Kegel Art 20 Rz 31, Art 21 Rz 88 ff).

94 **E. Ausländische Rechte***

Die Unterteilung des Art 20 nF in Abstammung (Abs 1) und Rechtsverhältnis zwischen Eltern und nichtehelichem Kind (Abs 2) wird vielfach auch im Ausland vorgenommen.

I. Abstammung

95 **1. Staatsangehörigkeit**

Die Mehrzahl der Staaten bestimmt das auf die Abstammung anwendbare Recht nach der Staatsangehörigkeit eines der Beteiligten. Teils wird dabei auf die Staatsangehörigkeit des Kindes abgestellt, teils auf die eines Elternteils. Schließlich sind nach einigen Rechtsordnungen die Heimatrechte von Kind und Elternteil zu kumulieren. Im einzelnen gilt folgendes:

96 a) Nach dem **Heimatrecht des Kindes** wird die Abstammung zunächst in einigen europäischen Staaten bestimmt: in **Belgien** entspricht diese Anknüpfung hinsichtlich der Abstammungsklage (Vater- und Mutterschaftsfeststellung) der ständigen Rechtsprechung (vgl Thümmel 64 f; Rigaux, D.I.P. II 291), hinsichtlich des freiwilligen Anerkenntnisses der hM (vgl Thümmel 65; Rigaux, D.I.P. II 292 f, nach aA Heimatrecht des Anerkennenden). In **Luxemburg** ist das Heimatrecht des Kindes bei verschiedener Nationalität von Vater und Kind maßgebend (Bernecker RabelsZ 27 [1963] 263, 290). In **Österreich** erklärt § 25 I IPR-Gesetz v 15. 6. 1978 das Heimatrecht des Kindes zZ der Geburt für anwendbar, jedoch soll auf ein späteres Heimatrecht des Kindes abgestellt werden, wenn nur dies die Feststellung bzw das Anerkenntnis ermöglicht.

* Unter Mitwirkung meines Assistenten Marius Berenbrok.

Dem Heimatrecht des Kindes zZ der Geburt folgen weiterhin die **sozialistischen Staaten Osteuropas**: **Bulgarien** (Art 137 FamG v 18. 5. 1985), **DDR** (§ 21 RechtsanwendungsG v 5. 12. 1975; vgl WEHSER JZ 1977, 449, 457); **Polen** (Heimatrecht des Kindes zZ der Geburt bei der gerichtlichen Feststellung, beim Anerkenntnis zZ der Anerkennung, vor der Geburt jedoch nach dem Heimatrecht der Mutter, Art 19 § 2 IPR-Gesetz v 12. 11. 1965); **Ungarn** (§ 42 I Gesetzesverordnung Nr 13/1979, Text abgedruckt in: StAZ 1980, 78 ff); **Rumänien** (das aber rumänisches Recht anwendet, wenn es dem Kindeswohl entspricht, vgl BERGMANN-FERID 12), die **Tschechoslowakei** (Heimatrecht des Kindes zZ der Geburt, jedoch tschechoslowakisches Recht, wenn seine Anwendung dem Kindeswohl entspricht und das Kind im Inland lebt; die Anerkennung ist auch gültig nach dem Recht des Staates, in dem sie vorgenommen wurde, § 23 IPR-Gesetz v 4. 12. 1963) und ebenso **Albanien** (Art 9 IPR-Gesetz v 21. 11. 1964). 97

Ferner wird in einigen **afrikanischen Staaten** auf das Heimatrecht des Kindes abgestellt: **Gabun** (jedoch gabunisches Recht, wenn einer der Beteiligten die gabunische Staatsangehörigkeit besitzt, Art 38, 32 ZGB [1972]) und offenbar auch in **Burundi** (Art 2 des Personen- und Familiengesetzbuches) sowie in der **Elfenbeinküste** (nach einer Entscheidung der Cour suprême d'Abidjan, vgl BOULANGER Rev crit 71 [1982] 664 f). 98

Schließlich wird die Maßgeblichkeit des Kindesheimatrechts auch für **Venezuela** vertreten (dies wird Art 9 cc entnommen, vgl ROUVIER, Lecciones de Derecho Internacional Privado III [1975] 235). Jedoch deutet der Vorbehalt gegenüber Art 64 Código Bustamante (s BERGMANN-FERID Venezuela 6) auf einen Vorrang der venezolanischen lex fori hin. 99

b) Andere Staaten erklären das **Heimatrecht eines Elternteils** für maßgeblich. Im einzelnen behandeln manche Kollisionsnormen nur die Abstammung von einem Elternteil (zB weil sie eine nichteheliche Abstammung vom Vater nicht kennen oder die Mutter als sicher gilt), andere lassen die Abstammung zu beiden Eltern dem Heimatrecht des einen Elternteils folgen (zB Frankreich), wieder andere erklären das jeweilige Heimatrecht für maßgebend. 100

Auf das **Heimatrecht des Vaters** wird vorrangig abgestellt in: **Spanien** (jedoch kommt das Heimatrecht der Mutter zur Anwendung, wenn der Vater nicht mehr lebt oder nicht festgestellt ist, Art 9 IV cc, der weder zwischen ehelicher und nichtehelicher Kindschaft noch zwischen Begründung und Wirkungen des Kindschaftsverhältnisses unterscheidet, vgl dazu VON HOFFMANN/ORTIZ-ARCE RabelsZ 39 [1975] 647 ff, 668). Grundsätzlich am Vaterrecht ausgerichtet sind auch die von den verschiedenen islamischen Rechtsschulen ausgehenden **islamischen Staaten.** Hier ist freilich zu beachten, daß die islamischen materiellen Rechte keine illegitime Kindschaft kennen; auch ein tatsächlich außerhalb der Ehe geborenes (nichteheliches) Kind kann aber als legitim gelten, wenn der Vater es ohne Erwähnung der nichtehelichen Geburt anerkennt („iqrār", dazu DILGER StAZ 1978, 236; OLG Celle 22. 2. 1977 IPRspr 1977 Nr 87). Daher ist das islamische Vaterschaftsanerkenntnis vom BGH bisher als legitimationsähnliches Rechtsinstitut qualifiziert worden (Art 22 EGBGB aF, vgl BGHZ 55, 188; DILGER StAZ 1978, 238 und KLINKHARDT IPRax 1985, 192 ff, 196 ff). In **Ägypten** folgt das Vaterschaftsanerkenntnis dem Heimatrecht des Vaters, die Feststellung der Abstammung von der Mutter deren Heimatrecht (Art 905 I ZPO). Ebenso wird die (nichteheliche) Abstammung von der Mutter in **Algerien** nach deren Heimatrecht festgestellt (ISSAD, Droit international privé [1980] 251 ff); so auch im **Iran** (nach Art 964 ZGB). Auf das Heimatrecht des Vaters verweisen: **Tunesien** (Art 1, 2, 4 Nr 5 Dekret zur Regelung kollisionsrechtlicher Fragen v 12. 7. 1956), der **Irak** (Art 19 IV ZGB) und **Kuwait** (Art 41 Gesetz Nr 5/1961 v 14. 2. 1961). 101

102 Das **Heimatrecht der Mutter** wird in **Frankreich** hinsichtlich der gerichtlichen Feststellung angewandt (Art 311–14 cc, jedoch Kindesrecht, wenn die Mutter unbekannt ist), während das freiwillige Anerkenntnis dem Heimatrecht des Kindes oder des Anerkennenden unterliegt, je nachdem, welches Recht zur Wirksamkeit führt (Art 311–17cc). Ebenso ist das Mutterrecht im **Senegal** (Art 844 I cc) und in **Togo** anzuwenden (Art 710 I Familiengesetzbuch v 31. 10. 1980, vgl zu diesen Bestimmungen BOUREL Rev crit 62 [1973] 390).

103 Das **Heimatrecht des jeweiligen Elternteils**, zu dem die Abstammung festgestellt werden soll, findet beispielsweise Anwendung in **Jugoslawien** (Art 41 IPR-Gesetz v 1. 1. 1983, Text: IPRax 1983, 6 ff), **Portugal** (Art 56 ZGB idF v 1977) und der **Türkei** (Art 17 IPR-Gesetz v 22. 5. 1982). Ferner wird das Heimatrecht des jeweiligen Elternteils hinsichtlich der freiwilligen Anerkennung nach hM in den **Niederlanden** angewendet (SAUVEPLANNE, Elementair Internationaal Privaatrecht [7. Aufl 1982] 40). Das niederländische Recht kennt keine gerichtliche Vaterschaftsfeststellung; bei niederländischer Staatsangehörigkeit des präsumtiven Vaters kann die Vaterschaft aber inzident in der Unterhaltsklage festgestellt werden, für die nach dem Haager Unterhaltsabkommen das Aufenthaltsrecht des Kindes maßgebend ist (so Rb Arnhem v 27. 10. 1971 DAVorm 1972, 465 ff und BGH 27. 6. 1984 NJW 1985, 552 = FamRZ 1984, 1001 = IPRax 1985, 224 Anm HENRICH). Auch in **Japan** gilt das jeweilige Heimatrecht für die freiwillige Anerkennung (§ 18 Horei, die gerichtliche Feststellung wurde als Verfahrensfrage vereinzelt nach der lex fori entschieden, vgl KAWAKAMI, Die Entwicklung des internationalen Privat- und Prozeßrechts in Japan nach dem zweiten Weltkrieg, RabelsZ 33 [1969] 498 ff, 511) und in **Süd-Korea** (§ 20 IPR-Gesetz v 15. 1. 1962).

104 c) Die **Heimatrechte** sowohl **des Kindes** als auch **des jeweiligen Elternteils** sind maßgeblich in: **Griechenland** (hier gilt nach Art 19 [Mutter], 20 [Vater] ZGB idF Gesetz Nr 1329/1983 folgende Anknüpfungsleiter: letzte gemeinsame Staatsangehörigkeit von Kind und Elternteil, letzter gemeinsamer gewöhnlicher Aufenthalt, Staatsangehörigkeit des Elternteils), nach hM in **Italien** (gemeinsames Heimatrecht von Elternteil und Kind, bei Verschiedenheit Kumulation bei der Abstammungsklage, Grundsatz des schwächsten Rechts bei freiwilligem Anerkenntnis, vgl VITTA, D.I.P. [2. Aufl 1983] 239 ff und OLG Frankfurt 14. 4. 1981 StAZ 1981, 321 = IPRspr 1981 Nr 112), in **Zaire** (Kumulation, Art 210-a cc, vgl BOULANGER Rev crit 71 [1982] 665), in **Kolumbien** (Kumulation, vgl MONROY CABRA, Tratado de Derecho Internacional Privado [3. Aufl 1983] 348) sowie in **Taiwan** (hinsichtlich der Voraussetzungen der Anerkennung sind die Heimatrechte von Anerkennendem und Anerkanntem zu kumulieren, die Wirkungen beurteilen sich nach dem Heimatrecht des Anerkennenden, § 17 Rechtsanwendungsgesetz v 6. 6. 1953; eine Vaterschaftsfeststellungsklage existiert im taiwanischen Recht ebensowenig wie eine nichteheliche Vaterschaft: durch die Anerkennung wird das Kind legitim, vgl CHENG, Das Internationale Privatrecht der natürlichen Person in der Republik China [Diss Münster 1981] 71 ff).

105 **2. Gewöhnlicher Aufenthalt, Wohnsitz, domicile und lex fori**

Insbesondere in den Common Law-Staaten, in Lateinamerika und in den nordischen Staaten wird meist auf den gewöhnlichen Aufenthalt, Wohnsitz oder ein ähnliches Kriterium abgestellt. Teilweise wird auch die lex fori berufen.

106 a) Nach dem **Recht am gewöhnlichen Aufenthalt des Kindes** wird die Abstammung künftig grundsätzlich in der **Schweiz** (Art 66 IPRG-E 1982) bestimmt, deren IPR-Entwurf nicht mehr zwischen ehelichen und nichtehelichen Kindern unterscheidet; jedoch ist bei gemeinsamer Staatsangehörigkeit von Eltern und Kind das Recht

jenes Staates heranzuziehen, wenn kein Elternteil im Aufenthaltsstaat des Kindes wohnt. Maßgebend ist der Zeitpunkt der Geburt, nur bei gerichtlicher Feststellung kann zugunsten des Kindes auf die Klageerhebung abgestellt werden (Art 67 IPRG-E 1982).

b) Die **Common-Law-Staaten** wenden bei Bejahung ihrer „jurisdiction" (internationale Zuständigkeit) stets die lex fori an; dabei wird die „jurisdiction" teilweise gemäß dem „domicile" (dazu Henrich, Der Domizilbegriff im englischen internationalen Privatrecht, RabelsZ 25 [1960] 456 ff) bestimmt, teilweise wird auf den gewöhnlichen oder schlichten Aufenthalt („ordinary residence", „residence") abgestellt. Verneint danach der betreffende Staat seine „jurisdiction" (und also die Anwendbarkeit seiner lex fori), kann eine sog „versteckte Rückverweisung" (dazu Graue, Art 27 Rz 16; Neuhaus, Grundbegriffe 282 ff) anzunehmen sein. Das (materielle) Common Law kennt weder Vaterschaftsfeststellungsklage noch freiwilliges Anerkenntnis. Die Feststellung der nichtehelichen Vaterschaft erfolgt vielmehr inzident in der Unterhaltsklage („affiliation proceedings", vgl zum Ganzen Thümmel 71 ff) und wirkt bei einer jederzeit möglichen Bestreitung der Vaterschaft nur als Beweislastumkehr. 107

In **England** wird die „jurisdiction" in den „affiliation proceedings" jedenfalls dann angenommen, wenn sich Vater, Mutter und Kind zZ der Verfahrenseinleitung im Inland aufhalten (*R. v. Bow Road Domestic Proceedings Court, Ex Parte Adedigba* [1968] 2 All E.R. 89, vgl Thümmel 75 ff). 108

In **Australien** hängt die „jurisdiction" davon ab, daß der präsumtive Unterhaltsschuldner oder der Unterhaltsgläubiger im Gerichtsbezirk ihren gewöhnlichen Aufenthalt („residence") haben (Nygh, Conflict 344). 109

Innerhalb **Kanadas** muß unterschieden werden: In der Provinz **Quebec**, deren Recht weitgehend auf dem französischen Recht beruht, wird (unabhängig von der „jurisdiction") das Personalstatut des Kindes (Art 6 cc québécois, Domizilrecht) angewandt (vgl Castel, Droit international privé québécois [1980] 297 ff). Dagegen gehen die **übrigen Provinzen** von der „jurisdiction"-Regel aus und erklären sich unter Anwendung der lex fori für zuständig, wenn der präsumtive Vater in der Provinz seinen gewöhnlichen Aufenthalt („residence") hat (Castel, Conflict II 242 f). 110

Neuseeland bejaht seine „jurisdiction" für eine „paternity order" (section 46 Domestic Proceedings Act 1968, vgl Nygh, Conflict 345), wenn sich die Mutter oder der präsumtive Vater gewöhnlich im Inland aufhalten oder dort ihr „domicile" haben oder, bei Tod der Mutter, das Kind in Neuseeland seinen gewöhnlichen Aufenthalt hat. 111

In den meisten Staaten der **USA** besteht „jurisdiction" im Domizilstaat des (präsumtiven) Vaters (Leflar, Conflict 501 mwN; vgl auch Ehrenzweig, The Bastard in the Conflict of Laws – a National Disgrace, UChiLR 29 [1962] 498 ff, 501 f). 112

c) In **Lateinamerika** wird weitgehend auf den **Wohnsitz** bzw **Aufenthalt** der Beteiligten abgestellt. Das „persönliche Recht des Kindes" ist nach Art 64 iVm Art 3 I des **Código Bustamante** anzuwenden, der in weiten Teilen Lateinamerikas gilt (abgedruckt in: Bergmann-Ferid, Venezuela 6 ff; vgl Staudinger-Sturm Einl zu Art 7 ff EGBGB Rz 153). 113

Nach Art 7 dieses Abkommens können die Vertragsstaaten wählen, ob unter dem „persönlichen Recht" das Heimatrecht oder das Wohnsitzrecht der betreffenden Person verstanden werden soll; die meisten Staaten erklären das Wohnsitzrecht für maßgeblich. Lediglich die Form der Anerkennung richtet sich nach der lex fori 114

(Art 63 iVm 3 II). Obwohl der Código Bustamante grundsätzlich nur zwischen den Vertragsstaaten anzuwenden ist, werden seine Bestimmungen auch zur Ergänzung des autonomen IPR der Vertragsstaaten herangezogen, deren vorhandene Regeln freilich stets vorgehen (vgl dazu Samtleben, Internationales Privatrecht in Lateinamerika [1979] 158 ff, 265 ff; vgl jedoch für **Haiti** IPG 1970 Nr 20 [München]). Für **Chile** wird die Maßgeblichkeit des chilenischen *Aufenthaltsrechts* dem Art 14 ZGB entnommen (vgl Bergmann-Ferid, Chile 8), nach dem das chilenische ZGB „für alle Einwohner der Republik einschließlich der Ausländer verbindlich" ist. Außerhalb Chiles gelten die chilenischen Gesetze für alle Familienbeziehungen zwischen Chilenen (Art 15 Nr 2 ZGB), im übrigen gilt der Código Bustamante (Bergmann-Ferid 9).

115 Dem *Wohnsitzprinzip* folgt das neue Internationale Privatrecht von **Peru** von 1984 (dazu Samtleben, RabelsZ 49 [1985] 486, 509). Danach richtet sich die Abstammungsklage nach dem gemeinsamen Wohnsitzrecht von Eltern und Kind, bei Fehlen eines solchen nach dem Recht am Wohnsitz des Elternteils, zu dem die Verwandtschaft kraft Rechtsscheins („posesión de estado") besteht und hilfsweise nach dem Wohnsitzrecht des Kindes (Art 2084 cc), nach dem sich auch die Anerkennung bestimmt (Art 2085 cc). Für **Brasilien** ist Art 7 EG zum ZGB v 4. 9. 1942 zu entnehmen, daß sich die Abstammung als „Familienrecht" nach dem gemeinsamen Wohnsitzrecht bestimmt; hilfsweise sind die verschiedenen Wohnsitzrechte zu kumulieren (Batalha, Tratado de Direito Internacional Privado II [1977] 162 f).

116 Schließlich wenden einige Staaten Lateinamerikas ihre **lex fori** auf die Feststellung der Abstammung an. So bestimmen die **Verträge von Montevideo** (vgl. Staudinger-Sturm Einl zu Art 7 ff EGBGB Rz 152), daß sich die Rechte und Pflichten aus der nichtehelichen Kindschaft nach dem Recht des Staates richten, in dem sie geltend gemacht werden (Art 22 des Vertrages von 1940, Text bei Bergmann-Ferid, Argentinien 8, bzw Art 18 der Fassung von 1889). Entsprechend der Praxis beim Código Bustamante ziehen die Vertragsstaaten die Regeln der Verträge von Montevideo teilweise auch zur Lückenfüllung ihres autonomen IPR heran; aber die vorhandenen Kollisionsregeln gehen stets vor. Die Regelung in **Nicaragua** (Art VI Nr 10 ZGB) ist identisch mit der des Vertrages von Montevideo. In **Argentinien** wird die Anwendung der staatsvertraglichen Kollisionsnorm ausdrücklich auch gegenüber Nichtvertragsstaaten empfohlen (Goldschmidt, D.I.P. [5. Aufl 1985] 346, 348). Auch in **Mexiko** wird bei der Geburt im Inland die lex fori angewendet (Art 12 ZGB, vgl Bayitsch-Siqueiros, Conflict of Laws: Mexico and the United States [1968] 99 ff).

117 **d)** Von den **nordischen Ländern** folgen **Dänemark** und **Island** (vgl dazu Baade, Das internationale uneheliche Kindschaftsrecht Islands, FamRZ 1960, 341 ff) dem *Wohnsitzgrundsatz*, wobei jedenfalls in Dänemark überwiegend auf den Wohnsitz des präsumtiven Vaters zZ der Geburt abgestellt wird (vgl Philip, Dansk international privat-og procesret [3. Aufl 1976] 241 mwN); dies läuft in den meisten Fällen auf eine Anwendung der *lex fori* hinaus. Diese kommt auch in **Norwegen** zur Anwendung durch die Praxis, die Zuständigkeitsnorm des § 15 Gesetz über nichteheliche Kinder als Verweis auf die Anwendbarkeit der lex fori auszulegen (Bergmann-Ferid, Norwegen 12). Auch in **Schweden** wird eine Vaterschaftsfeststellung jetzt grundsätzlich nach schwedischem Recht durchgeführt; ausländische Vaterschaftsfeststellungen, die den Formvorschriften des ausländischen Rechts entsprechen, werden anerkannt; die schwedische Zuständigkeit besteht, wenn sich das Kind oder der präsumtive Vater in Schweden aufhalten oder wenn ansonsten mit Rücksicht auf die Beteiligten eine genügend enge Verbindung mit Schweden besteht (§§ 3 II, III, 4 Gesetz über internationale Vaterschaftsfragen v 30. 5. 1985). **Finnland** bestimmt in § 21 des Gesetzes betreffend gewisse familienrechtliche Verhältnisse internationaler

Natur vom 5. 12. 1929, daß alle im Inland geltend gemachten Unterhaltsansprüche gegen den möglichen Erzeuger eines nichtehelichen Kindes dem finnischen Recht unterliegen. Für das Rechtsverhältnis zur Mutter ist dagegen nach § 20 des Gesetzes das gemeinsame Heimatrecht, hilfsweise das Heimatrecht des Kindes maßgebend.

e) Weiterhin ist die Anwendung der eigenen lex fori in der **UdSSR** nach der 118
Familienrechtsnovelle von 1979 vorgeschrieben (Art 34 I Grundlagen der Gesetzgebung für Ehe und Familie vom 27. 6. 1969 idF v 9. 10. 1979; dazu Waehler, Neues internationales Familienrecht der UdSSR, FamRZ 1980, 424 ff, 425). Schließlich wird auch in der **Arabischen Republik Jemen** auf Fragen der Abstammung das gerichtseigene Recht angewandt (Krüger-Küppers IPRax 1987, 43 Fn 55).

II. Elterliche Sorge 119

Für die elterliche Sorge über nichteheliche Kinder kann für einige Staaten, deren IPR nicht nach Ehelichkeit und Unehelichkeit des Kindes differenziert, auf die Länderübersicht bei der ehelichen Kindschaft (Art 19 EGBGB aF Rz 27 ff) verwiesen werden. Das gilt zum einen für die **sozialistischen Staaten Osteuropas** (vgl dazu insgesamt auch Korkisch, Neue Tendenzen im internationalen Privatrecht Osteuropas, JbOstR 1980, 9 ff, 32), zum anderen für **Italien**, **Japan**, **Norwegen**, **Spanien** und **Süd-Korea.**

1. Staatsangehörigkeit 120

In vielen Staaten wird die elterliche Sorge über nichteheliche Kinder nach dem Recht der Staatsangehörigkeit beurteilt.

a) Dabei tritt zunehmend das **Heimatrecht des Kindes** in den Vordergrund. Diese 121
Anknüpfung entspricht in **Frankreich** der hM, (vgl Batiffol-Lagarde, D.I.P. II Nr 478; Mayer, D.I.P. [2. Aufl 1983] 484 f), andere wollen dort Art 311–14 cc, der sich nach seinem Wortlaut nur auf die nichteheliche Abstammung bezieht, analog anwenden (vgl die Nachweise bei Thümmel 122 und 87 Fn 4). In **Belgien** (vgl Rigaux, D.I.P. II 313 f) und **Luxemburg** (vgl Bernecker [oben Rz 96] 290) wird ebenfalls auf das Kindesrecht abgestellt. Dieses ist auch in **Österreich** nach § 25 II IPR-Gesetz maßgeblich (vgl Beitzke, Neues österreichisches Kollisionsrecht, RabelsZ 43 [1979] 245 ff, 265); ferner grundsätzlich in **Ungarn**, wo jedoch das ungarische Recht dann Vorrang hat, wenn das Kind in Ungarn wohnt und die Anwendung des ungarischen Rechts dem Kindeswohl dient (§ 45 f Gesetzesverordnung Nr 13/1979; Text StAZ 1980, 78 ff). Auch in **Finnland** setzt sich bei unterschiedlicher Staatsangehörigkeit von Eltern und Kind das Kindesrecht durch (§§ 20 S 2 [Mutter], 21 S 3 [Vater]).

Im **islamischen Rechtskreis** wenden hinsichtlich der Vermögenssorge **Ägypten** 122
(Art 16 ZGB), **Jordanien** (Art 17 ZGB [Gesetz Nr 43/1976] vgl Krüger IPRax 1987, 130), **Kuwait** (Art 46 Gesetz Nr 5/191) und die **Vereinigten Arabischen Emirate** (Art 16 ZGB nach Gesetz Nr 5/1985, vgl Krüger-Küppers IPRax 1986, 391) das Kindesrecht an. Hinsichtlich der Personensorge wird auf das Heimatrecht des Vaters abgestellt, soweit die Verwandtschaft zu ihm festgestellt ist (**Kuwait**: Art 43 Gesetz Nr 5/1961). Ist dies nicht der Fall, so muß jedenfalls in **Ägypten** offenbar wieder auf das Kindesrecht abgestellt werden, wie sich aus den Gesetzesmotiven ergibt (vgl zum Ganzen: El-Mikayis, Internationales und interreligiöses Personen-, Familien- und Erbrecht der Vereinigten Arabischen Republik, RabelsZ 33 [1969] 517 ff, 527); für **Kuwait** deuten Art 43, 46 Gesetz Nr 5/1961 in dieselbe Richtung.

123 Ferner wird die Maßgeblichkeit des Kindesrechts in **Lateinamerika** etwa für **Kolumbien** vertreten (vgl MONROY CABRA, Tratado de Derecho Internacional Privado [1983] 343, 348).

124 **b)** An das **Heimatrecht der Mutter** wird überwiegend in den Staaten angeknüpft, deren materielles Recht keine Verwandtschaft des nichtehelichen Kindes zu seinem Vater kennt. Dazu gehören **Algerien** (vgl ISSAD, Droit international privé [1980] 251 ff), **Iran** (Art 964 ZGB) und **Taiwan** (§ 19 Rechtsanwendungsgesetz v 6. 6. 1953; vgl dazu CHENG [oben Rz 104] 71 ff). Erkennt nach diesen Rechtsordnungen der Vater das Kind mit Legitimationswirkung an, so ist das Heimatrecht des Vaters maßgeblich. Schließlich ist im Verhältnis zur Mutter deren Heimatrecht in **Thailand** (§ 30 II IPR-Gesetz v 10. 3. 1938) anzuwenden.

125 **c)** Das **Heimatrecht des jeweiligen Elternteils** wird in den **Niederlanden** für maßgeblich erklärt; jedoch besteht hier eine Tendenz, auf das Heimatrecht des Kindes abzustellen (LEMAIRE, IPR 96 ff). Ebenso wendet die **Türkei** für die elterliche Gewalt von Vater und Mutter jeweils deren Heimatrecht an (Art 19 IPR-Gesetz v 22. 5. 1982, nach dem die elterliche Gewalt ebenso wie die Abstammung [Art 17, s oben Rz 103], anzuknüpfen ist).

126 **d)** Ferner wird in einigen Staaten auf die **Heimatrechte mehrerer Beteiligter** abgestellt. In **Jugoslawien**, dessen IPR – wie das der übrigen sozialistischen Staaten Osteuropas – nicht mehr zwischen ehelicher und nichtehelicher Kindschaft unterscheidet, gilt folgende Anknüpfungsleiter: gemeinsames Heimatrecht von Eltern und Kind, gemeinsames Wohnsitzrecht, jugoslawisches Recht, soweit einer der Beteiligten Jugoslawe ist, und zuletzt das Heimatrecht des Kindes (Art 40 IPR-Gesetz v 1. 1. 1983, Text in IPRax 1983, 6 ff). Ebenso wurde in **Portugal** die Differenzierung nach der Ehelichkeit des Kindes aufgegeben (vgl MOURA RAMOS Rev crit 67 [1978] 602 f); hier gelten nacheinander: gemeinsames Heimatrecht der Eltern, gemeinsamer gewöhnlicher Aufenthalt der Eltern, Heimatrecht des Kindes. Ist die Abstammung nur zu einem Elternteil festgestellt, so gilt dessen Heimatrecht (Art 57 ZGB).

127 Dagegen wird in **Griechenland** auch nach der Reform des Internationalen Familienrechts (Gesetz Nr 1329/1983 v 18. 2. 1983) weiterhin nach der Ehelichkeit des Kindes unterschieden; die Rechtsbeziehungen eines Kindes „ohne Ehe seiner Eltern“ bestimmen sich nach der (letzten) gemeinsamen Staatsangehörigkeit von Kind und jeweiligem Elternteil, mangels einer solchen nach dem (letzten) gemeinsamen gewöhnlichen Aufenthalt und hilfsweise nach dem Heimatrecht des jeweiligen Elternteils (Art 19 [Mutter], 20 [Vater] ZGB).

128 **2. Gewöhnlicher Aufenthalt und Wohnsitz**

Auch in den Staaten, die an den gewöhnlichen Aufenthalt oder den Wohnsitz der Beteiligten anknüpfen, ist eine Tendenz erkennbar, auf die **Person des Kindes** abzustellen.

129 **a)** Das neue IPR-Gesetz der **Schweiz** will die elterliche Sorge (unabhängig von der Ehelichkeit) vorrangig an den **gewöhnlichen Aufenthalt des Kindes** anknüpfen, jedoch mit Einschränkungen zugunsten der Staatsangehörigkeit der Beteiligten (Art 80 IPRG-E [1982] wortgleich mit Art 66 IPRG-E zur Abstammung, vgl oben Rz 106). Ebenso ist das Kindesaufenthaltsrecht in **Chile** maßgeblich (BERGMANN-FERID 8 f), solange sich das Kind in Chile befindet. Bei Aufenthalt im Ausland gilt für Chilenen chilenisches Recht, Art 14, 15 Nr 2 ZGB; ansonsten gilt der Código Bustamante (unten Rz 135).

b) Der **Kindesaufenthalt** ist auch unter den **Common-Law-Staaten** der vorrangige Anknüpfungspunkt. Nach dem Common Law werden Fragen der elterlichen Sorge grundsätzlich unabhängig von der Ehelichkeit des Kindes angeknüpft (vgl THÜMMEL 127; KRAUSE, IntEncCompL Vol IV Ch 6 Nr 129). Indes wird oft zwischen Personensorge (custody) und Vermögenssorge (guardianship of the property) sowie zwischen ursprünglichem Sorgerecht und gerichtlichen Sorgerechtsregelungen (custody orders) unterschieden. 130

In **England** wird für das originäre Sorgerecht hinsichtlich der Personensorge das englische Recht angewandt, wenn sich das Kind im Inland aufhält, hinsichtlich der Vermögenssorge wird Domizilrecht des jeweiligen Elternteils für bewegliches Vermögen (str) und lex rei sitae für unbewegliches Vermögen angewandt. Gerichtliche Sorgerechtsregelungen werden nach der „jurisdiction"-Regel (dazu oben Rz 107) nach englischem Recht getroffen, wenn das Kind die britische Staatsangehörigkeit oder gewöhnlichen oder auch nur schlichten Aufenthalt im Inland hat (vgl THÜMMEL 127 ff). 131

Ebenso bejahen die folgenden Staaten ihre *„jurisdiction"* stets dann, wenn das Kind seinen *schlichten oder gewöhnlichen Aufenthalt* im Inland hat, wobei sie teilweise außerdem das „domicile" (dazu HENRICH, RabelsZ 25 [1960] 456 ff) des Kindes oder der um das Sorgerecht streitenden Eltern als Anknüpfungspunkt verwenden: **Australien** (vgl NYGH, Conflict 380 ff); **Indien** (DIWAN, Indian and English Private International Law [1977] 341); **Kanada** (vgl CASTEL, Conflict II 212 f; IPG 1975 Nr 27 [Hamburg] Verwaltung des unbeweglichen Vermögens nach der lex rei sitae); **Malaysia** hinsichtlich der Personensorge (vgl section 27 Civil Law Act 1956 idF v 1972; vgl auch IPG 1970 Nr 21 [Köln] 234 ff); **Pakistan** (IPG 1970 Nr 22 [Köln] 245 ff); **Singapur** (vgl BERGMANN-FERID 23); **Südafrika** (vgl SPIRO, Conflict 91). 132

In den **USA** besteht nach section 3 Uniform Child Custody Act (9 ULA 111 [1979]), der in einer größeren Anzahl der amerikanischen Bundesstaaten gilt (vgl SCOLES-HAY, Conflict 524 f Fn 7), „jurisdiction" in dem Staat, in dem das Kind sich wenigstens sechs aufeinanderfolgende Monate mit seinen Eltern aufgehalten hat („home state" vgl section 2 [5] des Gesetzes), wenn sich das Kind dort noch aufhält oder aber sich in den letzten 6 Monaten vor Verfahrensbeginn dort aufgehalten hat und ein Elternteil dort noch lebt. Ferner besteht „jurisdiction" stets dann, wenn es das Kindesinteresse erfordert, insbesondere auch bei nur schlichtem Aufenthalt des Kindes. 133

c) Auf das **Wohnsitzrecht des Kindes** stellen von den nordischen Ländern **Island** (dazu BAADE [oben Rz 117]), **Dänemark** (vgl PHILIP [oben Rz 117] 247) und **Norwegen** (IPG 1969 Nr 1 [Hamburg]) ab. Unklar ist die Lage in **Schweden**, wo neben dem Wohnsitz auch an die Staatsangehörigkeit des Kindes angeknüpft wird (vgl BOGDAN, Svensk internationell privat- och processrätt [2. Aufl 1985] 169 ff). Das Recht des Kindeswohnsitzes gilt auch in **Israel**, das aber Abweichungen zugunsten des Kindeswohls ermöglicht (§ 77 Gesetz über Rechtsfähigkeit und Vormundschaft, 5722-1962; dazu BERGMANN-FERID 24). 134

Das Wohnsitzrecht des Kindes ist ferner in einigen Ländern **Lateinamerikas** maßgeblich: so zB in **Brasilien** (allerdings str), für das Art 7 Einführungsgesetz zum ZGB bestimmt, daß sich die „Familienrechte" einer Person nach deren Wohnsitzrecht richten (CASTRO, Direito internacional privado [3. Aufl 1977] 392). Nach dem **Código Bustamante**, der in weiten Teilen Lateinamerikas gilt und teilweise auch gegenüber Nichtvertragsstaaten angewendet wird (vgl oben Rz 114), ist gemäß Art 69 iVm 3 I auf das „persönliche Recht des Kindes" abzustellen, wobei die Vertragsstaaten nach Art 7 festlegen können, ob dies das Wohnsitz- oder das Heimatrecht sein soll. 135

136 **d)** Auf das **Wohnsitzrecht des Inhabers der elterlichen Gewalt** stellt der für einige Länder **Lateinamerikas** geltende **Vertrag von Montevideo** in der Fassung von 1940 ab (vgl oben Rz 116); siehe Art 18, 19, die auch für die elterliche Sorge über nichteheliche Kinder herangezogen werden (vgl GOLDSCHMIDT, D.I.P. [5. Aufl 1985] 354, sowie ders, Proteccion de menores en el Derecho Internacional Privado, El Derecho 30 [1970] 342). Dagegen beruft der Vertrag in der älteren Fassung von 1889 (vgl oben Rz 116) hinsichtlich der Personensorge das Recht des Ortes, an dem sie ausgeübt wird; die Vermögenssorge unterstellt er der lex fori. Auch bei der elterlichen Sorge wenden die Vertragsstaaten die vertraglichen Kollisionsnormen im Verhältnis zu Nichtvertragsstaaten an, wenn das autonome IPR Lücken aufweist (so werden etwa in **Argentinien** die Art 18, 19 des Vertrages von 1940 herangezogen, vgl GOLDSCHMIDT, D.I.P. [5. Aufl 1985] 346, 348).

137 **e)** Schließlich wird die elterliche Sorge in **Peru** ebenso wie die nichteheliche Abstammung (dazu oben Rz 115) vorrangig nach dem gemeinsamen Wohnsitzrecht von Eltern und Kind bestimmt.

F. Verfahrensrecht

138 I. Kindschaftssachen des Nichtehelichenrechts

Unter den Kindschaftssachen – wie sie in der Bundesrepublik Deutschland in § 640 ff ZPO geregelt sind – beziehen sich einige auf die nichteheliche Kindschaft. Zu nennen sind die Klage auf Feststellung des Bestehens oder Nichtbestehens der nichtehelichen Abstammung von einem bestimmten Mann, die Klage auf Feststellung der Wirksamkeit oder Unwirksamkeit einer Vaterschaftsanerkennung, die beide unter § 640 Abs 2 Nr 1 ZPO fallen. Auch Verfahren über die Feststellung der leiblichen Abstammung im Verhältnis zur Mutter sind denkbar (s STEIN-JONAS-SCHLOSSER, Kommentar zur ZPO, 20. Aufl [1977] § 640 Rz 14). Hinzu kommt die Klage auf Anfechtung der Anerkennung der Vaterschaft (vgl § 640 Abs 2 Nr 3 ZPO) sowie die Klage auf Feststellung des Bestehens oder Nichtbestehens der elterlichen Sorge der einen Partei für die andere (vgl § 640 Abs 2 Nr 4 ZPO), eine Klage, die sowohl im Bereich der ehelichen als auch der nichtehelichen Kindschaft möglich ist.

139 Die **frühere Rechtslage** – bis zum Inkrafttreten des Gesetzes zur Neuregelung des Internationalen Privatrechts vom 25. 7. 1986 (BGBl 1986 I 1142) – war unübersichtlich und wenig sachgerecht (vgl zu ihr SOERGEL-KEGEL Art 21 EGBGB Rz 55 ff; KROPHOLLER in Hdb IZVR I Kap III Rz 448–450). Die Regeln über die internationale Zuständigkeit wurden teils aus § 640a ZPO aF hergeleitet, teils (nämlich für die in § 641 ZPO genannten Klagen, insbesondere die über die Feststellung des Bestehens oder Nichtbestehens der nichtehelichen Vaterschaft) aus § 641a Abs 1 ZPO. Der § 641a Abs 2 ZPO aF enthielt eine besondere Regelung für die Anerkennungszuständigkeit (§ 328 Abs 1 Nr 1 ZPO). Das Gesetz zur Neuregelung des Internationalen Privatrechts hat die Materie – in Übereinstimmung mit den vorgebrachten Reformvorschlägen (vgl SCHRÖDER in BEITZKE, PersR 230 ff; KÜHNE-Entwurf 184 ff) – erfreulich vereinfacht. Im einzelnen gelten die folgenden Regeln.

140 1. Internationale Zuständigkeit

Der neugefaßte § 640a Abs 2 ZPO regelt die internationale Zuständigkeit in Kindschaftssachen ausdrücklich. Er bezieht sich auf *alle* in § 640 ZPO umschriebenen Kindschaftssachen, auch auf die in §§ 641 ff ZPO besonders normierte Feststellung der nichtehelichen Vaterschaft. Das bedeutet, daß § 641a Abs 1 ZPO jetzt nur noch die örtliche, aber nicht mehr die internationale Zuständigkeit betrifft (so ausdrücklich BegrRegE, BT-Drucks 10/504, 91).

Inhaltlich stellt die Regelung der internationalen Zuständigkeit in § 640a Abs 2 ZPO – in Übereinstimmung mit der entsprechenden Norm in Ehesachen (§ 606a Abs 1 ZPO) – auf die Anknüpfungsmomente der deutschen Staatsangehörigkeit und des deutschen gewöhnlichen Aufenthaltes ab. Ein deutsches Gericht ist danach für die Kindschaftssachen des Nichtehelichenrechts international zuständig, wenn eine der Parteien Deutscher ist oder ihren gewöhnlichen Aufenthalt in der Bundesrepublik Deutschland hat. In § 640a Abs 2 ZPO wird außerdem festgelegt, daß die deutsche Zuständigkeit nicht ausschließlich ist. 141

Die in § 640a Abs 1 ZPO enthaltene Regelung der **örtlichen** Zuständigkeit stellt sicher, daß immer dann, wenn die deutschen Gerichte international zuständig sind, auch ein örtlich zuständiges Gericht zur Verfügung steht. 142

2. Durchführung des Verfahrens (Duldung einer Blutentnahme) 143

Der auf Feststellung der nichtehelichen Vaterschaft in Deutschland verklagte ausländische Mann unterliegt auch dann, wenn er im Ausland lebt, dem deutschen Prozeßrecht als lex fori und ist damit verpflichtet, unter den Voraussetzungen des § 372a Abs 1 ZPO die Blutentnahme für eine vom Gericht für erforderlich gehaltene Begutachtung zu dulden; verweigert er unberechtigt die Blutentnahme und ist wegen seines Aufenthalts im Ausland eine zwangsweise Blutentnahme nicht durchführbar, so kann er nach erfolgloser Belehrung und Fristsetzung so behandelt werden, als wäre die Begutachtung erfolgt und hätte keine schwerwiegenden Zweifel an seiner Vaterschaft begründet (BGH 9. 4. 1986 JZ 1987, 42 Anm Stürner = NJW 1986, 2371 = FamRZ 1986, 663 = IPRax 1987, 176, 153 Anm Schlosser).

3. Anerkennung ausländischer Entscheidungen 144

Die Anerkennung ausländischer Entscheidungen in den Kindschaftssachen des Nichtehelichenrechts richtet sich nach § 328 ZPO. Die Anerkennungszuständigkeit (§ 328 Abs 1 Nr 1 ZPO) ist unter Beachtung des sog. Spiegelbildprinzips nach § 640a Abs 2 ZPO zu beurteilen (so auch BegrRegE, BT-Drucks 10/504, 91). Die besondere Regelung der Anerkennungszuständigkeit in § 641a Abs 2 ZPO aF ist ersatzlos entfallen (s zur Rechtslage nach früherem Recht zB Martiny in Hdb IZVR III/1 Kap I Rz 771 ff).

II. Personenstandssachen 145

1. Anerkennung oder Feststellung der Vaterschaft

Gemäß § 29 Abs 1 PStG wird der Vater eines nichtehelichen Kindes am Rande des Geburtseintrags vermerkt, sobald seine Vaterschaft anerkannt oder rechtskräftig festgestellt ist. Nach deutschem Sachrecht setzt dies eine Feststellung der Vaterschaft durch Anerkennung oder gerichtliche Entscheidung voraus (vgl § 1600a S 1 BGB). Die Feststellung der bloßen Zahlvaterschaft genügt nicht, sondern es muß eine vom deutschen Standpunkt aus wirksame Statusfeststellung vorliegen. Handelt es sich um ein Vaterschaftsanerkenntnis in einem Auslandsfall, so ist zu prüfen, ob es nach den für die Vaterschaftsfeststellung geltenden deutschen Kollisionsregeln wirksam ist (BGH 15. 2. 1984 BGHZ 90, 129, 141, s auch oben Rz 61). Zu den neuen deutschen Kollisionsregeln s oben Rz 37 ff; zum Übergangsrecht oben Rz 13 ff. Eine Beischreibung kann aufgrund eines deutschen Statusurteils erfolgen, aber auch aufgrund einer anerkennungsfähigen ausländischen Statusentscheidung (s oben Rz 42). Auch ein gemäß Art 20 Abs 1 S 1 oder S 3 anzuerkennendes Vaterschaftsanerkenntnis nach dem ausländischen Heimatrecht der Mutter oder des Vaters sollte im Regelfall als Grundlage einer Beischreibung dienen können (dazu näher Beitzke ZBlJugR 1986, 538). Das gilt freilich nicht, wenn die Anerkennung nach dem für sie maßgebenden fremden Recht in ihren Wirkungen so weit hinter dem deutschen Recht zurückbleibt, daß sie die „Standesfolgen" nicht mit umfaßt, etwa bei einer bloßen Anerkennung der Unterhaltspflicht oder bei einem Verbot der Anerkennung mit Standesfolge, wie es uns in den romanischen Rechten bei Ehebruchskindern bisweilen begegnet (Ferid, IPR Rz 8–314).

146 Zur **Beurkundung** der Anerkennungserklärung und der erforderlichen Zustimmungserklärungen zuständig sind nach autonomem deutschem Recht der Standesbeamte (§ 29a PStG), das Amtsgericht (§ 62 BeurkG), das Prozeßgericht im Vaterschaftsprozeß (§ 641c ZPO), das Jugendamt (§ 49 Nr 1 JWG), die Notare und die Konsularbeamten der deutschen Auslandsvertretungen (§ 5 KonsG). Zu der nach manchen Rechten erforderlichen Zustimmung der Mutter aus eigenem Recht s oben Rz 55. Zu den Anforderungen, die an eine ausländische Beurkundung zu stellen sind, s BayObLG 29. 1. 1979 StAZ 1979, 263 und 1980, 22 Anm Beitzke = IPRspr 1979 Nr 111. Das vorrangige CIEC-Übereinkommen vom 14. 9. 1961 über die Erweiterung der Zuständigkeit der Behörden, vor denen nichteheliche Kinder anerkannt werden können, ist zu beachten (s Vorbem 9 ff vor Art 20 EGBGB).

147 Die **internationale Zuständigkeit** eines **deutschen Gerichts,** über Eintragungen im Personenstandsbuch zu entscheiden, ist gegeben, wenn das PStG eine gerichtliche Entscheidung vorsieht und dafür nach § 50 PStG (iVm §§ 45, 47 PStG) ein *örtlich* zuständiges Gericht bestimmt (vgl zB BayObLG 17. 2. 1972 BayObLGZ 1972, 55 = NJW 1972, 1008 = FamRZ 1972, 318 = StAZ 1973, 41 = IPRspr 1972 Nr 81; 20. 10. 1978 BayObLGZ 1978, 325 = StAZ 1979, 87 = IPRspr 1978 Nr 107; OLG Düsseldorf 6. 4. 1977 StAZ 1977, 280 = IPRspr 1977 Nr 179).

148 **2. Anerkennung der Mutterschaft**

Ein Mutterschaftsanerkenntnis ist vor allem dann **bedeutsam,** wenn das ausländische Heimatrecht der Mutter es vorsieht. Für eine deutsche Mutter kann ein Vorrang ihrer Rechte gegenüber dem Vater, der die Möglichkeit hat, die Vaterschaft gemäß Art 20 Abs 1 S 3 EGBGB nach seinem Heimatrecht oder nach dem Recht am gewöhnlichen Aufenthalt des Kindes anzuerkennen, von einem vorgängigen Mutterschaftsanerkenntnis abhängen.

149 Ein Mutterschaftsanerkenntnis kann im Rahmen des CIEC-Übereinkommens über die Feststellung der mütterlichen Abstammung nichtehelicher Kinder von 1962 erfolgen (Vorbem 23 ff zu Art 20 EGBGB). Im autonomen deutschen Recht enthält § 29b PStG nähere Verfahrensvorschriften.

150 Zur **Beurkundung** der Anerkennungserklärung und etwa erforderlicher Zustimmungserklärungen **zuständig** sind gemäß § 29b Abs 3 PStG dieselben Stellen, die eine Anerkennung der Vaterschaft beurkunden können (s oben Rz 146).

151 Eine **Beischreibung** des Anerkenntnisses **am Rande des Geburtseintrages** erfolgt gemäß § 29b Abs 1 PStG nur auf Antrag der Mutter oder des Kindes. Für die Beischreibung (wie für das Anerkenntnis selbst) ist ausreichend, daß „geltend gemacht" (nicht bewiesen!) wird, daß die Mutter oder der festgestellte oder der

angebliche Vater eine fremde Staatsangehörigkeit besitzt und daß das Heimatrecht eines ausländischen Elternteils eine Anerkennung der Mutterschaft vorsieht. Der Standesbeamte hat grundsätzlich nicht zu prüfen, ob das ausländische Recht die Anerkennung als wirksam betrachtet (vgl Beitzke StAZ 1970, 237).

Die **internationale Zuständigkeit** eines **deutschen Gerichts**, über Eintragungen im 152
Personenstandsbuch zu entscheiden, folgt aus der örtlichen Zuständigkeit (s oben Rz 147).

III. Schutzmaßnahmen für das Kind 153

Bei Schutzmaßnahmen für ein nichteheliches Kind, wie Entziehung oder Beschränkung der elterlichen Sorge oder Regelung des Umgangs mit dem Vater (siehe zum Begriff der Schutzmaßnahme im einzelnen Vorbem 276 ff zu Art 18 EGBGB), ist zu unterscheiden, ob das Haager Minderjährigenschutzabkommen anwendbar ist oder ob die Regelung des autonomen deutschen Rechts im FGG eingreift.

1. Vorrang des Haager Minderjährigenschutzabkommens 154

Wenn das Haager Minderjährigenschutzabkommen anwendbar ist, weil das Kind seinen gewöhnlichen Aufenthalt in der Bundesrepublik Deutschland oder in einem anderen Vertragsstaat des Übereinkommens hat, richtet sich die **internationale Zuständigkeit** ausschließlich nach den Vorschriften des Übereinkommens (Art 1, 4, 8 und 9 MSA). Danach sind die deutschen Gerichte insbesondere dann zuständig, wenn das Kind seinen gewöhnlichen Aufenthalt in der Bundesrepublik Deutschland hat (Art 1 und 8) oder wenn das Kind – bei gewöhnlichem Aufenthalt in einem ausländischen Vertragsstaat – die deutsche Staatsangehörigkeit besitzt (Art 4). Die **Anerkennung** von Schutzmaßnahmen, die ein ausländisches Gericht eines Vertragsstaates aufgrund von Art 1 oder Art 4 MSA getroffen hat, schreibt Art 7 MSA vor. Die Vorschriften des Übereinkommens sind in Vorbem 252 ff vor Art 18 EGBGB eingehend erläutert.

2. Die Regelung des FGG 155

Wegen des Vorranges des Haager Minderjährigenschutzabkommens ist die praktische Bedeutung der Regelung des autonomen deutschen Rechts im FGG für Schutzmaßnahmen gering. Sie kommt dann zum Zuge, wenn das (deutsche oder ausländische) Kind seinen gewöhnlichen Aufenthalt in einem ausländischen Staat hat, der das Minderjährigenschutzabkommen nicht ratifiziert hat.

Die **internationale Zuständigkeit** regelt § 35a FGG, der über § 43 FGG zur Anwen- 156
dung gelangt. Nach § 35a FGG sind die deutschen Gerichte insbesondere dann international zuständig, wenn das Kind Deutscher ist oder der Fürsorge durch ein deutsches Gericht bedarf. Dagegen kommt die Aufenthaltszuständigkeit des § 35a Abs 1 Nr 2 FGG wegen des Vorranges des Haager Minderjährigenschutzabkommens kaum in Betracht. Auf die Erläuterung des § 35a FGG bei Art 24 EGBGB Rz 94 ff sei verwiesen. Für die Annahme weiterer, außergesetzlicher Zuständigkeiten, insbesondere einer sog. Statutszuständigkeit bei Anwendbarkeit deutschen Rechts, besteht neben der Fürsorgebedürfniszuständigkeit des § 35a Abs 2 FGG wohl kein Bedarf (s Art 24 Rz 112).

Für die **Anerkennung** ausländischer Schutzmaßnahmen, die nicht von einem Ge- 157
richt eines Vertragsstaates des Haager Minderjährigenschutzabkommens getroffen

wurden, gilt die allgemeine Anerkennungsvorschrift des § 16a FGG. Die bilateralen Anerkennungs- und Vollstreckungsabkommen, an welche die Bundesrepublik Deutschland gebunden ist, sind auf vormundschaftsgerichtliche Maßnahmen nicht anwendbar (s Art 24 Rz 125).

158 **IV. Unterhaltssachen**

Für Unterhaltssachen, für die nicht Art 20, sondern Art 18 EGBGB das maßgebende Recht bestimmt, können an dieser Stelle nur wenige weiterführende Hinweise gegeben werden.

159 **1. Internationale Zuständigkeit**

a) Multilaterale Übereinkommen

Die internationale Zuständigkeit richtet sich nach dem **EG-Gerichtsstands- und Vollstreckungsübereinkommen**, wenn der Beklagte seinen Wohnsitz in einem Vertragsstaat hat. Nach diesem Übereinkommen kann die Klage entweder am Wohnsitz des Beklagten erhoben werden (Art 2) oder vor dem Gericht des Ortes, an dem der Unterhaltsberechtigte seinen Wohnsitz oder gewöhnlichen Aufenthalt hat (Art 5 Nr 2; näher dazu Kropholler, Europäisches Zivilprozeßrecht, 2. Aufl [1987] Art 5 Rz 19 ff). Die Regeln des autonomen deutschen Rechts über die internationale Zuständigkeit sind durch diese Vorschriften grundsätzlich verdrängt. Eine Ausnahme statuiert Art 5 Nr 2 GVÜ: Die auf das autonome Recht gegründete unterhaltsrechtliche Kompetenz im Zusammenhang mit einem Statusverfahren bleibt unberührt, es sei denn, diese Zuständigkeit beruht lediglich auf der Staatsangehörigkeit einer der Parteien. Wenn das Kind also vor einem gemäß § 640a Abs 2 ZPO international zuständigen Gericht auf Vaterschaftsfeststellung klagt, kann es mit dieser Klage auch unter der Herrschaft des EG-Gerichtsstands- und Vollstreckungsübereinkommens gemäß § 643 ZPO die Unterhaltsklage verbinden, wenn die internationale Zuständigkeit des deutschen Gerichts im Einzelfall nicht allein auf der Staatsangehörigkeit einer der Parteien beruht.

160 Die **Haager Unterhaltsvollstreckungsübereinkommen** von 1958 und 1973 enthalten keine Regelung der direkten Zuständigkeit, sondern nur eine Vorschrift über die Anerkennungszuständigkeit (s Vorbem 105 und 182 zu Art 20 EGBGB). Das Gericht darf seine internationale Zuständigkeit also nicht aus diesen Übereinkommen herleiten.

161 **b) Autonomes deutsches Recht**

Nach dem deutschen Internationalen Verfahrensrecht ist für eine Unterhaltsklage das Gericht am Wohnsitz des Beklagten (§§ 12, 13 ZPO) international zuständig. Wenn der Beklagte im Inland keinen Gerichtsstand hat, ist auch das Gericht am Wohnsitz des Klägers zuständig (§ 23a ZPO; näher zu dieser Norm Kropholler in Hdb IZVR I Kap III Rz 415 ff). Ferner kann gemäß § 643 ZPO die Statusklage auf Vaterschaftsfeststellung mit einer Klage auf Zahlung des Regelunterhalts verbunden werden. Das gemäß § 640a Abs 2 ZPO für die Statusklage international zuständige Gericht ist dann auch für die Entscheidung über den Unterhaltsanspruch zuständig.

2. Anerkennung ausländischer Entscheidungen 162

a) Multilaterale Übereinkommen

Unter den einschlägigen Staatsverträgen enthält das **UN-Übereinkommen** über die Geltendmachung von Unterhaltsansprüchen im Ausland von 1956 keine Regelung der Anerkennung und Vollstreckung ausländischer Entscheidungen; vielmehr handelt es sich im Kern um einen Rechtshilfevertrag (s zu dem Übereinkommen näher Vorbem 227 ff zu Art 20 EGBGB).

Die beiden **Haager Unterhaltsvollstreckungsübereinkommen** von 1958 und 1973 163
enthalten demgegenüber eine spezielle Regelung der Anerkennung und Vollstreckung gerade von Unterhaltsentscheidungen. Für einen Staat, der – wie die Bundesrepublik Deutschland – beide Übereinkommen ratifiziert hat, bleibt das ältere noch im Verhältnis zu denjenigen Staaten anwendbar, die das Übereinkommen von 1973 nicht übernommen haben. Im übrigen ersetzt das neuere Übereinkommen gemäß seinem Art 29 das ältere. Beide Übereinkommen sind in Vorbem 43 ff und 140 ff zu Art 20 EGBGB im einzelnen erläutert.

Das **EG-Gerichtsstands- und Vollstreckungsübereinkommen** kommt mit seiner 164
Regelung der Anerkennung und Vollstreckung (Art 25 ff) für Unterhaltsentscheidungen ebenfalls in Betracht. Da die spezielleren Haager Unterhaltsvollstreckungsübereinkommen von 1958 und 1973 keinen Vorrang beanspruchen, hat der Gläubiger die Wahl, ob er nach dem einschlägigen Haager oder nach dem EG-Übereinkommen vorgehen will (vgl im einzelnen Vorbem 129 zu Art 20 EGBGB). Entgegen dem sonst bestehenden Verbot der Vermischung verschiedener Staatsverträge erlaubt es das EG-Übereinkommen sogar, die Anerkennungsvoraussetzungen dem Haager Übereinkommen zu entnehmen, das Vollstreckbarerklärungsverfahren aber nach dem EG-Übereinkommen ablaufen zu lassen (s Art 25 Abs 2 des Beitrittsübereinkommens von 1978).

b) Bilaterale Abkommen 165

Die bilateralen Anerkennungs- und Vollstreckungsverträge, an welche die Bundesrepublik Deutschland gebunden ist, beziehen sich regelmäßig auch auf Unterhaltsentscheidungen (s im einzelnen Vorbem 128 zu Art 20 EGBGB; ferner WAEHLER in Hdb IZVR III/2 Kap II Rz 61 ff), schließen aber eine Anerkennung und Vollstreckung nach dem multilateralen Übereinkommen, die in der Regel günstiger ist, nicht aus. Im Vertrag mit Norwegen vom 17. 6. 1977 (BGBl 1981 II 341) werden die Unterhaltssachen nicht unmittelbar erfaßt, sondern das Haager Unterhaltsvollstreckungsübereinkommen von 1958 wird – unter Ausdehnung seines sachlichen Anwendungsbereichs – für anwendbar erklärt.

c) Autonomes deutsches Recht 166

Die Anerkennungsvoraussetzungen, die das autonome deutsche Recht aufstellt, sind für Unterhaltsentscheidungen – wie für sonstige Entscheidungen – dem § 328 ZPO zu entnehmen. Eine besondere Problematik entsteht, wenn das Abstammungsurteil, auf das die Unterhaltspflicht letztlich zurückgeht, im Inland nicht anerkannt werden kann. Da die Verbindung zwischen Status- und Folgeentscheidung indes nicht zwingend ist (zB wenn das ausländische Recht noch eine Zahlvaterschaft kennt), bestehen keine grundsätzlichen Bedenken, im Einzelfall eine Unterhaltsentscheidung trotz Nichtanerkennung der Statusentscheidung anzuerkennen (näher MARTINY in Hdb IZVR III/1 Kap I Rz 333).

Vorbemerkungen zu Art 21 nF

Schrifttum

Vgl vor allem Bergmann-Ferid, Internationales Ehe- und Kindschaftsrecht; ferner (zu mehreren Ländern): Kohler, Zur Legitimation von Ehebruchskindern nach einigen westindischen Rechten, insbes nach dem Recht von St. Vincent, StAZ 1974, 174; Pauwels (Hrsg), La réforme du droit de la filiation, Brüssel 1981. Im übrigen s die Nachweise bei den einzelnen Ländern.

Systematische Übersicht

Alphabetische Übersicht

Vorbemerkungen

 Dieter Henrich

A. Rechtsvergleichende Vorbemerkungen

1 I. Erscheinungsformen

Im deutschen materiellen Recht unterscheidet man drei Erscheinungsformen der Legitimation: die Legitimation durch nachfolgende Ehe der Eltern (legitimatio per matrimonium subsequens: §§ 1719 ff BGB), die Ehelicherklärung auf Antrag des Vaters (§§ 1723 ff BGB) und die Ehelicherklärung auf Antrag des Kindes (§§ 1740 a ff BGB).

Ein Blick auf fremde Rechtsordnungen zeigt, daß es daneben noch andere Weisen gibt, einem nichtehelichen Kind die Rechtsstellung eines ehelichen Kindes zu verschaffen. Die wichtigste ist die Legitimation durch Anerkennung. Hier sind zu unterscheiden die Fälle, in denen das Kind mit der Anerkennung eine bessere Stellung erhält als ein nichteheliches Kind (Anerkennung „mit Standesfolge"), und solche, in denen zwischen ehelichen und nichtehelichen Kindern nicht mehr unterschieden wird, die Feststellung der Vaterschaft dem Kind also eine Rechtsstellung verschafft, die für eheliche und nichteheliche Kinder die gleiche ist. Schließlich gehören hierher auch die Fälle, in denen nichteheliche Kinder völlig rechtlos gestellt und darum auch nicht anerkennungsfähig sind. Hier bedeutet Anerkennung stets Anerkennung als legitimes Kind („Legitimanerkennung").

Unter Legitimation wird darum im folgenden zunächst einmal jeder Rechtsvorgang verstanden, der einem nichtehelichen Kind (dh einem Kind, dessen Eltern bei seiner Geburt oder seiner Empfängnis nicht miteinander verheiratet waren) die Stellung eines ehelichen Kindes verschafft. Es wird später zu prüfen sein, ob alle diese verschiedenen Formen einer Legitimation unter Art 21 EGBGB zu subsumieren sind.

2 II. Geschichte

Sowohl die Legitimation durch nachfolgende Ehe als auch die Legitimation in anderer Weise haben ihre Wurzel im römischen Recht. Die Legitimation durch nachfolgende Ehe (legitimatio per matrimonium subsequens) geht auf Kaiser Konstantin zurück. Wenn der Erzeuger seine Konkubine heiratete, so erhielten die aus dieser Verbindung stammenden Kinder (liberi naturales) die volle Stellung ehelicher Kinder (C. 5, 27, 5 ff). Vorausgesetzt war ein Konkubinat eines Unverheirateten, der keine ehelichen Kinder hatte, mit einer Freigeborenen. Justinian verlangte die Zustimmung des Kindes (Kaser, Römisches Privatrecht[14] § 61 II b aa). Die Legitimation in anderer Weise hat ihre historische Wurzel in der von Justinian eingeführten Legitimation durch kaiserlichen Gnadenakt (legitimatio per rescriptum principis). Vorausgesetzt war, daß eine Ehe zwischen den Eltern nicht möglich oder nicht zumutbar war und keine ehelichen Kinder vorhanden waren. Außerdem mußte die Mutter eine Freie sein (Kaser § 61 II b cc).

3 Größere Bedeutung erlangte das Rechtsinstitut der Legitimation durch nachfolgende Ehe, als im Mittelalter auf Drängen der Kirche nichteheliche Kinder in steigendem Maße gesellschaftlich und rechtlich gegenüber den ehelich geborenen Kindern zurückgesetzt wurden. Durch ein Dekret Papst Alexander III. fand im Jahr 1179 – als Ausgleich für diese Schlechterbehandlung – die legitimatio per subsequens matrimonium Eingang in das kanonische Recht. Dabei wurde die Legitimationsfähigkeit auf alle nichtehelichen Kinder ausgedehnt, sofern sie nicht aus einem Ehebruch stammten oder in Blutschande erzeugt waren.

Unter dem Einfluß der Kirche setzte sich die Legitimation durch nachfolgende Ehe bald auch im weltlichen Bereich durch, zunächst in den romanischen und den nordischen Ländern, später auch in Deutschland. Lediglich in England scheiterte ihre Übernahme auf der Reichsversammlung zu Merton 1236 am Widerstand der Barone („nolumus Angliae leges mutare"). Dort wurde die Legitimation durch nachfolgende Eheschließung erst im Jahr 1926 eingeführt (vgl. DÖLLE, Familienrecht Bd II [1965] 517).

Die Legitimation per rescriptum principis wurde ebenfalls im Mittelalter neu belebt. 4
Papst Innozenz III. nahm Anfang des 13. Jh das Recht für sich in Anspruch, Kinder für ehelich zu erklären. Seinem Beispiel folgten die deutschen Kaiser und die französischen Könige. Sie legitimierten Kinder aus nichtigen Ehen von Fürsten und Grafen und gelegentlich auch deren nichteheliche Kinder. Später delegierten die deutschen Kaiser das Recht, solche Legitimationen vorzunehmen, auf die Pfalzgrafen. Noch später waren es dann die Landesherren, die dieses Recht für sich in Anspruch nahmen. Anders als im römischen und im kanonischen Recht konnten im weltlichen Bereich nichteheliche Kinder auch dann per rescriptum principis legitimiert werden, wenn eheliche Nachkommen vorhanden waren und eine Eheschließung möglich gewesen wäre (vgl DÖLLE 539 f).

III. Rechtsvergleichendes zum materiellen Legitimationsrecht 5

Die neuere und neueste Entwicklung des Legitimationsrechts ist durch zwei Tendenzen gekennzeichnet. Während früher – unter dem Einfluß der Kirche – Ehebruchskinder und in Blutschande gezeugte Kinder von der Legitimation vielfach ausgenommen waren, setzte sich insbes in den fünfziger Jahren die Auffassung durch, daß alle Kinder, deren Eltern einander geheiratet hatten, gleich behandelt werden sollten. Es gehe nicht an, so sagte man, Kinder „ex damnato coitu" unter dem Fehltritt ihrer Eltern leiden zu lassen. Reformgesetze diesen Inhalts wurden etwa in Frankreich (Gesetz v 5. 7. 1956), Belgien (Gesetze v 10. 2. 1958 und v. 1. 7. 1974), England (Legitimacy Acts 1959 und 1976) und Italien (Gesetz v 19. 5. 1975) erlassen.

Parallel zu dieser Gleichstellung aller Kinder, deren Eltern miteinander verheiratet 6
waren, verlief die allmähliche Gleichstellung der nichtehelichen Kinder mit den ehelichen Kindern. Stellt man eheliche und nichteheliche Kinder einander völlig gleich, so wird eine Legitimation überflüssig. Sie kann als Rechtsinstitut beseitigt werden. Diesen Weg gingen nach dem Ende des Zweiten Weltkriegs zunächst einige der sozialistischen Staaten (Albanien, Bulgarien, Polen, Rumänien, Tschechoslowakei). Inzwischen sind ihnen andere Länder gefolgt (Griechenland, Norwegen, Portugal, Schweden).

In der nachfolgenden rechtsvergleichenden Übersicht wird folglich zu differenzieren sein zwischen Ländern, die das Rechtsinstitut der Legitimation nicht oder nicht mehr kennen, und solchen, die nach wie vor an der Möglichkeit einer Legitimation festhalten. Bei diesen wiederum ist weiter zu differenzieren nach den Formen der Legitimation (Legitimation durch nachfolgende Ehe und Legitimation in anderer Weise) und den jeweiligen Voraussetzungen der Legitimation.

1. Länder ohne Rechtsinstitut der Legitimation

a) Islamischer Rechtskreis 7

Das islamische Recht kennt den Begriff des nichtehelichen Kindes nicht und deswegen auch keine Legitimation. Einem Mann sind geschlechtliche Beziehungen zu einer Frau nur erlaubt, wenn und soweit zwischen beiden bestimmte, den

Geschlechtsverkehr legitimierende Rechtsbeziehungen (Ehe, Konkubinat mit der Sklavin) bestehen. Jeder nicht so legitimierte Geschlechtsverkehr ist zinā. Zinā – nach klassischem islamischem Recht mit Steinigung geahndet – kann keine legitimen Abkömmlinge hervorbringen. Abstammung meint darum im islamischen Recht stets legitime Abstammung. Eine illegitime Abstammung hat darum keinerlei Rechtsfolgen. Es gibt sie nicht. Eine Eheschließung der Eltern ist auf den Status des Kindes ohne Einfluß.

8 Ersetzt wird die fehlende Legitimation allerdings durch die Anerkennung des Kindes. Das klassische islamische Recht geht davon aus, daß die durch eine Anerkennung bewiesene Abstammung auf einer – keines eigenen Beweises bedürfenden – vollgültigen Ehe beruht. Das Anerkenntnis muß lediglich schlüssig sein, dh es muß zwischen Anerkennendem und Kind ein entsprechender Altersunterschied bestehen, das Kind darf nicht legitimes Kind eines anderen Mannes sein, und es darf der Anerkennende bei der Anerkennung nicht zum Ausdruck bringen, daß er mit der Mutter des Kindes im Zeitpunkt der Zeugung nicht gültig verheiratet war (vgl. Kohler, Das Vaterschaftsanerkenntnis im Islamrecht und seine Bedeutung für das deutsche internationale Privatrecht [1976], 110ff; ders, Erwerb und Beweis der väterlichen Abstammung nach jordanisch-islamischem Recht: Einige Zweifelsfragen, IPRax 1983, 171, 172; Krüger, Anerkenntnis der Vaterschaft im tunesischen Recht, StAZ 1977, 245ff; Wengler, Zur Legitimanerkennung im Islamrecht, IPRax 1982, 211; ders, Immer wieder: Die Legitimanerkennung des Islamrechts, StAZ 1985, 269; Jayme-Goussous, Zur Anerkennung eines vorehelichen deutschen Kindes durch den jordanischen Vater, IPRax 1982, 179; Klinkhardt, Den Schein wahren – Zur „Legitimation" nach Islamrecht in der deutschen Praxis, IPRax 1985, 192; ders, Abschied von der Islamanerkennung – Noch einmal: Zu ihrer Qualifikation, IPRax 1987, 360.

9 Das klassische islamische Recht ist teilweise kodifiziert, teilweise unkodifiziert. Abweichungen innerhalb der einzelnen Rechtsschulen (hanefitische und malekitische Schule) lassen die oben dargestellten Grundsätze im wesentlichen unberührt. Vgl im einzelnen:

Ägypten: BGH 14. 1. 1971 BGHZ 55, 188 = IPRspr 1971 Nr 101; OLG Köln 5. 4. 1976 OLGZ 1976, 300 = IPRspr 1976 Nr 102; Saad, Grundzüge des ägyptischen Ehe- und Kindschaftsrechts, StAZ 1983, 153, 159ff;

Afghanistan: AG Freiburg 26. 2. 1980 StAZ 1981, 149 = IPRspr 1980 Nr 106 A; LG Freiburg 1. 3. 1982 Justiz 1982, 294 = IPRspr 1982 Nr 97;

Algerien: OLG Köln 8. 11. 1976 OLGZ 1977, 154 = IPRspr 1976 Nr 108; AG Duisburg 24. 7. 1980 StAZ 1980, 335 = IPRspr 1980 Nr 110; OLG Frankfurt 3. 1. 1984 StAZ 1984, 158 = IPRax 1984, 220 mit Anm D. H.; Klinkhardt IPRax 1985, 194; Forstner StAZ 1987, 239ff;

Burma: IPG 1982 Nr 25 (Berlin);

Indien: Calcutta High Court 15. 2. 1980 IPRax 1982, 200;

Indonesien: IPG 1982 Nr 26 (Hamburg); OLG Köln 3. 5. 1982 IPRspr 1982 Nr 98;

Irak: AG Berlin-Schöneberg 24. 1. 1966 FamRZ 1966, 373 = IPRspr 1966–67 Nr 141;

Iran: OLG Frankfurt 30. 3. 1976 OLGZ 1976, 295 = IPRspr 1976 Nr 109;

Jemen (Volksrepublik): AG Göttingen 21. 12. 1973 IPRspr 1973 Nr 100;

Jordanien: BGH 30. 9. 1981 IPRax 1982, 192; BayObLG 26. 8. 1982, Rpfleger 1982, 421 = IPRspr 1982 Nr 99; LG Berlin 3. 5. 1984 DAVorm 1984, 939 = IPRspr 1984 Nr 105; JAYME-GOUSSOUS IPRax 1982, 179; KOHLER IPRax 1983, 171;

Kuwait: AG Hamburg 9. 6. 1965 DAVorm 1965, 226 = IPRspr 1964–65 Nr 157;

Libanon: OLG Celle 9. 2. 1967 IPRspr 1966–67 Nr 147;

Libyen: IPG 1976 Nr 33 (Köln);

Marokko: OLG Köln 8. 11. 1976 ZblJR 1977, 93 = IPRspr 1976 Nr 106 und 3. 5. 1985 IPRax 1986, 181;

Pakistan: OLG Köln 6. 6. 1979 StAZ 1979, 241 = IPRspr 1979 Nr 124;

Sudan: OLG Köln 2. 12. 1980 IPRspr 1980 Nr 96 A; LG Hamburg 13. 8. 1985 StAZ 1986, 12;

Syrien: AG Duisburg 23. 5. 1980 IPRspr 1980 Nr 109; AG Hildesheim 1. 9. 1980 IPRspr 1980 Nr 113;

Tunesien: BGH 26. 10. 1977 BGHZ 69, 387 = IPRspr 1977 Nr 98 b; AG Flensburg 31. 12. 1980 StAZ 1981, 199 = IPRspr 1980 Nr 115; LG Bonn 16. 2. 1982 StAZ 1983, 78; KLINKHARDT IPRax 1985, 195.

b) Andere religiöse Rechte 10

Das Hindurecht stellt nichteheliche Kinder zwar nicht rechtlos, sieht aber eine Legitimation durch nachfolgende Ehe nicht vor.

Indien: OLG Hamm 10. 11. 1958 FamRZ 1959, 28 = IPRspr 1960/61 Nr 115; OLG Zweibrücken 9. 3. 1982 IPRax 1983, 43.

Dasselbe gilt für das Recht der Zoroastrier.

Iran: AG Hannover 18. 9. 1981 StAZ 1982, 72 = IPRspr 1981 Nr 119; BERGMANN-FERID Iran, 13.

Auch nach jüdischem Recht ist eine Eheschließung zwischen den Eltern weder ausreichend noch erforderlich, dem Kind den Status eines legitimen Kindes zu verleihen. Notwendig ist nur die Bekundung der Kindesmutter, daß ein bestimmter Mann mit ihr während der Empfängniszeit Verkehr gehabt habe und das Kind aus diesem Verkehr stamme, sowie das (formlose) Eingeständnis der Vaterschaft seitens des betreffenden Vaters. Kinder, die aus einem Inzest oder einem Ehebruch stammen, können allerdings nicht zu legitimen Kindern werden.

Israel: IPG 1980–81 Nr 34 (Berlin).

c) Keine Legitimation wegen völliger Gleichstellung ehelicher und nichtehelicher Kinder 11

aa) Europäische Staaten

Nach dem Ende des Zweiten Weltkriegs hat eine Reihe von europäischen Staaten im Zuge der völligen Gleichstellung ehelicher und nichtehelicher Kinder das Rechtsinstitut der Legitimation abgeschafft. Hierher gehören:

Albanien;

Belgien (Ges v 31. 3. 1987);

Bulgarien (BERGMANN-FERID, Bulgarien, 25);

Dänemark (Ges v 6. 6. 1985);

DDR (gleichwohl heißt es in § 54 Abs 4 FGB noch immer: „Heiraten die Eltern eines vor der Eheschließung geborenen Kindes, so erlangt es mit der Eheschließung die Rechtsstellung eines während der Ehe geborenen Kindes"):

Griechenland (vgl CHIOTELLIS, Zur Reform des griechischen Familienrechts: ein Überblick IPRax 1983, 302, 304; KOUMANTOS, Das neue Familienrecht in Griechenland, StAZ 1984, 271, 276f);

Jugoslawien (einzelne Teilrepubliken messen allerdings der Eheschließung nach wie vor Bedeutung zu; vgl etwa Art 98 des kroatischen Gesetzes über die Ehe und Familienbeziehungen v 10. 3. 1978: „Das Kind gilt als in der Ehe geboren, wenn seine Eltern nach seiner Geburt die Ehe miteinander schließen"; ebenso Art 8 des mazedonischen Gesetzes über die Beziehungen zwischen Eltern und Kindern v 29. 1. 1973; Art 28 Abs 1 des montenegrinischen Gesetzes über die Beziehungen zwischen Eltern und Kindern v 30. 12. 1975; Art 87 Abs 1 des serbischen Gesetzes über die Ehe und die Familienbeziehungen v 5. 6. 1980; Art 26 Abs 1 des Gesetzes über die Beziehungen zwischen Eltern und Kindern der Wojwodina v 4. 2. 1975. Gänzlich ohne Wirkungen ist eine Eheschließung der Eltern in Bosnien-Herzegowina und in Slowenien; zu Bosnien-Herzegowina s OLG Bremen 26. 3. 1984 StAZ 1984, 342 = IPRspr 1984 Nr 104; vgl auch CIGOJ, Legitimatio per subsequens matrimonium nach dem Recht der jugoslawischen Republiken und autonomen Provinzen, StAZ 1976, 242);

Norwegen (BERGMANN-FERID Norwegen, 33);

Polen (OLG Hamm 19. 2. 1969 StAZ 1969, 340 m Anm FRENDL = IPRspr 1968–69 Nr 144; IPG 1973 Nr 31 [Kiel]);

Portugal (BERGMANN-FERID Portugal, 20 c; überholt insoweit AG Wiesbaden 21. 6. 1979 und LG Wiesbaden 12. 7./1. 8. 1979 StAZ 1980, 124; vgl JAYME StAZ 1980, 199);

Rumänien;

Schweden (vgl dazu DOPFFEL, Legitimation nach ausländischem Recht StAZ 1983, 189);

Schweiz (gleichwohl heißt es in Art 259 Abs 1 ZGB: „Heiraten die Eltern einander, so finden auf das vorher geborene Kind die Bestimmungen über das während der Ehe geborene entsprechende Anwendung, sobald die Vaterschaft des Ehemannes durch Anerkennung oder Urteil festgestellt ist"; s auch AG Freiburg 11. 9. 1980 IPRspr 1980 Nr 113 A);

Tschechoslowakei (vgl dazu AG Hof-Rehau 9. 11. 1962 FamRZ 1963, 460 = IPRspr 1962–63 Nr 118; zur Auswirkung der Eheschließung auf die Namensführung des Kindes vgl § 39 Abs 1 FamGes v 4. 12. 1963);

Ungarn (AG Freiburg 17. 9. 1981 StAZ 1981, 297 = IPRspr 1981 Nr 118; s aber auch § 39 Abs 1 des Ges über die Ehe, die Familie und die Vormundschaft v 1952 idF des Ges Nr I/1974 [WGO 1974, 273 ff]).

12 **bb) Außereuropäische Staaten**

Auch außerhalb Europas kennt eine Reihe von Staaten wegen Gleichbehandlung ehelicher und nichtehelicher Kinder keine Legitimation mehr. Zu nennen sind hier etwa

Angola (Ges v 9. 4. 1977: Name und Kindschaft, Art 2);

Argentinien (Ges Nr 23264 v 16. 10. 1985);

Bolivien;

Burundi (vgl REICHELT, Das neue Personen- und Familiengesetz Burundis v 15. 1. 1980; ZfRvgl 1982, 222);

China (Volksrepublik): Art 19 des Ehegesetzes v 10. 9. 1980 (aA zu Unrecht AG Verden 16. 12. 1983 IPRspr 1983 Nr 106);

Ecuador;

Ghana: Jedenfalls, soweit die Eheschließung nach Stammesrecht erfolgte (vgl D. H., IPRax 1986, 45);

Guatemala (vgl BERGMANN-FERID, Guatemala, 19 f);

Kanada (hier ist die Legitimation in den Provinzen Ontario und Québec abgeschafft worden; Ontario: Ges v 4. 11. 1977 zur Reform des Ges über die Stellung der Kinder; Québec: Legitimation abgeschafft mit Wirkung v 2. 4. 1981);

Kapverdische Republik;

Kuba;

Neuseeland (seit dem Status of Children Act 1969);

Peru;

Venezuela (seit der Reform des cc durch das Ges v 6. 7. 1982);

Vereinigte Staaten von Amerika: Ursprünglich galt in den Vereinigten Staaten das Common Law, das eine Legitimation nichtehelicher Kinder durch nachfolgende Ehe ihrer Eltern nicht zuließ. Später wurde indessen in praktisch allen Einzelstaaten die Legitimation zugelassen. Eine neuere Entwicklung geht jedoch dahin, nichteheliche Kinder den ehelichen Kindern völlig gleichzustellen und deswegen die Legitimation – weil überflüssig – wieder abzuschaffen. Dies trifft insbes auf die Einzelstaaten zu, die den Uniform Parentage Act übernommen haben. Der Eheschließung der Eltern kommt danach nur noch insofern Bedeutung zu, als sie (zusammen mit anderen Umständen: Anerkennung der Vaterschaft, Eintragung des Vaters in die Geburtsurkunde, freiwillig übernommene Unterhaltsverpflichtung oder Unterhaltsurteil) eine Vermutung der Abstammung begründen kann. Der Uniform Parentage Act wurde bisher übernommen von Alabama, California, Colorado, Delaware, Hawaii, Illinois, Kansas, Minnesota, Montana, Nevada, New Jersey, North Dakota, Ohio, Rhode Island, Washington and Wyoming.

Abgeschafft wurde die Legitimation auch in Maryland (IPG 1975 Nr 29 [Köln]), Michigan (M.C.L.A. § 700.111) und Pennsylvania (48 P.S. 167).

Auch in Arizona, Indiana, Oklahoma und Oregon werden alle Kinder, gleichgültig, ob ihre Eltern miteinander verheiratet waren oder nicht, als legitime Kinder ihrer natürlichen Eltern angesehen (CLARK, The Law of Domestic Relations in the United States [1968] 158; GREEN/LONG, Marriage and Family Law Agreements [1984] 272).

2. Legitimation durch nachfolgende Ehe 13

Bei den Staaten, welche die Legitimation durch nachfolgende Ehe kennen, pflegt man zwischen solchen des Abstammungssystems und solchen des Anerkennungssystems zu unterscheiden. In den ersteren tritt die Legitimation allein aufgrund der Eheschließung ein. Dabei wird allerdings regelmäßig vorausgesetzt, daß der Ehemann der Mutter auch der wirkliche Vater des Kindes ist. In den Staaten des Anerkennungssystems geschieht die Legitimation durch Eheschließung verbunden mit der Anerkennung des Kindes entweder durch beide Eltern oder zumindest durch den Vater. Ist der Anerkennende nicht der wirkliche Vater des Kindes, so ist die Anerkennung (und damit auch die Legitimation) im Regelfall nicht unwirksam. Die Anerkennung hat grundsätzlich vor oder bei der Eheschließung zu erfolgen. Vielfach wird eine bestimmte Form vorgeschrieben und die Zustimmung des Kindes oder der Mutter verlangt. In einer Reihe von Staaten sind – entsprechend dem Vorbild des (früheren) kanonischen Rechts – bestimmte Gruppen von Kindern (Inzest- und Ehebruchskinder) von der Anerkennung und/oder Legitimation ausgeschlossen.

14 Im einzelnen gibt es vielfach Überschneidungen zwischen den beiden Systemen. So gehen die Staaten des Abstammungssystems zunehmend dazu über, die Legitimation durch nachfolgende Ehe von einer vorherigen Feststellung der Abstammung abhängig zu machen, wobei diese Feststellung sowohl durch Anerkennung als auch vom Gericht getroffen werden kann. Andrerseits wird auch in den Ländern des Anerkennungssystems zunehmend eine Legitimation auch bei gerichtlicher Abstammungsfeststellung zugelassen.

Eine Übersicht im einzelnen ergibt folgendes Bild:

15 **a) Europäische Staaten**

DDR: § 54 Abs 4 FGB: „Heiraten die Eltern eines vor der Eheschließung geborenen Kindes, so erlangt es mit der Eheschließung die Rechtsstellung eines während der Ehe geborenen Kindes."

Der Vater wird durch Anerkennung der Vaterschaft oder gerichtliche Entscheidung festgestellt. Für die Anerkennung ist die Zustimmung der Mutter notwendig.

Finnland: Durch die Eheschließung seiner Eltern wird ein nichteheliches Kind ehelich. Voraussetzung ist eine gültige Ehe der Eltern sowie die durch Anerkennung oder Urteil vor oder nach Eheschließung erfolgte Feststellung, daß der Ehemann der Mutter der Vater des Kindes ist (vgl § 2 des Ges v 5. 9. 1975 betr die Einführung des Vaterschaftsgesetzes, sowie Bergmann-Ferid, Finnland 33). Zur Einwilligung des Kindes in die Anerkennung s § 16 des Ges v 5. 9. 1975 über die Vaterschaft.

Frankreich: Art 331 cc: „(1) Alle nichtehelich geborenen Kinder werden durch die nachfolgende Ehe ihrer Eltern kraft Gesetzes ehelich.

(2) War die Abstammung noch nicht festgestellt, so bilden diese Kinder den Gegenstand einer Anerkennung bei der Eheschließung . . .".

Art 331-1 cc: „(1) Wird die Abstammung eines Kindes von seinen beiden Eltern oder von nur einem von ihnen erst nach der Eheschließung festgestellt, so tritt die Legitimation nur aufgrund eines Urteils ein."

Keine Zustimmung des Kindes zur Anerkennung! Vgl dazu auch LG Bonn 1. 9. 1981 und OLG Köln 2. 12. 1981 IPRax 1982, 118 m Anm E. J.

Großbritannien: Grundlage der Legitimation ist in England der Legitimacy Act 1976, in Schottland der Legitimation (Scotland) Act 1968. Nach beiden Gesetzen wird ein nichteheliches Kind vom Zeitpunkt der Eheschließung seiner Eltern an ehelich. Eine vorherige förmliche Feststellung der Vaterschaft ist nicht erforderlich.

Irland: Grundlage der Legitimation ist der Legitimacy Act 1931. Die Legitimation tritt mit der Heirat der Eltern ein. Legitimiert werden können aber nur solche Kinder, deren Eltern zZ der Geburt oder während der vorhergehenden 10 Monate eine gültige Ehe eingehen konnten.

Island: Nach § 2 des Gesetzes über die Stellung der Eltern gegenüber unehelichen Kindern v 5. 6. 1947 gilt ein Kind als ein eheliches, wenn seine Eltern einander heiraten.

Italien: Nichteheliche Kinder werden durch die nachfolgende Ehe ihrer Eltern legitimiert (Art 280 cc). Kinder, die nicht anerkannt werden können, können auch nicht legitimiert werden (Art 281 cc). Voraussetzung für die Legitimation ist Feststellung der Vaterschaft und der Mutterschaft. Vaterschaft und Mutterschaft können sowohl durch Anerkennung als auch gerichtlich festgestellt werden. Die Anerkennung setzt bei einem Kind, welches das 16. Lebensjahr vollendet hat, seine Zustimmung, bei einem jüngeren Kind die Zustimmung desjenigen Elternteils voraus, der das Kind bereits anerkannt hat (Art 250 cc). Die Feststellung der Vaterschaft und der Mutterschaft ist auch möglich bei Ehebruchskindern (Art 250 cc), bei Kindern, deren Eltern in verbotenem Grad miteinander verwandt oder verschwägert sind, nur bei gutem Glauben des anerkennenden Elternteils (Art 251 cc). Vgl auch LG Bonn 12. 2. 1980 IPRax 1981, 27; LG Köln 23. 1. 1985 StAZ 1985, 108.

Jugoslawien: In Kroatien, Mazedonien, Montenegro, Serbien und der Wojwodina gilt ein Kind als in der Ehe geboren, wenn seine Eltern nach seiner Geburt die Ehe miteinander schließen (s o Rz 11). Als Vater eines außer der Ehe geborenen Kindes gilt der Mann, der es als sein Kind anerkannt hat oder dessen Vaterschaft durch Gerichtsurteil festgestellt worden ist. Das Vaterschaftsanerkenntnis wird nur eingetragen, wenn die Mutter dem Anerkenntnis zustimmt. In Kroatien, Montenegro, Serbien und der Wojwodina wird unter bestimmten Voraussetzungen auch eine Zustimmung des Kindes verlangt, in Kroatien (Art 114 des Gesetzes über die Ehe und die Familienbeziehungen) und Serbien (Art 95 des Ges über die Ehe und die Familienbeziehungen) dann, wenn das Kind das 16. Lebensjahr vollendet hat, in Montenegro (Art 30 des Ges über die Beziehungen zwischen Eltern und Kindern) und der Wojwodina (Art 29 des Ges über die Beziehungen zwischen Eltern und Kindern) dann, wenn das Kind volljährig ist. Ist das Kind noch nicht 16 Jahre alt, so ist in Kroatien und Serbien die Zustimmung des Vormundes erforderlich, wenn die Mutter nicht mehr am Leben oder ihr Aufenthaltsort unbekannt oder sie für tot erklärt oder geschäftsunfähig ist.

Luxemburg: Art 330 cc: „Alle außer der Ehe geborenen Kinder, deren Abstammung gesetzmäßig festgestellt ist, werden von Rechts wegen durch die nachträgliche Eheschließung ihrer Eltern legitimiert. Ist die Abstammung noch nicht festgestellt, so können diese Kinder im Zeitpunkt der Eheschließung anerkannt werden." Art 331 cc stimmt wörtlich mit Art 331-1 des französischen cc überein.

Niederlande: Art 214 BW: „Ein natürliches Kind wird legitimiert, wenn es vom Ehemann der Mutter vor oder während der Ehe oder nach Auflösung der Ehe durch den Tod der Mutter anerkannt wird." Ein nichteheliches Kind hat den Status eines natürlichen Kindes seiner Mutter (keine Mutterschaftsanerkennung erforderlich!). Den Status eines natürlichen Kindes seines Vaters erlangt es durch Anerkennung. Unter dem Vater eines natürlichen Kindes wird derjenige verstanden, der das Kind anerkannt hat (Art 221 BW). Eine Anerkennung ist ausgeschlossen, wenn der Vater die Mutter wegen des Eheverbotes der Verwandtschaft nicht heiraten konnte oder er im Zeitpunkt der Zeugung des Kindes verheiratet war. Zu Lebzeiten der Mutter ist deren Einwilligung erforderlich, bei Volljährigkeit des Kindes auch die Einwilligung des Kindes (Art 224 BW).

Österreich: § 161 Abs 1 ABGB: „Ist die Vaterschaft zum Kind festgestellt (§ 163 b) und schließen Vater und Mutter des Kindes die Ehe, so wird das Kind zum Zeitpunkt der Eheschließung seiner Eltern ehelich." Die Vaterschaft wird festgestellt durch Anerkenntnis oder Urteil (§ 163 b ABGB). Ein Anerkenntnis hat nur dann feststellende Wirkung, wenn der Anerkennende von der Mutter – in bestimmten Fällen von der Mutter und dem Kind – als Vater bezeichnet wird (§ 163 c Abs 2 AGBG).

Schweiz: Trotz Gleichstellung der nichtehelichen mit den ehelichen Kindern und Abschaffung des Rechtsinstituts der Legitimation heißt es noch immer in Art 259 Abs 1 ZGB: „Heiraten die Eltern einander, so finden auf das vorher geborene Kind die Bestimmungen über das während der Ehe geborene entsprechende Anwendung, sobald die Vaterschaft des Ehemannes durch Anerkennung oder Urteil festgestellt ist.“ Das ist eine verdeckte Legitimation (Flattet in: La réforme du droit de la filiation, hrsg von J M Pauwels, Brüssel 1981, Nr 314; s auch AG Freiburg 11. 9. 1980 IPRspr 1980 Nr 113 A).

Spanien: Art 119 Abs 1 cc: „Die Abstammung wird vom Zeitpunkt der Eheschließung der Eltern an zu einer ehelichen, wenn diese nach der Geburt des Kindes stattfindet, vorausgesetzt, die Tatsache der Abstammung ist gesetzlich nach den Vorschriften des nächsten Abschnittes bestimmt.“

Art 120 cc: „Die nichteheliche Abstammung wird gesetzlich bestimmt:

1. durch das Anerkenntnis vor dem Zivilstandsbeamten in einem Testament oder in einer anderen öffentlichen Urkunde;

2. durch einen Beschluß, der in einem Verfahren ergangen ist, das in Übereinstimmung mit dem Gesetz über das Zivilregister durchgeführt worden ist;

3. durch rkr Urteil;

4. hinsichtlich der Mutter dann, wenn die Abstammung von ihr aus der in Übereinstimmung mit den Vorschriften des Zivilregistergesetzes fristgemäß erfolgten Geburtseintragung hervorgeht.“

Ein volljähriges Kind kann nur mit seiner Zustimmung anerkannt werden (Art 123 cc), ein minderjähriges Kind grds nur mit Zustimmung seines gesetzlichen Vertreters oder mit richterlicher Billigung unter Anhörung der Staatsanwaltschaft und des gesetzlich bekannten Elternteils (Art 124 cc).

Die Anerkennung eines in Blutschande gezeugten Kindes kann nur mit richterlicher Erlaubnis erfolgen (Art 125 cc).

Vatikanstadt: Can 1139 CIC: Nichteheliche Kinder werden legitimiert durch nachfolgende Eheschließung der Eltern, sei es eine gültige Ehe oder eine Putativ-Ehe, oder durch Reskript des Heiligen Stuhls.

Zypern: Ges über nichteheliche Kinder, Sec 4: Wenn die Eltern eines nichtehelichen Kindes miteinander die Ehe schließen, erwirbt das Kind vom Tage seiner Geburt an die Rechtsstellung eines ehelichen Kindes im Verhältnis zu seinem Vater und zu seiner Mutter und deren beider Blutsverwandten.

16 **b) Außereuropäische Staaten**

Ägypten: Legitimation, wenn das Recht der Religionsgemeinschaft, zu der beide Eltern sich bekennen, sie zuläßt; vgl KG 27. 3. 1981 NJW 1982, 528 = IPRspr 1981 Nr 116.

Antigua und Barbuda: Legitimation nach englischem Vorbild, allerdings mit Legitimationsverbot für Ehebruchskinder; vgl Kohler StAZ 1974, 174.

Australien: Legitimation wird nach englischem Vorbild anerkannt (Sec 89, 90 Marriage Act 1961–1976).

Barbados: Legitimation nach englischem Vorbild; auch Ehebruchskinder können legitimiert werden; vgl Kohler StAZ 1974, 174.

Benin: Legitimation nach Stammesgewohnheitsrecht durch nachfolgende Ehe der Eltern; vgl AG Traunstein 1. 3. 1976 IPRspr 1976 Nr 101.

Brasilien: Art 353 cc: „Die Verheiratung der Eltern hat die Legitimation zur Folge, wenn das Kind empfangen oder bereits vorhanden war." Voraussetzung: Anerkennung durch die Eltern. Anerkennungsverbot für Kinder, die aus Blutschande oder Ehebruch hervorgegangen sind.

Chile: Art 202 cc: „Ehelich sind auch die Kinder, welche außerhalb einer Ehe empfangen und nach der Eheschließung ihrer Eltern gem den nachstehenden Bestimmungen legitimiert worden sind." Voraussetzung: Die Kinder hatten bei der Eheschließung die Eigenschaft natürlicher Kinder beider Ehegatten (Art 207 cc). Unter welchen Voraussetzungen Kinder die Eigenschaft natürlicher Kinder haben, ergibt sich aus Art 270 ff cc.

China (Republik): § 1064 BGB: „Ein uneheliches Kind gilt als ehelich, wenn der natürliche Vater mit der natürlichen Mutter die Ehe schließt." Vorausgesetzt wird die ausdrückliche oder stillschweigende Anerkennung durch den Vater (§ 1065 BGB).

Costa Rica: Art 81 Abs 1 cc: „Kinder, die von ihren Eltern vor der Eheschließung erzeugt worden sind, gelten nach Eingehung der Ehe als aus der Ehe hervorgegangen. Die entsprechende Erklärung kann vom Vater oder gemeinsam von den Eltern abgegeben werden: in einem Testament, in öffentlicher Urkunde, in einer schriftlichen Erklärung gegenüber dem Zivilstandsregister oder vor dem Amtsträger, der die Trauung vornimmt, zusammen mit den auf die Vornahme der Eheschließung gerichteten Anträgen oder aber auch im Augenblick der Eheschließung selbst."

Dominica: Legitimation nach englischem Vorbild; Legitimationsverbot für Ehebruchskinder; vgl Kohler StAZ 1974, 174.

Dominikanische Republik: Art 331 cc: „Uneheliche Kinder, mit Ausnahme der in Blutschande oder im Ehebruch erzeugten, können durch die nachfolgende Ehe ihrer Eltern legitimiert werden, wenn diese sie entweder vor der Heirat gesetzmäßig anerkannt haben oder bei der Eheschließung anerkennen."

Dschibuti: IPG 1983 Nr 29 (Berlin).

Elfenbeinküste: Art 30 des Ges v 7. 10. 1964 über Vaterschaft und Abstammung: „Ein außereheliches Kind wird durch die nachfolgende Eheschließung seiner Eltern von Rechts wegen legitimiert." Anerkennung durch den Vater ist Voraussetzung.

El Salvador: Art 214 ff cc: Heirat der Eltern bewirkt Legitimation der Kinder, deren Abstammung feststeht. Vorausgesetzt wird grds Anerkennung oder gerichtliche Feststellung.

Ghana: Nichteheliche Kinder werden durch Heirat der Eltern nach der Marriage Ordinance legitimiert. Nach Stammesrecht kann ein Kind „legitim" auch dann sein, wenn seine Eltern nicht verheiratet sind; vgl Bergmann-Ferid, Ghana, 13 sowie AG Hamburg 11. 1. 1962 StAZ 1962, 218 = IPRspr 1962–63 Nr 112 und 19. 4. 1985 IPRax 1986, 44.

Grenada: Legitimation nach englischem Vorbild; Legitimationsverbot für Ehebruchskinder; vgl Kohler StAZ 1974, 174.

Haiti: Art 302 cc: „Die außerehelich geborenen Kinder mit Ausnahme der im Ehebruch und in Blutschande gezeugten werden durch die nachfolgende Ehe ihrer Eltern legitimiert, wenn diese sie in gesetzmäßiger Weise vor ihrer Ehe anerkannt haben oder bei der Eheschließung selbst anerkennen." Bei Anerkennung erst nach der Eheschließung ist ein Urteil erforderlich.

Honduras: Art 205 ff cc: Heirat der Eltern bewirkt Legitimation. Voraussetzung: Jeder Elternteil hat die Kinder als natürliche Kinder beider gem den ges Vorschriften anerkannt. Fehlt es an einer solchen Anerkennung, müssen die Eltern in der Heiratsurkunde oder in einer öffentlichen Urkunde die Kinder bezeichnen, denen sie diese Wohltat zuwenden wollen.

Hongkong: Legitimation nach englischem Vorbild (Legitimacy Ordinance); vgl AG Verden 16. 12. 1983 IPRspr 1983 Nr 106.

Indonesien: Art 272 BGB: Nichteheliche Kinder werden durch nachfolgende Eheschließung ihrer Eltern unter der Voraussetzung ehelich, daß die Vaterschaft vor der Eheschließung rechtswirksam anerkannt wurde oder bei der Eheschließung anerkannt wird. Kinder, die in Ehebruch oder Inzest gezeugt worden sind, können nicht anerkannt werden. Wenn die Eltern es versäumt haben, ihre natürlichen Kinder vor oder bei der Eheschließung anzuerkennen, kann dieses Versäumnis durch eine vom Generalgouverneur erteilte Ehelicherklärung behoben werden (Art 274 BGB). Vgl auch AG Hamburg 2. 3. 1979 DAVorm 1979, 543 = IPRspr 1979 Nr 122. Zur Rechtslage bei Geltung von Adatrecht s Bergmann-Ferid, Indonesien, 70 f. Zum Rückgriff auf das früher geltende Recht im Fall eines religionslosen, der Bevölkerungsgruppe der Auslandsorientalen mit chinesischer Abstammung zugehörenden Indonesiers vgl AG Darmstadt 4. 10. 1985 IPRax 1986, 116.

Japan: Art 789 BGB: Ein von seinem Vater anerkanntes Kind erwirbt die Stellung eines ehelichen Kindes durch die Eheschließung des Vaters mit der Mutter.

Kamerun: Nichteheliche Kinder werden durch nachfolgende Ehe ihrer Eltern legitimiert, wenn sie vor der Eheschließung gesetzmäßig anerkannt wurden oder bei der Eheschließung anerkannt werden (Art 331 cc).

Kanada: Nichteheliche Kinder werden durch die nachträgliche Eheschließung ihrer Eltern in den meisten Provinzen nach wie vor legitimiert. Lediglich Ontario und Québec haben die Legitimation abgeschafft. In New Foundland tritt die Legitimation nicht ein, wenn der Vater oder die Mutter im Zeitpunkt der Geburt des Kindes mit einer dritten Person verheiratet war (Sec 2 (2) des Ges über die Legitimation unehelich geborener Kinder).

Kenia: Legitimation nach englischem Vorbild (Legitimacy Act), soweit nicht islamisches oder Hindurecht Geltung beansprucht oder Stammesrecht gilt.

Kolumbien: Art 238 cc: Die Eheschließung der Eltern legitimiert ipso iure diejenigen Kinder, welche von dem einen und dem anderen Elternteil als natürliche Kinder beider gem den ges Vorschriften anerkannt sind. Art 239: Von diesen Fällen abgesehen tritt die Legitimation nicht ipso iure ein, sondern nur dann, wenn die Eltern in der Heiratsurkunde oder einer anderen öffentlichen Urkunde die Kinder bezeichnen, denen sie diese Wohltat zuwenden.

Korea (Republik): Art 855 Abs 2 BGB: Ein außerehelich geborenes Kind gilt von der Eheschließung an als ehelich geboren, wenn sein Vater und seine Mutter die Ehe miteinander eingehen.

Libanon: Es gilt das Recht der jeweiligen Religionsgemeinschaft, ua auch Can 1139 CIC. Für griechisch-orthodoxe Christen vgl IPG 1983 Nr 30 (Hamburg).

Liberia: Code of Liberia X. Titel § 65: „Uneheliche Kinder können in folgender Weise legitimiert werden: a) durch die nachfolgende Ehe ihrer natürlichen Eltern iVm der Aufnahme des Kindes in die elterliche Wohnung als Mitglied der Familie ..." S auch Müller-Imbeck StAZ 1986, 15.

Malaysia: Legitimacy Act 1961 Sec 4: Legitimation durch Heirat der Eltern nach englischem Vorbild.

Mali: Art 29 Code de la parenté: „Nichteheliche Kinder, außer Ehebruchskinder, werden durch die nachfolgende Ehe ihres Vaters und ihrer Mutter legitimiert, wenn diese vor der Eheschließung sie ges anerkannt haben oder im Augenblick der Eheschließung anerkennen." Vgl IPG 1980–81 Nr 35 (Köln).

Mexiko: Art 354 ff des cc für den Bundesdistrikt und die Territorien: Ein nichteheliches Kind wird durch die nachfolgende Ehe seiner Eltern legitimiert, wenn diese es vor oder bei der Eheschließung anerkannt haben oder während der Ehe anerkennen. Eintragung in der Geburtsurkunde ersetzt die ausdrückliche Anerkennung. Die Gesetzgebung in den einzelnen Bundesstaaten folgt diesem Vorbild. Vgl etwa für Tamaulipas Art 364 cc und IPG 1980–81 Nr 36 (Hamburg).

Nicaragua: Art 236 ff cc: Ein nichteheliches Kind wird durch die nachfolgende Ehe seiner Eltern legitimiert, wenn diese es vor oder bei der Eheschließung anerkannt haben oder während der Ehe anerkennen. Die Eintragung in die Geburtsurkunde ersetzt die ausdrückliche Anerkennung.

Nigeria: Legitimation ist in allen Einzelstaaten möglich durch nachfolgende monogame Ehe (Bergmann-Ferid Nigeria, 21).

Panama: Art 164 ff cc: Nur natürliche Kinder können durch Eheschließung legitimiert werden. Voraussetzung ist Anerkennung durch den Vater vor, bei oder nach der Eheschließung.

Philippinen: Art 269 ff cc: Nur natürliche Kinder können legitimiert werden. Natürliche Kinder sind solche, die zu einer Zeit empfangen wurden, als zwischen den Eltern kein Ehehindernis bestand. Voraussetzung der Legitimation ist die Anerkennung durch die Eltern vor oder nach der Eheschließung oder gerichtliche Feststellung als natürliches Kind.

Puerto Rico: Legitimation durch nachfolgende Ehe (Art 112 cc).

Senegal: Art 194 Code de la famille: Ein nichteheliches Kind wird durch die Eheschließung seiner Eltern legitimiert, wenn die Vaterschaft und die Mutterschaft feststeht. Die Vaterschaft kann auch nach der Eheschließung noch anerkannt werden. Vgl IPG 1980–81 Nr 37 (Berlin).

Singapur: Legitimation nach englischem Vorbild (Legitimacy Act).

Sri Lanka: Eheschließung der Eltern bewirkt Legitimation der vorehelichen Kinder, falls es sich nicht um Ehebruchskinder handelt (Marriage Registration Ordinance); vgl AG Bremen 13. 9. 1976 StAZ 1977, 141 = IPRspr 1976 Nr 105.

St Vincent: Legitimation nach englischem Vorbild; auch Ehebruchskinder können legitimiert werden. Vgl Kohler StAZ 1974, 174.

Sudan: Nichteheliche Kinder werden durch die nachfolgende Ehe ihrer Eltern legitimiert, wenn die Eltern nicht Mohammedaner sind (Sec 13 Non-Mohammedan Marriage Ordinance 1926).

Südafrikanische Republik: Nichteheliche Kinder, nach neuerer Rechtsprechung auch solche, die aus einer ehebrecherischen Verbindung hervorgegangen sind, werden durch die nachfolgende Ehe ihrer Eltern legitimiert (Bergmann-Ferid, Südafrikanische Republik, 29).

Tansania: Legitimation nur nach Stammesrecht; vgl Wanitzek, Kindschaftsrecht in Tansania (1986) 394.

Thailand: § 1547 Bürgerliches und Handelsgesetzbuch: Ein Kind, das einem Mann und einer Frau geboren wird, die nicht verheiratet sind, wird legitim, wenn der

Mann und die Frau später die Ehe eingehen, wenn der Vater es als sein Kind registrieren läßt oder das Gericht entscheidet, daß es ein legitimes Kind ist.

§ 1548 Abs 1: Der Vater kann die Eintragung seines legitimen Kindes ins Register nur verlangen, wenn das Kind und die Mutter nicht bestreiten, daß er der leibliche Vater ist. Wenn ein solcher Widerspruch erfolgt, kann die Eintragung als legitimes Kind nur erfolgen, wenn eine Entscheidung des Gerichts vorliegt.

Togo: Die Legitimation durch nachfolgende Ehe tritt – nach französischem Vorbild – jedenfalls dann ein, wenn die Eltern das Kind vor der Eheschließung anerkannt haben oder bei der Eheschließung anerkennen; vgl LG Bremen 24. 1. 1967 StAZ 1967, 274 = IPRspr 1966–67 Nr 153; zur Legitimation, wenn das Kind erst nach der Heirat anerkannt wird, vgl IPG 1984 Nr 33 (Berlin).

Trinidad und Tobago: Legitimation nach englischem Vorbild. Legitimationsverbot für Ehebruchskinder. Vgl Kohler StAZ 1974, 174.

Türkei: Art 247 ZGB: Ein nichtehelich geborenes Kind erhält durch die Heirat seiner Eltern die rechtliche Stellung eines ehelichen Kindes. Auch Ehebruchskinder können anerkannt werden. Art. 292 ZGB, der die Anerkennung von Ehebruchskindern untersagt, wurde vom türkischen Verfassungsgericht für verfassungswidrig erklärt und gilt nicht mehr. Das gleiche gilt für Art 310 Abs 2 ZGB, der die gerichtliche Feststellung der Vaterschaft (mit Standesfolge) untersagt, wenn der Vater zZ der Zeugung verheiratet war. Vgl StAZ 1981, 357 und Ansay StAZ 1981, 348.

Uruguay: Art 228 cc: Die natürlichen Kinder können nur durch die nachfolgende rechtsgültige Ehe ihrer Eltern legitimiert werden. Art 227: Natürliche Kinder sind solche, deren Eltern zZ ihrer Empfängnis nicht verheiratet waren und die als natürliche Kinder anerkannt oder erklärt sind.

Vereinigte Staaten von Amerika: Mit der zunehmenden Gleichstellung ehelicher und nichtehelicher Kinder nimmt die Zahl der Einzelstaaten, die noch eine Legitimation durch nachfolgende Ehe kennen, ständig ab. Immerhin gibt es eine solche Legitimation noch immer (zB) in Alaska (Stat § 25.20.050), Florida (F.S.A. § 742.091), Louisiana (Civil Code Art 198), Massachusetts (M.G.L.A. ch 190 § 7) oder New York (Domestic Relations Law § 24).

Daß auch Ehebruchskinder legitimiert werden können, wird angenommen zB in Florida, Louisiana, Missouri, New York und Texas, nicht aber – anscheinend – in Kentucky (vgl die Zusammenstellung in 80 ALR 3 d 230).

Vietnam: Art 131 der gesetzesvertretenden VO über das Eherecht, Kindschaftsrecht und eheliche Güterrecht vom 27. 7. 1964: Ein anerkanntes Kind wird durch die nachfolgende Ehe seiner Eltern legitimiert. Die noch nicht anerkannten Kinder werden legitimiert, wenn ihre Eltern sie bei der Eheschließung anerkennen. Art 116 f: Ehebruchs- und Blutschandekinder können nicht anerkannt werden. Ist der Vater oder die Mutter eines nichtehelichen Kindes verheiratet, so kann nur der ledige Elternteil das Kind anerkennen. Die erst nach der Eheschließung anerkannten Kinder werden erst durch ein in öffentlicher Sitzung ergehendes Urteil des Gerichts legitimiert, wenn das Gericht feststellt, daß das Kind seit der Eheschließung den Statusbesitz eines ehelichen Kindes hat (Art 131 Abs 2 der VO). Vgl AG Münster 14. 3. 1974 FamRZ 1974, 330 = IPRspr 1974 Nr 121.

17 **3. Legitimation in anderer Weise**

Auch die Legitimation in anderer Weise als durch Eheschließung der Eltern fand auf dem Umweg über das kanonische Recht (s heute c 1139 C.I.C.: Legitimation

„per rescriptum Sanctae Sedis“) Eingang in die staatliche Gesetzgebung. Sie ist allerdings weniger verbreitet als die Legitimation durch nachfolgende Ehe. Im einzelnen bestehen hinsichtlich ihrer Voraussetzungen, Wirkungen und der jeweils für den Ausspruch der Legitimation zuständigen Instanzen erhebliche Unterschiede. Gemeinsames Ziel ist, unabhängig von dem rechtlichen Verhältnis der Eltern zueinander, zwischen Vater und Kind eine Rechtsbeziehung zu begründen, die dem Kind den Status und die Rechte eines ehelichen Kindes verleiht oder es einem solchen wenigstens weitgehend gleichstellt.

Die typischen Fälle der legitimatio per rescriptum principis (wobei an die Stelle des princeps heute meist ein Gericht tritt) sind die, in denen die Eltern des Kindes aus irgendwelchen Gründen einander nicht (mehr) heiraten können (zB, weil ein Elternteil verstorben ist oder weil ein Eheverbot besteht) oder wollen. Ein Überblick ergibt folgendes Bild:

a) Europäische Staaten 18

Bundesrepublik Deutschland: Eine Ehelicherklärung auf andere Weise als durch nachfolgende Ehe kann geschehen entweder auf Antrag des Vaters, wenn die Ehelicherklärung dem Wohl des Kindes entspricht und ihr keine schwerwiegenden Gründe entgegenstehen (§ 1723 BGB), oder auf Antrag des Kindes, wenn die Eltern verlobt waren und das Verlöbnis durch Tod eines Elternteils aufgelöst worden ist (§ 1740 a BGB).

Frankreich: Eine Legitimation durch gerichtliche Ehelicherklärung kann auf Antrag eines Elternteils oder beider Eltern erfolgen, wenn eine Ehe zwischen den Eltern nicht möglich ist (zB, weil ein Elternteil bereits verheiratet ist), Art 333 cc. Ob eine solche Legitimation auch dann möglich ist, wenn die Eltern lediglich einander nicht heiraten wollen, ist eine offene Frage (vgl D Huet-Weiller in: La réforme du droit de la filiation, hrsg von J M Pauwels, Brüssel 1981 Nr 107).

Italien: Eine Legitimation durch richterliche Anordnung kann erfolgen entweder auf Antrag der Eltern oder eines Elternteils, wenn es den Eltern oder einem Elternteil unmöglich ist, das Kind durch nachfolgende Ehe zu legitimieren, oder wenigstens ein schwerwiegendes Ehehindernis besteht (Art 284 cc), oder auf Antrag des Kindes, wenn ein Elternteil vor seinem Tod in einem Testament oder einer öffentlichen Urkunde den Willen geäußert hatte, sein nichteheliches Kind zu legitimieren (Art 285 cc), oder von einem der ehelichen Vorfahren eines verstorbenen Elternteils, wenn dieser das Kind anerkannt hatte (Art 286 cc).

Jugoslawien: In Teilen Jugoslawiens kann ein Kind durch das Gericht für ehelich erklärt werden, wenn die Eltern die Absicht hatten, die Ehe einzugehen, daran aber durch den Tod eines von ihnen gehindert wurden und der andere Elternteil oder das Kind einen entsprechenden Antrag stellt; außerdem dann, wenn die Eltern an der Eheschließung durch ein Ehehindernis gehindert waren, das nach der Empfängnis des Kindes entstanden ist, und ein Elternteil oder das Kind die Ehelicherklärung beantragt (Montenegro: Gesetz über die Beziehungen zwischen Eltern und Kindern vom 30. 12. 1975, Art 28 Abs 2; Serbien: Gesetz über die Ehe und die Familienbeziehungen vom 5. 6. 1980, Art 87 Abs 2; Wojwodina: Gesetz über die Beziehungen zwischen Eltern und Kindern vom 4. 2. 1975, Art 26 Abs 2 und 3).

Niederlande: Ist nach der Anerkennung des Kindes die beabsichtigte Eheschließung seiner Eltern durch den Tod eines von ihnen unmöglich geworden, so kann beim König eine Legitimationsurkunde beantragt werden. Der Antrag kann sowohl vom überlebenden Elternteil als auch nach dessen Tod vom Kind gestellt werden (Art 215 Abs 1 BW). Ein solcher Antrag kann auch gestellt werden, wenn der

Mann, der die Mutter in Kenntnis von deren Schwangerschaft heiraten wollte, vor der Geburt des Kindes verstorben ist, ohne es anerkannt zu haben (Art 215 Abs 2 BW).

Österreich: Nach § 162 ABGB können die Eltern eines nichtehelichen Kindes um eine Legitimation „durch Begünstigung des Landesfürsten" (heute: durch Ehelicherklärung durch den Bundespräsidenten) ansuchen, wenn sie das Kind gleich einem ehelichen der Standesvorzüge oder des Rechts an dem frei vererblichen Vermögen teilhaft machen wollen. Eine solche Ehelicherklärung erfolgt, wenn eine Ehe der Eltern nicht möglich oder nicht tunlich ist. Ihre Wirkung ist schwächer als die der Legitimation durch nachfolgende Ehe: „In Rücksicht auf die übrigen Familienmitglieder hat diese Begünstigung keine Wirkung" (§ 162 S 4 ABGB).

Zypern: Ein nichteheliches Kind kann durch gerichtliche Verfügung für ehelich erklärt werden. Zu den Voraussetzungen s Sec 6 des Ges über nichteheliche Kinder (Bergmann-Ferid, Zypern, 68).

19 **b) Außereuropäische Staaten**

Außerhalb Europas gibt es eine Legitimation auf andere Weise als durch Eheschließung der Eltern nur in wenigen Staaten. Genannt seien etwa:

Indonesien (Art 274, 275 BGB);

Liberia (Code of Liberia, X. Titel § 65 b: Antrag eines Elternteils beim Probate Court);

Südafrikanische Republik: Eine legitimatio per rescriptum principis war zwar im älteren römisch-holländischen Recht vorgesehen, ist aber außer Übung gekommen (Bergmann-Ferid, Südafrikanische Republik, 29);

Thailand: S oben Rdnr 16.

Türkei: Ein Kind von Eltern, welche sich die Ehe versprochen hatten, aber infolge des Todes eines Verlobten oder infolge des Verlustes der zur Eheschließung erforderlichen Urteilsfähigkeit nicht getraut werden konnten, wird auf Verlangen des anderen Verlobten oder des Kindes selbst vom Richter für ehelich erklärt (Art 249 ZGB);

Vereinigte Staaten: In Louisiana hat jeder Elternteil eines nichtehelichen Kindes die Möglichkeit, das Kind durch eine Erklärung vor einem Notar und zwei Zeugen zu legitimieren (Civil Code Art 200).

In anderen Einzelstaaten wird gelegentlich von einer Legitimation durch Anerkennung gesprochen oder von einer „Adoption" durch öffentliche Anerkennung und Aufnahme in die Familie (Oklahoma: Matter of Swarer, 566 P 2 d 126 [1977]; Utah: Mace v Webb, 614 P 2 d 647 [1980]; Idaho Code § 16–1510).

B. Rechtsquellen zum internationalen Legitimationsrecht

20 **I. Staatsverträge**

1. Römisches CIEC-Übereinkommen über die Legitimation durch nachfolgende Ehe vom 10. 9. 1970*

Das Abkommen ist von der Bundesrepublik Deutschland zwar gezeichnet, aber bisher nicht ratifiziert worden. Es ist am 8. 2. 1976 für Frankreich und Österreich in

* **Schrifttum:** Böhmer StAZ 1971, 272; Edlbacher ZfRV 1976, 164; Österr StA 1976, 41 ff.

Kraft getreten und gilt heute ferner für die Türkei (seit dem 2. 5. 1976), die Niederlande (seit dem 31. 7. 1977), Italien (seit 5. 8. 1978) und Luxemburg (seit 10. 8. 1983). Nach Art 5 und Art 9 wurde es als loi uniforme beschlossen und wird daher von den Vertragsstaaten auch im Verhältnis zu Nichtvertragsstaaten angewandt. Es hat, soweit hier von Interesse, folgenden Wortlaut (JAYME/HAUSMANN, Internationales Privat- und Verfahrensrecht, 3. Aufl Nr 33):

Abschnitt I

Art 1

(1) Hat nach den innerstaatlichen Bestimmungen des Heimatrechts des Vaters oder der Mutter deren Ehe die Legitimation eines vorehelichen Kindes zur Folge, so ist diese Legitimation in den Vertragsstaaten wirksam.

(2) Der Abs 1 gilt sowohl für Legitimationen, die sich aus der Eheschließung selbst ergeben, als auch für solche, die nachträglich durch eine gerichtliche Entscheidung festgestellt werden.

Art 2

(1) Jeder Vertragsstaat kann sich jedoch bei der Unterzeichnung, der in Art 11 vorgesehenen Notifikation oder dem Beitritt das Recht vorbehalten, die Legitimation nicht als wirksam anzusehen,

a) wenn bewiesen ist, daß das Kind nicht von denjenigen abstammt, die es legitimiert haben;

b) wenn die in seinem Hoheitsgebiet geschlossene Ehe nach seinem Recht nicht zustande gekommen oder nichtig ist;

c) wenn die Ehe eines Angehörigen dieses Staates nach dessen Recht nicht zustande gekommen oder nichtig ist;

d) oder wenn das von einem seiner Staatsangehörigen abstammende Kind diesem gegenüber ein Kind aus einem Ehebruch ist.

(2) Der Vorbehalt kann nicht gemacht werden, wenn das innerstaatliche Recht des betreffenden Staates eine solche Legitimation nicht verbietet.

[Vorbehalte nach Art 2 Abs 1 haben folgende Vertragsstaaten erklärt: die Niederlande (lit b und c); Österreich (lit a, b und c) sowie die Türkei (lit a, b und c).]

Art 3

Die Wirksamkeit einer nach den innerstaatlichen Bestimmungen des Heimatrechts des Vaters oder der Mutter eingetretenen Legitimation kann unter anderen Voraussetzungen als im Art 2 vorgesehen nicht verneint werden, auch nicht unter Berufung auf die öffentliche Ordnung.

Art 4

Entscheidungen, die in Streitigkeiten auf Grund der Anwendung des Art 2 ergehen, können nur im Hoheitsgebiet des Vertragsstaates geltend gemacht werden, in dem sie ergangen sind.

Art 5

Die vorstehenden Bestimmungen sind gegenüber allen Staaten, selbst Nichtvertragsstaaten, anzuwenden. Sie stehen der Anwendung anderer in den Vertragsstaaten geltender Regeln nicht entgegen, die für die Legitimation günstiger sind.

Art 6

(1) Ist der Geburtseintrag eines Kindes durch den Standesbeamten eines Vertragsstaats errichtet oder übertragen worden, so vermerkt dieser Standesbeamte die Legitimation in seinen Personenstandsbüchern, nachdem er selbst oder die Behörde, an deren Entscheidung er gebunden ist, festgestellt hat, daß die in diesem Übereinkommen festgesetzten Voraussetzungen erfüllt sind.

(2) Die Eintragung der Legitimation darf von keinem vorausgehenden gerichtlichen Anerkennungsverfahren abhängig gemacht werden. Das gleiche gilt, wenn es sich um eine Legitimation handelt, die nach der Eheschließung durch gerichtliche Entscheidung festgestellt worden ist.

Abschnitt II

Art 7

(1) Ist die Ehe in einem der Vertragsstaaten geschlossen worden und haben die Ehegatten erklärt, ein oder mehrere gemeinsame Kinder zu haben, deren Geburtseintrag auf dem Hoheitsgebiet eines anderen Vertragsstaates errichtet oder übertragen worden ist, so macht der Standesbeamte des Eheschließungsorts oder jede andere zuständige Behörde dem Standesbeamten des Ortes, wo der

Geburtseintrag errichtet oder übertragen worden ist, unmittelbar oder auf diplomatischem Weg eine Mitteilung, um ihm die Anerkennung der Legitimation zu ermöglichen, die sich aus der Ehe ergeben könnte. Dieser Mitteilung sind die ihm zur Verfügung stehenden Belege beizufügen. Ist die Legitimation nach der Eheschließung durch gerichtliche Entscheidung festgestellt worden, so ist die Mitteilung auf Veranlassung der Staatsanwaltschaft oder der sonst zuständigen Behörde zu machen.

(2) Für die Mitteilungen ist ein mehrsprachiges Formblatt nach dem Muster zu verwenden, das diesem Übereinkommen beigefügt ist. Diese Mitteilungen und die beigefügten Belege sind in den Hoheitsgebieten der Vertragsstaaten von jeder Beglaubigung befreit.

Art 8

Die Auszüge aus dem Geburtenbuch eines legitimierten Kindes sind so zu errichten, als beträfen sie ein eheliches Kind; sie dürfen die Legitimation nicht erkennen lassen.

Art 9

Die Anwendung dieses Abschnitts ist nicht auf die Staatsangehörigen der Vertragsstaaten beschränkt.

Abschnitt III

Art 10

(1) Im Sinne dieses Übereinkommens ist unter dem Heimatrecht einer Person das Recht des Staates zu verstehen, dem sie angehört, oder, falls es sich um einen Flüchtling oder einen Staatenlosen handelt, das Recht, das sein Personalstatut bestimmt.

(2) Für die Anwendung dieses Übereinkommens sind den Staatsangehörigen eines Staates die Flüchtlinge und die Staatenlosen gleichgestellt, deren Personalstatut durch das Recht dieses Staates bestimmt wird.

Art 11–12 (nicht abgedruckt)

Art 13

(1) Jeder Staat kann bei der Unterzeichnung, der Notifikation oder dem Beitritt erklären, daß er sich nicht verpflichtet, den Abschn I anzuwenden. [Von dem Vorbehalt nach Art 13 Abs 1 hat bisher lediglich Italien Gebrauch gemacht.]

Art 13 (2)–17 (nicht abgedruckt)

21 **2. New Yorker UN-Übereinkommen zur Verminderung der Staatenlosigkeit vom 30. 8. 1961** (BGBl 1977 II, 598)

Art 5

(1) Hat nach dem Recht eines Vertragsstaates eine Änderung des Personenstands wie Eheschließung, Auflösung der Ehe, Legitimation, Anerkennung oder Annahme als Kind den Verlust der Staatsangehörigkeit zur Folge, so ist der Verlust vom Besitz oder Erwerb einer anderen Staatsangehörigkeit abhängig.

22 **II. Deutsches Recht**

1. Das internationale Legitimationsrecht ist vornehmlich enthalten in **Art 21** und **Art 23 EGBGB**.

Zusätzlich sind von Bedeutung:

23 **2. RuStAG**

§ 5

Eine nach den deutschen Ges wirksame Legitimation durch einen Deutschen begründet für das Kind die Staatsangehörigkeit des Vaters.

24 **3. FGG**

§ 43 a

(1) Für Entscheidungen, welche die Ehelicherklärung betreffen, sind die deutschen Gerichte zuständig, wenn der Vater oder das Kind

1. Deutscher ist oder
2. seinen gewöhnlichen Aufenthalt im Inland hat.
Diese Zuständigkeit ist nicht ausschließlich.

(2) Für die Ehelicherklärung auf Antrag des Vaters ist das Gericht zuständig, in dessen Bezirk der Vater seinen Wohnsitz oder, falls ein solcher im Inland fehlt, seinen Aufenthalt hat; maßgebend ist der Wohnsitz oder Aufenthalt in dem Zeitpunkt, in dem der Antrag eingereicht oder im Fall des § 1733 Abs 2 des Bürgerlichen Gesetzbuches der Notar mit der Einreichung betraut wird.

(3) Ist der Vater Deutscher und hat er im Inland weder Wohnsitz noch Aufenthalt, so ist das AG Schöneberg in Berlin-Schöneberg zuständig. Es kann die Sache aus wichtigen Gründen an ein anderes Gericht abgeben; die Abgabeverfügung ist für dieses Gericht bindend. Ist der Vater nicht Deutscher und hat er im Inland weder Wohnsitz noch Aufenthalt, so ist das Gericht zuständig, in dessen Bezirk das Kind seinen Wohnsitz oder, falls ein solcher im Inland fehlt, seinen Aufenthalt hat; die Sätze 1 und 2 gelten entsprechend.

(4) Für die Ehelicherklärung auf Antrag des Kindes und die Verfügung, durch die dem überlebenden Elternteil nach § 1740 g des Bürgerlichen Gesetzbuchs der Name des Kindes erteilt wird, gelten die vorstehenden Vorschriften entsprechend. An die Stelle des Vaters tritt jedoch bei der Ehelicherklärung der überlebende Elternteil oder, wenn beide Eltern gestorben sind, das Kind, bei der Namenserteilung der überlebende Elternteil.

4. PStG 25

§ 31

(1) Ist ein nichteheliches Kind durch nachfolgende Ehe seiner Eltern ehelich geworden, so ist die Legitimation in das Geburtenbuch einzutragen, sobald die Vaterschaft des Mannes anerkannt oder rechtskräftig festgestellt ist. Die Eintragung ist ohne diese Voraussetzung zulässig, wenn sich die Legitimation nach ausländischem Recht bestimmt und nach diesem Recht die Rechtswirkungen der Legitimation ohne vorherige Anerkennung oder rechtskräftige Feststellung der Vaterschaft geltend gemacht werden können.

(2) Kommt für die Legitimation die Anwendung ausländischen Rechts in Betracht, so hat der Standesbeamte die Entscheidung des Amtsgerichts darüber herbeizuführen, ob die Legitimation einzutragen ist. Auf das Verfahren sind die Bestimmungen der §§ 48, 49 und 50 anzuwenden.

III. Ausländische Rechte

1. Europäische Staaten 26

Belgien: Die Frage der Legitimation wird meist mit der Frage der Filiation verknüpft. Haben das Kind und seine Eltern dieselbe Staatsangehörigkeit, gilt das gemeinsame Heimatrecht (Art 3 Abs 3 cc). Haben die Beteiligten nicht dieselbe Staatsangehörigkeit, wandte man früher meist das Heimatrecht des legitimierenden (anerkennenden) Vaters an; vgl die Nachweise bei Jayme-Pintens, Deutsch-belgische Legitimationen StAZ 1980, 5, 7 und Voss IPRax 1986, 120, 122. Davon gehen auch die deutschen Gerichte aus; vgl BGH 5. 2. 1975 BGHZ 64, 19 = IPRspr 1975 Nr 98 (Rückverweisung wurde gar nicht geprüft); LG Bonn 14. 3. 1978 StAZ 1978, 245 = IPRspr 1978 Nr 111; LG Bonn 18. 3. 1980 StAZ 1980, 238 = IPRspr 1980 Nr 108; LG Bonn 16. 10. 1984 StAZ 1984, 344 = IPRspr 1984 Nr 106. In jüngster Zeit geben die belgischen Gerichte indessen vielfach dem Heimatrecht des Kindes den Vorzug: Civ Liège 28. 4. 1980, Rev trim dr fam 1981, 97; Civ Bruxelles 22. 9. 1980, Rev trim dr fam 1981, 192; ebenso Rigaux, Droit international privé, Bd II (1979) Nr 986; Vander Elst-Weser, Droit international privé belge, Bd I (1983) Nr 18.2. Es finden sich aber nach wie vor auch Entscheidungen, welche die Legitimation an das Heimatrecht des Vaters anknüpfen: Rb Hasselt 30. 6. 1981, Rev trim dr fam 1982, 312.

Bulgarien: Kollisionsnormen zur Legitimation fehlen. Da sich aber sowohl die Abstammung des Kindes als auch die Beziehungen des Kindes zu seinen Eltern nach dem Heimatrecht des Kindes richten (Art 137 FamK), dürfte das Heimatrecht des Kindes auch für die Frage einer eventuellen Legitimation maßgebend sein.

Dänemark: Kollisionsnormen zur Legitimation fehlen. Da indessen Rechtswissenschaft und Praxis auf dem Boden des Domizilprinzips stehen, dürfte auch auf die Frage einer Legitimation das Domizilrecht der Beteiligten anwendbar sein.

DDR: Kollisionsnormen fehlen. Da sich aber sowohl die Abstammung des Kindes als auch das Rechtsverhältnis zwischen Eltern und Kindern nach dem Heimatrecht des Kindes richten (§§ 21, 22 RAG), dürfte dieses auch für eine eventuelle Legitimation maßgebend sein.

Finnland: Ges vom 5. 12. 1929 betreffend gewisse familienrechtliche Verhältnisse internationaler Natur, § 22: „Inwieweit ein nichteheliches Kind für den Fall, daß die Eltern die Ehe miteinander eingegangen sind, oder infolge eines anderen Umstands als eheliches Kind zu betrachten ist, richtet sich nach dem Recht des Staates, dem der Vater zZ des Eintretens eines solchen Umstands angehört."

Frankreich: Es gilt zunächst Art 1 des römischen CIEC-Übereinkommens über die Legitimation durch nachfolgende Ehe (oben Vorbem 20): Für die Legitimation durch nachfolgende Ehe genügt es bei verschiedener Staatsangehörigkeit der Eltern, wenn das Heimatrecht eines Elternteils die Legitimation eintreten läßt.

Darüber hinaus ist Art 311–16 (1) cc anwendbar: „Die Eheschließung der Eltern hat die Legitimation zur Folge, wenn ihr zZ der Eheschließung eine solche Rechtswirkung nach dem Ehewirkungsstatut, dem Personalstatut eines Ehegatten oder dem Personalstatut des Kindes zugebilligt wird."

Die Legitimation durch gerichtliche Ehelicherklärung richtet sich gem Art 311–16 (2) cc nach Wahl des Antragstellers entweder nach seinem Heimatrecht oder nach dem Heimatrecht des Kindes.

Griechenland: Ges Nr 1329/1983, Art 22: „Die durch nachträgliche Ehe zwischen den Eltern erfolgte Gleichstellung eines ohne Ehe seiner Eltern geborenen Kindes mit einem in der Ehe geborenen Kind bestimmt sich nach dem Recht, das die persönlichen Rechtsbeziehungen der Ehegatten unmittelbar nach der Eheschließung regelt. Die Gleichstellung durch amtlichen Akt bestimmt sich nach dem Recht der Staatsangehörigkeit des Vaters zZ des Aktes oder, wenn dieser nach dem Tod des Vaters vorgenommen wird, zZ seines Todes."

Großbritannien: Hier ist zwischen englischem und schottischem Recht zu unterscheiden.

England: Legitimacy Act 1976

Sec 2

Heiraten die Eltern eines nichtehelichen Kindes einander und ist der Vater des Kindes im Zeitpunkt der Eheschließung nicht in England domiziliert, sondern in einem Land, nach dessen Recht ein nichteheliches Kind durch die nachfolgende Ehe seiner Eltern legitimiert wird, so soll das Kind auch in England als legitimiert angesehen werden, selbst wenn das Recht des Staates, in dem der Vater zZ der Geburt des Kindes domiziliert war, eine Legitimation durch nachfolgende Ehe nicht erlaubt.

Schottland: Legitimation (Scotland) Act 1968

Sec 1

(1) Heiraten die Eltern eines nichtehelichen Kindes nach dem Inkrafttreten dieses Gesetzes, so bewirkt die Eheschließung unter der Voraussetzung, daß

a) der Vater des Kindes im Zeitpunkt der Eheschließung sein Domizil in Schottland hat und

b) das Kind zu diesem Zeitpunkt am Leben ist, daß das Kind vom Zeitpunkt der Eheschließung an ehelich wird, mit allen Rechten und Pflichten eines ehelichen Kindes.

(2) Abs 1 findet Anwendung auf ein nichteheliches Kind, das von einem Elternteil adoptiert worden ist, wenn der Adoptierende später den anderen Elternteil heiratet, so daß auch in diesem Fall das Kind ehelich wird.

Sec 5

(2) Wird nach dem Inkrafttreten dieses Gesetzes ein Kind außerhalb Schottlands nach den dort geltenden Gesetzen legitimiert, so steht der Umstand, daß der Vater des Kindes vor der Eheschließung mit der Mutter in einem Rechtsgebiet domiziliert war, das die Legitimation durch nachfolgende Ehe nicht erlaubt, der Anerkennung der Legitimation nicht entgegen.

(3) ...

(4) Ein Kind, das nach dem Recht des Landes oder Rechtsgebiets außerhalb Schottlands legitimiert wird, soll als durch die nachfolgende Ehe seiner Eltern legitimiert angesehen werden in jedem Fall, wo, nach dem Recht des betreffenden Landes oder Rechtsgebiets, die Eheschließung der Eltern eine notwendige Bedingung der Legitimation darstellt.

Irland: Legitimacy Act 1931, Sec 1: (1) Heiraten die Eltern einer nichtehelichen Person einander, so bewirkt die Eheschließung, sofern der Vater zZ der Eheschließung in Irland sein Domizil hatte oder hat, die Legitimation dieser Person, falls sie am Leben ist.

Italien: Italien hat zwar das CIEC-Übereinkommen über die Legitimation durch nachfolgende Ehe ratifiziert, dabei aber von dem Vorbehalt des Art 13 Gebrauch gemacht. Die in Art 1 dieses Übereinkommens vorgesehenen Alternativanknüpfungen gelten deshalb nicht; vgl LG Bonn IPRax 1981, 27. Maßgebend sind darum die allgemeinen Kollisionsnormen. Hier ist streitig, ob die Legitimation unter Art 17 disp prel oder unter Art 20 disp prel zu subsumieren ist. Art 17 handelt von der Entstehung eines Statusverhältnisses, Art 20 setzt ein Statusverhältnis bereits voraus.

Art 17

(1) Der Status ... der Personen und die Rechtsverhältnisse der Familie werden vom Recht des Staates bestimmt, dem sie angehören.

Art 20

(1) Die Rechtsbeziehungen zwischen Eltern und Kindern werden durch das Heimatrecht des Vaters oder, wenn nur die Mutterschaft festgestellt ist oder nur die Mutter das Kind legitimiert hat, durch das der Mutter bestimmt.

Für eine Subsumtion unter Art 17: Balladore-Pallieri, Dir int priv it (1974) 220 f, der allerdings bei einer Legitimation durch nachfolgende Ehe die Heimatrechte von Vater und Kind nicht kumulativ anwenden will, sondern allein auf das Heimatrecht des Vaters zZ der Legitimation abstellt; Ballarino, Dir int priv (1982), 759.

Für eine Subsumtion unter Art 20: Vitta, Dir int priv, Bd II (1973), 383 f; ders, Corso di dir int priv e proc (1976), 216: Heimatrecht des legitimierenden Elternteils im Zeitpunkt der Legitimation; Quadri, in: Scialoja-Branca, Commentario del codice civile, Disposizioni sulla legge in generale (1978), 195: Heimatrecht des Vaters.

S auch BayObLG 15. 11. 1966 FamRZ 1967, 507; AG Hildesheim 29. 7. 1980 IPRspr 1980 Nr 112 und AG Flensburg 16. 12. 1980 IPRspr 1980 Nr 114.

Jugoslawien: IPR-Gesetz

Art 43:

„(1) Für die Legitimation ist das Recht des Staates maßgebend, dessen Staatsangehörigkeit die Eltern besitzen; wenn die Eltern nicht dieselbe Staatsangehörigkeit haben, das Heimatrecht des Ehegatten, nach dem die Legitimation gültig ist.

(2) Liegen nach dem gem Abs 1 dieses Art ermittelten Recht die Voraussetzungen für eine Legitimation nicht vor, haben die Eltern und das Kind aber ihren Wohnsitz in der SFRJ, so ist das Recht der SFRJ maßgebend.

(3) Für die Zustimmung des Kindes oder anderer Personen sowie staatlicher Behörden ist das Recht des Staates maßgebend, dessen Staatsangehörigkeit das Kind besitzt.“

S auch OLG Bremen 14.3.1984 StAZ 1984, 342 = IPRspr 1984 Nr 103.

Niederlande: Es gilt Art 1 des römischen CIEC-Übereinkommens über die Legitimation durch nachfolgende Ehe (oben Rz 20). Für die Legitimation durch nachfolgende Ehe genügt es bei verschiedener Staatsangehörigkeit der Eltern, daß das Heimatrecht eines Elternteils die Legitimation eintreten läßt. Diese Regelung verdrängt die zuvor herrschende Praxis, die Legitimation allein nach dem Heimatrecht des Vaters zu beurteilen. Die Niederlande haben sich bei der Unterzeichnung des CIEC-Übereinkommens aber das Recht vorbehalten, eine Legitimation als nicht wirksam anzusehen, wenn die in ihrem Hoheitsgebiet geschlossene Ehe nach ihrem Recht nicht zustande gekommen oder nichtig ist oder wenn die Ehe eines Niederländers nach niederländischem Recht nicht zustande gekommen oder nichtig ist (Art 2 b, c des Übereinkommens).

Norwegen: Kollisionsnormen zur Legitimation fehlen. Aus der allgemeinen Geltung des Domizilprinzips wird jedoch geschlossen, daß für die Legitimation das am Wohnsitz der Beteiligten geltende Recht maßgeblich ist; vgl AG Hamburg 20.2.1968 IPRspr 1968–69 Nr 130.

Österreich: Es gilt zunächst Art 1 des römischen CIEC-Übereinkommens über die Legitimation durch nachfolgende Ehe (oben Rz 20). Für die Legitimation durch nachfolgende Ehe genügt es bei verschiedener Staatsangehörigkeit der Eltern, wenn das Heimatrecht eines Elternteils die Legitimation eintreten läßt. Österreich hat allerdings die in Art 2 a, b und c des CIEC-Übereinkommens vorgesehenen Vorbehalte erklärt.

Die Regelung in Art 1 des CIEC-Übereinkommens stimmt mit § 22 des österr IPR-Gesetzes überein: „Die Voraussetzungen der Legitimation eines unehelichen Kindes durch nachfolgende Ehe sind nach dem Personalstatut der Eltern zu beurteilen. Bei verschiedenem Personalstatut der Eltern ist dasjenige Personalstatut maßgebend, das für die Legitimation des Kindes günstiger ist.“

Zur Legitimation in sonstiger Weise bestimmt § 23 IPR-Gesetz: „Die Voraussetzungen der Legitimation eines unehelichen Kindes durch Ehelicherklärung sind nach dem Personalstatut des Vaters zu beurteilen; wird die Ehelicherklärung erst nach dem Tod des Vaters beantragt, so nach dem Personalstatut des Vaters im Zeitpunkt seines Todes. Ist nach dem Personalstatut des Kindes die Zustimmung des Kindes oder eines Dritten, zu dem das Kind in einem familienrechtlichen Verhältnis steht, erforderlich, so ist insoweit auch dieses Recht maßgebend.“

Schließlich heißt es in § 24 IPR-Gesetz: „Die Wirkungen der Ehelichkeit und der Legitimation eines Kindes sind nach dessen Personalstatut zu beurteilen.“

Polen: Kollisionsnormen zur Legitimation fehlen. Für die Rechtsverhältnisse zwischen den Eltern und einem Kind und für die Feststellung der Vaterschaft oder der Mutterschaft gilt das Heimatrecht des Kindes (Art 19 IPR-Gesetz). Dieses dürfte deswegen auch für das Vorliegen einer Legitimation maßgeblich sein. Vgl OLG Hamm 19.2.1969 OLGZ 1969, 267 = IPRspr 1968–69 Nr 144; PFAFF-WÄHLER, Familien- und Erbrecht der Flüchtlinge und Aussiedler (1971), 123.

Portugal: Kollisionsnormen zur Legitimation fehlen. Haben beide Eltern dieselbe Staatsangehörigkeit, kann jedoch angesichts der Kollisionsnormen zur Begründung der Kindschaft und zu den Beziehungen zwischen Eltern und Kindern (Art 56, 57 cc) von der Geltung des gemeinsamen Heimatrechts auch für die Legitimation ausgegangen werden. Sind die Eltern verschiedener Staatsangehörigkeit, so soll nach einer Meinung (LG Bielefeld 20. 6. 1983 StAZ 1984, 14 = IPRax 1984, 274; LG Bonn 7. 6. 1983 StAZ 1984, 15) das Recht des gemeinsamen gewöhnlichen Aufenthalts maßgebend sein. Demgegenüber plädiert Galvão (Rückverweisung in deutsch-portugiesischen Legitimationsfällen, IPRax 1984, 257) für die Anwendung desjenigen Heimatrechts der Eltern, das dem Kind günstiger ist, wobei er allerdings meint, das portugiesische Recht, das das Kind von der Geburt an einem ehelichen Kind gleichstellt und deswegen keine Legitimation vorsieht, sei dem Kind günstiger als das deutsche Recht. Für die alternative Anwendung der Heimatrechte der Eltern nach dem Günstigkeitsprinzip auch Bogler, StAZ 1987, 160, 163.

Rumänien: Kollisionsnormen zur Legitimation fehlen. Da die Verhältnisse zwischen Eltern und Kindern aber dem gemeinsamen Heimatrecht unterstehen (vgl Bergmann-Ferid, Rumänien, 12), kann von dessen Geltung auch für die Legitimation ausgegangen werden. Haben die Beteiligten nicht dieselbe Staatsangehörigkeit, dürfte das Heimatrecht des Kindes anzuwenden sein; vgl Nestor und Capatina, Clunet 1968, 418.

Schweden: Kollisionsnormen zur Legitimation fehlen.

Schweiz: Kollisionsnormen zur Legitimation fehlen. Nach dem IPR-Gesetzentwurf (Art 72 iVm Art 71) wird die im Ausland erfolgte Legitimation eines Kindes anerkannt, wenn sie nach dem Recht am gewöhnlichen Aufenthalt des Kindes, nach dem Recht am Wohnsitz der Mutter oder des Vaters oder nach dem Heimatrecht eines von ihnen gültig ist.

Spanien: Die Anknüpfung ist umstritten. Früher trat die Lehre für die Maßgeblichkeit des Heimatrechts des Vaters ein: Aguilar Navarro, Lecciones de derecho civil espagnol (1982) 234 f; s ferner BGH 7. 12. 1977 NJW 1978, 1107 = IPRspr 1977 Nr 96 b; BGH 8. 6. 1983 IPRax 1984, 271. Heute plädiert man für eine alternative Anknüpfung (Heimatrecht des Kindes oder eines Elternteils): Gonzales Campos ua, Derecho internacional privado. Parte especial. Bd II (1984), 204; Miaja de la Muela, Derecho internacional privado. Bd. II (10. Aufl 1987), 488.

Tschechoslowakei: Kollisionsnormen zur Legitimation fehlen. Da sich jedoch sowohl die Bestimmung der Vaterschaft als auch die Beziehungen zwischen Eltern und Kindern nach dem Heimatrecht des Kindes beurteilen (§§ 23, 24 des Ges über das internationale Privat- und Prozeßrecht), dürfte auch für die Frage einer Legitimation das Heimatrecht des Kindes maßgeblich sein.

Ungarn: Kollisionsnormen zur Legitimation fehlen. Für die Feststellung der Vaterschaft oder der Mutterschaft gilt das Heimatrecht des Kindes, dgl für die familienrechtlichen Beziehungen zwischen Eltern und Kindern (§§ 42, 45 der GesVO über das internationale Privatrecht). Dieses dürfte darum auch die Legitimation bestimmen. Auf die familienrechtliche Stellung eines in Ungarn wohnenden Kindes ist ungarisches Recht anwendbar, wenn es für das Kind günstiger ist (§ 46 der GesVO).

2. Außereuropäische Staaten 27

Ägypten: In Ägypten, wie in allen islamischen Staaten, stellen sich zwei Fragen: diejenige nach dem international und diejenige nach dem interpersonal anwendbaren Recht. Nach internationalem Privatrecht werden alle Fragen im Zusammenhang mit der Abstammung („nasab") eines Kindes unter die „Ehewirkungen" iS von Art 13 (1) BGB gerechnet. Diese bestimmen sich grds nach dem Heimatrecht des

Ehemannes zZ der Eheschließung. Ist ein Ehegatte Ägypter, gilt in jedem Fall ägyptisches Recht (Art 14 BGB). Ist ägyptisches Recht anwendbar, stellt sich die zweite Frage nach dem interpersonal anwendbaren Recht. In Ägypten ist, wie in den meisten orientalischen Staaten, das Familienrecht interpersonal (dh interreligiös) gespalten. Ist ein Elternteil Muslim, gilt in jedem Fall islamisches Recht. Sind beide Eltern Nicht-Moslems gleicher Konfession und gleichen Ritus, gilt ihr gemeinsames religiöses Recht. Sind Konfession oder Ritus unterschiedlich, gilt jedenfalls bei innerägyptischen Fällen wiederum Islamrecht. In Fällen mit Auslandsberührung wird bei Nicht-Moslems unterschiedlicher Konfession teils ebenfalls Islamrecht angewandt, teils das religiöse Recht des ägyptischen Ehemannes (vgl Wähler, Internationales Privatrecht und interreligiöses Kollisionsrecht, IPRax 1981, 163; Gannagé, Droit intercommunautaire et droit international privé, Clunet 1983, 479ff, 491; BGH 14.1.1971 BGHZ 55, 188 = IPRspr 1971 Nr 101; AG Bielefeld 17.8.1979 IPRax 1981, 179; KG 27.3.1981 NJW 1982, 528 = IPRspr 1981 Nr 116.

Äthiopien: Spezielle Kollisionsnormen fehlen. Die wenigen bekanntgewordenen Entscheidungen äthiopischer Gerichte zu Fragen des internationalen Familien- und Erbrechts gehen großenteils davon aus, daß die persönlichen und familiären Rechtsbeziehungen von der lex patria beherrscht werden; vgl Wengler Gutachten zum internationalen und ausländischen Familien- und Erbrecht Bd I (1971), 201f.

Afghanistan: Es ist zweifelhaft, ob auf das Heimatrecht des Vaters oder auf das Heimatrecht des Kindes abzustellen ist; vgl AG Freiburg 26.2.1980 StAZ 1981, 149 = IPRspr 1980 Nr 106 A. Die Legitimanerkennung durch einen islamischen Vater richtet sich in jedem Fall nach islamischem Recht; LG Freiburg 1.3.1982 Justiz 1982, 294 = IPRspr 1982 Nr 97.

Algerien: Die Rechtslage ist derjenigen in Ägypten vergleichbar. Das algerische IPR ist neu geregelt worden durch das algerische ZGB, in Kraft gesetzt durch Verordnung Nr 58/75 am 5.7.1975. Art 10 bestimmt: „Den Gesetzen, welche den Status und die Fähigkeit der Person betreffen, unterliegen die Algerier, auch wenn sie sich im Ausland aufhalten." Es kann unterstellt werden, daß ebenso wie in Ägypten die algerischen Gerichte auf die Frage einer Legitimation algerisches Recht anwenden werden, wenn auch nur ein Elternteil Algerier ist. Ist ein Elternteil Muslim, gilt dann islamisches Recht. Vgl AG Duisburg 24.7.1980 StAZ 1980, 335 = IPRspr 1980 Nr 110; OLG Frankfurt 3.1.1984 StAZ 1984, 158 = IPRax 1984, 220.

Argentinien: Wie sich aus Art 312 cc („Für Kinder, welche ihren Ursprungswohnsitz in der Republik haben, läßt dieses Gesetz keine andere Art der Legitimation als die durch nachfolgende Ehe der Eltern zu") und Art 313 cc („Bei Kindern, welche ihren Ursprungswohnsitz außerhalb der Republik haben, finden die Arten der Legitimation Anwendung, welche die Gesetze des Landes vorsehen, in dem dieser Wohnsitz liegt") ergibt, entscheidet über die Legitimation der Ursprungswohnsitz des Kindes. Ursprungswohnsitz des Kindes ist der Ort, an dem der Vater (wenn er das Kind anerkannt hat) am Tag der Geburt des Kindes seinen Wohnsitz hat (Art 89 S 2 cc). Vgl dazu Boggiano, Derecho internacional privado, Bd I, 2. Aufl 1983, 465ff sowie Belluscio(-Zannoni), Codigo civil, Bd II (1979), 200f.

Australien: Australisches Recht findet Anwendung, wenn der Vater des Kindes im Zeitpunkt der Eheschließung sein Domizil in Australien hat oder die Eheschließung in Australien oder außerhalb Australiens unter bestimmten Kautelen erfolgt (Sec 89 (3) Marriage Act 1961–1976). Im übrigen gilt das Recht des Ortes, an dem der Vater zZ der Eheschließung sein Domizil hatte (Sec 90 (1) Marriage Act 1961–1976). Vgl Sykes-Pryles, Australian Private International Law (1979), 308f; Nygh, The Child in Private International Law, in: HOLL-KLINKE, Internationales Privatrecht. Internationales Wirtschaftsrecht (1985), 385, 394.

Barbados: Das Kollisionsrecht folgt dem Common Law; vgl PATCHETT, IntEnc Bd I, B-9. Maßgebend ist das Domizilrecht des Vaters zZ der Eheschließung.

Benin: Rückverweisung nicht feststellbar; vgl AG Traunstein 1. 3. 1976 IPRspr 1976 Nr 101.

Bolivien: Allgemeine Kollisionsnormen zum Legitimationsrecht fehlen. Nach den 28
Kollisionsnormen des sog Codigo Bustamante (Art 60, 62), der von Bolivien ratifiziert worden ist, richten sich die Voraussetzungen einer Legitimation kumulativ nach dem Heimatrecht des Vaters und dem Heimatrecht des Kindes. Für die Wirkungen der Legitimation gilt das Heimatrecht des Kindes. Der Codigo Bustamante ist zwar nur im Verhältnis zu den Vertragsstaaten anzuwenden, wird von den Gerichten aber auch über diesen Anwendungsbereich hinaus zur Schließung von Lücken verwendet. Vgl SAMTLEBEN, Internationales Privatrecht in Lateinamerika, Bd I (1979), 158 ff.

Brasilien: Art 7 des Einführungsgesetzes zum cc bestimmt, daß das Ges des Landes, 29
in dem eine Person ihren Wohnsitz hat, die Vorschriften über den Beginn und das Ende der Persönlichkeit, den Namen, die Geschäftsfähigkeit und die Familienrechte bestimmt. In dem hierin verankerten Domizilprinzip liegt eine Rückverweisung auf die deutschen Ges, wenn die Eltern und das Kind ihren Wohnsitz in der Bundesrepublik haben. Vgl AG Hamburg 17. 2. 1967 IPRspr 1966–67 Nr 154.

Burundi: Nach Art 2 des Code des personnes et de la famille (Rev crit 1981, 576 ff) gilt für familienrechtliche Beziehungen das Heimatrecht der Beteiligten.

Chile: Nach Art 14 cc gelten die chilenischen Ges für alle Einwohner der Republik einschließlich der Ausländer. Ebenso gelten die chilenischen Ges, soweit Familienbeziehungen in Frage stehen, für alle Chilenen im Ausland (Art 15 Nr 2 cc). Chile hat ferner den Codigo Bustamante ratifiziert (oben Rz 28). Vgl auch SANHUEZA CRUS, IntEnc Bd I, C-58.

China (Republik): Nach Art 17 des Ges über die Anwendung bürgerlichen Rechts bei Ausländern v 6. 6. 1953 sind die Voraussetzungen einer Legitimation für den Legitimierenden und den Legitimierten bezüglich eines jeden von ihnen nach seinem Heimatrecht zZ der Anerkennung zu beurteilen. Die Wirkungen der Legitimation bestimmen sich nach dem Heimatrecht des Legitimierenden.

Costa Rica: Ebenso wie in Chile gilt nach dem Grundsatz der territorialidad Inlandsrecht sowohl für Ausländer im Inland als auch für Inländer im Ausland (Art 1, 2, 3 cc). Costa Rica gehört ferner zu den Vertragsstaaten des Codigo Bustamante (oben Rz 28).

Dominikanische Republik: Gem Art 3 (3) cc sind die Ges, welche den Personenstand und die Handlungsfähigkeit betreffen, für alle Dominikaner verbindlich, auch wenn sie sich im Ausland aufhalten. Die Dominikanische Republik gehört ferner zu den Vertragsstaaten des Codigo Bustamante (oben Rz 28).

Ecuador: Es gilt der Grundsatz der territorialidad: In Personenstandsangelegenheiten gilt das Recht von Ecuador sowohl für Ausländer im Inland als auch für Inländer im Ausland (Art 13, 14 cc). Ecuador gehört ferner zu den Vertragsstaaten des Codigo Bustamante (oben Rz 28).

El Salvador: Es gilt der Grundsatz der territorialidad: In Personenstandsangelegenheiten gilt das Recht von El Salvador sowohl für Ausländer im Inland als auch für Inländer im Ausland (Art 14, 15 cc). El Salvador gehört ferner zu den Vertragsstaaten des Codigo Bustamante (oben Rz 28).

Ghana: Der Courts Act 1935 enthielt eine allgemeine Verweisung auf das englische Common Law (Sec 83). Die Vorschrift gilt inhaltlich weiter. Danach richtet sich die Wirksamkeit einer Legitimation nach dem Domizilrecht des Vaters zZ der Eheschließung. Vgl AG Hamburg 11. 2. 1962 StAZ 1962, 218 = IPRspr 1962–63 Nr 112; AG Bonn 19. 4. 1985, IPRax 1986, 44.

Guatemala: Der Personenstand und die familienrechtlichen Beziehungen bestimmen sich nach dem Personalstatut. Personalstatut ist das Recht des Wohnsitzes (Art 17 des Dekretges über die Ausländer vom 25. 1. 1936 idF vom 16. 2. 1944). Guatemala gehört ferner zu den Vertragsstaaten des Codigo Bustamante (oben Rz 28). Vgl Aguirre Godoy, IntEnc Bd I G-73.

Guayana: Die Kollisionsnormen sind dieselben wie im englischen Recht; vgl Pollard, IntEnc Bd I, G-91.

Haiti: Nach Art 7 cc sind Haitianer, die im Ausland wohnen, den Ges von Haiti in Ansehung des Personenstands und der Geschäftsfähigkeit unterworfen. Haiti gehört ferner zu den Vertragsstaaten des Codigo Bustamante (oben Rz 28).

Honduras: Die Gesetze betreffend die Rechte und Pflichten der Familie oder den Personenstand, die Geschäfts- und Handlungsfähigkeit der Personen sind für die Honduraner auch dann verbindlich, wenn sie sich im Ausland aufhalten (Art 13 cc). Honduras gehört ferner zu den Vertragsstaaten des Codigo Bustamante (oben Rz 28).

Hongkong: Es gelten die Ges von Hongkong, wenn der Vater des Kindes im Zeitpunkt der Eheschließung sein Domizil in Hongkong oder eine enge Verbindung zu Hongkong hat (Sec 3 Legitimacy Ordinance). Hat der Vater zZ der Eheschließung sein Domizil in einem anderen Staat oder hat er mit einem anderen Staat eine enge Verbindung, so wird das Kind legitimiert, wenn nach den Ges dieses Staates die Eheschließung eine Legitimation bewirkt (Sec 8 Legitimacy Ordinance).

Indien: Ausdrückliche Kollisionsnormen fehlen. Im allgemeinen wird man von der Fortgeltung der Common Law Regeln ausgehen können, wonach sich die Legitimation eines Kindes nach dem Domizilrecht des Vaters (oder der Eltern) zZ der Eheschließung bestimmt. Vgl die Auskunft des indischen Ministry of Law and Justice vom 5. 5. 1971 (zitiert in AG Bielefeld 11. 6. 1971, IPRspr 1971 Nr 106); Wengler, Gutachten zum internationalen und ausländischen Familien- und Erbrecht Bd I (1971) Nr 33. S ferner OLG Zweibrücken 9. 3. 1982 IPRax 1983, 43.

Indonesien: Das indonesische Recht gilt für Indonesier auch dann, wenn sie im Ausland leben. Grds unterscheidet zwar das indonesische Recht interpersonal nach Bevölkerungsgruppen und religiösen Gemeinschaften. Jedoch ist nach einer Auskunft, die das indonesische Generalkonsulat in Hamburg dem Standesamt Hamburg Nord am 31. 5. 1974 erteilt hat, für im Ausland lebende Indonesier, die dort die Ehe nach bürgerlichem Recht geschlossen und nicht ausdrücklich erklärt haben, das sie betreffende religiöse Recht solle angewandt werden, das indonesische bürgerliche Recht anzuwenden; vgl AG Hamburg 18. 4. 1977, DAVorm 1977, 538 = IPRspr 1977 Nr 95 a. S ferner IPG 1982 Nr 26 (Hamburg) sowie OLG Köln 3. 5. 1982 IPRspr 1982 Nr 98.

Irak: Nach Art 19 (4) ZGB findet bei Fragen hinsichtlich der Ehelichkeit der Kinder, der elterlichen Sorge und aller Verpflichtungen zwischen Eltern und Kindern das Heimatrecht des Vaters Anwendung. Nach Art 19 (5) ZGB ist jedoch dann, wenn einer der Ehegatten zZ der Eheschließung Iraker ist, in jedem Fall irakisches Recht anzuwenden. S auch AG Berlin-Schöneberg 24. 1. 1966 FamRZ 1966, 373 = IPRspr 1966–67 Nr 141. Zum interreligiösen Recht gilt das zu Ägypten Gesagte entsprechend (oben Rz 27).

Iran: Die Beziehungen zwischen den Eltern und den Kindern bestimmen sich nach dem Heimatrecht des Vaters (Art 964 ZGB). Ergänzend heißt es in Art 6 ZGB: Die Ges über den Personenstand ebenso wie diejenigen über die Eheschließung und Ehescheidung ... finden auf alle Iraner Anwendung, auch wenn sie sich im Ausland befinden. Sind alle Beteiligten Iraner, so gilt im Verhältnis zwischen der Bundesrepublik und Iran iranisches Recht aufgrund von Art 8 des deutsch-iranischen Niederlassungsabkommens vom 17. 2. 1929. Interpersonal gilt islamisches Recht, wenn ein Elternteil sich zum Islam bekennt. Gehören beide Eltern einer (anerkannten) religiösen Minderheit an, so gilt deren Recht. Das ergibt sich aus Grundsatz 13 der Verfassung der Islamischen Republik, in welchem es heißt: „Iranische Bürger des zoroastrischen, jüdischen und christlichen Glaubens sind als offizielle religiöse Minderheiten anerkannt, die vollständig frei ihre religiösen Pflichten im Rahmen des Gesetzes ausüben können. Die Personenstandsangelegenheiten und die religiöse Erziehung erfolgen nach der entsprechenden eigenen Religion." Vgl auch AG Münster 3. 4. 1975 StAZ 1976, 175 = IPRspr 1975 Nr 102; OLG Frankfurt 30. 3. 1976 OLGZ 1976, 295 = IPRspr 1976 Nr 109; AG Hannover 18. 9. 1981 StAZ 1982, 72.

Israel: In allen Angelegenheiten des Personalstatuts gilt in Israel für israelische Staatsangehörige das Recht ihrer jeweiligen Religionsgemeinschaft, für Ausländer das Recht ihrer Staatsangehörigkeit (Art 51 und Art 64 Palestine Order in Council). Vgl Baker, The Legal System of Israel, 2. Aufl (1968), 160. Aus der weitgehenden Übernahme des englischen internationalen Privatrechts wird teilweise gefolgert, daß die Legitimation sich nach dem Domizilrecht der Beteiligten richte; vgl AG Münster 5. 5. 1975 DAVorm 1975, 395 = IPRspr 1975 Nr 103 (fußend auf einer Auskunft der israelischen Botschaft). Angesichts des klaren Wortlauts der zitierten Vorschrift der Palestine Order in Council dürfte es indessen nicht auf das Domizil, sondern auf das Heimatrecht der Beteiligten ankommen; vgl Yadin, Israel, in: IntEnc Bd I, I-89; IPG 1980–81 Nr 34 (Berlin).

Japan: Eine besondere Kollisionsnorm zur Legitimation fehlt. Da aber sowohl für die Ehelichkeit eines Kindes als auch für seine Anerkennung durch den Vater und für die rechtlichen Beziehungen zwischen den Eltern und den Kindern das Heimatrecht des Vaters gilt (§§ 17, 18, 20 des Ges über die Anwendung der Ges vom 21. 6. 1898) dürfte auch für die Legitimation das Heimatrecht des Vaters angewendet werden können.

Jemen: Die Rechtslage ist ebenso wie in Ägypten (s oben Rz 27). Vgl AG Göttingen 21. 12. 1973 IPRspr 1973 Nr 100.

Jordanien: Auch hierfür kann auf die Ausführungen zu Ägypten (oben Rz 27) verwiesen werden. Die Abstammung gilt als Ehewirkung und untersteht als solche gem Art 14 Abs 1 des jordanischen ZGB dem Heimatrecht des Ehemannes zZ der Eheschließung (dt Übersetzung bei Krüger, IPRax 1987, 126, 130).

Kanada: Ausdrückliche Kollisionsnormen finden sich nur im Legitimationsges von New Foundland (Bergmann-Ferid, Kanada 176f). Danach entscheidet über die Legitimation das Domizilrecht des Vaters zZ der Eheschließung. Dieselbe Regel kann auch für die anderen kanadischen Provinzen unterstellt werden. Vgl McLeod, The Conflict of Laws (1983), 303f; für Québec die Nachweise bei Castel, Droit international privé québécois (1980) 298 (der allerdings selbst dafür plädiert, auf das dem Kind günstigere Recht abzustellen) sowie Groffier, Précis de droit international privé québécois (1984), 105 (Domizil des Kindes).

Kenia: Maßgebend ist das Domizilrecht des Vaters zZ der Eheschließung: Sec 3 (1), 9 (1) Legitimacy Act.

Kolumbien: Es gilt der Grundsatz der territorialidad. Die kolumbianischen Ges gelten sowohl für Ausländer im Inland als auch – soweit Personenstandsangelegenheiten oder familienrechtliche Beziehungen in Frage stehen – für Kolumbianer im Ausland (Art 18, 19 cc). Kolumbien gehört ferner zu den Vertragsstaaten des Vertrags von Montevideo von 1889. Nach Art 16 dieses Vertrages gilt für die Legitimation durch nachfolgende Ehe das Recht, das die Ehewirkungen beherrscht. Für diese wiederum gilt nach Art 12 des Vertrags das Recht des ehelichen Wohnsitzes. Vgl auch AG Wolfsburg 27. 8. 1958 IPRspr 1958–59 Nr 130.

Korea (Republik): Es gilt das Heimatrecht des Vaters zZ der Legitimation (Bergmann-Ferid, Korea 10).

Kuba: Es gilt der Grundsatz der territorialidad: kubanisches Recht gilt sowohl für Ausländer im Inland als auch für Kubaner im Ausland (Art 9 cc). Außerdem ist Kuba Vertragsstaat des Codigo Bustamante (oben Rz 28).

Kuwait: Die Rechtslage ist ebenso wie in Ägypten (oben Rz 27). Vgl AG Hamburg 9. 6. 1965 DAVorm 1965, 226 = IPRspr 1965 Nr 157.

Libanon: Das Kollisionsrecht ist weitgehend unkodifiziert. Über das anwendbare Recht bestehen Zweifel. Nach einer Literaturmeinung wird die Legitimation durch nachfolgende Ehe dem Recht der Ehewirkungen unterstellt. Bei unterschiedlicher Staatsangehörigkeit der Ehegatten soll dies die Maßgeblichkeit des Rechts des gemeinsamen Wohnsitzes der Ehegatten bedeuten. Soweit die Legitimation von einer vorherigen Anerkennung der Vaterschaft oder der Mutterschaft abhängt, soll deren Gültigkeit sich nach dem Heimatrecht des Kindes bestimmen. Vgl Tyan, Droit international privé, 2. Aufl Beyrouth 1974 Nr 136. Einer anderen Meinung zufolge soll es stets auf das Recht der Religionsgemeinschaft ankommen, zu der sich der Vater des Kindes bekennt. Vgl LG Hannover 10. 11. 1966 DAVorm 1967, 71 = IPRspr 1966–67 Nr 147 a; OLG Celle 9. 2. 1967 IPRspr 1966–67 Nr 147 b. Richtig dürfte es sein, an das libanesische Recht jedenfalls dann anzuknüpfen, wenn ein Ehegatte Libanese ist und sodann die Vorschriften des interreligiösen Rechts (Recht der Religionsgemeinschaft, zu der sich der Vater bekennt oder nach deren Ritus die Ehe geschlossen wurde) anzuwenden. Vgl Gannagé, Lebanon, in: IntEnc Bd I, L-18; ders, Droit intercommunautaire et droit international privé, Clunet 1983, 479 ff, 492; IPG 1985 Nr 30 (Hamburg).

Liberia: Es gilt das Domizilrecht des Vaters zZ der Legitimation (Anlehnung an die – frühere – amerikanische Praxis). Vgl AG Hamburg 15. 7. 1966 StAZ 1967, 301 = IPRspr 1966–67 Nr 138 d.

Libyen: Die Rechtslage ist dieselbe wie in Ägypten (oben Rz 27). S auch IPG 1976 Nr 33 (Köln).

Malaysia: Es gilt das Domizilrecht des Vaters zZ der Eheschließung (Sec 4, 10 (1) Legitimacy Act 1961).

Mali: Haben Eltern und Kind dieselbe Staatsangehörigkeit, gilt das gemeinsame Heimatrecht. Haben die Eltern nicht dieselbe Staatsangehörigkeit, so dürfte das Heimatrecht des Mannes anwendbar sein; vgl IPG 1980–81 Nr 35 (Köln).

Marokko: Maßgebend ist das Heimatrecht der Beteiligten. Ist ein Ehegatte Marokkaner, gilt (vermutlich) marokkanisches Recht. Ist der Vater Mohammedaner, gilt islamisches Recht. Vgl Decroux, Le droit international privé marocain, Clunet 1983, 346 ff, 354. Die Frage einer eventuellen Rückverweisung wird offengelassen in OLG Köln 8. 11. 1976 ZblJR 1977, 93 = IPRspr 1976 Nr 106.

Mexiko: Es gilt der Grundsatz der territorialidad (Art 12 cc [Bundesdistrikt und Territorien]). Auf Mexikaner im Ausland ist ihr Heimatrecht anzuwenden.

Nicaragua: Für die Legitimation durch nachfolgende Ehe gilt das Ges, das auf die Eheschließung Anwendung findet (Art VI Nr 8 [Einleitender Titel] cc). Die Ehe bestimmt sich nach dem Ges des Ortes, wo sie geschlossen wird, und bei einem Wechsel des Wohnortes nach dem Ges des letzteren. Nicaragua ist ferner Vertragsstaat des Codigo Bustamante (oben Rz 28).

Nigeria: Maßgebend ist das Domizilrecht des Vaters zZ der Eheschließung (Sec 3 (1), 9 (1) Legitimation Law).

Pakistan: Familienrechtliche Beziehungen werden nach islamischem Recht beurteilt, wenn auch nur ein Elternteil sich zum Islam bekennt, ohne Rücksicht darauf, ob es sich um Inländer oder um Ausländer handelt. Vgl OLG Köln 10. 5. 1978 StAZ 1978, 244 = IPRspr 1978 Nr 112 und OLG Köln 6. 6. 1979 StAZ 1979, 241 = IPRspr 1979 Nr 124; jeweils unter Bezugnahme auf eine Note der pakistanischen Regierung vom 2. 10. 1977.

Panama: Das Recht von Panama gilt für alle Ausländer im Inland (Art 1 cc) und, soweit Familienrechte und Fragen des Personenstands zu beurteilen sind, auch für alle Staatsangehörigen Panamas im Ausland (Art 5 a cc). Im übrigen ist Panama Vertragsstaat des Codigo Bustamante (oben Rz 28).

Peru: Nach Art 2086 cc bestimmt sich die Legitimation durch nachfolgende Ehe nach dem Recht des Eheschließungsortes. Eine evtl erforderliche Zustimmung des Kindes richtet sich nach dem Recht von dessen Wohnsitz. Für die Legitimation in sonstiger Weise sind das Wohnsitzrecht des Legitimierenden und das des Kindes maßgebend.

Philippinen: Die philippinischen Ges betreffend die Rechte und Pflichten der Familie oder den Personenstand sind für die philippinischen Staatsangehörigen bindend, auch wenn sie sich im Ausland aufhalten (Art 15 cc).

Senegal: Art 844 I 1 des senegalesischen Code de la famille v 12. 6. 1972 verweist bezüglich der Legitimation eines Kindes auf die Kollisionsnorm über die Ehewirkungen. Für diese wiederum gilt in erster Linie das gemeinsame Heimatrecht, bei unterschiedlicher Staatsangehörigkeit der Ehegatten das Recht des gemeinsamen Wohnsitzes, hilfsweise der gemeinsame Aufenthalt und zuletzt die lex fori (Art 843 III Code de la famille). Vgl IPG 1980–81 Nr 37 (Berlin).

Singapur: Maßgebend ist das Domizilrecht des Vaters zZ der Eheschließung (Sec 3 (1), 9 (1) Legitimacy Act).

Sri Lanka: Es gilt das Domizilrecht des Vaters zZ der Eheschließung (möglicherweise unter zusätzlicher Berücksichtigung des Domizilrechts des Vaters zZ der Geburt des Kindes). Vgl AG Bremen 13. 6. 1976 StAZ 1977, 141 = IPRspr 1976 Nr 105.

St. Vincent: Es gilt das Domizilrecht des Vaters zZ der Eheschließung. Vgl Kohler StAZ 1974, 174.

Sudan: Im Prinzip gilt das Domizilrecht des Vaters zZ der Eheschließung. Ist der Vater Mohammedaner, gilt jedoch islamisches Recht. Gehören die Eltern einer anderen Religionsgemeinschaft an, so wird (jedenfalls bei Domizil im Sudan) das Recht ihrer religiösen Gemeinschaft angewandt. Vgl AG Hamburg-Wandsbek 13. 3. 1968 DAVorm 1968, 279 = IPRspr 1968–69 Nr 131; OLG Köln 2. 12. 1980 IPRspr 1980 Nr 96 A; Zaki Mustafa, The Common Law in the Sudan (1971), 195 f.

Südafrikanische Republik: Die Legitimation durch nachfolgende Ehe richtet sich nach dem Domizilrecht der Eltern im Zeitpunkt der Eheschließung (wobei die Ehefrau mit der Eheschließung das Domizil ihres Mannes erwirbt, die Eltern damit dasselbe Domizil haben). Vgl Forsyth, Private International Law (1981) 255.

Syrien: Ebenso wie in Ägypten werden alle Fragen im Zusammenhang mit der Abstammung eines Kindes zu den Ehewirkungen gerechnet; für diese gilt das Heimatrecht des Mannes zZ der Eheschließung (Art 14 Abs 1 BGB). Darüber hinaus gilt für alle Muslims, gleichgültig, in welchem Land sie sich aufhalten, islamisches Recht. Vgl AG Duisburg 23. 5. 1980 IPRspr 1980 Nr 109.

Thailand: Gem Sec 31 des Ges betreffend Gesetzeskollisionen vom 4. 8. 1937 bestimmt sich die Legitimation eines Kindes nach dem Heimatrecht des Vaters zZ der Legitimation; ist der Vater zu diesem Zeitpunkt bereits gestorben, so ist sein Heimatrecht zZ seines Todes maßgebend.

Togo: Nach Art 710 Code de la famille gilt für die eheliche Abstammung eines Kindes, wenn das Kind in einer Ehe geboren wird, das Recht der Ehewirkungen. Die Abstammung eines nicht in einer Ehe geborenen Kindes richtet sich nach dem Heimatrecht der Mutter, im Fall der Anerkennung nach dem Heimatrecht des Vaters. Bei unterschiedlicher Staatsangehörigkeit von Kind und Eltern gilt das Heimatrecht des Kindes.

Türkei: Die Legitimation unterliegt dem Heimatrecht des Vaters zZ der Legitimation und, falls die Legitimation nach diesem Recht nicht durchführbar ist, dem Heimatrecht der Mutter und, wenn auch nach diesem keine Legitimation möglich ist, dem Heimatrecht des Kindes (Art 16 IPR-Gesetz 1982).

Tunesien: Für den personenrechtlichen Status eines Tunesiers gilt sein Heimatrecht. Zum personenrechtlichen Status gehört ua auch eine evtl Legitimation (Art 2 des Dekrets zur Regelung kollisionsrechtlicher Fragen).

Uruguay: Nach Art 2396 cc bestimmt das Gesetz des ehelichen Wohnsitzes die persönlichen Beziehungen nicht nur der Ehegatten zueinander, sondern auch der Eltern zu ihren Kindern und damit wohl auch die Voraussetzungen einer Legitimation.

Venezuela: Nach Art 9 cc sind die Ges, welche den Personenstand und die Handlungsfähigkeit der Personen betreffen, für alle Venezolaner verbindlich, auch wenn sie sich im Ausland aufhalten oder ihren Wohnsitz dort haben. Venezuela ist ferner Vertragsstaat des Codigo Bustamante (oben Rz 28).

Vereinigte Staaten von Amerika: Eine Legitimation wird in jedem Fall anerkannt, wenn sie nach dem Recht des Staates erfolgt, in dem der legitimierende Elternteil domiziliert ist; nach einer moderneren Auffassung wohl auch dann, wenn sie dem Recht des Staates entspricht, in dem das Kind sein Domizil hat; Restatement of the Law, Conflict of Laws 2 d (1971), § 287; Scoles-Hay, Conflict of Laws 536 f; Leflar, American Conflicts Law, 3. Aufl, § 241.

Vietnam: Ausdrückliche Kollisionsnormen fehlen. Es ist davon auszugehen, daß für die Beurteilung einer Legitimation jedenfalls dann das vietnamesische Recht angewendet wird, wenn der Ehemann der Mutter Vietnamese ist; AG München 14. 3. 1974 FamRZ 1974, 330 = IPRspr 1974 Nr 121.

Art 21 nF
Legitimation

Die Legitimation durch nachfolgende Ehe unterliegt dem nach Artikel 14 Abs 1 für die allgemeinen Wirkungen der Ehe bei der Eheschließung maßgebenden Recht. Gehören die Ehegatten verschiedenen Staaten an, so wird das Kind auch dann legitimiert, wenn es nach dem Recht eines dieser Staaten legitimiert wird.
Die Legitimation in anderer Weise als durch nachfolgende Ehe unterliegt dem

Recht des Staates, dem der Elternteil, für dessen eheliches Kind das Kind erklärt werden soll, bei der Legitimation angehört oder, falls er vor dieser gestorben ist, zuletzt angehörte.

Schrifttum

Beitzke, Internationale Zuständigkeit in Legitimationssachen, FS Kraus 1954, 20; ders, Legitimation nach ausländischem Recht, StAZ 1972, 265; ders, Beischreibung ausländischer Ehelicherklärungen, StAZ 1974, 225; ders, In favorem legitimitatis aut legitimationis? FS Kegel (1977), 99; ders, Legitimation und Abstammungsvorfragen, FS Schwind (1978), 13; ders, Legitimation bei deutsch-französischer Mischehe, ZblJR 1980, 680; Bogler, Qualifikationsproblem und Günstigkeitsprinzip in deutsch-portugiesischen Legitimationsfällen, StAZ 1987, 160; Braga, Bemerkungen zur Legitimation, in: Beitzke (Hrsg), Vorschläge und Gutachten zur Reform des deutschen internationalen Personen-, Familien- und Erbrechts, 1981, 175; Dopffel, Legitimation nach ausländischem Recht. Zugleich ein Beitrag zum neuen schwedischen Kindschafts- und Namensrecht, StAZ 1983, 189; Frank, Legitimation durch nachfolgende Eheschließung bei offenkundig falscher Vaterschaftsanerkennung, FamRZ 1969, 626; Galvão, Rückverweisung in deutsch-portugiesischen Legitimationsfällen, IPRax 1984, 257; Görgens, Legitimation und gemeinschaftliche Adoption im IPR, FamRZ 1978, 762; Jayme, Nochmals: Zur Legitimation des Kindes einer Deutschen und eines Italieners, StAZ 1965, 308; ders, Die Anwendung italienischen Legitimationsrechts und die Schranke des Art 6 V GG, StAZ 1972, 247; Jayme-Pintens, Deutsch-belgische Legitimationen, StAZ 1980, 5; Jochem, Bemerkungen zu einem internationalen Fall der doppelten Vaterschaftsanerkennung mit nachfolgender Legitimation, StAZ 1971, 303; ders, Irrwege im deutschen internationalen Namens- und Legitimationsrecht, NJW 1978, 1728; Luther, Zur Legitimation von Kindern italienischer Eheleute in Deutschland bei Anerkennungshindernissen, FamRZ 1967, 439; ders, Probleme bei Legitimationen in Auslandsfällen, StAZ 1981, 265; Neuhaus, Legitimation und Adoption durch Amerikaner in Deutschland, DRZ Beiheft 9 (1949), 7; Otto, Legitimation eines unehelichen Kindes, dessen Vater Ausländer ist, durch nachfolgende Eheschließung, Rpfleger 1950, 9; Prang, Legitimation eines Kindes aus einer gemischtnationalen Ehe (Mutter Niederländerin, Vater Deutscher), StAZ 1984, 51; Raape, Über die Legitimation nach holländischem und französischem Recht vom international-privatrechtlichen Standpunkt aus, StAZ 1949, 226; ders, Internationalprivatrechtliches zur Todeserklärung, Wiederverheiratung und Legitimation mit besonderem Bezug auf Italien, StAZ 1952, 25; Reichard, Schwierigkeiten bei der Legitimation des Kindes eines Italieners und einer Deutschen, StAZ 1965, 86; Schwenn (zusammen mit De la Moutte), Legitimation, in: Das internationale Familienrecht Deutschlands und Frankreichs (1955), 340–380; Schwörer, Wird das uneheliche Kind einer deutschen Mutter durch nachfolgende Ehe legitimiert, wenn ein Franzose die Mutter heiratet und dabei vor dem französischen Standesbeamten das Kind anerkennt, obwohl er nicht der Vater ist?, StAZ 1953, 145; Siehr, Zur Legitimation eines deutschen Kindes durch nachfolgende Ehe seiner Mutter mit einem Ausländer. Eine Darstellung unter besonderer Berücksichtigung intertemporal-rechtlicher Probleme (Art 12 NEG), StAZ 1972, 181; ders, Legitimation eines deutschen Kindes durch einen Schweizer Bürger, StAZ 1982, 237; Sturm, Gleichberechtigungsfeindliche Rechtsprechung des BGH in Sachen Legitimation, StAZ 1978, 318. Zur Legitimanerkennung des islamischen Rechts s Anm zu Rdnr 87.

Systematische Übersicht

Alphabetische Übersicht

Legitimation

A. Textgeschichte 1

Die heutige Fassung von Art 21 beruht auf dem Ges zur Neuregelung des Internationalen Privatrechts (IPR-Ges) vom 25. 7. 1986, das am 1. 9. 1986 in Kraft getreten ist. Vor dem Inkrafttreten des IPR-Ges war die Anknüpfung von Legitimation und Adoption in Art 22 EGBGB (aF) geregelt. In der Neuregelung werden Legitimation und Adoption getrennt. Art 21 handelt nur noch von der Legitimation. Für die Adoption gilt nunmehr Art 22. Beide Vorschriften werden ergänzt durch Art 23. Diese Vorschrift, die an die Stelle des ursprünglichen Art 22 Abs 2 EGBGB (aF) getreten ist, betrifft die Erforderlichkeit und die Erteilung der Zustimmung des Kindes und einer Person, zu der das Kind in einem familienrechtlichen Verhältnis steht, zu der Legitimation und der Adoption (darüber hinaus noch zu der Abstammungserklärung und der Namenserteilung).

Art 22 EGBGB (aF) hatte folgenden Wortlaut: 2

(1) Die Legitimation eines nichtehelichen Kindes sowie die Annahme als Kind bestimmt sich, wenn der Vater zZ der Legitimation oder der Annehmende zZ der Annahme die Reichsangehörigkeit besitzt, nach den deutschen Gesetzen.

(2) Gehört der Vater oder der Annehmende einem fremden Staat an, während das Kind die Reichsangehörigkeit besitzt, so ist die Legitimation oder die Annahme unwirksam, wenn die nach den deutschen Gesetzen erforderliche Einwilligung des Kindes oder eines Dritten, zu dem das Kind in einem familienrechtlichen Verhältnis steht, nicht erfolgt ist. Die Einwilligung des Kindes zur Annahme bedarf der Genehmigung des Vormundschaftsgerichts.

Der Neufassung durch das IPR-Ges gingen verschiedene Entwürfe voraus. Die 3
Erste Kommission des Deutschen Rates für IPR hatte folgende Fassung vorgeschlagen:

§ A
(1) Für die Legitimation durch nachfolgende Ehe gilt das Recht, das für die Wirkungen der Ehe gilt. Gehören die Eheleute verschiedenen Staaten an, so wird das Kind auch dann legitimiert, wenn es nach den Rechten dieser Staaten legitimiert wird.

(2) Für das Rechtsverhältnis zwischen den Eltern und dem legitimierten Kind gilt „Eheliche Kindschaft“ § A entsprechend.

§ B
(1) Für die Legitimation in anderer Weise als durch nachfolgende Ehe gilt das Recht des Staates, dem der legitimierende Elternteil zZ der Legitimation angehört oder, falls er vorher gestorben ist, zZ seines Todes angehört hat.

(2) Für das Rechtsverhältnis zwischen legitimierendem Elternteil und Kind gilt das Recht des Staates, dem der legitimierende Elternteil angehört oder zZ seines Todes angehört hat.

§ C
Für die Zustimmung des Kindes und eines Dritten, zu dem das Kind in einem familienrechtlichen Verhältnis steht, gilt außer dem nach § A Abs 1 oder § B Abs 1 geltenden Recht das Recht des Staates, dem das Kind angehört.

(Abgedruckt in: Vorschläge und Gutachten zur Reform des deutschen internationalen Personen-, Familien- und Erbrechts. Materialien zum ausländischen und internationalen Privatrecht Bd 30, 1981.)

4 Auf der Grundlage der Vorschläge des Deutschen Rates erstellte KÜHNE im Auftrag des BMdJ den Entwurf eines Gesetzes zur Reform des internationalen Privat- und Verfahrensrechts (KÜHNE, IPR-Gesetz-Entwurf, 1980) und schlug darin zur Legitimation folgende Regelung vor:

§ 23 Legitimation durch nachfolgende Ehe

(1) Für die Legitimation durch nachfolgende Ehe gilt das Recht, das zZ der Legitimation für die persönlichen Wirkungen dieser Ehe gilt. Gehören die Eheleute verschiedenen Staaten an, so wird das Kind auch dann legitimiert, wenn es nach den Rechten dieser Staaten legitimiert wird.

(2) Für das Rechtsverhältnis zwischen den Eltern und dem legitimierten Kind gilt § 20 entsprechend.

§ 24 Legitimation in anderer Weise als durch nachfolgende Ehe

(1) Für die Legitimation in anderer Weise als durch nachfolgende Ehe gilt das Recht des Staates, dem der Legitimierende zZ der Legitimation angehört, oder, falls er vorher gestorben ist, zZ seines Todes angehört hat.

(2) Für das Rechtsverhältnis zwischen den Eltern und dem legitimierten Kind gilt das nach Abs 1 geltende Recht, solange der Legitimierende dem dort bezeichneten Staat angehört. Im übrigen gilt das Recht des Staates, in dem sich das Kind gewöhnlich aufhält.

§ 26 Zustimmung zu Legitimation und Annahme als Kind

(1) Für die Zustimmung des Kindes und eines Dritten, zu dem das Kind in einem familienrechtlichen Verhältnis steht, zu einer Legitimation oder Annahme als Kind gilt außer dem nach den §§ 23 Abs 1, 24 Abs 1 sowie 25 Abs 1 geltenden Recht das Recht des Staates, dem das Kind im Zeitpunkt der Legitimation oder Annahme als Kind angehört.

(2) Handelt es sich bei dem Kind um einen Minderjährigen, so tritt an die Stelle des nach Abs 1 maßgebenden Rechts das Recht, welches für das bisherige familienrechtliche Verhältnis des Kindes galt.

5 Gegenvorschläge dazu machten NEUHAUS und KROPHOLLER (RabelsZ 1980, 326 ff) und andere Mitarbeiter des Max-Planck-Instituts für Ausländisches und Internationales Privatrecht unter der Federführung von DOPFFEL und SIEHR (RabelsZ 1980, 344 ff). In dem Vorschlag von NEUHAUS und KROPHOLLER heißt es in Art 18: „Die Rechtsbeziehungen zwischen einem Kind und seinen Eltern, einschließlich der Feststellung seiner Abstammung und der Legitimation, unterstehen dem Recht des Kindes." Dabei wird unter dem Recht des Kindes das Recht des Staates verstanden, in dem das Kind seinen gewöhnlichen Aufenthalt hat.

In dem Thesenpapier von DOPFFEL und SIEHR ua wird für die Legitimation folgende Kollisionsnorm vorgeschlagen:

„These 13: Legitimation

Ein nichteheliches Kind wird legitimiert, wenn diese Rechtsfolge nach dem Heimatrecht des Vaters, der Mutter oder des Kindes oder nach dem Aufenthaltsrecht des Kindes eintritt. Die Legitimation ist jedoch unwirksam, wenn die nach dem Heimatrecht der Mutter oder des Kindes erforderliche Einwilligung dieser Personen zur Legitimation oder zur Anerkennung der Vaterschaft fehlt."

Alle diese Vorschläge wurden auf einem Kolloquium im Max-Planck-Institut für Ausländisches und Internationales Privatrecht in Hamburg (19.–21. 6. 1980) diskutiert (Reform des Deutschen Internationalen Privatrechts. Studien zum ausländischen und internationalen Privatrecht Bd 2, 1980). Frucht dieser Diskussion war schließlich der Regierungsentwurf, der dann – was die Legitimation angeht – unverändert Ges wurde.

B. Anwendungsbereich

I. Grundsätzliches 6

Art 21 spricht von der „Legitimation". Unter Legitimation wird im deutschen materiellen Recht sowohl die Legitimation durch nachfolgende Ehe der Eltern verstanden (§§ 1719 ff BGB) als auch die Ehelicherklärung auf Antrag des Vaters (§§ 1723 ff BGB) oder auf Antrag des Kindes (§§ 1740 a ff BGB). Wie der rechtsvergleichende Überblick gezeigt hat (oben Vorbem 5 ff zu Art 21), gibt es indessen noch andere Weisen, einem (iS des deutschen Rechts) nichtehelichen Kind die Stellung eines ehelichen Kindes zu verschaffen.

Beispiele

(1) Ein Kind, dessen Eltern nicht (wirksam) verheiratet sind, wird von seinem Vater nach islamischem Recht als legitimes Kind anerkannt.

(2) Ein Kind, dessen Eltern nicht verheiratet sind, wird von seinem Vater nach slowenischem Recht anerkannt.

(3) Ein nichteheliches Kind wird von seinem Vater nach dem Recht von Louisiana durch Erklärung vor einem Notar und zwei Zeugen „legitimiert".

In allen drei Fällen erwirbt das Kind durch den geschilderten Vorgang die Stellung eines ehelichen, bzw legitimen Kindes. Trotzdem handelt es sich in keinem der drei Fälle um eine echte Legitimation iS des Art 21.

Legitimation iS des Art 21 bedeutet eine **Statusänderung**. Ein Kind, das zunächst den Status eines nichtehelichen Kindes hatte, erhält den Status eines ehelichen Kindes. Ein Recht, das zwischen dem Status eines nichtehelichen Kindes und dem Status eines ehelichen Kindes nicht unterscheidet, kennt folglich auch keine Legitimation.

Das EGBGB unterscheidet ferner, ebenso wie das deutsche materielle Recht, zwischen bloßer Abstammungsfeststellung und Legitimation. Eine Legitimation setzt entweder Heirat der Eltern oder einen Hoheitsakt, sei es eine gerichtliche Entscheidung oder sei es eine behördliche Entscheidung, voraus. Durch einen privaten Akt kann zwar die Abstammung festgestellt, aber keine Legitimation (iS des deutschen Rechts) bewirkt werden.

Schließlich gebietet es die Achtung vor der fremden Rechtsordnung, keine Legitimation zu fingieren, wenn das anzuwendende Recht die Möglichkeit einer Legitimation verneint.

Aus diesen Gründen scheidet im ersten Fall eine Legitimation aus, weil das islamische Recht eine solche nicht zuläßt. Nach islamischem Recht „wird" das Kind infolge der Anerkennung nicht zu einem ehelichen Kind. Es wird lediglich seine von Anfang an bestehende Legitimität nachträglich festgestellt.

Im zweiten Fall entfällt eine Legitimation, weil das slowenische Recht zwischen dem Status eines ehelichen und dem Status eines nichtehelichen Kindes nicht mehr unterscheidet.

Und im dritten Fall schließlich liegt keine Legitimation vor, weil es bei der öffentlichen Anerkennung des Kindes und seiner Aufnahme in die Familie des Vaters an einem Hoheitsakt fehlt.

Gleichwohl werden in all den genannten Fällen die Interessen des Kindes und (insbesondere) seiner Mutter berührt, sei es, daß die Mutter die elterliche Sorge verliert oder sei es, daß sie sie zukünftig mit dem Anerkennenden teilen muß. Aus diesem Grund haben bereits unter der Geltung des Art 22 aF die Gerichte vielfach Art 22 Abs 2 (aF) analog angewandt, um damit die Einwilligung des (deutschen) Kindes und seiner Mutter, ggf auch die Mitwirkung des Vormundschaftsgerichts zu gewährleisten.

7 **II. Altfälle**

Auf Legitimationsvorgänge, die am 1.9.1986 bereits abgeschlossen waren, bleibt Art 22 aF anwendbar (Art 220 Abs 1). Maßgeblicher Zeitpunkt für den Abschluß eines Legitimationsvorgangs ist der Zeitpunkt der Eheschließung (§ 1719 BGB), falls durch sie die Legitimation bewirkt worden ist, bzw – im Fall einer Ehelicherklärung – der Zeitpunkt der Bekanntmachung der Verfügung an den Vater (§ 56 a FGG) oder – bei Ehelicherklärung auf Antrag des Kindes – der Zeitpunkt der Rechtskraft der Verfügung (§ 56 b FGG).

Hat die Eheschließung die Legitimation (noch) nicht bewirkt, so ist zu unterscheiden:

Fehlte für die Legitimation noch ein Wirksamkeitserfordernis (zB ein Mutterschaftsanerkenntnis), so war der Legitimationsvorgang noch nicht abgeschlossen. Es gilt die neue Kollisionsnorm. Sind nach dem danach anwendbaren Recht alle Voraussetzungen für eine Legitimation erfüllt, so wird das Kind legitimiert, allerdings nicht rückwirkend auf den Zeitpunkt seiner Geburt (keine rückwirkende Statusänderung!), sondern mit Wirkung v 1.9.1986.

Eine Ausnahme gilt, wenn ein Vorgang, der für die Legitimation – nach altem Recht – notwendig war (zB ein Vaterschaftsanerkenntnis) bereits vor dem 1.9.1986 definitiv abgeschlossen, also nicht mehr in der Schwebe war (zB weil das Kind der Anerkennung nicht fristgemäß zugestimmt hatte oder – bei einer Legitimanerkennung nach islamischem Recht – das Vormundschaftsgericht seine Zustimmung verweigert hatte). Hier tritt auch dann keine Legitimation ein, wenn nach dem neuen Legitimationsstatut die Zustimmung des Kindes nicht mehr erforderlich wäre oder das Vormundschaftsgericht der Legitimanerkennung nicht mehr zustimmen müßte.

War nach dem früher anwendbaren Recht eine Legitimation grds ausgeschlossen (ohne daß das maßgebende Recht durch den deutschen ordre public verdrängt worden wäre) und nur – als Ersatz – eine Legitimanerkennung möglich (islamische Staaten), so kann von einem abgeschlossenen Vorgang gesprochen werden, wenn die Legitimanerkennung wirksam war, insbes bei einem deutschen Kind die erforderlichen Zustimmungen der Mutter und des Vormundschaftsgerichts vorlagen.

Haben die Ehegatten vor dem 1.9.1986 geheiratet, ist Art 22 aF auch dann anzuwenden, wenn die Legitimation noch nicht im Geburtenbuch eingetragen war oder das Gericht die Eintragung der Legitimation noch nicht angeordnet hatte (aA AG Düsseldorf 4.11.1986 IPRax 1987, 188 m krit Anm D. H.).

C. Legitimation durch nachfolgende Ehe der Eltern

I. Das maßgebende Recht

1. Grundsatz 8

Während nach früherem Recht die Legitimation sich ausschließlich nach dem Heimatrecht des Vaters bestimmte, sieht das geltende Recht eine alternative Anknüpfung vor. Alternativ gilt entweder das Ehewirkungsstatut (Art 14) oder das Heimatrecht eines jeden Ehegatten. Dh: Führt die Anknüpfung an das Ehewirkungsstatut nicht zur Legitimation des Kindes, so kann hilfsweise auf das Heimatrecht eines jeden Ehegatten zurückgegriffen werden. Diese alternative Anknüpfung wird nicht nur häufiger als bisher zur Anwendung des deutschen Rechts führen, sie wird auch häufiger als bisher die Annahme einer Legitimation ermöglichen.

2. Ehewirkungsstatut 9

Art 21 Abs 1 S 1 verweist auf das Ehewirkungsstatut (Art 14). Das bedeutet: Haben die Eltern des Kindes im Zeitpunkt der Eheschließung dieselbe Staatsangehörigkeit, so richten sich die Voraussetzungen der Legitimation in erster Linie nach ihrem gemeinsamen Heimatrecht.

a) Gemeinsames Heimatrecht im Zeitpunkt der Eheschließung (Art 14 Abs 1 Nr 1)

Maßgebend ist das gemeinsame Heimatrecht im Zeitpunkt der Eheschließung. Erwirbt ein Ehegatte erst nach der Eheschließung die Staatsangehörigkeit des anderen, so ist dieser spätere Staatsangehörigkeitserwerb auf die Legitimation ohne Einfluß. Erwirbt ein Ehegatte mit der Eheschließung die Staatsangehörigkeit des anderen, ohne seine bisherige Staatsangehörigkeit zu verlieren, wird er also Doppelstaater, so ist zu unterscheiden: Ist die gemeinsame Staatsangehörigkeit zugleich die effektive Staatsangehörigkeit des Doppelstaaters, so richtet sich die Legitimation nach der gemeinsamen Staatsangehörigkeit. Ist die gemeinsame Staatsangehörigkeit nicht zugleich auch die effektive Staatsangehörigkeit des Doppelstaaters, so kommt eine Anknüpfung an die gemeinsame Staatsangehörigkeit nicht in Betracht.

Welche von mehreren Staatsangehörigkeiten die **effektive** ist, ergibt sich aus Art 5 10
Abs 1. Danach kommt es dann, wenn eine Person mehreren Staaten angehört, darauf an, mit welchem dieser Staaten sie am engsten verbunden ist, insbes durch ihren gewöhnlichen Aufenthalt oder durch den Verlauf ihres Lebens. Ist eine der mehreren Staatsangehörigkeiten die deutsche, so geht diese Rechtsstellung stets vor. Daß die mit der Eheschließung erworbene zweite Staatsangehörigkeit die effektive ist, wird deswegen regelmäßig nur in den Fällen in Betracht kommen, in denen der Doppelstaater zZ der Eheschließung seinen gewöhnlichen Aufenthalt bereits in dem Staat hatte, dessen Staatsangehörigkeit er hinzuerwirbt. Beispiel: Eine Österreicherin heiratet einen Schweizer und wird dadurch Doppelstaaterin. Hatte die Ehefrau bereits zZ der Eheschließung ihren gewöhnlichen Aufenthalt in der Schweiz, so kann die mit der Heirat erworbene schweizerische Staatsangehörigkeit als die effektive angesehen werden. Hatte die Ehefrau zZ der Eheschließung ihren gewöhnlichen Aufenthalt (noch) außerhalb der Schweiz, wird in der Regel ihre frühere Staatsangehörigkeit noch als die effektive anzusehen sein.

Vor dem Inkrafttreten des IPR-Ges nahmen manche Gerichte an, daß bei mehrfa- 11
cher Staatsangehörigkeit eines Ehegatten auf die gemeinsame Staatsangehörigkeit abzustellen sei ohne Rücksicht darauf, ob diese Staatsangehörigkeit auch als die effektive Staatsangehörigkeit des Doppelstaaters anzusehen war (BayObLG

31.7.1970 und 10.4.1975, BayObLGZ 1970, 193; 1975, 153; OLG Karlsruhe 29.8.1983 IPRax 1983, 155). Diese Auffassung entsprach schon damals nicht der hM (vgl BGH 28.1.1976 IPRspr 1976 Nr 34 = FamRZ 1976, 202; STAUDINGER/v BAR Art 14 Rdnr 44; HELDRICH IPRax 1984, 143) und ist heute, wie sich aus dem den Ehegatten in Art 14 Abs 2 eingeräumten Wahlrecht schließen läßt, nicht mehr vertretbar.

Dieselben Erwägungen gelten, wenn ein Ehegatte schon vor der Eheschließung Doppelstaater war, seine zweite Staatsangehörigkeit also nicht erst mit der Eheschließung erworben hat. Auch hier kann auf die gemeinsame Staatsangehörigkeit nur abgestellt werden, wenn sie auch die effektive Staatsangehörigkeit des Doppelstaaters ist.

12 **b) Recht des gemeinsamen gewöhnlichen Aufenthalts (Art 14 Abs 1 Nr 2)**

aa) Voraussetzung: unterschiedliche Staatsangehörigkeit

Fehlt es im Zeitpunkt der Eheschließung an einem gemeinsamen Heimatrecht, so ist an das Recht des Staates anzuknüpfen, in dem die beiden Ehegatten bei der Eheschließung ihren gewöhnlichen Aufenthalt hatten.

In Art 14 Abs 1 Nr 1 wird zwar dann, wenn Ehegatten nicht dieselbe Staatsangehörigkeit haben, auf die letzte gemeinsame Staatsangehörigkeit abgestellt. Eine Anknüpfung an die letzte gemeinsame Staatsangehörigkeit scheidet aber im Fall einer Legitimation aus, weil es dabei auf die Verhältnisse „bei der Eheschließung" (Art 21 Abs 1) ankommt. Darum muß eine frühere gemeinsame Staatsangehörigkeit hier außer Betracht bleiben.

Der gewöhnliche Aufenthalt muß „bei der Eheschließung" gegeben sein. Es genügt darum nicht, daß die Ehegatten nach der Eheschließung einen gemeinsamen Aufenthalt begründet haben. Heiratet beispielsweise eine Französin, die bis zur Eheschließung ihren gewöhnlichen Aufenthalt in Frankreich hatte, einen Deutschen in Paris und ziehen die Eheleute alsbald nach ihrer Hochzeit nach München, so kann gleichwohl nicht (jedenfalls nicht gem Art 14 Abs 1 Nr 2) deutsches Recht angewendet werden; denn im Zeitpunkt der Eheschließung hatten die Eheleute ihren gewöhnlichen Aufenthalt noch nicht im selben Staat. Kommt andrerseits die französische Braut zur Hochzeit nach München mit der Absicht, dort auch mit ihrem Mann wohnen zu bleiben, dann ist deutsches Recht anwendbar. Ein gewöhnlicher Aufenthalt kann nämlich nicht nur durch einen tatsächlichen längeren Aufenthalt begründet werden, sondern auch durch bloße Aufenthaltsnahme in einem Land, wenn sich aus den Umständen ergibt, daß der Aufenthalt auf eine längere Zeitdauer angelegt ist und der neue Aufenthaltsort künftig anstelle des bisherigen Daseinsmittelpunkt sein soll (vgl HENRICH IPRax 1981, 125).

13 **bb) Anknüpfung, wenn die Ehegatten verschiedenen Teilrechtsgebieten eines Mehrrechtsstaates angehören**

Gehören die Ehegatten verschiedenen Teilrechtsgebieten eines Mehrrechtsstaates an (Beispiel: ein Slowene heiratet eine Kroatin, ein Schotte eine Engländerin, ein Amerikaner aus Texas eine Amerikanerin aus Florida), so stellt sich die Frage, ob auch hier von einer unterschiedlichen Staatsangehörigkeit gesprochen und folglich das Recht des Staates angewendet werden kann, in dem beide Ehegatten zZ der Eheschließung ihren gewöhnlichen Aufenthalt haben. Geht man davon aus, daß es in verschiedenen Mehrrechtsstaaten zwei Staatsangehörigkeiten gibt, die Angehörigkeit zum Gesamtstaat und die Angehörigkeit zum Teilstaat, so ließe sich die Auffassung vertreten, auch bei der Zugehörigkeit zu unterschiedlichen Teilstaaten sei an das Recht am gewöhnlichen Aufenthalt anzuknüpfen. Das Ergebnis wäre indessen wenig befriedigend. Man wird vielmehr davon ausgehen müssen, daß die gemeinsame Zugehörigkeit der Ehegatten zum Gesamtstaat stärkeres Gewicht hat als die Verbindung mit dem Aufenthaltsstaat. Aus diesem Grund ist bei Angehörigen von Mehrrechtsstaaten, die verschiedenen Teilrechtsgebieten angehören, so anzuknüpfen, wie die interlokalrechtlichen Vorschriften des Mehrrechtsstaates es vorschreiben.

c) Sonstige Anknüpfungen 14

aa) Haben die Ehegatten im Zeitpunkt der Eheschließung weder dieselbe Staatsangehörigkeit noch ihren gewöhnlichen Aufenthalt im selben Staat, so ist nach Art 21 Abs 1 S 1 iVm Art 14 Abs 1 Nr 3 an das Recht des Staates anzuknüpfen, mit dem die Ehegatten auf andere Weise **gemeinsam am engsten verbunden sind**.

Eine Anknüpfung an den letzten gemeinsamen gewöhnlichen Aufenthalt (Art 14 Abs 1 Nr 2) entfällt aus denselben Gründen wie eine Anknüpfung an die letzte gemeinsame Staatsangehörigkeit: Es kommt ausschließlich auf die Umstände „bei der Eheschließung" an. Dagegen kann eine gemeinschaftliche Zukunftsplanung (die Ehegatten wollen ihren ersten ehelichen Wohnsitz in einem bestimmten Land nehmen, ein Ehegatte beabsichtigt, die Staatsangehörigkeit des anderen durch Option oder Antrag zu erwerben), die bei der Eheschließung schon existiert, eine Verbindung zu einem bestimmten Land herstellen (vgl Bericht des Rechtsausschusses, BT-Drs 10/5632 S 41).

Eine Anknüpfung an das Recht des Staates, mit dem die Ehegatten gemeinsam am engsten verbunden sind, wird sich idR nicht empfehlen. Die Anerkennung einer danach festgestellten Legitimation stünde international auf schwachen Füßen. Besser ist es, in einem solchen Fall sogleich nach Art 21 Abs 1 S 2 anzuknüpfen, dh danach zu fragen, ob das Heimatrecht eines der Ehegatten die Legitimation vorsieht, und nur hilfsweise auf Art 14 Abs 1 Nr 3 zurückzugreifen.

bb) In Art 21 Abs 1 S 1 wird nur auf Art 14 Abs 1 verwiesen. Eine Bestimmung des 15
Ehewirkungsstatuts durch **Rechtswahl**, wie sie in Art 14 Abs 2–4 vorgesehen ist, wirkt sich somit auf die Legitimation des Kindes nicht aus.

3. Anknüpfung an das Heimatrecht eines Ehegatten 16

Gehören die Ehegatten verschiedenen Staaten an, so wird das Kind gem Art 21 Abs 1 S 2 auch dann legitimiert, wenn es nach dem Recht eines dieser Staaten legitimiert wird. Diese Anknüpfung tritt alternativ neben die Anknüpfung an das Recht des Staates, in dem beide Ehegatten bei der Eheschließung ihren gewöhnlichen Aufenthalt haben oder mit dem sie gemeinsam am engsten verbunden sind. Auch bei dieser Anknüpfung kommt es auf das Heimatrecht der Ehegatten „bei der Eheschließung" an. Ein späterer Staatsangehörigkeitswechsel ist ohne Einfluß. Das Legitimationsstatut ist unwandelbar (aA Kegel IPR § 20 XII 1 c; Ferid Rdnr 8–346: zugunsten des Kindes; wie hier: Palandt-Heldrich Art 21 Anm 2 a). Ist ein Ehegatte Doppelstaater, so ist auch hier nur sein effektives Heimatrecht maßgebend; bei einem Ehegatten, dessen eine Staatsangehörigkeit die deutsche ist, ist nur auf diese abzustellen (Art 5 Abs 1 S 2).

17 4. **Ergebnis**

a) Anwendbarkeit deutschen Rechts

Der Richter wird bei dieser Sachlage zunächst fragen, ob das Kind nach deutschem Recht durch die Eheschließung seiner Eltern legitimiert worden ist. Deutsches Recht findet Anwendung

(1) wenn wenigstens ein Elternteil deutscher Staatsangehöriger ist,

(2) wenn bei unterschiedlicher – ausländischer – Staatsangehörigkeit der Eheschließenden beide ihren gewöhnlichen Aufenthalt in Deutschland haben,

(3) wenn bei unterschiedlicher – ausländischer – Staatsangehörigkeit der Ehegatten und gewöhnlichem Aufenthalt der Ehegatten in verschiedenen Staaten die Ehegatten mit dem deutschen Recht am engsten verbunden sind.

18 **b) Anwendbarkeit ausländischen Rechts**

Ausländisches Recht kann angewendet werden, wenn

(1) zumindest ein Elternteil Ausländer ist,

(2) bei unterschiedlicher Staatsangehörigkeit der Ehegatten sie ihren gewöhnlichen Aufenthalt im selben (ausländischen) Staat haben,

(3) beide Ehegatten bei unterschiedlicher Staatsangehörigkeit und gewöhnlichem Aufenthalt in verschiedenen Staaten mit einem ausländischen Staat am engsten verbunden sind.

19 **5. Rück- oder Weiterverweisung**

Wird auf ausländisches Recht verwiesen, so ist nach Art 4 Abs 1 S 1 auch dessen IPR anzuwenden, sofern dies nicht dem Sinn der Verweisung widerspricht. Stellt eine Kollisionsnorm, wie hier bei der Legitimation, verschiedene Anknüpfungen zur Wahl, so würde der damit verbundene Zweck (Begünstigung der Legitimation) in sein Gegenteil verkehrt, wenn durch eine Rück- oder Weiterverweisung die Zahl der anwendbaren Rechtsordnungen wieder verkleinert würde (Beispiel: Die Ehegatten haben nicht dieselbe Staatsangehörigkeit. Ihre Heimatrechte erklären übereinstimmend das Recht ihres gemeinsamen gewöhnlichen Aufenthalts für maßgebend). Eine Rück- oder Weiterverweisung ist darum nur dann beachtlich, wenn sie den Kreis der Rechtsordnungen, an die angeknüpft werden kann, vergrößert. Sie ist dagegen nicht zu beachten, wenn sie den Kreis der anwendbaren Rechtsordnungen verkleinern würde (vgl Bericht des Rechtsausschusses, BT-Drs 10/5632 S 39; PALANDT-HELDRICH Art 21 Anm 1 b). Bei einer Anknüpfung an Art 14 Abs 1 Nr 3 scheidet eine Rück- oder Weiterverweisung in jedem Fall aus. Eine bessere als die „engste“ Anknüpfung gibt es nicht.

20 **II. Voraussetzungen der Legitimation**

1. Zulässigkeit der Legitimation

a) Ob eine Legitimation eines Kindes durch nachfolgende Ehe seiner Eltern zulässig ist oder nicht, entscheidet das Legitimationsstatut. Lehnt das maßgebende Recht eine Legitimation grds ab, so stellt sich die Frage, ob das Kind gleichwohl eine Stellung hat oder erwerben kann, die der eines ehelichen Kindes entspricht. Ist dies nicht der Fall, so ist zu prüfen, ob die fehlende Möglichkeit einer Legitimation im konkreten Fall nicht gegen den deutschen ordre public verstößt. S dazu unten Rz 109.

b) Von der generellen Unzulässigkeit der Legitimation ist zu unterscheiden die Frage der **Legitimierbarkeit im Einzelfall**. Nach einigen Rechtsordnungen sind nicht alle nichtehelichen Kinder legitimierbar, sondern nur „natürliche" Kinder. „Natürliche" Kinder sind solche, deren Eltern im Zeitpunkt der Zeugung des Kindes die Ehe miteinander hätten eingehen können. Ursprünglich waren in zahlreichen Staaten insbesondere des romanischen Rechtskreises sowohl Ehebruchskinder als auch Inzestkinder von einer Legitimation ausgeschlossen. Inzwischen sind in vielen dieser Länder auch Ehebruchskinder legitimierbar geworden (s oben Rz 5, 15 f). 21

Kollisionsrechtlich stellt sich die Frage, nach welchem Recht sich die Legitimierbarkeit (zB von Ehebruchskindern) richtet.

Mit der hM ist diese Frage nach dem **Legitimationsstatut** zu beantworten. Das Legitimationsstatut entscheidet also nicht nur darüber, ob überhaupt eine Legitimation nichtehelicher Kinder möglich ist, sondern auch darüber, ob bestimmte Kinder (insbes Ehebruchskinder) von der Legitimation ausgeschlossen sind (BGH 17. 9. 1968 FamRZ 1968, 642; Soergel-Kegel Art 22 Rdnr 38; Kegel IPR § 20 XII 2 b; Ferid IPR Rz 8–348; Palandt-Heldrich Art 21 Anm 2 c bb).

Zweifel könnten sich allerdings daraus ergeben, daß in den Staaten, welche die Legitimation von Ehebruchskindern untersagen, auch deren Anerkennung (ebenso wie die gerichtliche Vaterschaftsfeststellung) untersagt ist. Man könnte deswegen daran denken, das Problem der Legitimierbarkeit als ein Problem der **Zulässigkeit einer Vaterschaftsfeststellung** anzusehen und die Zulässigkeit der Vaterschaftsfeststellung als Vorfrage zu behandeln. Würde man dann die Vorfrage selbständig anknüpfen (eine solche selbständige Anknüpfung wurde von manchen Gerichten und Teilen des Schrifttums nach früherem Recht empfohlen; vgl etwa Raape-Sturm § 16 IV 6; Sturm StAZ 1978, 318, 325; AG Münster 8. 3. 1975 DAVorm 1975, 332 und öfter, zuletzt 4. 2. 1976 IPRspr 1976 Nr 100; AG Traunstein 1. 3. 1976 IPRspr 1976 Nr 101), so könnte man möglicherweise die Abstammung als festgestellt erachten und dann auch zu einer Bejahung der Legitimation gelangen. Dem steht jedoch entgegen, daß in den Ländern mit derartigen Legitimationsverboten regelmäßig nicht etwa gesagt wird, alle Kinder, deren Abstammung vom Vater feststehe, würden durch eine spätere Ehe ihrer Eltern legitimiert. Vielmehr finden sich Formeln wie: „Kinder, welche nicht anerkannt werden können, können nicht legitimiert werden" (Art 281 it cc) oder: „Die nichtehelichen Kinder, deren Eltern sich zZ der Empfängnis, wenn auch nur mit Dispens, verheiraten konnten, werden durch die nachfolgende Ehe ihrer Eltern legitimiert" (Art 311 Abs 1 argent cc) oder: „Nur natürliche Kinder können legitimiert werden. Natürliche Kinder sind solche, die nichtehelich von Eltern geboren worden sind, die zZ der Empfängnis durch kein Ehehindernis an der Eingehung der Ehe miteinander gehindert waren" (Art 269 philipp cc). Das zeigt, daß die Feststellung der Abstammung nach einem anderen Statut als dem Legitimationsstatut die spätere Legitimation nicht präjudiziert. Es entscheidet deswegen über die Legitimierbarkeit eines Kindes allein das Legitimationsstatut.

2. Abstammung 22

Die Legitimation ist keine Adoption. Legitimiert werden können – jedenfalls dem Prinzip nach – nur die leiblichen Kinder der Eheschließenden, nicht Dritte. An den Nachweis der Abstammung werden indessen in den verschiedenen Rechtsordnungen unterschiedliche Anforderungen gestellt: Nachweis der Vaterschaft (gelegentlich auch der Mutterschaft) durch Anerkennung (häufig prinzipiell nur vor oder bei der Eheschließung gestattet) oder gerichtliche Feststellung oder überhaupt nicht, Zustimmung des anderen Elternteils und/oder des Kindes und/oder des Vormundschaftsgerichts zu der Anerkennung.

a) Kollisionsrechtliche Einordnung dieser Voraussetzungen

Wie diese Voraussetzungen einer Legitimation kollisionsrechtlich einzuordnen sind, ist zweifelhaft. Schon vor der IPR-Reform herrschte darüber Streit. Teils sprach man von Vorfragen, teils (weil nach früherem Recht an das Heimatrecht des „Vaters" anzuknüpfen war) von einer (stets selbständig anzuknüpfenden) Erstfrage, teils von unmittelbaren Wirksamkeitsvoraussetzungen, für die das Legitimationsstatut gelte. Soweit von Vorfragen gesprochen wurde, wurde teilweise eine selbständige, teilweise eine unselbständige Anknüpfung empfohlen.

23 **aa)** Die hM knüpfte die **Vorfrage der Abstammungsfeststellung unselbständig** an oder sprach – was gleichbedeutend ist – von unmittelbaren Wirksamkeitsvoraussetzungen, für die das Legitimationsstatut gelte. (Vgl BayObLG 17. 8. 1979 BayObLGZ 1979, 297; KG 19. 12. 1975 FamRZ 1976, 375; OLG Köln 9. 5. 1980 StAZ 1980, 239; LG Bonn 6. 7. 1976 StAZ 1977, 47; 18. 3. 1980 StAZ 1980, 238; LG Bielefeld 20. 6. 1983 IPRax 1984, 274; Siehr StAZ 1972, 181, 183 f; besonders ausführlich MünchKomm-Klinkhardt Art 22 Rdnr 60–71; Luther StAZ 1981, 265, 267; Soergel-Kegel Art 22 Rdnr 38/39; Kegel IPR § 20 XII 2 b.)

Demgegenüber plädierte nur eine Minderheit für eine **selbständige** Anknüpfung der Vorfrage (oder „Erstfrage") (AG Münster 8. 3. 1975 DAVorm 1975, 332; 12. 3. 1975 IPRspr 1975 Nr 100; 4. 2. 1976 IPRspr 1976 Nr 100; AG Traunstein 1. 3. 1976 IPRspr 1976 Nr 101; Raape-Sturm § 16 IV 6; Sturm StAZ 1978, 318, 325; Jochem StAZ 1971, 303, 304 [„Erstfrage"]).

Praktische Bedeutung hatte diese Meinungsverschiedenheit insbes in den Fällen, in denen bei ausländischem Legitimationsstatut (Heimatrecht des Vaters) die Abstammung des Kindes vom Vater nach deutschem Recht festgestellt worden war oder festgestellt wurde, sei es durch Anerkennung gem den deutschen Vorschriften, sei es durch Entscheidung eines deutschen Gerichts. Eine Feststellung der Abstammung nach deutschem Recht wurde von der früher herrschenden Meinung auch gegenüber einem ausländischen Vater für möglich gehalten, wenn Unterhaltsstatut deutsches Recht war (BGH 28. 2. 1973 BGHZ 60, 247; 19. 3. 1975 BGHZ 64, 129). Bei unselbständiger Anknüpfung der Vorfrage blieb die Feststellung der Abstammung nach deutschem Recht außer Betracht, wenn sie vom Standpunkt des Legitimationsstatuts aus unzulässig oder unwirksam war. Bei selbständiger Anknüpfung der Vorfrage konnte sie die vom Legitimationsstatut geforderte Feststellung substituieren. Zuweilen wurde auch unterschieden: Eine gerichtliche Vaterschaftsfeststellung sollte aufgrund ihrer Rechtskraftwirkung auch bei ausländischem Legitimationsstatut zu beachten sein, eine bloße Vaterschaftsanerkennung nach deutschem Recht sollte dagegen für die Legitimationsentscheidung nicht bindend sein (Beitzke FS Schwind 22 ff).

Es gab aber auch den umgekehrten Fall: Die Abstammung war zwar nach dem Heimatrecht des Vaters wirksam festgestellt, nicht aber (zB wegen fehlender Einwilligung des Kindes) nach dem deutschen Unterhaltsstatut. Hier erkannte der BGH allein dem deutschen Unterhaltsstatut Bedeutung zu: Der Vater, der die Vaterschaft nach seinem Heimatrecht wirksam anerkannt hatte, konnte nicht eingetragen werden (BGH 15. 2. 1984 StAZ 1984, 194 = IPRax 1986, 35).

24 **bb)** Für das **geltende Recht** kann zunächst an der ausschließlichen Maßgeblichkeit des (deutschen) Unterhaltsstatuts für die Feststellung der Vaterschaft nicht länger

festgehalten werden, nachdem der Gesetzgeber in Art 20 explizit andere Anknüpfungspunkte zur Wahl gestellt hat (s oben Art 20 Rz 64).

Damit und mit der alternativen Anknüpfung auch der Legitimation ist zugleich die Streitfrage der Vorfragenanknüpfung weitgehend entschärft worden. Eine **Abstammungsfeststellung nach dem Heimatrecht des Vaters** ist heute auch aus der Sicht der lex fori jedenfalls dann wirksam, wenn sie auch dem Heimatrecht des Kindes genügt (Art 23), mag sie auch nach dem Unterhaltsstatut unwirksam sein. Und eine nach deutschem Recht wirksame Vaterschaftsfeststellung wird bei späterer Eheschließung der Eltern häufiger als früher unmittelbar zur Legitimation des Kindes führen, weil es nicht mehr allein auf das Heimatrecht des Vaters ankommt. Es genügt, wenn die Legitimation vom Heimatstaat eines Elternteils oder bei gemischt-nationaler Ehe vom Recht am gewöhnlichen Aufenthalt der Eheleute als wirksam erachtet wird. Lex fori (selbständige Anknüpfung) und Legitimationsstatut (unselbständige Anknüpfung) fallen dann zusammen.

Keine Rolle spielt das Vorfragenproblem auch dann, wenn das (oder ein) Legitima- **25**
tionsstatut eine vorherige förmliche Abstammungsfeststellung überhaupt nicht verlangt (wie zB das englische Recht). Hier braucht die Vorfrage von vornherein nicht beantwortet zu werden (OLG Düsseldorf 16. 3. 1971 StAZ 1971, 312; OLG Celle 28. 7. 1971 StAZ 1972, 17; MünchKomm-Klinkhardt Art 22 Rdnr 61; Ferid IPR Rdnr 8–348).

Sind beide Ehegatten Ausländer gleicher Staatsangehörigkeit, so kann es sein, daß **26**
die Vaterschaft nach deutschem Recht (gewöhnlicher Aufenthalt des Kindes) festgestellt worden ist, nach dem Heimatrecht der Eltern aber nicht festgestellt werden durfte. In diesem Fall dürfte es sich empfehlen, an der früheren hM festzuhalten: Maßgebend ist die Sicht des Legitimationsstatuts. Eine Legitimation ist nicht zustande gekommen (falls nicht im Einzelfall der deutsche ordre public die Ausschaltung des ausländischen Rechts gebietet, s unten Rz 108 ff).

Gilt für die Legitimation ein fremdes Recht (Heimatrecht der oder eines Ehegatten, **27**
gewöhnlicher Aufenthalt im Ausland) und verlangt dieses Recht neben der Feststellung der Vaterschaft auch die **Feststellung der Mutterschaft**, so unterliegt auch diese Feststellung grds dem Recht des Staates, auf welches die Kollisionsnormen des Legitimationsstatuts verweisen (vgl LG Bonn 18. 3. 1980 StAZ 1980, 238 und OLG Köln 9. 5. 1980 StAZ 1980, 239: Rückverweisung durch das belgische Legitimationsstatut auf das deutsche Heimatrecht der Mutter und ihres in Deutschland geborenen Kindes; Jayme IPRax 1981, 17, 18 (Fn 12): keine Rückverweisung durch das italienische Legitimationsstatut auf das deutsche Heimatrecht der Mutter; Mutterrecht ist nur dann anwendbar, wenn allein die Mutter das Kind legitimiert hat). Ist Legitimationsstatut das Recht am gewöhnlichen Aufenthalt der Ehegatten, so kann stattdessen die Abstammung aber auch dem Recht unterstellt werden, auf das die Kollisionsnormen entweder des Heimatrechts des Mannes oder des Heimatrechts der Mutter verweisen.

Ausnahmen: Setzt das Legitimationsstatut ein Mutterschaftsanerkenntnis voraus, so ist das CIEC-Übereinkommen über die Feststellung der mütterlichen Abstammung nichtehelicher Kinder vom 12. 9. 1962 (BGBl 1965 II 23) zu beachten. Nach dessen Art 1 gilt eine Mutter immer dann als festgestellt – auch ohne Mutterschaftsanerkenntnis –, wenn sie in dem Geburtseintrag des Kindes als solche vermerkt ist. Das Übereinkommen ist anwendbar, wenn das Kind in einem der Vertragsstaaten geboren worden ist. Vertragsstaaten sind neben der Bundesrepublik Deutschland die Niederlande, die Schweiz, die Türkei, Griechenland, Luxemburg und Spanien.

Im übrigen entscheidet über die **Form** eines Vaterschafts- (oder Mutterschafts-) **28**
anerkenntnisses Art 11 Abs 1: Anwendbar ist sowohl das Recht, nach dem sich die

Abstammung eines nichtehelichen Kindes richtet (Art 20 Abs 1), als auch das Recht des Staates, in dem die Anerkennung erklärt wird (Art 11 Abs 1).

29 **b) Anerkennung der Vaterschaft (und/oder der Mutterschaft) nur unter erschwerten Voraussetzungen**

Nach zahlreichen (insbes romanischen) Rechten werden Kinder durch die nachfolgende Ehe ihrer Eltern nur dann – ohne weiteres – legitimiert, wenn diese sie bereits vor der Eheschließung anerkannt haben oder spätestens bei der Eheschließung anerkennen (vgl zB Art 331 cc fr; Art 330 cc lux). Bei einer Anerkennung erst nach der Eheschließung (legitimatio post nuptias) wird die Legitimation auf Antrag durch das Gericht ausgesprochen bzw tritt nur aufgrund eines Urteils ein (Art 331-1 cc fr; Art 331 cc lux).

Ist nach dem anwendbaren Recht ein solcher Ausspruch durch das Gericht (Statusurteil) erforderlich, so stellt sich die Frage, ob auch ein deutsches Gericht ein solches Verfahren durchführen kann. Diese Frage wird seit langem einhellig bejaht. Die Tätigkeit, die hier von dem deutschen Gericht verlangt wird, ist ihm nicht wesensfremd. Die Einschaltung des Gerichts in Legitimationsfällen mit Auslandsberührung ist in Art 31 Abs 2 PStG ohnehin vorgesehen (vgl Jayme-Pintens StAZ 1980, 5, 7f; MünchKomm-Klinkhardt Art 22 Rdnr 72ff; Soergel-Kegel Art 22 Rdnr 45).

30 Die **internationale Zuständigkeit** der deutschen Gerichte ist in einem solchen Fall gem § 640 a Abs 1 ZPO gegeben, wenn eine der Parteien Deutscher ist oder ihren gewöhnlichen Aufenthalt im Inland hat (Soergel-Kegel Art 22 Rdnr 40; ähnlich LG Ravensburg 14. 1. 1971 DAVorm 1971, 348, welches allerdings die internationale Zuständigkeit auf die analoge Anwendung der §§ 606, 606 b ZPO (aF) stützt). Dabei braucht idR nicht geprüft zu werden, ob das Heimatrecht der Parteien die deutsche Entscheidung anerkennt (Soergel-Kegel aaO; überholt insoweit die gegenteilige Ansicht des LG Ravensburg aaO).

Die Anerkennung ist nur dann von Bedeutung, wenn nach dem Heimatrecht der Parteien die Wirkungen der Legitimation erst mit der Eintragung im – ausländischen – Zivilstandsregister eintreten (vgl zum früheren belgischen Recht LG Bonn 16. 10. 1984 StAZ 1984, 344; Palandt-Heldrich Art 21 Anm 2 c bb).

31 Von den Fällen, in denen bei einer legitimatio post nuptias die Legitimation durch das Gericht ausgesprochen wird, sind solche zu unterscheiden, bei denen bei **nicht rechtzeitiger Anerkennung** des Kindes nur noch dessen Ehelicherklärung (Legitimation in anderer Weise als durch nachfolgende Ehe) in Frage kommt. So kann zB nach indonesischem Recht, wenn die Eltern es versäumt hatten, ihre Kinder vor oder bei der Eheschließung anzuerkennen, dieses Versäumnis nur durch eine nach Anhörung des Obersten Gerichtshofs vom Generalgouverneur ausgesprochene Ehelichkeitserklärung behoben werden (Art 274 des indonesischen BGB). Diese Ehelicherklärung wird deutlich von der Legitimation durch nachfolgende Ehe unterschieden (Art 277). Es kann darum in einem solchen Fall das in Art 274 des indonesischen BGB vorgesehene Verfahren nicht durch ein Verfahren nach § 31 Abs 2 PStG substituiert werden (so aber AG Hamburg 2. 3. 1979 DAVorm 1979, 543). Hier sind vielmehr die Vorschriften über das Verfahren bei Ehelicherklärungen (§§ 56 a, 56 b FGG) entsprechend heranzuziehen (MünchKomm-Klinkhardt Art 22 Rdnr 76).

c) Legitimation trotz vorangegangener Anerkennung des Kindes durch einen Dritten 32

Nach deutschem Recht kann ein Kind nicht gleichzeitig von zwei Vätern anerkannt werden. Ist ein Kind anerkannt worden, so ist (solange diese Anerkennung nicht wirksam angefochten und rechtskräftig festgestellt worden ist, daß der Mann nicht der Vater des Kindes ist, § 1600f BGB) eine weitere Anerkennung unwirksam (§ 1600 b Abs 3 BGB). In anderen Ländern kann dies anders sein. So wird etwa für das niederländische Recht behauptet, eine Anerkennung, die im Zusammenhang mit einer Eheschließung erfolgt, sei nicht deswegen nichtig, weil das Kind zuvor bereits von einem anderen Mann anerkannt worden sei (LG Duisburg 4. 8. 1972 DAVorm 1973, 107; s auch OLG Oldenburg 23. 12. 1974 StAZ 1975, 99). Ob diese Behauptung richtig ist, muß bezweifelt werden (Siehr StAZ 1972, 352). Träfe sie zu, dann würde der Anwendung des Legitimationsstatuts wohl der deutsche ordre public entgegenstehen.

Anders ist es, wenn es sich bei der ersten Anerkennung nicht um eine Anerkennung der blutmäßigen Abstammung, sondern lediglich um eine Anerkennung der bloßen Zahlvaterschaft handelt oder ausschließlich um eine Unterhaltsverpflichtung. Hier erscheint eine spätere Anerkennung der Vaterschaft im Zusammenhang mit einer Legitimation nicht ausgeschlossen (vgl OLG Celle 28. 7. 1971 StAZ 1971, 336).

d) Anerkennung durch einen anderen als den biologischen Vater 33

Obgleich im Prinzip nur leibliche Kinder der Eheschließenden legitimiert werden können, wird gleichwohl angenommen, daß anerkannte Kinder auch dann legitimiert werden, wenn der Anerkennende nicht der biologische Vater ist. Da auch nach deutschem Recht selbst eine bewußt wahrheitswidrige Anerkennung der Vaterschaft nicht nichtig ist (sie kann „nur“ durch Anfechtung wieder beseitigt werden, § 1600f Abs 1 BGB), verstößt eine Legitimation durch einen anderen als den biologischen Vater auch nicht gegen den deutschen ordre public (OLG Celle 28. 7. 1971 StAZ 1971, 336 = NJW 1971, 2132; dazu Siehr StAZ 1972, 181 und Wuppermann NJW 1972, 1599; ferner AG Würzburg 1. 3. 1974 MDR 1974, 845 = IPRspr 1974 Nr 120 sowie Soergel-Kegel Art 22 Rdnr 16, 17). Das Kind wird gegen eine Usurpation der Vaterschaft durch einen Nichtvater dadurch geschützt, daß für die Anerkennung der Vaterschaft regelmäßig seine Zustimmung oder die Zustimmung seiner Mutter verlangt wird. Sollte nach dem Legitimationsstatut eine Legitimation ohne eine solche Zustimmung möglich sein, bleibt noch immer die zusätzlich vorgeschriebene Zustimmung nach dem Recht des Staates, dem das Kind angehört, oder hilfsweise, soweit es zum Wohl des Kindes erforderlich ist, nach deutschem Recht (Art 23). Durch diese Regelung soll sichergestellt werden, daß ein Kind nicht ohne seine Zustimmung durch einen anderen als den wirklichen Vater legitimiert wird. Die früher übliche Heranziehung des ordre public zu diesem Zweck (vgl OLG Düsseldorf 10. 1. 1972 FamRZ 1973, 213 = StAZ 1973, 46; OLG Frankfurt 2. 5. 1973 FamRZ 1973, 468 = IPRspr 1973 Nr 95; AG Würzburg aaO; AG München 22. 3. 1977 DAVorm 1977, 534) dürfte sich darum im Regelfall erübrigen.

3. Nichtehelichkeit des Kindes 34

Nur nichteheliche Kinder können legitimiert werden. Dieser Satz bedarf allerdings einer Einschränkung. Er besagt nur, daß Kinder, die als eheliche Kinder eines anderen als des jetzigen Ehemannes der Mutter gelten, durch die Eheschließung nicht legitimiert werden. Er besagt nicht, daß eine Legitimation ausgeschlossen ist bei Kindern, die schon vor der Eheschließung ihrer Eltern gegenüber ihrem Vater die Stellung eines ehelichen Kindes hatten. Ebenso wie Kinder, die nach deutschem Recht auf Antrag ihres Vaters für ehelich erklärt worden sind, durch die spätere Ehe ihrer Eltern legitimiert werden (vgl STAUDINGER/GÖPPINGER § 1719 Rdnr 18), kann eine Legitimation auch dann eintreten, wenn ein Kind aus anderen Gründen gegenüber seinem Vater bereits die Stellung eines ehelichen Kindes hat.

35 **a) Kind gilt als eheliches Kind eines anderen**

Solange das Kind als eheliches Kind eines anderen gilt, ist eine Legitimation durch nachfolgende Ehe seiner leiblichen Eltern ausgeschlossen.

Ausnahme: Ein Adoptivkind hat zwar die Stellung eines ehelichen Kindes. Gleichwohl kann es nach deutschem Recht nachträglich noch durch die Eheschließung seiner leiblichen Eltern legitimiert werden, wobei allerdings die Legitimationswirkungen erst eintreten, wenn das Annahmeverhältnis aufgehoben wird (§ 1719 BGB). Kollisionsrechtlich bestimmt in einem solchen Fall das Legitimationsstatut, ob und unter welchen Voraussetzungen auch – inzwischen – adoptierte Kinder nachträglich noch legitimiert werden können, und das Adoptionsstatut, unter welchen Voraussetzungen das Annahmeverhältnis aufgehoben werden kann.

36 Ob ein Kind den Status eines ehelichen Kindes hat, ist eine **selbständig anzuknüpfende Vorfrage**.

Einhellige Meinung; vgl BGH 7. 12. 1977 FamRZ 1978, 233 (implizit); BayObLG 15. 11. 1966 FamRZ 1967, 507 und 17. 8. 1979 BayObLGZ 1979, 297; OLG Braunschweig 18. 8. 1976 StAZ 1977, 47; OLG München 20. 11. 1979 IPRspr 1979 Nr 97; LG Bonn 1. 2. 1984 StAZ 1984, 279 = IPRspr 1984 Nr 102; AG Duisburg 24. 7. 1980 StAZ 1980, 335; AG Flensburg 16. 12. 1980 IPRspr 1980 Nr 114; MünchKomm-KLINKHARDT Art 22 Rdnr 45; SOERGEL-KEGEL Art 22 Rdnr 37; FERID IPR Rdnr 8–349; PALANDT-HELDRICH Art 21 Anm 1 a; aA (anscheinend) LUTHER, Probleme bei Legitimationen in Auslandsfällen, StAZ 1981, 265, 267; anscheinend auch AG Hildesheim 29. 7. 1980 IPRspr 1980 Nr 112 für den Fall, daß die Kindesmutter bei der Geburt des Kindes nicht verheiratet ist (Vorfrage der Nichtehelichkeit richtet sich nach dem Legitimationsstatut).

Das bedeutet: Ein Kind hat den Status eines ehelichen Kindes, wenn die nach Art 19 maßgebende Rechtsordnung ihm diese Rechtsstellung zuerkennt. War die Mutter bei der Geburt nicht oder nicht mehr wirksam verheiratet, so kann das Kind gleichwohl ehelich sein. Auch nichtige Ehen können den Status eines ehelichen Kindes vermitteln (vgl § 1591 Abs 1 S 1, 2. HS BGB). Ergibt sich die Ehelichkeit des Kindes in einem solchen Fall nicht bereits aus dem Ehewirkungsstatut (Art 19 Abs 1 S 1), so genügt es, wenn das Kind nach dem Heimatrecht eines der Ehegatten ehelich ist (Art 19 Abs 1 S 2). Wurde das Kind erst nach Auflösung der Ehe seiner Mutter geboren, so ist maßgebender Zeitpunkt die Auflösung der Ehe (Art 19 Abs 1 S 3). Ist die Ehe aus der Sicht des deutschen Rechts nichtexistent, so ist das Kind im Zweifel nichtehelich. In den Fällen, in denen einer hinkenden Ehe Rechtswirkungen beizulegen sind (vgl BVerfG 30. 11. 1982, IPRax 1984, 88 „Witwenrente"; dazu WENGLER IPRax 1984, 68, 71), wird man jedoch auch Kinder aus einer solchen Verbindung als ehelich ansehen können.

37 Der eheliche Status des Kindes kann auch darauf beruhen, daß es diesen Status, der ihm zunächst fehlte, **später erworben** hat, sei es durch Legitimation oder sei es durch eine Adoption, in bestimmten Fällen sogar aufgrund einer bloßen Anerkennung. Ob ein Kind wirksam legitimiert worden ist, richtet sich nach dem gem Art 21 anwendbaren Recht. Ob das Kind infolge einer Adoption den Status eines ehelichen

Kindes erworben hat, bestimmt das Adoptionsstatut (Art 22). Eine Anerkennung kann dem Kind den Status eines ehelichen Kindes verschaffen, wenn das Heimatrecht des Anerkennenden der Anerkennung legitimierende Wirkung beilegt (das ist der Fall bei der sog Legitimanerkennung des islamischen Rechts), oder wenn es zwischen dem Status ehelicher und nichtehelicher Kinder nicht unterscheidet, beide also völlig gleich behandelt. Näheres zur Legitimation „in anderer Weise als durch nachfolgende Ehe" s unten Rz 68 ff, zur Anerkennung mit legitimierender Wirkung s unten Rz 87 ff.

Beispiele 38

(1) Zwei Griechen hatten 1975 in Deutschland vor dem Standesbeamten geheiratet. 1976 bekam die Frau ein Kind von einem Deutschen. 1977 trennten sich die Ehegatten. 1982 wurde die Ehe geschieden. 1983 heiratete die Frau den Vater ihres Kindes.

Eine Legitimation des Kindes durch diese Ehe kommt nicht in Frage, wenn das Kind den Status eines ehelichen Kindes (des ersten Mannes) hat. Diese Frage ist selbständig anzuknüpfen. Maßgebend ist Art 18 aF. Art 18 aF spricht von dem Ehemann der Mutter, setzt also seinerseits eine wirksame Eheschließung voraus. Diese – weitere – Vorfrage (Erstfrage) ist jedenfalls dann selbständig anzuknüpfen, wenn die Ehe in Deutschland in den Formen des deutschen Rechts geschlossen wurde. Danach ist die Ehe wirksam. Kinder, die während der Ehe empfangen wurden, sind aber nach dem gem Art 18 Abs 1 aF anwendbaren griechischen Recht eheliche Kinder. Wurde somit die Ehelichkeit des Kindes nicht erfolgreich angefochten, so wurde das Kind durch die Ehe seiner wirklichen Eltern nicht legitimiert (vgl AG Tübingen 24. 10. 1975, FamRZ 1976, 231).

(2) Eine Italienerin, die von ihrem italienischen Ehemann seit 1976 getrennt und mit einem anderen Italiener zusammenlebt, bekommt 1980 ein Kind von ihrem Lebensgefährten. Am Tag nach der Geburt erkennt der Vater das Kind an. Das Kind wird als nichtehelich in das Geburtenregister eingetragen. Bald danach wird die Ehe geschieden. Die Kindesmutter heiratet ihren Lebensgefährten. 39

Nach dem hier anwendbaren italienischen Recht werden nichteheliche Kinder durch die nachfolgende Ehe ihrer Eltern legitimiert. Die Vorfrage, ob das Kind nicht als eheliches Kind des ersten Mannes seiner Mutter anzusehen ist, beantwortet sich ebenfalls nach italienischem Recht (Art 18 Abs 1 aF). Nach italienischem Recht wird zwar grundsätzlich vermutet, daß der Ehemann der Mutter der Vater eines während der Ehe geborenen Kindes ist. Diese Vermutung gilt aber nicht, wenn das Kind vor der standesamtlichen Registrierung als ehelich von einem anderen Mann als dem Ehemann der Mutter anerkannt wird (vgl BGH 15. 2. 1984 IPRax 1985, 35). Damit ist das Kind nichtehelich und kann folglich durch die Eheschließung seiner Eltern legitimiert werden.

Ähnlich ist die Rechtslage in Frankreich, wenn bei der Geburt eines Kindes der Name des Ehemannes der Mutter nicht angegeben wird und das Kind die sog possession d'état nur gegenüber der Mutter hat, also nur von ihr als Kind akzeptiert ist und allgemein nur als ihr Kind, nicht auch als Kind ihres Ehemannes angesehen wird (Art 313-1 cc fr). Auch hier besteht keine Ehelichkeitsvermutung (vgl BGH 9. 7. 1986 IPRax 1987, 22; OLG Hamm 10. 12. 1981 IPRax 1982, 194; Henrich, Die Beurkundung der Geburt eines Kindes französischer Ehegatten unter dem Namen der Mutter, IPRax 1981, 180; ferner Mezger, Das Kind mit den zwei Vätern, eine Erfindung des französischen Kindschaftsrechts von 1972, FS Ferid [1978] 621 ff). Heiratet die Mutter später den wirklichen Erzeuger des Kindes, so ist dieser nicht gehindert, das Kind anzuerkennen und damit seine Legitimation herbeizuführen.

40 (3) Eine Italienerin wird von ihrem jugoslawischen Ehemann, mit dem sie zuletzt in der Bundesrepublik Deutschland zusammenlebte, in Jugoslawien (nach jugoslawischem und italienischem Recht) geschieden. Ein Jahr nach der Scheidung bekommt sie in Deutschland ein Kind von einem Landsmann, den sie bald darauf heiratet.

Für die Legitimation gilt italienisches Recht. Für die Vorfrage, ob das Kind bei der Eheschließung ehelich oder nichtehelich war, ist deutsches Recht maßgebend (Art 19 Abs 1 iVm Art 14 Abs 1 Nr 2). Art 19 stellt auf die Ehe der Mutter ab. Die Vorfrage, ob die erste Ehe bei der Geburt des Kindes noch bestand, ist vom Standpunkt des deutschen Rechts aus zu beurteilen. Danach kommt es darauf an, ob die jugoslawische Ehescheidung im Inland anzuerkennen ist (maßgebend hierfür ist § 328 ZPO, nicht – wie das AG Hildesheim gemeint hat [30. 8. 1972 IPRspr 1972 Nr 118] – Art 17).

41 (4) Das nichteheliche Kind einer deutschen Mutter ist von einem Portugiesen adoptiert worden. Später heiratet die Kindesmutter den italienischen Vater ihres Kindes. Beide Eltern haben ihren gewöhnlichen Aufenthalt in Deutschland.

Ob das Kind durch diese Eheschließung legitimiert worden ist, hängt davon ab, ob es noch den Status eines nichtehelichen Kindes hatte. Nach deutschem Recht hat ein adoptiertes Kind den Status eines ehelichen Kindes. Folgerichtig bestimmt § 1719 S 2 BGB, daß die Heirat der Eltern eines Kindes, das vor der Eheschließung adoptiert worden ist, das Annahmeverhältnis unberührt läßt. Die Legitimationswirkungen treten nur und erst dann ein, wenn das Annahmeverhältnis aufgehoben wird. Im vorliegenden Fall ist auf die Adoption aber nicht deutsches, sondern portugiesisches Recht anwendbar (Art 22). Portugiesisches Recht ist deswegen danach zu befragen, ob das Kind die Stellung eines ehelichen Kindes hat und, wenn ja, unter welchen Voraussetzungen das Annahmeverhältnis wieder aufgelöst werden kann (um den Eintritt der Legitimationswirkungen nach deutschem Recht zu ermöglichen). Dabei kann möglicherweise eine Rolle spielen, ob es sich um eine volle oder um eine eingeschränkte Adoption handelt (vgl Art 1986 port cc einerseits, Art 1994 und Art 2001 port cc andrerseits).

42 (5) Eine verheiratete Deutsche bekommt ein Kind, das nicht den deutschen Ehemann, sondern einen Algerier zum Vater hat. Nach der Scheidung heiratet die Mutter den Vater des Kindes, der zuvor das Kind anerkannt hat.

Hier sind zwei Fragen zu beantworten: Nichtehelichkeit und Feststellung der Abstammung. Die Frage, ob das Kind noch als eheliches Kind des ersten Mannes galt, ist gem Art 19 Abs 1 nach deutschem Recht zu beantworten. Danach kam es darauf an, ob die Ehelichkeit angefochten und die Nichtehelichkeit rechtskräftig festgestellt worden war. Auf die Frage nach der Feststellung der Abstammung kann ebenfalls deutsches Recht angewandt werden (Heimatrecht der Mutter Art 20 Abs 1 S 1). Darauf, ob die „Legitimanerkennung" wirksam war, also dem Kind schon vor der Eheschließung die Stellung eines legitimen Kindes verschaffte (im konkreten Fall zweifelhaft, da Ehebruchskinder nach islamischem Recht nicht anerkannt werden können), kommt es nicht an.

Ist die Nichtehelichkeit des Kindes durch rechtskräftiges Urteil eines deutschen Gerichts festgestellt worden, so ist das gem § 31 Abs 2 PStG über die Eintragung der Legitimation entscheidende Gericht an diese Feststellung gebunden. Das gilt auch dann, wenn der Feststellung der Nichtehelichkeit fälschlich deutsches Recht zugrunde gelegt worden ist (LG Bonn 1. 2. 1984 StAZ 1984, 279).

Die Nichtehelichkeit eines in einer Ehe oder innerhalb einer bestimmten Frist nach Auflösung der Ehe geborenen Kindes muß nicht in jedem Fall aufgrund einer Anfechtungsklage rechtskräftig festgestellt worden sein. Ob ein besonderes Anfechtungsverfahren erforderlich ist oder die Nichtehelichkeit auch auf andere Weise geltend gemacht werden kann, richtet sich nach dem gem Art 19 Abs 1 anwendbaren Recht (vgl dazu Staudinger-Henrich Art 18 Rz 86 ff, zum italienischen Recht BGH 15. 2. 1984 IPRax 1986, 35; zum französischen Recht BGH 9. 7. 1986 IPRax 1987, 22; ferner Knauber, Zur Legitimation per matrimonium subsequens, FS Middendorf 161, 162 f).

b) Kind hatte bereits vor der Eheschließung die Stellung eines ehelichen Kindes seines Vaters 43

Auch wenn das Kind schon vor der Eheschließung seiner Eltern gegenüber seinem Vater die Stellung eines ehelichen Kindes hatte, also nicht „nichtehelich" war, kann es durch die Eheschließung seiner Eltern noch legitimiert werden, wenn das (oder ein) Legitimationsstatut dies vorsieht. Wenn ein von seinem Vater bereits für ehelich erklärtes Kind durch spätere Eheschließung seiner Eltern nach deutschem Recht noch legitimiert werden kann (s oben Rz 34), muß dasselbe erst recht gelten, wenn die „Legitimität" des Kindes allein auf einer Anerkennung beruht.

Auch eine vor der Eheschließung erfolgte Adoption des Kindes durch seinen leiblichen Vater schließt eine spätere Legitimation nicht aus.

Beispiele

(1) Das nichteheliche Kind einer österreichischen Mutter ist von seinem deutschen Vater adoptiert worden. Später heiraten die Kindeseltern, die beide ihren gewöhnlichen Aufenthalt in der Bundesrepublik haben. 44

Die Legitimation richtet sich nach deutschem Recht (Art 21 Abs 1 iVm Art 14 Abs 1 Nr 2). Hier hat die Heirat der Eltern die sofortige Legitimation zur Folge. Das Annahmeverhältnis (für das ebenfalls deutsches Recht gilt, Art 22 S 1), das den anderen Elternteil von der elterlichen Sorge ausschließen würde, wenn es bestehen bliebe, erlischt (Gernhuber FamR[3], § 61 I 3).

(2) Eine deutsche Staatsangehörige bringt in Budapest ein Kind zur Welt. Ein Jahr später erkennt ein Ungar mit Zustimmung der Kindesmutter vor dem Standesbeamten in Freiburg die Vaterschaft zu dem Kind an. Bald darauf heiraten die Kindeseltern ebenfalls in Freiburg. Als Legitimationsstatut kommt primär deutsches Recht in Betracht (Art 21 Abs 1 S 1). Das Kind hatte bereits vor der Eheschließung seiner Eltern seinem Vater gegenüber dieselbe Stellung wie ein eheliches Kind (Art 21 Abs 2 analog, s unten Rz 102 ff). Gleichwohl ist es mit der Eheschließung „ehelich" geworden. 45

(3) Eine Deutsche bringt ein Kind zur Welt, das von einem Jordanier als legitimes Kind anerkannt wird. Später heiraten die Eltern des Kindes. Zu den Erfordernissen einer „Legitimanerkennung" s unten Rz 93. Auch wenn das Kind durch eine wirksame Legitimanerkennung bereits die Stellung eines ehelichen Kindes seines Vaters erlangt haben sollte, kann es gleichwohl durch eine spätere Ehe seiner Eltern noch „ehelich" werden. Für die Legitimation gilt deutsches Recht (Art 21 Abs 1 S 1). 46

Früher wurde sowohl bei der Eheschließung mit dem Angehörigen eines Staates, dessen Recht eheliche und nichteheliche Kinder gleichbehandelt, als auch bei der Eheschließung mit dem Angehörigen eines Staates, nach dessen (islamischem) Recht Kinder bereits durch eine Legitimanerkennung zu „legitimen" Kindern werden, eine spätere Legitimation durch nachfolgende Ehe für ausgeschlossen gehalten (vgl zum jugoslawischen Recht: OLG Bremen 26. 3. 1984 StAZ 1984, 342; zum polnischen Recht: OLG Hamm 19. 2. 1969 FamRZ 1969, 345 und AG Hamburg 21. 7. 1978 StAZ 1980, 24 mit Anm Beitzke; zum ungarischen Recht: AG 47

Freiburg 17. 9. 1981 StAZ 1981, 326; zum islamischen Recht: BGH 14. 1. 1971 FamRZ 1971, 159; 26. 10. 1977 FamRZ 1978, 179; 30. 9. 1981 IPRax 1982, 192; OLG Köln 3. 5. 1985 IPRax 1986, 181; zum ghanaischen Recht: AG Bonn 19. 4. 1985 IPRax 1986, 44). Das hatte seinen Grund darin, daß für die Legitimation ausschließlich das Heimatrecht des Vaters galt. War nach seinem Heimatrecht die Legitimation durch nachfolgende Ehe ausgeschlossen, so mußte man sich mit Ersatzformen wie zB der Legitimanerkennung zufrieden geben. Läßt das anwendbare Recht indessen eine Legitimation durch nachfolgende Ehe zu, dann sollte das Kind auch dann „ehelich“ werden können, wenn es bereits vor der Eheschließung „legitim“ war. Eine solche Klarstellung dient auch der Rechtssicherheit. So wird zB ein Streit darüber vermieden, ob ein „legitimes“ Kind gegenüber seinem Vater ein Erbrecht hat oder nur einen Erbersatzanspruch geltend machen kann, wem die elterliche Sorge zusteht usw; str aA Kegel IPR § 20 XII 2 b.

48 **4. Eheschließung der Eltern**

a) Existenz einer Ehe

Die Legitimation durch nachfolgende Ehe setzt eine Eheschließung der Eltern voraus. Ob eine Eheschließung der Eltern vorliegt, ist nach hM eine selbständig anzuknüpfende Vorfrage. (BayObLG 17. 8. 1979 StAZ 1980, 44; OLG Hamm 10. 11. 1958 FamRZ 1959, 28; OLG Saarbrücken 12. 3. 1970 FamRZ 1970, 327; OLG Celle 28. 7. 1971 NJW 1972, 401; KG 19. 12. 1975 FamRZ 1976, 375; LG Bonn 20. 7. 1976 StAZ 1977, 18; AG Bielefeld 17. 8. 1979 IPRax 1981, 179; AG Flensburg 16. 12. 1980 IPRspr 1980 Nr 114; Ferid IPR Rdnr 8–349; Soergel-Kegel Art 22 Rdnr 37; Kegel IPR § 20 XII 2 b; Sturm StAZ 1978, 318, 324 f; Luther StAZ 1981, 265, 267; Knauber FS Middendorf 163.)

Das bedeutet: Ist die Ehe aus der Sicht des deutschen Rechts geschlossen worden, so liegt eine Ehe vor. Ist aus deutscher Sicht keine Ehe zustande gekommen (zB wegen Nichtbeachtung von Art 13 Abs 3), so fehlt es für eine Legitimation durch nachfolgende Ehe an einer wesentlichen Voraussetzung.

49 Diese Auffassung ist indessen nicht unbestritten. In der Literatur finden sich zahlreiche Stimmen, die für eine grundsätzlich unselbständige Anknüpfung dieser Vorfrage eintreten (mit der Ausnahme, daß eine nach deutschem Recht formwirksam geschlossene Ehe auch dann legitimierende Wirkung hat, wenn sie vom Legitimationsstatut für nicht existent gehalten wird) oder für eine alternative Anknüpfung der Vorfrage (in favorem legitimationis, Günstigkeitsprinzip) plädieren. (Firsching Rpfleger 1954, 642; Serick RabelsZ 21 (1956), 235; Neuhaus FamRZ 1965, 541, 543; Siehr StAZ 1971, 205, 213; ders, Auswirkungen des Nichtehelichengesetzes auf das internationale Privat- und Verfahrensrecht (1972), 126; MünchKomm-Klinkhardt Art 22 Rdnr 49; Palandt-Heldrich Art 21 Anm 2 c aa; im Ergebnis ebenso LG Köln 20. 2. 1953 StAZ 1954, 13.)

Sie weisen darauf hin, daß in immer mehr Staaten ein Trend beobachtet werden kann, entweder zwischen ehelichen und nichtehelichen Kindern überhaupt nicht mehr zu unterscheiden oder aber möglichst viele Kinder als ehelich zu behandeln.

50 Die Vertreter dieser Auffassung können sich nunmehr auch auf das BVerfG berufen, welches einer „Witwe“ gestattet hat, sich für ihre Rentenansprüche auf eine hinkende (nach englischem Recht wirksame, nach deutschem Recht nichtexistente) Ehe zu berufen (BVerfG 30. 11. 1982 IPRax 1984, 88). Wenn eine hinkende Ehe eine „Witwe“ zu Rentenansprüchen berechtigt, ist nicht einzusehen, warum sie nicht auch in anderen Beziehungen Beachtung finden sollte. Man könnte sogar a

fortiori sagen: Wenn sich schon eine „Ehefrau" (welche die Nichtexistenz ihrer Ehe nach deutschem Recht hätte erkennen und beheben können) unter bestimmten Voraussetzungen auf eine hinkende Ehe berufen kann, dann erst recht ein Kind aus einer solchen Verbindung. WENGLER hat bereits darauf hingewiesen (IPRax 1984, 68, 71), daß die in einer hinkenden Ehe gezeugten Kinder wohl als ehelich angesehen werden müßten, und das BVerfG, wenn es ihm ernst sei mit dem Schutz des Willens zur Rechtsehe bei hinkenden Ehen, die gegenteilige Entscheidung des BGH vom 22. 1. 1965 (BGHZ 43, 213) wohl umwerfen müsse. Was aber für die Frage der Ehelichkeit von Kindern gilt, die in einer hinkenden Ehe geboren werden, muß auch für deren Legitimation durch eine hinkende Ehe gelten.

Schließlich spricht für eine alternative Anknüpfung der Vorfrage auch, daß der Gesetzgeber mit der Zulassung alternativer Anknüpfungen in Art 21 ganz offenkundig seinen Willen zum Ausdruck gebracht hat, Kindern nach Möglichkeit zum Status eines ehelichen Kindes zu verhelfen. Die alternative Anknüpfung der Vorfrage nach der Existenz einer Ehe trägt diesem Willen am besten Rechnung.

b) Nichtige Ehen 51

Wie sich aus § 1719 BGB entnehmen läßt, hat auch eine nichtige Ehe die Legitimation des Kindes zur Folge. Das hängt damit zusammen, daß nichtige Ehen nach deutschem Recht nicht als absolut nichtig, sondern lediglich als vernichtbar angesehen werden.

In Fällen mit Auslandsberührung ist zu beachten, daß unter dem Begriff „Nichtigkeit der Ehe" in verschiedenen Rechtsordnungen Verschiedenes verstanden wird. „Nichtige" Ehen können absolut nichtig sein (wie zB „void marriages" in England und den USA), sie können aber auch – wie im deutschen Recht – nur vernichtbare Ehen sein. Bei absolut nichtigen Ehen gibt es keine Ehe und folglich im Prinzip auch keine Legitimation durch nachfolgende Ehe. Gleichwohl lassen zahlreiche Rechte unter bestimmten Voraussetzungen eine Legitimation auch bei absolut nichtigen Ehen zu, etwa, wenn wenigstens ein Ehegatte in bezug auf die Gültigkeit der Ehe gutgläubig war (so etwa Sec 1 des englischen Legitimacy Act 1976).

Bei vernichtbaren Ehen ist zu unterscheiden, ob eine Nichtigerklärung auch eine mit der Eheschließung erfolgte Legitimation berührt oder nicht.

Knüpft man mit der hM die Vorfrage nach dem Bestehen einer wirksamen Ehe **selbständig** an, läßt man also Art 13 entscheiden, so stellt sich die zweite Frage, ob dann das von Art 13 berufene Recht auch über die Rechtsstellung der Kinder entscheidet oder ob auch hier das Legitimationsstatut danach befragt werden muß, welche Stellung Kinder aus einer nichtigen oder für nichtig erklärten Ehe haben. Läßt man das von Art 13 berufene Recht entscheiden, so ist die nächste Frage die, welches Recht entscheidet, wenn die Heimatrechte der Ehegatten divergieren, nach dem Heimatrecht des einen Ehegatten beispielsweise das Kind auch durch die nichtige Ehe legitimiert wird, nach dem Heimatrecht des anderen dagegen nicht. Insbesondere KEGEL wollte in diesem Fall das ärgere Recht gelten lassen (SOERGEL-KEGEL Art 13 Rdnr 100). Diese Auffassung ist heute angesichts des in Art 21 klar zum Ausdruck gekommenen Günstigkeitsprinzips nicht mehr haltbar. Es bleibt darum nur die Möglichkeit, entweder im Fall einer Anknüpfung an Art 13 das dem Kind günstigere Recht entscheiden zu lassen (so bereits der Vorschlag von RAAPE, IPR § 32 A I 2) oder zu fragen: Wird nach einem der Rechte, auf die Art 21 verweist, das Kind auch im Fall einer nichtigen oder für nichtig erklärten Ehe legitimiert? 52

Knüpft man die Vorfrage nach dem Bestehen einer wirksamen Ehe **unselbständig** an, so überläßt man von vornherein dem Legitimationsstatut auch die Antwort auf 53 die Frage, wie über die Legitimation zu urteilen ist, wenn die Ehe der Eltern nichtig oder für nichtig erklärt worden ist. Zwei Fragen sind hier zu beantworten: Ist die Ehe aus der Sicht des Legitimationsstatuts nichtig oder vernichtbar? Wenn ja: Werden Kinder aus einer solchen nichtigen oder für nichtig erklärten Ehe gleichwohl als legitimiert angesehen?

Für nichtige Ehen des islamischen Rechts (fasid-Ehen) ist behauptet worden, die in einer solchen Ehe geborenen Kinder seien ebenso wie nach islamischem auch nach deutschem Recht als ehelich anzusehen, zumindest, wenn die nichtige Ehe später „bestätigt" worden sei (zB durch eine spätere Eheschließung vor dem deutschen Standesbeamten; vgl Jayme-Goussous IPRax 1982, 179 [mit Bestätigung]; Kohler IPRax 1983, 171 [auch ohne Bestätigung]). Hier ist indessen zu unterscheiden: Ist eine vor dem deutschen Standesbeamten oder im Ausland formgültig geschlossene Ehe nach dem Heimatrecht des islamischen Ehegatten nichtig (zB wegen fehlender Geschäftsfähigkeit oder wegen Nichtbeachtung eines Eheverbots), so gilt das für nichtige Ehen oben Gesagte entsprechend. Beruht die in Deutschland zustande gekommene „Ehe" dagegen auf dem bloßen Konsens der „Eheleute", so hat man es mit einer Nichtehe zu tun. Dabei spielt es keine Rolle, ob diese „Ehe" nach dem Heimatrecht eines (oder beider) Ehegatten wirksam ist (weil eine dauernde Verbindung gewollt war) oder ob eine fasid-Ehe vorliegt (zB weil die „Ehe" nur für kurze Zeit und ausschließlich zum Zweck des Geschlechtsgenusses geschlossen wurde, also eine sog „Genußehe" vorliegt). Lebten die „Ehegatten" im Inland, werden kaum jemals die Voraussetzungen gegeben sein, unter denen nach Ansicht des BVerfG auch hinkende Ehen Rechtswirkungen haben können.

54 Wird eine solche „Genußehe" später „bestätigt", so ist zu unterscheiden: Erfolgt die Bestätigung durch eine spätere formwirksame Eheschließung, so kommt eine Legitimation durch nachfolgende Ehe in Betracht (zB wenn die deutsche Mutter vor dem Standesbeamten den islamischen Vater ihres Kindes heiratet, Art 21 Abs 1 S 1). Erfolgt die Bestätigung durch nachträgliche Beurkundung der Eheschließung (wie sie zB das algerische Recht vorsieht; vgl Klinkhardt IPRax 1985, 192), so vermag diese Bestätigung an der Nichtexistenz der Ehe nach deutschem Recht nichts zu ändern. Das Kind bleibt nichtehelich und kann nur durch eine Legitimanerkennung zu einem legitimen Kind werden.

III. Wirkungen der Legitimation

55 1. Staatsangehörigkeit

Ob die Legitimation eines nichtehelichen Kindes Auswirkungen auf seine Staatsangehörigkeit hat, richtet sich nach den betroffenen Staatsangehörigkeitsgesetzen. Heiratet beispielsweise der deutsche Vater eines nichtehelichen Kindes dessen französische Mutter, so entscheidet das deutsche Staatsangehörigkeitsrecht darüber, ob das Kind infolge dieser Eheschließung die deutsche Staatsangehörigkeit erwirbt (§ 5 RuStAG: ja, falls die Legitimation nach den deutschen Ges wirksam ist), und das französische Staatsangehörigkeitsges darüber, ob das Kind infolge dieser Legitimation seine bisherige Staatsangehörigkeit verliert (nein). Bei Erwerb oder Verlust der Staatsangehörigkeit infolge einer Legitimation ist deren Wirksamkeit stets vom Standpunkt des Rechts desjenigen Staates zu beurteilen, um dessen Staatsangehörigkeit es geht. Die Vorfrage nach der Wirksamkeit der Legitimation ist hier also stets unselbständig anzuknüpfen (vgl BVerwG 6. 12. 1983 IPRax 1985, 95 = StAZ 1984, 160 = JZ 1984, 837; dazu von Mangoldt, JZ 1984, 821, 824; VG Freiburg 28. 11. 1973 FamRZ 1974, 474).

2. Name 56

Ob sich der Name des Kindes infolge der Legitimation ändert, wurde früher allgemein nach dem Legitimationsstatut beurteilt (vgl BGH 7. 12. 1977 FamRZ 1978, 233 mwN). Später änderte der BGH seine Auffassung und entschied sich für eine Anknüpfung an das Personalstatut des Kindes (BGH 8. 6. 1983 IPRax 1984, 271; dazu Henrich, Zur Geltung des Personalstatuts für die Namensführung legitimierter Kinder, IPRax 1984, 255).

Auch nach geltendem Recht ist von der grundsätzlichen Maßgeblichkeit des **Personalstatuts des Kindes** auszugehen (Art 10 Abs 1). 57

Ist das Kind Doppelstaater (geworden), so entscheidet grds seine effektive Staatsangehörigkeit; falls eine der beiden Staatsangehörigkeiten des Kindes die deutsche ist, gilt allein das deutsche Recht (Art 5 Abs 1).

Hat das Kind kein deutsches Personalstatut, ist eine Rück- oder Weiterverweisung durch sein Heimatrecht zu prüfen. Eine Rück- oder Weiterverweisung kann auch auf einer vom deutschen Recht abweichenden Qualifikation der Frage der Namensführung beruhen, nämlich darauf, daß das Heimatrecht des Kindes die Frage der Namensführung dem Legitimationsstatut unterstellt (so etwa das türkische Recht; vgl Nomer, Devletler hususi hukuku [IPR] 3. Aufl. 1984, 232).

Der Umstand, daß das Kind aus deutscher Sicht wirksam legitimiert worden ist, hat 58 nicht notwendig Auswirkungen auf seine Namensführung. Nach der im Schrifttum herrschenden Auffassung, der sich auch das BayObLG angeschlossen hat, kommt es vielmehr darauf an, ob das Kind auch aus der Sicht seines Heimatrechts wirksam legitimiert worden ist. Die Wirksamkeit der Legitimation ist, so wird gesagt, eine unselbständig anzuknüpfende Vorfrage (BayObLG 7. 5. 1986 StAZ 1986, 318; Jayme IPRax 1981, 160, 162; Hausmann StAZ 1982, 121, 128; MünchKomm-Birk vor Art 7 Rdnr 10; Palandt-Heldrich Art 10 Anm 1 b).

Der BGH schien sich zunächst dieser Auffassung anzuschließen (BGH 15. 2. 1984 IPRax 1986, 35, 38: Anwendung des italienischen Heimatrechts eines Kindes, das nach italienischem Recht, nicht aber nach dem – deutschen – Recht seines gewöhnlichen Aufenthalts von seinem Vater anerkannt worden war), stellte später aber klar, daß unselbständig nur die Frage beurteilt werden sollte, ob ein familienrechtlicher Vorgang namensrechtliche Auswirkungen habe, daß aber die Frage nach dem familienrechtlichen Status des Kindes selbständig anzuknüpfen sei (BGH 9. 7. 1986 IPRax 1987, 22). Das bedeutet: Für die Frage, ob eine Legitimation einen Namenswechsel des Kindes zur Folge hat, gilt sein Heimatrecht. Die Vorfrage, ob das Kind wirksam legitimiert worden ist, ist dagegen aus der Sicht des deutschen Rechts zu beantworten.

Fraglich ist, was geschehen soll, wenn die Eltern des Kindes bei der Eheschließung 59 gem Art 10 Abs 2 eine **Rechtswahl** getroffen haben. Feststeht, daß diese Rechtswahl nicht zugleich auch für die Kinder gilt. Ein entsprechender Vorschlag des RegE wurde im Rechtsausschuß gestrichen (BT-Drs 10/5632, S 40). Die Eltern haben aber die Möglichkeit, eine entsprechende Rechtswahl auch für ihre Kinder zu treffen. Art 10 Abs 5 ist hier analog anwendbar (mit der Maßgabe, daß an die Stelle des Zeitpunkts der Geburt der Zeitpunkt der Eheschließung tritt). Führen die Eltern keinen gemeinsamen Ehenamen, so gilt für ein deutsches Kind Art 220 Abs 5 analog (wiederum mit der Maßgabe, daß an die Stelle des Zeitpunkts der Geburt der Zeitpunkt der Eheschließung tritt).

60 **3. Sonstige Wirkungen**

Die Legitimation durch nachfolgende Ehe macht aus dem nichtehelichen Kind ein eheliches Kind. Das Rechtsverhältnis zu seinen Eltern unterliegt darum – ebenso wie bei Kindern, die von Anfang an ehelich waren – grds dem Ehewirkungsstatut (Art 19 Abs 2; vgl Ferid IPR Rdnr 8–350). Die Geltung des Ehewirkungsstatuts (und nicht des Legitimationsstatuts) rechtfertigt sich insbes daraus, daß das Ehewirkungsstatut wandelbar ist, das Legitimationsstatut dagegen nicht. Würde man die Rechtsbeziehungen des legitimierten Kindes zu seinen Eltern dem Legitimationsstatut unterstellen, so hätte dies uU (zB bei einem Aufenthaltswechsel eines gemischtnationalen Ehepaares) ein unterschiedliches Kindschaftsstatut für voreheliche und nacheheliche Kinder zur Folge (Soergel-Kegel Art 19 Rdnr 17).

61 Die Regel von der Geltung des Ehewirkungsstatuts wird allerdings – ebenso wie bei von Anfang an ehelichen Kindern – von zahlreichen Ausnahmen durchbrochen.

So richten sich die **Unterhaltsansprüche** der legitimierten Kinder gegen ihre Eltern (und umgekehrt) grds nach den Sachvorschriften des am jeweiligen gewöhnlichen Aufenthalt des Unterhaltsberechtigten geltenden Rechts (Art 18 Abs 1).

Für **Schutzmaßnahmen**, insbes für die Regelung der elterlichen Sorge im Fall einer Trennung oder Scheidung der Eltern, sind die Vorschriften des Haager MSA v 5. 10. 1961 zu beachten. Für erbrechtliche Ansprüche gilt das Erbstatut (Art 25; vgl Ferid IPR Rdnr 8–355).

Dagegen gilt wiederum das Legitimationsstatut für die Frage, ob die Eheschließung zwischen den Eltern auch Wirkungen für die Abkömmlinge des nichtehelichen Kindes hat (wenn nämlich das nichteheliche Kind vor der Eheschließung seiner Eltern gestorben ist); denn hier geht es nicht um den (wandelbaren) Inhalt der Eltern-Kind-Beziehungen, sondern um die Reichweite der Legitimation.

62 **4. Maßgeblicher Zeitpunkt**

Der Zeitpunkt, zu dem das Kind ehelich wird, wird regelmäßig der Zeitpunkt der Eheschließung seiner Eltern sein. Es gibt jedoch auch Rechtsordnungen, in denen die Eheschließung der Eltern rückwirkende Kraft hat, dem Kind also vom Tage seiner Geburt an die Rechtsstellung eines ehelichen Kindes verliehen wird (vgl zB das zyprische Ges über nichteheliche Kinder, Sec 4, oben Rz 15). Welcher Zeitpunkt maßgebend ist, bestimmt das Legitimationsstatut (Soergel-Kegel Art 22 Rdnr 41; MünchKomm-Klinkhardt Art 22 Rdnr 87; Palandt-Heldrich Art 21 Anm 2 c bb).

63 **IV. Eintragung der Legitimation durch nachfolgende Ehe in deutsche Personenstandsbücher**

Nach § 31 Abs 1 PStG ist eine Legitimation durch nachfolgende Ehe der Eltern in das Geburtenbuch einzutragen, sobald die Vaterschaft des Mannes anerkannt oder rechtskräftig festgestellt ist. Eine Eintragung ohne diese Voraussetzungen ist zulässig, wenn sich die Legitimation nach ausländischem Recht bestimmt und nach diesem Recht die Rechtswirkungen der Legitimation ohne vorherige Anerkennung oder rechtskräftige Feststellung der Vaterschaft geltend gemacht werden können (Ferid IPR Rdnr 8–351).

Sobald die Legitimation am Rande des Geburtseintrags des Kindes vermerkt ist, hat der Standesbeamte ferner die durch nachfolgende Ehe ehelich gewordenen Kinder in das Familienbuch der Eltern einzutragen. Bei im Ausland geborenen Kindern erfolgt die Eintragung in das Familienbuch, sobald die Voraussetzungen für die Eintragung der Legitimation in das Geburtenbuch vorliegen (§ 15 Abs 1 Nr 2 PStG).

Kommt für die Legitimation die Anwendung ausländischen Rechts in Betracht, so 64
hat der Standesbeamte die Entscheidung des AG darüber herbeizuführen, ob die Legitimation einzutragen ist (§ 31 Abs 2 PStG). Durch die Formulierung „kommt ... in Betracht" wird zum Ausdruck gebracht, daß der Standesbeamte eine Entscheidung des AG auch dann herbeiführen muß, wenn auf die Legitimation kraft Rückverweisung deutsches Recht anwendbar ist. Die Frage, ob das grds anwendbare ausländische Recht auf das deutsche Recht zurückverweist, soll nicht vom Standesbeamten, sondern vom Richter geklärt werden (Soergel-Kegel Art 22 Rdnr 44; MünchKomm-Klinkhardt Art 22 Rdnr 96; Ferid IPR Rdnr 8–351). Dasselbe gilt, wenn ausländisches Recht durch den ordre public ausgeschaltet wird. Die Entscheidung, ob das an sich anwendbare ausländische Recht gegen den deutschen ordre public verstößt, ist vom Richter zu treffen (OLG Köln 8. 11. 1976 IPRspr 1976 Nr 106; OLG Köln 8. 11. 1976 IPRspr 1976 Nr 108).

Keiner Vorlage an das AG bedarf es grds dann, wenn nach Art 21 Abs 1 S 1 auf die 65
Legitimation deutsches Recht Anwendung findet (beide Eltern sind Deutsche oder haben bei unterschiedlicher Staatsangehörigkeit ihren gewöhnlichen Aufenthalt in der Bundesrepublik Deutschland) und nach diesem die Legitimation einzutragen ist. Von einer Vorlage kann wohl auch dann abgesehen werden, wenn bei unterschiedlicher Staatsangehörigkeit der Eltern und fehlendem gemeinsamen Aufenthalt in der Bundesrepublik Deutschland ein Elternteil Deutscher ist (Art 21 Abs 1 S 2) und nach deutschem Recht das Kind durch die Eheschließung seiner Eltern ehelich geworden ist.

Dagegen ist eine Vorlage dann erforderlich, wenn nach deutschem Recht keine 66
Legitimation eingetreten ist, aber eine Legitimation nach ausländischem Recht (zB nach dem Heimatrecht eines Elternteils) eingetreten sein kann. Ferner ist Vorlage dann geboten, wenn Vorfragen der Legitimation sich nach ausländischem Recht richten oder die Abstammung des Kindes im Ausland (durch Anerkennung oder Urteil) festgestellt worden ist.

Schließlich ist eine Vorlage auch dann erforderlich, wenn ein ausländisches Gericht den Eintritt der Legitimation festgestellt hat. Es kann unterstellt werden, daß der deutsche Gesetzgeber, der die Prüfung ausländischen Rechts nicht dem Standesbeamten überlassen wollte, ihm auch nicht die Prüfung ausländischer Entscheidungen anvertrauen wollte (MünchKomm-Klinkhardt Art 22 Rdnr 96; Soergel-Kegel Art 22 Rdnr 49).

Streitig ist, ob das AG, welches zur Entscheidung darüber angerufen worden ist, ob 67
die Legitimation in das Geburtenbuch einzutragen ist, auch die **Eintragung eines bestimmten Familiennamens** anordnen kann. Diese Frage wird zuweilen bejaht mit der Begründung, auch damit werde dem Standesbeamten die Prüfung ausländischen Rechts abgenommen (Soergel-Kegel Art 22 Rdnr 42). Vielfach bestimmen die Gerichte zugleich mit der Legitimation auch über den vom Kind zu führenden Familiennamen (AG Münster 22. 9. 1972 FamRZ 1973, 53; 30. 12. 1975 DAVorm 1976, 241; 17. 3. 1977 IPRspr 1977 Nr 93). Korrekt ist diese Praxis indessen nicht. Das nach § 31 Abs 2 PStG angerufene Gericht hat nur über die Legitimation zu entscheiden, nicht über den Familiennamen. Möchte der Standesbeamte auch die Namensfrage gerichtlich geklärt haben, so kann er nach § 45 Abs 2 PStG vorlegen (OLG Oldenburg 13. 5. 1977 StAZ 1977, 287; AG Wiesbaden 21. 6. 1979 StAZ

1980, 124). Eine Vorlage nach § 31 Abs 2 PStG schließt nicht – stillschweigend – eine Vorlage nach § 45 Abs 2 PStG ein (OLG Oldenburg 9. 6. 1976 StAZ 1976, 278).

D. Legitimation in anderer Weise als durch nachfolgende Ehe

68 I. Grundsatz

Anders als bei der Legitimation durch nachfolgende Ehe gibt es bei der Legitimation in anderer Weise keine alternativen Anknüpfungen. Maßgebend ist vielmehr allein das „Recht des Staates, dem der Elternteil, für dessen eheliches Kind das Kind erklärt werden soll, bei der Legitimation angehört oder, falls er vor dieser gestorben ist, zuletzt angehörte" (Art 21 Abs 2). Zusätzlich ist allerdings Art 23 zu berücksichtigen: Die Erforderlichkeit und die Erteilung der Zustimmung des Kindes und einer Person, zu der das Kind in einer familienrechtlichen Beziehung steht, zu einer Legitimation unterliegen zusätzlich dem Recht des Staates, dem das Kind angehört. Soweit es zum Wohl des Kindes erforderlich ist, ist stattdessen das deutsche Recht anzuwenden.

69 Art 21 Abs 2 ist augenscheinlich zugeschnitten auf die beiden Arten der Legitimation in anderer Weise als durch nachfolgende Ehe, die das deutsche materielle Recht vorsieht: die Ehelicherklärung auf Antrag des Vaters (§§ 1723 ff BGB) und die Ehelicherklärung auf Antrag des Kindes (§§ 1740 a ff BGB). Es gibt indessen noch andere Weisen, einem (iS des deutschen Rechts) nichtehelichen Kind die Stellung eines ehelichen Kindes zu verschaffen, etwa die Legitimanerkennung des islamischen Rechts oder die Anerkennung eines Kindes durch seinen Vater durch Erklärung vor einem Notar und zwei Zeugen nach dem Recht von Louisiana. Außerdem ist zu erwägen, ob nicht auch die bloße Anerkennung eines (iS des deutschen Rechts) nichtehelichen Kindes durch seinen Vater dann als ein Vorgang der Legitimation angesehen werden muß, wenn das maßgebende Recht zwischen ehelichen und nichtehelichen Kindern nicht unterscheidet.

Im folgenden ist zunächst von der Legitimation durch Ehelicherklärung (iS des deutschen Rechts) die Rede. Zur analogen Anwendung des Art 21 Abs 2 auf sonstige Legitimationsvorgänge s unten Rz 87 ff.

70 II. Ehelicherklärung zu Lebzeiten beider Eltern

1. Voraussetzungen

Die Voraussetzungen einer Ehelicherklärung zu Lebzeiten beider Eltern sind im wesentlichen dieselben wie die einer Legitimation durch nachfolgende Ehe, ausgenommen die Eheschließung der Eltern.

Vorausgesetzt wird also, daß dem Heimatrecht des Elternteils, für dessen eheliches Kind das Kind erklärt werden soll, eine Ehelicherklärung überhaupt bekannt und sie im Einzelfall auch zulässig ist, ferner, daß die Abstammung des Kindes von diesem Elternteil feststeht und schließlich, daß es sich um ein nichteheliches Kind handelt. Hinzu kommen gewisse Zustimmungserfordernisse. Und endlich muß ein entsprechender Antrag in der gehörigen Form gestellt worden sein.

a) Regelmäßig ist es der Vater, für dessen eheliches Kind das Kind erklärt werden soll. Zunächst ist hier das Heimatrecht des Vaters danach zu befragen, ob es eine **Ehelicherklärung überhaupt** kennt. Zu den Staaten, die eine Ehelicherklärung kennen, s oben Rz 17 ff vor Art 21. 71

Das Heimatrecht des Vaters entscheidet auch darüber, ob das Kind **legitimierbar** ist. Manche Rechte lassen beispielsweise eine Ehelicherklärung nur in den Fällen zu, in denen die Eltern einander nicht heiraten können, nicht aber dann, wenn die Eltern einander lediglich nicht heiraten wollen.

b) Auch eine Ehelicherklärung setzt im Prinzip voraus, daß es sich bei dem zu legitimierenden Kind um das **leibliche Kind des Legitimierenden** handelt. Ob die Abstammung feststeht, ist nach hM eine unselbständig anzuknüpfende Vorfrage, also nach dem Recht zu beurteilen, auf das die Kollisionsnormen des Legitimationsstatuts (Heimatrecht des Vaters) verweisen (MünchKomm-Klinkhardt Art 22 Rdnr 120). Die unselbständige Anknüpfung läßt sich hier historisch rechtfertigen. Dem Landesherrn, der ursprünglich (in manchen Ländern noch heute) über die Ehelicherklärung entscheidet, durfte kein fremdes Recht aufoktroyiert werden. 72

c) Legitimiert werden können nur **nichteheliche Kinder**. Kinder, die als eheliche (oder legitime) Kinder eines anderen gelten, sind von einer Legitimation durch Ehelicherklärung ebenso ausgeschlossen wie von einer Legitimation durch nachfolgende Ehe (s oben Rz 35). Ob ein Kind den Status eines ehelichen Kindes eines Dritten hat, ist eine selbständig anzuknüpfende Vorfrage (MünchKomm-Klinkhardt Art 22 Rdnr 117). Maßgebend ist das gem Art 19 Abs 1 anzuwendende Recht. Vgl im einzelnen die Ausführungen oben Rz 36 ff. 73

d) Welche Personen der Ehelicherklärung **zustimmen** müssen, ergibt sich in erster Linie aus dem Legitimationsstatut, dh aus dem Heimatrecht des Vaters. Die Erforderlichkeit und die Erteilung der Zustimmung des Kindes und einer Person, zu der das Kind in einem familienrechtlichen Verhältnis steht, unterliegen zusätzlich dem Recht des Staates, dem das Kind angehört (Art 23 S 1). Soweit es zum Wohl des Kindes erforderlich ist, ist anstelle seines Heimatrechts das deutsche Recht anzuwenden (Art 23 S 2). 74

Beispiel: Ein Serbe möchte die deutsche Mutter seines nichtehelichen Kindes heiraten. Vor der Eheschließung wird die Mutter aber wegen Geisteskrankheit entmündigt. Nach serbischem Recht kann in einem solchen Fall (weil die Ehe nicht mehr geschlossen werden kann) das Gericht auf Antrag des Vaters oder des Kindes dieses als in der Ehe geboren erklären (Art 87 Abs 2 des Ges über die Ehe- und Familienbeziehungen vom 5. 6. 1980). Stellt der Vater einen entsprechenden Antrag, so ist nach serbischem Recht eine Zustimmung des Kindes nicht vorgeschrieben. Gleichwohl ist hier die Einwilligung des Kindes erforderlich, weil das (deutsche) Heimatrecht des Kindes dies vorschreibt (§ 1726 Abs 1 BGB). Für das Kind handelt sein ges Vertreter (§ 1729 S 1 BGB). Wer ges Vertreter ist, ist eine selbständig anzuknüpfende Vorfrage. Maßgebend ist nach einer Meinung das deutsche Recht, wenn das Kind seinen gewöhnlichen Aufenthalt in der Bundesrepublik hat (Art 20 Abs 2), nach einer anderen das Heimatrecht des Kindes (Art 3 MSA); vgl Siehr IPRax 1987, 302 mwN. Ist die Mutter geisteskrank, so ist dem Kind ein Vormund zu bestellen. Die Bestellung eines Vormunds richtet sich in Fällen mit Auslandsberührung nach dem Haager MSA. Auf die grds ebenfalls erforderliche Zustimmung der Mutter (§ 1726 Abs 1 BGB, Art 23 S 1) kann im vorliegenden Fall verzichtet werden, da die Mutter zur Abgabe einer Erklärung dauernd außer Stande ist (§ 1726 Abs 3 BGB). Nicht notwendig ist die Einwilligung der Ehefrau des Vaters, wenn dieser sich inzwischen anderweitig verheiratet hat. Zwar ist die Einwilligung der Ehefrau des Vaters nach § 1726 Abs 1 S 2 BGB vorgeschrieben.

Zu der Ehefrau des Vaters steht das Kind aber nicht in einem familienrechtlichen Verhältnis. Art 23 greift deswegen nicht ein. Die Ehefrau des Vaters müßte darum nur dann in die Ehelicherklärung einwilligen, wenn auch das serbische Recht auf einer solchen Einwilligung bestehen würde. Das ist jedoch nicht der Fall. Die Form der Einwilligung richtet sich nach Art 11 Abs 1. Maßgebend ist, weil die Einwilligung des Kindes (nur) vom deutschen Recht vorgeschrieben ist, § 1730 BGB. Dagegen braucht der Antrag des Vaters (weil insofern das serbische Recht gilt) entgegen § 1730 BGB nicht notariell beurkundet zu werden, da das serbische Recht diese Form nicht vorschreibt.

Würde nicht der Vater, sondern das Kind den Antrag gem Art 87 Abs 2 des serbischen Ges über die Ehe- und Familienbeziehungen stellen, so müßte der Vater in die Ehelicherklärung einwilligen. Zwar ist im serbischen Recht diese Einwilligung nicht vorgeschrieben; ihre Notwendigkeit ergibt sich aber aus der analogen Anwendung des § 1723 BGB. Nach deutschem Recht kann ein Kind zu Lebzeiten seines Vaters nicht ohne dessen Mitwirkung für ehelich erklärt werden. Deutsches Recht ist hier gem Art 23 S 1 zu beachten.

75 e) Wer den **Antrag auf Ehelicherklärung** stellen kann, richtet sich nach dem Legitimationsstatut, hier also nach dem Heimatrecht des Vaters.

76 **2. Maßgeblicher Zeitpunkt**

Art 21 Abs 2 verweist auf das Recht des Staates, dem der Elternteil, für dessen eheliches Kind das Kind erklärt werden soll, bei der Legitimation angehört. Es kommt somit auf das Recht des Staates an, dem der Elternteil, für dessen eheliches Kind das Kind erklärt werden soll, zu dem Zeitpunkt angehört, in dem die Ehelicherklärung wirksam wird. Wird die Ehelicherklärung von einem deutschen Gericht ausgesprochen, kommt es also auf den Zeitpunkt an, zu dem der Gerichtsbeschluß gem § 56 a FGG bekannt gemacht wird.

77 **3. Wirkungen**

a) Wegen der Auswirkungen der Ehelicherklärung auf die **Staatsangehörigkeit** des Kindes wird auf die Ausführungen oben Rz 55 verwiesen. Ob das Kind die Staatsangehörigkeit des legitimierenden Elternteils erwirbt, bestimmt sich nach dem Staatsangehörigkeitsges des Staates, dem der Legitimierende angehört. Ob das Kind seine bisherige Staatsangehörigkeit beibehält oder verliert, entscheidet das Staatsangehörigkeitsges des Staates, dem es bisher angehörte.

78 b) Was den **Namen** des Kindes betrifft, wird ebenfalls auf die Ausführungen oben Rz 56 verwiesen. Maßgebend ist das Heimatrecht des Kindes (Art 10 Abs 1). Ist das Kind Doppelstaater (geworden), so kommt es auf seine effektive Staatsangehörigkeit an; falls eine der beiden Staatsangehörigkeiten die deutsche ist, gilt allein deutsches Recht (Art 5 Abs 1). Hat das Kind kein deutsches Personalstatut, ist eine eventuelle Rück- oder Weiterverweisung zu beachten.

79 c) Was die **sonstigen Wirkungen** der Ehelicherklärung betrifft, so ist zu unterscheiden:

Wenn das Kind mit der Ehelicherklärung die rechtliche Stellung eines ehelichen Kindes erwirbt, gilt fortan für seine Beziehungen zu seinen Eltern Art 19 Abs 2 und des näheren, weil keine Ehe besteht, gem Art 19 Abs 2 S 2 das Recht des Staates, in dem das Kind seinen gewöhnlichen Aufenthalt hat (soweit Art 19 nicht durch das Haager Übereinkommen über die Zuständigkeit der Behörden und das anzuwendende Recht auf dem Gebiet des Schutzes von Minderjährigen vom 5. 10. 1961 verdrängt wird).

Soweit das Legitimationsstatut indessen Sonderregeln aufgestellt hat, gehen diese dem gem Art 19 Abs 2 maßgebenden Recht vor.

Richtet sich also beispielsweise die Ehelicherklärung nach deutschem Recht, so gilt deutsches Recht (und nicht das Recht des gewöhnlichen Aufenthalts des Kindes) für die Frage, ob mit der Ehelicherklärung die Mutter das Recht und die Pflicht verliert, die elterliche Sorge auszuüben, und ob und unter welchen Voraussetzungen das Vormundschaftsgericht der Mutter die Ausübung der elterlichen Sorge zurückübertragen kann (§ 1738 BGB).

Die Unterhaltsansprüche des Kindes gegen den legitimierenden Elternteil (und umgekehrt) richten sich grds nach Art 18 bzw nach dem Haager Unterhaltsübereinkommen von 1973. Das Legitimationsstatut sollte aber darüber entscheiden, ob der Vater dem Kind vor der Mutter und den mütterlichen Verwandten unterhaltspflichtig ist (§ 1739 BGB).

4. Verfahrensfragen 80

a) Die deutschen Gerichte sind **zuständig** für eine Ehelicherklärung, wenn der Vater oder das Kind

1. Deutscher ist oder

2. seinen gewöhnlichen Aufenthalt im Inland hat.

Diese Zuständigkeit ist nicht ausschließlich (§ 43 a Abs 1 FGG). Dh ausländische Ehelicherklärungen können auch dann anerkannt werden, wenn Vater oder Kind Deutsche sind oder ihren gewöhnlichen Aufenthalt in der Bundesrepublik Deutschland haben. Die früher hM, die den deutschen Behörden die ausschließliche Zuständigkeit zusprach, wenn der Vater Deutscher war, ist vom Gesetzgeber aufgegeben worden.

b) Voraussetzungen für die **Anerkennung einer ausländischen Ehelicherklärung** 81
sind (§ 16 a FGG):

(a) die internationale Zuständigkeit des ausländischen Gerichts (aus deutscher Sicht), dh Vater oder Kind müssen entweder Angehörige des Staates sein, in dem die Ehelicherklärung erfolgt ist, oder dort zum maßgeblichen Zeitpunkt ihren gewöhnlichen Aufenthalt gehabt haben;

(b) die Vereinbarkeit der Anerkennung der ausländischen Ehelicherklärung mit dem deutschen ordre public.

Die internationale Zuständigkeit wird auch dann geprüft, wenn die Ehelicherklärung im Ausland nicht durch ein Gericht erfolgt, sondern durch das Staatsoberhaupt (Bundespräsident, König: per rescriptum principis).

III. Ehelicherklärung nach dem Tod eines Elternteils (oder beider Elternteile) 82

1. Voraussetzungen

Unter welchen Voraussetzungen eine Ehelicherklärung auch nach dem Tod eines Elternteils noch möglich ist (Verlöbnis der Eltern; Äußerung des Willens, das Kind legitimieren zu wollen, in einer öffentlichen Urkunde oder einem Testament), bestimmt das Legitimationsstatut, dh das Recht des Staates, dem der Elternteil, für dessen eheliches Kind das Kind erklärt werden soll, bei der Legitimation angehört oder, falls er vor dieser gestorben ist, zuletzt angehörte (Art 21 Abs 2).

Bei den Vorfragen ist zu unterscheiden:

(1) Nur **nichteheliche Kinder** können für ehelich erklärt werden. Hat ein Kind den Status eines ehelichen Kindes eines anderen Mannes, so scheidet eine Ehelicherklärung aus. Ob ein Kind den Status eines ehelichen Kindes hat, ist eine selbständig anzuknüpfende Vorfrage. Maßgebend ist das gem Art 19 Abs 1 anzuwendende Recht.

(2) Verlangt das Legitimationsstatut, daß die Eltern **verlobt** waren (vgl § 1740 a BGB), so ist die Wirksamkeit des Verlöbnisses ebenfalls selbständig zu prüfen. Maßgebend ist in analoger Anwendung des Art 13 grds das Heimatrecht der beiden Verlobten.

(3) Verlangt das Legitimationsstatut eine Absichtserklärung in **öffentlicher Urkunde** oder in einem **Testament**, so ist auch die Frage nach deren Wirksamkeit eine selbständig anzuknüpfende Vorfrage.

(4) Ebenso wie bei der Ehelicherklärung zu Lebzeiten beider Eltern wird auch bei der Ehelicherklärung nach dem Tod eines Elternteils vorausgesetzt, daß die **Abstammung** des für ehelich zu erklärenden Kindes von dem betroffenen Elternteil **feststeht**. Diese Frage wird von der hM nicht selbständig, sondern unselbständig angeknüpft, also nach den Vorschriften desjenigen Rechts beurteilt, auf das die Kollisionsnormen des Legitimationsstatuts verweisen (MünchKomm-Klinkhardt Art 22 Rdnr 120).

83 **2. Antrag, Einwilligungen, Anhörungsrechte**

a) Eine Ehelicherklärung setzt stets einen **Antrag** voraus. Wer antragsbefugt ist und in welcher Frist ein entsprechender Antrag gestellt werden kann, ergibt sich aus dem Legitimationsstatut (Heimatrecht des Elternteils, für dessen eheliches Kind das Kind erklärt werden soll, Art 21 Abs 2). Gibt dieses dem Kind ein Antragsrecht, so ist die Vorfrage, wer das Kind bei der Antragstellung ges zu vertreten hat, selbständig anzuknüpfen. Maßgebend ist nach einer Auffassung das Recht des Staates, in dem das Kind seinen gewöhnlichen Aufenthalt hat (Art 20 Abs 2), nach einer anderen das Heimatrecht des Kindes (Art 3 MSA); vgl Siehr IPRax 1987, 302 mwN. Muß dem Kind ein ges Vertreter bestellt werden, so ist das Haager MSA zu beachten.

b) Welche Personen in die Ehelicherklärung **einwilligen** müssen, bestimmt ebenfalls zunächst das Legitimationsstatut. Zusätzlich ist das Heimatrecht des Kindes zu beachten (Art 23 S 1). Soweit es zum Wohl des Kindes erforderlich ist, ist statt des Heimatrechts des Kindes das deutsche Recht anzuwenden (Art 23 S 2). Das Legitimationsstatut bestimmt auch, wem gegenüber die Einwilligung zu erklären ist, ob sie durch einen Vertreter abgegeben werden kann und unter welchen Voraussetzungen auf sie verzichtet werden kann.

c) Die **Form** des Antrags und der Einwilligungen richtet sich nach Art 11 Abs 1.

d) Welche Personen vor der Ehelicherklärung zu **hören** sind (vgl zum deutschen Recht § 1740 d BGB), bestimmt das Legitimationsstatut. Die Anhörung der in § 1740 d BGB genannten Personen dürfte sich aber auch dann empfehlen, wenn das Legitimationsstatut ihre Anhörung nicht vorschreibt. Ihre Anhörung kann nämlich Aufschlüsse dafür ergeben, ob die Ehelicherklärung dem Wohl des Kindes entspricht.

84 **3. Maßgeblicher Zeitpunkt**

Art 21 Abs 2 verweist auf das Recht des Staates, dem der Elternteil, für dessen eheliches Kind das Kind erklärt werden soll, bei der Legitimation angehört. „Bei der Legitimation“ bedeutet zu dem Zeitpunkt, zu dem die Legitimation wirksam wird. Wird die Ehelicherklärung von einem deutschen Gericht ausgesprochen, so wird die Legitimation, wenn die Ehelicherklärung vom Vater beantragt worden ist, regelmäßig wirksam mit der Bekanntmachung der Verfügung über die Ehelicherklärung an den Vater, ausnahmsweise, wenn der Vater vor der Ehelicherklärung gestorben ist, mit der Bekanntmachung an das Kind (§ 56 a Abs 1 S 1 FGG). Im letzteren Fall ist auf die Staatsangehörigkeit des Vaters im Zeitpunkt seines Todes abzustellen. Erfolgt die Ehelicherklärung auf Antrag des Kindes, entscheidet der Zeitpunkt der Rechtskraft (§ 56 b Abs 1 FGG).

Der Zeitpunkt, der für die Bestimmung des maßgebenden Rechts entscheidend ist, ist nicht zu verwechseln mit dem Zeitpunkt, zu dem die Wirkungen der Legitimation eintreten. Zwar werden Wirksamwerden der Ehelicherklärung und Wirkungseintritt häufig zusammenfallen. Es gibt jedoch auch die Möglichkeit eines rückwirkenden Eintritts der Legitimationswirkungen. Ob eine Ehelicherklärung zurückwirkt, ob zB ein für ehelich erklärtes Kind dann, wenn die Ehelicherklärung erst nach dem Tod des Vaters wirksam wird, so angesehen wird, als sei die Ehelicherklärung schon vor dem Tod des Vaters erfolgt (vgl zB § 1733 Abs 3 BGB), hängt vom Legitimationsstatut ab. Diese Frage kann insbes bei der Beerbung des verstorbenen Elternteils eine Rolle spielen.

4. Wirkungen 85

a) Zu den Auswirkungen der Ehelicherklärung auf die **Staatsangehörigkeit** des Kindes s oben Rz 55.

b) Ob das durch Ehelicherklärung nach dem Tod eines Elternteils für ehelich erklärte Kind einem durch nachfolgende Ehe seiner Eltern legitimierten Kind gleichsteht (so § 1740 f BGB) oder nicht (so § 162 S 4 österr ABGB: keine Wirkung auf die übrigen Familienmitglieder), entscheidet das Legitimationsstatut.

c) Die Ehelicherklärung nach dem Tod eines Elternteils hat regelmäßig den Sinn, dem Kind auch gegenüber dem verstorbenen Elternteil die Stellung eines ehelichen Kindes zu verschaffen. Häufig geht es dabei um die Frage des **Namens** des Kindes. Der Name des Kindes richtet sich aber nicht nach dem Legitimationsstatut, sondern (merkwürdig genug) nach seinem Heimatrecht (Art 10 Abs 1). Merkwürdig ist diese Regelung deswegen, weil zwar ein nichteheliches Kind den Namen auch nach dem Recht des Staates erhalten kann, dem ein Elternteil oder ein den Namen Erteilender angehört (Art 10 Abs 6), nicht aber ein für ehelich erklärtes Kind. Dem läßt sich nicht entgegenhalten, daß das Kind mit der Ehelicherklärung regelmäßig die Staatsangehörigkeit des verstorbenen Elternteils erwerben werde; denn wenn das Kind die Staatsangehörigkeit des lebenden Elternteils teilt, wird diese häufig auch nach einer Ehelicherklärung die effektive Staatsangehörigkeit des Kindes bleiben (es sei denn, die neuerworbene Staatsangehörigkeit ist die deutsche).

Was für den Namen des Kindes gilt, gilt auch für den Namen des überlebenden Elternteils. Ob dann, wenn dem Kind der Familienname des verstorbenen Elternteils erteilt worden ist (vgl § 1740 f Abs 2 S 2 BGB), auch dem überlebenden Elternteil dieser Name erteilt werden kann, richtet sich nicht nach dem Legitimationsstatut, sondern nach dem Heimatrecht dieses Elternteils.

d) Wird das Kind nicht als eheliches Kind des Verstorbenen, sondern als eheliches Kind des überlebenden Elternteils erklärt, regelmäßig also als eheliches Kind des Vaters nach dem Tod der Mutter, so gelten für die Wirkungen dieser Ehelicherklärung die Ausführungen oben Rz 77 ff entsprechend.

86 **5. Verfahrensfragen**

Hierzu wird auf die Ausführungen oben Rz 80f verwiesen. Zu beachten ist, daß § 43 a Abs 1 FGG im Präsens spricht. Die deutsche Staatsangehörigkeit des verstorbenen Vaters oder sein gewöhnlicher Aufenthalt in der BRepublik begründet somit keine internationale Zuständigkeit der deutschen Gerichte. Es kommt vielmehr nach dem Tod des Vaters allein auf die Staatsangehörigkeit des Kindes oder seinen gewöhnlichen Aufenthalt an.

87 **IV. Die sog Legitimanerkennung des islamischen Rechts***

1. Ist die Legitimanerkennung eine Legitimation?

Dem Islam ist der Begriff Legitimation fremd. Kinder sind entweder legitim oder illegitim. Illegitime Kinder können nicht zu legitimen Kindern werden. Das bedeutet aber nicht, daß Kinder, die – aus deutscher Sicht – nichtehelich geboren sind, nicht den Status eines legitimen Kindes erwerben können. Dieser scheinbare Widerspruch klärt sich folgendermaßen auf:

Legitim ist ein Kind nach islamischem Recht dann, wenn es einer legitimen Geschlechtsverbindung entstammt. Eine legitime Geschlechtsverbindung ist vor allem (aber nicht nur) die Ehe. Mit der Anerkennung des Kindes (als legitimes Kind: iqrār) stellt der Anerkennende implizit fest, daß zwischen ihm und der Mutter zZ der Zeugung des Kindes eine legitime Geschlechtsverbindung (Ehe) bestanden habe. Eine solche Feststellung ist im islamischen Recht deswegen möglich, weil die Eheschließung keiner besonderen Form bedarf.

88 **Unwirksam** ist eine solche Legitimanerkennung dann, wenn zwischen dem Mann und der Mutter des Kindes keine legitime Geschlechtsverbindung bestanden haben kann, zB weil die Mutter des Kindes im Zeitpunkt der Zeugung mit einem anderen Mann verheiratet war.

Gegenstand des Anerkenntnisses kann nur die legitime Abstammung des Kindes sein. Ein Anerkenntnis der nur tatsächlichen, biologischen Abstammung gibt es nicht. Erst recht ausgeschlossen ist die Anerkennung eines Kindes, wenn feststeht,

---

* **Schrifttum:** Dilger, Das Vaterschaftsanerkenntnis des islamischen Rechts in der neueren Rechtsprechung des BGH, StAZ 1978, 235; ders, Das Anerkenntnis (iqrār) nach dem islamischen Recht der malikitischen Richtung, ZfvglRW 1978, 286; Forstner, Das neue algerische Ehe- und Kindschaftsrecht, StAZ 1987, 197, 237, 240; Jayme-Goussous, Zur Anerkennung eines vorehelichen Kindes durch den jordanischen Vater, IPRax 1982, 179; Klinkhardt, Den Schein wahren – Zur „Legitimation" nach Islamrecht in der deutschen Praxis, IPRax 1985, 192; ders, Abschied von der Islamanerkennung – Noch einmal: Zu ihrer Qualifikation, IPRax 1987, 360; Kohler, Das Vaterschaftsanerkenntnis im Islamrecht – seine Bedeutung für das deutsche internationale Privatrecht, 1976; ders, Erwerb und Beweis der väterlichen Abstammung nach jordanisch-islamischem Recht: Einige Zweifelsfragen, IPRax 1983, 171; Krüger, Anerkenntnis der Vaterschaft im tunesischen Recht, StAZ 1977, 245; Reichard, Legitimanerkennung, Anerkennung mit legitimierender Wirkung, Vaterschaftsanerkennung und Legitimation in der standesamtlichen Praxis, StAZ 1986, 194; Voss, Legitimanerkennung, Heirat und Vormundschaftsgericht, StAZ 1985, 62; Wengler, Die Qualifikation der Vaterschaftsanerkennung unter dem Islamrecht im IPR, JR 1973, 488; ders, Zur Legitimanerkennung im Islamrecht, IPRax 1982, 211; ders, Legitimation und ordre public, IPRax 1983, 28; ders, Immer wieder: Die Legitimanerkennung des Islamrechts, StAZ 1985, 269; Wengler-Kohler, Das Vaterschaftsanerkenntnis des Islamrechts in der neueren Rechtsprechung, StAZ 1978, 173; Winkler von Mohrenfels, Die kollisionsrechtliche Einordnung der sog Legitimanerkennung, RabelsZ 48 (1984), 352; Zemen, Zur Anerkennung der Vaterschaft im Islam und ihre Qualifikation im österreichischen Kollisions- und Personenstandsrecht, ZfRvgl 18 (1977), 148.

daß zwischen Vater und Mutter keine legitime Geschlechtsverbindung bestand. Ein in „Unzucht" (zinā) empfangenes Kind ist nicht anerkennungsfähig.

Das heißt nun aber nicht, daß im islamischen Recht das Bestehen einer legitimen 89
Geschlechtsverbindung der Eltern konkret nachgewiesen werden müßte. Die Legitimanerkennung des Kindes wird als **Beweis für das Bestehen** einer solchen **legitimen Geschlechtsverbindung** als ausreichend angesehen. Das Anerkenntnis muß lediglich schlüssig sein: Nichts darf darauf schließen lassen, daß das Kind einer unerlaubten Beziehung entstammt (vgl zum Ganzen KOHLER, Das Vaterschaftsanerkenntnis im Islamrecht und seine Bedeutung für das deutsche internationale Privatrecht [1976] 105 ff).

Aus dieser Rechtslage wurde von verschiedenen Autoren der Schluß gezogen, bei der Legitimanerkennung des islamischen Rechts handle es sich um den Beweis der „ehelichen Abstammung" des Kindes. Da der Status des Kindes sich nicht ändere (sondern durch den Beweis nur rückwirkend festgestellt werde), könne von einer Legitimation keine Rede sein. Anwendbar sei vielmehr Art 18 (aF) EGBGB (WENGLER IR 1973, 488 ff; KOHLER aaO 197; WENGLER-KOHLER StAZ 1978, 173 ff; WENGLER IPRax 1982, 211; KOHLER IPRax 1983, 171; NEUHAUS, Grundbegriffe, 348). Unter der Geltung des Art 18 aF EGBGB (welcher für die eheliche Abstammung das Heimatrecht des Ehemannes der Mutter für maßgebend erklärte) ergab sich für die Vertreter dieser Auffassung die Schwierigkeit, daß diese Vorschrift die Existenz einer Ehe voraussetzte und diese Vor- oder Erstfrage (nach hM) selbständig anzuknüpfen war. Diese Schwierigkeit umgingen diese Autoren dadurch, daß sie Art 18 (aF) so interpretierten, als sei nicht auf das Heimatrecht des Ehegatten der Mutter, sondern auf das Recht des Mannes abzustellen, der als „Vater" in Anspruch genommen wurde.

Demgegenüber wandte die Rechtsprechung auf die Legitimanerkennung nahezu 90
einhellig Art 22 aF (heute Art 21 Abs 2) an. Zwar – so sagte man – stehe die Legitimanerkennung des islamischen Rechts weder der Legitimation durch nachfolgende Eheschließung der Eltern noch der Ehelicherklärung gleich und ebensowenig könne sie der Adoption gleichgestellt werden. Wegen der Ähnlichkeit der Legitimanerkennung mit den genannten Rechtsinstituten bestünden aber keine Bedenken gegen die Annahme, daß sie von dem in Art 22 (aF) bestimmten Legitimations- und Adoptionsstatut mitumfaßt werde (BGH 14. 1. 1971 BGHZ 55, 188 = FamRZ 1971, 159; BGH 26. 10. 1977 BGHZ 69, 387 = FamRZ 1978, 179; BGH 30. 9. 1981, IPRax 1982, 192; LG Bonn 16. 2. 1982 StAZ 1983, 78; vgl ferner KLINKHARDT IPRax 1985, 192, 196 f).

Was man mit dieser Unterstellung der Legitimanerkennung unter Art 22 (aF) 91
erreichen wollte, war die **Anwendung von Art 22 Abs 2 (aF)**: Bei einem deutschen Kind sollte die Legitimanerkennung unwirksam sein, wenn die nach den deutschen Ges erforderliche Einwilligung des Kindes oder eines Dritten, zu dem das Kind in einem familienrechtlichen Verhältnis stand, nicht erfolgt war. Hätte man stattdessen Art 18 (aF) angewandt, so wäre die Wirksamkeit der Legitimanerkennung ausschließlich nach dem (islamischen) Heimatrecht des in Anspruch genommenen Vaters beurteilt worden und damit nur die Zustimmung des „verständigen" Kindes selbst nötig gewesen (nicht die Zustimmung des ges Vertreters, dh idR des Jugendamts, und auch nicht die Zustimmung der Mutter) und auch das Vormundschaftsgericht hätte nicht eingeschaltet werden müssen. Der Vater hätte damit erheblich einfacher die elterliche Gewalt über das Kind erlangen können als der deutsche Vater eines nichtehelichen Kindes oder derjenige, der das Kind nach deutschem Recht für ehelich erklärt haben wollte. Das aber glaubten die Gerichte (und mit ihnen die hL) im Interesse des Kindes und seiner Mutter nicht akzeptieren zu

können (aus dem Schrifttum vgl nur MünchKomm-KLINKHARDT Art 22 Rdnr 133 und SOERGEL-KEGEL Art 22 Rdnr 18, jeweils mwN).

Diese Argumente gelten auch nach **neuem Recht**. Sie sprechen dafür, auch unter der Herrschaft des neuen Rechts die Legitimanerkennung zwar nicht als Legitimation zu qualifizieren, wohl aber die Vorschriften über die Legitimation „in anderer Weise" (Art 21 Abs 2) auf dieses Rechtsinstitut **analog** anzuwenden (so im Ergebnis auch die Begründung zum Entwurf des IPR-Ges, BT-Drs 10/504 S 69 zu Art 21).

92 **2. Das anwendbare Recht**

Bei der Frage nach dem anwendbaren Recht ist folgendes zu beachten: Die Anerkennung eines Kindes durch einen islamischen Vater kann zweierlei bedeuten: (bloße) Anerkennung des Kindes und Anerkennung als „legitimes" Kind.

Soweit mit der Anerkennung lediglich die (biologische) Vaterschaft festgestellt werden soll, handelt es sich – falls die Eltern nicht miteinander verheiratet sind – um die Anerkennung eines nichtehelichen Kindes, die gem Art 20 Abs 1 grds dem Recht des Staates untersteht, dem die Mutter bei der Geburt des Kindes angehört. Soweit dagegen dem Kind mit der Anerkennung die Stellung eines legitimen Kindes verschafft werden soll, handelt es sich nach dem Gesagten um eine Legitimation „in anderer Weise", auf welche das Recht des Staates anzuwenden ist, dem der Vater angehört (Art 21 Abs 2).

Wegen dieser unterschiedlichen Qualifikation kann es sein, daß die Anerkennung des Kindes durch seinen islamischen Vater gem Art 20 Abs 1 die Vaterschaft wirksam feststellt (nach dem Heimatrecht der Mutter), aber dem Kind gleichwohl nicht die Stellung eines legitimen Kindes verschafft, weil die Voraussetzungen der wirksamen Legitimanerkennung (nach dem Heimatrecht des Kindes, Art 23) nicht vorliegen (vgl dazu WINKLER VON MOHRENFELS, RabelsZ 1984, 360).

Ebenso ist es umgekehrt denkbar, daß die Vaterschaft nach dem Heimatrecht der Mutter nicht wirksam festgestellt worden ist, gleichwohl aber nach dem Heimatrecht des Vaters eine wirksame Legitimanerkennung vorliegt. Im folgenden ist nur noch von den Voraussetzungen einer wirksamen Legitimanerkennung die Rede.

93 **3. Voraussetzungen einer wirksamen Legitimanerkennung**

Die Voraussetzungen einer wirksamen Legitimanerkennung beruhen – soweit sie nicht kodifiziert sind – auf dem klassischen islamischen Recht. Vorausgesetzt werden generell

- eine legitime Geschlechtsverbindung zwischen den Eltern,
- ein Altersunterschied zwischen Anerkennendem und Kind,
- unbekannte Abstammung des Kindes,
- Zustimmung des Kindes.

a) Ob zwischen den Eltern zZ der Zeugung des Kindes eine **legitime Geschlechtsverbindung** (rechtsgültige Ehe, irrtümliche Annahme des Bestehens einer rechtlichen Erlaubnis zum Geschlechtsverkehr seitens des Mannes, rechtlich mangelhafte Ehe, Konkubinat eines freien Muslim mit einer Sklavin) bestanden hat, ist vom Standpunkt des Legitimationsstatuts aus zu prüfen, also eine unselbständig anzuknüpfende Vorfrage.

Der Nachweis gilt idR als erbracht, wenn der Mann das Kind als legitimes Kind anerkennt. Die Legitimanerkennung ist also nach der vorherrschenden Auffassung mehr als ein bloßes Beweismittel. Sie stellt vielmehr unmittelbar die Legitimität des Kindes fest. Der deutsche Richter kann also nicht – unter Berufung darauf, daß für

Beweisregeln die lex fori gilt – erklären, er halte trotz einer Legitimanerkennung den Nachweis einer zZ der Zeugung bestehenden legitimen Geschlechtsverbindung nicht für erbracht (vgl IPG 1965–66 Nr 40 (Köln); IPG 1967–68 Nr 48 (Köln) und Nr 50 (Hamburg); AG Berlin-Schöneberg 24. 1. 1966 IPRspr 1966–1967 Nr 141 = FamRZ 1966, 373; AG Hildesheim 1. 9. 1980 IPRspr 1980 Nr 113; AG Flensburg 31. 12. 1980 IPRspr 1980 Nr 115 = StAZ 1981, 199).

Hier ist ein deutlicher Auffassungswandel eingetreten. Die Praxis (wonach die Anerkennung unmittelbar die Legitimität des Kindes feststellt) hat sich in praktisch allen islamischen Staaten gegenüber der Theorie (welche die Anerkennung nur als Beweis für das Bestehen einer legitimen Geschlechtsverbindung gelten lassen wollte) durchgesetzt.

Das gilt jedenfalls für den hanefitischen Rechtskreis: vgl etwa zu Irak AG Berlin-Schöneberg 24. 1. 1966 IPRspr 1966–1967 Nr 141 = FamRZ 1966, 373; zu Jemen AG Göttingen 21. 12. 1973 IPRspr 1973 Nr 100; zu Pakistan IPG 1967–68 Nr 50 (Hamburg); zu Sudan AG Hamburg-Wandsbek 13. 3. 1968 IPRspr 1968–1969 Nr 131 = DAVorm 1968, 279; zu Syrien IPG 1965–66 Nr 40 (Köln) sowie AG Duisburg 23. 5. 1980 IPRspr 1980 Nr 109 und AG Hildesheim 1. 9. 1980 IPRspr 1980 Nr 113.

Einen etwas strengeren Standpunkt scheint allerdings die malekitische Rechtsschule zu vertreten. Sie läßt die Anerkennung für die Feststellung der legitimen Abstammung nur dann genügen, wenn sie nicht dem Verstand oder dem Brauch widerspricht.

So heißt es in Art 44 des algerischen Code de la famille (Ges vom 9. 6. 1984): La reconnaissance de filiation, celles de paternité ou de maternité, même prononcées durant la maladie précédant la mort, établissent la filiation d'une personne d'ascendants inconnus, pour peu que la raison et la coutûme l'admettent.

Dieselbe Regel findet sich in Art 173 des (ebenfalls der malekitischen Rechtsschule folgenden) kuwaitischen Ges Nr 51/1984 betreffend das Personalstatut; vgl dazu Elwan IPRax 1985, 305, 306.

Vgl zu Algerien ferner IPG 1976 Nr 32 (Hamburg); Klinkhardt IPRax 1985, 192, 194 f; Forstner StAZ 1987, 240; zu Marokko OLG Köln 8. 11. 1976 IPRspr 1976 Nr 106 = ZBlJR 1977, 93.

Im tunesischen Recht finden sich Rudimente sowohl der hanefitischen als auch der malekitischen Rechtsschule. Im hier vorliegenden Zusammenhang ist wichtig, daß im tunesischen Gesetzbuch über das Personalstatut (abgedruckt bei Bergmann-Ferid, Tunesien S 9 ff) ein Hinweis darauf fehlt, daß das Anerkenntnis nicht der Vernunft oder der Sitte widersprechen dürfe.

b) Zwischen dem Anerkennenden und dem Kind muß ein **Altersunterschied** beste- 94
hen, der die Abstammung als möglich erscheinen läßt. In den Kodifikationen ist meist von einem „entsprechenden" Altersunterschied die Rede (vgl zB Art 350 des ägyptischen Gesetzbuches über das Personenrecht und die Erbfolge nach dem hanefitischen Ritus). Nach hanefitischer Auffassung soll dieser mindestens 12 ½ Jahre betragen (AG Hildesheim 1. 9. 1980 IPRspr 1980 Nr 113: Syrien; AG Flensburg 31. 12. 1980 IPRspr 1980 Nr 115 = StAZ 1981, 199: Tunesien). Im malekitischen Ritus wird kein bestimmter fest fixierter Altersunterschied gefordert, es muß nur möglich sein, daß der Anerkennende das Kind erzeugt haben kann; vgl etwa zu Libyen IPG 1976 Nr 33 (Köln).

c) Das Kind muß **unbekannter Abstammung** sein. Steht die Abstammung des 95
Kindes von einem anderen Mann fest (war zB die Mutter zZ der Zeugung des

Kindes mit einem anderen Mann verheiratet oder hat ein anderer Mann das Kind bereits anerkannt), so ist das Kind nicht mehr „unbekannter Abstammung". Es kann darum nicht (noch einmal) anerkannt werden.

96 **d)** Grds muß das Kind der Anerkennung **zustimmen**. In Einzelheiten bestehen Unterschiede. Teils heißt es, das Kind müsse in die Anerkennung einwilligen, wenn es urteilsfähig sei, teils heißt es, die Anerkennung sei nur wirksam, wenn das volljährige Kind ihr nicht widerspreche.

Ägypten: Das Kind muß, wenn es im „verständigen" Alter ist (7 Jahre) dem Anerkenntnis zustimmen; IPG 1982 Nr 27 (Heidelberg).

Algerien: In dem neuen Code de la famille vom 9. 6. 1984 ist von einer Zustimmung des Kindes nicht die Rede. Ob gleichwohl nach wie vor von dem Erfordernis einer Einwilligung des Kindes im urteilsfähigen Alter (dh nach Vollendung des 7. Lebensjahres) ausgegangen werden kann, ist nicht sicher, aber wohl anzunehmen. Zum früheren Recht vgl AG Duisburg 24. 7. 1980 IPRspr 1980 Nr 110 = StAZ 1980, 335; IPG 1976 Nr 32 (Hamburg).

Indien: Die Anerkennung ist nur wirksam, wenn die anerkannte Person sie nicht nach Erreichen der vollen Geschäftsfähigkeit verwirft (Calcutta High Court 15. 2. 1980 IPRax 1982, 200).

Irak: Das Kind muß zustimmen, falls es urteilsfähig ist (AG Berlin-Schöneberg 24. 1. 1966 IPRspr 1966–1967 Nr 141 = FamRZ 1966, 373).

Iran: Das Kind muß zustimmen, wenn es das urteilsfähige Alter erreicht hat (OLG Frankfurt 30. 3. 1976 IPRspr 1976 Nr 109 = StAZ 1976, 308).

Jordanien: Das Kind muß zustimmen, falls es volljährig (erwachsen) ist; vgl Art 149 PersStG von 1976 sowie Jayme/Goussous, IPRax 1982, 179.

Kuwait: Das Kind muß zustimmen, wenn es sich im urteilsfähigen Alter befindet (frühestens mit 7 Jahren, der Entwicklungsstand entscheidet); AG Hamburg 9. 6. 1965 IPRspr 1964–1965 Nr 157 = DAVorm 1965, 226. Ob davon auch nach dem Inkrafttreten des Ges betreffend das Personalstatut von 1984 ausgegangen werden kann, ist nicht sicher, aber wohl anzunehmen.

Libyen: Grds muß das Kind dem Anerkenntnis zustimmen; dieses Erfordernis entfällt jedoch, wenn das Kind geschäftsunfähig ist; vgl IPG 1976 Nr 33 (Köln).

Syrien: Die Anerkennung ist nur wirksam, wenn das Kind „sie als begründet anerkennt" (AG Duisburg 23. 5. 1980 IPRspr 1980 Nr 109). Voraussetzung ist, daß das Kind das urteilsfähige Alter erreicht hat, das frühestens mit dem 7. Lebensjahr beginnt (AG Hildesheim 1. 9. 1980 IPRspr 1980 Nr 113).

Tunesien: Das Kind muß zustimmen, wenn es urteilsfähig ist, was es etwa mit dem 7. Lebensjahr wird (AG Flensburg 31. 12. 1980 IPRspr 1980 Nr 115 = StAZ 1981, 199).

97 **4. Die Legitimanerkennung eines „nichtehelichen" Kindes**

Aus dem Umstand, daß die Anerkennung stets den Beweis der legitimen Abstammung erbringen soll und die Anerkennung eines „nichtehelichen" Kindes ausgeschlossen ist, ergeben sich verschiedene Zweifelsfragen.

a) Ist ein Anerkenntnis wirksam, wenn sich aus dem Anerkenntnis selbst ergibt, daß der Vater ein **„nichteheliches"** Kind anerkennt?

Überwiegend wird gesagt, eine wirksame (Legitim-)Anerkennung liege nicht vor, wenn der Mann bei der Anerkennung eine ungesetzliche Herkunft des Kindes zu erkennen gebe (BGH 14.1.1971 BGHZ 55, 188 = IPRspr 1971 Nr 101 = FamRZ 1971, 159: Ägypten).

Eine ungesetzliche Herkunft des Kindes gebe der Mann dann zu erkennen, wenn er erkläre, die Vaterschaft werde zu einem „nichtehelichen" Kind anerkannt; vgl BGH 26.10.1977 BGHZ 69, 387 = IPRspr 1977 Nr 98 b = FamRZ 1978, 179 (Tunesien); OLG Köln 12.1.1977 IPRspr 1977 Nr 98 a = StAZ 1977, 168 (Tunesien); OLG Frankfurt 3.1.1984 StAZ 1984, 158 (Algerien).

Dasselbe gelte dann, wenn der Vater sich in seiner Erklärung als **„ledig"** bezeichne; vgl OLG Köln 8.11.1976 IPRspr 1976 Nr 108 = OLGZ 1977, 154 (Algerien); OLG Frankfurt 3.1.1984 StAZ 1984, 158 (Algerien); OLG Köln 8.11.1976 IPRspr 1976 Nr 106 = ZBlJR 1977, 93 (Marokko); OLG Köln 10.5.1978 IPRspr 1978 Nr 112 = StAZ 1978, 244 (Pakistan); OLG Köln 6.6.1979 IPRspr 1979 Nr 124 = StAZ 1979, 241 (Pakistan).

Schließlich soll es auch nicht genügen, wenn ein Mann nur seine (biologische) **„Vaterschaft"** oder das Kind als von ihm „erzeugt" anerkenne. Der Vater müsse vielmehr das Kind als sein legitimes oder eheliches Kind anerkennen; vgl BGH 14.1.1971 BGHZ 55, 188 = IPRspr 1971 Nr 101 = FamRZ 1971, 159 (Ägypten); OLG Frankfurt 30.3.1976 IPRspr 1976 Nr 109 = OLGZ 1976, 295 (Iran); AG Göttingen 21.12.1973 IPRspr 1973 Nr 100 (Volksrepublik Jemen).

Demgegenüber wird neuerdings mit Recht darauf hingewiesen, daß das islamische Recht nicht auf die „Ehelichkeit" eines Kindes abstellt, sondern auf seine „Legitimität". „Legitim" kann aber auch ein Kind sein, dessen Eltern nicht iS des deutschen Rechts zZ der Zeugung miteinander verheiratet waren. Bestätigt wird mit der Anerkennung nur, daß zZ der Zeugung zwischen den Eltern ein „Ehekonsens" bestanden hat. Ein „Ehekonsens" kann aber auch ohne eine nach deutschem Recht wirksame Eheschließung bestanden haben; vgl AG Duisburg 24.7.1980 IPRspr 1980 Nr 110 = StAZ 1980, 335 (Algerien).

Wenn in der Vaterschaftsurkunde der Vater als „ledig" bezeichnet wird, wird zwar der Anschein außerehelichen Geschlechtsverkehrs erweckt. Wenn diese Angabe aber auf dem Formular einer deutschen Behörde erscheint, so ist davon auszugehen, daß damit Nichtehelichkeit iS des deutschen materiellen Rechts gemeint ist, nicht Illegitimität iS des islamischen Rechts. Deswegen kann auch in einem solchen Fall von der Wirksamkeit der Anerkennung ausgegangen werden, vgl AG Hildesheim 1.9.1980 IPRspr 1980 Nr 113 (Syrien); Dilger StAZ 1978, 235, 236; Klinkhardt IPRax 1985, 196.

b) Ist ein Anerkenntnis wirksam, wenn sich aus einer **personenstandsrechtlichen Urkunde**, insbes der Geburtsurkunde, die Nichtehelichkeit des Kindes ergibt? 98

Auch diese Frage wird in der Rechtsprechung vielfach verneint. Ein Anerkenntnis sei unwirksam, so wird gesagt, wenn das Kind ausweislich der vorgelegten Urkunden vor der Eheschließung der Eltern gezeugt und geboren worden sei.

OLG Köln 8.11.1976 IPRspr 1976 Nr 108 = OLGZ 1977, 154 (Algerien); OLG Köln 8.11.1976 IPRspr 1976 Nr 106 = ZBlJR 1977, 93 (Marokko); AG Duisburg 23.10.1974 IPRspr 1974 Nr 124 = DAVorm 1975, 123 (Marokko); OLG Köln 10.5.1978 IPRspr 1978 Nr 112 = StAZ 1978, 244 (Pakistan); OLG Köln 6.6.1979 IPRspr 1979 Nr 124 = StAZ 1979, 241 (Pakistan).

Diese Behauptung ist indessen in dieser Allgemeinheit nicht haltbar. Zwar gibt es eine (algerische) Entscheidung, die in ihrem Leitsatz besagt, daß die Anerkennung eines Kindes unwirksam sei, wenn seine nichteheliche Erzeugung sich aus dem Standesregister ergebe (Cour d'Alger 16.5.1947, Bull. des arrêts de la Chambre de

Révision musulmane 1947 Nr 78). Liest man die Entscheidung aber zur Gänze, so zeigt sich, daß die Anerkennung nur deswegen für unwirksam gehalten wurde, weil sich aus der Geburtsurkunde die Abstammung des Kindes von einem anderen Mann ergab (vgl KLINKHARDT IPRax 1985, 192, 195). Die Anerkennung scheiterte also nicht an der Nichtehelichkeit des Kindes, sondern daran, daß das Kind nicht unbekannter Abstammung war.

In Tunesien hat der Kassationshof vor einigen Jahren ein Urteil der Cour Sousse bestätigt, durch welches festgestellt worden war, daß eine Geburtsurkunde des Kindes, in der dieses „comme né des parents inconnus" vermerkt war, der Wirksamkeit der Anerkennung nicht entgegenstehe (Cass, 29. 10. 1968, Rev tun dr 1969–70, 210; ausführlich zu diesem Urteil SALEM, Mitt d Dt Orientinstituts Nr 3, S 22f sowie KLINKHARDT IPRax 1985, 195). Zur Begründung führte der Kassationshof aus, die Vorinstanz habe sich im Rahmen ihrer unangreifbaren Beweiswürdigung gehalten, als sie den Beweiswert der Anerkennung höher eingeschätzt habe als den der Geburtsurkunde. Dem entspricht auch eine Auskunft des tunesischen Konsulats in Bonn, wonach ein Anerkenntnis, das selbst die illegitime Abstammung des Kindes nicht erkennen lasse, trotz einer Personenstandsurkunde, die das Kind als nichtehelich ausweise, gültig sei (LG Bonn 16. 2. 1982, StAZ 1983, 78). S ferner IPG 1976 Nr 34 (Köln).

Es darf zwar im malekitischen Rechtskreis die Anerkennung nicht der Vernunft (dem gesunden Menschenverstand) und dem Brauch widersprechen und die Nichtehelichkeit darf nicht schlüssig bewiesen sein. Aber solche Gründe werden die Wirksamkeit einer Anerkennung nur in seltenen Ausnahmefällen verhindern können (etwa, wenn ein Mann erst Jahre nach der Geburt des Kindes in das Land kommt, in dem Mutter und Kind immer schon gewohnt haben, also offenkundig eine Gefälligkeitsanerkennung vorliegt). Allerdings kann nicht ausgeschlossen werden, daß manche Rechtsordnungen oder manche Gerichte etwas strengere Maßstäbe anlegen. So wird zB für Kuwait behauptet, daß eine Anerkennung unwirksam sei, wenn feststeht, daß der Anerkennende niemals verheiratet gewesen sei, also auch niemals in einer bloßen Konsensehe mit der Mutter des Kindes gelebt habe (ELWAN IPRax 1985, 305, 306). Wenn eine derartige Praxis jedoch nicht nachgewiesen wird, kann davon ausgegangen werden, daß die Legitimanerkennung stets wirksam ist, wenn die sonstigen Voraussetzungen (Altersunterschied, unbekannte Abstammung) vorliegen.

99 **c) Kann ein unwirksames Anerkenntnis durch ein wirksames Anerkenntnis ersetzt werden?**

In Rechtsprechung und Schrifttum ist wiederholt die Frage erörtert worden, ob eine unwirksame Legitimanerkennung durch eine wirksame Legitimanerkennung ersetzt werden kann. Regelmäßig geht es dabei um Fälle, in denen in der ersten Erklärung das Kind als „nichteheliches Kind" anerkannt wurde oder der Vater oder die Mutter als „ledig" bezeichnet wurden. Manche Gerichte haben in solchen Fällen die Möglichkeit einer Wiederholung des Anerkenntnisses verneint (OLG Köln 10. 5. 1978 StAZ 1978, 244 = IPRspr 1978 Nr 112; OLG Frankfurt 3. 1. 1984 IPRax 1984, 220), der BGH hat die Frage als zweifelhaft bezeichnet (BGH 26. 10. 1977 FamRZ 1978, 179). In der Literatur wird dem entgegengehalten, daß ein Mann, der erkläre, sein Kind sei nichtehelich geboren, damit eine Straftat (zinā, Unzucht) gestehe. Ein solches Geständnis könne aber jederzeit zurückgenommen werden. Der Vater könne darum sein erstes Anerkenntnis jederzeit ausdrücklich oder (durch ein neues Anerkenntnis) implizit widerrufen (KOHLER, Vaterschaftsanerkenntnis, 191 Anm 81; KRÜGER StAZ 1977, 245, 247; DILGER FamRZ 1978, 771, 772; ders

StAZ 1978, 235; ders ZfvglRW 1978, 286, 296; Wengler-Kohler StAZ 1978, 173, 178; dahin tendierend auch Heldrich, FS Ferid 1978, 209 ff).

Eine solche Wiederholung des Anerkenntnisses wird indessen nur selten nötig sein. Mehr und mehr setzt sich die Erkenntnis durch, daß das islamische Recht auch solche Anerkenntnisse gelten läßt, in denen von einem „nichtehelichen" Kind oder von einem „ledigen" Elternteil gesprochen wird, weil es an die Existenz einer legitimen Geschlechtsverbindung andere Maßstäbe anlegt als das deutsche Recht. Läßt man aber auch die Anerkennung eines „nichtehelichen" Kindes oder die Anerkennung durch einen „ledigen" Elternteil genügen, so ist die dubiose Wiederholung des Anerkenntnisses überflüssig. Einen gläubigen Moslem wird nämlich der Versuch, eine ungeschickt formulierte Erklärung durch eine bessere zu ersetzen, nicht überzeugen. Er wird solche Versuche als das nehmen, was sie sind: als Winkelzüge. Gleichwohl ist es immer noch besser, ein zweifelhaftes Anerkenntnis durch ein besser formuliertes Anerkenntnis zu ersetzen, als sogleich zur scharfen Waffe des ordre public zu greifen. Die Chancen des Kindes, auch im Heimatstaat seines Vaters als dessen legitimes Kind anerkannt zu werden, werden durch die Wiederholung des Anerkenntnisses in jedem Fall nicht verschlechtert, sondern eher verbessert. Daß eine Wiederholung möglich ist, dürfte aufgrund des zitierten Schrifttums feststehen.

5. Verfahrensfragen 100

Eine nach dem Heimatrecht des Anerkennenden wirksame Legitimanerkennung ist dem Geburtenbuch durch **Randvermerk beizuschreiben**. Die Eintragung setzt allerdings nicht nur die Wirksamkeit des Anerkenntnisses nach dem Heimatrecht des Anerkennenden voraus, sondern zusätzlich noch die Beachtung des Art 23 (Zustimmung des Kindes und einer Person, zu der das Kind in einem familienrechtlichen Verhältnis steht, wenn nach dem Heimatrecht des Kindes eine solche Zustimmung verlangt wird oder das Wohl des Kindes die Anwendung deutschen Rechts verlangt). Da die Legitimanerkennung weder der (deutschen) Anerkennung eines nichtehelichen Kindes (§ 1600 a BGB) gleichgestellt werden kann, noch als Legitimation durch nachfolgende Ehe qualifiziert werden kann, kommt dafür weder eine Eintragung eines Randvermerks nach § 29 PStG noch ein Legitimationseintragungsverfahren nach § 31 PStG in Betracht. Vielmehr ist hier nach § 30 PStG zu verfahren. Den Beteiligten kommt es auf die Feststellung an, daß das Kind die rechtliche Stellung eines ehelichen Kindes des Vaters hat. Ein solcher Nachweis kann durch die Eintragung eines Randvermerks nach § 30 PStG erfolgen (BGH 14. 1. 1971 BGHZ 55, 188 = IPRspr 1971 Nr 101 = FamRZ 1971, 159 = StAZ 1971, 219; OLG Düsseldorf 23. 1. 1976 IPRspr 1976 Nr 99 = StAZ 1976, 361; LG Braunschweig 28. 6. 1976 IPRspr 1976 Nr 103 = StAZ 1977, 107; LG Bielefeld 23. 8. 1978 IPRspr 1978 Nr 113 = StAZ 1979, 16; LG Bonn 16. 2. 1982 StAZ 1983, 78; s auch Reichard StAZ 1986, 194). Personenstandsrechtlich ist die Legitimanerkennung also eine Personenstandsänderung mit allgemein bindender Wirkung (BGH 30. 9. 1981 IPRax 1982, 192).

Für ein **Verfahren nach § 30 PStG** ist ein gerichtliches Verfahren möglich, aber nicht zwingend vorgeschrieben. Der Standesbeamte kann in Zweifelsfällen eine gerichtliche Entscheidung herbeiführen (§ 45 Abs 2 PStG). In Fällen mit Auslandsberührung wird sich eine solche Vorlage allerdings regelmäßig empfehlen. Vielfach werden (und müssen) die Standesbeamten nach § 31 Abs 2 PStG vorlegen, wenn nämlich die Eltern des Kindes einander geheiratet haben und geprüft werden soll, ob eine Legitimation durch nachfolgende Ehe eingetreten ist. Liegt zZ der Eheschließung noch keine Legitimanerkennung vor oder ist die Anerkennung nach dem Heimatrecht des Anerkennenden für nichtig zu halten, so hat das Gericht zwei

Möglichkeiten: Es kann den Ehemann auffordern, die erforderliche Erklärung abzugeben, bzw in wirksamer Weise zu wiederholen (zur Problematik der Wiederholung s oben Rz 99) oder es kann die Eintragung der Legitimation durch nachfolgende Ehe der Eltern anordnen (gem § 31 PStG), wenn deren Voraussetzungen zwar nicht nach dem Heimatrecht des Ehemannes, wohl aber – bei unterschiedlicher Staatsangehörigkeit der Eltern – nach dem Recht des gemeinsamen gewöhnlichen Aufenthalts der Ehegatten oder nach dem Heimatrecht der Ehefrau gegeben sind. Im Regelfall (falls nicht eine rückwirkende Feststellung erforderlich ist) wird das Gericht den zweiten Weg wählen.

101 **V. Die Anerkennung des jüdischen Rechts**

Ähnlich wie im islamischen Recht gibt es auch nach dem für israelische Juden geltenden Recht keine Legitimation. Damit das Kind den Status eines ehelichen Kindes erwirbt, ist nur zweierlei notwendig: die Bekundung der Kindesmutter, daß ein bestimmter Mann mit ihr während der Empfängniszeit Verkehr gehabt habe und das Kind aus diesem Verkehr stamme, und das Eingeständnis der Vaterschaft seitens des betreffenden Mannes; vgl IPG 1980–81 Nr 34 (Berlin). Eine solche Vaterschaftsfeststellung bedarf keiner bestimmten Form und braucht auch nicht ausdrücklich erklärt zu werden. Es genügt, wenn sich der Vater des Kindes gegenüber Freunden oder Nachbarn als solcher bezeichnet und für das Kind gesorgt hat oder das Kind zu Lebzeiten des als Vater in Anspruch Genommenen allgemein in seinem Lebenskreis als sein Kind gilt.

Dieser Fall ist dem Legitimanerkenntnis des islamischen Rechts so sehr vergleichbar, daß er ebenso entschieden werden muß wie dieses. Maßgebend ist Art 21 Abs 2. Der – im Verfahren nach § 30 PStG – einzutragende Randvermerk könnte etwa folgendermaßen lauten: „Der israelische Staatsangehörige jüdischer Konfession XY hat die Vaterschaft zu dem Kind durch Erklärung vom ... vor dem Jugendamt ... anerkannt; die Mutter hat ihn ebenfalls als Vater des Kindes bezeichnet. Das Kind besitzt somit nach dem für israelische Juden geltenden Recht die Rechtsstellung eines ehelichen Kindes“; vgl IPG 1980–81 Nr 34 (Berlin).

102 **VI. „Legitimation“ von Kindern, wenn das maßgebende Recht zwischen ehelichen und nichtehelichen Kindern nicht unterscheidet?**

In zahlreichen Staaten wird zwischen ehelichen und nichtehelichen Kindern nicht (mehr) unterschieden. Alle Kinder haben den gleichen Status. Folgerichtig gibt es in diesen Staaten auch keine Legitimation (mehr). Vgl dazu die Übersicht oben Rz 11 f vor Art 21.

Wie in solchen Fällen zu verfahren ist, ist streitig. ZT wird darauf abgestellt, ob es tatsächlich keinen Unterschied mehr gibt zwischen Kindern, deren Eltern miteinander verheiratet sind, und solchen, deren Eltern nicht miteinander verheiratet sind (vgl zB zum – früheren – slowenischen Recht LG Bonn 16. 8. 1976 IPRspr 1976 Nr 104 d; zum schweizerischen Recht AG Freiburg 11. 9. 1980 IPRspr 1980 Nr 113 A). Solche Unterschiede können beispielsweise bestehen bei der Frage, welchen Namen das Kind führt (Kinder, deren Eltern miteinander verheiratet sind, führen den Familiennamen der Eltern, Kinder, deren Eltern nicht miteinander verheiratet sind, führen den Namen der Mutter; s zB § 64 FamGB der DDR) oder bei der Frage, wem die elterliche Sorge für das Kind zusteht (sind die Eltern verheiratet, üben sie das Erziehungsrecht gemeinsam aus, sind die Eltern bei der

Geburt des Kindes nicht miteinander verheiratet, hat die Mutter das Erziehungsrecht allein; s §§ 45, 46 FamGB der DDR). Hier bewirkt die Eheschließung der Eltern zwar keine Statusänderung im engeren Sinn, aber doch gewisse Rechtsänderungen.

Andrerseits gibt es Rechtsordnungen, in denen die Gleichstellung absolut gilt, in 103
denen beispielsweise nur danach unterschieden wird, ob die Eltern zusammen oder (aus welchen Gründen auch immer: fehlende Ehe, Scheidung) getrennt leben (zB Slowenien, Art 102ff des Ges über die Ehe- und Familienbeziehungen v 26. 5. 1976).

Hier Unterscheidungen zu treffen, ist schwierig. Die Unterschiede zwischen (beispielsweise) dem Recht der DDR und (beispielsweise) dem Recht Sloweniens sind gradueller, nicht essentieller Natur. Alle Rechte, in denen zwischen ehelichen und nichtehelichen Kindern nicht mehr unterschieden wird, sollten deswegen gleich behandelt werden.

Ausgangspunkt ist jeweils, daß die Kinder, streng genommen, weder „ehelich" noch „nichtehelich" sind. Ihr Status hängt weder von der Eheschließung ihrer Eltern ab, noch von einer „Legitimanerkennung". Die Rechtsbeziehungen zu ihren Eltern entstehen, sobald deren Elternschaft feststeht.

Das spricht dafür, die Anerkennung der Vaterschaft in einem solchen Fall ebenso zu 104
behandeln wie eine Legitimanerkennung des islamischen Rechts. Indessen besteht hier ein wesentlicher Unterschied:

In den islamischen Rechten hat ein anerkanntes Kind eine deutlich bessere Rechtsstellung als ein nicht anerkanntes Kind. Durch die Legitimanerkennung wird darum die Stellung des Kindes verbessert. Das legt in diesen Fällen die Analogie zur Legitimation nahe.

In den Staaten, die eheliche und nichteheliche Kinder einander völlig gleichstellen, gibt es **keine „Statusverbesserung"**. Die Anerkennung des Kindes ist darum ebensowenig wie die gerichtliche Feststellung der Vaterschaft einer Legitimation zu vergleichen. Sie unterscheidet sich nicht grds von der Anerkennung eines Kindes nach deutschem Recht. Vergleicht man beispielsweise die Anerkennung eines Kindes nach dem Recht der DDR mit der Anerkennung nach dem Recht der Bundesrepublik, so gibt es – von der Bezeichnung des Kindes abgesehen – materiell kaum Unterschiede: in beiden Rechten wird ein Verwandtschaftsverhältnis begründet, in beiden Rechten behält aber die Mutter das Erziehungsrecht (die elterliche Sorge), in beiden Rechten führt das Kind den Namen der Mutter. Die Unterschiede im Erbrecht sind im vorliegenden Zusammenhang nicht interessant, da die Erbansprüche ohnehin gesondert angeknüpft werden. Das würde es an sich rechtfertigen, die Feststellung der Abstammung eines Kindes, dessen Eltern nicht miteinander verheiratet sind, in beiden Fällen gleich anzuknüpfen, dh dem Art 20 zu unterstellen.

Gleichwohl bliebe bei einer Anknüpfung allein an Art 20 ein Problem offen: Eine 105
Legitimation durch nachfolgende Ehe wäre ausgeschlossen, wenn beide Eltern einem Staat angehören, dessen Recht zwischen ehelichen und nichtehelichen Kindern nicht unterscheidet, zB Jugoslawen, Polen, Rumänen, Schweizer, Tschechen oder Ungarn sind. Scheidet aber eine Legitimation durch nachfolgende Ehe aus, so bleibt nur die Möglichkeit, den Erwerb der Stellung eines „ehelichen" Kindes vorzuverlegen, dh mit der Anerkennung oder der gerichtlichen Vaterschaftsfeststellung zu verknüpfen. Hat aber bereits die Anerkennung oder die gerichtliche Feststellung der Vaterschaft „legitimierende" Wirkung, so handelt es sich um mehr

als die bloße Feststellung der Abstammung iS des Art 20, nämlich um eine „Legitimation in anderer Weise“ iS des Art 21 Abs 2.

106 Wie bei der Legitimanerkennung nach islamischem Recht ist aber auch hier zwischen den Wirkungen gem Art 20 und den Wirkungen gem Art 21 Abs 2 zu unterscheiden:

Ob die Abstammung eines Kindes, dessen Eltern nicht miteinander verheiratet sind, feststeht, richtet sich nach Art 20. Ob eine Abstammungsfeststellung, sei es durch Anerkennung, sei es durch gerichtliche Feststellung, darüber hinausgehende Wirkungen hat, beurteilt sich nach Art 21 Abs 2 (iVm Art 23).

Häufig wird eine nach Art 20 wirksame Abstammungsfeststellung auch die Wirkungen gem Art 21 Abs 2 haben. Denkbar ist es aber auch, daß nur die Abstammung festgestellt wird, eine „Legitimation“ aber verneint werden muß (zB weil es an einer dafür erforderlichen Zustimmung fehlt). Verlangt das Legitimationsstatut eine Feststellung der Vaterschaft oder Mutterschaft, so unterliegt diese Feststellung grds dem Recht des Staates, auf welches die Kollisionsnormen des Legitimationsstatuts verweisen (s oben Rz 22 ff, 72).

Hat das Kind die Stellung eines ehelichen Kindes, so richtet sich das Rechtsverhältnis zwischen ihm und seinen Eltern, solange diese noch nicht verheiratet sind, nach dem Recht des Staates, in dem das Kind seinen gewöhnlichen Aufenthalt hat (Art 19 Abs 2 S 2). Hat das Kind seinen gewöhnlichen Aufenthalt in Deutschland, wird es folglich ebenso behandelt wie ein eheliches Kind, dessen Eltern geschieden sind. Nach der Heirat der Eltern gilt das Ehewirkungsstatut (Art 19 Abs 2 S 1).

Hat die Feststellung der Vaterschaft „legitimierende“ Wirkung, so hat der Standesbeamte einen entsprechenden Randvermerk nach § 30 PStG einzutragen (OLG Bremen 26. 3. 1984, StAZ 1984, 342: Jugoslawien; OLG Hamm 19. 2. 1969 FamRZ 1969, 345 = IPRspr 1968–1969 Nr 144: Polen; AG Hamburg 21. 7. 1978, IPRspr 1978 Nr 112 A = StAZ 1980, 25 m Anm Beitzke: Polen; AG Freiburg 17. 9. 1981 StAZ 1981, 326: Ungarn; AG Freiburg 26. 7. 1985 StAZ 1986, 14: Rumänien; s ferner FA-Nr 2803 StAZ 1984, 50: Polen).

107 **VII. Legitimation durch Amnestiegesetze**

In der **Türkei** werden Kinder von Personen, die ohne eine gültige Eheschließung als Mann und Frau zusammengelebt haben, von Zeit zu Zeit durch sog Amnestieges als eheliche Kinder registriert. Kinder von Personen, die wegen Tod oder Trennung nicht wie Mann und Frau weiter zusammenleben können, werden ebenfalls unter Hinzufügung des Namens der Mutter und des Vaters in der Rubrik des Vaters im Personenstandsbuch als eheliche Kinder registriert, wenn sie während des Zusammenlebens ihrer Eltern gezeugt worden sind (vgl Ansay, Ein neues Sondergesetz für die Familie in der Türkei, StAZ 1982, 70).

Kollisionsrechtlich betrachtet handelt es sich hierbei um eine Ehelicherklärung durch den Gesetzgeber, somit um eine Legitimation in anderer Weise iS des Art 21 Abs 2. Maßgebend ist das Heimatrecht des Vaters. Ist nach den Bestimmungen des türkischen Rechts ein Kind als eheliches Kind registriert worden, so gilt es damit als eheliches Kind. Ist auch das Kind türkischer Staatsangehöriger, so ist über die Änderung seines Status – nach Vorlage bei der Aufsichtsbehörde (§ 80 DA) – ein Randvermerk zum Geburtseintrag des Kindes beizuschreiben, etwa: „Gemäß Bescheinigung des türkischen Generalkonsulats in ... vom ... ist das Kind nach dem türkischen Zivilgesetz Nr 2526 in der Rubrik seines Vaters, des türkischen Staatsangehörigen XY, im Personenstandsbuch registriert worden. Das Kind hat damit die Rechtsstellung eines ehelichen Kindes erlangt (und führt den Familiennamen ...);" vgl FA Nr 2853/2866 StAZ 1984, 349.

E. Ordre public

I. Legitimation bei hinkenden Ehen 108

Nach einer Entscheidung des BGH (BGH 7.12.1977 FamRZ 1978, 23 = IPRspr 1977 Nr 96 b) verstößt ein Ausschluß der Legitimation, der auf ein Eheverbot gegründet ist, dann gegen den deutschen ordre public (eine überwiegende Inlandsbeziehung vorausgesetzt), wenn bereits das Eheverbot dem deutschen ordre public widerspricht (Verbot der Eheschließung eines Ausländers mit einer in Deutschland geschiedenen Frau, Verbot der Eheschließung für einen in Deutschland geschiedenen Ausländer).

Ganz davon abgesehen, daß der BGH bei einer selbständigen Anknüpfung der Vorfrage der Eheschließung zur Bejahung der Legitimation hätte kommen können, ohne den ordre public zu bemühen, erübrigt sich in einem solchen Fall nach geltendem Recht der Rückgriff auf den deutschen ordre public meist schon deshalb, weil die Legitimation nicht mehr nach dem Heimatrecht des Vaters beurteilt wird, sondern nach dem Ehewirkungsstatut oder hilfsweise nach dem Heimatrecht jedes einzelnen Ehegatten. Ist die Legitimation nach dem gemeinsamen Heimatrecht der Ehegatten wegen der angenommenen Nichtexistenz der Ehe ausgeschlossen, so wird regelmäßig die selbständige Anknüpfung der Vorfrage weiterhelfen. Mit selbständiger Anknüpfung der Vorfrage hätte auch in der Entscheidung des KG vom 27.3.1981 (NJW 1982, 528 = IPRspr 1981 Nr 116: Legitimation durch Eheschließung ägyptischer Bürger der koptisch-katholischen Glaubensgemeinschaft) geholfen werden können. Das Gericht hat stattdessen eine Legitimation abgelehnt, weil die Eltern nicht nach religiösem Ritus geheiratet hatten. Hier keinen Verstoß gegen den deutschen ordre public zu sehen, wenn die Eltern in Deutschland vor dem Standesbeamten geheiratet haben, ist nicht unbedenklich.

II. Unzulässigkeit jeglicher Legitimation nach dem Legitimationsstatut

1. Islamische Rechte 109

In den islamischen Rechten können nichteheliche Kinder nicht legitimiert werden. Gleichwohl braucht hier der ordre public nicht bemüht zu werden, wenn das Kind auf andere Weise als durch nachfolgende Ehe seiner Eltern eine Stellung erhalten kann (und erhalten hat), die der eines nichtehelichen Kindes entspricht. Dergleichen kann geschehen durch die sog Legitimanerkennung (s oben Rz 87ff). Die Legitimanerkennung ersetzt die Legitimation (BGH 14.1.1971 BGHZ 55, 188 = FamRZ 1971, 159 = IPRspr 1971 Nr 101).

Problematisch sind allein noch die Fälle, in denen es an einer wirksamen Legitimanerkennung fehlt, der Vater bei der Anerkennung zB unmißverständlich zu erkennen gegeben hat, daß das Kind aus einem rechtlich mißbilligten Verkehr stammt. Vielfach wird hier allerdings entweder die Anerkennung gleichwohl als wirksam angesehen werden können („Nichtehelichkeit" iS des deutschen Rechts muß nicht notwendigerweise „illegitim" iS des islamischen Rechts bedeuten, s oben Rdnr 97) oder eine Wiederholung der Anerkennung möglich sein (s oben Rz 99). Ist beides nicht möglich, so erzwingt der deutsche ordre public regelmäßig die

Legitimation des Kindes, wenn die Eltern einander geheiratet haben und eine entsprechende Inlandsbeziehung gegeben ist (beide Eltern leben in der Bundesrepublik Deutschland; vgl OLG Köln 8. 11. 1976 OLGZ 1977, 154 = IPRspr 1976 Nr 108; Ausnahme: Im Zeitpunkt der Entscheidung sind die Eltern bereits wieder geschieden; OLG Frankfurt 6. 12. 1984 IPRax 1985, 231). Der Rückgriff auf den ordre public ist allerdings nur dann noch erforderlich, wenn beide Eltern Angehörige eines Staates sind, der die Legitimation nichtehelicher Kinder untersagt. Ist nach dem Heimatrecht eines Ehegatten eine Legitimation möglich oder hat ein gemischtnationales Ehepaar seinen gewöhnlichen Aufenthalt in der Bundesrepublik Deutschland, so tritt auch dann Legitimation ein, wenn das Kind nach dem islamischen Heimatrecht seines Vaters nicht wirksam anerkannt worden ist (Art 21 Abs 1).

110 **2. Sonstige Rechte**

Das zum islamischen Recht Gesagte gilt entsprechend auch für andere Rechte, die keine Legitimation nichtehelicher Kinder kennen; vgl zB für Hindus indischer Staatsangehörigkeit OLG Zweibrücken 9. 3. 1982 IPRax 1983, 43; für Afghanen AG Freiburg 26. 2. 1980 StAZ 1981, 149 = IPRspr 1980 Nr 106 A; für Zoroastrier iranischer Staatsangehörigkeit AG Hannover 18. 9. 1981 StAZ 1982, 72 = IPRspr 1981 Nr 119).

111 **III. Verbot der Legitimation von Ehebruchskindern**

Das Verbot der Legitimation von Ehebruchskindern verstößt gegen den deutschen ordre public und ist deswegen – bei entsprechender Inlandsbeziehung – nicht zu beachten (vgl BGH 17. 9. 1968 BGHZ 50, 370 = FamRZ 1968, 642 (Bosch) = JZ 1969, 299 (Heldrich) = StAZ 1969, 10 (Simitis) = IPRspr 1968–1969 Nr 127 b – Italien; LG Bonn 17. 5. 1977 StAZ 1977, 314 = IPRspr 1977 Nr 97 – Italien; AG Berlin-Schöneberg 9. 8. 1974 StAZ 1975, 222 – Ghana).

112 **IV. Legitimation, wenn der Ehemann der Mutter nicht der leibliche Vater des Kindes ist**

Der Umstand, daß der Ehemann der Mutter nicht der leibliche Vater des Kindes ist, hindert nach der Rechtsprechung die Legitimation dann nicht, wenn das Kind der Anerkennung zugestimmt hat (s oben Rz 33). Die Zustimmung des Kindes wurde früher unter Berufung auf den ordre public gefordert. Heute ergibt sich die Notwendigkeit der Zustimmung des Kindes bereits regelmäßig aus dem Ges (Art 23).

Vorbemerkung zu Art 22 nF

Systematische Übersicht

Alphabetische Übersicht

 Dieter Henrich

A. Rechtsvergleichende Vorbemerkungen

1 I. Erscheinungsformen

Im deutschen Recht unterscheidet man zwei Erscheinungsformen der Adoption: die Annahme Minderjähriger (§§ 1741 ff BGB) und die Annahme Volljähriger (§§ 1767 ff BGB). Nur die Annahme Minderjähriger ist Volladoption, dh nur bei ihr wechselt das Kind völlig in die Familie der Adoptiveltern über.

Ähnliche Unterscheidungen finden sich auch in anderen Rechtsordnungen, wenngleich mit vielfachen Abweichungen. In manchen Staaten haben die Annehmenden auch bei der Minderjährigenadoption die Wahl zwischen der einfachen und der Volladoption, andere Staaten lassen überhaupt nur die Minderjährigenadoption zu. Unterschiedlich sind auch die Anforderungen, die in der Person des oder der Annehmenden gegeben sein müssen (Alter, Altersunterschied zum Kind, Kinderlosigkeit) sowie die Wirkungen der Adoption. Auch darüber, ob leibliche Kinder adoptiert werden können, gehen die Meinungen auseinander. Schließlich sind auch die Begründungsweisen (Vertrag, Dekret) von Land zu Land verschieden.

Allen Adoptionen ist aber gemeinsam, daß kraft Gesetzes ein Verwandtschaftsverhältnis begründet wird und die Kinder mehr oder weniger die Stellung eines ehelichen Kindes des oder der Annehmenden erwerben. Das unterscheidet die Annahme als Kind von dem bloßen Pflegeverhältnis oder der Pflegekindschaft, wobei ein gewisse Ähnlichkeit zwischen der Adoption und der Pflegekindschaft, soweit sie als eigenes Rechtsinstitut ausgestaltet ist, nicht zu verkennen ist. Es wird darum zu prüfen sein, ob und wieweit Art 22 auf die Begründung und die Wirkungen einer Pflegekindschaft entsprechend angewandt werden kann. Dasselbe gilt auch für die Annahme an Enkels oder an Bruders Statt.

II. Geschichte 2

Die Adoption hat ihre Wurzeln im römischen Recht. Dort bewirkte sie zunächst – im älteren und klassischen Recht – das völlige Ausscheiden des Angenommenen aus dem bisherigen Familienverband und den Eintritt in die Adoptivfamilie als Kind (oder Enkel) des Adoptierenden. Justinian ließ diese Wirkungen dann nur noch eintreten, wenn das Kind einem Aszendenten der Mutter oder Großmutter oder nach Emanzipation des Vaters dem väterlichen Großvater in Adoption gegeben wurde (adoptio plena). In allen übrigen Fällen wurde die Wirkung abgeschwächt: Das Kind verblieb in seiner angestammten Familie und erhielt nur zusätzlich ein Intestaterbrecht nach dem Tod des Adoptierenden (adoptio minus plena; vgl dazu KASER, Römisches Privatrecht [14. Aufl] § 60 III 3 b).

Die heutige Adoption ist ein Produkt der Rezeption (daher blieb sie ua in England zunächst unbekannt). Rezipiert wurde aber zunächst nur die adoptio minus plena. Erst mit dem Auffassungswandel über den Zweck der Adoption (früher: Ermöglichung der Fortsetzung der Familie, heute: Fürsorgemaßnahme für schutzbedürftige Kinder) löste die Volladoption die adoptio minus plena ab oder trat zumindest an ihre Seite.

III. Rechtsvergleichendes zum materiellen Adoptionsrecht 3

Die neuere und neueste Entwicklung des Adoptionsrechts ist gekennzeichnet durch die immer stärkere Angleichung der Stellung des Adoptivkindes an die Stellung eines leiblichen ehelichen Kindes: Das Kind wird aus seiner ursprünglichen Familie herausgelöst und tritt voll in die Familie des oder der Annehmenden ein, die Auflösung des Annahmeverhältnisses wird erschwert. Das kennzeichnet nicht nur das deutsche Adoptionsges vom 7. 7. 1976, es lag auch zahlreichen bis dahin ergangenen Reformges anderer Länder zugrunde. Dieser Trend hat sich seither fortgesetzt. Neuere Reformges auf dem Gebiet des Adoptionsrechts sind dadurch charakterisiert, daß sie entweder die einfache Adoption zugunsten der Volladoption verdrängen oder zurückdrängen oder die Voraussetzungen erleichtern, unter denen Kinder „voll“ adoptiert werden können. Auch das Europäische Übereinkommen über die Adoption von Kindern vom 24. 4. 1967 (BGBl 1980 II, 1094) förderte diese Entwicklung. Es wurde bisher neben der Bundesrepublik Deutschland von Dänemark, Griechenland, Irland, Italien, Liechtenstein, Malta, Norwegen, Österreich, Schweden, der Schweiz und dem Vereinigten Königreich ratifiziert.

In der nachfolgenden Übersicht wird unterschieden zwischen den Ländern, die das Rechtsinstitut der Adoption nach wie vor nicht kennen, und solchen, welche die Möglichkeit einer Adoption eröffnen. Die Übersicht erhebt keinen Anspruch auf Vollständigkeit.

1. Länder ohne Rechtsinstitut der Adoption 4

Zu den Ländern, welche keine Adoption kennen, gehören fast alle Staaten mit **islamischer Rechtstradition.** Dies beruht auf dem Koran (XXXIII, Vers 4–5), in dem die Schaffung eines „künstlichen“ Kindschaftsverhältnisses (nicht aber die Pflegekindschaft!) ausdrücklich mißbilligt wird (vgl BERGMANN-FERID, Internationales Ehe- und Kindschaftsrecht, Iran, 14). Nur wenige Staaten (Indien, Pakistan, Malaysia, Tunesien) lassen von dieser Regel (zT kraft örtlichen Gewohnheitsrechts) Ausnahmen zu. Das Verbot der Adoption gilt in den islamischen Staaten aber idR nur für die islamische Bevölkerung. Für Angehörige islamischer Staaten, die sich nicht zum Islam bekennen, gilt, soweit nichts anderes bestimmt ist, ihr jeweiliges religiöses Recht (vgl für Ägypten Art 911 ZPO; für den Libanon Art 4 Nr 2 des Ges vom 2. 4. 1951 über die Zuständigkeit der religiösen Gerichte); es kann aber auch sein, daß das islamische Recht auch insoweit Geltung beansprucht (vgl für Syrien IPG 1976 Nr 36 [Heidelberg] unter Berufung auf Art 306, 308 des Personalstatutges sowie StAZ 1984, 111).

In manchen islamischen Gesetzbüchern wird die Adoption ausdrücklich verboten, so zB in Art 354 des ägyptischen Gesetzbuches über das Personenrecht und die Erbfolge nach hanefitischem Ritus, in Art 46 des algerischen Ges über das Familiengesetzbuch vom 9. 6. 1984 (s dort aber die Regelung der „gesetzlichen Aufnahme", „kafala", einer Form der Pflegekindschaft, in Art 116 ff) oder in Art 83 des marokkanischen Code du statut personnel.

2. Länder, welche eine Adoption zulassen

5 **a) Europa**

In allen europäischen Staaten ist heute die Adoption zugelassen. Unterschiede gibt es lediglich bei der Ausgestaltung dieses Rechtsinstituts. Ein Überblick über das geltende Adoptionsrecht in einer Reihe von europäischen Staaten (Belgien, Bundesrepublik Deutschland, Frankreich, Großbritannien, Italien, Niederlande, Österreich, Portugal, Schweiz, Spanien) findet sich in der Rev int dr comp 1985, 507 ff, sowie bei Beghè Loreti, L'adozione dei minori nelle legislazioni europee (1986).

Albanien: Nur noch Minderjährigenadoption; Begründung durch gerichtliche Entscheidung; Auflösung nicht mehr zugelassen (Art 48 ff FGB v 29. 6. 1982).

Belgien: Unterschieden werden zwei Formen: die (schwache) Adoption (Art 345 ff cc) und die volle Adoption (Art 368 ff cc); Neuregelung durch Gesetz v 27. 4. 1987.

Bulgarien: An die Stelle des Familienkodex 1968 ist das 1985 verabschiedete neue Familiengesetzbuch getreten. Nach wie vor gibt es nur die Minderjährigenadoption. Neu ist, daß nunmehr auch Großeltern Enkelkinder adoptieren können, die nichtehelich geboren oder Halb- oder Vollwaisen geworden sind. Im übrigen wurde die Adoption insofern erleichtert, als auf die Einwilligung der Eltern des Anzunehmenden auch dann verzichtet werden kann, wenn das Kind von den Eltern auf Dauer vernachlässigt oder nicht unterhalten worden ist (vgl ROW 1985, 301). Nach einer Entscheidung des Obersten Gerichts v 15. 12. 1969 (WGO 1976, 31) behält bei der Adoption des leiblichen Kindes des einen Ehegatten durch den anderen Ehegatten der leibliche Elternteil seine Eigenschaft als Elternteil und als ges Vertreter des Kindes auch dann, wenn es sich um eine Volladoption gem Art 54 FamK handelt.

Dänemark: Volladoption; adoptiert werden können auch Volljährige; Ausspruch durch eine Bewilligung der höheren Verwaltungsbehörde (Adoptionsges v 7. 6. 1972). S auch Marcus RabelsZ 1974, 194.

DDR: Nur Minderjährigenadoption; Volladoption; Begründung durch Beschluß des Organs der Jugendhilfe (§§ 66 ff FGB v 20. 12. 1965). S auch IPG 1975 Nr 30 (Hamburg) und IPG 1977 Nr 26 (Freiburg).

Finnland: Rechtsgrundlage ist das Adoptionsges v 1985; Begründung durch gerichtliche Entscheidung; adoptiert werden können auch Volljährige; keine Adoption eigener Kinder (vgl IPG 1984 Nr 13 [Hamburg]).

Frankreich: Dekretadoption; Wahlrecht zwischen Volladoption (Art 343 ff cc) und einfacher Adoption (Art 360 ff cc); Volladoption im Regelfall nur bei Kindern unter 15 Jahren; vgl auch Huet-Weiller Rev int dr comp 1985, 611 ff.

Griechenland: Einfache Adoption (Art 1568 ff ZGB) und Adoption Minderjähriger (Gesetzesdekret v 17./21. 8. 1970 über die Annahme von Minderjährigen unter 18 Jahren an Kindes Statt) stehen nebeneinander. Erstere setzt voraus, daß der Annehmende das 50. Lebensjahr vollendet hat, bei letzterer muß der Annehmende im Regelfall das 30. Lebensjahr vollendet haben. Auch die Annahme nach dem Gesetzesdekret v 17./21. 8. 1970 ist im Prinzip eine einfache Adoption, läßt aber eine Lockerung der Beziehungen des Kindes zu seinen leiblichen Eltern zu (Verbot des persönlichen Verkehrs, wenn für das Kind schädlich).

Großbritannien: Rechtsgrundlage in England ist der Adoption Act 1976, in Schottland der Adoption Act 1978; adoptiert werden können nur Kinder, die das 18. Lebensjahr noch nicht vollendet haben; Volladoption; Begründung durch gerichtliches Dekret (adoption order).

Irland: Rechtsgrundlage sind die Adoption Acts 1952–1976. Grds dürfen nur Kinder adoptiert werden, die das 7. Lebensjahr noch nicht vollendet haben und nichtehelich oder Waisen sind, in besonderen Fällen auch Kinder, die das 7. Lebensjahr bereits vollendet haben; Volladoption; Begründung durch gerichtliches Dekret.

Italien: Unterschieden wird zwischen der Adoption volljähriger Personen (Art 291 ff cc) und der Adoption Minderjähriger (Ges Nr 184 v 4. 5. 1983 zur Regelung der Adoption und der Pflegekindschaft Minderjähriger). Die Volljährigenadoption ist einfache Adoption, die Annahme Minderjähriger ist im Regelfall Volladoption. Letztere geht stufenweise vor sich: Feststellung der Adoptionsfähigkeit durch das Jugendgericht, vorläufige Übertragung der Personensorge, Genehmigung der Adoption durch Beschluß (Dekretadoption). Eine besondere Form der Minderjährigenadoption ist die Adoption in besonderen Fällen (Art 44 ff des Ges Nr 184 v 4. 5. 1983): Adoption von Kindern, die nicht für adoptionsfähig erklärt worden sind (Adoption durch Angehörige, wenn das Kind Waise ist, Stiefkindadoption). In diesen Fällen handelt es sich wiederum um eine einfache Adoption.

Vgl auch Luther StAZ 1983, 333.

Jugoslawien: Das Adoptionsrecht ist in den Familienges der Teilrepubliken geregelt.

Bosnien-Herzegowina (Ges über die Familie vom 29. 5. 1979, Art 142 ff): Einfache und Volladoption möglich, letztere, falls das Kind das fünfte Lebensjahr noch nicht vollendet hat und die Eltern nicht mehr am Leben oder unbekannt sind; adoptiert werden können nur Minderjährige; Dekretadoption.

Kroatien (Ges über die Ehe- und Familienbeziehungen v 10. 3. 1978, Art 134 ff): Die Regelung ist im wesentlichen dieselbe wie in Bosnien.

Mazedonien (Ges über die Annahme an Kindes Statt v 29. 1. 1973): Einfache und Volladoption von Minderjährigen nach Wahl der Annehmenden und des Angenommenen bzw seiner Eltern; Dekretadoption.

Montenegro (Ges über die Annahme an Kindes Statt v 20. 7. 1977): Einfache und volle Adoption möglich; letztere, falls das Kind das 4. Lebensjahr noch nicht vollendet hat; nur Minderjährigenadoption).

Serbien (Ges über die Ehe und die Familienbeziehungen v 5. 6. 1980, Art 151 ff): Die Regelung ist im wesentlichen dieselbe wie in Bosnien; volle Adoption uU aber auch möglich, falls ein Elternteil noch lebt.

Kosowo (Ges über die Ehe und Familienbeziehungen v 24. 2. 1984; vgl RabelsZ 1984, 594): Regelung wie in Serbien.

Wojwodina (Ges über die Annahme an Kindes Staat v 28. 9. 1976): Die Regelung ist im wesentlichen dieselbe wie in Bosnien; einfache Adoption kann aber nach dem 5. und vor Vollendung des 18. Lebensjahres in eine Volladoption umgewandelt werden, falls zZ der Begründung der Adoption die Voraussetzungen für eine volle Adoption bestanden.

Slowenien (Ges über die Ehe und Familienbeziehungen v 26. 5. 1976, Art 134 ff): Dekretadoption; nur Volladoption; nur Minderjährigenadoption.

Liechtenstein: Das Ehe- und Kindschaftsrecht wird durch die Bestimmungen des österreichischen ABGB geregelt. Eine Abweichung enthält nur § 11 der Einführungs- und Übergangsbestimmungen zu dem liechtensteinischen ZGB idF des Ges v 28. 1. 1942 bezüglich der Adoptionsvoraussetzungen.

Luxemburg: Regelung in Art 343 ff cc. Einfache und volle Adoption bestehen nebeneinander; Volladoption nur, wenn Ehegatten ein Kind unter 16 Jahren annehmen, das von seinen Eltern verlassen worden ist oder dessen Eltern unbekannt sind, oder wenn die leiblichen Eltern ausdrücklich in die Volladoption einwilligen. S ferner Weitzel IPRax 1983, 139.

Niederlande: Dekretadoption (Art 1: 227 Abs 1 BW); Adoption nur durch Ehepaar, bzw einen Ehegatten im Fall der Stiefkindadoption; die Annahme ist Volladoption; adoptiert werden können nur Minderjährige (Art 1: 228 BW). Vgl. auch Papandreou Rev int dr comp 1985, 653 ff.

Norwegen: Rechtsgrundlage ist das Adoptionsges v 2. 4. 1917; die Adoption erfolgt aufgrund einer (staatlichen) Bewilligung des Fylkesmann; adoptiert werden können nicht nur Minderjährige, sondern auch Volljährige; die Wirkungen entsprechen weitgehend der einer Volladoption.

Österreich: Rechtsgrundlage sind die §§ 179 ff ABGB; Annahme erfolgt durch Vertrag, welcher der gerichtlichen Bewilligung bedarf; adoptiert werden können sowohl Minderjährige als auch Volljährige; einfache Adoption. S auch Rieg Rev int dr comp 1985, 557 ff sowie Schwimann FamRZ 1973, 345 ff.

Polen: Rechtsgrundlage sind die Art 114 ff des Familien- und Vormundschaftskodex v 1964; grds Volladoption (auf Antrag auch einfache Adoption, die aber später in eine Volladoption umgewandelt werden kann); adoptiert werden können nur Minderjährige; Dekretadoption.

Portugal: Rechtsgrundlage sind die Art 1973 ff cc. Unterschieden wird zwischen Volladoption und eingeschränkter Adoption; Ausspruch erfolgt in beiden Fällen durch das Familiengericht; Volladoption nur durch Ehegatten; eingeschränkte Adoption kann in Volladoption umgewandelt werden, falls die für diese geforderten Voraussetzungen vorliegen. Vgl auch Pereira Coelho Rev int dr comp 1985, 671 ff.

Rumänien: Rechtsgrundlage sind die Art 66 ff des Familiengesetzbuches. Adoptiert werden können grds nur Minderjährige, Volljährige dann, wenn sie während ihrer Minderjährigkeit von dem Adoptierenden erzogen worden sind; Genehmigung der Adoption durch Beschluß der Vormundschaftsbehörde (Dekretadoption); möglich sind sowohl einfache als auch Volladoptionen.

Schweden: Rechtsgrundlage ist das Elternges v 10. 6. 1979, 4. Kap. Die Adoption ist Volladoption; angenommen werden können sowohl Minderjährige als auch Volljährige; die Adoption erfolgt durch gerichtliche Bewilligung.

Schweiz: Die Adoption ist geregelt in Art 264 ff ZGB. Voraussetzung ist wenigstens zweijährige Pflege und Erziehung durch die künftigen Adoptiveltern; auch Erwachsenenadoption möglich; Ausspruch der Adoption erfolgt durch kantonale Behörde;

Volladoption. S auch GÖTZ StAZ 1973, 29 ff; HEGNAUER JZ 1973, 583 ff; FLORSCH Rev int dr comp 1985, 687 ff.

Spanien: Die Adoption ist geregelt in den Art 172 ff cc. Sie kann als einfache oder als Volladoption erfolgen. Die einfache Adoption kann in eine Volladoption umgewandelt werden, wenn die hierfür erforderlichen Voraussetzungen vorliegen. Begründung der Adoption erfolgt durch Vertrag (mit Zustimmung des Richters unter Mitwirkung der Staatsanwaltschaft). Vgl BRAND Rev int dr comp 1985, 595 ff.

Tschechoslowakei: Die Adoption ist geregelt in den §§ 63 ff FamG. Die Annahme ist Volladoption und erfolgt durch das Gericht. Sie kann nur aus wichtigem Grund aufgehoben werden, wenn sie nicht als unauflösliche Annahme vorgenommen worden ist. Angenommen werden können nur Minderjährige, unauflösbar angenommen nur Kinder, die älter als ein Jahr sind.

UdSSR: Die Familienrechtsgesetzgebung ist Sache der Unionsrepubliken. Aus dem Ges des Obersten Sowjet der UdSSR zur Bestätigung der Grundlagen der Gesetzgebung über Ehe und Familie v 27. 6. 1968 ergibt sich jedoch, daß überall nur Minderjährige adoptiert werden können und die Adoption durch Dekret erfolgt. Die Adoption durch ein Ehepaar ist stets Volladoption. S auch KUBITZ StAZ 1986, 299.

Ungarn: Die Adoption ist geregelt in §§ 46 ff des Ges über die Ehe, die Familie und die Vormundschaft idF des Ges Nr I/–1974. Nur Minderjährige können adoptiert werden; Genehmigung durch die Vormundschaftsbehörde (Dekretadoption); Volladoption.

b) Die Adoption in außereuropäischen Staaten 6

Die Adoptionsges sind weitgehend abgedruckt bei BERGMANN-FERID, Internationales Ehe- und Kindschaftsrecht. Auf dieses Sammelwerk wird hier verwiesen. Die nachfolgende Übersicht hat darum nur ergänzenden oder korrigierenden Charakter.

Äthiopien: Vgl BECKSTROM, Adoption in Ethiopia ten years after the Civil Code (1972) J. A. L. 145 (auch zu der Frage: Adoption durch Ausländer).

Argentinien: Das Ges Nr 19134 über die Adoption Minderjähriger v 21. 7. 1971 wurde geändert durch das Ges Nr 23264 v 16. 10. 1985; vgl HEINRICH, Adoption in Lateinamerika, ZVglRWiss 85 (1986), 104.

Australien: Die Angaben bei BERGMANN-FERID sind überholt. Die einzelnen Staaten haben neue Adoptionsges erlassen.

New South Wales: Adoption of Children Act 1964;

Victoria: Adoption of Children Act 1984;

Südaustralien: Adoption of Children Act 1966–67;

Queensland: Adoption of Children Act 1964;

Westaustralien: Adoption of Children Acts 1896–1964, ergänzt durch den Adoption of Children Amendment Act 1971;

Tasmania: Adoption of Children Act 1968.

Benin: Vgl AG Leonberg 5. 12. 1983 IPRax 1986, 306 mAnm E. J.

Brasilien: Das Ges Nr 4655 v 2. 6. 1965 über die Legitimation durch Adoption wurde ersetzt durch die Vorschriften des Código de Meñores von 1979 zur Volladoption (Art 29–37, 107–109); vgl HEINRICH, Adoption in Lateinamerika, ZVglRWiss 85 (1986), 104. Zur einfachen Adoption s auch OLG Zweibrücken

8. 1. 1985 StAZ 1985, 132, und LG Berlin 23. 10. 1985 StAZ 1986, 70. Letzteres meint zu Unrecht, daß es bei der einfachen Adoption nach brasilianischem Recht keine Mitwirkung einer staatlichen Stelle gebe. Diese Ansicht beruht auf einem Mißverständnis des Wortes „öffentlicher Rechtsakt", den Art 375 cc fordert. Die einfache Adoption eines Minderjährigen läuft in Brasilien folgendermaßen ab: Zunächst richten die Annahmewilligen einen Antrag an den zuständigen Jugendrichter, in dem sie darlegen, daß die Voraussetzungen für die Adoption gegeben seien (Angaben über eine eventuell bestehende vorläufige Pflegschaft, über das Alter der Antragsteller und die Dauer ihrer Ehe, Vorhandensein von Kindern, Verzicht auf eine Anpassungszeit, wenn das Kind noch nicht ein Jahr alt ist, wirtschaftliche Verhältnisse der Antragsteller, Gesundheitszustand, Gewährleistung einer guten Erziehung des Kindes. Die „ungeregelten Verhältnisse", in denen das Kind gelebt haben muß, können auch darauf beruhen, daß die Mutter nach ihren Erklärungen nicht in der Lage ist, für die Grundbedürfnisse des Kindes aufzukommen. In einem solchen Fall wird das Kind in vorläufige Pflege gegeben). Der Antrag lautet, die einfache Adoption – nach Anhörung des Staatsanwalts – zu genehmigen, die entsprechende Ermächtigungsurkunde auszustellen, den Standesbeamten zu beauftragen, die Elterneintragung zu löschen und eine neue Eintragung in das Personenstandsregister vorzunehmen. Über diesen Antrag entscheidet dann der Richter. Gibt er dem Antrag statt, so genehmigt er die Ausstellung der Urkunde über die einfache Adoption und bestellt für diese Rechtshandlung einen Pfleger (Notar).

S ferner Heinrich ZVglRWiss 85 (1986), 117 f. Auf den früheren Rechtszustand nimmt Bezug: AG Schöneberg 5. 11. 1982 IPRax 1983, 190.

Chile: Zur Frage der Einwilligung eines Kindes oder seines ges Vertreters in eine Volladoption vgl AG Kaufbeuren 31. 1. 1984 StAZ 1984, 207 m Anm Mansel, der darauf hinweist, daß die elterliche Einwilligung häufig deswegen fehlen wird, weil Voraussetzung für die Adoption die Verlassenheit des Kindes ist, aber zugleich betont, daß in einem solchen Fall die Verlassenheit des Kindes festgestellt werden muß. Regelmäßig wird in dem Urteil des chilenischen Gerichts über die Legitimation durch Adoption die Verlassenheit des Kindes festgestellt (etwa durch den Hinweis, daß das Kind als ausgesetzt in ein Waisenhaus eingeliefert worden sei).

China: (Republik, Taiwan): Das Adoptionsrecht ist mit Wirkung v 3. 6. 1985 geändert worden. Die Adoption erfolgt nun nicht mehr durch Vertrag, sondern durch Beschluß des Gerichts auf Antrag des Annehmenden. Gleichwohl bleibt der Konsens zwischen den Beteiligten wesentlich. Das Kind muß der Adoption zustimmen. Ist es noch nicht sieben Jahre alt, muß die Zustimmung von seinem ges Vertreter erklärt werden, es sei denn, daß es keinen ges Vertreter hat; ist das Kind älter als sieben Jahre, so bedarf seine Einwilligung in die Adoption der Zustimmung seines ges Vertreters, es sei denn, daß es keinen ges Vertreter hat. Nicht zulässig ist die Adoption zwischen Verwandten in gerader Linie, zwischen Verschwägerten in gerader Linie (ausgenommen die Stiefkindadoption) sowie zwischen (nahen) Verwandten oder Verschwägerten in der Seitenlinie, wenn der Altersunterschied nicht angemessen ist. Ein Ehepaar soll ein Kind nur gemeinsam annehmen (falls nicht das Kind des anderen Ehegatten angenommen werden soll).

Costa Rica: S dazu IPG 1984 Nr 34 (München).

Cuba: Der Código de Familia v 1975 hat die Volladoption eingeführt. Adoptiert werden können nur Kinder bis zu 16 Jahren. Der Adoptierende muß wenigstens 25 Jahre alt sein. Das Adoptivkind muß idR Waise sein, darf keine nachgewiesene Abstammung haben oder muß aus irregulären Verhältnissen stammen. Ehegatten können ein Kind nur gemeinsam adoptieren. Der Adoptierende muß über genügend Mittel verfügen, um das Kind versorgen zu können. Das Vorhandensein eigener Kinder ist für eine Adoption unschädlich. Die Adoption muß in das Personenstandsregister eingetragen werden, bevor sie Wirkungen entfaltet. Im Verfahren müssen die leiblichen Eltern bzw der Vormund des Adoptivkindes gehört werden oder ihre Zustimmung erklären. Voraussetzung für den Ausspruch der Adoption ist, daß sie für das Kind zweckmäßig, zu seinem Nutzen ist oder in seinem Interesse liegt. Mit der Adoption erwirbt das Kind den Status eines ehelichen Kindes. Die Gleichstellung mit einem ehelichen Kind gilt insbes auch für das Erbrecht. Vgl Heinrich, ZVglRWiss 85 (1986), 105, 108 ff, sowie RabelsZ 1986, 398.

Ecuador: Die Rechtsgrundlagen sind bei Bergmann-Ferid abgedruckt. Nicht mehr auf dem neuesten Stand: IPG 1976 Nr 47 (Köln). S ferner: Fritsche, Adoption eines ecuadorianischen Kindes durch deutsche Eltern, StAZ 1981, 307.

El Salvador: Das Adoptionsges v 3. 11. 1955 wurde reformiert durch Ges v 19. 2. 1982 (Kurzinformation: RabelsZ 1983, 175).

Indien: Vgl dazu Magnus, Das Adoptionsrecht in Indien, StAZ 1977, 248; ferner: KG 18. 3. 1980 IPRspr 1980 Nr 118: keine Adoption durch Angehörige der parsischen Religion; Kubitz, Adoption eines indischen Kindes durch ein deutsches Ehepaar; hier: die Wahleltern haben als ges Vertreter des Kindes eingewilligt, StAZ 1985, 111.

Indonesien: Vgl dazu das Rundschreiben des Obersten Gerichtshofs der Republik Indonesien v 7. 4. 1979 zum indonesischen materiellen und internationalen Adoptionsrecht, IPRax 1986, 62; ferner: Kronke, Fehlgeschlagene Anwendung deutschen Rechts durch ein indonesisches Gericht, IPRax 1981, 184.

Japan: Vgl Kamitami, Aktuelle Tendenzen im japanischen Adoptionsrecht, FamRZ 1987, 130. Die dort erörterten Reformvorschläge (Sonderadoption für Minderjährige) sind inzwischen Gesetz geworden.

Kolumbien: Vgl Jayme, Neues kolumbianisches Kindschaftsrecht, IPRax 1984, 230.

Madagaskar: Einfache Adoption und Volladoption bestehen nebeneinander (Ges v 20. 11. 1963; J.-Cl. Dr comp, Madagaskar Nr 63 ff).

Mexiko: S dazu IPG 1980/81 Nr 36 (Hamburg).

Nicaragua: Das Adoptionsges v 9. 3. 1960 wurde ersetzt durch das Adoptionsges v 14. 11. 1981 (Kurzinformation: RabelsZ 1983, 174). Adoptiert werden können grds nur Kinder bis zu 15 Jahren, ältere Kinder dann, wenn sie wenigstens drei Jahre mit dem Annehmenden zusammengelebt haben oder wenn es sich um Kinder handelt, die in einem Heim leben. Das Mindestalter des Adoptierenden beträgt 25 Jahre; bei einem Ehepaar ist das Alter des jüngeren Partners maßgebend. Das Adoptivkind muß idR Waise sein, darf keine nachgewiesene Abstammung haben oder muß aus irregulären Verhältnissen stammen. Adoptieren können nicht nur Ehepaare, sondern auch Paare, die in einer stabilen Lebensgemeinschaft (sociedad de hecho) leben. Bei getrenntlebenden Ehegatten kann die Adoption auch durch nur einen Ehegatten erfolgen. Im Interesse des Kindes wird auch die wirtschaftliche, soziale, liebevolle und moralische Befähigung der Annehmenden zur Adoption geprüft, damit sie in verantwortungsvoller Weise die Elternfunktion übernehmen können. Es können auch mehrere Kinder gleichzeitig adoptiert werden. Sämtliche Adoptionen müssen zunächst bei einer besonderen Behörde, dem Adoptionsrat, beantragt und von ihm genehmigt werden. Erst danach erfolgt die Adoption durch den Zivilrichter am Wohnsitz des Adoptivkindes. Wirkungen entfaltet die Adoption zwischen den Beteiligten ab Urteil, gegenüber Dritten ab der Registrierung. Das

Kind muß in die Adoption einwilligen, wenn es das 7. Lebensjahr vollendet hat. Die leiblichen Eltern und uU auch nahe Verwandte können sich der Adoption widersetzen. Grds müssen die Parteien persönlich vor Gericht erscheinen. Nur in Ausnahmefällen und unter Mitwirkung des Adoptionsrats ist eine Bevollmächtigung zulässig. In jedem Fall ist zu prüfen, ob die Adoption für das Kind zweckmäßig, zu seinem Nutzen ist oder in seinem Interesse liegt. Der Richter kann von Amts wegen Ermittlungen anstellen. Die Adoption ist Volladoption. Das Kind genießt alle Rechte eines ehelichen Kindes. Seine Beziehungen zu seiner ursprünglichen Familie erlöschen (Ehehindernisse ausgenommen). Das Kind trägt den Namen des oder der Adoptierenden. Die Adoption ist unwiderruflich. Ausländer können in Nicaragua nur adoptieren, wenn sie eine unbefristete Aufenthaltserlaubnis haben und bereit sind, bis zur Volljährigkeit des Kindes im Land zu bleiben. Vgl HEINRICH ZVglRWiss 85 (1986), 107, 108 ff.

Panama: Art 173 cc, wonach nicht adoptieren kann, wer eheliche Abkömmlinge hat, ist nicht mehr anwendbar; vgl HEINRICH ZVglRWiss 85 (1986), 116. Nach Art 180 cc ist die notarielle Urkunde ua von dem Adoptierten zu unterzeichnen, sofern er „adulto" ist. Adulto ist ein Kind, welches das 14. Lebensjahr vollendet hat (Art 34 a cc).

Pakistan: Eine Adoption ist grds nicht gestattet, das lokale Gewohnheitsrecht erkennt jedoch Ausnahmen an; vgl JAYME IPRax 1986, 389.

Paraguay: Das Adoptionsges v 7. 9. 1962 wurde ersetzt durch die Art 30–62 des Código del Menor v 10. 12. 1981. Die neuen Adoptionsregeln entsprechen weitgehend denen des kolumbianischen Rechts. Der Adoptierende muß regelmäßig das 35. Lebensjahr vollendet haben. Eine Ausnahme gilt für ein Ehepaar, wenn die Ehegatten wenigstens fünf Jahre verheiratet sind und die Ehe bisher kinderlos geblieben ist. Personen, die älter als 60 Jahre sind, können nicht mehr adoptieren. Der Altersunterschied zwischen Adoptierendem und Adoptivkind muß wenigstens fünfzehn Jahre betragen. Das Adoptivkind muß bei der Volladoption idR Waise sein, darf keine nachgewiesene Abstammung haben oder muß aus irregulären Verhältnissen stammen. Zu einer Adoption durch einen Ehegatten ist die Zustimmung des anderen Ehegatten erforderlich. Eine Adoption durch mehrere Personen ist nur zulässig, wenn es sich um Ehegatten handelt. Mehrere Kinder können gleichzeitig adoptiert werden. Das Vorhandensein eigener Kinder hindert die Adoption nicht. Die Adoption geschieht nicht mehr durch Vertrag, sondern durch gerichtliches Verfahren. Bei der Volladoption wird durch die gerichtliche Entscheidung der Personenstand des ehelichen Kindes begründet. Zuständig ist der Richter am Wohnsitz des Adoptierenden. Das Einverständnis des Adoptivkindes wird verlangt, wenn das Kind älter als 16 Jahre ist. Die Zustimmung durch den Vormund oder den Pfleger kann vom Richter ersetzt werden. Auch die Staatsanwaltschaft ist in das Verfahren eingeschaltet und muß gehört werden. Die Adoption ist davon abhängig, daß sie für das Kind zweckmäßig, zu seinem Nutzen ist oder in seinem Interesse liegt. Durch die Volladoption wird das Kind zum ehelichen Kind. Die Rechte und Pflichten gegenüber der Ursprungsfamilie erlöschen (Ehehindernisse ausgenommen). Das Erbrecht des Adoptierenden gegenüber dem Adoptivkind ist eingeschränkt. Bei der einfachen Adoption bleibt das Kind noch mit seinen leiblichen Eltern verbunden. Lediglich das Sorgerecht geht auf die Adoptiveltern über. Das Adoptivkind ist nicht gesetzlicher Erbe der Adoptiveltern. Bei beiden Adoptionsformen hat das Kind das Recht, den Namen des oder der Adoptierenden zu führen. Die Volladoption ist unwiderruflich. Bei der einfachen Adoption gibt es die Aufhebung der Adoption durch übereinstimmende Willenserklärung nach dem 18. Lebensjahr des Adoptivkindes, durch einseitige Willenserklärung des Adoptivkindes erst, wenn dieses volljährig geworden ist, dh das 21. Lebensjahr vollendet hat.

Peru: In Peru gilt seit 14. 11. 1984 ein neuer Código civil. Die Neuregelung hat auch das Adoptionsrecht umgestaltet. Die Regelung findet sich jetzt in den Art 377–385 cc. Adoptiert werden können danach sowohl Minderjährige als auch (mit Zustimmung des Adoptierten) Volljährige. Das Alter des Adoptierenden muß jedoch mindestens der Summe von Volljährigkeitsalter und Alter des Adoptivkindes entsprechen. Will ein Ehegatte adoptieren, so bedarf er dazu der Zustimmung des anderen Ehegatten. Der zustimmende Partner gilt dann gleichfalls als Adoptierender. Der Adoptierende muß einen guten Ruf genießen („moralische Befähigung"). Das Kind muß der Adoption zustimmen, wenn es das 10. Lebensjahr vollendet hat. Außerdem sind die leiblichen Eltern des Kindes bzw sein Vormund zu hören und müssen ihre Zustimmung erklären. Die Adoption ist Volladoption. Sie gibt dem Kind den Status eines „Kindes" des Annehmenden (das peruanische Recht unterscheidet nicht mehr zwischen ehelichen und nichtehelichen Kindern). Die Beziehungen zu der Ursprungsfamilie wirken nur noch in Ehehindernissen fort. Die einfache Adoption ist abgeschafft. Das Kind erwirbt den Namen der Adoptiveltern. Die Adoption ist unwiderruflich. Allerdings kann das Kind während eines Jahres nach Erreichen der Volljährigkeit bei Gericht beantragen, daß die Adoption ohne Wirkung bleiben soll. In diesem Fall lebt das alte Verwandtschaftsverhältnis wieder auf. Ausländische Adoptierende müssen von Beginn des Adoptionsverfahrens bis zu dessen Abschluß durch die Registrierung im Personenstandsregister einen Wohnsitz in Peru begründen und haben im Regelfall persönlich vor dem Richter ihren Adoptionswillen zu bekunden. Vgl zum Ganzen auch HEINRICH (ZVglRWiss 85 (1986), 107, 108 ff. Überholt: BayObLG 29. 6. 1978 BayObLGZ 1978, 162; AG St. Ingbert 2. 8. 1983 StAZ 1983, 317 = IPRax 1984, 43 m Anm E J; AG Ibbenbüren 17. 1. 1984 IPRax 1984, 221 m Anm E J; s ferner (zT noch immer brauchbar): IPG 1982 Nr 36 (Köln); AG Mainz 14. 3. 1983 StAZ 1984, 102; Voss StAZ 1984, 94.

Philippinen: Das Adoptionsrecht wurde durch den Child and Youth Welfare Code 1982 neu geregelt. Vgl auch LG Köln 21. 12. 1982 IPRax 1984, 37.

Senegal: Einfache und Volladoption bestehen nebeneinander (Art 223 ff Code de la famille; vgl J.-Cl. Dr comp, Sénégal, Fasc. I Nr 111).

Sri Lanka: Vgl JAYME, Änderungen im Adoptionsrecht von Sri Lanka für ausländische Annehmende, IPRax 1983, 47; AG Bonn 22. 9. 1982 IPRax 1984, 36; OLG Frankfurt 6. 10. 1983 IPRax 1984, 330; DIV-Gutachten v 6. 4. 1984 DAVorm 1984, 433.

Südafrikanische Republik: Neugestaltung des Adoptionsrechts durch den Child Care Act 1983. S auch LG Tübingen 15. 5. 1985 IPRax 1986, 236.

Syrien: Zur Adoption durch Angehörige der griechisch-orthodoxen Kirche vgl IPG 1976 Nr 36 (Heidelberg).

Thailand: S dazu AG Duisburg 17. 3. 1983 StAZ 1983, 249.

Uruguay: Der Código civil wurde durch Ges v 22. 11. 1984 neu bekanntgemacht. Zugleich wurden Teile des Kinderges (Código del Niño) v 1934 aufgehoben. Diese Neufassung des Código civil ist jedoch kurze Zeit nach ihrer Bekanntmachung wieder außer Kraft gesetzt worden. Es gilt somit wieder das frühere Recht (Kurzinformation: RabelsZ 1985, 788). Der Código del Niño gilt nur für die Minderjährigenadoption; im cc ist lediglich die Adoption Volljähriger geregelt.

Venezuela: Das Gesetz über die Adoption v 25. 5. 1972 ist ersetzt worden durch das Adoptionsges v 28. 7. 1983. Zu diesem Ges vgl PARRA ARANGUREN IPRax 1984, 230.

Vereinigte Staaten von Amerika: Alle Einzelstaaten kennen die Adoption. Die ges Regelung ist unterschiedlich. Vgl etwa für

California: Civil Code §§ 221 ff;
District of Columbia: D.C.C.E. §§ 16–301 ff;
Florida: West's F.S.A. §§ 63.012 ff;
Illinois: S.H.A. ch. 40 §§ 1501 ff;
Louisiana: R.S.9: 421 ff; Civil Code Art 214 ff;
Massachusetts: M.G.L.A. ch. 210 ff 1 ff;
Michigan: M.C.L.A. §§ 710.21 ff;
Missouri: R.S. ch. 453 ff;
New Jersey: N.J.S.A. 2 A: 22–1 ff (Erwachsenenadoption);
9: 3–37 ff (Adoption von Kindern);
New York: Domestic Relations Law §§ 109 ff;
Ohio: Page's Ohio R.C.A. ch. 3107 ff;
Pennsylvania: 23 Pa.C.S.A. 2101 ff.

Eine Reihe von Einzelstaaten hat den Uniform Adoption Act übernommen (Alaska, Arkansas, Montana, North Dakota, Ohio, Oklahoma); vgl Uniform Laws Annotated (Master's Edition) Bd 9, 11 ff.

Vietnam: Vgl AG München 18. 7. 1975 IPRspr 1975 Nr 109.

B. Rechtsquellen zum internationalen Adoptionsrecht

7 **I. Staatsverträge**

1. Haager Übereinkommen über die behördliche Zuständigkeit, das anzuwendende Recht und die Anerkennung von Entscheidungen auf dem Gebiet der Annahme an Kindes Statt v 15. 11. 1965

Das Übereinkommen wurde von der Bundesrepublik Deutschland bisher nicht gezeichnet. Es ist am 23. 10. 1978 für Österreich, die Schweiz und das Vereinigte Königreich in Kraft getreten. Es regelt die Zuständigkeit (geknüpft an den gewöhnlichen Aufenthalt des oder der Annehmenden oder die – gemeinsame – Staatsangehörigkeit des/der Annehmenden), das anwendbare Recht (lex fori) und die Anerkennung der Adoption. Das Übereinkommen gilt nur, wenn alle Beteiligten einem Vertragsstaat angehören und sich auch in einem Vertragsstaat gewöhnlich aufhalten; außerdem muß das Kind unter 18 Jahren alt sein.

Art. 1. Dieses Übereinkommen ist auf Annahmen an Kindes Statt anzuwenden zwischen

einer Person, die die Staatsangehörigkeit eines der Vertragsstaaten und ihren gewöhnlichen Aufenthalt in einem dieser Staaten hat, oder Ehegatten, von denen jeder die Staatsangehörigkeit eines der Vertragsstaaten und seinen gewöhnlichen Aufenthalt in einem dieser Staaten hat, einerseits und

einem Kind andererseits, das am Tag des die Annahme an Kindes Statt betreffenden Antrags das achtzehnte Lebensjahr noch nicht vollendet und sich noch nicht verheiratet hat und das die Staatsangehörigkeit eines der Vertragsstaaten und seinen gewöhnlichen Aufenthalt in einem dieser Staaten hat.

Art. 2. Dieses Übereinkommen ist nicht anzuwenden, wenn

a) die Annehmenden weder dieselbe Staatsangehörigkeit noch ihren gewöhnlichen Aufenthalt im selben Vertragsstaat haben;

b) der oder die Annehmenden und das Kind dieselbe Staatsangehörigkeit und ihren gewöhnlichen Aufenthalt in dem Staat haben, dem sie angehören;

c) über die Annahme an Kindes Statt nicht von einer nach Artikel 3 zuständigen Behörde entschieden worden ist.

Art. 3. (1) Für die Entscheidung über die Annahme an Kindes Statt sind zuständig

a) die Behörden des Staates, in dem der Annehmende seinen gewöhnlichen Aufenthalt hat, oder, wenn es sich um eine Annahme durch Ehegatten handelt, die Behörden des Staates, in dem beide ihren gewöhnlichen Aufenthalt haben;

b) die Behörden des Staates, dem der Annehmende angehört, oder, wenn es sich um eine Annahme durch Ehegatten handelt, die Behörden des Staates, dem beide angehören.

(2) Die Voraussetzungen des gewöhnlichen Aufenthaltes und der Staatsangehörigkeit müssen sowohl in dem Zeitpunkt gegeben sein, in dem die in diesem Artikel bezeichneten Behörden angerufen werden, als auch in dem Zeitpunkt, in dem sie entscheiden.

Art. 4. (1) Die in Artikel 3, Absatz 1, bezeichneten Behörden haben, vorbehaltlich des Artikel 5, Absatz 1, auf die Voraussetzungen für die Annahme an Kindes Statt ihr innerstaatliches Recht anzuwenden.

(2) Die auf Grund des gewöhnlichen Aufenthaltes zuständigen Behörden haben jedoch alle Verbote der Annahme an Kindes Statt zu beachten, die das Heimatrecht des Annehmenden oder, wenn es sich um eine Annahme durch Ehegatten handelt, ihr gemeinsames Heimatrecht enthält, sofern diese Verbote Gegenstand einer in Artikel 13 bezeichneten Erklärung sind.

Art. 5. (1) Die in Artikel 3, Absatz 1, bezeichneten Behörden haben, soweit es sich nicht um den Annehmenden, seine Familie oder seinen Ehegatten handelt, auf die Zustimmungs- und die Anhörungsrechte das Heimatrecht des Kindes anzuwenden.

(2) Hat nach dem Heimatrecht des Kindes dieses oder ein Mitglied seiner Familie persönlich vor der Behörde zu erscheinen, die über die Annahme an Kindes Statt entscheidet, und hat die betreffende Person ihren gewöhnlichen Aufenthalt nicht im Staat dieser Behörde, so soll, falls es angezeigt ist, im Weg der Rechtshilfe verfahren werden.

Art. 6. (1) Die in Artikel 3, Absatz 1, bezeichneten Behörden dürfen die Annahme an Kindes Statt nur bewilligen, wenn sie dem Wohl des Kindes dient. Sie haben zuvor mit Hilfe der hierzu berufenen örtlichen Behörden eine gründliche Ermittlung über den oder die Annehmenden, das Kind und seine Familie anzustellen. Soweit als möglich ist die Ermittlung unter Mitwirkung öffentlicher oder privater Organisationen durchzuführen, die auf dem Gebiet internationaler Annahmen an Kindes Statt ausgewiesen sind, und unter Heranziehung von Fürsorgern, die eine besondere Ausbildung erhalten oder eine besondere Erfahrung in Fragen der Annahme an Kindes Statt haben.

(2) Die Behörden aller Vertragsstaaten haben unverzüglich jede erbetene Hilfe im Hinblick auf eine Annahme an Kindes Statt zu leisten, auf die dieses Übereinkommen anzuwenden ist; zu diesem Zweck können die Behörden unmittelbar miteinander verkehren.

(3) Jeder Vertragsstaat kann eine oder mehrere Behörden bezeichnen, die mit dem im vorstehenden Absatz vorgesehenen Verkehr betraut sind.

Art. 7. (1) Für die Nichtigerklärung oder die Aufhebung einer Annahme an Kindes Statt, auf die dieses Übereinkommen anzuwenden ist, sind zuständig

a) die Behörden des Vertragsstaates, in dem das angenommene Kind am Tag des Antrags auf Nichtigerklärung oder Aufhebung seinen gewöhnlichen Aufenthalt hat;

b) die Behörden des Vertragsstaates, in dem der Annehmende am Tag des Antrags auf Nichtigerklärung oder Aufhebung seinen gewöhnlichen Aufenthalt hat, oder, wenn es sich um eine Annahme durch Ehegatten handelt, diese ihren gewöhnlichen Aufenthalt haben;

c) die Behörden des Staates, in dem über die Annahme an Kindes Statt entschieden worden ist.

(2) Eine Annahme an Kindes Statt kann für nichtig erklärt werden

a) nach dem innerstaatlichen Recht der Behörde, die über die Annahme an Kindes Statt entschieden hat, oder

b) nach dem Heimatrecht des Annehmenden oder der Ehegatten in dem Zeitpunkt, in dem über die Annahme an Kindes Statt entschieden worden ist, sofern die Nichtigkeit auf der Verletzung eines der in Artikel 4, Absatz 2, bezeichneten Verbote beruht, oder

c) nach dem Heimatrecht des angenommenen Kindes, sofern die Nichtigkeit auf dem Fehlen oder der Mangelhaftigkeit einer der von diesem Recht geforderten Zustimmung beruht.

(3) Eine Annahme an Kindes Statt kann aufgehoben werden nach dem innerstaatlichen Recht der angerufenen Behörde.

Art. 8. (1) Jede Annahme an Kindes Statt, auf die dieses Übereinkommen anzuwenden ist und über die eine nach Artikel 3, Absatz 1, zuständige Behörde entschieden hat, wird ohne weiteres in allen Vertragsstaaten anerkannt.

(2) Jede Nichtigerklärung und jede Aufhebung, die von einer nach Artikel 7, Absatz 1, zuständigen Behörde ausgesprochen worden sind, werden ohne weiteres in allen Vertragsstaaten anerkannt.

(3) Erheben sich in einem Vertragsstaat Einwände gegen die Anerkennung einer solchen Annahme an Kindes Statt oder einer der im vorstehenden Absatz genannten Entscheidungen, so sind die Behörden dieses Staates bei der Beurteilung der Zuständigkeit der Behörde, die entschieden hat, an die tatsächlichen Feststellungen gebunden, auf die diese Behörde ihre Zuständigkeit gestützt hat.

Art. 9. (1) Sobald eine nach Artikel 3, Absatz 1, zuständige Behörde über eine Annahme an Kindes Statt entschieden hat, hat sie davon gegebenenfalls den anderen Staat zu benachrichtigen, dessen Behörden hierfür gleichfalls zuständig gewesen sind, sowie den Staat, dem das Kind angehört, und den Vertragsstaat, in dem das Kind geboren ist.

(2) Sobald eine nach Artikel 7, Absatz 1, zuständige Behörde eine Annahme an Kindes Statt für nichtig erklärt oder aufgehoben hat, hat sie davon den Staat zu benachrichtigen, dessen Behörde über die Annahme an Kindes Statt entschieden hat, sowie den Staat, dem das Kind angehört, und den Vertragsstaat, in dem das Kind geboren ist.

Art. 10. Im Sinn dieses Übereinkommens gelten ein Annehmender ebenso wie ein Kind, die staatenlos oder unbekannter Staatsangehörigkeit sind, als Angehörige des Staates, in dem sie ihren gewöhnlichen Aufenthalt haben.

Art. 11. Gelten in dem Staat, dem der Annehmende oder das Kind angehört, mehrere rechtliche Ordnungen, so sind im Sinn dieses Übereinkommens mit den Verweisungen auf das innerstaatliche Recht und auf die Behörden des Staates, dem eine Person angehört, das Recht und die Behörden gemeint, die durch die in diesem Staat geltenden Vorschriften bestimmt werden; fehlen solche Vorschriften, so sind das Recht und die Behörden derjenigen rechtlichen Ordnung gemeint, mit der der Betroffene die engste Verbindung hat.

Art. 12. Dieses Übereinkommen berührt nicht Bestimmungen anderer Übereinkommen auf dem Gebiet der Annahme an Kindes Statt, an die Vertragsstaaten im Zeitpunkt seines Inkrafttretens gebunden sind.

Art. 13. (1) Jeder Staat kann zur Anwendung des Artikels 4, Absatz 2, bei der Unterzeichnung, der Ratifizierung oder dem Beitritt eine Erklärung abgeben, mit der ein oder mehrere Verbote der Annahme an Kindes Statt bezeichnet werden, die sein innerstaatliches Recht enthält und die sich beziehen auf

a) das Vorhandensein von Nachkommen des oder der Annehmenden;

b) den Umstand, daß die Annahme an Kindes Statt von einer Person allein beantragt wird;

c) die Blutsverwandtschaft zwischen einem Annehmenden und dem Kind;

d) das Bestehen einer früheren Annahme des Kindes durch andere Personen;

e) das Erfordernis eines Altersunterschieds zwischen dem oder den Annehmenden und dem Kind;

f) die Voraussetzungen hinsichtlich des Alters des oder der Annehmenden und des Kindes;

g) den Umstand, daß das Kind nicht bei dem oder den Annehmenden lebt.

(2) Eine solche Erklärung kann jederzeit zurückgenommen werden. Die Zurücknahme ist dem Ministerium für auswärtige Angelegenheiten der Niederlande zu notifizieren.

(3) Die Wirkung einer zurückgenommenen Erklärung erlischt am sechzigsten Tag nach der im vorstehenden Absatz genannten Notifikation.

Art. 14. (1) Jeder Vertragsstaat kann eine Erklärung abgeben, mit der die Personen bezeichnet werden, die als seine Staatsangehörigen im Sinn dieses Übereinkommens anzusehen sind.

(2) Eine solche Erklärung sowie ihre Änderung oder ihre Zurücknahme sind dem Ministerium für auswärtige Angelegenheiten der Niederlande zu notifizieren.

(3) Die Erklärung, ihre Änderung oder ihre Zurücknahme wird am sechzigsten Tag nach der im vorstehenden Absatz genannten Notifikation wirksam.

Art. 15. Von den Bestimmungen dieses Übereinkommens darf in den Vertragsstaaten nur abgewichen werden, wenn ihre Anwendung mit der öffentlichen Ordnung offensichtlich unvereinbar ist.

Art. 16–21. *(nicht abgedruckt)*

Art. 22. (1) Jeder Staat kann sich spätestens bei der Ratifizierung oder dem Beitritt das Recht vorbehalten, die Annahmen an Kindes Statt nicht anzuerkennen, über die die nach Artikel 3, Absatz 1, Buchstabe *b*, zuständigen Behörden entschieden haben, wenn das Kind am Tag des die Annahme betreffenden Antrags den gewöhnlichen Aufenthalt in seinem Gebiet hatte und nicht dem Staat angehörte, dessen Behörden über die Annahme entschieden haben. Andere Vorbehalte sind nicht zulässig.

Art. 22 (2)–24. *(nicht abgedruckt)*

8 **2. New Yorker UN-Übereinkommen zur Verminderung der Staatenlosigkeit v 30.8.1961** (BGBl 1977 II, 598)

Vgl dazu Vorbem 21 zu Art 21.

9 **3. Deutsch-iranisches Niederlassungsabkommen v 17.2.1929** (RGBl 1930 II, 1006; BGBl 1955 II, 829)

Art 8 (3): In bezug auf das Personen-, Familien- und Erbrecht bleiben die Angehörigen jedes der vertragschließenden Staaten im Gebiet des anderen Staates jedoch den Vorschriften ihrer heimischen Gesetze unterworfen. Die Anwendung dieser Gesetze kann von dem anderen vertragschließenden Staat nur ausnahmsweise und nur insoweit ausgeschlossen werden, als ein solcher Ausschluß allgemein gegenüber jedem anderen Staat erfolgt.

Dazu Schlußprotokoll (RGBl 1930 II, 1012): „Die vertragschließenden Staaten sind sich darüber einig, daß das Personen-, Familien- und Erbrecht, dh das Personalstatut, die folgenden Angelegenheiten umfaßt: ... Annahme an Kindes Statt ..."

Das Abkommen geht dem nationalen Kollisionsrecht vor. Indessen ist es nur dann anwendbar, wenn die an einem Rechtsverhältnis Beteiligten dieselbe (deutsche oder iranische) Staatsangehörigkeit haben (BGH 15.1.1986 IPRax 1986, 382). Sind Personen unterschiedlicher Staatsangehörigkeit beteiligt, gilt das nationale Kollisionsrecht. Das Abkommen ist damit nicht anwendbar, wenn ein iranisch-deutsches Ehepaar ein Kind annimmt.

10 **4. Interamerikanisches Übereinkommen über das auf die Minderjährigenadoption anwendbare Recht v 24.5.1984**

Das Übereinkommen enthält neben Kollisionsregeln auch Vorschriften zur internationalen Zuständigkeit, zur Anerkennung sowie einige materiellrechtliche Bestimmungen. Es ist anzuwenden auf die Minderjährigenadoption in der Form der Volladoption oder der Adoptivlegitimation oder ähnlicher Einrichtungen, die den Minderjährigen einem Kind des Annehmenden gleichstellen, allerdings nur dann, wenn der Annehmende seinen (oder die Annehmenden ihren) Wohnsitz in einem Vertragsstaat hat (haben) und der Angenommene seinen gewöhnlichen Aufenthalt in einem anderen Vertragsstaat hat (Art 1). Das Übereinkommen findet somit keine Anwendung bei Adoption eines Kindes aus einem süd- oder mittelamerikanischen Staat durch deutsche Staatsangehörige oder Staatsangehörige anderer europäischer Staaten (obgleich das Übereinkommen auch außeramerikanischen Staaten zum Beitritt offensteht, ist der Beitritt europäischer Staaten wenig wahrscheinlich). Gleichwohl kann das Abkommen auch für Nichtvertragsstaaten bedeutsam werden. Zum einen kann jeder Vertragsstaat erklären, daß das Übereinkommen auch dann Anwendung finden soll, wenn Minderjährige mit gewöhnlichem Aufenthalt in diesem Staat durch Personen adoptiert werden, die ihren gewöhnlichen Aufenthalt im selben Staat haben, die Umstände des konkreten Falles aber darauf hindeuten, daß die Annehmenden nach Abschluß der Adoption ihren Wohnsitz in einen anderen Staat verlegen werden (Art 20). Außerdem kann das Abkommen – falls eine große Zahl von süd- und mittelamerikanischen Staaten beitreten sollte – ähnlich wie der Código Bustamante herangezogen werden, um Lücken des nationalen Kollisionsrechts zu schließen (vgl Hohnerlein, Eine neue Konvention zum Schutz von Adoptivkindern, StAZ 1985, 124, 129).

Kollisionsrechtlich unterscheidet das Abkommen zwischen den Voraussetzungen und den Wirkungen der Adoption. Was die Voraussetzungen angeht, so soll das

Recht des gewöhnlichen Aufenthalts des Minderjährigen maßgebend sein für seine Handlungsfähigkeit, Einwilligung und sonstige Adoptionsvoraussetzungen sowie für die zur Begründung des Rechtsbandes nötigen Verfahren und äußeren Förmlichkeiten, während das Recht des Wohnsitzes des oder der Annehmenden maßgeblich sein soll für dessen oder deren Handlungsfähigkeit, für die Alters- und Personenstandserfordernisse des oder der Annehmenden, für die Einwilligung des Ehegatten des Annehmenden und die sonstigen Adoptionsvoraussetzungen, die in der Person des Annehmenden gegeben sein müssen. Falls die Erfordernisse im Recht des oder der Annehmenden offensichtlich weniger streng sind als die Erfordernisse im Recht des gewöhnlichen Aufenthalts des Angenommenen, so soll letzteres maßgeblich sein (Art 3, 4). Bezüglich der Wirkungen der Adoption wird auf das Recht verwiesen, dem die Rechtsbeziehungen des Annehmenden zu seiner eigenen Familie unterstehen (Art 9).

Der Text des Übereinkommens ist (mit deutscher Übersetzung) abgedruckt in der Reihe der Vorträge, Reden und Berichte aus dem Europainstitut der Universität des Saarlandes, 1984.

II. Deutsches Recht

11

1. Das internationale Adoptionsrecht ist vornehmlich enthalten in **Art 22** und **Art 23 EGBGB.** Zusätzlich sind von Bedeutung:

2. RuStAG §§ 6 und 27. 12

§ 6. Mit der nach den deutschen Ges wirksamen Annahme eines Kindes durch einen Deutschen erwirbt das minderjährige Kind die Staatsangehörigkeit. Der Erwerb der Staatsangehörigkeit erstreckt sich auf die Abkömmlinge des Kindes.

§ 27. Ein Deutscher verliert mit der nach den deutschen Ges wirksamen Annahme als Kind durch einen Ausländer die Staatsangehörigkeit, wenn er dadurch die Staatsangehörigkeit des Annehmenden erwirbt. Der Verlust tritt nicht ein, wenn er mit einem deutschen Elternteil verwandt bleibt. Der Verlust erstreckt sich auf die minderjährigen Abkömmlinge, für die dem Angenommenen die alleinige Sorge für die Person zusteht, wenn auch der Erwerb der Staatsangehörigkeit durch den Angenommenen nach S 1 sich auf die Abkömmlinge erstreckt.

3. FGG § 43 b 13

(1) Für Angelegenheiten, welche die Annahme eines Kindes betreffen, sind die deutschen Gerichte zuständig, wenn der Annehmende, einer der annehmenden Ehegatten oder das Kind

(a) Deutscher ist oder

(b) seinen gewöhnlichen Aufenthalt im Inland hat.

Diese Zuständigkeit ist nicht ausschließlich.

(2) Zuständig ist das Gericht, in dessen Bezirk der Annehmende oder einer der annehmenden Ehegatten seinen Wohnsitz oder, falls ein solcher im Inland fehlt, seinen Aufenthalt hat; maßgebend ist der Wohnsitz oder Aufenthalt in dem Zeitpunkt, in dem der Antrag oder eine Erklärung eingereicht oder im Fall des § 1753 Abs 2 BGB der Notar mit der Einreichung betraut wird.

(3) Ist der Annehmende oder einer der annehmenden Ehegatten Deutscher und hat er im Inland weder Wohnsitz noch Aufenthalt, so ist das AG Schöneberg in Berlin-

Schöneberg zuständig. Es kann die Sache aus wichtigen Gründen an ein anderes Gericht abgeben; die Abgabeverfügung ist für dieses Gericht bindend.

(4) Hat der Annehmende oder einer der annehmenden Ehegatten im Inland weder Wohnsitz noch Aufenthalt, so ist das Gericht zuständig, in dessen Bezirk das Kind seinen Wohnsitz oder, falls ein solcher im Inland fehlt, seinen Aufenthalt hat. Ist das Kind Deutscher und hat es im Inland weder Wohnsitz noch Aufenthalt, so ist das AG Schöneberg in Berlin-Schöneberg zuständig. Es kann die Sache aus wichtigen Gründen an ein anderes Gericht abgeben. Die Abgabeverfügung ist für dieses Gericht bindend.

III. Ausländische Rechte

14 **1. Europäische Staaten**

Albanien: Ges Nr 3920 über die Inanspruchnahme von Zivilrechten durch Ausländer und die Anwendung ausländischer Ges v 28. 11. 1964 Art 10: Die Adoption und ihre Aufhebung richten sich nach den Ges des Staates, dessen Angehöriger der Annehmende im Zeitpunkt der Adoption oder ihrer Aufhebung ist. Ist das Kind Angehöriger eines fremden Staates, so ist für die Adoption oder ihre Aufhebung die Zustimmung des Kindes einzuholen, und, falls dies von den Ges seines Staates gefordert wird, auch die seines ges Vertreters und der zuständigen staatlichen Stelle des Staates, dessen Angehöriger das Kind ist. Wird das Kind von einem Ehepaar adoptiert, das unterschiedliche Staatsangehörigkeiten hat, so muß die Adoption oder ihre Aufhebung in Übereinstimmung mit den Ges des Staates beider Ehegatten erfolgen.

Belgien: Das anzuwendende Recht differiert, je nachdem, ob das Adoptivkind bereits das 15. Lebensjahr vollendet hat oder nicht. Hat das Kind das 15. Lebensjahr noch nicht vollendet, so richten sich Zulässigkeit und Voraussetzungen sowohl der (einfachen) Adoption wie auch der Volladoption nach dem Heimatrecht des oder der Annehmenden. Sind die Annehmenden unterschiedlicher Staatsangehörigkeit, kennen aber beide Heimatrechte die Adoptivkindschaft, so richten sich Zulässigkeit und Voraussetzungen der Adoption nach belgischem Recht. Kennt das Heimatrecht des oder der oder eines der Annehmenden die Adoptivkindschaft nicht, bestimmen sich Zulässigkeit und Voraussetzungen der Adoption gleichwohl nach belgischem Recht, wenn das Adoptivkind entweder in Belgien geboren ist oder seit mehr als zwei Jahren in Belgien seinen gewöhnlichen Aufenthalt hat und auch der oder die Annehmenden wenigstens seit fünf Jahren ununterbrochen ihren gewöhnlichen Aufenthalt in Belgien haben (Art 344 Abs 1 cc idF des Ges v 27. 4. 1987).

Ist das Kind älter als 15 Jahre, sind sowohl die (einfache) Adoption als auch die Volladoption in Belgien zulässig, wenn jeder Beteiligte (Adoptiveltern und Adoptivkind) den Bedingungen genügt, die ihm sein Heimatrecht auferlegt (Art 344 Abs 2 cc).

Wenn das Heimatrecht des Adoptivkindes Vorschriften über die Zustimmung zur Adoption enthält und die Personen bezeichnet, welche der Adoption zustimmen müssen, so ist insoweit dieses Recht anzuwenden (Art 344 Abs 3 cc).

Eine Adoptivkindschaft, die im Ausland zwischen Belgiern oder zwischen Ausländern oder zwischen Belgiern und Ausländern begründet worden ist, wird in Belgien anerkannt, wenn im Zeitpunkt ihrer Begründung die Bedingungen erfüllt waren, die das belgische Recht vorschreibt, oder bei allen Beteiligten die Voraussetzungen gegeben waren, die ihr jeweiliges Heimatrecht nennt (Art 344 bis cc).

Die Wirkungen der Adoption, gleichgültig, ob sie in Belgien oder im Ausland erfolgte, richten sich grds nach dem Adoptionsbegründungsstatut. Lediglich im Fall des Art 344 Abs 2 cc gilt für die Adoptionswirkungen belgisches Recht (Art 344 ter cc).

Für den Widerruf (die Aufhebung) einer Adoption gilt in Belgien allein das belgische Recht (Art 344 quater cc).

Bulgarien: Die Adoption zwischen Personen mit gleicher oder verschiedener ausländischer Staatsangehörigkeit wird entsprechend den Bedingungen ihres Heimatrechts zugelassen. Haben annehmende Ehegatten verschiedene Staatsangehörigkeiten, so werden die Voraussetzungen der Heimatrechte beider Ehegatten berücksichtigt. Die Wirkung der Adoption wird entsprechend dem Heimatrecht des Annehmenden geregelt.

Dänemark: Das dänische Adoptionsges v 1972 enthält keine Bestimmungen zum IPR, und zwar ua deshalb, weil in Fällen mit Auslandsberührung eine Stellungnahme des Justizministers eingeholt werden muß (MARCUS RabelsZ 1974, 194 f). Es gelten die allgemeinen Regeln. Anwendbar ist das Wohnsitzrecht des Annehmenden. Der Wohnsitzbegriff des dänischen Recht stimmt mit dem deutschen im wesentlichen überein; vgl IPG 1978 Nr 33 (München). Im Verhältnis der nordischen Staaten Dänemark, Finnland, Island, Norwegen und Schweden gilt ein besonderes IPR-Abkommen (abgedruckt in BERGMANN-FERID, Dänemark, 12 ff).

DDR: Gem § 23 des Rechtsanwendungsges v 5. 12. 1975 ist für die Adoption – auch bezüglich ihrer Wirkungen – das Recht des Staates maßgebend, dem der Annehmende bei der Annahme angehört. Bei einer gemeinsamen Adoption durch Eheleute verschiedener Staatsangehörigkeit ist das Recht der DDR anzuwenden. Zur Annahme eines DDR-Bürgers sind die Genehmigung durch eine Behörde der DDR und die Einwilligung gem dem FamGB v 1965 erforderlich. Vgl IPG 1975 Nr 30 (Hamburg) und IPG 1977 Nr 26 (Freiburg).

Finnland: Gem dem Ges v 5. 12. 1929, Nr 379, betreffend gewisse familienrechtliche Verhältnisse internationaler Natur gelten folgende Grundsätze (§§ 24 ff): Eine ausländische Adoption ist gültig, wenn sie vom Heimatrecht sowohl des Annehmenden als auch des Angenommenen anerkannt wird. Ein finnisches Kind kann im Ausland nur mit Genehmigung des finnischen Justizministers adoptiert werden. Finnland ist für Ausländeradoptionen international zuständig, falls das Heimatrecht des annehmenden bzw des anzunehmenden Ausländers die Adoption anerkennt. Bei einer Adoption in Finnland wird finnisches Recht angewandt; ausländische Formvorschriften sind aber zu beachten. Die Voraussetzungen und die Wirkungen der Aufhebung einer Adoption unterstehen dem Heimatrecht des Annehmenden. Zu beachten ist ferner das bei Dänemark genannte internordische Abkommen v 6. 2. 1931 idF v 20. 11. 1973, das im Verhältnis zwischen den Vertragsstaaten zur Anwendung kommt.

Frankreich: Das Adoptionsstatut ist ges nicht geregelt. Die französische Rechtsprechung und Lehre hat folgende Grundsätze aufgestellt (s dazu AG Kaufbeuren 31. 1. 1984 StAZ 1984, 207 m Anm MANSEL = IPRax 1984, 221 m Anm E. J.; MANSEL StAZ 1985, 247 ff zu einem Urteil der Cour de Cassation v 7. 11. 1984, Sem Jur 1985, 19 = Rev crit 1985, 533 m Anm SIMON-DEPITRE = Clunet 1985, 434 m Anm GAUDEMET-TALLON): Abzustellen ist zunächst auf ein gemeinsames Heimatrecht von Adoptierenden und Adoptiertem. Fehlt dieses, so ist (bezüglich der Voraussetzungen und der Wirkungen der Adoption) das Heimatrecht des Annehmenden bzw bei der Adoption durch Ehegatten deren gemeinsames Heimatrecht anzuwenden, wobei das Heimatrecht des Anzunehmenden bestimmt, welche Personen in die

Adoption einwilligen müssen und wer den Anzunehmenden im Adoptionsverfahren vertritt (vor dem o g Urteil der Cour de Cassation war dies im einzelnen str, vgl dazu BERGMANN-FERID, Frankreich, 22, und MANSEL StAZ 1984, 208ff). Haben die annehmenden Eheleute eine unterschiedliche Staatsangehörigkeit, ist das Ehewirkungsstatut maßgeblich (= gemeinsame Staatsangehörigkeit, hilfsweise gemeinsamer gewöhnlicher Aufenthalt, notfalls lex fori); so MANSEL aaO; eine andere Ansicht stellt dagegen auf eine kumulative Anwendung der Heimatrechte der Eheleute ab (BERGMANN-FERID aaO). S auch AG Ibbenbüren 17.1.1984 IPRax 1984, 221.

Griechenland: Gem Art 23 ZGB richten sich die materiellen Voraussetzungen der Adoption nach dem Heimatrecht jedes Beteiligten; dies gilt auch für die Form der Adoption, jedoch genügt gem Art 11 ZGB die Einhaltung der Ortsform. Die Rechtsbeziehungen zwischen dem Adoptierten und den Adoptierenden richten sich nach dem letzten gemeinsamen Heimatrecht während der Dauer des Annahmeverhältnisses; in Ermangelung eines solchen nach dem Heimatrecht der Annehmenden zZ der Annahme. Zu beachten ist auch das Gesetzesdekret Nr 610 v 17./21.8.1970 über die Annahme von Minderjährigen unter 18 Jahren an Kindes Statt: Für die Adoption griechischer Kinder durch Ausländer ist eine Beteiligung einer griechischen Organisation erforderlich. Die Adoptierenden sollen vorzugsweise griechischer Abstammung sein und wenigstens das gleiche Bekenntnis wie das Kind haben. Eine Verschickung oder Abreise des griechischen Kindes ins Ausland darf erst nach gerichtlicher Genehmigung erfolgen (s auch HELD, Adoptionsrecht in Griechenland, StAZ 1986, 259).

Großbritannien: In Großbritannien gilt das Haager Übereinkommen über die behördliche Zuständigkeit, das anzuwendende Recht und die Anerkennung von Entscheidungen auf dem Gebiet der Annahme an Kindes Statt v 15.11.1965, dessen Anwendungsbereich allerdings nicht groß ist (s oben Vorbem 7).

England: Falls die englischen Gerichte ihre internationale Zuständigkeit bejahen, wenden sie englisches Recht an. Für die Zuständigkeit der englischen Gerichte wird auf das Domizil des Annehmenden abgestellt (bzw bei annehmenden Ehegatten auf das Domizil eines Ehegatten); dieses muß in Großbritannien liegen (Sec 14 (2) bzw Sec 15 (2) Adoption Act 1976). Streitig ist, ob bzw inwieweit ein Abweichen des Domizilrechts des Kindes zu berücksichtigen ist (BERGMANN-FERID, Großbritannien, 28). Ausländische Adoptionen werden anerkannt, falls sie in dem Land erfolgten, in dem der Annehmende zZ der Adoption sein Domizil hatte und Annehmender und Kind auch ihren gewöhnlichen Aufenthalt hatten oder es sich um eine sog overseas adoption handelt.

In **Schottland** gilt im wesentlichen das gleiche (BERGMANN-FERID, Großbritannien, 157). Angewandt wird ebenfalls das Domizilrecht des Annehmenden, die Zuständigkeit ergibt sich aus Sec 14 (2) bzw 15 (2) des schottischen Adoption Act 1978.

S auch IPG 1974 Nr 28 (Köln); AG Darmstadt 10.8.1979 StAZ 1979, 324 m Anm JAYME; KG 19.11.1982 IPRax 1983, 246; MORRIS, Some recent developments in English private international law of adoption, FS Mann (1977), 241; JAYME, Deutsch-englische Adoptionen, FS Lipstein 1980, 65.

Irland: Es gilt im wesentlichen das zu Großbritannien Gesagte (BERGMANN-FERID, Irland, 12). Eine Adoptionsverfügung in Irland erfolgt nur, falls die Antragsteller ihren gewöhnlichen Aufenthalt seit mindestens einem Jahr im Staate haben und falls das Kind seinen Aufenthalt in Irland hat (Adoption Act 1952, Sec 10, 11).

Island: Eine Regelung des Adoptionsstatuts fehlt; es gilt das Wohnsitzprinzip, dh maßgeblich ist das Wohnsitzland der Beteiligten (BERGMANN-FERID, Island, 4).

Island ist Vertragsstaat des internordischen Abkommens v 6. 2. 1931 idF des Abkommens v 20. 11. 1973 (s oben bei Dänemark).

Italien: Für die Begründung der Adoption fehlt eine ausdrückliche Kollisionsnorm. Abzustellen ist auf Art 17 Abs 1 disp prel cc, wonach Status und Familienbeziehungen einer Person von ihrem Heimatrecht geregelt werden. Haben der Annehmende und das Adoptivkind nicht dieselbe Staatsangehörigkeit, so sind beide Rechte zu berücksichtigen, wobei umstritten ist, ob die Voraussetzungen beider Heimatrechte kumulativ erfüllt sein müssen oder ob es ausreicht, wenn jede Person den Voraussetzungen ihres Heimatrechts genügt; vgl Wengler, Zur Anwendung italienischen Adoptionsrechts durch deutsche Gerichte, IPRax 1987, 8 f; Vitta, in: Problemi di riforma del diritto internazionale privato italiano (1986), 94 f. Die Rechtsbeziehungen zwischen dem Annehmenden und dem Angenommenen werden gem Art 20 Abs 2 disp prel cc vom Heimatrecht des Annehmenden im Zeitpunkt der Adoption geregelt. Zu beachten sind ferner die Art 29–43 des Ges Nr 184 v 4. 5. 1983 zur Regelung der Adoption und der Pflegekindschaft Minderjähriger (vgl Jayme IPRax 1983, 305 ff; dort auch Abdruck der Bestimmungen; Davi Rev crit 1984, 175). Das Ges regelt die Zuständigkeit für Adoptionen minderjähriger Ausländer und das Verfahren, die Einreise ausländischer Minderjähriger zum Zwecke der Adoption und die Ausreise Minderjähriger zum Zwecke der Adoption. In Art 39 ist der Erwerb der Staatsangehörigkeit eines ausländischen minderjährigen Adoptierten normiert bei Adoption durch Ehegatten italienischer Staatsangehörigkeit. Eine Kollisionsnorm enthält Art 37: „Auf den minderjährigen Ausländer, welcher sich im Zustand der Verlassenheit befindet und sich in Italien aufhält, wird das italienische Recht im Bereich der Adoption, der Inpflegegabe und der notwendigen Eilmaßnahmen angewendet." Vgl auch Jayme, Anm zu AG Gütersloh 28. 12. 1984 IPRax 1985, 232, sowie ders, L'adozione internazionale nelle relazioni italo-tedesche, Riv dir int priv proc 1985, 453 ff.

Jugoslawien: Das jugoslawische Kollisionsrecht unterscheidet zwischen den Voraussetzungen und den Wirkungen der Adoption. Von den Voraussetzungen handelt Art 44, von den Wirkungen Art 45 des IPR-Ges v 1982. Die Voraussetzungen der Adoption richten sich nach dem Heimatrecht sowohl des Annehmenden als auch des Angenommenen. Haben beide nicht dieselbe Staatsangehörigkeit, so sind ihre jeweiligen Heimatrechte kumulativ anzuwenden. Wird ein Kind von einem Ehepaar angenommen, so sind neben dem Heimatrecht des Kindes auch die Heimatrechte beider Ehegatten anzuwenden. Über die Form der Adoption entscheidet die lex loci actus. Für die Wirkungen der Adoption gilt primär das Heimatrecht des Annehmenden und des Angenommenen, wenn sie im Zeitpunkt der Annahme dieselbe Staatsangehörigkeit haben. Gehören der Annehmende und der Angenommene verschiedenen Staaten an, so gilt für die Adoptionswirkungen das Recht ihres Wohnsitzstaates. Haben der Annehmende und der Angenommene weder eine gemeinsame Staatsangehörigkeit noch einen gemeinsamen Wohnsitz, so gilt das Recht der SFRJ, sofern einer der beiden jugoslawischer Staatsangehöriger ist. Gehört keiner der Beteiligten der SFRJ an, so findet das Recht des Staates Anwendung, dem der Angenommene angehört.

Da Jugoslawien ein Mehrrechtsstaat ist, ist neben dem internationalen Privatrecht auch noch das interlokale Privatrecht zu berücksichtigen. Rechtsgrundlage hierfür ist das Ges betreffend die Entscheidung über Gesetzes- und Zuständigkeitskollisionen in Status-, Familien- und Erbbeziehungen v 27. 2. 1979. Nach diesem gilt: Die Bedingungen für die Adoption eines jugoslawischen Staatsangehörigen bestimmen sich nach dem Recht der Republik bzw des autonomen Gebietes, auf deren Territorium der Angenommene seinen Wohnsitz hat. Kann nach diesem Recht die Adoption nicht begründet werden, dann bestimmen sich die Voraussetzungen für die Adoption nach dem Recht der Republik bzw des autonomen Gebietes, auf deren Territorium der Annehmende seinen Wohnsitz hat, bzw nach dem Recht der Republik, deren Staatsangehöriger er ist (Art 29). Ist der Annehmende oder der Anzunehmende ausländischer Staatsangehöriger oder Staatenloser und ist nach den Regeln des IPR jugoslawisches Recht anzuwenden, so gilt das Wohnsitzrecht des Angenommenen. Fehlt ein Wohnsitz in Jugoslawien, so gilt das Wohnsitzrecht des Annehmenden, falls er jugoslawischer Staatsangehöriger ist. Hat keiner der beiden einen Wohnsitz in Jugoslawien, so gilt das Recht der (jugoslawischen) Teilrepublik, welcher der Annehmende oder der Angenommene angehört. Sind sowohl der Annehmende als auch der Angenommene Ausländer oder Staatenlose und wird die Adoption in Jugoslawien begründet und ist nach den Regeln des IPR jugoslawisches Recht maßgeblich, so ist das Wohnsitzrecht des Angenommenen anzuwenden. Hat dieser keinen Wohnsitz in Jugoslawien, gilt das Wohnsitzrecht des Annehmenden, hilfsweise das Recht der Republik bzw des autonomen Gebietes, auf deren Territorium die Adoption erfolgt (Art 30). Die Rechte und Pflichten zwischen dem Annehmenden und dem Angenommenen bestimmen sich nach den Kollisionsnormen, die für die Rechtsbeziehung zwischen Eltern und Kindern bestehen (Art 31).

Vgl auch AG Landshut 13. 1. 1983 IPRax 1983, 246 m Anm E. J.

Luxemburg: Maßgebliche Kollisionsnorm ist Art 370 cc:

(1) Die Adoption ist für Luxemburger und für Ausländer zugelassen.

(2) Die Voraussetzungen, um zu adoptieren, bestimmen sich nach dem Heimatrecht des Adoptanten; die Voraussetzungen, um adoptiert zu werden, bestimmen sich nach dem Heimatrecht des Adoptierten.

(3) Besteht ein Widerspruch zwischen den Zuständigkeitsbestimmungen des nationalen Ges für die Adoption und denjenigen für den Adoptierten, so ist die Adoption gültig zustande gekommen, wenn sie den Formvorschriften des Ges des Landes entspricht, in dem die Adoption erfolgt ist und vor den nach diesem Ges zuständigen Behörden.

(4) Sind die Parteien oder ist eine von ihnen staatenlos, so findet das Recht ihres Wohnsitzes Anwendung.

Niederlande: Eine ausdrückliche Kollisionsnorm fehlt. Neben Entscheidungen, welche prüfen, ob die Adoption sowohl dem Heimatrecht des oder der Adoptierenden als auch dem Heimatrecht des Adoptierten entspricht (Rb Rotterdam 19. 2. 1960 N. J. 1962 Nr 14; Rb Middelburg 11. 12. 1984 N.I.P. 1985 Nr 350), stehen andere, welche die Adoptionsvoraussetzungen, die in der Person der Adoptierenden gegeben sein müssen, nach deren Heimatrecht, und die Adoptionsvoraussetzungen, die in der Person des Adoptierten gegeben sein müssen, nach dessen Heimatrecht prüfen (Rb Amsterdam 9. 4. 1968 N. J. 1969 Nr 157). Haben Adoptierende und Adoptivkind dieselbe Staatsangehörigkeit, ist regelmäßig das gemeinsame Heimatrecht anzuwenden (Rb Leeuwarden 20. 2. 1986, N.I.P. 1986 Nr 283). Bei unterschiedlicher Staatsangehörigkeit der Beteiligten wird in neueren Entscheidungen die Adoption aber auch dann zugelassen, wenn das Heimatrecht eines Beteiligten sie verbietet, vorausgesetzt, die Beteiligten haben ihren Wohnsitz in den Niederlanden und wollen auch hier bleiben (Rb Zutphen 26. 1. 1983 N.I.P. 1985 Nr 328: Ein Marokkaner und seine belgische Ehefrau adoptieren ein in den Niederlanden geborenes Kind belgischer Staatsangehörigkeit). Das Wohnsitzrecht kann uU sogar bei übereinstimmender Staatsangehörigkeit der Annehmenden beachtet werden (vgl Rb Den Haag 22. 2. 1984 N.I.P. 1985 Nr 332 a: niederländisches Recht auf Niederländer mit Wohnsitz in der Bundesrepublik angewandt mit dem Argument, die Annehmenden hätten die Absicht, später wieder in die Niederlande zurückzukehren; ebenso Rb Den Haag 27.2.1985 N.I.P. 1985 Nr 364). Wollen die Adoptiveltern mit dem Kind in den Niederlanden bleiben, werden die Adoptionsvoraussetzungen gelegentlich allein nach niederländischem Recht geprüft, wenn beide Adoptiveltern Niederländer sind, das Kind aber eine andere Staatsangehörigkeit hat (Rb Breda 10.5.1984 N.I.P. 1985 Nr 332 b), während andere Entscheidungen das Heimatrecht des Adoptivkindes zwar nach wie vor für beachtlich halten, die Erfüllung der Adoptionsvoraussetzungen aber daraus schließen, daß die Heimatbehörde des Kindes in seine Ausreise in die Niederlande eingewilligt habe (Rb Utrecht 23.5.1984 N.I.P. 1985 Nr 335 a; Rb Maastricht 29.6.1984 N.I.P. 1985 Nr 335 b). S auch IPG 1969 Nr 29 (Köln); LÜDERITZ, Niederländisches internationales Adoptionsrecht – Chancen und Grenzen von Richterrecht, RabelsZ 1981, 604 ff; BUNJES, Adoptie en Nederland in het belang von – buitenlandse – kinderen, Familie-en Jeugdrecht 1982, 199.

Norwegen: Norwegen verknüpft das anwendbare Recht mit der Zuständigkeit. Hat der Antragsteller seinen Wohnsitz in Norwegen, so sind die norwegischen Behörden für die Adoption zuständig. Angewandt wird in diesem Fall das norwegische Recht. Adoptionen, die im Ausland erfolgen, werden anerkannt, wenn der Annehmende bei Vornahme der Adoption seinen Wohnsitz in diesem Staat hatte oder dessen Staatsangehörigkeit besaß (§§ 29–31 Adoptionsges). Im Verhältnis zu den Vertragsstaaten gilt das internordische Abkommen v 6.2.1931 (s bei Dänemark).

Österreich: Maßgebende Kollisionsnorm ist § 26 des IPR-Ges v 15.6.1978. Die Vorschrift lautet:

„(1) Die Voraussetzungen der Annahme an Kindes Statt und der Beendigung der Wahlkindschaft sind nach dem Personalstatut jedes Annehmenden zu beurteilen. Ist nach dem Personalstatut des Kindes die Zustimmung des Kindes oder eines Dritten, zu dem das Kind in einem familienrechtlichen Verhältnis steht, erforderlich, so ist insoweit auch dieses Recht maßgebend.

(2) Die Wirkungen der Annahme an Kindes Statt sind nach dem Personalstatut des Annehmenden, bei Annahme durch Ehegatten nach dem für die persönlichen Rechtswirkungen der Ehe maßgebenden Recht, nach dem Tod eines der Ehegatten nach dem Personalstatut des anderen Ehegatten zu beurteilen."

Österreich ist ferner Vertragsstaat des Haager Übereinkommens über die behördliche Zuständigkeit, das anzuwendende Recht und die Anerkennung von Entscheidungen auf dem Gebiet der Annahme an Kindes Statt v 15.11.1965 (s oben Rz 7). Vgl auch BERGMANN-FERID-SCHWIMANN, Österreich, 41, 79 f; ferner BayObLG 10.9.1981 ZblJR 1981, 537 = IPRax 1981, 220; AG Darmstadt 30.10.1981 IPRax 1982, 80.

Polen: Ges über das Internationale Privatrecht v 12.11.1965. Art 22 § 1: Die Adoption bestimmt sich nach dem Heimatrecht des Adoptierenden. § 2: Abweichend ist eine Adoption ohne Beachtung der Vorschriften des Heimatrechts der zu adoptierenden Person im Hinblick auf die Einwilligung dieser Person, die Einwilligung ihres ges Vertreters und die Genehmigung des zuständigen Staatsorgans unzulässig.

Portugal: Art 60 cc. „(1) Auf die Begründung der Adoptivkindschaft ist vorbehaltlich des im folgenden Abs Bestimmten das Personalstatut des Adoptierenden anwendbar.

(2) Wird die Adoption durch Ehemann und Ehefrau vorgenommen oder ist der zu Adoptierende ein Kind des Ehegatten des Adoptierenden, ist das gemeinsame Heimatrecht der Ehegatten und bei dessen Fehlen das Recht ihres gemeinsamen gewöhnlichen Wohnorts zuständig; fehlt auch dieser, ist das Recht des Landes, mit

dem sich das familiäre Leben der Adoptierenden am engsten verbunden findet, anwendbar.

(3) Die Beziehungen zwischen Adoptierendem und Adoptiertem und zwischen diesem und seiner ursprünglichen Familie unterliegen dem Personalstatut des Adoptierenden; in dem im vorgehenden Abs vorgesehenen Fall ist die Bestimmung des Art 57 anwendbar.

Art 61 cc: (1) Verlangt das Personalstatut des... zu Adoptierenden als Erfordernis... der Adoption [dessen] Zustimmung, ist das Erfordernis zu beachten.

(2) Das Erfordernis der Zustimmung eines Dritten, mit dem der Betreffende durch eine rechtliche Bindung familiären oder vormundschaftlichen Charakters verbunden ist, ist ebenfalls zu beachten, wenn es aus dem diese Beziehung regelnden Recht herrührt."

Rumänien: Das IPR ist nicht kodifiziert; eine Regelung findet sich nur in Art 2 Abs 2 cc: „Die Ges über den Zivilstand und die Geschäftsfähigkeit der Personen finden auf die Rumänen Anwendung, auch wenn diese ihren Aufenthalt im Ausland haben." Nach der rumänischen Lehre gelten für die materiellen Voraussetzungen der Adoption folgende Grundsätze (Bergmann-Ferid-Munteanu, Rumänien 12): In Anlehnung an Art 2 Abs 2 gilt das nationale Recht der Parteien. Bei verschiedener Staatsangehörigkeit ist die Staatsangehörigkeit der Adoptiveltern maßgeblich; ist jedoch das Heimatrecht des Adoptierten günstiger für seine Belange, so ist auf seine Staatsangehörigkeit abzustellen. Bei verschiedener Staatsangehörigkeit ist zudem die Genehmigung durch den Präsidenten der Sozialistischen Republik Rumänien zur Gültigkeit der Adoption erforderlich. Die Form der Adoption richtet sich nach dem Ort der Vornahme.

Schweden: Ges v 19. 11. 1971 Nr 796 über internationale, die Adoption betreffende Rechtsverhältnisse: § 1 (Internationale Zuständigkeit der schwedischen Gerichte besteht, falls der/die Gesuchsteller entweder die schwedische Staatsangehörigkeit besitzen oder ihren Wohnsitz in Schweden haben oder die Regierung eine Prüfung des Gesuchs gestattet).

§ 2. Das Adoptionsgesuch wird nach schwedischem Recht geprüft. Betrifft das Gesuch ein Kind unter 18 Jahren, so ist besonders zu beachten, ob beim Gesuchsteller oder beim Kind aufgrund der Staatsangehörigkeit, des Wohnsitzes oder auf andere Weise eine Anknüpfung an einen ausländischen Staat vorliegt und ob es erhebliche Ungelegenheiten für das Kind zur Folge hätte, wenn die Adoption dort nicht gültig sein würde.

§ 3. Die in einem ausländischen Staat erteilte Adoptionsbewilligung ist im Inland gültig, wenn der oder die Gesuchsteller Staatsangehörige dieses ausländischen Staates waren oder dort ihren Wohnsitz hatten, als die Bewilligung erteilt wurde sowie, falls das Adoptivkind schwedischer Staatsangehöriger war oder seinen Wohnsitz in Schweden hatte, die Adoption von der Regierung oder der von der Regierung bestimmten Behörde anerkannt wurde. Die Regierung oder die von der Regierung bestimmte Behörde kann auch in anderen Fällen anordnen, daß eine im Ausland erteilte Adoptionsbewilligung im Inland gültig sein soll.

§ 4. Wenn eine in einem ausländischen Staat erteilte Adoptionsbewilligung im Inland gültig sein soll, gilt das Adoptivkind als eheliches Kind des Annehmenden in Fragen des Sorgerechts, der Vormundschaft und des Unterhalts. In den das Erbrecht betreffenden Fragen des Adoptivverhältnisses gelten die allgemeinen Vorschriften über das auf Erbfälle anwendbare Recht, ungeachtet dessen, welches Recht für die Adoption maßgeblich war. Hat diese im Inland stattgefunden, so gilt jedoch das Adoptivkind stets als eheliches Kind des Annehmenden. Falls dem

Adoptivkind kein Erbrecht nach dem Annehmenden zusteht, kann aus Gründen der Billigkeit bestimmt werden, daß aus den Aktiven des Nachlasses des Annehmenden ein Beitrag zum Unterhalt des Kindes geleistet wird.

In Schweden gilt im Verhältnis zu den Vertragsstaaten das internordische Abkommen v 6. 2. 1931 idF v 20. 11. 1973 (s bei Dänemark).

Vgl ferner IPG 1973 Nr 32 (Hamburg); IPG 1980–81 Nr 38 (Hamburg).

Schweiz: Die Schweiz ist Vertragsstaat des Haager Übereinkommens über die behördliche Zuständigkeit, das anzuwendende Recht und die Anerkennung von Entscheidungen auf dem Gebiet der Annahme an Kindes Statt v 15. 11. 1965 (oben Vorbem 7), das aber nur im Verhältnis zu den anderen Vertragsstaaten wirkt.

Im derzeit noch geltenden nationalen Kollisionsrecht (Art 8 a–8 c NAG) werden Zuständigkeit und anwendbares Recht miteinander verknüpft. Die Behörde des Wohnsitzes ist zuständig, wenn die adoptierende Person oder die adoptierenden Ehegatten ihren Wohnsitz in der Schweiz haben. Ist eine Adoption durch einen Schweizer oder schweizerische Ehegatten an ihrem ausländischen Wohnsitz nicht möglich, so ist die Behörde des Heimatortes zuständig, die Adoption auszusprechen, es sei denn, diese werde im Wohnsitzstaat nicht anerkannt und es erwachse daraus dem Kind ein schwerer Nachteil. Wird die Adoption in der Schweiz ausgesprochen, so werden ihre Voraussetzungen und ihre Folgen dem schweizerischen Recht unterstellt. Das Heimatrecht der adoptierenden Person wird nur dann berücksichtigt, wenn sonst die Adoption im Heimatstaat der adoptierenden Person oder der adoptierenden Ehegatten nicht anerkannt würde.

An diesen Grundsätzen hält auch der Entwurf eines Bundesges über das Internationale Privatrecht fest, der zZ zur Verabschiedung ansteht (schweiz BBl 135 [1983] I, 472 ff).

Spanien: Art 9 Abs 5 cc idF v 13. 7. 1982: Die Adoption untersteht bezüglich ihrer Wirkungen und der Fähigkeit zu adoptieren dem Recht des Annehmenden. Bei der Adoption durch Ehemann und Ehefrau ist in Ermangelung eines gemeinsamen Heimatrechts dasjenige des Ehemannes zum Zeitpunkt der Adoption anzuwenden. Das Personalstatut des Angenommenen muß beachtet werden, soweit seine Fähigkeit, seine Einwilligung und die Art und Weise ihrer Ersetzung oder Ergänzung betroffen sind. Für die Begründung der Adoption sind die Behörden des Staates zuständig, dem der Annehmende angehört oder, wenn es sich um eine Adoption durch Ehemann und Ehefrau handelt, die Behörden ihres gemeinsamen Heimatstaates; wenn es einen solchen nicht gibt, sind die des Staates zuständig, in dem der Annehmende seinen gewöhnlichen Aufenthalt hat oder die annehmenden Ehegatten ihren gemeinsamen gewöhnlichen Aufenthalt haben. Das Verfahren richtet sich nach dem Recht des Ortes, an dem die Adoption begründet wird; Art 11 Nr 3 bleibt unberührt.

In Spanien existiert ein „Reformprojekt des Einführungstitels des Código civil" (Text mitgeteilt von Rau IPRax 1986, 254), das vor allem die Gleichberechtigung von Mann und Frau im IPR verwirklichen will. Dessen Art 9 lautet (soweit hier einschlägig):

5. Die Fähigkeit zu adoptieren sowie die Wirkungen und die Erlöschensgründe der Adoption richten sich nach dem Personalstatut des Adoptierenden. Bei der Adoption durch beide Ehegatten ist bei Fehlen eines gemeinsamen Personalstatuts das Personalstatut desjenigen Adoptierenden maßgeblich, dessen Staatsangehörigkeit mit derjenigen übereinstimmt, die der Adoptierte im Zeitpunkt der Adoption oder als Folge derselben besitzt; andernfalls das Recht des gewöhnlichen Aufenthalts der Ehegatten im Zeitpunkt der Adoption. Das Personalstatut des Adoptierten ist

insoweit zu beachten, als es um dessen Handlungsfähigkeit und um die für die Adoption erforderlichen Zustimmungserklärungen geht. Die spanischen Behörden sind für die Begründung der Adoption zuständig, wenn der Adoptierende oder der Adoptierte Spanier ist oder sich gewöhnlich in Spanien aufhält."

Art 14 cc regelt das interlokale Recht in der Weise, daß Anknüpfungspunkt die jeweilige zivile Gebietszugehörigkeit ist.

Art 14 des oben genannten Reformentwurfs bestimmt, daß das interlokale Recht nach den Grundsätzen der Art 8–12 cc behandelt wird, wobei das Personalstatut durch die zivile Gebietszugehörigkeit bestimmt wird.

Tschechoslowakei: Ges über das internationale Privat- und Prozeßrecht v 4. 12. 1963. § 26. (1) Die Annahme an Kindes Statt richtet sich nach dem Recht des Staates, dem der Annehmende angehört.

(2) Sind die annehmenden Ehegatten verschiedener Staatsangehörigkeit, so müssen die Voraussetzungen der Rechtsordnungen beider Ehegatten erfüllt sein.

(3) Wenn nach Abs 1 und 2 eine ausländische Rechtsordnung anzuwenden wäre, welche die Annahme an Kindes Statt nicht oder nur unter außergewöhnlich erschwerenden Umständen zulassen würde, der Annehmende oder wenigstens einer der annehmenden Ehegatten aber in der Tschechoslowakischen Sozialistischen Republik längere Zeit lebt, wird das tschechoslowakische Recht angewandt.

§ 27. Ob bei der Annahme an Kindes Statt und bei ähnlichen Verhältnissen die Einwilligung des Kindes oder anderer Personen oder Organe erforderlich ist, ist nach der Rechtsordnung des Staates zu beurteilen, dem das Kind angehört.

UdSSR: Eine Kollisionsnorm zum internationalen Adoptionsrecht findet sich in Art 35 des Ges des Obersten Sowjets der UdSSR zur Bestätigung der Grundlagen der Gesetzgebung der Union der SSR und der Unionsrepubliken über Ehe und Familie v 27. 6. 1968 (idF des Ges v 9. 10. 1979): Die Adoption eines Kindes, das die Sowjetbürgerschaft besitzt und außerhalb der Grenzen der UdSSR lebt, erfolgt in konsularischen Einrichtungen der UdSSR. Ist der Adoptierende kein Sowjetbürger, so ist bei der Adoption notwendigerweise eine Entscheidung des hierzu ermächtigten Organs einer Unionsrepublik vorzulegen. Als rechtsgültig wird auch die Adoption eines Kindes anerkannt, das die Sowjetbürgerschaft besitzt, wenn die Adoption in Organen des Staates, auf dessen Gebiet das Kind lebt, erfolgt, vorbehaltlich der vorhergehenden Genehmigung der Adoption durch das hierzu ermächtigte Organ der Unionsrepublik. Die Adoption in der UdSSR durch ausländische Bürger von Kindern sowjetischer Bürgerschaft, die in der UdSSR leben, erfolgt nach der sowjetischen Gesetzgebung. Die Regeln für die Adoption von Kindern sowjetischer Bürgerschaft durch ausländische Bürger auf dem Gebiet der UdSSR werden durch die Gesetzgebung der Unionsrepubliken erlassen. S auch Wohlgemuth, Die sowjetische Adoption und der deutsche Richter, ROW 1986, 234 ff.

Ungarn: Maßgebliche Kollisionsnormen sind § 43 und § 44 der GesetzesVO Nr 13/1979 über das Internationale Privatrecht (abgedruckt in Jb für Ostrecht 1979, 473 ff, 484 f):

§ 43. (1) Die Voraussetzungen für die Annahme an Kindes Statt sind unter gemeinsamer Berücksichtigung des Personalstatuts des Annehmenden und des Anzunehmenden, das zZ der Annahme maßgebend ist, zu beurteilen.

(2) Ein ungarischer Staatsbürger kann eine Person, die die ungarische Staatsbürgerschaft nicht besitzt, nur mit Erlaubnis der ungarischen Vormundschaftsbehörde annehmen.

(3) Eine Person, die die ungarische Staatsbürgerschaft nicht besitzt, kann einen ungarischen Staatsbürger nur mit Erlaubnis der ungarischen Vormundschaftsbehörde annehmen.

(4) Die ungarische Vormundschaftsbehörde darf die Erlaubnis für die Annahme an Kindes Statt nur erteilen bzw diese nur genehmigen, wenn die im ungarischen Recht bestimmten Voraussetzungen für die Annahme erfüllt sind.

§ 44. (1) Die Rechtswirkungen der Annahme an Kindes Statt, ihre Aufhebung und deren Rechtswirkung sind nach dem Personalstatut des Annehmenden zZ der Annahme bzw der Aufhebung zu beurteilen.

(2) Haben die annehmenden Eheleute zZ der Annahme an Kindes Statt oder deren Aufhebung kein gemeinsames Personalstatut, so finden auf die Rechtswirkungen, die sich aus der Annahme und Aufhebung ergeben,

a) das letzte gemeinsame Personalstatut der Eheleute und, wenn es ein solches nie gegeben hat,

b) das Recht des Staates, in dessen Gebiet sich zZ der Annahme an Kindes Statt bzw deren Aufhebung der gemeinsame Wohnsitz der Eheleute befunden hat, und in Ermangelung dessen

c) das Recht des Staates, dem das anerkennende Gericht bzw die sonst anerkennende Behörde angehört, Anwendung.

Zypern: Das IPR folgt grds den Regeln des englischen IPR. Das anwendbare Recht wird mit der Zuständigkeit verknüpft. Sind zyprische Gerichte für die Adoption international zuständig (Sec 3 (1) Adoption Law: Ein Adoptionsantrag kann gestellt werden von einer Person, die in Zypern domiziliert ist oder in Zypern während der zwei letzten Jahren unmittelbar vor dem Zeitpunkt der Antragstellung gewohnt hat), so wenden sie ihr eigenes Recht an.

2. Außereuropäische Staaten 15

Ägypten: Maßgebend sind – kumulativ – die Heimatrechte des Adoptierenden und des Adoptierten; vgl IPG 1980–81 Nr 27 (Heidelberg).

Äthiopien: Zur Adoption durch Ausländer vgl Beckstrom, Adoption in Ethiopia Ten Years After the Civil Code [1972] J.A.L. 145, 161.

Argentinien: Es gilt das Wohnsitzprinzip. Haben die Annehmenden und das Kind nicht denselben Wohnsitz, so wird auf den Wohnsitz des Adoptierten abgestellt (Art 32 des Adoptionsges v 21. 7. 1971); vgl Weinberg StAZ 1972, 284 ff.

Argentinien ist Vertragsstaat des Vertrages von Montevideo über das internationale Privatrecht v 1940, in dem für die Adoption das Wohnsitzrecht beider Parteien für maßgebend erklärt wird.

Australien: Die verschiedenen Adoptionsges verlangen für eine Adoption in Australien, daß der Annehmende oder die Annehmenden bei Einleitung des Adoptionsverfahrens ihren gewöhnlichen Aufenthalt oder ihr Domizil in dem betreffenden Staat haben. Die Adoption erfolgt dann nach der jeweiligen lex fori. Das Heimat- oder Domizilrecht des Kindes wird nicht berücksichtigt; vgl. Nygh, The Child in Private International Law, in: Internationales Privatrecht. Internationales Wirtschaftsrecht (1985), 395 f.

Bolivien: Ausdrückliche Kollisionsnormen fehlen. Bolivien ist Vertragsstaat des Código Bustamante, der zwar nur im Verhältnis zwischen den Vertragsstaaten gilt, von den Gerichten aber darüber hinaus zur Schließung von Lücken verwendet wird; vgl SAMTLEBEN, Internationales Privatrecht in Lateinamerika, Bd I (1979), 158 ff.

Der Código Bustamante, der im Verhältnis zwischen den Vertragsstaaten Anwendung findet, bestimmt in seinem 8. Kapitel:

Art. 73: Die Fähigkeit zu adoptieren und adoptiert zu werden sowie die Voraussetzungen und Beschränkungen der Adoption sind dem persönlichen Recht eines jeden Beteiligten unterworfen.

(Gem. Art 7 hat jeder Vertragsstaat als persönliches Recht das der Staatsangehörigkeit, das des Wohnsitzes oder dasjenige anzuwenden, das seine innere Gesetzgebung angenommen hat oder künftig annehmen wird.)

Art 74: Nach dem persönlichen Recht des Adoptierenden richten sich die Wirkungen hinsichtlich der Erbfolge nach ihm; nach dem persönlichen Recht des Adoptierten alles, was den Namen, die verbleibenden Rechte und Pflichten gegenüber seiner natürlichen Familie und seine Beerbung durch den Adoptierenden betrifft.

Art 75: Jeder Beteiligte kann eine Adoption nach Maßgabe seines persönlichen Rechts anfechten.

„Persönliches Recht" ist in Bolivien das Recht des Wohnsitzes. Es bestehen jedoch Zweifel, ob in Bolivien auch ausländisches Wohnsitzrecht angewandt wird oder nicht vielmehr der Grundsatz der Territorialität gilt; vgl SAMTLEBEN 248 f.

Brasilien: Ausdrückliche Kollisionsnormen fehlen. Jedoch bestimmt Art 7 des Einführungsges zum cc, daß für Familien- und Personenrechte das Wohnsitzrecht maßgeblich ist. Die Fähigkeit, zu adoptieren und adoptiert zu werden, richtet sich darum nach dem jeweiligen Wohnsitzrecht der Beteiligten; vgl IPG 1970 Nr 17 (München). Brasilien ist Vertragsstaat des Código Bustamante (s bei Bolivien).

Burundi: Nach Art 2 Code des personnes et de la famille gilt für den Status und für die familienrechtlichen Beziehungen das Heimatrecht der Beteiligten.

Chile: Eine spezielle Kollisionsnorm fehlt zwar; jedoch ist den allgemeinen Bestimmungen folgendes zu entnehmen: Maßgeblich ist chilenisches Recht, solange sich das zu adoptierende Kind in Chile befindet, auch wenn die Eltern bzw. die Adoptierenden Ausländer sind (§ 14 cc). Befindet sich das Kind im Ausland, ist bei chilenischer Staatsangehörigkeit des Kindes chilenisches Recht maßgeblich (§ 15 cc), bei ausländischer Staatsangehörigkeit sein Personalstatut. Chile ist Vertragsstaat des Código Bustamante (s bei Bolivien). S auch IPG 1984 Nr 34 (München).

China (Republik): Gem § 18 des Ges über die Anwendung bürgerlichen Rechts bei Ausländern v 6. 6. 1953 sind für die Begründung und Aufhebung der Adoption die Heimatrechte jedes Beteiligten für ihn anzuwenden. Die Wirkungen der Adoption unterstehen dem Heimatrecht des Adoptierenden.

China (Volksrepublik): Keine ges Regelung. Auf Adoptionen in China wird ausschließlich chinesisches Recht angewandt. Die Anerkennung ausländischer Adoptionen wird als Frage des Personalstatuts angesehen (lex patriae); vgl CHEN, Am J of Comp L 1987, 445, 475.

Costa Rica: Eine ausdrückliche Regelung fehlt, jedoch ist nach dem Grundsatz der territorialidad inländisches Recht für Inländer und Ausländer, die sich in Costa Rica aufhalten, maßgeblich sowie ebenfalls für Inländer, die sich im Ausland aufhalten; vgl SAMTLEBEN, Internationales Privatrecht in Lateinamerika, 247. Costa Rica ist Vertragsstaat des Código Bustamante (s Bolivien).

Dominikanische Republik: Gem Art 3 Abs 3 cc sind die Ges bezüglich des Personenstandes und der Handlungsfähigkeit für alle Dominikaner verbindlich, auch wenn sie sich im Ausland aufhalten; vgl SAMTLEBEN 248. In der Dominikanischen Republik gilt der Código Bustamante (s Bolivien).

Ecuador: Gem Art 13, 14 cc gilt ecuadorianisches Recht für alle, die in Ecuador wohnen, sowie für Ecuadorianer im Ausland hinsichtlich der familienrechtlichen Beziehungen, dann aber nur in bezug auf ihre ecuadorianischen Verwandten. S auch SAMTLEBEN 246. Im übrigen gilt der Código Bustamante (s Bolivien).

El Salvador: Es gilt das zur Ecuador Gesagte; auch El Salvador ist Vertragsstaat des Código Bustamante (s Bolivien).

Ghana: Das IPR entspricht den Regeln des englischen Rechts. Gem Sec 2 (4) des Adoption Act 1962 ist Voraussetzung für eine Adoption in Ghana, daß Adoptierender und Adoptierter ihren Aufenthalt in Ghana haben.

Guatemala: Eine ausdrückliche Regelung für die Adoption fehlt. Es gilt das Wohnsitzprinzip iVm dem Territorialitätsprinzip. Bei der Annahme des Código Bustamante erklärte sich Guatemala ausdrücklich für das Wohnsitzprinzip; vgl SAMTLEBEN 250.

Haiti: Eine spezielle Kollisionsnorm fehlt; Haitaner unterliegen bezüglich des Personenstandes auch im Ausland dem Recht von Haiti (Art 7 cc). In Haiti gilt der Código Bustamante (s Bolivien).

Honduras: Honduranisches Recht gilt in Honduras auch für Ausländer, bezüglich des Personenstands und der familienrechtlichen Beziehungen auch für Honduraner, die sich im Ausland befinden (Territorialitätsprinzip; Art 12, 13 cc).

Hongkong: Angeknüpft wird an die internationale Zuständigkeit. Hat ein Richter die jurisdiction, wendet er sein eigenes Recht an. Voraussetzung für die internationale Zuständigkeit ist, daß der Antragsteller und der Minderjährige ihren Wohnsitz in Hongkong haben (Sec 5 [6] Adoption Ordinance).

Indien: Das indische internationale Privatrecht folgt dem englischen Recht. Der entscheidende Anknüpfungspunkt in familienrechtlichen Angelegenheiten ist das Domizil. Der Hindu Adoption and Maintenance Act 1956 gilt darum nur für solche Hindus, die in Indien domiziliert sind (vgl MAGNUS, Das Adoptionsrecht in Indien, StAZ 1977, 248, 250). Für die Adoption eines in Deutschland domizilierten Kindes durch einen indischen Staatsangehörigen, der sein Domizil ebenfalls in Deutschland hat, haben die deutschen Gerichte aus indischer Sicht die jurisdiction und können damit auch deutsches Recht anwenden.

Indonesien: Das IPR ist abgeleitet von der niederländischen Privatrechtspraxis. Es gilt das Staatsangehörigkeitsprinzip, dh für einen indonesischen Staatsangehörigen gilt immer indonesisches Recht. Ausländer unterstehen ihrem jeweiligen Recht, falls dessen IPR auch dem Staatsangehörigkeitsprinzip folgt; falls nicht, wird die Verweisung auf indonesisches Recht angenommen. Für die drei Hauptbevölkerungsgruppen ist die interpersonale Rechtsspaltung in Indonesien zu berücksichtigen. Vgl im übrigen das Rundschreiben des Obersten Gerichtshofs der Republik Indonesien v 7. 4. 1979, IPRax 1986, 62 sowie KRONKE IPRax 1981, 184.

Israel: Das anwendbare Recht hängt von der jurisdiction ab. Ein israelisches Gericht ist in Adoptionsangelegenheiten zuständig, wenn der Annehmende ein Einwohner Israels ist (Sec 28 des Ges über die Adoption von Kindern, 5741 – 1981). Hat ein Gericht die jurisdiction, wendet es sein eigenes Recht an.

Japan: Ges über die Anwendung der Ges v 21. 6. 1898 § 19: Die Erfordernisse der Kindesannahme werden bezüglich jeder der beteiligten Personen durch deren

Heimatrecht bestimmt. Die Wirkung der Kindesannahme und deren Aufhebung bestimmen sich nach dem Heimatrecht des Annehmenden.

Kanada: Bejaht ein kanadisches Gericht seine jurisdiction, so wendet es auf die Adoption sein eigenes Recht an. Unter welchen Voraussetzungen die jurisdiction jeweils gegeben ist, ergibt sich aus den Adoptionsges der einzelnen kanadischen Provinzen. Die Anerkennung ausländischer Adoptionen hing früher davon ab, daß die Adoption im Domizilstaat des Kindes erfolgt war. Heute wird von der großen Mehrheit der kanadischen Provinzen jede Adoption anerkannt, die von einem ausländischen Gericht nach seinem Recht ausgesprochen wurde, falls das ausländische Gericht seine internationale Zuständigkeit für gegeben erachtete; vgl McLeod, The Conflict of Laws (1983), 311 ff; insbes zu Québec: Greffier, Précis de droit international privé québécois (1984), Nr 178 ff, 305; IPG 1977 Nr 28 (Freiburg); zu Nova Scotia: LG Freiburg 13. 10. 1976 DAVorm 1977, 60.

Kolumbien: Es herrscht das Territorialitätsprinzip. Gem Art 18 cc gilt kolumbianisches Recht im Inland für Inländer und Ausländer; im Ausland gilt gem Art 19 cc das kolumbianische Recht für die Kolumbianer.

Korea (Republik): Gem Art 21 des IPR-Ges v 15. 1. 1962, Ges Nr 966, richten sich die Erfordernisse der Adoption hinsichtlich jeder Partei nach ihrem Heimatrecht, die Wirkungen der Adoption nach dem Heimatrecht des Adoptierenden.

Kuba: Art 9 des Familiengesetzbuchs bestimmt, daß bezüglich der Rechte und Pflichten der Familie und bezüglich des Personenstands die kubanischen Gesetze auch für Kubaner im Ausland maßgeblich sind. Für Ausländer im Inland gilt im Prinzip ebenfalls ihr Heimatrecht, wenngleich sich auch Stimmen finden, die für den Grundsatz der Territorialität plädieren; vgl Samtleben, Internationales Privatrecht in Lateinamerika, 248. Kuba ist Vertragsstaat des Código Bustamante (s Bolivien).

Laos: Die grundlegende IPR-Norm enthält Art 19 Nr 4 des franko-laotischen Rechtsübereinkommens v 22. 10. 1953: „In allen Fällen, in denen das laotische Recht keine Kollisionsregeln vorsieht, sind die Regeln des französischen Kollisionsrechts anzuwenden." Unklar ist, ob dabei das jeweils geltende französische IPR oder das französische IPR von 1953 gemeint ist (Wohlgemuth, Kollisionsrecht in Laos: Kolonialgesetze im Sozialismus, IPRax 1986, 307, 308).

Malaysia: Das IPR folgt den Regeln des englischen Rechts. Zu beachten ist in Malaysia die interlokale und interpersonale Rechtsspaltung (Bergmann-Ferid, Malaysia, 22, 25; H. J. Richter, Die Rechtsspaltung im malaysischen Familienrecht, zugleich ein Beitrag zur „gestuften" Unteranknüpfung im Internationalen Privatrecht [1978]).

Mexiko: Das IPR folgt dem in Lateinamerika verbreiteten Grundsatz der „territorialidad": Gem Art 12 cc ist mexikanisches Recht anwendbar auf alle Bewohner Mexikos, ob In- oder Ausländer, gleichgültig, ob sie in Mexiko ihren Wohnsitz oder nur vorübergehenden Aufenthalt haben. Daneben ist die Tendenz zu beobachten, den Anwendungsbereich des mexikanischen Rechts auch auf Mexikaner im Ausland zu erstrecken (Samtleben, Internationales Privatrecht in Lateinamerika, 250). Bezüglich des interlokalen Rechts ist grds das jeweilige Personalstatut maßgebend (= jeweilige Bundesstaatszugehörigkeit, bzw bei Staatenlosen oder Doppelstaatern der Wohnsitz); vgl Bergmann-Ferid, Mexiko, 9.

Neuseeland: Es gelten die Grundsätze des englischen Rechts. Bejaht ein Gericht seine internationale Zuständigkeit (jurisdiction), so wendet es sein eigenes Recht auf die Adoption an. Die jurisdiction ist in jedem Fall gegeben, wenn die Beteiligten ihr Domizil im Gerichtsstaat haben.

Nicaragua: Gem § II, Art VI des Einleitenden Titels zum cc v 1. 2. 1904 ist auf familienrechtliche Beziehungen das Recht des Wohnortes anzuwenden. Nicaragua ist Vertragsstaat des Código Bustamante (s Bolivien).

Nigeria: Das IPR folgt dem englischen Recht (Domizilprinzip). Ausländer können in Nigeria nicht adoptieren (Bergmann-Ferid, Nigeria, 20).

Panama: Gem Art 1 cc v 22. 8. 1916 gilt panamaisches Recht für alle In- und Ausländer, die sich dauernd oder vorübergehend im Inland aufhalten; gem Art 5 a cc gelten in familienrechtlichen und Personenstandsfragen die Ges v Panama für Panamaer auch dann, wenn sie sich im Ausland aufhalten. Panama ist Vertragsstaat des Código Bustamante (s Bolivien).

Paraguay: Es gilt das Wohnsitzprinzip mit starken territorialistischen Tendenzen (Samtleben, Internationales Privatrecht in Lateinamerika, 252). Paraguay ist Vertragsstaat des Vertrages von Montevideo (s Argentinien).

Peru: Das Zivilgesetzbuch v 1984 enthält zur Adoption eine ausdrückliche Kollisionsnorm (Art 2087):

„Die Adoption bestimmt sich nach den folgenden Regeln:
Ob die Adoption möglich ist, richtet sich danach, ob sie erlaubt ist nach dem Ges des Wohnsitzes des Adoptanten und dem des Wohnsitzes des Adoptierten.

2. Nach dem Ges des Wohnsitzes des Adoptanten richten sich

a) die Fähigkeit zu adoptieren,

b) die Erfordernisse bezüglich des Alters und des Personenstands des Adoptanten,

c) die eventuelle Zustimmung des Ehegatten des Adoptanten,

d) die übrigen Bedingungen, die der Adoptant erfüllen muß, um die Adoption zu erreichen.

3. Nach dem Ges des Wohnsitzes des Adoptierten richten sich

a) die Fähigkeit, adoptiert zu werden,

b) die Erfordernisse bezüglich des Alters und des Personenstands des Adoptierten,

c) das Erfordernis der Zustimmung der Eltern oder der ges Vertreter des Minderjährigen,

d) der eventuelle Abbruch der Verwandtschaftsbeziehungen des Adoptierten zu seiner Blutsfamilie."

Philippinen: Gem Art 15 ZGB v 18. 6. 1949 sind die Ges betreffend die Rechte und Pflichten der Familie oder den Personenstand für die philippinischen Staatsangehörigen bindend, auch wenn sie sich im Ausland aufhalten.

Singapur: Das IPR folgt dem englischen Recht. Das anwendbare Recht (lex fori) ergibt sich aus der internationalen Zuständigkeit (jurisdiction). Die jurisdiction ist gegeben bei gewöhnlichem Aufenthalt des Annehmenden oder des Adoptivkindes; vgl Adoption of Children Act 1939 Sec 3 (6); IPG 1984 Nr 35 (Hamburg).

Sri Lanka: Sri Lanka gehörte früher zum Einflußbereich des englischen Rechts. Entscheidend ist darum das Domizil des oder der Annehmenden. Adoptionen sind in Sri Lanka verboten, wenn der oder die Annehmenden „not resident and domiciled in Ceylon" sind; vgl Sec 3 (6) Ceylon Adoption of Children Ordinance; Jayme IPRax 1983, 47; ders Anm. zu OLG Frankfurt 6. 10. 1983 IPRax 1984, 330.

Südafrikanische Republik: Das anwendbare Recht (lex fori) ergibt sich aus der internationalen Zuständigkeit (jurisdiction). International zuständig für eine Adoption sind jedenfalls die Gerichte des Staates, in dem das Kind zZ der Adoption sein Domizil hat. Adoptionsverfügungen durch die Gerichte im Domizilstaat des Kindes werden in der Südafrikanischen Republik anerkannt (vgl FORSYTH, Private International Law [1981] 354).

Syrien: Das syrische IPR enthält keine ausdrückliche Kollisionsnorm zur Adoption. Nach herrschender syrischer Rechtslehre ist auf die Adoption sowohl das Recht des Annehmenden als auch das Recht des Anzunehmenden anzuwenden; vgl IPG 1976 Nr 36 (Heidelberg).

Thailand: Nach Sec 35 des Ges betreffend die Gesetzeskollisionen v 4. 8. 1937 bestimmt sich die Adoption nach dem Heimatrecht des Adoptierenden und des Adoptierten, wenn beide die gleiche Staatsangehörigkeit haben. Haben der Adoptierende und der Adoptierte verschiedene Staatsangehörigkeiten, so bestimmen sich die Fähigkeit und die Voraussetzungen, die für eine Adoption gegeben sein müssen, nach dem Heimatrecht einer jeden Partei. Für die Wirkungen der Adoption hinsichtlich des Verhältnisses zwischen dem Adoptierenden und dem Adoptierten ist das Heimatrecht des Adoptierenden maßgeblich. Für die Rechte und Pflichten zwischen dem Adoptierten und der Familie, der er durch seine Geburt angehört, ist das Heimatrecht des Adoptierten maßgebend.

Türkei: Gem Art 18 des türkischen IPR-Ges v 1982 wird hinsichtlich der Fähigkeit und der Voraussetzungen, die bei einer Adoption gegeben sein müssen, für jeden der Beteiligten sein Heimatrecht im Zeitpunkt der Adoption angewandt. Die Wirkungen der Adoption unterliegen dem Heimatrecht des Annehmenden, im Fall der gemeinschaftlichen Adoption dem Recht, das die allgemeinen Wirkungen der Ehe regelt. Auf die Zustimmung des anderen Ehegatten zur Adoption werden die Heimatrechte der Ehegatten gemeinsam angewandt.

Tunesien: Nach Art 2 des Dekrets zur Regelung kollisionsrechtlicher Fragen v 12. 7. 1956 gehört die Adoption zum „personenrechtlichen Status". Für den personenrechtlichen Status von Ausländern ist ihr Heimatrecht maßgebend (Art 1 des Dekrets). Bei der Entscheidung über Statusangelegenheiten zwischen Angehörigen verschiedener Staaten sind hinsichtlich der Adoption das Heimatrecht des Adoptierten und das Heimatrecht des Adoptierenden anzuwenden, bezüglich der Adoptionswirkungen das Heimatrecht des Adoptierenden (Art 4 des Dekrets). S auch IPG 1973 Nr 33 (Köln).

Uruguay: Gem Art 2393 cc v 23. 1. 1868 bestimmt sich der Personenstand nach dem Recht des Wohnsitzes. Eine spezielle Kollisionsnorm zur Adoption fehlt. Uruguay ist Vertragsstaat der Verträge von Montevideo v 1889 und 1940 (s Argentinien).

Venezuela: Gem Art 9 cc v 13. 7. 1942 (reformiert durch Ges v 6. 7. 1982) sind die Ges, welche den Personenstand betreffen, für die Venezolaner verbindlich, auch wenn sie sich im Ausland aufhalten oder dort ihren Wohnsitz haben. Venezuela ist Vertragsstaat des Código Bustamante (s Bolivien).

Vereinigte Staaten von Amerika: Das anwendbare Recht (lex fori) richtet sich nach der internationalen Zuständigkeit (jurisdiction). Ausschlaggebend für die Begründung der jurisdiction ist das Domizil der Beteiligten. Besitzen alle Beteiligten dasselbe Domizil, ist die Rechtslage eindeutig; vgl IPG 1983 Nr 31 (Freiburg). Fallen das Domizil des oder der Annehmenden und das Domizil des Kindes auseinander, so wird überwiegend auf das Domizil des Kindes abgestellt, daneben aber auch die konkurrierende jurisdiction der Gerichte des Domizils des oder der Annehmenden anerkannt; vgl SCOLES-HAY, Conflict of Laws (1983), 542 f.

Vietnam: Das Kollisionsrecht ist nicht kodifiziert. Es gilt das Staatsangehörigkeitsprinzip; vgl LE TAI TRIEN, Int Enc of Comp Law, Bd I, Republic of Vietnam, R-23.

Art 22 nF
Annahme als Kind

Die Annahme als Kind unterliegt dem Recht des Staates, dem der Annehmende bei der Annahme angehört. Die Annahme durch einen oder beide Ehegatten unterliegt dem Recht, das nach Artikel 14 Abs 1 für die allgemeinen Wirkungen der Ehe maßgebend ist.

Neueres Schrifttum

Ahrens, Das IPR der Stiefkinderadoption und der gemeinsamen Adoption durch Eheleute, FamRZ 1981, 120; Baer, Adoption mit Auslandsberührung, StAZ 1977, 33; Beitzke, Adoptionen im Ausland, StAZ 1948, 54; ders, Unwirksame Auslandsadoptionen, StAZ 1953, 97; ders, Adoptionen nach Holland, ZblJR 1962, 254; ders, Zur Anhörung des Landesjugendamtes bei Auslandsadoptionen, ZblJR 1965, 153; ders, Zuständigkeitsverweisung und versteckte Rückverweisung in Adoptionssachen, RabelsZ 37 (1973), 380; ders, Internationalrechtliches zur Adoptionsreform, FamRZ 1976,74; ders, Zur Neuregelung der Zuständigkeit in Adoptionssachen, FamRZ 1976, 507; ders, Immer noch: Auslandsadoptionen, in: Beitzke, Hoffmann und Sturm, Einbindung fremder Normen in das deutsche Personenstandsrecht, Festgabe für Heinz Reichard (1984) 1; ders, Beiträge zum Kollisionsrecht der Adoptionsfolgen, FS Firsching (1985), 9; Braga, Bemerkungen zur Adoption, in: Beitzke (Hrsg.), Vorschläge und Gutachten zur Reform des deutschen internationalen Personen-, Familien- und Erbrechts (1981), 179; Frank, Grenzen der Adoption (1978); Görgens, Legitimation und gemeinschaftliche Adoption im IPR, FamRZ 1978, 762; Gündisch, Zur Adoption deutscher Kinder in den USA, FamRZ 1957, 199; ders, Internationale Zuständigkeit und versteckte Rückverweisung bei Adoptionen durch Amerikaner in Deutschland, FamRZ 1961, 352; Hecker, Einfluß der Adoption auf die Staatsangehörigkeit – Rechtsvergleichende Darstellung der Regelung in 175 Staaten, StAZ 1985, 153; Hepting, Anerkennung und Substitution schwacher Adoptionen, StAZ 1986, 305; ders, Ausländische Inkognito-Adoptionen im deutschen Personenstandsrecht – ein Beweis- oder Informationsproblem?, IPRax 1987, 161; Jayme, Deutsch-italienische Adoptionen. Die internationale Zuständigkeit deutscher Gerichte und die Befugnisse der italienischen Konsuln in Deutschland, StAZ 1969, 30 (ital.: Riv dir int priv proc 1968, 780); ders, Grundfragen einer Reform des Adoptionsrechts, StAZ 1973, 229; ders, Zur Anerkennung ausländischer Adoptionen, StAZ 1974, 309; ders, Die Adoption mit Auslandsberührung im künftigen Adoptionsrecht, StAZ 1976, 1; ders, Adoptionsgesetz und internationale Zuständigkeit, StAZ 1976, 246; ders, Deutsch-englische Adoptionen, FS Lipstein (1980), 65; ders, Neues Adoptionsrecht in Italien – Sachnormen und IPR IPRax 1982, 305; ders, Schwache Adoptionen durch deutsche Annehmende im Ausland – Anerkennung oder Transformation, IPRax 1983, 169; ders, Kritisches zur geplanten Neuregelung des internationalen Adoptionsrechts im Regierungsentwurf eines IPR-Gesetzes, IPRax 1983, 274; Jayme-Meier, Anerkennung oder Bestätigung kolumbianischer Adoptionen durch deutsche Gerichte?, StAZ 1976, 72; Klinkhardt, Zur Anerkennung ausländischer Adoptionen, IPRax 1987, 157; König, Die Annahme eines Kindes im Ausland (1979); Lüderitz, Hauptfragen internationalen Adoptionsrechts, FS Beitzke (1979), 589; ders, Niederländisches internationales Adoptionsrecht – Chancen und Grenzen von Richterrecht, RabelsZ 45 (1981), 604; Magnus-Münzel, Adoptionen von Kindern aus Übersee, StAZ 1977, 65; von Mangoldt, Adoption bei unterschiedlicher Staatsangehörigkeit der Beteiligten, StAZ 1981, 313; ders, Zu den Wirkungen schwacher Auslands- oder Fernadoptionen durch Deutsche im deutschen Rechtskreis, StAZ 1985, 301; Mansel, Neue Entscheidung des französischen Kassationshofs zum internationalen Adoptionsrecht, StAZ 1985, 247; Mende, Deutsch-niederländische Adoptionen, ZblJR 1963, 99; Merle-Krusch, Adoption, in: Das internationale Familienrecht Deutschlands und Frankreichs (1955), 381; Müller, Erbrechtliche Konsequenzen der Adoption, NJW 1985, 2056; Müller-Freienfels, Zum interlokalen Adoptions- und Erbrecht, BWNotZ 1978, 4; Neuhaus, Legitimation und Adoption durch Amerikaner in Deutschland, DRZ Beiheft 9 (1949), 7; Raape, Adoption eines deutschen Kindes durch einen Engländer, MDR 1948, 98; Reithmann, Adoption durch Engländer und Amerikaner in Deutschland, DNotZ 1955, 133; Schurig, Probleme der Fernadoption vietnamesischer Kinder durch Deutsche, StAZ 1973, 33; Schurig, Für ein Verfahren zur Anerkennung ausländischer Adoptionen, FamRZ 1973, 178; ders, Keine Rechtssicherheit für ausländische Adoptivkinder?, IPRax 1984, 25; ders, Aktuelle Kernfragen der Anerkennung ausländischer Adoptionen, IPRax 1986, 221; Schwimann, Verfahrensrechtliche Probleme im deutschen internationalen Adoptionsrecht, RabelsZ 38 (1974), 571; SIEHR, Die Anerkennung ausländischer, insbesondere schweizerischer Adoptionsdekrete in der Bundesrepublik, StAZ 1982, 61; STURM, Zur Scheinadoption volljähriger Ausländer in der BRep D und in der schweizerischen Eidgenossenschaft, FS Firsching (1985), 309; VOSS, Anerkennung und Wiederholung starker und schwacher (peruanischer) Adoptionen, StAZ 1984, 94; WENGLER, Zur Adoption deutscher Kinder durch amerikanische Staatsangehörige, NJW 1959, 127; ders, Zur Anwendung italienischen Adoptionsrechts durch deutsche Gerichte, IPRax 1987, 8.

Systematische Übersicht

Alphabetische Übersicht

Annahme als Kind

A. Textgeschichte 1

Die heutige Fassung von Art 22 beruht auf dem Ges zur Neuregelung des Internationalen Privatrechts (IPR-Ges) v 25. 7. 1986 (BGBl 1986 I, 1142), das am 1. 9. 1986 in Kraft getreten ist. Art 22 aF regelte neben der Adoption auch die Legitimation (heute Art 21). Die Zustimmungserfordernisse, von denen früher in Art 22 Abs 2 aF die Rede war, finden sich heute in Art 23.

Art 22 aF hatte folgenden Wortlaut:

(1) Die Legitimation eines nichtehelichen Kindes sowie die Annahme als Kind bestimmt sich, wenn der Vater zZ der Legitimation oder der Annehmende zZ der Annahme die Reichsangehörigkeit besitzt, nach den deutschen Gesetzen.

(2) Gehört der Vater oder der Annehmende einem fremden Staat an, während das Kind die Reichsangehörigkeit besitzt, so ist die Legitimation oder die Annahme unwirksam, wenn die nach den deutschen Gesetzen erforderliche Einwilligung des Kindes oder eines Dritten, zu dem das Kind in einem familienrechtlichen Verhältnis steht, nicht erfolgt ist. Die Einwilligung des Kindes zur Annahme bedarf der Genehmigung des Vormundschaftsgerichts.

Der Neufassung durch das IPR-Ges gingen verschiedene **Entwürfe** voraus. Die **Erste Kommission des Deutschen Rates für IPR** hatte folgende Fassung vorgeschlagen:

§ A

(1) Für die Annahme als Kind gilt das Recht des Staates, dem der Annehmende angehört, und bei Annahme als gemeinschaftliches Kind durch Ehegatten das Recht, das für die Wirkungen der Ehe gilt.

(2) Für die Zustimmung des Kindes und eines Dritten, zu dem das Kind in einem familienrechtlichen Verhältnis steht, gilt außerdem das Recht des Staates, dem das Kind angehört.

(Abgedruckt in: Vorschläge und Gutachten zur Reform des deutschen internationalen Personen-, Familien- und Erbrechts. Materialien zum ausländischen und internationalen Privatrecht, Bd 30, 1981, herausgeg v Beitzke).

Auf der Grundlage der Vorschläge des Deutschen Rates erstellte Kühne im Auftrag des BMJ den **Entwurf eines Ges zur Reform des internationalen Privat- und Verfahrensrechts** (Kühne, IPR-Ges-Entwurf [1980] und schlug darin folgende Regelung zur Adoption vor:

§ 25. Annahme als Kind

(1) Für die Annahme als Kind gilt das Recht des Staates, dem der Annehmende im Zeitpunkt der Annahme angehört. Bei der Annahme eines Kindes als gemeinschaftliches Kind durch Ehegatten gilt das Recht, das für die persönlichen Wirkungen ihrer Ehe im Zeitpunkt der Annahme gilt.

(2) Für das Rechtsverhältnis zwischen dem Annehmenden und dem Angenommenen gilt das nach Abs 1 S 1 anzuwendende Recht, solange der Annehmende dem

dort bezeichneten Staat angehört. Im übrigen gilt das Recht des Staates, in dem sich der Angenommene gewöhnlich aufhält. Im Fall des Abs 1 S 2 gilt § 20 entsprechend.

(§ 20 des KÜHNE-Entwurfs regelte das Rechtsverhältnis zwischen Eltern und einem ehelichen Kind).

§ 26. Zustimmung zu Legitimation und Annahme als Kind

(1) Für die Zustimmung des Kindes und eines Dritten, zu dem das Kind in einem familienrechtlichen Verhältnis steht, zu einer Legitimation oder Annahme als Kind gilt außer dem nach den §§ 23 Abs 1, 24 Abs 1 sowie 25 Abs 1 geltenden Recht das Recht des Staates, dem das Kind im Zeitpunkt der Legitimation oder Annahme als Kind angehört.

(2) Handelt es sich bei dem Kind um einen Minderjährigen, so tritt an die Stelle des nach Abs 1 maßgebenden Rechts das Recht, welches für das bisherige familienrechtliche Verhältnis des Kindes galt.

In den **Gegenvorschlägen** dazu von NEUHAUS und KROPHOLLER (RabelsZ 1980, 326ff) heißt es in **Art 22:**

Die Annahme als Kind und die Pflegekindschaft unterstehen dem Recht des Kindes.

Dabei wird unter dem Recht des Kindes das Recht seines gewöhnlichen Aufenthalts verstanden.

Weitere Gegenvorschläge machten auch andere **Mitarbeiter des Max-Planck-Instituts** für ausländisches und internationales Privatrecht unter der Federführung von DOPFFEL und SIEHR. In ihrem Thesenpapier heißt es:

These 14: Adoption

(1) Die Adoption durch Dekret wird im Inland stets nach deutschem Recht ausgesprochen.

(2) Zur Wirksamkeit einer nicht durch Dekret erfolgten Adoption genügt es grds, daß sie dem Heimatrecht des Annehmenden oder des Kindes oder dem Aufenthaltsrecht des Kindes entspricht. Die Adoption ist jedoch unwirksam, wenn die nach dem Heimatrecht des Kindes oder der natürlichen Eltern erforderliche Einwilligung dieser Personen fehlt. Die Einwilligung eines Elternteils kann vom Gericht ersetzt werden, wenn er unauffindbar ist oder sich um das Kind nicht kümmert und das Unterbleiben der Adoption dem Wohl des Kindes nicht entspricht.

(3) Das Rechtsverhältnis des Adoptivkindes zum Annehmenden untersteht dem Kindschaftsstatut (These 15). Im übrigen richten sich die Wirkungen der Adoption und ihre Aufhebung nach dem Recht, aufgrund dessen die Adoption vorgenommen wurde.

(These 15 beruft grds als Kindschaftsstatut das Aufenthaltsrecht des Kindes)

Die Vorschläge wurden auf einem Kolloquium im Max-Planck-Institut für ausländisches und internationales Privatrecht in Hamburg (19.–21. 6. 1980) diskutiert (Reform des deutschen internationalen Privatrechts. Studien zum ausländischen und internationalen Privatrecht Bd 2 [1980]). Darauf basierte schließlich der Entwurf der Bundesregierung (BT-Drs 10/504), der auf eine Regelung der Adoptionswirkungen verzichtete. Er wurde – bezüglich der Adoption unverändert – Gesetz (Ges zur Neuregelung des internationalen Privatrechts v 25. 7. 1986, BGBl 1986 I, 1142ff, 1146).

B. Anwendungsbereich

I. Grundsätzliches

2 Art 22 spricht von der Annahme als Kind. Unter Annahme als Kind versteht das deutsche Recht die Minderjährigen- und die Volljährigenadoption. Ausländische Rechte kennen darüber hinaus andere Formen der Herstellung adoptionsähnlicher Beziehungen zwischen zwei Personen oder zwischen einem Kind und einem Ehepaar: Hier ist neben der heute kaum noch vorkommenden Annahme an Bruders oder an Onkels Statt vor allem die **Pflegekindschaft** zu erwähnen. Sie gibt es als Rechtsinstitut zB in Italien (Ges v 4. 5. 1983 zur Regelung der Adoption und der Pflegekindschaft Minderjähriger), in England (aufgrund einer custodianship order gem Sec 33 Children Act 1975), in der Schweiz (Art 300 ZGB), in Österreich (§ 186 ABGB), aber auch in islamischen Staaten (vgl etwa zur kafala in Algerien Art 116 ff des algerischen Familiengesetzbuches v 9. 6. 1984 oder das tunesische Ges über die Amtsvormundschaft, die Pflegekindschaft und die Adoption v 4. 3. 1958).

Ob auf solche **adoptionsähnlichen Rechtsbeziehungen** Art 22 (ebenso wie Art 23) analog angewandt werden kann, ist str. ZT wird eine Analogie nur in den Fällen für möglich gehalten, in denen zwischen den Beteiligten ein Verwandtschaftsverhältnis begründet wird (MünchKomm-Klinkhardt Art 22 Rdnr 155; von Mangoldt StAZ 1985, 301, 305); andere lassen es genügen, wenn durch das zu qualifizierende Rechtsinstitut elterliche Personensorge auf Dauer geschaffen wird (Beitzke, in: Einbindung fremder Normen in das deutsche Personenstandsrecht, 11 f). Der Streit entzündete sich an der **Pflegekindschaft.** Die erstgenannte Auffassung hält die Pflegekindschaft für eine Einrichtung der Kinderfürsorge, die – weil sie kein Verwandtschaftsverhältnis begründet – unter Art 24 falle (so explizit MünchKomm-Klinkhardt Art 22 Rdnr 157), die letztgenannte Auffassung unterstellt sie dem Art 22, weil sie eine Eltern-Kind-Beziehung schaffe (so neben den bereits Genannten auch Soergel-Kegel Art 22 Rdnr 32; Hepting StAZ 1986, 305, 306; Ferid Rdnr 8–370, 1; Palandt-Heldrich Art 22 Anm 1; ebenso die Begründung des Regierungsentwurfs, BT-Drs 10/504, S 70). Der zuletzt genannten Auffassung ist zu folgen. Die Unterstellung unter Art 24 hätte zur Folge, daß deutsche Ehegatten eine Pflegekindschaft nach italienischem Recht oder eine kafala nach algerischem Recht begründen könnten, wenn sie ein italienisches oder algerisches Kind bei sich aufnehmen. Das erscheint angesichts der derzeitigen Diskussion um die Einführung und die beste Ausgestaltung einer Pflegekindschaft nicht sehr sinnvoll. Dagegen wird die Unterstellung der Pflegekindschaft unter Art 22 den Interessen aller Beteiligten gerecht.

Zu den adoptionsähnlichen Verhältnissen rechnet auch die **equitable adoption,** die in den USA faktischen Eltern-Kind-Beziehungen im Fall ihrer Auflösung Rechtswirkungen beilegt (Erbrecht, Schadensersatz wegen entgangenen Unterhalts). Die equitable adoption (auch de facto adoption, adoption by estoppel oder virtual adoption genannt) dient dazu, in erfolgreichen Pflegekind-Verhältnissen materielle Härten auszugleichen, wenn eine in Aussicht genommene Adoption ohne zwingenden Grund unterblieben ist oder eine durchgeführte Adoption sich nach dem Tod der Pflegeeltern als nichtig herausstellt. UU kann mit Hilfe der equitable adoption sogar – auch ohne Adoptionsversprechen – einem Stiefkind oder langjährigen Pflegekind eine Stellung verschafft werden, die der eines ehelichen Kindes nahekommt (vgl Frank, Grenzen der Adoption, 229 ff; Locke, Modern Status of Law as to Equitable Adoption or Adoption by Estoppel, 97 ALR 3 d 347).

Zur **Legitimanerkennung** nach **islamischem Recht** s Art 21, Rz 87 ff.

II. Intertemporales Recht

3 **1. Rechtswirksamkeit der Begründung, Anfechtung, Aufhebung**

Gem Art 220 Abs 1 bleibt auf Vorgänge, die vor dem 1. 9. 1986 abgeschlossen wurden, das bisherige Internationale Privatrecht anwendbar. Das bedeutet, daß sich die Rechtswirksamkeit einer Adoption, die vor dem 1. 9. 1986 durchgeführt wurde, nach dem Recht bestimmt, auf das Art 22 aF verwies. Abgeschlossen ist der Adoptionsvorgang im Fall einer im Inland durchgeführten Adoption mit der Zustellung des Beschlusses an den Annehmenden, nach dessen Tod mit der Zustellung an das Kind (§ 56 e S 2 FGG). Es kommt also nicht auf den Zeitpunkt der Antragstellung an; vgl Ferid, IPR, E–13, 16; AG Höxter 17. 9. 1986 IPRax 1987, 127 m Anm E J; verkannt von AG Germersheim 27. 10. 1986 IPRax 1987, 188 mit krit Anm E J. Wurde die Adoption im Ausland durchgeführt, so handelt es sich um einen abgeschlossenen Vorgang, wenn am 31. 8. 1986 alle Voraussetzungen für die Anerkennung dieser Adoption im Inland gegeben waren. Das setzt insbesondere voraus, daß die Adoption in dem Staat, in dem sie erfolgte, nach dessen Recht wirksam geworden war. Erfolgte die Adoption durch Vertrag, so muß nicht nur der Vertragsabschluß vor dem 1. 9. 1986 erfolgt sein; es müssen auch alle erforderlichen Einwilligungen und (behördlichen oder gerichtlichen) Genehmigungen zu diesem Zeitpunkt vorgelegen haben.

Handelt es sich bei einer Adoption in diesem Sinn um einen abgeschlossenen Vorgang, so bestimmt sich auch die Frage ihrer Anfechtbarkeit (falls durch Vertrag begründet) oder ihrer Aufhebbarkeit nach dem Recht, das nach Art 22 aF für ihre Begründung maßgebend war.

4 **2. Wirkungen**

Gem Art 220 Abs 2 unterliegen die Wirkungen familienrechtlicher Rechtsverhältnisse v 1. 9. 1986 an dem neuen Kollisionsrecht. Dieser Satz ist einschränkend dahin zu interpretieren, daß nur die wandelbaren Wirkungen dem neuen Kollisionsrecht unterstellt werden. Soweit die Adoption statuslösende Wirkungen hat (Erlöschen der verwandtschaftlichen Beziehungen zu der leiblichen Familie) oder ein besonderer Status neu begründet wird (zB das angenommene Kind einem ehelichen Kind völlig gleichgestellt wird), werden diese Wirkungen durch das IPR-G nicht verändert, dh für sie gilt nach wie vor das nach Art 22 aF maßgebende Recht. Soweit indessen für die Eltern-Kind-Beziehungen zwischen dem Adoptivkind und dem oder den Annehmenden früher Art 19 aF galt, tritt mit dem 1. 9. 1986 der neugefaßte Art 19 Abs 2 an seine Stelle.

C. Das Adoptionsstatut

I. Anknüpfung gem Art 22

5 **1. Adoption durch eine unverheiratete Person**

Nach Art 22 S 1 unterliegt die Annahme als Kind dem Recht des Staates, dem der Annehmende bei der Annahme angehört. Abgestellt wird also auf das Heimatrecht des Annehmenden zZ der Annahme. Ein späterer Statutenwechsel ist ohne Einfluß. Das Adoptionsstatut ist unwandelbar.

Ist der Annehmende **Doppelstaater,** so bestimmt sich das anwendbare Recht nach Art 5 Abs 1. Es entscheidet das effektive Heimatrecht, bzw, wenn der Annehmende neben einer ausländischen Staatsangehörigkeit auch die deutsche hat, allein das deutsche Recht. Bei einem **Staatenlosen** tritt an die Stelle der Staatsangehörigkeit der gewöhnliche Aufenthalt (Art 5 Abs 2). Daneben sind die Sonderregeln für **Verschleppte** und **Flüchtlinge** zu beachten. Wird auf das Recht eines Staates mit mehreren **Teilrechtsordnungen** verwiesen, so bestimmt das Recht dieses Staates, welche Teilrechtsordnung anzuwenden ist. Fehlt eine solche Regelung, ist diejenige Teilrechtsordnung anzuwenden, mit der der Sachverhalt am engsten verbunden ist (Art 4 Abs 3).

2. Adoption durch mehrere unverheiratete Personen 6

In Art 22 ist nur von der Annahme durch eine Einzelperson oder der Annahme durch einen oder beide Ehegatten die Rede. Das hängt damit zusammen, daß nach deutschem Recht (ebenso wie in fast allen ausländischen Rechten) ein Kind nicht von mehreren Personen adoptiert werden kann, es sei denn, es handle sich um ein Ehepaar. Soweit ein Staat eine Adoption auch durch unverheiratete Personen zuläßt (wie zB Nicaragua die Adoption durch ein Paar, das in einer stabilen Lebensgemeinschaft lebt), ist eine Adoption nur möglich, wenn beide Annehmenden diesem Staat angehören oder – bei unterschiedlicher Staatsangehörigkeit – nach dem Heimatrecht beider Annehmender die gemeinschaftliche Annahme zugelassen ist.

3. Die Annahme durch Ehegatten

a) Grundsatz 7

Regelmäßig wird ein Kind von einem Ehepaar angenommen. Es kann aber auch ein Ehegatte ein Kind allein annehmen. In beiden Fällen gilt gem Art 22 S 2 das **Ehewirkungsstatut,** genauer: das nach Art 14 Abs 1 für die allgemeinen Wirkungen der Ehe maßgebende Recht. Verwiesen wird also nur auf Art 14 Abs 1. Haben die Ehegatten das Ehewirkungsstatut durch Rechtswahl bestimmt (Art 14 Abs 2–4), gilt für die Adoption nicht das gewählte Ehewirkungsstatut, sondern dasjenige Ehewirkungsstatut, das mangels einer Rechtswahl gelten würde.

Die Anknüpfung an das Ehewirkungsstatut ist neu. Nach früherem Recht mußten bei einer Adoption durch ein Ehepaar unterschiedlicher Staatsangehörigkeit beide Heimatrechte (kumulativ) angewandt werden. Das war jedenfalls die hM, wenngleich in den letzten Jahren vor der Reform von manchen Gerichten mit Unterstützung der Literatur versucht wurde, die spätere Reform vorwegzunehmen. Vgl zur früher hM: Soergel-Kegel Art 22 Rdnr 54 mwN; zur Vorwegnahme der Reform s etwa AG Tecklenburg 19. 11. 1984 IPRax 1985, 167; AG Bielefeld 12. 5. 1986 IPRax 1986, 389; insbes zur Stiefkindadoption: Ahrens FamRZ 1981, 120.

Maßgebend ist das Ehewirkungsstatut im **Zeitpunkt der Adoption.** Daß es auf den Zeitpunkt der Adoption ankommt, wird zwar in Art 22 S 2 nicht noch einmal besonders ausgesprochen, ergibt sich aber zwanglos aus Art 22 S 1. Nehmen die Ehegatten das Kind nicht gleichzeitig, sondern nacheinander an, so ist für jede der beiden Adoptionen auf das zu dem Zeitpunkt ihrer jeweiligen Vornahme maßgebende Ehewirkungsstatut abzustellen.

b) Gemeinsames Heimatrecht 8

Adoptionsstatut ist primär das gemeinsame Heimatrecht der Ehegatten (Art 14 Abs 1 Nr 1, 1. Alt) im Zeitpunkt der Annahme. Ein späterer Staatsangehörigkeitswechsel eines Ehegatten kann zwar Konsequenzen für die Wirkungen des Rechtsverhältnisses haben, ist aber auf die Wirksamkeit (oder Unwirksamkeit) der Adoption ohne Einfluß; er kann eine wirksame Adoption nicht unwirksam machen und eine unwirksame Adoption nicht heilen.

Die Staatsangehörigkeit ist nachzuweisen. An den Nachweis sind, sofern keine begründeten Zweifel bestehen, keine besonders strengen Anforderungen zu stellen. Insbesondere ist regelmäßig nicht ein förmliches Staatsangehörigkeitszeugnis notwendig. IdR genügt eine Auskunft des örtlichen Einwohnermeldeamtes oder die Vorlage des Reisepasses. Nur wenn begründete Zweifel an den Angaben der Annehmenden oder an den von ihnen vorgelegten Urkunden bestehen, hat das Gericht die Vorlage eines förmlichen Staatsangehörigkeitszeugnisses zu verlangen (LG Stade 27. 8. 1975 FamRZ 1976, 232).

Ist ein Ehegatte zZ der Annahme **Doppelstaater** und ist eine seiner Staatsangehörigkeiten dieselbe wie die des anderen Ehegatten, so kann nicht ohne weiteres von einer gemeinsamen Staatsangehörigkeit ausgegangen werden. Entscheidend ist vielmehr, ob die Staatsangehörigkeit, die beide Ehegatten gemeinsam haben, zugleich die effektive Staatsangehörigkeit des Doppelstaaters ist (Art 5 Abs 1 S 1). Effektiv kann die beiden Ehegatten gemeinsame Staatsangehörigkeit für den Doppelstaater in keinem Fall sein, wenn seine andere Staatsangehörigkeit die deutsche ist (Art 5 Abs 1 S 2). Ist keine der beiden Staatsangehörigkeiten des Doppelstaaters die deutsche, kann bei der Frage, welche Staatsangehörigkeit die effektive ist, in Zweifelsfällen auch eine Rechtswahl nach Art 14 Abs 2 berücksichtigt werden, wenn der Doppelstaater bestätigt, daß er das gewählte Recht für sein effektives Heimatrecht hält (PALANDT-HELDRICH Art 5 Anm 2 a). Hatte der Doppelstaater zZ der Adoption seinen gewöhnlichen Aufenthalt in einem seiner beiden Heimatstaaten, so wird das Recht dieses Staates in aller Regel als das effektive Heimatrecht anzusehen sein.

Zur Anknüpfung, wenn die Ehegatten verschiedenen **Teilrechtsgebieten** eines Mehrrechtsstaates angehören, s oben Art 21 Rdnr 13.

9 **c) Letztes gemeinsames Heimatrecht**

Mangels eines gemeinsamen Heimatrechts zZ der Annahme gilt das letzte gemeinsame Heimatrecht, wenn ein Ehegatte es beibehalten hat (Art 14 Abs 1 Nr 1, 2. Alt).

10 **d) Gemeinsamer gewöhnlicher Aufenthalt**

Haben die Ehegatten nicht dieselbe Staatsangehörigkeit und hatten sie auch niemals eine gemeinsame Staatsangehörigkeit oder hat kein Ehegatte die ursprünglich gemeinsame Staatsangehörigkeit beibehalten, so tritt an die Stelle der Anknüpfung an die Staatsangehörigkeit die Anknüpfung an das Recht des Staates, in dem die beiden Ehegatten ihren gewöhnlichen Aufenthalt haben oder während der Ehe zuletzt hatten, vorausgesetzt, ein Ehegatte hat diesen gewöhnlichen Aufenthalt beibehalten (Art 14 Abs 1 Nr 2).

Der Begriff des gewöhnlichen Aufenthalts ist faktisch, nicht rechtlich geprägt. Es gibt nicht – wie beim Wohnsitz – einen Aufenthalt kraft Ges. Unter gewöhnlichem Aufenthalt verstehen Rechtsprechung und Lehre den Ort oder das Land, „in dem der Schwerpunkt der Bindungen der betreffenden Person, ihr Daseinsmittelpunkt, liegt" (BGH FamRZ 1981, 135). Hält eine Person sich nur vorübergehend in einem Land auf, so ist zu unterscheiden: Ein Ausländer, der nur für ein Jahr in die Bundesrepublik kommt (zB als Wissenschaftler oder zu Studienzwecken oder als Mitglied ausländischer Streitkräfte) oder – als Deutscher – ins Ausland geht (zB, um im Auftrag seiner Firma an einer Montage mitzuwirken), behält seinen bisherigen gewöhnlichen Aufenthalt bei. Dagegen kann bei einem Firmenangestellten, der die Auslandsniederlassung seiner Firma leiten soll, oder bei einem Diplomaten, der sein Land längere Zeit im Ausland vertreten soll, oder bei einem Studenten, der sein gesamtes Studium in der Bundesrepublik absolvieren möchte, sehr wohl von einem gewöhnlichen Aufenthalt an seiner jetzigen Wirkungsstätte gesprochen werden. Ein Indiz für den gewöhnlichen Aufenthalt ist die Familienwohnung. Grenzgänger haben ihren gewöhnlichen Aufenthalt nicht dort, wo sie arbeiten, sondern dort, wohin sie alltäglich abends oder allwöchentlich zu ihrer Familie zurückkehren. Dagegen wird bei Gastarbeitern, die für mehrere Jahre in der Bundesrepublik Deutschland leben und arbeiten wollen, ein gewöhnlicher Aufenthalt in der Bundesrepublik anzunehmen sein.

e) Engste Verbindung 11

Kann das Ehewirkungsstatut weder durch eine Anknüpfung an die (letzte) gemeinsame Staatsangehörigkeit noch durch eine Anknüpfung an den (letzten) gemeinsamen gewöhnlichen Aufenthalt ermittelt werden, so bleibt als letzte Anknüpfung die an das Recht des Staates, mit dem die Ehegatten auf andere Weise am engsten verbunden sind (Art 14 Abs 1 Nr 3). Im Bericht des Rechtsausschusses, auf dessen Empfehlung die endgültige Formulierung des Art 14 Abs 1 Nr 3 zurückgeht, werden als mögliche Anwendungsfälle dieser Anknüpfung ua genannt (BT-Drs 10/5632, S 41): Gemeinsame soziale Bindung der Ehegatten an einen Staat durch Herkunft (im weiteren Sinn), Kultur, Sprache oder berufliche Tätigkeit; gemeinsamer einfacher (nicht nur ganz vorübergehender) Aufenthalt der Ehegatten in einem Staat; letzter gemeinsamer gewöhnlicher Aufenthalt in einem Staat, wenn keiner der Ehegatten sich mehr dort befindet, einer der Ehegatten aber diesem Staat angehört).

f) Kritik 12

Die Anbindung des Adoptionsstatuts an das Ehewirkungsstatut ist sinnvoll, wenn ein Kind von den Ehegatten gemeinschaftlich angenommen wird. Sie kann zu merkwürdigen Ergebnissen dort führen, wo nur ein Ehegatte ein Kind, das nicht das Kind des anderen ist (zB sein nichteheliches Kind), annehmen möchte. Das gilt vor allem bei der Anknüpfung an den letzten gemeinsamen gewöhnlichen Aufenthalt oder an das Recht des Staates, mit dem die Ehegatten auf andere Weise am engsten verbunden sind. Angenommen, ein deutsch-österreichisches Ehepaar hatte seinen letzten gemeinsamen gewöhnlichen Aufenthalt in Österreich. Der deutsche Ehemann kehrt nach der Trennung von seiner Frau nach Deutschland zurück, die Ehefrau bleibt in Österreich. Will nunmehr der Ehemann sein (deutsches) nichteheliches Kind adoptieren, so verweist Art 22 S 2 iVm Art 14 Abs 1 Nr 2 auf das österreichische Recht, obgleich der Schwerpunkt der Beziehungen eindeutig im deutschen Recht liegt. Oder: Ein amerikanischer Schlagersänger ist mit einer österreichischen Filmschauspielerin verheiratet, der Ehemann lebt in der Bundesrepublik, die Frau in Frankreich. Sie treffen sich regelmäßig in ihrem Ferienhaus in der Schweiz (meist nur für ein Wochenende, gelegentlich auch für eine ganze Woche und einmal im Jahr für einen ganzen Monat). Der Ehemann hat ein nichteheliches Kind von einer Amerikanerin. Die Ehegatten wollen sich scheiden lassen. Will der Mann sein nichteheliches Kind adoptieren, so müssen die deutschen Gerichte kraft Art 22 S 2 iVm Art 14 Abs 1 Nr 3 wohl schweizerisches Recht anwenden. In solchen Fällen wäre eine Klausel hilfreich, die es den deutschen Gerichten gestatten würde, von der regelmäßig geltenden Kollisionsnorm abzuweichen, wenn im konkreten Fall die Beziehung zu einer anderen Rechtsordnung deutlich überwiegt. Da im deutschen Recht eine solche Norm jedoch fehlt, muß es bei der vorgeschriebenen Anknüpfung auch dann bleiben, wenn sie im Einzelfall befremdet (wenn nicht die Rückverweisung weiterhilft).

Sinnvoll ist die Anknüpfung an das Ehewirkungsstatut dagegen wiederum bei der sog **Stiefkindadoption.** Vorschläge, die Stiefkindadoption an das allgemeine Kindschaftsstatut anzuknüpfen (Ahrens FamRZ 1981, 120), sind durch die Neuregelung überholt.

II. Rückverweisung

13 **1. Grundsatz**

Eine Rück- oder Weiterverweisung durch das ausländische Kollisionsrecht ist grds zu beachten. Eine Ausnahme gilt nur dann, wenn die Berücksichtigung der Rückverweisung deren Sinn widersprechen würde (Art 4 Abs 1 S 1). Verweist das ausländische Recht auf das deutsche Recht zurück, so sind die deutschen Sachvorschriften anzuwenden (Art 4 Abs 1 S 2). Auch eine teilweise Rück- oder Weiterverweisung ist denkbar (etwa, wenn nach dem ausländischen Kollisionsrecht die Heimatrechte des Annehmenden und des Angenommenen kumulativ anzuwenden sind); vgl zB IPG 1982 Nr 28 (Göttingen): Italien; AG Landshut 13. 1. 1983 IPRax 1983, 246: Jugoslawien.

Diese Regelung läßt verschiedene Fragen offen: Welche ausländische Kollisionsnorm ist auf eine eventuelle Rück- oder Weiterverweisung hin zu prüfen: diejenige, die von der Adoption handelt oder (im Fall des Art 22 S 2) diejenige, welche die Anknüpfung der allgemeinen Ehewirkungen regelt? Kann eine Rückverweisung auch auf eine Ausnahmeklausel gegründet werden? Gibt es Fälle, in denen die Annahme einer Rückverweisung dem Sinn der deutschen Verweisungsregel widersprechen würde? Wie steht es in den Fällen der sog versteckten Rückverweisung?

14 **2. Die maßgebende ausländische Kollisionsnorm**

Nach Art 22 S 2 unterliegt die Adoption durch einen oder beide Ehegatten dem allgemeinen Ehewirkungsstatut (Art 14 Abs 1). Falls allgemeines Ehewirkungsstatut ein ausländisches Recht ist, entsteht die Frage, welche ausländische Kollisionsnorm über eine eventuelle Rück- oder Weiterverweisung entscheidet. Zwei Kollisionsnormen kommen hier in Betracht: das Adoptionsstatut oder das Ehewirkungsstatut.

Beispiele

(1) Jugoslawische Ehegatten mit Wohnsitz in der Bundesrepublik Deutschland wollen ein deutsches Kind adoptieren. Maßgebend ist aus deutscher Sicht jugoslawisches Recht (Ehewirkungsstatut: Art 22 S 2 iVm Art 14 Abs 1 Nr 1). Ehewirkungsstatut ist nach Art 36 Abs 1 des jugoslawischen IPR-G ebenfalls das jugoslawische Recht. Die Voraussetzungen einer Adoption sind aber gem Art 44 Abs 1 und 3 des jugoslawischen IPR-G nach dem Heimatrecht sowohl der Annehmenden als auch des Angenommenen zu beurteilen. Wendet man Art 36 Abs 1 des jugoslawischen IPR-G an, so entfällt eine Rückverweisung; wendet man Art 44 des jugoslawischen IPR-G an, so müßte eine Teilrückverweisung bejaht werden.

(2) Ein mit einer Österreicherin verheirateter Deutscher, der mit seiner Frau zuletzt in Österreich gelebt hat, nun aber seinen gewöhnlichen Aufenthalt in Deutschland hat, möchte zusammen mit seiner Ehefrau das Kind eines befreunde-

ten Ehepaares adoptieren, das durch den plötzlichen Tod seiner Eltern zur Vollwaise geworden ist. Art 22 S 2 verweist iVm Art 14 Abs 1 Nr 2 auf österreichisches Recht als Ehewirkungsstatut. Auch aus österreichischer Sicht ist Ehewirkungsstatut das österreichische Recht (Art 18 Abs 1 Nr 2 österr IPR-G). Die Voraussetzungen einer Adoption sind indessen nach § 26 Abs 1 S 1 österr IPR-G bei der Adoption durch ein Ehepaar nach dem Personalstatut jedes der beiden Annehmenden zu beurteilen. Wird hier § 18 Abs 1 Nr 2 des österr IPR-G angewandt, so richtet sich die Adoption allein nach österreichischem Recht. Stellt man auf § 26 Abs 1 S 1 des österr IPR-G ab, so kommt es zu einer Teilrückverweisung.

(3) Ein mit einer Französin verheirateter Deutscher, der zusammen mit seiner Frau in Frankreich lebt, möchte in Deutschland sein (deutsches) nichteheliches Kind adoptieren. Maßgebend ist aus deutscher Sicht (Art 14 Abs 1 Nr 2) französisches Recht als Ehewirkungsstatut. Auch aus französischer Sicht ist Ehewirkungsstatut das französische Recht. Eine Adoption beurteilt sich aber nach der in Frankreich hA nach dem Recht des Adoptierenden, falls er das Kind allein annimmt, evtl zusammen mit dem Heimatrecht des Adoptierten (hier also nach deutschem Recht; vgl Batiffol-Lagarde, Droit international privé [7. Aufl] Bd 2 Nr 467; Mansel StAZ 1985, 247). Je nach der gewählten französischen Kollisionsnorm ist somit im einen Fall französisches Recht anzuwenden, im anderen Fall kraft Rückverweisung deutsches Recht.

Die Frage, **welche ausländische Kollisionsnorm** angewandt werden soll: diejenige zum **Ehewirkungsstatut** oder diejenige zum **Adoptionsstatut,** ist bisher für das Adoptionsrecht noch nicht beantwortet worden. Sie stellt sich ähnlich auch im Scheidungsrecht (weil auch dort auf das Ehewirkungsstatut verwiesen wird). Für das österreichische Recht hat in diesem Zusammenhang der österreichische OGH das ausländische Ehewirkungsstatut (also nicht das Ehescheidungsstatut) auf eine eventuelle Rück- oder Weiterverweisung untersucht (OGH 28. 1. 1986 IPRax 1987, 35; zustimmend Schwind IPRax 1987, 51). Dem ist aus deutscher Sicht widersprochen worden (Henrich FamRZ 1986, 841, 849f; Lüderitz IPRax 1987, 74, 76). Das dort Gesagte gilt auch hier: Ist aus deutscher Sicht fremdes Recht anzuwenden, so hat der deutsche Richter eine Rückverweisung dann zu beachten, wenn die ausländischen Kollisionsnormen in der konkreten Sache das deutsche Recht für anwendbar erklären. Konkret geht es aber nicht um die Ehewirkungen, sondern um die Adoption. In den Beispielsfällen (1) und (2) ist somit die Teilrückverweisung des jugoslawischen bzw des österreichischen Rechts auf das deutsche Recht zu beachten, im Beispielsfall (3) ist auf die Adoption trotz französischen Ehewirkungsstatuts kraft Rückverweisung deutsches Recht anzuwenden.

3. Rückverweisung durch Ausnahmeklauseln? 15

Manche Kollisionsrechte enthalten neben den speziellen Verweisungsnormen Ausnahmeklauseln, die eine Abweichung von der speziellen Verweisungsnorm gestatten, wenn der Sachverhalt nach den gesamten Umständen mit dem Recht, auf das grds verwiesen wird, in nur geringem, mit einem anderen Recht dagegen in einem viel engeren Zusammenhang steht (vgl zB Art 14 des schweizerischen Entwurfs eines IPR-Ges; ob auch § 1 des österreichischen IPR-G als solche Ausnahmeklausel verstanden werden kann, ist streitig; vgl Schwimann, Grundriß des IPR, 56). Solche Ausnahmeklauseln sind in familienrechtlichen Fällen nur mit größter Vorsicht und nur in seltenen Ausnahmefällen anwendbar, also nicht etwa schon dann, wenn der Annehmende seinen Wohnsitz in der Bundesrepublik hat und sich mit der Bundesrepublik enger verbunden fühlt als mit seinem Heimatstaat, mag auch sein Heimatstaat eine Abweichung von der grds vorgesehenen Anknüpfung an das Recht der Staatsangehörigkeit in besonderen Ausnahmefällen gestatten (vgl – zum österreichischen Recht – AG Darmstadt 30. 10. 1981 IPRax 1982, 80 m krit Anm D H).

16 **4. Nichtbeachtung der Rückverweisung wegen Sinnwidrigkeit?**

Eine Nichtbeachtung der Rückverweisung, weil dadurch dem Sinn der Verweisung widersprochen würde, könnte im Fall einer Anknüpfung nach Art 14 Abs 1 Nr 3 (**engste Verbindung**) erwogen werden. In der Tat erscheint es merkwürdig, dem Richter zunächst aufzuerlegen, den Staat zu ermitteln, mit dem die Ehegatten am engsten verbunden sind, und dann eine Rück- oder Weiterverweisung zu akzeptieren, die dann notwendig zur Anwendung des Rechtes eines Staates führen müßte, mit dem die Ehegatten weniger eng verbunden sind (vgl Henrich in: Lausanner Kolloquium über den deutschen und den schweizerischen Gesetzentwurf zur Neuregelung des Internationalen Privatrechts [1984] 108). Indessen gilt dieser Gesichtspunkt nicht ohne weiteres auch dann, wenn letztlich nicht die allgemeinen Ehewirkungen ermittelt werden sollen, sondern nach der richtigen Anknüpfung für eine Adoption gefragt wird. Hier kann eine Berücksichtigung der Rückverweisung durchaus sinnvoll sein, dann nämlich, wenn gegen die Unterstellung der Adoption unter das Ehewirkungsstatut Bedenken bestehen (s oben Rz 12). So erschiene es zB durchaus vernünftig, die Adoption eines deutschen Kindes durch seinen in Deutschland wohnenden deutschen nichtehelichen Vater kraft Rückverweisung nach deutschem Recht zu beurteilen, auch wenn der Annehmende verheiratet ist und Ehewirkungsstatut gem Art 14 Abs 1 Nr 3 – zB – schweizerisches Recht ist (aA Palandt-Heldrich Art 22 Anm 1 b).

17 **5. Versteckte Rückverweisung**

Von einer versteckten Rückverweisung spricht man dann, wenn das maßgebende ausländische Recht die Frage nach dem anwendbaren Recht unbeantwortet läßt, die Gerichte dieses Staates aber stets ihr eigenes Recht (die lex fori) anwenden, wenn sie sich für international zuständig halten, ihre jurisdiction bejahen.

Zwei Auffassungen stehen hier einander gegenüber: Nach der einen sollen immer dann, wenn nach den Zuständigkeitsvorschriften des Landes, auf dessen Recht verwiesen wird, (auch) die deutschen Gerichte als international zuständig angesehen werden, diese berechtigt sein, auf die Adoption die lex fori, dh das eigene Recht, anzuwenden. Nach der anderen soll eine solche „versteckte“ Rückverweisung nur dann vorliegen, wenn aus der Sicht des ausländischen Rechts die deutschen Gerichte für die Adoption ausschließlich zuständig sind. Im Fall einer lediglich konkurrierenden Zuständigkeit soll es bei der Anwendung des Rechts, auf das die deutschen Kollisionsnormen verweisen, sein Bewenden haben.

Für die zuletzt genannte Auffassung haben sich in der Literatur insbes Wengler, Beitzke, Graue und im Ergebnis auch Sonnenberger ausgesprochen (Wengler NJW 1959, 127 ff; Beitzke NJW 1960, 248 f und RabelsZ 1973, 380 ff; Staudinger-Graue Art 27 Rz 134, 135; MünchKomm-Sonnenberger Art 27 Rdnr 36 ff). Sie weisen darauf hin, daß das fremde Recht, welches ausländische Adoptionen auch dann anerkennt, wenn das – aus der Sicht des fremden Rechts – zuständige Gericht sein eigenes Recht angewendet hat, damit nicht auf die lex fori verweist, sondern dem zuständigen Gericht die Anwendung der lex fori lediglich freistellt. Das sei aber keine Rückverweisung iS des Internationalen Privatrechts. Gerügt wird auch, daß bei Annahme einer versteckten Rückverweisung auch im Fall lediglich konkurrierender Zuständigkeit der deutschen Gerichte das Ziel der internationalen Entscheidungsharmonie nicht erreicht werde.

18 Herrschend ist indessen die Gegenansicht. Sie wird damit gerechtfertigt, daß die Einräumung mehrerer Gerichtsstände bewußt unter dem Gesichtspunkt der Begünstigung der Beteiligten erfolge, und daß man nicht päpstlicher sein müsse als der Papst: Wenn die maßgebende Rechtsordnung die Entscheidung über den Einzelfall der jeweiligen lex fori überlasse und durch ihre Regeln über die Anerkennung ausländischer Adoptionen den Parteien die Wahl zwischen mehreren Gerichtsständen erlaube, könne man sich damit abfinden. Werde mit der Annahme einer versteckten Rückverweisung zwar auch die Entscheidungsharmonie verfehlt, so komme doch der andere Grund der Rückverweisung, nämlich der Vorteil der Anwendung heimischen Rechts, damit voll zum Zuge (NEUHAUS, Die Grundbegriffe des Internationalen Privatrechts [2. Aufl 1976] § 37 II 3). Für diese Auffassung spricht inzwischen noch ein weiterer Gesichtspunkt, nämlich die zunehmende internationale Angleichung des materiellen Adoptionsrechts. Je mehr die Unterschiede des Adoptionsrechts verschwinden, je stärker sich die Volladoption als Regelfall der Adoption auch international durchsetzt, desto geringer werden die Bedenken wegen einer möglicherweise fehlenden internationalen Entscheidungsharmonie, und desto stärker wirken die Vorzüge der Anwendung des eigenen Rechts (bessere Feststellbarkeit, geringere Kosten). Eine versteckte Rückverweisung ist darum jedenfalls dann zu bejahen, wenn (1) das Recht des Staates, auf das die deutschen Kollisionsnormen verweisen, das anwendbare Recht mit der internationalen Zuständigkeit verknüpft, die Gerichte also dann, wenn sie ihre internationale Zuständigkeit bejahen, stets die lex fori anwenden, (2) aus der Sicht des Rechts, auf das die deutschen Kollisionsnormen verweisen, (auch) die deutschen Gerichte international zuständig sind und deswegen (3) mit der Anerkennung der nach deutschem Recht durchgeführten Adoption gerechnet werden kann.

So die inzwischen einhellige Auffassung der Praxis und die überwiegende Meinung im Schrifttum: BayObLG 9. 7. 1965 BayObLGZ 1965, 245; KG 19. 11. 1982 IPRspr 1982 Nr 108 = IPRax 1983, 246; IPG 1967–68 Nr 54 (Hamburg); IPG 1967–68 Nr 55 (Köln); IPG 1974 Nr 28 (Köln); IPG 1977 Nr 28 (Freiburg); PALANDT-HELDRICH Art 4 Anm 1 b.

19 Fraglich ist, ob eine versteckte Rückverweisung auch dann angenommen werden kann, wenn die deutschen Gerichte nach den Jurisdiktionsvorschriften des Staates, auf dessen Recht verwiesen wird, zwar **nicht zuständig** wären (zB weil ein Beteiligter zwar Deutscher ist, aber kein Beteiligter in Deutschland domiziliert ist), mit einer **Anerkennung** der deutschen Adoption aber gleichwohl gerechnet werden kann. Tatsächlich ist international die Tendenz zu beobachten, ausländische Adoptionen immer dann anzuerkennen, wenn die ausländischen Gerichte nach ihren eigenen Zuständigkeitsnormen zuständig waren, auch wenn diese Zuständigkeitsnormen sich mit denen des Anerkennungsstaates nicht decken. Die Anerkennung wird dabei nicht davon abhängig gemacht, daß die Adoption nach dem Recht des Anerkennungsstaates erfolgt. Zum Teil wird sogar ausdrücklich davon ausgegangen, daß das ausländische Gericht sein eigenes Recht angewandt hat. Man wird darum eine versteckte Rückverweisung auch dann annehmen können, wenn bei Zugrundelegung der Jurisdiktionsvorschriften des Staates, auf dessen Recht verwiesen wird, die deutschen Gerichte zwar nicht zuständig wären, wohl aber eine internationale Zuständigkeit nach deutschem Recht besteht und mit der Anerkennung der deutschen Adoption gerechnet werden kann (AG Darmstadt 10. 8. 1979 StAZ 1979, 324 m zust Anm JAYME; JAYME, FS Lipstein, 65, 73 f; zweifelnd IPG 1974 Nr 28 (Köln) und LG Wuppertal 8. 7. 1976 FamRZ 1976, 714; aA AG Eggenfelden 6. 11. 1981 IPRax 1982, 78).

20 Steht andrerseits fest, daß nach den Jurisdiktionsnormen des Rechts, auf das die deutschen Kollisionsnormen verweisen, die deutschen Gerichte (auch) die jurisdiction hatten, so braucht nicht zusätzlich noch geprüft zu werden, ob auch mit der Anerkennung der deutschen Adoption gerechnet werden kann. Wenn der Gleichklang von jurisdiction und Anwendung der lex fori festgestellt worden ist, reicht dies für die Annahme einer versteckten Rückverweisung aus (Kegel, IPR, § 10 VI).

21 **Probleme** entstehen bei der versteckten Rückverweisung, wenn nicht klar ist, ob ein ausländischer Staat in einem konkreten Fall die ausschließliche internationale Zuständigkeit für sich in Anspruch nimmt oder auch den deutschen Gerichten eine konkurrierende jurisdiction zubilligt. So ist zB in den **Vereinigten Staaten** unklar, ob die Jurisdiktionsvorschriften in den Adoptionsgesetzen der Einzelstaaten nur die Zuständigkeit der Einzelstaaten untereinander abgrenzen oder ob sie auch internationale Wirkung haben. Es ist bemerkenswert, daß in den Darstellungen des internationalen Privatrechts die jurisdiction zur Vornahme einer Adoption nach wie vor an das Domizil des oder eines Beteiligten geknüpft ist (vgl zB Scoles-Hay, Conflict of Laws [1983] 542 f; ebenso IPG 1983 Nr 31 [Freiburg]), während in den einzelstaatlichen Ges vielfach nur eine „residence“ eines Beteiligten vorausgesetzt wird, gelegentlich auch der Geburtsort des Kindes oder die residence seiner leiblichen Eltern für ausreichend erachtet wird (zB in Illinois: S. H. A. Ch. 40 § 1505). Die modernere Tendenz geht offensichtlich dahin, Entscheidungen nicht nur aus anderen Teilstaaten der USA, sondern auch aus dem Ausland auch dann anzuerkennen, wenn das ausländische Gericht seine Zuständigkeit auf andere Kriterien gestützt hat als die, die im jeweiligen Anerkennungsstaat gelten. Vorausgesetzt wird nur, daß die Adoption erfolgt ist „pursuant to due process of law“ (vgl zB für Florida: West's F. S. A. § 63.192; für Ohio: Page's Ohio R. C. A. Ch. 3107.18). S ferner AG Kaiserslautern 18. 11. 1982 IPRax 1982, 132 m krit Anm E J.

22 Mit der versteckten Rückverweisung nicht zu verwechseln ist der Fall, daß im ausländischen Recht sehr wohl Kollisionsnormen existieren, diese aber im Regelfall die Anwendung des **eigenen Rechts** gestatten. Hier kann, wenn überhaupt, nur eine „offene“ Rückverweisung angenommen werden. Aber auch sie ist fraglich, wenn die ausländischen Gerichte stets ihr eigenes Recht anwenden und ausländische Adoptionen durchweg nicht anerkennen (vgl zB zum **niederländischen Recht** Lüderitz RabelsZ 1981, 604 ff).

D. Regelungsbereich des Adoptionsstatuts

23 I. Voraussetzungen der Adoption

Das maßgebende Recht bestimmt, welche Voraussetzungen für eine Adoption gegeben sein müssen (Altersgrenze, Altersunterschied, Erfordernis der Kinderlosigkeit, der elterlichen Einwilligung usw). Rechtsprobleme entstehen dann, wenn Adoptionsvoraussetzung ein bestimmtes Rechtsverhältnis ist. In einem solchen Fall stellt sich die Frage, ob dieses Rechtsverhältnis ebenfalls nach dem Adoptionsstatut zu beurteilen ist oder ob seine Bestimmung eigenen Regeln folgt. Über die Anknüpfung solcher „Vorfragen“ herrscht Streit. Im einzelnen sind dabei verschiedene Fallgruppen zu unterscheiden: Vorfragen können nämlich sowohl bei der Anwendung der eigenen Kollisionsnorm oder des eigenen materiellen Rechts als auch bei der Anwendung fremden Rechts auftreten.

1. Vorfragen bei der Anwendung der eigenen Kollisionsnorm 24

Art 22 S 2 spricht von der Annahme durch einen oder beide „Ehegatten". Ob eine **Ehe** vorliegt, ist hier vom Standpunkt des deutschen Rechts aus zu beurteilen (also nach dem Recht zu beantworten, das gem Art 13 anwendbar ist).

2. Vorfragen bei der Anwendung des deutschen materiellen Rechts 25

Auch hier sind eventuell auftretende Vorfragen aus der Sicht des deutschen Rechts zu beantworten. Das gilt etwa für die Frage, ob ein bestimmtes Kind ein nichteheliches Kind ist, ob der Ehegatte des Annehmenden geschäftsunfähig oder in der Geschäftsfähigkeit beschränkt ist (§ 1741 Abs 2 BGB), ob bereits ein Annahmeverhältnis besteht (§ 1742 BGB), ob der Annehmende unbeschränkt geschäftsfähig ist (§ 1743 Abs 4 BGB), ob das Kind geschäftsunfähig und wer sein ges Vertreter ist (§ 1746 BGB), ob das anzunehmende Kind ein eheliches Kind ist (§ 1747 BGB), ob es verheiratet ist (§ 1749 BGB), ob eine erforderliche Einwilligung in der gehörigen Form erklärt worden ist (§ 1750 BGB). In all diesen Fällen wird das anwendbare Recht von den deutschen Kollisionsnormen bestimmt. Anzuwenden ist also – bei deutschem Adoptionsstatut – nicht ohne weiteres das deutsche materielle Recht, sondern das Recht, auf das die deutschen Kollisionsnormen verweisen.

Das bedeutet: Für die Frage, ob ein bestimmtes Kind ehelich oder nichtehelich ist, 26
gilt das durch Art 19 Abs 1 bestimmte Recht, für die Frage, ob im Fall eines nichtehelichen Kindes die nichteheliche Abstammung festgestellt worden ist, ist Art 20 anzuwenden (IPG 1984 Nr 34 [München]). Die Frage, nach welchem Recht sich die ges Vertretung eines Kindes ergibt, ist str. Nach einer Ansicht ist das Recht maßgebend, auf das Art 19 Abs 2 oder Art 20 Abs 2 verweist (BayObLG 17. 11. 1967 BayObLGZ 1967, 443 = FamRZ 1969, 44; 26. 5. 1983 IPRax 1984, 96; OLG Celle 6. 3. 1987 ZfF 1987, 86; OLG Hamburg 19. 5. 1987 IPRax 1987, 324; IPG 1970 Nr 24 [Heidelberg]; 1984 Nr 34 [München]); nach der Gegenmeinung entscheidet – bei grundsätzlicher Anwendbarkeit des MSA – Art 3 MSA (eingehend: KG 27. 1. 1987 IPRax 1987, 320; dazu SIEHR IPRax 1987, 302; ferner HENRICH, FS Schwind [1978] 79, 88; KROPHOLLER IPRax 1984, 81; KLINKHARDT StAZ 1986, 237, 240). Die Frage, ob ein (ausländisches) Kind noch minderjährig oder bereits volljährig ist, ist nicht nach § 2 BGB, sondern nach dem Recht des Staates zu beantworten, dem das Kind angehört (Art 7 Abs 1); LG Stade 27. 8. 1975 FamRZ 1976, 232; IPG 1984 Nr 34 (München); aA AG Korbach 15. 8. 1980 StAZ 1981, 203 (mit falscher Interpretation des Art 7 Abs 3 aF = Art 12 nF); dagegen zu Recht VON MANGOLDT StAZ 1981, 203; NIED StAZ 1982, 58.

Für die **Form** der vom Adoptionsstatut vorgeschriebenen Erklärungen ist Art 11 die 27
maßgebende Kollisionsnorm (IPG 1984 Nr 34 [München]). Danach muß die Form der Einwilligungen entweder gem Art 11 Abs 1 S 1, 1. Alt dem Adoptionsstatut oder gem Art 11 Abs 1 S 1, 2. Alt dem Recht des Ortes entsprechen, an dem die jeweilige Einwilligungserklärung abgegeben wurde (BayObLG 18. 12. 1968 FamRZ 1969, 225, 229; MAGNUS-MÜNZEL StAZ 1977, 65, 74; IPG 1984 Nr 34 [München]; AG Leonberg 5. 12. 1983 IPRax 1986, 306).

Hat ein ausländischer Elternteil des Kindes in die Adoption eingewilligt, so **ruht** 28
gem § 1751 Abs 1 BGB seine **elterliche Sorge.** Das **Jugendamt** wird kraft Ges **Vormund** (wenn nicht der andere Elternteil die elterliche Sorge allein ausübt). Diese Vormundschaft kraft Ges kann allerdings dann nicht eintreten, wenn das Kind Ausländer ist. Das Jugendamt muß in einem solchen Fall vielmehr zum Vormund bestellt werden. Die Bestellung richtet sich – bei gewöhnlichem Aufenthalt des Kindes im Inland – nach dem Haager Minderjährigenschutzabkommen (LG

Stuttgart 28. 11. 1978 DAVorm 1979, 193, im Anschluß an BEITZKE FamRZ 1976, 74, 77). Die Gegenmeinung, die § 1751 Abs 1 BGB auch dann anwenden will, wenn das zu adoptierende Kind eine ausländische Staatsangehörigkeit hat (LG Bonn 20. 3. 1979 FamRZ 1979, 1078; JAYME StAZ 1979, 205; MünchKomm-KLINKHARDT Art 22 Rdnr 169; SOERGEL-KEGEL Art 22 Rdnr 33), ist schon deswegen unhaltbar, weil das deutsche Jugendamt in diesem Fall auch dann Vormund kraft Ges werden würde, wenn das Kind seinen gewöhnlichen Aufenthalt noch im Ausland hat (Beispiel: Deutsche Eltern wollen ein peruanisches Kind adoptieren, die leiblichen Eltern haben ihre Einwilligung erklärt, das Kind hält sich noch in Peru auf). Das deutsche Jugendamt kann aber nicht kraft Ges Vormund eines im Ausland lebenden ausländischen Kindes werden nur deswegen, weil deutsche Eltern das Kind adoptieren wollen.

29 Auch wenn in anderen Fällen das Kind eines **Vormundes** oder **Pflegers** bedarf (zB zur Abgabe seiner Einwilligungserklärung gem § 1746 BGB oder zur Stellung eines Antrags auf Ersetzung der Einwilligungserklärung eines Elternteils gem § 1748 BGB), kann – auch bei deutschem Adoptionsstatut – der Vormund oder Pfleger nicht ohne weiteres nach deutschem Recht bestellt werden. Vielmehr gilt hierfür in seinem Anwendungsbereich das **Haager Minderjährigenschutzabkommen,** im Verhältnis zu Österreich das deutsch-österreichische Vormundschaftsabkommen, in anderen Fällen das Heimatrecht des Kindes (Art 24 EGBGB); vgl BayObLG 25. 4. 1984 FamRZ 1984, 937; LG Stuttgart 28. 8. 1979 DAVorm 1979, 867.

30 Gem § 1748 BGB hat das Vormundschaftsgericht auf Antrag des Kindes die **Einwilligung** eines Elternteils in die Adoption unter bestimmten Voraussetzungen zu **ersetzen.** Für diese Ersetzung sind die deutschen Gerichte unter den Voraussetzungen des § 43 b FGG international zuständig. § 1748 BGB ist anwendbar, wenn deutsches Recht Adoptionsstatut ist (BayObLG 25. 4. 1984 FamRZ 1984, 937; IPG 1984 Nr 34 [München]).

31 **3. Vorfragen bei der Anwendung ausländischen Rechts**

Wie Vorfragen anzuknüpfen sind, die bei der Anwendung ausländischen Rechts auftreten, ist str. Viele plädieren für eine selbständige Anknüpfung der Vorfragen, dh Anwendung des Rechts, auf das die eigenen Kollisionsnormen verweisen (insbes KEGEL, IPR, § 9 II 1, § 20 XIII 2 b), andere halten es für richtig, eine Rechtsfrage dann, wenn sie vom ausländischen materiellen Recht aufgeworfen wird, dem Recht zu unterstellen, auf das die Kollisionsnormen dieses Rechts (der lex causae) verweisen, Vorfragen also unselbständig anzuknüpfen (insbes: NEUHAUS, Die Grundbegriffe des Internationalen Privatrechts [2. Aufl. 1976] § 46 II). Dem Sinn der Verweisung – Unterstellung der Adoption unter ein ausländisches Recht – dürfte die **unselbständige Anknüpfung** der Vorfragen eher entsprechen als die selbständige Anknüpfung. Sie sichert die internationale Entscheidungsharmonie. Die Vorfrage sollte deswegen zumindest dann unselbständig angeknüpft werden, wenn die Adoptiveltern mit dem Kind nach der Annahme in ihre Heimat zurückkehren wollen.

Unselbständige Anknüpfung der Vorfrage bedeutet, daß zB ausländische Ehegatten auch dann ein Kind gemeinsam annehmen können, wenn ihre Ehe nur aus der Sicht ihres Heimatrechts existiert (das Adoptionsstatut ergibt sich hier allerdings nicht aus Art 22 S 2, sondern aus Art 22 S 1, s oben Rz 6), daß die Frage, wer ges Vertreter des Kindes ist, nach dem Recht zu beurteilen ist, auf das die Kollisionsnormen des

Adoptionsstatuts verweisen, oder daß vom Standpunkt des Adoptionsstatuts aus zu entscheiden ist, ob das zu adoptierende Kind ehelich oder nichtehelich und seine Abstammung festgestellt worden ist.

4. Sonstige Probleme bei der Anwendung fremden Rechts 32

Zu weiteren Problemen bei der Anwendung fremden Rechts s unten Rz 78ff.

II. Art des Zustandekommens, Nichtigkeit, Anfechtung und Aufhebung einer Adoption

1. Vertrags- oder Dekretadoption 33

Ob eine Adoption durch Vertrag oder Dekret erfolgt, entscheidet das Adoptionsstatut (BT-Drs 10/405, S 71). Zu der Frage, ob dann, wenn nach dem Adoptionsstatut die Annahme durch Vertrag geschieht, die Adoption im Inland gleichwohl durch Beschluß auszusprechen ist oder ausgesprochen werden kann, s unten Rz 78. Zur umgekehrten Frage, ob eine ausländische Vertragsadoption anzuerkennen ist, wenn nach dem Adoptionsstatut die Annahme durch Dekret hätte erfolgen müssen, s unten Rz 98.

2. Behördliche Mitwirkung 34

Das Adoptionsstatut entscheidet auch darüber, ob für die Adoption eine behördliche Mitwirkung erforderlich ist. Sind bei der Adoption mehrere Rechte zu berücksichtigen, so ist eine behördliche Mitwirkung schon dann erforderlich, wenn auch nur eines der beteiligten Rechte eine solche Mitwirkung verlangt (Schwimann, Internationales Privatrecht, 232). Zu den dabei auftretenden prozessualen Problemen s unten Rz 79ff.

3. Mängel bei der Begründung der Adoption

a) Adoptionsstatut deutsches Recht, Adoption im Inland oder im Ausland nach deutschem Recht 35

Ist Adoptionsstatut das deutsche Recht und ist die Adoption im Inland oder im Ausland auch tatsächlich nach deutschem Recht erfolgt, so sind die Rechtsfolgen irgendwelcher Mängel bei der Begründung der Adoption ausschließlich nach deutschem Recht zu beurteilen.

b) Adoptionsstatut ausländisches Recht, Adoption im Inland oder im Ausland nach ausländischem Recht 36

Über die Folgen irgendwelcher Mängel bei der Begründung der Adoption entscheidet grds das Adoptionsstatut (BT-Drs 10/504, S 71; Kegel, IPR, § 20 XIII 2 b). Grundsätzliche Herrschaft des Adoptionsstatuts bedeutet an sich, daß das maßgebende Recht auch darüber zu befragen ist, wie irgendwelche Mängel geltend zu machen sind (Anfechtungserklärung, Anfechtungsklage, Widerruf der gerichtlichen Bewilligung mit rückwirkender Kraft, Aufhebung mit Wirkung ex nunc). Dieser Grundsatz gilt uneingeschränkt aber nur bei der reinen Vertragsadoption. Ausnahmen bestehen, wenn bei der Adoption eine Behörde mitgewirkt oder sogar die Adoption ausgesprochen hat.

Wurde die Adoption im Inland ausgesprochen, so gilt – als Verfahrensvorschrift – auch bei Anwendung fremden Rechts § 56 e S 3 FGG: Der Beschluß ist unanfechtbar. Irgendwelche Mängel können darum nur in dem von § 56f FGG vorgesehenen Aufhebungsverfahren geltend gemacht werden. Welche Mängel in diesem Verfahren zu einer Aufhebung der Adoption führen können, bestimmt das Adoptionsstatut.

Wurde die Adoption im Ausland ebenfalls durch ein Gericht ausgesprochen und ist dieser (im Ausland nicht mehr anfechtbare) Beschluß im Inland anzuerkennen, so gilt dasselbe. Auch in diesem Fall kann die ausländische Adoption (aus den vom Adoptionsstatut genannten Gründen) nur in dem Verfahren des § 56f FGG aufgehoben werden.

Ob die Aufhebung des Annahmeverhältnisses mit **Rückwirkung** erfolgt oder nur ex nunc wirkt, bestimmt das Adoptionsstatut.

37 **c) Adoptionsstatut deutsches Recht, Adoption im Ausland nach ausländischem Recht**

Haben Deutsche im Ausland nach dem dort geltenden Recht adoptiert, so stellt sich die Frage, nach welchem Recht irgendwelche Mängel bei der Begründung der Adoption geltend gemacht werden können: nach dem (deutschen) Adoptionsstatut oder nach dem (ausländischen) Recht des Staates, nach dem die Annahme erfolgte.

Der Umstand allein, daß entgegen Art 22 die Adoption im Ausland nicht nach deutschem Recht erfolgte, steht der Anerkennung einer gerichtlichen oder behördlichen Adoptionsverfügung im Inland nicht entgegen (s unten Rz 88). Ist der Beschluß im Ausland wirksam geworden, so kann ihm die Anerkennung im Inland nur dann verweigert werden, wenn einer der Gründe des § 16 a FGG vorliegt, insbes die Anerkennung gegen den deutschen ordre public verstoßen würde. Ist der Beschluß im Inland anzuerkennen, so entscheidet über die Aufhebung der Adoption wegen irgendwelcher Mängel bei ihrer Begründung das Adoptionsstatut. Das Recht, nach dem die Adoption ausgesprochen wurde, spielt nur insofern eine Rolle, als es die Adoption qualifiziert (Minderjährigenadoption, Volljährigenadoption, Volladoption, schwache Adoption). Wurde beispielsweise eine schwache Adoption vorgenommen, obwohl nach dem Adoptionsstatut eine Volladoption hätte ausgesprochen werden müssen, so sind, wenn das Adoptionsstatut zwischen Volladoption und schwacher Adoption unterscheidet, auf die Aufhebung nicht die Vorschriften des Adoptionsstatuts über die Aufhebung einer Volladoption, sondern die Vorschriften über die Aufhebung einer schwachen Adoption anzuwenden.

Nach dem Adoptionsstatut kann darum ein Annahmeverhältnis auch dann aufgehoben werden, wenn es nach dem auf die Adoption tatsächlich angewandten Recht unaufhebbar wäre (PALANDT-HELDRICH Art 22 Anm 2 a).

38 **d) Adoptionsstatut ausländisches Recht, Adoption im Ausland nach einem anderen Recht als dem Adoptionsstatut**

Ist die Adoption im Ausland nach einem anderen Recht als dem (ausländischen) Adoptionsstatut erfolgt, gilt das zu c) Gesagte entsprechend. Über die Aufhebung entscheidet das Adoptionsstatut, nicht das Recht, nach dem die Adoption tatsächlich erfolgte. Auch wenn darum nach diesem die Adoption unwiderruflich wäre, kann eine Aufhebung erfolgen, wenn das Adoptionsstatut eine solche zuläßt (AG München 4. 12. 1979 IPRax 1981, 182 mit zustimmender Anm E J).

e) Mehrere Adoptionsstatute 39

Sind bei einer Adoption mehrere Rechte anzuwenden (zB wegen einer teilweisen Rück- oder Weiterverweisung oder wegen Art 23) und leidet die Adoption nach einem dieser Rechte an einem Mangel, so entscheidet über die Folgen dieses Mangels das verletzte Recht. Sind bei der Annahme die Adoptionsvoraussetzungen mehrerer Rechte nicht beachtet worden und stimmen die Sanktionen nicht überein, so gilt das „ärgere" Recht (SCHWIMANN, Grundriß des internationalen Privatrechts, 235).

4. Insbesondere: die Scheinadoption 40

Bei einer Volljährigenadoption ist gelegentlich die Herstellung eines echten Eltern-Kind-Verhältnisses nicht gewollt. Die Adoption soll (zB) nur dazu dienen, den Angenommenen vor einer Ausweisung zu bewahren. Eine solche Scheinadoption ist, wenn sie tatsächlich ausgesprochen worden ist, bei Geltung deutschen Adoptionsrechts nicht nichtig (und muß darum vom Standesbeamten auch beigeschrieben werden). Die Prüfung erfolgt hier im Vorfeld, nämlich bei der Untersuchung, ob die beantragte Adoption sittlich gerechtfertigt ist. Soll mit dem Annahmevertrag ausschließlich oder auch nur vornehmlich die drohende Ausweisung des Anzunehmenden verhindert werden, so ist die Adoption sittlich nicht gerechtfertigt, der Adoptionsantrag darum abzulehnen (vgl BayObLG 29. 2. 1980 IPRax 1981, 181; 30. 11. 1981 IPRax 1982, 117; 22. 12. 1981 FamRZ 1982, 644; KG 22. 9. 1981 FamRZ 1982, 641; OLG Köln 1. 3. 1982 FamRZ 1982, 642; OLG Düsseldorf 4. 3. 1985 FamRZ 1985, 832; BEITZKE StAZ 1983, 1, 6; STURM, FS Firsching, 309).

5. Aufhebung der Adoption 41

Die Aufhebung der Adoption kann aus Gründen erfolgen, die mit der Begründung der Adoption zusammenhängen, oder aus Gründen, die erst nachträglich eingetreten sind, zuweilen auch deswegen, weil die Partner des Adoptionsverhältnisses oder der Adoptierte allein dies lediglich so wollen. Anders als andere Kollisionsrechte (vgl zB § 26 Abs 1 österreichisches IPR-Ges; Art 44 jugoslawisches IPR-Ges) regelt Art 22 nicht ausdrücklich, welches Recht für die Aufhebung der Adoption gilt. Empfohlen wird, auch auf die Aufhebung der Adoption das Adoptionsstatut anzuwenden (BT-Drs 10/504, S 71; AG München 4. 12. 1979 IPRax 1981, 182; SOERGEL-KEGEL Art 22 Rdnr 77). Hier kann es zu Spannungen kommen, wenn nach dem maßgebenden ausländischen Recht für die Aufhebung der Adoption eine andere Kollisionsnorm gilt als für ihre Begründung.

Aus deutscher Sicht ist es Sache des **Adoptionsstatuts**, das für die Aufhebung maßgebliche Recht zu bestimmen. Wenn darum die Kollisionsnormen des Adoptionsstatuts die Aufhebung einem anderen Recht unterstellen als die Begründung (zB weil sie einen eingetretenen Statutenwechsel berücksichtigen: die Adoptiveltern haben nach der Adoption die Staatsangehörigkeit gewechselt; vgl für das österreichische Recht SCHWIMANN, IPR, 235; für Albanien Art 10 Ges Nr 3920; für Ungarn § 44 GesVO Nr 13/1979), so ist diese Rück- oder Weiterverweisung zu beachten.

6. Hinkende Adoptionen 42

Hinkende Adoptionen sind solche, die in einem Staat als wirksam zustande gekommen, in einem anderen Staat dagegen als nichtexistent angesehen werden. Ihre

Ursache haben sie meist darin, daß mehrere Staaten die internationale Zuständigkeit zur Vornahme der Adoption für sich in Anspruch nehmen, ohne Rücksicht darauf, ob die Adoption in einem anderen Staat anerkannt wird. Sie werden sich niemals ganz vermeiden lassen. Ein Gericht, das nach seinem Recht international zuständig ist, kann die Vornahme der Adoption nicht ablehnen mit der Begründung, es sei nicht zuständig. Wenn allerdings die Adoptiveltern alsbald nach der Adoption in ein Land ausreisen oder zurückkehren wollen, in dem die (deutsche) Adoption nicht anerkannt wird, kann der Erlaß des Adoptionsdekrets uU mit der Begründung verweigert werden, die Adoption diene nicht dem Wohl des Kindes (§ 1741 Abs 1 BGB; vgl auch Art 75 Abs 2 S 1 des schweizerischen Entwurfs eines IPR-Ges: „Zeigt sich, daß eine Adoption im Wohnsitz- oder Heimatstaat der adoptierenden Person oder der adoptierenden Ehegatten nicht anerkannt und dem Kind daraus ein schwerwiegender Nachteil erwachsen würde, so berücksichtigt die Behörde auch die Voraussetzungen des Rechts des betreffenden Staates"; s ferner IPG 1970 Nr 24 [Heidelberg]).

43 **III. Adoptionswirkungen**

Der Gesetzgeber hat auf eine besondere Vorschrift zur Regelung der Adoptionswirkungen verzichtet. Das hängt damit zusammen, daß es ein einheitliches Statut für alle Adoptionswirkungen nicht gibt. Nur ein Teilbereich der Adoptionswirkungen (Statusbegründung, Statusauflösung) richtet sich nach dem Adoptionsbegründungsstatut. Für die anderen Wirkungen gilt – wegen der Gleichstellung des Adoptivkindes mit einem ehelichen Kind – grds Art 19 Abs 2, soweit nicht besondere Kollisionsnormen Vorrang beanspruchen (Art 10: Name; Art 18: Unterhalt; Art 25: Erbrecht; Haager Unterhaltsstatutsabkommen; Haager Minderjährigenschutzabkommen).

44 **1. Statusbegründende und statuslösende Adoptionswirkungen**

In welches Rechtsverhältnis das angenommene Kind zu seinen Adoptiveltern und deren Verwandten tritt (§§ 1754, 1770 Abs 1 S 1 BGB), ob der Ehegatte des Annehmenden mit dem Angenommenen, der Ehegatte des Angenommenen mit dem Annehmenden verschwägert wird (§ 1770 Abs 1 S 2 BGB) richtet sich ebenso nach dem Adoptions(begründungs-)statut wie die Frage, was mit den verwandtschaftlichen Beziehungen des Kindes zu seinen leiblichen Verwandten geschieht (§§ 1755, 1756, 1770 Abs 2 BGB), vgl BT-Drs 10/504, S 72. Läßt das Adoptionsstatut die oder einige Beziehungen des Kindes zu seinen leiblichen Verwandten bestehen, so bestimmt sich deren Inhalt aber nicht nach dem Adoptionsstatut. Vielmehr gilt für sie das bisherige (Kindschafts-)Statut weiter (Beitzke, FS Firsching, 14 f).

45 **2. Spannungen zwischen dem Adoptionsstatut und dem auf die Adoption tatsächlich angewandten Recht**

Spannungen können sich ergeben, wenn die Adoption nach einem anderen Recht erfolgt als dem, das aus deutscher Sicht anzuwenden gewesen wäre. Haben zB deutsche Ehegatten im Ausland nach dem dort geltenden Recht ein Kind adoptiert und ist diese Adoption keine Volladoption iS des deutschen Rechts, so geht es nicht an, die statuslösenden Wirkungen der Adoption allein nach dem (deutschen) Adoptionsstatut zu beurteilen. Haben das Kind und seine Eltern nur in eine schwache Adoption eingewilligt, dh in eine Adoption, welche die verwandtschaftlichen Beziehungen zwischen dem Kind und seinen leiblichen Angehörigen bestehen läßt, so kann nicht gesagt werden, daß diese Beziehungen nach dem eigentlich anzuwendenden (deutschen) Recht erloschen seien. Sie bleiben vielmehr so lange bestehen, bis die schwache Adoption in eine Volladoption (mit Zustimmung der Betroffenen) umgewandelt wird. Es findet also mit der Anerkennung einer ausländischen schwachen Adoption nicht zugleich eine Transformation in eine (deutsche) Volladoption statt, auch wenn aus deutscher Sicht auf die Adoption eigentlich deutsches Recht hätte angewendet werden müssen (hM; vgl OLG Zweibrücken 8. 1. 1985 StAZ 1985, 132; Lüderitz, FS Beitzke, 603; Jayme IPRax 1983, 169, 170; Schurig IPRax 1984, 25, 27; Martiny in Hdb IZVR III/1 Kap I Rz 420; Beitzke, in: Einbindung fremder Normen in das deutsche Personenstandsrecht, 8; Palandt-Heldrich Art 22 Anm 4 b bb; aA König, Die Annahme eines Kindes im Ausland, 71 ff).

3. Kindschaftsstatut 46

Bei der Minderjährigenadoption erlangt das Kind nach deutschem Recht die rechtliche Stellung eines gemeinschaftlichen Kindes der Ehegatten bzw des Annehmenden (§ 1754 BGB). Das bedeutet, daß auch kollisionsrechtlich für die Beziehungen des Kindes zu seinen Adoptiveltern dasselbe Recht maßgebend ist wie zwischen einem ehelichen Kind und seinen Eltern (Art 19 Abs 2). Hat das Kind beiden Ehegatten gegenüber die Stellung eines ehelichen Kindes, so gilt, solange die Ehe besteht, das nach Art 14 Abs 1 für die allgemeinen Wirkungen der Ehe maßgebende Recht. Ein von den Ehegatten gem Art 14 Abs 2–4 gewähltes Ehewirkungsstatut ist nicht zu beachten. Hat das Kind nur einer Person gegenüber die Stellung eines ehelichen Kindes, so ist das Recht des Staates anzuwenden, in dem das Kind seinen gewöhnlichen Aufenthalt hat (Art 19 Abs 2).

Zweifel können bestehen, wenn der Annehmende zwar verheiratet ist, das angenommene Kind aber nicht als eheliches Kind beider Ehegatten gilt (zB, wenn – bei Anwendbarkeit deutschen Rechts – ein Ehegatte sein nichteheliches Kind allein angenommen hat, § 1741 Abs 2 S 2 iVm § 1754 BGB). Hier ist nach dem insoweit eindeutigen Wortlaut des Art 22 S 2 Adoptionsstatut das Ehewirkungsstatut. Dagegen läßt der Wortlaut des Art 19 Abs 2 für die (wandelbaren) Eltern-Kind-Beziehungen zwei unterschiedliche Ausdeutungen zu. Art 19 Abs 2 S 1 erklärt grds für das Rechtsverhältnis zwischen den Eltern und einem ehelichen Kind das Ehewirkungsstatut für maßgebend. Das Recht am gewöhnlichen Aufenthalt des Kindes soll gelten, wenn eine Ehe nicht besteht (Art 19 Abs 2 S 2). Hat ein Ehegatte sein nichteheliches Kind adopiert, so besteht zwar die Ehe. Gleichwohl gilt das Kind nicht als eheliches Kind beider Ehegatten. Die Ehegatten sind nicht seine „Eltern". In einem solchen Fall liegt die Anwendung des Aufenthaltsrechts des Kindes (analog Art 19 Abs 2 S 2) näher als die Anwendung des Ehewirkungsstatuts. Meistens wird das Kind seinen gewöhnlichen Aufenthalt auch im selben Staat haben wie der Ehegatte, der es angenommen hat.

Die Herrschaft des Kindschaftsstatuts bezieht sich insbes auf die Fragen der elterlichen Sorge und auf die ges Vertretung des Kindes. Soweit bei leiblichen Kindern das Kindschaftsstatut durch das Haager Minderjährigenschutzabkommen verdrängt wird, gilt dies auch für angenommene Kinder (insbes: elterliche Sorge bei getrenntlebenden oder geschiedenen Adoptiveltern, Umgangsrecht).

47 **4. Name**

Früher wurde die Namensführung des angenommenen Kindes dem Adoptionsstatut entnommen (BayObLG 23. 10. 1979 FamRZ 1980, 501: jedenfalls dann, wenn auch das Personalstatut zum gleichen Ergebnis führt; zuletzt noch AG Wolfsburg 10. 6. 1983 IPRax 1984, 44; Beitzke, in: Einbindung fremder Normen in das deutsche Personenstandsrecht, 20). Heute gilt auch dafür grds Art 10 Abs 1: Maßgebend ist das Heimatrecht des Kindes. Erwirbt das Kind mit der Annahme die Staatsangehörigkeit des oder der Annehmenden, so gilt für seine Namensführung sein neues Heimatrecht, nicht dasjenige, das es vor der Adoption hatte.

48 Führen die **Adoptiveltern keinen gemeinsamen Ehenamen,** so wird man Art 220 Abs 5 analog anwenden können. Die Erklärung über die Namensführung ist im Fall einer Inlandsadoption gegenüber dem Vormundschaftsgericht abzugeben (vgl § 1757 BGB). Ist die Adoption im Ausland erfolgt, so kann die Erklärung nachgeholt werden. In diesem Fall ist Erklärungsadressat der Standesbeamte (analog Art 220 Abs 5 S 2). Treffen die Eltern keine Bestimmung, so erhält bei einer Adoption im Inland das Kind den Familiennamen des Adoptivvaters, bei einer Auslandsadoption behält das Kind den Namen, der ihm bei der Adoption beigelegt wurde, vorausgesetzt, das Gericht ist zu Recht von einer unterschiedlichen Namensführung der Adoptiveltern ausgegangen.

49 Ist **kein Adoptivelternteil Deutscher,** so können die Adoptiveltern bei der Adoption auch erklären, daß das Kind seinen Familiennamen bekommen soll nach dem Recht des Staates, dem ein Adoptivelternteil angehört, oder nach deutschem Recht, wenn ein Elternteil seinen gewöhnlichen Aufenthalt im Inland hat (Art 10 Abs 5 analog). Ist die Adoption im Ausland erfolgt, so behält das Kind grds den Namen, der ihm bei der Adoption beigelegt wurde.

50 Verweist das Heimatrecht des Kindes auf ein anderes Recht als das Recht seines Heimatstaates (zB auf das Adoptionsstatut), so ist diese **Rück- oder Weiterverweisung** zu beachten (Wengler IPRax 1987, 164; Henrich, Der Erwerb und die Änderung des Familiennamens [1983] 114 f; zur Berücksichtigung der Rückverweisung in Namensfragen allgemein: BayObLG 10. 9. 1981 IPRax 1981, 220).

51 Str ist, nach welchem Recht die **Frage der Wirksamkeit der Adoption** zu beurteilen ist, wenn es um den Namen des Adoptivkindes geht. Ursprünglich ging man in der Praxis meist von einer selbständigen Anknüpfung familienrechtlicher Vorfragen im Namensrecht aus, während die Literatur überwiegend für eine unselbständige Anknüpfung plädierte (Wengler StAZ 1973, 205, 211; Beitzke StAZ 1976, 321, 326; 1984, 198; Edlbacher StAZ 1979, 3, 5; Jayme IPRax 1981, 160, 162; Hausmann StAZ 1982, 121, 128; MünchKomm-Birk, Nach Art 7 EGBGB Rdnr 10). Das BayObLG hat sich der letztgenannten Auffassung explizit angeschlossen (BayObLG 7. 5. 1986 IPRax 1987, 182, 185). Auch der BGH schien zunächst dem zuzuneigen (BGH 15. 2. 1984 IPRax 1986, 35, 38), stellte in einer späteren Entscheidung jedoch klar, daß unselbständig nur die Frage beantwortet werden sollte, ob ein familienrechtlicher Vorgang namensrechtliche Folgen habe, daß aber die Frage nach dem familienrechtlichen Status des Kindes **selbständig anzuknüpfen** sei (BGH 9. 7. 1986 IPRax 1987, 22). Das bedeutet: Für die Frage, ob eine Adoption einen Namenswechsel des Kindes zur Folge hat, gilt – jedenfalls nach Auffassung des BGH – sein Heimatrecht (oder das Recht, auf das dessen Kollisionsnormen verweisen). Die Vorfrage, ob das Kind wirksam adoptiert worden ist, ist dagegen aus der Sicht des deutschen Rechts zu beantworten, dh nach dem Recht, das nach den deutschen Kollisionsnormen Adoptionsstatut ist.

Beispiel: Ein Kind wird in seinem Heimatstaat von einem deutschen Ehepaar adoptiert. Die Adoption ist nach dem Heimatrecht des Kindes wirksam, nach deutschem Recht unwirksam.

Knüpft man (mit dem BayObLG) die Vorfrage der Adoptionswirksamkeit unselbständig an, so führt das Kind den Namen der Adoptiveltern, wenn ihm in der Adoptionsverfügung dieser Name beigelegt worden ist. Daß die Adoption nach deutschem Recht nicht wirksam ist, spielt keine Rolle (so auch AG Münster 16. 7. 1973 StAZ 1974, 48 m Anm JAYME). Folgt man der jüngsten Entscheidung des BGH, so kann man nicht mehr fragen: Welchen Namen führt (nach seinem Heimatrecht) ein adoptiertes Kind? Da die Adoption (aus deutscher Sicht) unwirksam ist, kann die Frage nur lauten: Welchen Namen führt das Kind nach seinem Heimatrecht, unterstellt, daß auch nach diesem Recht die Adoption als unwirksam angesehen würde?

Der BGH führt für seine Auffassung ins Feld, daß die Frage nach dem familienrechtlichen Status nur einheitlich entschieden werden könne. Dagegen spricht, daß der Name einer Person nicht von Staat zu Staat verschieden lauten soll, je nachdem, wie eine bestimmte familienrechtliche Vorfrage von dem jeweiligen Staat beurteilt wird. Der Paß des Kindes lautet jedenfalls auf den Namen, den es nach seinem Heimatrecht zu führen berechtigt ist (also meist auf den Namen der Annehmenden!).

In einer Reihe von Fällen besteht allerdings Klarheit: Haben Deutsche ein ausländi- 52
sches Kind nach deutschem Recht adoptiert und ist diese Adoption nach deutschem Recht wirksam, so hat das Kind damit auch die deutsche Staatsangehörigkeit erworben. Der Streit um selbständige oder unselbständige Anknüpfung spielt keine Rolle. Maßgebend ist in jedem Fall die Sicht des deutschen Rechts.

Dasselbe gilt, wenn Deutsche ein ausländisches Kind im Ausland nach ausländischem Recht adoptiert haben, die Adoption im Inland anerkannt wird und das Kind durch sie die deutsche Staatsangehörigkeit erworben hat.

Ebenfalls klar ist der Fall, daß Ausländer (im Inland oder im Ausland) ein deutsches Kind angenommen haben und die Adoption zwar nach dem Heimatrecht der Adoptiveltern wirksam ist, nach deutschem Recht aber an einem Mangel leidet. Hier ist das Kind Deutscher geblieben. Selbständige und unselbständige Anknüpfung der Vorfrage führen auch hier zum selben Ergebnis: Maßgebend ist die Sicht des deutschen Rechts.

Problemfälle sind die, daß Deutsche im Ausland ein Kind adoptiert haben und die 53
Adoption zwar nach dem (bisherigen) Heimatrecht des Kindes, nicht aber nach deutschem Recht wirksam ist. Hier wird man, solange der BGH seine Meinung nicht revidiert, davon ausgehen müssen, daß das Kind auch dann nicht den Namen seiner Adoptiveltern führt, wenn es nach seinem Heimatrecht dazu berechtigt sein würde.

Eine andere Schwierigkeit bei der Namensführung entsteht dann, wenn das Heimat- 54
recht des Kindes nur eine **Volladoption** kennt, tatsächlich aber eine **schwache Adoption** durchgeführt worden ist. Hier kann es sein, daß die namensrechtlichen Folgen der Adoption nach dem Heimatrecht des Kindes (wenn es – wegen der schwachen Adoption – die ausländische Staatsangehörigkeit seiner Adoptiveltern nicht erworben hat) für voll adoptierte Kinder gedacht sind, also nicht passen, wenn keine Volladoption stattgefunden hat. In solchen Fällen ist eine Anpassung geboten.

Beispiel: Ein Spanier adoptiert in Spanien durch einfache Adoption ein deutsches Kind. Nach spanischem Recht (Adoptionsstatut) behält im Fall einer einfachen

Adoption der Adoptierte grds seinen eigenen Namen bei (Art 180 Abs 2 S 2 cc). Nach deutschem Recht (das Kind hat die deutsche Staatsangehörigkeit nicht verloren, weil es die spanische mit der Adoption nicht erworben hat) erhält das Kind den Familiennamen des Annehmenden (§ 1757 BGB).

Hier geht es nicht an, das Kind nach seinem Heimatrecht namensrechtlich so zu behandeln, wie wenn eine Volladoption vorläge. Man wird darum entweder sagen, daß das Heimatrecht dem Kind keinen anderen Namen verschaffen kann, als das Adoptionsstatut zu geben bereit ist, oder (und das dürfte der heute herrschenden Unterstellung des Namens unter das Heimatrecht besser entsprechen) man wird Vorschriften analog anwenden, welche im Heimatstaat des Kindes die schwache Adoption regeln (hier: die §§ 1767 ff BGB – Adoption Volljähriger). Letzteres würde allerdings bedeuten, daß das Kind gegen den Willen des Heimatrechts der Annehmenden deren Namen erhält. Will man das vermeiden, so bietet sich die Analogie zu Art 10 Abs 5 an: Ist keiner der Annehmenden Deutscher, so können die Annehmenden bestimmen, daß das Kind den Familiennamen erhalten soll nach dem Recht, dem einer der Annehmenden angehört (im Beispielsfall also nach spanischem Recht seinen bisherigen Namen behält).

55 **5. Staatsangehörigkeit**

Ob ein Adoptivkind mit der Annahme die Staatsangehörigkeit seiner Adoptiveltern erwirbt und seine bisherige Staatsangehörigkeit verliert, richtet sich jeweils nach dem Recht der Staaten, um deren Staatsangehörigkeit es geht. Hat nach den Staatsangehörigkeitsges eines Landes die Annahme als Kind Auswirkungen auf die Staatsangehörigkeit (automatischer Erwerb, automatischer Verlust, Anspruch auf erleichterte Einbürgerung, Option), so ist auch die Vorfrage, ob ein Annahmeverhältnis begründet worden ist, nach den Ges dieses Landes zu beantworten: Die Vorfrage der wirksamen Adoptionsbegründung wird unselbständig angeknüpft. Unselbständige Anknüpfung der Vorfrage bedeutet im Zweifel Entscheidung nach dem Recht, auf das die Kollisionsnormen des Staates verweisen, um dessen Staatsangehörigkeit es geht (vgl Kegel, IPR, § 9 II 2 a).

Zu den unterschiedlichen Auswirkungen der Adoption auf die Staatsangehörigkeit in den verschiedenen Ländern der Erde (175 Staaten) s die Übersicht bei Hecker StAZ 1985, 153.

Im folgenden ist nur vom Erwerb und Verlust der deutschen Staatsangehörigkeit die Rede.

56 **a) Erwerb der deutschen Staatsangehörigkeit bei Adoption im Inland**

Wird ein Kind, das nicht die deutsche Staatsangehörigkeit besitzt, im Inland von einem einzelnen Deutschen oder von einem deutschen Ehepaar oder einem Ehepaar, bei dem ein Ehegatte Deutscher ist, unter Anwendung deutschen Rechts (gegf unter Mitberücksichtigung seines Heimatrechts: Art 23) adoptiert, so erwirbt es mit der Adoption die deutsche Staatsangehörigkeit, wenn es im Zeitpunkt des Annahmeantrags das 18. Lebensjahr noch nicht vollendet hatte (§ 6 RuStAG). Keine Rolle spielt es, ob das Kind zu diesem Zeitpunkt auch nach seinem Heimatrecht noch minderjährig war.

Daß das Ges nicht von einem minderjährigen Kind spricht, sondern von einem Kind, welches das 18. Lebensjahr noch nicht vollendet hat, beruht darauf, daß über die Frage der Volljährigkeit oder Minderjährigkeit eines Kindes grds sein Heimatrecht entscheidet (Art 7 Abs 1). Der Gesetzgeber wollte aber den automatischen

Erwerb der Staatsangehörigkeit nur für Kinder vorsehen, die iS des deutschen Rechts bei der Adoption noch minderjährig sind. Der Hinweis auf das 18. Lebensjahr ist darum eine Umschreibung für „im Sinne des deutschen Rechts noch minderjährig“ (BT-Drs 10/405, S 96).

Ein Kind, welches das 18. Lebensjahr vollendet hat, erwirbt somit nicht die deutsche Staatsangehörigkeit, auch wenn es – weil nach seinem Heimatrecht noch minderjährig (Art 7 Abs 1) – im Wege der Volladoption als Kind angenommen wird (Jayme StAZ 1976, 1, 2).

Ob auf der anderen Seite ein Kind, das nach seinem Heimatrecht bereits mit 17 Jahren volljährig ist und darum von einem Deutschen im Wege der Volljährigenadoption angenommen wird, mit der Annahme die deutsche Staatsangehörigkeit erwirbt, ist nicht sicher. Interpretiert man nämlich Art 6 RuStAG so, daß nur die Volladoption die deutsche Staatsangehörigkeit verschafft (s u Rz 59), so würde der Angenommene die deutsche Staatsangehörigkeit nicht erwerben, weil die Volljährigenadoption keine Volladoption darstellt (Jayme StAZ 1976, 1, 2 tritt aber auch hier für einen Erwerb der deutschen Staatsangehörigkeit ein).

Wenn Ehegatten nicht dieselbe Staatsangehörigkeit haben, kann es geschehen, daß das Kind neben der deutschen Staatsangehörigkeit des einen Elternteils auch die Staatsangehörigkeit des nichtdeutschen Elternteils erwirbt. Diese Möglichkeit, daß das Kind durch die Annahme zum Doppelstaater wird, hat der Gesetzgeber in Kauf genommen. Die Situation ist nicht anders als bei der Geburt eines Kindes in einer Ehe, in der Vater und Mutter unterschiedlicher Staatsangehörigkeit sind.

b) Erwerb der deutschen Staatsangehörigkeit bei Adoption im Ausland 57

§ 6 RuStAG knüpft den Erwerb der deutschen Staatsangehörigkeit an die „nach den deutschen Gesetzen“ wirksame Annahme als Kind. Die Formulierung ist mehrdeutig. Gemeint sein kann damit sowohl Wirksamkeit nach den Vorschriften des BGB als auch Wirksamkeit nach den Vorschriften des nach den deutschen Kollisionsnormen anwendbaren Rechts oder schließlich Wirksamkeit unabhängig vom angewandten Recht allein aufgrund der Anerkennung der ausländischen Entscheidung.

Vorweg gilt: Die deutsche Staatsangehörigkeit kann im Fall einer Annahme als Kind nur dann erworben werden, wenn es sich bei dem in Frage stehenden Rechtsverhältnis auch tatsächlich um eine Adoption iS des deutschen Rechts handelt. Adoptionsähnliche Rechtsverhältnisse führen in keinem Fall zum Staatsangehörigkeitserwerb gem § 6 RuStAG, mag auf ihre Begründung auch Art 22 analog angewandt werden (vgl Makarov-von Mangoldt, Deutsche Staatsangehörigkeit, § 6 RuStAG Rdnr 10).

Unproblematisch ist der Erwerb der deutschen Staatsangehörigkeit, wenn im Fall einer Adoption durch Deutsche im Ausland die Vorschriften des deutschen Rechts (einschließlich des deutschen Kollisionsrechts: Art 23!) beachtet wurden und die ausländische Adoption im Inland anzuerkennen ist.

Problematisch können die Fälle sein, in denen – abweichend von Art 22 – die 58
Adoption durch Deutsche im Ausland nach ausländischem Recht erfolgte.

Stellt man nur auf die Wirksamkeit in Deutschland ab, so würde bei jeder in Deutschland anerkannten ausländischen Adoption das Kind die deutsche Staatsangehörigkeit des oder der Annehmenden erwerben.

Mißt man der Formulierung „nach den deutschen Gesetzen wirksamen“ besondere Bedeutung bei, so kann man differenzieren, je nachdem, ob bei der Adoption im

Ausland die Vorschriften des deutschen Rechts (sei es des BGB, sei es des nach Art 22 anwendbaren Rechts) beachtet wurden oder nicht.

Von vornherein außer Betracht bleiben können hier die Fälle, in denen die Adoption im Ausland nicht durch einen Akt der freiwilligen Gerichtsbarkeit erfolgte sondern durch bloßen Vertrag der Beteiligten. Solche Vertragsadoptionen werden nicht „anerkannt", sondern lediglich anhand des gem Art 22, 23 anwendbaren Rechts auf ihre Wirksamkeit überprüft. Wurden hier bei einer Adoption durch Deutsche die Vorschriften des gem den genannten Kollisionsnormen anwendbaren Rechts verletzt, so ist die Adoption von vornherein unwirksam und kann folglich auch die deutsche Staatsangehörigkeit nicht vermitteln.

59 Problematisch sind die Fälle, in denen die **Adoption durch einen Akt der freiwilligen Gerichtsbarkeit,** insbes also durch gerichtliches Dekret, erfolgte; denn nur hier stellt sich die Frage, ob es für den Erwerb der deutschen Staatsangehörigkeit auf die bloße Anerkennung der ausländischen Adoption ankommt oder auch auf die Wahrung des deutschen Rechts bzw des nach den deutschen Kollisionsnormen anzuwendenden Rechts.

Weitgehende Einigkeit scheint darüber zu bestehen, daß nicht jede im Ausland nach ausländischem Recht erfolgte Adoption dem ausländischen Kind die deutsche Staatsangehörigkeit verschaffen soll. Unterschiedlich ist der Weg, auf dem dieses Ziel angestrebt wird. Wer den Erwerb der Staatsangehörigkeit allein von der Anerkennung der Adoption abhängig macht, muß die Anerkennung in den Fällen, in denen der automatische Erwerb der deutschen Staatsangehörigkeit nicht gerechtfertigt erscheint, ablehnen (so insbes Makarov-von Mangoldt § 6 RuStAG Rdnr 11 für alle Fälle der schwachen Adoption). Wer dagegen schwache Adoptionen nicht von vornherein von der Anerkennung ausschließen will, muß auf die Beachtung der Vorschriften des deutschen Rechts abstellen. Eine ausländische (schwache) Adoption kann dann zwar anerkannt werden, hat aber nicht notwendig den Erwerb der deutschen Staatsangehörigkeit zur Folge (dafür namentlich Jayme IPRax 1983, 169; ders IPRax 1984, 43, 221; Hepting StAZ 1986, 305, 310f; Klinkhardt IPRax 1987, 157, 159; vgl auch Beschl der 56. Arbeitstagung der Bundesarbeitsgemeinschaft der Landesjugendämter und überörtlichen Erziehungsbehörden, IPRax 1985, 308).

Zu der Frage, wann ausländischen Adoptionen die Anerkennung im Inland zu versagen ist, s u Rz 86ff.

60 Insbes im Zusammenhang mit dem Staatsangehörigkeitserwerb wird die Auffassung vertreten, daß **schwachen Adoptionen** durch **deutsche Annehmende** stets die **Anerkennung im Inland zu versagen** sei (nachdrücklich: Makarov-von Mangoldt § 6 RuStAG Rdnr 11). Begründet wird dieser Standpunkt mit der Behauptung, für die Anerkennung einer ausländischen Adoption sei erforderlich, daß die „leitenden Grundsätze des deutschen Adoptionsrechts" nicht verletzt worden seien (LG Stuttgart 10. 3. 1982 IPRax 1983, 194) oder daß die ausländische Adoption „in ihren Grundzügen dem deutschen Adoptionsrecht" entspreche (AG Bonn 22. 9. 1982 IPRax 1984, 36). Dieser Standpunkt war vertretbar, solange die Anerkennung ausländischer Akte der freiwilligen Gerichtsbarkeit ges nicht geregelt war. Heute entscheidet darüber das Ges. Die Voraussetzungen für die Anerkennung einer ausländischen Entscheidung der freiwilligen Gerichtsbarkeit sind in Art 16 a FGG (idF des IPR-Ges) abschließend aufgezählt. Schranken der genannten Art finden sich darin nicht. Daß ein ausländisches Recht, welches für Minderjährige eine schwache Adoption vorsieht, gegen den deutschen ordre public verstößt, kann nicht

behauptet werden (s u Rz 96ff). Daraus folgt, daß der Erwerb der deutschen Staatsangehörigkeit durch Kinder, die nur schwach adoptiert worden sind, nicht dadurch verhindert werden kann, daß der ausländischen Adoption die Anerkennung versagt wird.

Hinzukommen weitere Bedenken: Haben beispielsweise Ehegatten unterschiedlicher Staatsangehörigkeit mit gewöhnlichem Aufenthalt im Ausland dort ein Kind nach dem dortigen Recht „schwach" adoptiert, so ist auf die Adoption das aus deutscher Sicht maßgebende Recht (Art 22 S 2, 14 Abs 1 Nr 2) angewandt worden. Hier wäre es seltsam, würde man die Anerkennungsmöglichkeit verneinen, obgleich das Gericht das „richtige" Recht angewandt hat.

Schließlich muß auch das Kindesinteresse bedacht werden. Eine Nichtanerkennung würde das Kind (dessen Eltern oft nicht mehr zu ermitteln sein werden) schutzlos stellen. Dem Kindeswohl wird nur eine solche Regelung gerecht, die eine – schwächere – Bindung bestehen läßt, wenn die Alternative die völlige Bindungslosigkeit wäre (SCHURIG IPRax 1986, 221, 224; HEPTING StAZ 1986, 305, 312).

Sind demnach **auch schwache Auslandsadoptionen anzuerkennen,** so kann dem **61**
angenommenen Kind (wenn man das überhaupt will) die deutsche Staatsangehörigkeit nur versagt werden, wenn der Formulierung in § 6 RuStAG „nach den deutschen Gesetzen wirksamen Annahme" Bedeutung beigemessen wird. Was unter dieser Formulierung zu verstehen ist, ist dann eine Auslegungsfrage. Es würde wohl zu weit gehen, stets die genaue Beobachtung der Vorschriften des deutschen Rechts zu verlangen. Andrerseits ist nicht zu verkennen, daß der automatische Erwerb der deutschen Staatsangehörigkeit durch angenommene Kinder mit der Einführung der Volladoption verknüpft war (§ 6 RuStAG ist durch das Adoptionsges v 2. 7. 1976 in das RuStAG eingeführt worden). Von daher erscheint es als zulässig anzunehmen, daß der Gesetzgeber die deutsche Staatsangehörigkeit nur solchen (noch nicht 18 Jahre alten) Kindern zuerkennen wollte, die mit der Adoption voll in die Familie der Annehmenden integriert werden. Schwache Adoptionen ziehen darum nicht den automatischen Erwerb der deutschen Staatsangehörigkeit nach sich.

Es bleibt dann allein die – oft nicht einfach zu beantwortende – Frage, ob es sich bei der Adoption des ausländischen Rechts um eine Volladoption iS des deutschen Rechts handelt. Die Staatsangehörigkeitsbehörde hat hier wertend festzustellen, ob die Auslandsadoption das Kind voll in die Familie der Annehmenden integriert; denn nur dann ist sie geeignet, den § 6 RuStAG auszufüllen. Maßstab ist die **Gleichwertigkeit** – nicht Gleichheit – **mit dem deutschen Recht** (HEPTING StAZ 1986, 305, 310f). Der Umstand, daß das Erbrecht der natürlichen Eltern erhalten bleibt, schließt allein die Gleichwertigkeit nicht aus (Hess VGH 13. 11. 1984 StAZ 1985, 312).

Für die Prüfung der Gleichwertigkeit kann es ein Indiz sein, wenn das Kind infolge der Adoption seine bisherige Staatsangehörigkeit verloren hat. Ebenso wie ein deutsches Kind die deutsche Staatsangehörigkeit im Fall einer Adoption nur dann verliert, wenn es mit der Adoption zugleich die Staatsangehörigkeit des Annehmenden erwirbt, Art 27 S 1 RuStAG (und damit im Fall einer schwachen Adoption die deutsche Staatsangehörigkeit regelmäßig behält), kann man auch der ausländischen Staatsangehörigkeitsregelung einen Anhaltspunkt dafür entnehmen, ob die Adoption als wirkliche Trennung von der bisherigen Familie angesehen wird. Regelungen über den automatischen Verlust der Staatsangehörigkeit im Fall einer Adoption sind freilich selten (vgl HECKER StAZ 1985, 153, 159f).

62 **c) Verlust der deutschen Staatsangehörigkeit bei Adoption eines deutschen Kindes durch Ausländer**

Ein Deutscher verliert gem § 27 RuStAG mit der nach den deutschen Ges wirksamen Annahme als Kind durch einen Ausländer die Staatsangehörigkeit, wenn er dadurch die Staatsangehörigkeit des Annehmenden erwirbt. Der Verlust tritt nicht ein, wenn er mit einem deutschen Elternteil verwandt bleibt. Der Verlust erstreckt sich auf die minderjährigen Abkömmlinge, für die dem Angenommenen die alleinige Sorge für die Person zusteht, wenn auch der Erwerb der Staatsangehörigkeit durch den Angenommenen sich auf die Abkömmlinge erstreckt.

Voraussetzung für den Verlust der deutschen Staatsangehörigkeit ist somit auch hier zunächst die Wirksamkeit der Annahme. Bei einer Annahme im Ausland kommt es folglich auf die Anerkennung der Adoption an, wenn die Adoption durch einen Akt der freiwilligen Gerichtsbarkeit erfolgte, bzw, im Fall einer Vertragsadoption, auf die Wahrung des nach den deutschen Kollisionsnormen anwendbaren Rechts.

Auch hier schließt, ebenso wie bei dem Erwerb der deutschen Staatsangehörigkeit durch ein ausländisches Kind, der bloße Umstand, daß es sich bei der Adoption nicht um eine Volladoption, sondern um eine schwache Adoption handelt, die Anerkennung nicht aus. Die Interessen des Kindes werden hier in einem früheren Stadium gewürdigt, nämlich bei den nach deutschem Recht (Art 23) erforderlichen Einwilligungen und der Genehmigung des Vormundschaftsgerichts (§ 1746 Abs 1 S 4 BGB). Haben die leiblichen Eltern oder hat das Vormundschaftsgericht Vorbehalte gegenüber der schwachen Adoption, so kann die Einwilligung oder die Genehmigung verweigert werden. Geschieht das nicht, so besteht kein Anlaß, aus der Andersartigkeit der ausländischen Adoption einen Grund für die Versagung der Anerkennung herzuleiten.

63 **Fehlte** bei der Adoption eine **erforderliche Einwilligung** oder die **Genehmigung des Vormundschaftsgerichts,** so ist zweifelhaft, ob die Adoption gleichwohl als „wirksam“ bezeichnet werden kann. Dafür spricht, daß seit der Neufassung des § 1760 BGB durch das Adoptionsges v 1976 dann, wenn es an einem Antrag, der Einwilligung des Kindes oder eines Elternteils fehlt, die Adoption nicht mehr unwirksam ist, sondern lediglich (mit Wirkung ex nunc) aufgehoben werden kann. Dagegen spricht, daß es nicht angeht, einem deutschen Kind den Schutz der deutschen Staatsangehörigkeit zu nehmen, solange die Adoption noch in der Schwebe ist und auf Antrag jederzeit wieder aufgehoben werden kann (vgl Makarov-von Mangoldt § 27 RuStAG Rdnr 15).

Die Situation ändert sich aber, wenn die **Frist abgelaufen** ist, innerhalb derer der Antrag auf Aufhebung der Adoption zu stellen ist (§ 1762 BGB). Kann die Adoption nicht mehr aufgehoben werden, so ist sie auch iS des § 27 RuStAG voll „wirksam“. Dies gilt jedenfalls dann, wenn das Kind inzwischen volljährig geworden ist und darum auch eine Aufhebung von Amts wegen nicht mehr in Frage kommt (§ 1763 BGB); vgl LG Tübingen StAZ 1986, 42; LG Nürnberg–Fürth IPRax 1987, 179. Das bedeutet, daß das Kind, sobald die Aufhebungsfrist verstrichen ist und es volljährig geworden ist, die deutsche Staatsangehörigkeit (ex nunc) verliert. Zwar geht Art 27 S 1 RuStAG davon aus, daß der Staatsangehörigkeitsverlust gleichzeitig mit dem Staatsangehörigkeitserwerb eintritt. Gleichzeitig bedeutet hier aber nur, daß der Erwerb der ausländischen Staatsangehörigkeit unmittelbare Folge der Adoption sein muß, also nicht von weiteren Voraussetzungen (Aufenthalt, Abgabe einer Optionserklärung usw) abhängig gemacht werden darf. Gleichzeitig bedeutet nicht, daß die deutsche Staatsangehörigkeit in demselben Augenblick untergehen muß, in dem die ausländische Staatsangehörigkeit erworben wird. Von einem Erwerb und Verlust uno actu kann man darum auch dann noch sprechen, wenn eine Genehmigung, die vor der Adoption hätte erteilt werden müssen, nachträglich erklärt wird (aA MAKAROV-VON MANGOLDT § 27 RuStAG Rdnr 17). Dasselbe gilt, wenn infolge Zeitablaufs und Erreichung der Volljährigkeit eine Aufhebung nicht mehr möglich ist. Auch hier beruht der Verlust der Staatsangehörigkeit auf der Adoption, nicht auf einem zusätzlichen Tun des Adoptierten. Weil indessen Bedenken bestehen, die Staatsangehörigkeit rückwirkend wegfallen zu lassen, geht in einem solchen Fall die Staatsangehörigkeit nur mit Wirkung ex nunc verloren.

6. Erbrecht 64

Die Frage, welches Recht darüber entscheidet, ob durch eine Annahme als Kind ein Erbrecht (des Kindes, der Annehmenden, der jeweiligen Verwandten) entsteht oder erlischt, ist str. Meist wird empfohlen, die Sondernormen für die erbrechtlichen Folgen einer Adoption dem **Adoptionsstatut** zu entnehmen, dh das Adoptionsstatut darüber entscheiden zu lassen, ob überhaupt ein Erbrecht auf eine Adoption gestützt werden kann. Dagegen soll dann die konkrete Ausgestaltung der erbrechtlichen Position dem Erbstatut entnommen werden (MünchKomm-KLINKHARDT Art 22 Rdnr 191; SOERGEL-KEGEL Art 22 Rdnr 73; PALANDT-HELDRICH Art 22 Anm 2). Die Gegenmeinung will allein das **Erbstatut** entscheiden lassen. Nur die Wirksamkeit der Adoption soll nach dem – vom Erbstatut berufenen – Adoptionsstatut geprüft werden (STAUDINGER-FIRSCHING Vorbem 280 ff zu Art 24–26; FERID Rdnr 8–372, 1).

65 Die Streitfrage hat Bedeutung, wenn Erbstatut und Adoptionsstatut voneinander **abweichen,** beispielsweise das Adoptionsstatut dem Kind kein Erbrecht gegenüber dem Annehmenden einräumt, das Erbstatut dagegen angenommene Kinder und eheliche Kinder gleich behandelt, oder wenn das Adoptionsstatut die erbrechtliche Gleichstellung ehelicher und adoptierter Kinder anordnet und erbrechtliche Ansprüche des angenommenen Kindes gegenüber seinen leiblichen Eltern erlöschen läßt, das Erbstatut dem adoptierten Kind aber erbrechtliche Ansprüche gegenüber seinen leiblichen Eltern beläßt.

66 Beispiel: Ein deutsches Kind wurde – vor dem Adoptionsges v 1976 – von einem amerikanischen Staatsangehörigen adoptiert. Nach dem Adoptionsstatut handelte es sich um eine Volladoption: Adoptierte Kinder beerben nur die Adoptiveltern, nicht mehr die leiblichen Eltern. Nach deutschem Recht (Erbstatut) hatte – vor 1976 – ein adoptiertes Kind nach wie vor Erbansprüche gegenüber seinen leiblichen Eltern.

Geht man vom Adoptionsstatut aus, so hätte das Kind beim Tode seines leiblichen Vaters kein Erbrecht. Geht man vom Erbstatut aus, so hätte das Kind ein solches Erbrecht (vgl IPG 1969 Nr 31 [Köln]). Die beiden Auffassungen stehen aber nur scheinbar in einem Widerspruch. Geht man nämlich vom Erbstatut aus, so hatten nach dem früheren deutschen Recht zwar adoptierte Kinder nach wie vor ein Erbrecht beim Tod ihrer leiblichen Eltern. Dabei war aber vorausgesetzt, daß es sich bei der Adoption um eine Adoption des deutschen Rechts handelte. Eine Adoption nach ausländischem Recht kann der deutschen Adoption nicht ohne weiteres gleichgesetzt werden. Die **Substitution** ist vielmehr davon abhängig, daß die ausländische Adoption der deutschen Adoption – in ihren erbrechtlichen Wirkungen – **vergleichbar** ist.

Anders ausgedrückt: Beendet eine Adoption das familienrechtliche Verhältnis eines Kindes zu seinen leiblichen Eltern, so hat das Kind bei deren Tod auch dann keinen Erbanspruch, wenn das Erbstatut den Kindern deswegen ein solches Erbrecht beläßt, weil es der Adoption keine statuslösenden Wirkungen beilegt (vgl IPG 1975 Nr 30 [Hamburg]; IPG 1977 Nr 26 [Freiburg]; IPG 1982 Nr 32 [München]).

Beispiel: Eine britische Staatsangehörige hat nach dem Adoption of Children Act 1926 ein Kind adoptiert. Bei ihrem Tod hinterläßt sie Grundstücke in Deutschland. Nach dem Adoption of Children Act 1926 galten Adoptivkinder nicht als „Kinder" iS der erbrechtlichen Vorschriften.

Auch hier kommt man dann, wenn man vom Erbstatut ausgeht, zum selben Ergebnis, wie wenn man vom Adoptionsstatut ausgeht. Adoptionsstatut ist das englische Recht. Nach diesem erwarb das Kind mit der Adoption kein Anrecht auf eine spätere Erbfolge nach dem Tod der Annehmenden. Erbstatut ist bezüglich des deutschen Grundvermögens kraft Rückverweisung deutsches Recht. Nach deutschem Recht haben zwar angenommene Kinder ein Erbrecht beim Tod ihrer Adoptiveltern. Dieses Erbrecht steht ihnen aber nur dann zu, wenn die Adoption nach deutschem Recht erfolgte oder in ihren (erbrechtlichen) Wirkungen einer deutschen Adoption vergleichbar ist. Das ist hier nicht der Fall. Vgl Wengler, Gutachten, Bd II, Nr 90.

67 Divergieren Adoptionsstatut und Erbstatut in der Frage, ob eine **Adoption überhaupt zulässig** ist (Beispiel: Ein mit einer Deutschen verheirateter Ägypter nimmt gemeinsam mit seiner Frau in Deutschland – dem Staat des gemeinsamen gewöhnlichen Aufenthalts – ein Kind an), so hat das Kind beim Tod seines Adoptivvaters nicht schon deswegen ein Erbrecht, weil das Adoptionsstatut (deutsches Recht) ein solches Erbrecht vorsieht. Wer Erbe sein kann, bestimmt zunächst das Erbstatut, hier also das ägyptische Recht. Fallen nach diesem adoptierte Kinder nicht unter den Begriff „Kinder" iS der erbrechtlichen Vorschriften, so ist dies grds zu akzeptieren. Dabei ist die Frage, ob ein angenommenes Kind dem Erblasser gegenüber auch erbrechtlich als „Kind" gilt, nicht vom Standpunkt des auf die Erbfolge anwendbaren materiellen Rechts aus zu beurteilen, sondern unter Zugrundelegung der Kollisionsregeln des Erbstatuts. Läßt beispielsweise das Erbstatut, das eine Adoption nicht kennt, Adoptivkinder dann erben, wenn sie nach ihrem Personalstatut den Status eines ehelichen Kindes des Erblassers haben, so ist das selbstverständlich zu berücksichtigen (vgl zum israelischen Recht Wengler, Gutachten, Bd II, Nr 91, 92).

68 **Fallen Adoptionsstatut und Erbstatut auseinander,** so sind nach dem Gesagten dann, wenn es um das Erbrecht des Adoptivkindes gegenüber den Adoptiveltern geht, folgende **Fragen** zu beantworten:

(a) Sind nach dem Erbstatut Adoptivkinder **erbberechtigt?**

(b) Wenn ja: Liegt eine **wirksame Adoption** vor? Diese Frage ist aus der Sicht des Erbstatuts zu beantworten.

(c) Falls eine wirksame Adoption vorliegt: Ist die Adoption in ihren erbrechtlichen Wirkungen mit einer Adoption nach den Vorschriften des Erbstatuts **vergleichbar?**

Kennt das Erbstatut keine Adoption, so ist zu prüfen, ob es nicht gleichwohl mit Hilfe seines Kollisionsrechts dazu kommt, Adoptivkinder ehelichen Kindern gleichzustellen.

Die Frage, ob die Adoption in ihren erbrechtlichen Wirkungen mit einer Adoption nach den Vorschriften des Erbstatuts vergleichbar ist, ist nach dem Recht zu beantworten, das auf die Adoption tatsächlich angewandt wurde, nicht nach dem Recht, das aus der Sicht des Adoptionsstatuts oder des Erbstatuts auf die Adoption hätte angewendet werden müssen.

Adoptieren beispielsweise deutsche Ehegatten im Ausland ein Kind und wird dabei auf die Adoption nicht das deutsche Recht, sondern (zB) das Heimatrecht des Kindes angewandt, das ein Erbrecht des Kindes nicht vorsieht, so ist die Adoption in ihren erbrechtlichen Wirkungen einer Adoption des deutschen Rechts nicht vergleichbar. Das Kind hat darum beim Tod seiner Adoptiveltern auch dann kein Erbrecht, wenn die Adoption in Deutschland anerkannt worden ist.

Geht es um das Erbrecht eines Adoptivkindes gegenüber seinen **leiblichen Verwandten,** so sind folgende Fragen zu beantworten: 69

(a) Liegt eine **wirksame Adoption** vor? Diese Frage ist aus der Sicht des Erbstatuts zu beantworten.

(b) **Erlischt** nach dem Erbstatut das **Erbrecht** eines Kindes gegenüber seinen leiblichen Verwandten mit seiner Adoption?

(c) Wenn nein: Läßt auch das auf die **Adoption** tatsächlich angewandte Recht das Erbrecht des Kindes gegenüber seinen leiblichen Verwandten bestehen?

Wird die Frage (c) bejaht, kann das Kind Erbansprüche beim Tod seiner leiblichen Verwandten noch geltend machen. Wird die Frage verneint, hat maW die Adoption statuslösende Wirkungen, so entfällt das Erbrecht des Adoptivkindes auch dann, wenn nach dem Erbstatut ein Erbrecht deswegen bestehen bleibt, weil nach diesem Statut die Adoption keine statuslösenden Wirkungen hat.

Der hier vorgeschlagene Weg ist also der, zwar grds vom **Erbstatut** auszugehen, die – erbrechtlichen – Wirkungen der Adoption aber weder dem Erbstatut noch dem Adoptionsstatut zu entnehmen, sondern dem Recht, nach dem die Adoption **tatsächlich** erfolgte (ihre Anerkennung aus der Sicht des Erbstatuts immer vorausgesetzt). Es handelt sich somit um ein **Substitutionsproblem.** Zu fragen ist: Ist die Adoption, so wie sie tatsächlich erfolgte, in ihren erbrechtlichen Wirkungen einer Adoption nach den Regeln des Erbstatuts vergleichbar? S dazu auch Beitzke, FS Firsching, 19, 24 f. 70

Wer demgegenüber nicht vom Erbstatut, sondern vom Adoptionsstatut ausgeht (wie zB KG 23. 10. 1981 IPRax 1985, 354), kommt dann in Schwierigkeiten, wenn eine im Ausland vollzogene und hier anzuerkennende Adoption nach einem anderen Recht erfolgte als dem, das nach deutschem Kollisionsrecht hätte angewendet werden müssen. Wenn beispielsweise Deutsche im Ausland ein Kind nach ausländischem Recht im Wege der schwachen Adoption als Kind annehmen, so müßte dem Kind, wenn man über das Bestehen eines Erbrechts das Adoptionsstatut entscheiden ließe, ein Erbrecht gegenüber seinen leiblichen Verwandten versagt werden, auch wenn nach dem auf die Adoption tatsächlich angewandten Recht die Adoption keine statuslösenden Wirkungen hat und darum bei Anwendung dieses Rechts das Kind auch weiterhin seine leiblichen Verwandten beerben könnte. Einen solchen Vorrang gegenüber dem Erbstatut kann das Adoptionsstatut nicht beanspruchen.

Hat nach dem Erbstatut ein adoptiertes Kind kein Erbrecht mehr gegenüber seinen leiblichen Verwandten, so ist fraglich, wie zu verfahren ist, wenn nach dem Adoptionsstatut bzw nach dem auf die Adoption tatsächlich angewandten Recht ein solches Erbrecht bestehen bleibt.

Beispiel: Ein deutsches Kind wird von einem Ausländer nach dessen Recht im Wege der schwachen Adoption als Kind angenommen. Nach diesem Recht bleibt das Erbrecht des Angenommenen gegenüber seinen leiblichen Verwandten bestehen.

Auch hier kann beim Tod eines leiblichen Verwandten (deutscher Staatsangehörigkeit) nicht vom Adoptionsstatut, es muß vielmehr vom Erbstatut ausgegangen werden. Nach deutschem Recht hätte das adoptierte Kind kein Erbrecht mehr, dies aber nur deswegen, weil nach deutschem Recht eine Volladoption das Verwandtschaftsverhältnis des Kindes zu seinen leiblichen Verwandten erlöschen läßt. Hat die konkrete Adoption nicht diese Wirkung, bleibt auch das Erbrecht bestehen (wie im Fall der Volljährigenadoption: § 1770 Abs 2 BGB).

E. Internationales Verfahrensrecht

71 **I. Internationale Zuständigkeit**

Die internationale Zuständigkeit der deutschen Gerichte in Adoptionsangelegenheiten war vor dem Inkrafttreten des IPR-Neuregelungsges mit der örtlichen Zuständigkeit verknüpft. Aus der örtlichen Zuständigkeit, wie sie in § 43 b (aF) FGG geregelt war, wurde die internationale Zuständigkeit abgeleitet.

In der Neufassung des § 43 b FGG werden internationale und örtliche Zuständigkeit getrennt. Abs 1 wurde neu eingeführt, die früheren Abs 1–3 (jetzt 2–4) wurden neu gefaßt.

Nach § 43 b Abs 1 S 1 FGG sind die deutschen Gerichte in Adoptionsangelegenheiten international zuständig, wenn der Annehmende, einer der annehmenden Ehegatten oder das Kind

(1) Deutscher ist oder

(2) seinen gewöhnlichen Aufenthalt im Inland hat.

72 Deutscher iS des § 43 b FGG ist nicht nur, wer die deutsche Staatsangehörigkeit besitzt. Den deutschen Staatsangehörigen stehen die Personen gleich, die, ohne die deutsche Staatsangehörigkeit zu besitzen, **Deutsche iS des Art 116 Abs 1 GG** sind (Art 9 Abs 2 Nr 5 FamRÄndG).

Deutscher ist auch, wer neben der deutschen Staatsangehörigkeit noch eine **weitere Staatsangehörigkeit** hat, gleichgültig, zu welchem Heimatstaat die engeren Beziehungen bestehen.

Deutsche, welche die **Staatsangehörigkeit der DDR** iS der dort geltenden Ges besitzen, sind zwar im Regelfall auch deutsche Staatsangehörige iS des RuStAG. Das besondere Verhältnis, in dem die beiden deutschen Staaten stehen, bedingt aber Abweichungen von der Regel, daß für Adoptionsangelegenheiten Deutscher die deutschen Gerichte stets zuständig sind. Nach allgemeiner Auffassung kommt es hier auf den gewöhnlichen Aufenthalt an.

73 **Zum gewöhnlichen Aufenthalt** des oder eines der Annehmenden vgl oben Rz 10.

Hatte das Kind nicht von Anfang an seinen gewöhnlichen Aufenthalt im Inland, so spielt es keine Rolle, ob es mit Willen oder gegen den Willen der bisher Sorgeberechtigten in die Bundesrepublik verbracht worden ist. Die soziale Integration ist entscheidend. Sie wird von den Gerichten im Regelfall bei einem Aufenthalt von mindestens sechsmonatiger Dauer angenommen.

74 Die internationale Zuständigkeit besteht unabhängig davon, ob mit der **Anerkennung der deutschen Adoption** im Heimatstaat der Annehmenden oder des Kindes gerechnet werden kann. Sie ist selbst dann gegeben, wenn das Heimatrecht eines Annehmenden (bei Adoption durch ein gemischt-nationales Ehepaar) oder des Kindes eine Adoption nicht kennt (Keidel-Kuntze-Winkler, Freiwillige Gerichtsbarkeit, Teil A [12. Aufl 1987] § 43 b FGG Rdnr 5).

75 Wie zu verfahren ist, wenn der Heimatstaat der Adoptiveltern die **ausschließliche Zuständigkeit** für sich beansprucht und darum im Ausland vorgenommene Adoptio-

nen nicht anerkennt, war früher streitig. Nach einer verbreiteten Auffassung sollte in einem solchen Fall den deutschen Gerichten die internationale Zuständigkeit fehlen (KG 13. 7. 1959 NJW 1960, 248, 250; 5. 12. 1972 FamRZ 1973, 472; zuletzt noch AG Kaiserslautern 18. 11. 1982 IPRax 1983, 132). Diese Auffassung wurde insbes damit begründet, daß auch die Bundesrepublik die ausschließliche Zuständigkeit für sich in Anspruch nehme und darum ausländische Adoptionen nicht anerkenne, wenn im konkreten Fall die deutschen Gerichte zuständig gewesen wären. Von einer ausschließlichen Zuständigkeit der deutschen Gerichte konnte indessen schon nach der Neufassung des § 43 b FGG durch das Adoptionsges v 1976 nicht mehr ausgegangen werden (vgl BEITZKE FamRZ 1976, 74, 75). Mit der Klarstellung, daß die internationale Zuständigkeit der deutschen Gerichte nicht ausschließlich sei (§ 43 b Abs 1 S 2 FGG idF des IPR-G), hat die These von der fehlenden internationalen Zuständigkeit bei ausschließlicher Zuständigkeit ausländischer Gerichte jeglichen Grund verloren (KEIDEL-KUNTZE-WINKLER aaO; PALANDT-HELDRICH Art 22 EGBGB Anm 4 a). Allerdings kann im Einzelfall die voraussichtliche Nichtanerkennung im Heimatstaat der Annehmenden im Rahmen der Prüfung des Kindeswohls Berücksichtigung finden, zB wenn die Annehmenden die Absicht haben, alsbald in ihren Heimatstaat zurückzukehren (vgl PALANDT-HELDRICH aaO; JAYME IPRax 1983, 132; ausführlich LÜDERITZ, FS Beitzke, 601).

Vielfach haben Gerichte in der Vergangenheit ihre internationale Zuständigkeit 76 auch unter dem Gesichtspunkt des **forum non conveniens** geprüft (OLG Frankfurt 12. 7. 1973 StAZ 1975, 98 m Anm JAYME ebd, 91–94; LG Wiesbaden 12. 1. 1973 IPRspr 1974 Nr 195; AG Würzburg 7. 8. 1984 IPRax 1985, 111). Hier ist indessen Zurückhaltung geboten. Solange die Beteiligten noch in der Bundesrepublik leben, wird man schwerlich von einem forum non conveniens sprechen können. In den genannten Entscheidungen war es jeweils so, daß alle Beteiligten die Bundesrepublik verlassen hatten und in ihre Heimat zurückgekehrt waren. Wenn in einem derartigen Fall die Prüfung, ob die Adoption dem Kindeswohl entspricht, nicht mehr oder nur unter erheblichen Schwierigkeiten möglich ist, uU darüber hinaus auch die Anerkennung einer deutschen Adoption zweifelhaft erscheint, kann es in der Tat sein, daß die Sache bei dem ausländischen Gericht besser aufgehoben ist. Hier kann dann das Rechtsschutzbedürfnis für die Vornahme der Adoption im Inland entfallen sein (vgl neben den genannten Entscheidungen auch JAYME IPRax 1986, 111; PALANDT-HELDRICH Art 22 EGBGB Anm 4 a).

§ 43 b FGG gilt für alle Angelegenheiten, welche die Adoption betreffen, also nicht 77 nur für die Adoption selbst (oder ihre Aufhebung), sondern auch zB für die **Ersetzung der Einwilligung** eines Elternteils in die Adoption (vgl BayObLG 5. 10. 1983 FamRZ 1984, 201; 25. 4. 1984 FamRZ 1984, 937) oder für eine **Bestätigung gem § 1751 Abs 1 S 4** (OLG Celle 7. 6. 1979 FamRZ 1979, 861).

II. Verfahrensfragen

1. Verfügung oder Bestätigung der Adoption 78

Für deutsche Gerichte gilt deutsches Verfahrensrecht. Die Vorschriften des FGG sind deswegen auch dann anwendbar, wenn auf die Adoption selbst ausländisches Recht Anwendung findet.

Nach deutschem Recht erfolgt die Adoption durch Ausspruch des Vormundschaftsgerichts. Auf diese „Dekretadoption" sind auch die deutschen Verfahrensvorschriften zugeschnitten. Sie passen darum nicht ohne weiteres, wenn nach dem maßgeblichen materiellen Recht die Adoption durch Vertrag erfolgt, der lediglich einer gerichtlichen „Bewilligung" oder „Bestätigung" bedarf. Hier muß im Wege der Analogie geholfen werden.

Unklarheiten bestehen darüber, ob in einem solchen Fall den §§ 1752 Abs 1, 1768 Abs 1 S 1 BGB verfahrensrechtlicher Gehalt zukommt, also eine Adoption im Inland nur ausgesprochen, bewilligt oder bestätigt werden kann, wenn die dort vorgesehenen Anträge von den dort genannten Personen gestellt werden (dafür offensichtlich BayObLG 10. 9. 1981 IPRspr 1981 Nr 121 = IPRax 1981, 220; 20. 9. 1982 FamRZ 1982, 1133).

Richtigerweise wird man davon ausgehen müssen, daß bei Anwendbarkeit eines Rechts, das für die Adoption einen gerichtlich zu bewilligenden oder zu bestätigenden Vertrag vorsieht, eine gerichtliche Bewilligung oder Bestätigung zu erfolgen hat und nicht etwa eine Adoption gerichtlich zu verfügen ist (Beitzke, in: Einbindung fremder Normen, 7) und daß die Frage, wer berechtigt ist, den Antrag auf Bewilligung oder Bestätigung zu stellen, gleichfalls nach dem Adoptionsstatut zu beantworten ist. Das BayObLG hat in seiner zitierten Entscheidung v 10. 9. 1981 zwar die Möglichkeit einer „Bewilligung" oder „Bestätigung" angedeutet, die Antragsbefugnis im konkreten Fall aber dem deutschen Recht (§ 1768 Abs 1 S 1 BGB) entnommen.

Unklarheiten zeigen sich auch in der Literatur. So hält Palandt-Heldrich auf der einen Seite (Art 22 Anm 4 a) die Bestätigung einer Vertragsadoption durch ein deutsches Gericht für möglich, wenn das Adoptionsstatut dies so vorsieht, meint aber auf der anderen Seite (Art 22 Anm 2 b), daß dann, wenn das ausländische Adoptionsstatut dem Vertragssystem folgt, das deutsche Vormundschaftsgericht gleichwohl die Annahme durch Beschluß auszusprechen habe. Vom Ergebnis her sind beide Auffassungen vertretbar. Entscheidend ist nur, daß überhaupt das Gericht mitwirkt.

Die Mitwirkung des Gerichts ist bei einer Adoption im Inland unverzichtbar. Eine nach dem Adoptionsstatut zulässige reine Vertragsadoption (ohne Mitwirkung eines Gerichts oder einer sonstigen Behörde) würde, weil der Schutz des Kindes nicht gewährleistet wäre, gegen den deutschen ordre public verstoßen.

Zum Verfahren bei der Beendigung der Adoption (Anfechtung, Aufhebung) s oben Rz 35 ff.

79 **2. Befreiungen, Eignungsbestätigungen, Feststellung der Adoptionsfähigkeit oder des „Aufgegebenseins"**

In zahlreichen Rechtsordnungen können bestimmte Hindernisse, die der Adoption entgegenstehen, durch gerichtliche oder behördliche Entscheidungen beseitigt werden. Hier stellt sich die Frage, ob im Fall einer Inlandsadoption auch die deutschen Gerichte solche Entscheidungen treffen können.

a) Befreiungen

Von der Frage, ob die deutschen Gerichte nicht nur für die Annahme als solche, sondern auch für andere Adoptionsangelegenheiten international zuständig sind (s oben Rz 77), ist die Frage zu unterscheiden, ob deutsche Gerichte auch solche Maßnahmen treffen können, die das anwendbare Recht seinen eigenen Behörden vorbehalten hat.

Soweit es dabei um die Befreiung von bestimmten Adoptionshindernissen geht, wird man auf die Rechtsprechung zur Befreiung von Ehehindernissen zurückgreifen können. Danach gilt:

Zuständig für die Befreiung von Adoptionshindernissen (zB Kinderlosigkeit) sind grds die Behörden des Staates, dessen Recht auf die Adoption anwendbar ist. Die deutschen Gerichte können jedoch entscheiden, wenn das maßgebende Recht eine Zuständigkeitsrückverweisung enthält („die Befreiung ist von dem Gericht zu erteilen, das für die Adoption selbst zuständig ist") oder eine inländische Befreiung jedenfalls in casu genügen läßt (vgl zur Befreiung von dem Erfordernis der Kinderlosigkeit bei französischem Adoptionsstatut: IPG 1976 Nr 35 [Freiburg]), für die Befreiung ein dringendes Fürsorgebedürfnis besteht oder eine Befreiung von den ausländischen Behörden in zumutbarer Zeit nicht erwartet werden kann (vgl dazu STAUDINGER-V. BAR Art 13 EGBGB Rdnr 57).

b) Eignungsbestätigung, Feststellung der Adoptionsfähigkeit oder des „Aufgegebenseins" 80

Unproblematisch ist die Feststellung der **Erziehungseignung.** Eine solche Eignungsprüfung gibt es auch im deutschen Recht (§ 8 AdoptionsvermittlungsG v 2. 7. 1976). Es kann für diese Prüfung aber auch eine Bestätigung der Heimatbehörde der Annehmenden herangezogen werden (vgl AG Gütersloh 28. 12. 1984 IPRax 1985, 232 m Anm EJ). Eine solche Bestätigung der Heimatbehörde erleichtert in jedem Fall dort, wo sie vom Adoptionsstatut vorgeschrieben ist, die Anerkennung der Adoption.

Schwieriger ist die Anwendung fremden Rechts, wenn dieses die Adoption von 81
einer in einem besonderen Verfahren festzustellenden **„Annahmefähigkeit"** abhängig macht. Ein solches Verfahren ist zB im italienischen Recht vorgesehen. Nach diesem ist zunächst die Adoptionsfähigkeit festzustellen, in einem zweiten Schritt die voradoptive Unterbringung anzuordnen und schließlich danach – nach Ablauf eines Jahres seit der Unterbringung – die Adoption auszusprechen (Ges Nr 184 v 4. 5. 1983 zur Regelung der Adoption und der Pflegekindschaft Minderjähriger).

Die Adoptionsfähigkeit wird in Italien vom Gericht festgestellt, wenn sich das Kind 82
im **Zustand der Verlassenheit** (abbandono) befindet. Wie dieser Zustand zu ermitteln ist, wird im einzelnen durch Verfahrensvorschriften festgelegt, die ua auch die Einschaltung von Behörden vorsehen und aus diesem Grund vom deutschen Gericht nicht ohne weiteres nachvollzogen werden können. In einem solchen Fall kann ein funktionaler Vergleich weiterhelfen. Es kommt darauf an, ob das nach deutschem Recht dem italienischen Adoptionseignungsfeststellungsbeschluß entsprechende funktionale Pendant vorliegt (AG Mettmann 27. 4. 1978 IPRspr 1978 Nr 115; AG Darmstadt 15. 3. 1982 IPRspr 1982 Nr 103 = IPRax 1983, 82 mAnm EJ).

Läßt beispielsweise das italienische Recht die Feststellung des abbandono ohne weiteres dann zu, wenn die Eltern (also auch die Mutter!) das Kind nicht als ihr „natürliches" Kind anerkannt haben, so wird man bezüglich der Mutter ihre Einwilligung in eine Inkognito-Adoption der italienischen Nichtanerkennung gleichstellen können (AG METTMANN aaO; AG Darmstadt aaO; WENGLER IPRax 1987, 8, 9).

Nach italienischem Recht gilt die Verlassenheit mit dem gerichtlichen Beschluß als festgestellt. Haben in einem deutschen Verfahren die leiblichen Eltern in die Adoption eingewilligt, so steht – wegen der Unwiderruflichkeit der Einwilligung – die Verlassenheit des Kindes ebenfalls fest. Eines besonderen Beschlusses bedarf es dann nicht mehr. Erfolgt er dennoch, so hat er nur deklaratorische Bedeutung (AG Darmstadt aaO).

Steht die „Verlassenheit" des Kindes fest, ist der Weg frei für die voradoptive Unterbringung (Art 22 des italienischen AdoptionsG v 1983). Wie lange diese zu währen hat, bestimmt das italienische Recht. Ein Gerichtsbeschluß, wie nach italienischem Recht vorgesehen, ist bei einem deutschen Verfahren nicht erforderlich. Nach deutschem Verfahrensablauf wird das Kind durch eine Adoptionsvermittlungsstelle den Adoptionswilligen in Pflege gegeben.

Desgleichen ist bei einem deutschen Verfahren die im italienischen Recht vorgeschriebene **Beteiligung der Staatsanwaltschaft** entbehrlich. Die Funktion der Staatsanwaltschaft übernimmt bei einem deutschen Verfahren das Jugendamt (AG Darmstadt aaO).

83 Zu der besonderen Situation, wenn italienische Ehegatten in der Bundesrepublik ein nichtitalienisches Kind adoptieren wollen, vgl WENGLER IPRax 1987, 8; ferner AG Gütersloh 28. 12. 1984 IPRax 1985, 232 m Anm E J sowie JAYME IPRax 1985, 307.

84 **3. Gemeinschaftlicher Antrag auch bei der Stiefkindadoption?**

Während das deutsche Recht dann, wenn ein Ehegatte das Kind des anderen Ehegatten adoptiert, einen Antrag des Annehmenden genügen läßt, um dem Kind die Stellung eines gemeinschaftlichen Kindes der Eheleute zu verschaffen, schreiben andere Rechte in einem solchen Fall einen gemeinschaftlichen Antrag der Eheleute vor (so zB der englische Adoption Act 1976). Nach deutschem Recht ist ein Antrag auf Annahme eines leiblichen ehelichen Kindes unzulässig. Will der englische Ehemann das Kind seiner deutschen Ehefrau adoptieren, so stellt sich die Frage, ob – entsprechend dem englischen Recht – beide Ehegatten den Antrag stellen müssen oder ob – bei einer Adoption im Inland – der Antrag des Ehemannes allein genügt. Die Frage ist im letztgenannten Sinn zu beantworten. Es handelt sich um ein verfahrensrechtliches Problem. Der Antrag ist hier die das Verfahren eröffnende Verfahrenshandlung und nicht Bestandteil des materiellen Rechts. Folglich gilt die lex fori (aA LG Wuppertal 8. 7. 1976 FamRZ 1976, 714; wie hier: AG Recklinghausen 25. 4. 1986 – 7 XVI/85). Im übrigen käme deutsches Recht auch dann zur Anwendung, wenn der Antrag materiellrechtlich qualifiziert würde, weil bei Bejahung der deutschen jurisdiction zur Vornahme der Adoption eine versteckte Rückverweisung auf das deutsche Recht anzunehmen wäre.

III. Anerkennung ausländischer Adoptionen

85 **1. Unterscheidung zwischen Dekret- und Vertragsadoption**

Die Anerkennung im Ausland vorgenommener Adoptionen hängt zunächst davon ab, ob die Adoption durch einen Akt der freiwilligen Gerichtsbarkeit erfolgte, oder ob es sich um eine Vertragsadoption handelt. Im ersteren Fall gelten die Regeln über die Anerkennung ausländischer Akte der freiwilligen Gerichtsbarkeit (jetzt: § 16 a FGG), im zweiten Fall erfolgt keine „Anerkennung", sondern lediglich eine Wirksamkeitsüberprüfung anhand des anwendbaren Rechts (s u Rz 98).

86 **2. Dekretadoption**

Erfolgte die Adoption durch einen Akt der freiwilligen Gerichtsbarkeit, so hängt die Anerkennung davon ab, ob die Voraussetzungen des § 16 a FGG vorliegen: Internationale Zuständigkeit des ausländischen Gerichts, Wahrung bestimmter verfahrensrechtlicher Grundsätze, keine offensichtliche Unvereinbarkeit mit wesentlichen Grundsätzen des deutschen Rechts (ordre public).

Vor dem Inkrafttreten des IPR-G wurde von den Gerichten vielfach als weitere Voraussetzung für die Anerkennung gefordert, daß die ausländische Adoption nicht gegen leitende Grundsätze des deutschen Adoptionsrechts verstoße (vgl zB LG Stuttgart 10. 3. 1982 IPRax 1983, 194) oder in den wesentlichen Rechtswirkungen einem inländischen Adoptionsdekret gleichkomme (LG Tübingen 30. 5. 1984 StAZ 1986, 42). Diese Formulierungen erlaubten eine Nichtanerkennung auch dann, wenn der deutsche ordre public nicht verletzt war. Wenn die „leitenden Grundsätze" des deutschen Adoptionsrechts mit den Sätzen, die zum ordre public zu rechnen sind, nicht gleichgesetzt wurden, so war die Verweigerung der Anerkennung eher möglich als heute, wo § 16 a FGG nur noch den ordre public als Grund für die Verweigerung der Anerkennung nennt. Mit dem IPR-G ist die früher herrschende sog „internationalprivatrechtliche Lösung" endgültig durch die „internationalverfahrensrechtliche Lösung" ersetzt worden; vgl Schurig IPRax 1986, 221, 222 f.

a) Internationale Zuständigkeit 87

Ob das ausländische Gericht oder die sonstige ausländische Behörde international zuständig war, beurteilt sich aus deutscher Sicht, also unter spiegelbildlicher Anwendung der Vorschriften, die für die internationale Zuständigkeit der deutschen Gerichte gelten. Danach ist die internationale Zuständigkeit des ausländischen Gerichts zu bejahen, wenn der Annehmende, einer der Annehmenden oder das Kind im Zeitpunkt der Annahme die Staatsangehörigkeit des Gerichtsstaats besaß oder dort seinen gewöhnlichen Aufenthalt hatte.

b) Ordre public 88

Die Vorschriften zum verfahrensrechtlichen ordre public (§ 16 a Nr 2 und 3 FGG) spielen bei der Anerkennung ausländischer Adoptionen in der Praxis keine besondere Rolle. Sie können darum hier vernachlässigt werden.

Was den materiellrechtlichen ordre public angeht, so ist zunächst festzustellen, daß die Anerkennung nicht schon deswegen scheitern kann, weil das ausländische Gericht oder die ausländische Behörde ein anderes Recht angewandt hat als aus deutscher Sicht (Art 22) hätte angewendet werden müssen. Nur wesentliche Verstöße gegen Grundprinzipien des deutschen Rechts vermögen die Anwendung der Vorbehaltsklausel zu rechtfertigen (grundlegend: BayObLG 18. 12. 1968 FamRZ 1969, 225; s ferner: AG Stuttgart 29. 9. 1978 StAZ 1979, 152, Schurig IPRax 1986, 221, 223).

Ein Verstoß gegen wesentliche Grundsätze des deutschen Rechts liegt vor, wenn die Anerkennung ein Ergebnis zur Folge hätte, das den Kernbestand der inländischen Regelung antastet (BT-Drs 10/504, S 42) oder das – in der Formulierung des BGH – „zu den Grundgedanken der deutschen Regelung und der in ihnen liegenden Gerechtigkeitsvorstellungen in so starkem Widerspruch steht, daß es von uns für untragbar gehalten wird" (BGH 17. 9. 1968 BGHZ 50, 370, 375; 18. 6. 1970 BGHZ 54, 123, 130; 18. 6. 1970 BGHZ 54, 132, 140). Mit dieser engen Begrenzung des Anwendungsbereichs der Vorbehaltsklausel sind Formulierungen unvereinbar, die eine ausländische Adoption nur dann für anerkennungsfähig halten, wenn sie „in ihren Grundzügen dem deutschen Adoptionsrecht entspricht" (vgl zB AG Bonn 22. 9. 1982 IPRax 1984, 36, 37; AG Mainz 14. 3. 1983 StAZ 1984, 102; Hess VGH 13. 11. 1984 StAZ 1985, 312).

Im einzelnen empfiehlt es sich, bei der Frage der Vereinbarkeit der ausländischen Adoption mit dem deutschen ordre public zwischen solchen Vorschriften zu unterscheiden, welche die Wirksamkeit der Adoption betreffen, und solchen, welche die Wirkungen der Adoption bestimmen.

aa) Wirksamkeitsvoraussetzungen

89 **α) Antrag des Annehmenden**

Es versteht sich von selbst, daß eine Adoption einen Antrag des Annehmenden voraussetzt. Die Eltern-Kind-Beziehung, die durch die Adoption hergestellt werden soll, verlangt auch – ebenso wie im Fall einer Eheschließung – eine unbedingte und unbefristete Erklärung und im Regelfall auch eine persönliche Abgabe (§ 1752 BGB). Diese Vorschrift gehört darum zu den wesentlichen Grundsätzen des deutschen Rechts (Beitzke, in: Einbindung fremder Normen, 3; s auch AG St Ingbert 2. 8. 1983 StAZ 1983, 317). Dagegen erscheint die Antragstellung in notariell beurkundeter Form im Fall einer Auslandsadoption als verzichtbar. Wurde der Antrag nicht persönlich gestellt, wird man zumindest fordern müssen, daß das Gericht sich auf andere Weise einen hinreichenden Eindruck von der Person des Antragstellers verschafft hat.

90 **β) Zustimmung des Kindes**

Ein Vorschlag, die Anerkennung der Adoption davon abhängig zu machen, daß die nach Art 23 vorgeschriebene Zustimmung des Kindes oder bestimmter dritter Personen vorliegt (Kühne IPR-G-Entwurf, 189), fand nicht die Billigung des Gesetzgebers (BT-Drs 10/504, 93). Der Gesetzgeber meinte, bei groben Verstößen genüge die Anwendung des ordre public. Man wird daraus schließen müssen, daß die Nichteinholung der Zustimmung des Kindes nicht generell – wie zT früher angenommen (vgl Soergel-Kegel Art 22 Rdnr 67; MünchKomm-Klinkhardt Art 22 Rdnr 212; offengelassen in LG Tübingen 30. 5. 1984 StAZ 1986, 42) – sondern nur in Ausnahmefällen gegen den deutschen ordre public verstößt, beispielsweise dann, wenn „ein einsichtsfähiges Kind im Verfahren übergangen und sozusagen zum Objekt des Verfahrens degradiert worden ist“ (Beitzke, in: Einbindung fremder Normen, 5). Im übrigen wird man davon ausgehen können, daß die Interessen des Kindes und das Kindeswohl im Verfahren eingehend geprüft werden (Siehr StAZ 1982, 61, 68; Jayme IPRax 1983, 274, 275; Beitzke, in: Einbindung fremder Normen, 4 f). Sollte im Einzelfall die Einwilligung eines einsichtsfähigen Kindes nicht eingeholt worden sein, so ist gleichwohl eine Anerkennung dann geboten, wenn wegen Zeitablaufs das Annahmeverhältnis auch nach deutschem Recht nicht mehr aufgehoben werden könnte (§§ 1762, 1763 BGB; vgl LG Tübingen 30. 5. 1984 StAZ 1986, 42; 15. 5. 1985 IPRax 1986, 236).

91 **γ) Zustimmung der Eltern bzw der nichtehelichen Mutter**

Daß die leiblichen Eltern, bzw bei einem nichtehelichen Kind die leibliche Mutter, in die Adoption einwilligen müssen und von dieser Einwilligung nur in ganz bestimmten Fällen abgesehen oder befreit werden kann, gehört zu den wesentlichen Grundsätzen des deutschen Rechts. Der Umstand, daß die Einwilligung der Eltern nach deutschem Recht unter bestimmten Voraussetzungen ersetzt werden kann, zeigt indessen, daß die Einwilligung als solche nicht unverzichtbar ist. Eine ausländische Entscheidung ist darum anzuerkennen, wenn für das ausländische Gericht ein plausibler Grund bestand, auf die Zustimmung der leiblichen Eltern zu verzichten. Die Gründe, bei deren Vorliegen die elterliche Einwilligung ersetzt werden kann, brauchen nicht notwendig mit denen des § 1748 BGB übereinzustimmen, müssen aber schwerwiegend sein (Klinkhardt IPRax 1987, 157, 161). Im übrigen wird man einer ausländischen Adoption die Anerkennung auch dann nicht mehr versagen können, wenn der gerügte Mangel auch nach deutschem Recht wegen § 1761 BGB oder wegen Zeitablaufs (§§ 1762, 1763 BGB) nicht mehr berücksichtigt werden könnte; vgl LG Nürnberg-Fürth 25. 2. 1986 IPRax 1987, 179; LÜDERITZ, FS Beitzke, 603.

Für zwingend wird man halten müssen, daß die Einwilligung der Mutter erst nach einer angemessenen Überlegungsfrist nach der Geburt erteilt werden kann, wobei diese Überlegungsfrist allerdings nicht unbedingt – wie im deutschen Recht (§ 1747 Abs 3 BGB) – acht Wochen betragen muß (vgl SIEHR StAZ 1982, 61, 69; BEITZKE, in: Einbindung fremder Normen, 4; strenger AG St Ingbert 2. 8. 1982 StAZ 1983, 317). Auch auf die Form der Einwilligungserklärung sollte es nicht entscheidend ankommen. Die Wahrung der Ortsform genügt (LG Tübingen 30. 5. 1984 StAZ 1986, 250).

Nicht zu beanstanden ist, wenn ein Gericht auf eine ausdrückliche Einwilligung der Mutter deswegen verzichtet hat, weil diese das Kind verlassen hat (AG Fürth 6. 12. 1971 StAZ 1973, 144; OLG Stuttgart 25. 7. 1980 IPRspr 1980 Nr 120).

δ) Zustimmung des Ehegatten des Annehmenden 92

Die Zustimmung des Ehegatten des Annehmenden wird im Fall der Minderjährigenadoption in der Literatur teilweise für zwingend gehalten (BEITZKE, in: Einbindung fremder Normen, 3). Indessen wird man auch hier auf den Einzelfall abstellen müssen. Auch nach deutschem Recht ist die Einwilligung des Ehegatten des Annehmenden ersetzbar (§ 1749 Abs 1 S 2 BGB). Unverzichtbar ist darum nur, daß bei der Adoption durch nur einen Ehegatten geprüft wird, ob die fehlende Zustimmung des anderen Ehegatten nicht das Kindeswohl gefährdet. Eine solche Gefährdung ist anzunehmen, wenn das Kind ohne oder gegen den Willen eines Ehegatten in die Hausgemeinschaft aufgenommen werden soll. Sie kann verneint werden, wenn der annehmende Ehegatte getrennt lebt und – zB – sein nichteheliches Kind adoptieren möchte. Daß im Fall einer solchen Annahme die Interessen des anderen Ehegatten tangiert werden können, sollte die Anerkennung nicht ausschließen.

ε) Zustimmung des Ehegatten des Kindes 93

Die Zustimmung des Ehegatten des Kindes ist nicht so wesentlich, daß sie zum Kernbestand des Adoptionsrechts gerechnet werden müßte. Ihr Fehlen schließt darum die Anerkennung nicht aus (s auch BEITZKE, in: Einbindung fremder Normen, 3).

ζ) Alterserfordernisse 94

Kein Verstoß gegen den deutschen ordre public liegt vor, wenn bei der ausländischen Adoption das Alterserfordernis des § 1743 BGB nicht beachtet wurde (BEITZKE, in: Einbindung fremder Normen, 3 f).

η) Namens- oder Staatsangehörigkeitsadoption, Adoption aus steuerlichen Gründen 95

Zum Kernbestand des deutschen Adoptionsrechts gehört, daß zwischen dem Annehmenden und dem Kind ein Eltern-Kind-Verhältnis begründet werden soll. Wenn dies offensichtlich nicht beabsichtigt ist und für jedermann erkennbar die Adoption im Ausland nur deswegen durchgeführt wurde, um dem Angenommenen den Namen des Annehmenden oder dessen Staatsangehörigkeit zu verschaffen oder Erbschaftssteuer zu sparen, kann der Adoption die Anerkennung im Inland versagt werden (BEITZKE, in: Einbindung fremder Normen, 5).

96 **bb) Wirkungen der Adoption, insbes: Anerkennung schwacher Adoptionen**

Die weitaus meisten Fälle, in denen einer ausländischen Adoption die Anerkennung im Inland verweigert wird, sind solche, in denen tatsächlich eine schwache Adoption begründet wurde, obgleich nach dem – aus deutscher Sicht – anzuwendenden Recht eigentlich eine Volladoption hätte begründet werden müssen. Die Gerichte argumentieren, die Volladoption gehöre bei der Adoption Minderjähriger zu den wesentlichen Grundsätzen des deutschen Adoptionsrechts. Deshalb könne eine Adoption eines ausländischen Kindes durch deutsche Adoptiveltern oder eines deutschen Kindes durch ausländische Adoptiveltern nicht anerkannt werden, wenn die Adoption nach dem tatsächlich angewandten Recht nicht im wesentlichen dieselben Wirkungen wie eine deutsche Volladoption habe. Zwar sind nur wenige Fälle publiziert worden, in denen mit dieser Begründung die Anerkennung einer ausländischen Adoption tatsächlich abgelehnt wurde (vgl immerhin AG St Ingbert 2. 8. 1983 StAZ 1983, 317 = IPRax 1984, 43). In zahlreichen Entscheidungen wird aber die Anerkennung damit gerechtfertigt, daß es sich bei der ausländischen Adoption um eine Volladoption handle oder daß sie in ihren Wirkungen einer deutschen Volladoption zumindest vergleichbar sei (AG Mainz 14. 3. 1983 StAZ 1984, 102; LG Tübingen 30. 5. 1984 StAZ 1986, 42; AG Ellwangen 23. 7. 1984 IPRax 1985, 233; LG Tübingen 15. 5. 1985 IPRax 1986, 236; zur standesamtlichen Praxis vgl die Hinweise bei Hepting StAZ 1986, 305).

97 Die Auffassung, daß ausländische **schwache Adoptionen** im Inland **nicht anerkannt** werden könnten, ist indessen aus mehreren Gründen **nicht haltbar.**

α) Soweit sie damit begründet wird, daß es für die Anerkennung außer auf die internationale Zuständigkeit und die Vereinbarkeit mit dem deutschen ordre public auch darauf ankomme, daß die wesentlichen Rechtswirkungen der Adoption dem deutschen Recht entsprächen, fehlt es für diese Behauptung an einer gesetzlichen Grundlage. Der Katalog der Versagungsgründe in § 16 a FGG ist nicht erweiterbar.

β) Soweit ein Verstoß gegen den deutschen ordre public behauptet wird, müßte konsequent einer schwachen Adoption die Anerkennung auch dann versagt werden, wenn alle Beteiligten einem Staat angehören, der nur die schwache Adoption kennt oder sie jedenfalls zuläßt, also nicht nur dann, wenn die Annehmenden Deutsche sind. Eine solche Ausschaltung des eigentlich anwendbaren Rechts mit Hilfe des deutschen ordre public wird indessen von niemand behauptet.

γ) Tatsächlich ist eine schwache Adoption mit den deutschen Rechtsauffassungen nicht schlechthin unvereinbar. Was bis vor einigen Jahren noch geltendes deutsches Recht war, kann nicht plötzlich grundlegende Gerechtigkeitsvorstellungen erschüttern, zumal die Reform des Adoptionsrechts keineswegs von der Verfassung geboten war.

δ) Würde man jeder schwachen Auslandsadoption die Anerkennung im Inland versagen, könnten die angenommenen Kinder in eine schwierige Position kommen. Niemand kann die Adoptiveltern zu einer Wiederholung der Adoption zwingen. Unterbliebe die Wiederholung der Adoption, könnten die Kinder in ihre Heimat zurückgeschickt werden, möglicherweise zu Eltern, die sie nicht mehr haben wollen, die vielleicht sogar nicht mehr auffindbar sind. Sie wären völlig rechtlos. Das Interesse des Kindes gebietet darum die Anerkennung auch einer schwachen Adoption, wenn die Alternative die völlige Bindungslosigkeit wäre.

Aus diesen Gründen erscheint es geboten, eine ausländische Adoption auch dann anzuerkennen, wenn ihr nach dem tatsächlich angewandten Recht (und entgegen dem eigentlich anwendbar gewesenen deutschen Recht) nur schwache Wirkungen zukommen. Der deutsche ordre public steht einer solchen Anerkennung jedenfalls nicht entgegen (dazu ausführlich: HEPTING StAZ 1986, 305; aus der Rechtsprechung insbes: OLG Zweibrücken 8. 1. 1985 StAZ 1985, 132; AG Schöneberg 5. 11. 1982 IPRax 1983, 190; ferner: VOSS StAZ 1984, 94; SCHURIG IPRax 1986, 221).

3. Vertragsadoptionen 98

Ausländische Vertragsadoptionen sind nicht Akte der freiwilligen Gerichtsbarkeit und werden darum nicht gem § 16 a FGG „anerkannt“. Ihre Wirksamkeit wird vielmehr an dem gem Art 22 anwendbaren Recht gemessen. Schreibt dieses eine Annahme durch gerichtliches Dekret vor, ist die Anerkennung einer Vertragsadoption ausgeschlossen. Dieser Satz gilt indessen nur für „reine“ Vertragsadoptionen, dh solche, die nicht gerichtlich überprüft werden. Wird eine Vertragsadoption durch ein Gericht überprüft und nach dieser Überprüfung bestätigt, so steht die gerichtliche „Bestätigung“ einer Adoptionsverfügung gleich und kann ebenso wie diese unter den Voraussetzungen des § 16 a FGG anerkannt werden. Dasselbe gilt, wenn der Adoptionsvertrag eine gerichtliche „Bewilligung“ voraussetzt (wie zB in Österreich) und diese gerichtliche Bewilligung nur erteilt wird, wenn die ges Voraussetzungen (insbes das Kindeswohl) vom Gericht geprüft worden sind.

Heute wird man im Regelfall davon ausgehen können, daß auch bei Vertragsadoptionen eine gerichtliche Überprüfung stattfindet, reine Vertragsadoptionen also zur Ausnahme geworden sind. Zum Zweifelsfall Brasilien s o Vorbem zu Art 22 Rz 6. Allerdings macht nicht jede gerichtliche Mitwirkung aus einer Vertragsadoption eine Adoption durch gerichtliche Verfügung. Relevant ist die gerichtliche Mitwirkung nur dann, wenn eine sachliche Überprüfung der Adoptionsvoraussetzungen erfolgt. Eine bloße Registrierung ist unbeachtlich, ändert also nichts am Charakter der Adoption als „reine“ Vertragsadoption (vgl zB für Thailand AG Duisburg 17. 3. 1983 StAZ 1983, 249; zur Abgrenzung s ferner HENRICH IPRax 1983, 194 [zu LG Stuttgart 10. 3. 1982]; HEPTING StAZ 1986, 306 f).

4. Adoptionswirkungen 99

Zu den Wirkungen einer im Ausland erfolgten und hier anzuerkennenden Adoption s o Rz 43 ff.

IV. Wiederholung der Adoption 100

Wenn Deutsche im Ausland ein Kind adoptiert haben, pflegt die Adoption häufig im Inland wiederholt zu werden (zu dieser Praxis vgl MAGNUS-MÜNZEL StAZ 1977, 65). Diese Wiederholung hat zwei Gründe: Zum einen sollen bestehende Zweifel an der Rechtswirksamkeit der Adoption und dem Status des Kindes beseitigt und zum anderen soll eine tatsächlich erfolgte schwache Adoption in eine Volladoption umgewandelt werden.

Die Wiederholung der Adoption ist nicht unproblematisch. Zum einen verursacht ein zweites Adoptionsverfahren zusätzliche Kosten. Zum zweiten muß vielfach erneut die Einwilligung der leiblichen Eltern eingeholt werden, die häufig nicht mehr zu erlangen sein wird und deswegen ersetzt werden muß. Zum dritten schließlich können auch durch eine Wiederholung der Adoption nicht alle Zweifel ausgeräumt werden. Stellt sich später heraus, daß die erste Adoption doch anzuerkennen war, so bestehen zwei Adoptionen nebeneinander, und es ist keineswegs sicher, daß bezüglich der Adoptionswirkungen dann nur die zweite Adoption gilt (vgl BEITZKE, in: Einbindung fremder Normen, 8 f). Will man hier jeden Zweifel ausschließen, müßte die erste Adoption vorsorglich aufgehoben werden, wobei für eine solche Aufhebung das Adoptionsstatut (bei deutschen Annehmenden also deutsches Recht!) gelten würde (bei Anwendbarkeit deutschen Rechts: § 1763 BGB).

Möglich ist die Wiederholung einer Adoption selbstverständlich dann, wenn der Auslandsadoption aus irgendeinem Grund die Anerkennung zu versagen ist (zB wegen fehlender Einwilligung der leiblichen Eltern oder des Kindes: BayObLG 29. 6. 1978 BayObLGZ 1978, 162). Zweifel ergeben sich hier nur dann, wenn die Anerkennung aus einem Grund verweigert wird, der nicht gerechtfertigt ist (zB wegen nur schwacher Wirkung der ausländischen Adoption: AG Leonberg 5. 12. 1983 IPRax 1986, 306).

Soweit die Gerichte wegen Zweifeln über die rechtliche Reichweite oder die inländische Wirksamkeit einer Adoption oder zur Umwandlung einer schwachen in eine Volladoption die Wiederholung der Adoption zugelassen haben, ohne die frühere Adoption – vorsorglich – aufzuheben (s insbes LG Köln 21. 12. 1982 IPRax 1984, 37; ferner LG Ravensburg 25. 3. 1983 StAZ 1984, 39), bleiben die oben genannten Bedenken bestehen (s zu LG Köln auch Schurig IPRax 1984, 25, 26).

101 Hilfe hätte hier ein **besonderes Anerkennungs- oder Bestätigungsverfahren** bringen können (zu diesem s insbes Schurig FamRZ 1973, 178; ders NJW 1975, 503; ders IPRax 1984, 25; ders IPRax 1986, 221; Jayme IPRax 1983, 273, 275; Reichard StAZ 1984, 81, 83; Bundesverband der Deutschen Standesbeamten StAZ 1984, 97, 98; Bundesarbeitsgemeinschaft der Landesjugendämter IPRax 1985, 308). Nachdem der Gesetzgeber sich zur Einführung eines solchen Verfahrens nicht entschließen konnte (und die Gerichte ein solches Bestätigungsverfahren nicht von sich aus einführen können: vgl Schurig IPRax 1986, 221 gegen LG Tübingen 15. 5. 1985 IPRax 1986, 236) und im übrigen eine bloße Anerkennung gar keinen Einfluß auf die Wirkungen der Adoption hätte und eine Bestätigung mit rückwirkender Wirkungsänderung eine Transformation auch dann bedeuten würde, wenn eine solche gar nicht gewollt ist, bleibt, wenn die Transformation einer schwachen in eine Volladoption gewünscht wird, allein die Wiederholung der Adoption. Sie ist heute allgemeine Praxis. Sie ist auch zulässig. Soll sie zur Beseitigung von Zweifeln über den Status des Kindes erfolgen, wird man allerdings (Rechtsschutzbedürfnis!) verlangen müssen, daß die neue Adoption diese Zweifel auch tatsächlich beseitigt. Das kann zweifelhaft sein, wenn auch auf die zweite Adoption ausländisches Recht angewandt werden muß. In einem solchen Fall sollte zumindest verhindert werden, daß möglicherweise zwei Adoptionen nebeneinander bestehen. Nichtanerkennung der ersten Adoption sollte hier darum Voraussetzung für neues Tätigwerden sein (Lüderitz, FS Beitzke, 604).

102 Erfolgt die Wiederholung der Adoption nach deutschem Recht, so bleibt fraglich, ob Einwilligungserklärungen, die im Zusammenhang mit der ersten Adoption abgegeben wurden (oder ersetzt wurden), auch für die zweite Adoption gelten oder wiederholt werden müssen. Hier ist danach zu unterscheiden, ob die erste Adoption, ihre Rechtswirksamkeit unterstellt, (praktisch) dieselben Wirkungen gehabt hätte wie die beabsichtigte zweite Adoption oder ob sie nur geringere Wirkungen ausgelöst hätte. Im ersteren Fall wird man davon ausgehen können, daß die abgegebenen Einwilligungserklärungen fortwirken und darum auch dem neuen Verfahren zugrunde gelegt werden können (auch wenn die Form des § 1750 BGB nicht gewahrt worden ist: für die Formgültigkeit einer Erklärung gilt die lex loci actus, Art 11 Abs 1 EGBGB), im zweiten Fall (schwache Adoption im Ausland) müssen die Einwilligungen erneut eingeholt werden, falls nicht gem § 1747 Abs 4 BGB von ihnen abgesehen werden kann. Notfalls ist ihre Ersetzbarkeit zu prüfen (§ 1748 BGB), wobei die Ersetzung insbes dann möglich erscheint, wenn es sich um ein „verlassenes" Kind handelt (Lüderitz, FS Beitzke, 604).

V. Eintragung in deutsche Personenstandsbücher 103

Die Adoption eines Kindes ist sowohl im Geburtenbuch als auch (bei gemeinschaftlicher Annahme durch ein Ehepaar) im Familienbuch der Ehegatten zu vermerken. Die Eintragung in das Geburtenbuch erfolgt wegen der Personenstandsänderung des Kindes (§ 30 Abs 1 PStG), die Eintragung in das Familienbuch der Annehmenden ist in § 15 Abs 1 Nr 3 PStG vorgeschrieben. Eine Eintragung in das Familienbuch erfolgt auch dann, wenn ein Kind eines Ehegatten vom anderen Ehegatten angenommen wird (§ 15 Abs 1 Nr 4 PStG).

Die Eintragung geschieht sowohl dann, wenn die Adoption durch ein deutsches Gericht ausgesprochen wird, als auch dann, wenn die Adoption im Ausland erfolgte. Im Fall einer Auslandsadoption bedarf es für die Eintragung keines besonderen, förmlichen Anerkennungsverfahrens. Die Anerkennung der Annahme ist als Vorfrage der Beischreibung vom Standesbeamten bzw im Rahmen des Verfahrens nach §§ 45 ff PStG vom erkennenden Gericht selbst zu prüfen und zu entscheiden (LG Tübingen 15. 5. 1985, IPRax 1986, 236). Ein besonderes Anerkennungsverfahren wurde in der Literatur zwar immer wieder – aus Gründen der Rechtssicherheit – gefordert (vgl dazu zuletzt noch Schurig IPRax 1986, 221), vom Gesetzgeber aber nicht eingeführt. Ein solches förmliches Anerkennungsverfahren kann auch nicht aus § 328 ZPO oder § 16 a FGG abgeleitet werden (so aber LG Ravensburg 25. 3. 1983 StAZ 1984, 39 m krit Anm Eichert).

Die Beischreibung ist auch unabhängig davon, welches Recht auf die Adoption angewandt wurde. Zu vermerken ist jede Personenstandsveränderung (§ 2 Abs 1 S 2 PStG). Da auch eine schwache Adoption eine Personenstandsveränderung bedeutet, ist auch sie einzutragen. Weil indessen im Fall einer schwachen Adoption das Statusverhältnis des Kindes zu seinen leiblichen Eltern nicht völlig gelöst wird, empfiehlt es sich im Fall einer Adoption, die nach ausländischem Recht ausgesprochen wurde (sei es im Inland oder sei es im Ausland), bei der Eintragung das Recht anzugeben, nach dem die Adoption erfolgte. Ein solcher Vermerk könnte etwa folgendermaßen lauten (Beispiel nach Hepting StAZ 1986, 310): „Beschluß des Bezirksgerichts Lima v 20. 3. 1985. Die Annahme gründet sich auf Art 333–335 des peruanischen Zivilgesetzbuches. Der Standesbeamte" (ebenso AG Schöneberg 5. 11. 1982 IPRax 1983, 190; OLG Zweibrücken 8. 1. 1985 StAZ 1985, 132). Steht fest, daß das Kind im Fall einer nach ausländischem Recht ausgesprochenen Adoption die Stellung eines ehelichen Kindes erworben hat, ist auch dies in der Eintragung zu vermerken (Beispiel: „Das Kind hat gem Art 314/26 des italienischen Codice civile die Stellung eines ehelichen Kindes erlangt"; vgl LG Bochum IPRax 1984, 43).

F. Ordre public 104

Zu der Anwendung der Vorbehaltsklausel gegenüber der Anerkennung einer ausländischen Adoption s o Rz 88 ff.

Bei der Anwendung der Vorbehaltsklausel bei einer Inlandsadoption geht es regelmäßig darum, eine Adoption auch dann zu ermöglichen, wenn sie nach dem Adoptionsstatut allgemein oder im konkreten Fall ausgeschlossen wäre. Hier ist indessen Zurückhaltung geboten. Wenn beispielsweise das Adoptionsstatut eine Volladoption nur bei Kleinkindern vorsieht, die von ihren Eltern verlassen worden sind, und für ältere Kinder nur eine schwache Adoption zuläßt, gebietet es der deutsche ordre public nicht, die Volladoption eines älteren und/oder nicht verlassenen Kindes zu ermöglichen (LG Göttingen 12. 9. 1980 FamRZ 1981, 207; IPG 1982 Nr 28 [Göttingen]). Desgleichen verstößt im Regelfall nicht gegen den deutschen ordre public die Anwendung einer ausländischen Norm, welche eine „schwache" Adoption verbietet, wenn der Annahmewillige eigene Abkömmlinge hat (AG Weilheim 5. 3. 1982 IPRspr 1982 Nr 102 = IPRax 1982, 161). Bei starker Inlandsbeziehung (ausländischer Ehemann will das ersteheliche Kind seiner deutschen Frau adoptieren, der Annehmende lebt seit 18 Jahren in der Bundesrepublik Deutschland und will auch nicht wieder in seine Heimat zurückkehren) kann allerdings eine andere Beurteilung geboten sein (AG Recklinghausen 14. 6. 1982 IPRax 1982, 205 m Anm E J).

Demgegenüber wird die Anwendung von Vorschriften, die im Fall einer Stiefkindadoption die elterliche Sorge allein dem Annehmenden zuweisen, dem leiblichen Elternteil aber entziehen, bei entsprechender Inlandsbeziehung für ordre-public-widrig gehalten (IPG 1982 Nr 28 [Göttingen]; AG Wolfsburg 10. 6. 1983 IPRax 1984, 44).

Zweifelhaft sind die Fälle, in denen das Adoptionsstatut die Adoption an ein solches Mindestalter des Annehmenden knüpft (zB 40 Jahre), daß die Adoption von Kleinkindern weitgehend ausgeschlossen ist. Versuche, derartige Vorschriften unter Berufung auf das Kindeswohl mit Hilfe des ordre public auszuschalten (vgl zB AG Recklinghausen 9. 5. 1983 IPRax 1985, 110), sind nicht unbedenklich. Dasselbe gilt, wenn das maßgebende Recht Adoptionen generell oder speziell (zB Adoption des Stiefkindes oder eigener nichtehelicher Kinder) verbietet. Soweit bisher in solchen Fällen die Vorbehaltsklausel angewandt wurde, ging es meist um die Adoption durch ein gemischt-nationales (deutsch-ausländisches) Ehepaar (vgl zB AG Hagen 14. 3. 1984 IPRax 1984, 279). In solchen Fällen läßt heute jedoch bereits das Kollisionsrecht die Annahme nach dem Recht am gewöhnlichen Aufenthalt der Ehegatten zu. Haben beide Ehegatten dieselbe ausländische Staatsangehörigkeit, so sollten Adoptionsverbote ihres gemeinsamen Heimatrechts beachtet werden, auch wenn die Ehegatten in der Bundesrepublik Deutschland wohnen.

Art 23 nF
Zustimmung

Die Erforderlichkeit und die Erteilung der Zustimmung des Kindes und einer Person, zu der das Kind in einem familienrechtlichen Verhältnis steht, zu einer Abstammungserklärung, Namenserteilung, Legitimation oder Annahme als Kind unterliegen zusätzlich dem Recht des Staates, dem das Kind angehört. Soweit es zum Wohl des Kindes erforderlich ist, ist stattdessen das deutsche Recht anzuwenden.

Systematische Übersicht

Alphabetische Übersicht

A. Textgeschichte

1

Art 23 stellt eine Weiterentwicklung des alten Art 22 Abs 2 dar. Diese Vorschrift, die auf die Legitimation und die Adoption bezogen war, lautet:

Gehört der Vater oder der Annehmende einem fremden Staat an, während das Kind die Reichsangehörigkeit besitzt, so ist die Legitimation oder die Annahme unwirksam, wenn die nach den deutschen Gesetzen erforderliche Einwilligung des Kindes oder eines Dritten, zu dem das Kind in einem familienrechtlichen Verhältnis steht, nicht erfolgt ist. Die Einwilligung des Kindes zur Annahme bedarf der Genehmigung des Vormundschaftsgerichts.

Die Neufassung erweitert diese Regelung in zweierlei Hinsicht: zum einen treten neben Legitimation und Adoption noch die Abstammungserklärung und die Namenserteilung, zum anderen wird die einseitige Formulierung („wenn das Kind die Reichsangehörigkeit besitzt") allseitig gefaßt. Die Neufassung beruht auf einem Vorschlag des Deutschen Rates für IPR, der sowohl bei der Abstammungserklärung als auch bei der Legitimation und der Annahme als Kind für die jeweilige Zustimmung des Kindes und dritter Personen die Anwendung auch des (jeweiligen) Heimatrechts des Kindes angeregt hatte (Vorschläge und Gutachten zur Reform des deutschen internationalen Personen-, Familien- und Erbrechts. Materialien zum ausländischen und internationalen Privatrecht, Bd 30 [1981], hrsg v Beitzke). Der Regierungsentwurf des IPR-G faßte die verschiedenen Vorschriften zur Berücksichtigung des Heimatrechts des Kindes in einer einzigen Norm zusammen und ergänzte sie um den Fall der Namenserteilung. Zusätzlich schrieb er vor, anstelle des Heimatrechts des Kindes das deutsche Recht anzuwenden, wenn dies zum Wohl des Kindes erforderlich sei. In dieser Form wurde der Vorschlag sodann Gesetz.

B. Anwendungsbereich

2 **I. Grundsätzliches**

Soweit Art 22 analog auch auf adoptionsähnliche Rechtsbeziehungen angewandt wird (Pflegekindschaft, equitable adoption, vgl Art 22 Rz 2), ist auch Art 23 auf solche Rechtsbeziehungen analog anzuwenden.

3 **II. Intertemporales Recht**

Art 23 ist nicht anzuwenden auf Vorgänge, die am 1. 9. 1986 bereits abgeschlossen waren (Art 220 Abs 1).

Art 23 ist also nicht anwendbar, wenn die **Abstammung** eines Kindes vor dem 1. 9. 1986 bereits – nach dem damals geltenden Recht – wirksam festgestellt worden war. Hatte die Anerkennung – wovon regelmäßig auszugehen sein wird – nach dem seinerzeit anzuwendenden Recht konstitutive Wirkung, so spielt es keine Rolle, ob sie dem Kind oder seiner Mutter auch mitgeteilt worden war. Auch auf ihre Eintragung im Geburtenbuch kommt es nicht an. War andrerseits die Anerkennung nach dem früheren Recht unwirksam, so liegt ebenfalls ein abgeschlossener Vorgang vor. Ob die Anerkennung wiederholt werden kann, ist nach neuem Recht zu prüfen. Bejahendenfalls ist dann selbstverständlich auch Art 23 zu beachten.

Gleiches gilt für die **Namenserteilung.**

4 Schwieriger ist die Rechtslage bei der **Legitimation.** Im Fall einer Legitimation durch nachfolgende Ehe kommt es nicht auf den Zeitpunkt der Eheschließung an, sondern darauf, ob mit der Eheschließung der Eltern auch tatsächlich die Legitimation eingetreten ist. Hat beispielsweise ein Italiener vor dem 1. 9. 1986 die deutsche Mutter seines Kindes geheiratet, so kam – nach dem seinerzeit anwendbaren Legitimationsstatut (Heimatrecht des Vaters) – mit der Eheschließung eine Legitimation nur zustande, wenn zu diesem Zeitpunkt nicht nur eine wirksame Vaterschaftsanerkennung, sondern auch ein Mutterschaftsanerkenntnis vorlag. Hatte die Mutter vor oder bei der Eheschließung noch kein Mutterschaftsanerkenntnis abgegeben, war somit noch keine Legitimation eingetreten. Damit richtet sich die Legitimation nunmehr nach neuem Recht (vgl Kaum IPRax 1987, 280; Hepting StAZ 1987, 188). Folglich gilt auch Art 23. Wenn allerdings das fehlende Erfordernis nicht mehr nachgeholt werden konnte (zB wegen Zeitablaufs, § 1600 e Abs 3

BGB), war der Vorgang zunächst einmal abgeschlossen. Er ist in diesem Fall nach Art 22 aF zu würdigen (vgl OLG Zweibrücken 4. 3. 1987 IPRax 1987, 382 m Anm DH).

Ob es sich im Fall einer **Adoption** um einen abgeschlossenen Vorgang handelt, ist danach zu entscheiden, ob die Annahme vor dem 1. 9. 1986 wirksam geworden war. Im Fall einer im Inland durchgeführten Adoption kommt es auf die Zustellung des Beschlusses an den Annehmenden an (§ 56 e S 2 FGG), im Fall einer im Ausland durchgeführten Adoption darauf, ob am 31. 8. 1986 alle Voraussetzungen für die Anerkennung der Adoption im Inland gegeben waren.

C. Allgemeine Fragen

I. Staatsangehörigkeit, Doppelstaater, Staatenlose, Flüchtlinge 5

Zusätzlich zu berücksichtigen ist gem Art 23 das Recht des Staates, dem das Kind angehört. Maßgebend ist dabei das Recht des Staates, dem das Kind unmittelbar vor der Abstammungserklärung, Legitimation oder Adoption angehört, nicht das Recht des Staates, dessen Angehörigkeit es durch die genannten Vorgänge erwerben wird.

Hat das Kind (noch) keine Staatsangehörigkeit (zB weil es noch von keinem Elternteil bisher anerkannt worden ist), so tritt an die Stelle der Staatsangehörigkeit als Anknüpfungspunkt der gewöhnliche Aufenthalt des Kindes, hilfsweise sein einfacher Aufenthalt (Art 5 Abs 2). Hat das Kind mehrere Staatsangehörigkeiten, so kommt es auf seine effektive Staatsangehörigkeit an, bzw, wenn eine seiner Staatsangehörigkeiten die deutsche ist, nur auf diese (Art 5 Abs 1).

Kinder, welche die Staatsangehörigkeit eines Flüchtlings iS der Genfer Flüchtlingskonvention teilen und unter dessen elterlicher Sorge stehen, haben einen abgeleiteten Flüchtlingsstatus. Bei ihnen ist darum nicht an ihre Staatsangehörigkeit, sondern an den Wohnsitz anzuknüpfen (BayObLG 28. 2. 1974 FamRZ 1975, 223; JAYME IPRax 1981, 74; PALANDT-HELDRICH Anh zu EGBGB 5 [IPR] Anm 4).

Auf Kinder deutscher Staatsangehöriger, die daneben noch die Staatsangehörigkeit der DDR haben, ist Art 23 nicht unmittelbar anwendbar. Im Regelfall tritt hier an die Stelle der Staatsangehörigkeit der gewöhnliche Aufenthalt. Ausnahmen gelten für Kinder, deren Eltern sich trotz gewöhnlichem Aufenthalt in der Bundesrepublik als DDR-Bürger betrachten. Für sie bleibt es bei der Anwendbarkeit des Rechts der DDR.

II. Rück- und Weiterverweisung 6

Rück- und Weiterverweisung sind grds zu beachten (Art 4 Abs 1 S 1). Dies gilt jedenfalls dann, wenn das Recht, auf das Art 23 verweist, für die Zustimmung des Kindes oder dritter Personen ebenfalls eine besondere Anknüpfung vorsieht. Ist dies nicht der Fall, müßte also an die Kollisionsnorm angeknüpft werden, die generell die Abstammungserklärung, Namenserteilung, Legitimation oder Adoption regelt, so können sich im Einzelfall – jedenfalls für die Abstammungserklärung – merkwürdige Konsequenzen ergeben. Erkennt beispielsweise ein Italiener das in Jugoslawien geborene Kind einer jugoslawischen Mutter nach jugoslawischem Recht an, so müßte – bei Anerkennung der Rück- und Weiterverweisung – geprüft werden, ob nach italienischem Recht das Kind oder dritte Personen der Anerkennung zustimmen müssen; denn nach Art 41 des jugoslawischen IPR-G gilt für die Anerkennung eines Kindes das Heimatrecht des Anerkennenden. Bei Anerkennung der Rück- oder Weiterverweisung würde also die Wahlmöglichkeit, die Art 20 bezüglich der Anerkennung eröffnet, wieder eingeschränkt werden. Ob dies vom Gesetzgeber so gewollt war, läßt sich bezweifeln. Mit der Einführung des Art 23 dürfte der Gesetzgeber vor allem an den Fall gedacht haben, daß die Anerkennung eines Kindes – abweichend von der Regel in Art 20 Abs 1 S 1 – gerade nicht nach dem Heimatrecht der Mutter (und damit im Regelfall auch des Kindes) erfolgt. Entspricht die Abstammungserklärung dem – materiellen – Heimatrecht von Mutter und Kind, so ist die Einschaltung des Heimatrechts des Anerkennenden jedenfalls vom Kindesinteresse her nicht geboten. Das legt die Annahme nahe, daß es sich bei Art 23 auch um eine Sachnormverweisung handeln könnte. Dagegen spricht freilich der Wortlaut des Ges. Hätte der Gesetzgeber die Rück- oder Weiterverweisung ausschließen wollen, so hätte er wohl von den Sachnormen des Heimatrechts des Kindes sprechen müssen. Darum wird man es bei der generellen Beachtlichkeit einer Rück- oder Weiterverweisung belassen und lediglich im Einzelfall prüfen müssen, ob die Beachtung der Rück- oder Weiterverweisung nicht dem Sinn der Verweisung widerspricht (Art 4 Abs 1 S 1).

7 **III. Vorfragen**

Wenn es um die Zustimmung eines Dritten geht, ist zunächst zu klären, ob das Kind zu dieser Person in einem familienrechtlichen Verhältnis steht. Diese Rechtsfrage kann als Vorfrage theoretisch selbständig oder unselbständig angeknüpft, dh entweder aus der Sicht des deutschen Rechts oder aus der Sicht des Heimatrechts des Kindes beantwortet werden. Im ersteren Fall entscheidet das Recht, das die deutschen Kollisionsnormen für maßgebend erklären, im zweiten Fall wird dasjenige Recht befragt, auf welches die Kollisionsnormen des Heimatrechts des Kindes verweisen. Es dürfte sich empfehlen, eine Entscheidung für die eine oder andere Anknüpfung hier nur von Fall zu Fall zu treffen. Wenn das Kind in einer tatsächlichen Beziehung zu einem Dritten steht, die sich als familienrechtliches Verhältnis darstellt, sollte dieses Verhältnis respektiert werden, wenn es sich entweder aus dem Recht ergibt, auf welches die deutschen Kollisionsnormen verweisen, oder aus dem Recht, das nach dem Heimatrecht des Kindes die Beziehung beherrscht.

D. Die erforderlichen Zustimmungen

8 **I. Zustimmung zu einer Abstammungserklärung**

Abstammungserklärungen werden im Regelfall Vaterschaftsanerkennungen sein. Es kommen aber auch Mutterschaftsanerkennungen in Betracht, nämlich dann, wenn nach dem maßgebenden Recht die Mutterschaftsanerkennung die Zustimmung des Vaters voraussetzt, wenn dieser das Kind als erster anerkannt hat (vgl zB für das italienische Recht Art 250 Abs 3 cc).

Relevant ist Art 23 dann, wenn die Abstammungserklärung nach einem anderen Recht als dem Heimatrecht des Kindes erfolgt oder erfolgen soll. Heimatrecht des Kindes ist das Recht des Staates, dem das Kind unmittelbar vor der Abstammungserklärung angehörte, nicht das Recht des Staates, dessen Angehörigkeit das Kind mit der Abstammungserklärung erwirbt.

Erfolgt die Abstammungserklärung nach einem anderen Recht als nach dem Heimatrecht des Kindes, so ist zunächst zu prüfen, ob die Zustimmungserklärungen vorliegen, die nach dem Recht vorgeschrieben sind, nach dem die Anerkennung erfolgte. Zusätzlich kommt es sodann auf das Vorliegen der Zustimmungserklärungen an, die nach dem Heimatrecht des Kindes (bzw nach dem Recht, auf das dessen Kollisionsnormen verweisen) vorgeschrieben sind.

Nach Art 23 ist das Heimatrecht des Kindes sowohl auf die Erforderlichkeit als auch 9
auf die Erteilung der Zustimmung des Kindes oder einer Person, zu der das Kind in einem familienrechtlichen Verhältnis steht, anzuwenden. Das bedeutet, daß es auch für die Art und Weise der Zustimmungserklärung auf das Heimatrecht des Kindes ankommt. Bei einem deutschen Kind heißt das, daß nicht nur ganz allgemein die Zustimmung des Kindes verlangt wird (§ 1600 c Abs 1 BGB), sondern daß auch die §§ 1600 c Abs 2, 1600 d, 1600 e und 1600 f BGB zu beachten sind. Allerdings wird man, wenn die Zustimmungserklärung des Kindes im Ausland abgegeben wird, die Wahrung der Ortsform genügen lassen müssen (Art 11 Abs 1); vgl zur Wahrung der Ortsform auch OLG Karlsruhe 19. 9. 1972 FamRZ 1972, 651.

Wird die Zustimmung des Kindes verlangt, so wird sich regelmäßig die Frage nach 10
dem **ges Vertreter des Kindes** stellen. Nach welchem Recht diese Vorfrage zu beantworten ist, ist str. Stellt man sich mit der im Schrifttum hM auf den Standpunkt, daß Art 3 MSA eine eigenständige Verweisungsnorm ist, dann wird man das Heimatrecht des Kindes jedenfalls dann entscheiden lassen, wenn das Kind seinen gewöhnlichen Aufenthalt in einem der Vertragsstaaten des MSA hat (so in neuerer Zeit insbes KG 27. 1. 1987 IPRax 1987, 320; vgl ferner Henrich, FS Schwind, 79, 88; Kropholler IPRax 1984, 81; Rauscher StAZ 1987, 121, 128f; Siehr IPRax 1987, 302; abwägend Beitzke, ZfJ 1986, 540f). Hält man dagegen mit der herkömmlichen Auffassung Art 3 MSA nicht für eine selbständige Verweisungsnorm, so steht man wiederum vor der Frage, ob die Vorfrage nach der ges Vertretung des Kindes selbständig oder unselbständig anzuknüpfen ist. Die Gerichte pflegen hier – soweit sie nicht Art 3 MSA für vorrangig halten – die Vorfrage selbständig anzuknüpfen, bei einem nichtehelichen Kind also gem Art 20 Abs 2 das Recht seines gewöhnlichen Aufenthalts anzuwenden (vgl etwa OLG Hamburg 19. 5. 1987 IPRax 1987, 324 mwN). Möchte man, wie von Art 23 offenbar gewollt, dem Heimatrecht des Kindes unbedingten Respekt verschaffen, so spricht vieles für die aus Art 3 MSA ableitbare Maßgeblichkeit des Heimatrechts des Kindes auch für die Frage nach seiner ges Vertretung. Das bedeutet: Ist nach dem Heimatrecht des Kindes eine bestimmte Person (zB die Mutter) gesetzlicher Vertreter des Kindes, so kann diese Person auch die nach dem Heimatrecht des Kindes erforderliche Zustimmung zur Abstammungserklärung abgeben (KG 27. 1. 1987, IPRax 1987, 320). Hat das Kind nach seinem Heimatrecht keinen ges. Vertreter, ist ihm ein solcher nach deutschem Recht zu bestellen, wenn es seinen gewöhnlichen Aufenthalt im Inland hat (Art 1, 2 MSA). Weil für das Verhältnis des (ausländischen) Kindes zu seiner Mutter gem Art 3 MSA sein Heimatrecht gilt (Art 20 Abs 2 wird insoweit verdrängt), ist für die Anwendung von § 40 Abs 1 JWG hier kein Raum. Es tritt also keine Amtspflegschaft kraft Ges ein (Siehr, IPRax 1987, 302).

Manche Staaten verlangen zu einer Anerkennung der Vaterschaft die Zustimmung 11
des Kindes, manche verlangen die Zustimmung der Mutter. Wenn nun die Mutter eine Zustimmungserklärung abgibt, kann sich die Frage stellen, ob diese Erklärung nur für sie wirkt oder auch – ges Vertretungsmacht vorausgesetzt – in eine Erklärung des Kindes umgedeutet werden kann. Hat andrerseits die Mutter in Vertretung des Kindes der Anerkennung zugestimmt, kann es zweifelhaft sein, ob diese Erklärung auch als Zustimmung der Mutter als solche betrachtet werden kann.

Gibt beispielsweise ein italienischer Vater eine Anerkennungserklärung ab und hat die Mutter dieser Anerkennung in einem deutschen Formular als ges Vertreterin ihres Kindes zugestimmt, so kann in dieser Zustimmung auch die nach italienischem Recht vorausgesetzte Zustimmung „des anderen Elternteils“ erblickt werden (BayObLG 20. 10. 1978 BayObLGZ 1978, 325). Dasselbe muß auch im umgekehrten Fall gelten. Hat eine Frau als „anderer Elternteil" der Anerkennung durch den Vater zugestimmt, so kann dies zugleich auch als Zustimmung des Kindes gewertet werden, vorausgesetzt, die Mutter hatte die ges Vertretungsmacht.

12 II. Zustimmung zu einer Namenserteilung

Die Zustimmung zu einer Namenserteilung ist im Zusammenhang mit Art 10 Abs 6 zu sehen. Nach dieser Vorschrift kann ein nichteheliches Kind den Namen auch nach dem Recht des Staates erhalten, dem ein Elternteil oder ein den Namen Erteilender angehört. Das ist eine Ausnahme von der Regel des Art 10 Abs 1, welche auf Namensfragen grds das Heimatrecht des Namensträgers für anwendbar erklärt. Heiratet ein Deutscher die österreichische Mutter eines nichtehelichen Kindes und führen die Ehegatten als Ehenamen den Namen des Mannes, so können sie diesen Namen auch dem Kind erteilen. Die Einbenennung richtet sich grds nach österreichischem Recht (Heimatrecht des Kindes), kann aber auch nach deutschem Recht erfolgen (Art 10 Abs 6). Erfolgt sie nach deutschem Recht, so müssen die nach § 1618 Abs 1 S 3 BGB vorgeschriebenen Einwilligungen vorliegen. Darüber hinaus ist nach Art 23 zu prüfen, ob das österreichische Recht weitere Einwilligungen voraussetzt.

Ebenso ist die Situation, wenn nicht die Mutter und der Stiefvater dem Kind den Namen erteilen, sondern der nichteheliche Vater. Will beispielsweise ein Deutscher seinem nichtehelichen Kind seinen Namen erteilen und ist das Kind griechischer Staatsangehöriger, käme für die Namenserteilung primär griechisches Recht in Betracht. Die Namenserteilung könnte aber auch nach deutschem Recht erfolgen (Art 10 Abs 6). In diesem Fall müßte aber geprüft werden, ob das griechische Recht zusätzlich zu den Einwilligungen, welche nach deutschem Recht vorgeschrieben sind, weitere Einwilligungen verlangt (Art 23).

13 **Rück- und Weiterverweisung** können in einem solchen Fall häufig Schwierigkeiten bereiten. Zu einer Rück- oder Weiterverweisung kann es zB kommen, wenn das Heimatrecht des Kindes eine Namenserteilung zwar kennt, sie aber anders anknüpft als das deutsche Recht, beispielsweise dem Statut unterstellt, welches die Rechtsbeziehung zwischen dem Kind und seiner Mutter beherrscht.

Die Schwierigkeiten vergrößern sich, wenn – wie häufig – dem Heimatrecht des Kindes das Rechtsinstitut der Namenserteilung fremd ist. Hier wird dann auf das Recht abzustellen sein, das generell auf Namensfragen anwendbar ist. Ist dies das Heimatrecht (oder Wohnsitzrecht) des Kindes, ergeben sich keine besonderen Probleme. Wenn aber das Heimatrecht des Kindes Namensfragen jeweils dem Recht entnimmt, das den jeweiligen familienrechtlichen Vorgang beherrscht, der zu der Namensänderung des Kindes führt, so stellt sich die Frage, ob eine Namenserteilung ein „familienrechtlicher Vorgang" ist, der ähnlich wie eine Legitimation oder Vaterschaftsanerkennung angeknüpft werden kann. Man wird die Frage wohl eher verneinen und es in einem solchen Fall bei der Maßgeblichkeit der Sachvorschriften des Heimatrechts des Kindes bewenden lassen.

III. Zustimmung zu einer Legitimation

14 1. Legitimation durch nachfolgende Ehe

Bei der Legitimation durch nachfolgende Ehe hat Art 23 nur noch geringe Bedeutung. Regelmäßig geht hier der Legitimation die Feststellung der Vaterschaft voraus. Erfolgt diese – wie meist bei einer Legitimation – durch Anerkennung, wird die Zustimmung des Kindes bereits bei der Abstammungserklärung eingeholt. Nach der Zustimmung des Kindes (oder Dritter) ist darum im Fall einer Legitimation durch nachfolgende Ehe nur dann noch zu fragen, wenn nach dem Legitimationsstatut eine vorherige Feststellung der Vaterschaft des Kindes nicht erforderlich ist (und darum eine Zustimmung des Kindes nicht schon im Vorfeld der Legitimation eingeholt werden mußte).

Ist nach dem Legitimationsstatut eine vorherige förmliche Feststellung der Vaterschaft nicht erforderlich, so stellt sich die Frage, ob (bei einem deutschen Kind) nach deutschem Recht gleichwohl die Zustimmung des Kindes (oder dritter Personen) zur Legitimation eingeholt werden muß. Zweifel rühren daher, daß auf der einen Seite im BGB eine Zustimmung des Kindes zu einer Legitimation durch nachfolgende Ehe der Eltern nicht vorgesehen ist, auf der anderen Seite das deutsche Recht aber als selbstverständlich davon ausgeht, daß die Vaterschaft vor der Eheschließung förmlich festgestellt worden sein muß, wenn diese eine Legitimation bewirken soll.

Die Meinungen zu dieser Frage sind geteilt. Die früher hM hielt eine Zustimmung des (deutschen) Kindes zur Legitimation für entbehrlich, weil im deutschen Recht nicht vorgesehen (OLG Düsseldorf 16. 3. 1971 StAZ 1971, 312; OLG Celle 28. 7. 1971 NJW 1972, 401 = StAZ 1972, 17). Demgegenüber weist die Gegenmeinung – zu Recht – darauf hin, daß § 1719 BGB vom „Vater" spricht, die Vaterschaft aber mangels einer gerichtlichen Feststellung nur angenommen werden kann, wenn eine Anerkennung erfolgt ist, deren Wirksamkeit wiederum von der Zustimmung des Kindes abhängt (BayObLG 17. 8. 1979 BayObLGZ 1979, 297 = StAZ 1980, 44; AG Hildesheim 8. 1. 1973 IPRspr 1973 Nr 94; Siehr, Auswirkungen des Nichtehelichengesetzes auf das internationale Privat- und Verfahrensrecht [1972] 128 f; MünchKomm-Klinkhardt Art 22 Rdnr 84; implizit auch BGH 5. 2. 1975 BGHZ 64, 19 = FamRZ 1975, 273 = NJW 1975, 1072; 8. 6. 1983 FamRZ 1983, 878 = IPRax 1984, 271).

2. Legitimation in anderer Weise 15

Seine Hauptbedeutung hat Art 23 bei der Legitimation „in anderer Weise". Dabei wiederum spielen die im Ges geregelten Fälle der Ehelicherklärung auf Antrag des Vaters oder auf Antrag des Kindes keine große Rolle. Hier ergeben sich regelmäßig auch keine besonderen Schwierigkeiten. Erfolgt die Ehelicherklärung auf Antrag des Vaters, bestimmt im Fall eines deutschen Kindes § 1726 BGB den Kreis der Personen, deren Zustimmung eingeholt werden muß. Dabei wird allerdings die in § 1726 Abs 1 S 2 vorgesehene Einwilligung der Ehefrau des Vaters von einer verbreiteten Auffassung für entbehrlich gehalten (Soergel-Kegel Art 22 Rdnr 4). Das Heimatrecht des Kindes entscheidet auch über die Ersetzung einer Einwilligung (§ 1727 BGB) und die Form der Abgabe (§§ 1728–1730 BGB). Werden Zustimmungserklärungen im Ausland abgegeben, so genügt gem Art 11 Abs 1 die Wahrung der Ortsform. Zur Frage der ges Vertretung des Kindes s o Rz 10. Soll die Ehelicherklärung auf Antrag des Kindes erfolgen, so ist bei einem deutschen Kind § 1740 b BGB zu beachten.

3. Insbesondere: Die Legitimanerkennung des islamischen Rechts 16

Praktisch relevant sind insbes die Fälle, in denen islamische Väter ein Kind anerkennen. Eine solche „Legitimanerkennung" geht in ihren Wirkungen über eine bloße Anerkennung der Vaterschaft hinaus. Sie begründet für das Kind gegenüber dem Anerkennenden den Status eines legitimen (ehelichen) Kindes. Wegen dieser Statusfolgen wird sie einer Ehelicherklärung gleichgeachtet. Die erforderlichen Zustimmungen ergeben sich bei einem deutschen Kind darum nicht aus § 1600 c BGB. Vielmehr sind hier die §§ 1726 ff BGB analog anwendbar (grundlegend: BGH 14. 1. 1971 BGHZ 55, 188 = FamRZ 1971, 159 = NJW 1971, 980; 30. 9. 1981 FamRZ 1982, 52 = NJW 1982, 521 = StAZ 1982, 42; ferner: BayObLG 26. 8. 1982 IPRspr 1982 Nr 99; OLG Hamburg 10. 12. 1971 IPRspr 1971 Nr 105 b, OLG Düsseldorf 23. 1. 1976 StAZ 1976, 361; OLG Frankfurt 30. 3. 1976 NJW 1976, 1592 = StAZ 1976, 308; OLG Köln 5. 4. 1976 StAZ 1976, 340; 19. 2. 1979 DAVorm 1979, 446).

17 Dasselbe wie für eine Legitimanerkennung nach islamischem Recht gilt für die Anerkennung eines Kindes nach **jüdisch-religiösem Recht** (s o Art 21 Rz 101).

18 Fraglich war lange Zeit und ist zT noch heute, ob neben den in § 1726 BGB genannten Einwilligungserklärungen auch die **Genehmigung des Vormundschaftsgerichts** erforderlich ist. Einige Gerichte hatten die Erforderlichkeit der Genehmigung des Vormundschaftsgerichts zunächst aus der analogen Anwendung (auch) von § 1751 Abs 1 aF BGB abgeleitet (KG 3. 2. 1966 FamRZ 1966, 375; OLG Hamm 30. 11. 1970 FamRZ 1971, 464). Das OLG Köln widersprach der analogen Anwendung der Adoptionsvorschriften und hielt allein die Vorschriften über die Ehelicherklärung für analog anwendbar, in denen die Genehmigung des Vormundschaftsgerichts nicht explizit gefordert wird (OLG Köln 5. 4. 1976 StAZ 1976, 340; 19. 2. 1979 DAVorm 1979, 446). Der BGH entschied den Streit dahin, daß die Genehmigung des Vormundschaftsgerichts erforderlich sei. Zwar sei bei einer Legitimanerkennung des islamischen Rechts eher eine Orientierung an den Einwilligungsvorschriften sachgerecht, die für eine Legitimation durch Ehelicherklärung auf Antrag des Vaters gelten, als an den Vorschriften zur Adoption. Richtig sei auch, daß bei einer Ehelicherklärung eine Genehmigung des Vormundschaftsgerichts nicht explizit vorgesehen sei. Entscheidend sei aber, daß sowohl bei der Ehelicherklärung als auch bei der Adoption das Vormundschaftsgericht prüfen müsse, ob die Statusänderung dem Wohl des Kindes entspricht (§§ 1723, 1740 a Abs 1 S 2, 1752 iVm 1741 BGB). Die somit erforderliche Mitwirkung des Vormundschaftsgerichts erfolge zweckmäßig in der Form der Genehmigung der Einwilligung des Kindes in die Legitimanerkennung (BGH 30. 9. 1981 FamRZ 1982, 52 = NJW 1982, 521 = IPRax 1982, 192).

19 Das bedeutet, daß heute jedenfalls im Regelfall auch das Vormundschaftsgericht der Einwilligung des Kindes in eine Legitimanerkennung zustimmen muß. Streitig ist nur noch, ob die Genehmigung des Vormundschaftsgerichts auch dann erforderlich ist, wenn die **Eltern des Kindes einander geheiratet** haben. Haben nämlich die Eltern des Kindes einander geheiratet, dann spricht vieles dafür, die Parallele zur Legitimation durch nachfolgende Ehe zu ziehen, bei welcher ja auch nicht eine Prüfung des Kindeswohls durch das Vormundschaftsgericht für erforderlich gehalten wird. Gleichwohl hält die überwiegende Rechtsprechung auch in diesem Fall daran fest, daß das Vormundschaftsgericht die Einwilligung des Kindes in die Legitimanerkennung genehmigen müsse (BGH 30. 9. 1981 aaO: Die Genehmigung des Vormundschaftsgerichts ist „insbesondere" in den Fällen erforderlich, in denen die Eltern einander nicht geheiratet haben; BayObLG 26. 8. 1982 IPRspr 1982 Nr 99; OLG Köln 3. 5. 1982 IPRspr 1982 Nr 98; 2. 6. 1986 IPRax 1987, 378; LG Berlin 3. 5. 1984 DAVorm 1984, 939). Vornehmlich im Schrifttum wird demgegenüber aber zu Recht darauf hingewiesen, daß dann, wenn weder bei ausschließlicher Geltung des deutschen Rechts noch bei ausschließlicher Geltung des islamischen Rechts eine vormundschaftsgerichtliche Genehmigung erforderlich sei, die Kumulation von beiden nicht zum Erfordernis einer vormundschaftsgerichtlichen Genehmi-

gung führen könne (so ua WENGLER StAZ 1964, 149, 153; HENRICH StAZ 1974, 142, 147; IPG 1982 Nr 25 (Berlin); WINKLER VON MOHRENFELS RabelsZ 1984, 352, 364; Voss StAZ 1985, 62, 64; KLINKHARDT IPRax 1985, 192, 198; ders in MünchKomm Art 22 Rdnr 136).

Dasselbe wie für die vormundschaftsgerichtliche Genehmigung gilt für die **Einwilligung der Mutter** (§ 1726 BGB) und die **notarielle Beurkundung** der Einwilligungserklärungen (§ 1730 BGB). Wer die vormundschaftsgerichtliche Genehmigung für erforderlich hält, wendet – bei einem deutschen Kind – auch die §§ 1726, 1730 BGB analog an. Wer im Fall einer Eheschließung der Eltern die vormundschaftsgerichtliche Genehmigung für entbehrlich hält, verlangt nicht noch eine zusätzliche (notariell beurkundete) Erklärung der Mutter und läßt auch für die erforderliche Einwilligung des Kindes die in § 1600 e BGB vorgesehenen Beurkundungsweisen genügen. 20

Seit der IPR-Reform hat das Problem an Bedeutung verloren. Im typischen Fall – ein Angehöriger eines islamischen Staates heiratet in Deutschland die deutsche Mutter seines Kindes – richtet sich heute (anders als früher) schon die Legitimation nach deutschem Recht (Art 21 Abs 1 iVm Art 14 Abs 1 Nr 2). Die Diskrepanz zwischen Legitimationsstatut und Heimatrecht des Kindes entfällt. Die für die Legitimation erforderliche Feststellung der Abstammung des Kindes geschieht im Regelfall nach deutschem Recht (Art 20 Abs 1 S 1). Auf das islamische Recht kommt es nicht mehr an, wenn alle Beteiligten ihren gewöhnlichen Aufenthalt in der Bundesrepublik haben. Die geschilderte Streitfrage wird darum regelmäßig nur noch in Altfällen auftauchen.

4. Die Anerkennung von Kindern, wenn das maßgebende Recht zwischen ehelichen und nichtehelichen Kindern nicht unterscheidet 21

Wie zu Art 21 Rz 102 ff ausgeführt, beurteilt sich die Frage, ob ein nicht in einer Ehe geborenes Kind mit der Abstammungsfeststellung einen Status erhält, der sich von dem eines ehelichen Kindes nicht unterscheidet, nach Art 21 Abs 2. Das macht dann auch eine Beachtung des Art 23 erforderlich. Relevant wird Art 23 in den Fällen, in denen der Vater des Kindes nicht dieselbe Staatsangehörigkeit hat wie das Kind. Hier hat die Anerkennung durch den Vater nur dann die von seinem Heimatrecht angeordnete völlige Gleichsetzung des anerkannten Kindes mit einem ehelichen Kind zur Folge, wenn die nach Art 23 erforderlichen Zustimmungen vorliegen. Sind Mutter und Kind beispielsweise deutsche Staatsangehörige und wird das Kind von seinem slowenischen Vater anerkannt, so üben Vater und Mutter nicht ohne weiteres gem slowenischem Recht die elterliche Sorge gemeinsam aus, wenn sie zusammen leben. Vielmehr ist zu einer solchen Einräumung der elterlichen Sorge an den Vater die Zustimmung der Mutter erforderlich (§ 1726 BGB). Zur Einschaltung des Vormundschaftsgerichts und der Beurkundung der abzugebenden Erklärungen gilt das oben (Rz 18 ff) zur Legitimanerkennung Gesagte entsprechend.

IV. Zustimmung zu einer Adoption

1. Erforderlichkeit 22

Als zustimmungsberechtigt kommen im Fall einer Adoption neben dem Kind selbst vornehmlich die leiblichen Eltern des Kindes in Betracht, gegf auch, wenn das anzunehmende Kind verheiratet ist, sein Ehegatte (letzteres str, s u Rz 29). Das Heimatrecht des Kindes bestimmt grds auch über die Form, in welcher die Einwilligungserklärungen abzugeben sind. Bei Abgabe einer Einwilligungserklärung im Ausland genügt gem Art 11 Abs 1 die Wahrung der Ortsform (s o Art 22 Rz 27).

Das Heimatrecht des Kindes bestimmt auch darüber, von welchem Lebensalter an das Kind seine Einwilligung selbst erteilen muß, ebenso wie über die Vorfrage seiner Geschäftsfähigkeit und im Prinzip auch darüber, wer das Kind ges vertritt (s o Art 22 Rz 31). Abzustellen ist dabei auf das Recht, welches die Kollisionsnormen des Heimatstaates des Kindes als maßgeblich bezeichnen (vgl im einzelnen oben Art 22 Rz 26). Muß dem Kind ein ges Vertreter bestimmt werden, so sind vorrangig die Vorschriften des Haager Minderjährigenschutzabkommens zu beachten. Ist bezüglich eines deutschen Kindes die elterliche Sorge durch Entscheidung eines ausländischen Gerichts einem Elternteil übertragen worden, so wird dieser nur als ges Vertreter des Kindes angesehen, wenn die Übertragung des Sorgerechts im Inland anzuerkennen ist (LG Berlin 4. 5. 1970 IPRspr 1970 Nr 87). Schließlich entscheidet das Heimatrecht des Kindes auch darüber, ob seine Einwilligung oder die seines ges Vertreters der Genehmigung des Vormundschaftsgerichts bedarf (§ 1746 Abs 1 S 4 BGB). § 1746 Abs 1 S 4 BGB erklärt die Genehmigung des Vormundschaftsgerichts stets für erforderlich, wenn Annehmender und Kind nicht dieselbe Staatsangehörigkeit haben. Anwendbar ist diese Vorschrift aber nur bei Anwendbarkeit deutschen Rechts, also dann, wenn entweder gem Art 22 deutsches Recht Adoptionsstatut ist oder gem Art 23 das Kind die deutsche Staatsangehörigkeit besitzt oder ein deutsches Personalstatut hat.

Ist deutsches Recht Adoptionsstatut, will es freilich nicht einleuchten, warum dann das Vormundschaftsgericht, welches ohnedies das Kindeswohl zu prüfen hat, noch einmal eigens der Einwilligung des Kindes oder seines ges Vertreters zustimmen soll (vgl Jayme IPRax 1983, 274, 275). Hier dürfte sich eine einschränkende Interpretation empfehlen.

Soll ein deutsches Kind im Ausland durch Ausländer adoptiert werden, so ist danach die Genehmigung des Vormundschaftsgerichts einzuholen. Dies gilt auch dann, wenn nach der lex fori die Einwilligung des Kindes und/oder die Genehmigung dieser Einwilligung durch das Vormundschaftsgericht nicht erforderlich sind (OLG Celle 29. 7. 1964 FamRZ 1964, 578; AG Schweinfurt 8. 3. 1978 IPRspr 1978 Nr 114).

23 Die Genehmigung des Vormundschaftsgerichts kann, ebenso wie die „Einwilligung" des Kindes, auch noch nach der Adoption nachgeholt werden (OLG Celle 29. 7. 1964 FamRZ 1964, 578; KG 5. 12. 1972 FamRZ 1973, 472, 475; OLG Stuttgart 25. 7. 1980 IPRspr 1980 Nr 120; LG Augsburg 3. 5. 1967 StAZ 1967, 299; MünchKomm-Klinkhardt Art 22 Rdnr 181).

24 Ist im Fall einer Adoption im Inland nach dem Heimatrecht des Kindes eine (vormundschafts-)gerichtliche Genehmigung der Einwilligungserklärung vorgesehen, so kann diese auch von den deutschen Gerichten erteilt werden (Ferid, IPR, Rdnr 8–383). Die gleiche Befugnis wird man bei der Adoption eines deutschen Kindes im Ausland den ausländischen Gerichten zugestehen müssen (Jayme StAZ 1976, 4 FN 25).

25 Was die **Einwilligung der Eltern** des Kindes angeht, so entscheidet das Heimatrecht des Kindes zunächst darüber, ob nicht nur bei einem ehelichen, sondern auch bei einem nichtehelichen Kind die Einwilligung beider Eltern erforderlich ist, ob die Einwilligung auch dann eingeholt werden muß, wenn ein Elternteil die elterliche Sorge verwirkt hat oder an der Ausübung der elterlichen Sorge verhindert ist, ob die Einwilligung davon abhängt, daß seit der Geburt des Kindes eine gewisse Frist verstrichen ist oder die leiblichen Eltern die Adoptiveltern kennen. Das Heimatrecht des Kindes bestimmt ferner, in welchen Fällen die Einwilligung der Eltern nicht erforderlich ist oder ersetzt werden kann. Ist nach dem Heimatrecht des Kindes die Einwilligung eines Elternteils ersetzbar, so sind für eine solche Ersetzung die deutschen Gerichte zuständig, falls ihre Zuständigkeit für die Adoption selbst feststeht.

26 Ist die Einwilligung eines Elternteils nach dem allgemeinen Adoptionsstatut in einem Einzelfall verzichtbar, nicht aber nach dem Heimatrecht des Kindes, geht im Prinzip letzteres vor. Ausnahmen sind denkbar, wenn die Einholung der Einwilligung zu einer Gefährdung des anderen Elternteils führen würde (zB Einholung der Einwilligung des Scheinvaters, wenn die verheiratete Mutter ein Kind im Ehebruch empfangen hat und um ihr Leben oder ihre Gesundheit fürchtet, wenn ihr Ehemann von diesem Ehebruch erfährt; vgl AG Hamburg-Bergedorf 18. 12. 1978 IPRspr 1978 Nr 122). Der Verzicht auf die Einholung der Einwilligung kann hier mit dem Wohl des Kindes (Art 23 S 2) gerechtfertigt werden.

27 Kann die Einwilligung eines Elternteils nach dem allgemeinen Adoptionsstatut ersetzt werden, nicht aber nach dem Heimatrecht des Kindes, so ist die Ersetzung ausgeschlossen. Dasselbe gilt im umgekehrten Fall. Adoptionsstatut und Heimatrecht des Kindes sind kumulativ anzuwenden. Ist die Ersetzung nach beiden Rechten möglich, müssen die Voraussetzungen beider Rechte gegeben sein.

28 Die Ersetzung der elterlichen Einwilligung braucht nicht notwendig in derselben Weise zu geschehen, wie sie im deutschen Recht vorgesehen ist. Hat beispielsweise bei der Adoption eines deutschen Kindes durch italienische Adoptiveltern ein italienisches Gericht (zu dessen Zuständigkeit s o Rz 24 sowie Art 22 Rz 77, 87) in einem förmlichen Verfahren festgestellt, daß das Kind von seinen Eltern „aufgegeben" worden ist, so gilt diese Feststellung zugleich als Ersetzung der elterlichen Einwilligung, weil sie dieselbe Funktion erfüllt, die dem deutschen Ersetzungsverfahren zukommt (vgl AG Hattingen 3. 3. 1983 IPRax 1983, 300 m Anm EJ).

29 Umstritten ist, ob auch die **Einwilligung des Ehegatten des Anzunehmenden** unter Art 23 fällt. Der Wortlaut der Vorschrift („familienrechtliches Verhältnis") spricht dafür, ihre Schutzfunktion (keine Auflösung eines bestehenden Familienbandes ohne Einwilligung der Betroffenen) eher dagegen. Das Interesse des Ehegatten des Annehmenden wiegt nicht so schwer, daß es die kumulative Anwendung des Heimatrechts des Kindes neben dem allgemeinen Adoptionsstatut rechtfertigt (ebenso Soergel-Kegel Art 22 Rdnr 4; MünchKomm-Klinkhardt Art 22 Rdnr 177; aA KG 5. 12. 1972 FamRZ 1973, 472, 476).

2. Die Folgen fehlender Zustimmung

a) Inlandsadoption 30

Nach Art 22 Abs 2 aF war eine Adoption dann, wenn die nach den deutschen Ges erforderliche Einwilligung des Kindes oder eines Dritten fehlte, „unwirksam". Die hM interpretierte diese Vorschrift aber schon vor dem Inkrafttreten des IPR-Neuregelungsgesetzes dahin, daß bei einer Verletzung des deutschen Rechts Vorschriften des materiellen deutschen Rechts die Rechtsfolgen bestimmen sollten, also nicht Unwirksamkeit eintreten sollte, sondern lediglich Aufhebbarkeit (§§ 1760 ff BGB; vgl Soergel-Kegel Art 22 Rdnr 6; MünchKomm-Klinkhardt Art 22 Rdnr 182). Die Neufassung bestätigt die Richtigkeit dieser Interpretation dadurch, daß sie für den Fall der Nichtbeachtung des Art 23 keine Rechtsfolge mehr nennt. Die Rechtsfolgen einer Nichtbeachtung von Art 23 bestimmt somit das verletzte Recht, also das Heimatrecht des Kindes.

Sehen sowohl das allgemeine Adoptionsstatut als auch das Heimatrecht des Kindes bestimmte Einwilligungen vor und sind beide Rechte verletzt, so bestimmen sich die Rechtsfolgen nach dem ärgeren Recht (SOERGEL-KEGEL Art 22 Rdnr 6; Münch-Komm-KLINKHARDT Rdnr 182).

31 **b) Auslandsadoption**

Ist eine Adoption im Ausland durch gerichtliches oder behördliches Dekret erfolgt, so ist ihre Wirksamkeit nicht anhand des deutschen Kollisionsrechts zu beurteilen. Zu fragen ist vielmehr, ob die ausländische Entscheidung im Inland anerkannt werden kann. Diese Frage richtet sich nach Art 16 a FGG. Eine Nichtbeachtung der gem Art 23 maßgebenden Rechtsvorschriften spielt darum im Fall einer Auslandsadoption nur dann eine Rolle, wenn das Ergebnis (Anerkennung) im konkreten Fall mit dem deutschen ordre public nicht vereinbar wäre. Das wird nur selten der Fall sein (vgl die Übersicht oben Art 22 Rz 29 ff).

Lediglich im Fall einer (ausländischen) reinen Vertragsadoption bleibt es bei der Anwendung der §§ 22 und 23 und der Geltung des jeweils ärgeren Rechts.

32 **V. Ersatzweise Anwendung deutschen Rechts**

Nach Art 23 S 2 ist anstelle des Heimatrechts des Kindes das deutsche Recht anzuwenden, soweit es zum Wohl des Kindes erforderlich ist. Damit soll Schwierigkeiten begegnet werden, die sich insbes bei der Inlandsadoption (vor allem: bei der Wiederholung einer unwirksamen oder rechtlich zweifelhaften Auslandsadoption) von Kindern aus Entwicklungsländern ergeben. Vielfach können hier die vom Heimatrecht des Kindes vorgeschriebenen Einwilligungserfordernisse nur mit großen Schwierigkeiten erfüllt werden (MAGNUS-MÜNZEL StAZ 1977, 65, 69 f; JAYME IPRax 1983, 274, 275). Hält sich ein Kind bereits in der Bundesrepublik Deutschland als zukünftigem Aufenthaltsstaat gewöhnlich auf, etwa aufgrund einer beabsichtigten, noch nicht wirksamen oder nicht anzuerkennenden Adoption, und soll nun das bestehende Pflegeverhältnis verfestigt werden, so soll durch die Möglichkeit der Anwendung deutschen Rechts im Interesse des Kindes dessen Eingliederung in seine neue Familie erleichtert werden (BT-Drs 10/504, S 73).

Die Vorschrift ist nicht unproblematisch. Hinter ihr steht die Vorstellung, daß das deutsche Recht in hinreichender Weise den Interessen des Kindes Rechnung trägt. Trifft dies zu, war die zusätzliche Berücksichtigung des Heimatrechts des Kindes bei grundsätzlicher Geltung deutschen Rechts (also die Erweiterung des ursprünglichen Art 22 Abs 2 aF zu einer allseitigen Kollisionsnorm) nicht geboten. Stellt das Heimatrecht des Kindes strengere Voraussetzungen auf als das deutsche Recht (sieht es zB kein Absehen von einer Einwilligung oder keine Ersetzung einer Einwilligung vor), so hätte dem in krassen Fällen mit der Berufung auf den deutschen ordre public begegnet werden können. Legt man Art 23 S 2 – als Ausnahmevorschrift – eng aus, so stellt er sich tatsächlich als besondere ordre public Vorschrift heraus (für die Anlegung strenger Maßstäbe auch PALANDT-HELDRICH Art 23 Anm 3).

Vorbemerkungen zu Artikel 24 nF*

Staatsverträge

Systematische Übersicht

Alphabetische Übersicht

I. Überblick über die einschlägigen Staatsverträge

1 Die Bestimmung des Art 24 EGBGB über Vormundschaft und Pflegschaft wird durch Staatsverträge, die dem Art 24 EGBGB vorgehen (vgl Art 3 Abs 2 EGBGB), in ihrer praktischen Bedeutung stark eingeschränkt. Vor allem kommt

* Für seine Mitarbeit danke ich meinem ehemaligen Assistenten Dr. Jürgen Bredthauer, der die Abschnitte II und III selbständig entworfen hat.

für Minderjährige in der Regel nicht Art 24, sondern das Haager Minderjährigenschutzabkommen zur Anwendung. Im einzelnen sind die folgenden Staatsverträge zu beachten.

2 **1. Haager Minderjährigenschutzabkommen vom 5. 10. 1961**

Das Haager Minderjährigenschutzabkommen, das in Vorbem 252 ff zu Art 18 EGBGB eingehend erläutert ist, muß angewendet werden, wenn ein Minderjähriger im Sinne des Abkommens (Art 12) seinen gewöhnlichen Aufenthalt in einem Vertragsstaat hat (Art 13 Abs 1), insbesondere also, wenn er seinen gewöhnlichen Aufenthalt in der Bundesrepublik Deutschland hat; auf die Staatsangehörigkeit kommt es nicht an, da Deutschland von dem Vorbehalt des Art 13 Abs 3 keinen Gebrauch gemacht hat. Das Minderjährigenschutzabkommen galt am 31. 12. 1986 außer für die Bundesrepublik Deutschland für Frankreich, Luxemburg, die Niederlande, Österreich, Portugal, die Schweiz und die Türkei (Beil BGBl II Fundstellennachweis B 1986); außerdem seit dem 21. 7. 1987 für Spanien (BGBl 1987 II 449). Es erfaßt in seinem sachlichen Anwendungsbereich auch die Vormundschaft und Pflegschaft; s im einzelnen Vorbem 292 ff zu Art 18.

3 **2. Haager Vormundschaftsabkommen vom 12. 6. 1902**

Das ältere Haager Vormundschaftsabkommen regelt die Vormundschaft über Minderjährige ebenfalls mit Vorrang vor dem EGBGB. Allerdings hat dieses Abkommen durch das neuere Haager Minderjährigenschutzabkommen erheblich an Bedeutung verloren. Denn das Haager Minderjährigenschutzabkommen tritt im Verhältnis seiner Vertragsstaaten zueinander gemäß seinem Art 18 Abs 1 an die Stelle des Haager Vormundschaftsabkommens (vgl Vorbem 776 ff zu Art 18 EGBGB). Das Haager Vormundschaftsabkommen galt deshalb am 31. 12. 1986 nur noch im Verhältnis zu Belgien und Italien (vgl Beil BGBl II Fundstellennachweis B 1986). Das Haager Vormundschaftsabkommen wird unten Rz 12 ff im einzelnen erläutert.

4 **3. Haager Entmündigungsabkommen vom 17. 7. 1905**

Das Haager Entmündigungsabkommen (näher zu diesem Abkommen Staudinger-Beitzke Art 8 EGBGB Rz 7) regelt im Zusammenhang mit der Entmündigung die Vormundschaft (Art 2, 8, 10) und vorläufige Maßregeln (Art 3 Abs 1), zu denen auch die Pflegschaft (aber nicht die Vormundschaft) gehört (OLG Hamm 2. 3. 1973, FamRZ 1973, 326 Anm Beitzke = OLGZ 1973, 301 = NJW 1973, 1556 = IPRspr 1973 Nr 103). Das Entmündigungsabkommen galt am 31. 12. 1986 aber nur noch im Verhältnis zu Italien (Beil BGBl II Fundstellennachweis B 1986), und es findet nach seinem Art 14 nur Anwendung auf die Entmündigung von solchen Angehörigen eines Vertragsstaates, die ihren gewöhnlichen Aufenthalt in einem Vertragsstaat haben.

5 **4. Deutsch-österreichisches Vormundschaftsabkommen vom 5. 2. 1927**

Im Verhältnis zu Österreich gilt ein bilaterales Vormundschaftsabkommen von 1927, das nicht nur dem Art 24 EGBGB vorgeht, sondern auch dem Haager Minderjährigenschutzabkommen (vgl Vorbem 780 zu Art 18 EGBGB). Näheres zu diesem Abkommen unten Rz 43 ff.

5. Deutsch-österreichisches Abkommen über Fürsorge und Jugendwohlfahrtspflege vom 17. 1. 1966 6

Das „Abkommen zwischen der Bundesrepublik Deutschland und der Republik Österreich über Fürsorge und Jugendwohlfahrtspflege" vom 17. 1. 1966 (BGBl 1969 II 2) nebst Durchführungsvereinbarung vom 25. 10. 1968 (BGBl 1969 II 1286) enthält keine Bestimmungen des Internationalen Privatrechts.

6. Deutsch-polnisches Vormundschaftsabkommen vom 5. 3. 1924 7

Das Vormundschaftsabkommen mit Polen vom 5. 3. 1924 (RGBl 1925 II 139, 145) ist seit dem Kriegsausbruch zwischen Deutschland und Polen von den Gerichten beider Länder und damit seit etwa 50 Jahren nicht mehr angewandt worden. Die Bundesrepublik Deutschland hat für diesen Vertrag nach Kriegsende auch keine Vereinbarung über die Wiederanwendung geschlossen. Die bei den Gerichten übliche Nichtanwendung des Abkommens und die staatsvertragliche Praxis, kollisionsrechtliche Abkommen gegebenenfalls für wieder anwendbar zu erklären, ergeben für das Vormundschaftsabkommen eine gefestigte Auffassung auf polnischer und deutscher Seite, an das Abkommen nicht mehr gebunden zu sein. Das Vormundschaftsabkommen mit Polen ist also durch gewohnheitsmäßige Nichtbeachtung seit Kriegsausbruch hinfällig geworden (so die h M; siehe Mitzkus 164 ff m weit Nachw; anders namentlich Soergel-Kegel Art 23 EGBGB Rz 50 auf der Basis der sog Differenzierungstheorie; zu ihr Staudinger-von Bar Vorbem 84 zu Art 13 EGBGB).

7. Deutsch-iranisches Niederlassungsabkommen vom 17. 2. 1929 8

Gemäß Art 8 Abs 3 des deutsch-iranischen Niederlassungsabkommens bleiben die Angehörigen beider Vertragsstaaten in bezug auf das Familienrecht den Vorschriften ihrer heimischen Gesetze unterworfen. Nach dem Schlußprotokoll zu diesem Abkommen gehören zum Familienrecht auch Vormundschaft und Pflegschaft (siehe Vorbem 781 zu Art 18 EGBGB). Ein Iraner kann in Deutschland also nur nach Maßgabe seines Heimatrechts unter Vormundschaft oder Pflegschaft gestellt werden.

8. Konsular- und Handelsverträge 9

In den **bilateralen Konsular- und Handelsverträgen** wird den Konsuln bisweilen die Befugnis eingeräumt, eine Vormundschaft oder Pflegschaft über Angehörige ihres Staates anzuordnen und zu beaufsichtigen. Teils ergibt sich diese Befugnis aus einer ausdrücklichen Ermächtigung, wie zum Beispiel aus Art 11 Nr 8 der Konsular-Konvention zwischen Spanien und dem Norddeutschen Bunde vom 22. 2. 1870 (BGBl des Norddeutschen Bundes 1870, 99; das Abkommen gilt zwischen der Bundesrepublik Deutschland und Spanien, da das Deutsche Reich und Spanien die Geltung dieses Vertrages in dem Abkommen vom 12. 1. 1872, RGBl 1872, 211, vereinbart haben). Teils ergibt sie sich aus einer Meistbegünstigungsklausel, wie zum Beispiel Art 21 II des Handels- und Schiffahrtsvertrages mit dem Freistaat Irland vom 12. 5. 1930 (RGBl 1931 II 115) und Art 27 des Konsularvertrages mit der Türkei vom 28. 5. 1929 (RGBl 1930 II 747, Wiederanwendung durch Bek v 29. 5. 1952 BGBl 1952 II 608).

Auch Art 5 h des **Wiener Konsularübereinkommens** vom 24. 4. 1963 (BGBl 1969 II 1585, Mitgliedsstaatenverzeichnis in Beil BGBl II Fundstellennachweis B) spricht 10 davon, daß es zu den konsularischen Aufgaben gehört, die Interessen Minderjähriger zu wahren. Konkrete Rechte in bezug auf die Anordnung einer Vormundschaft begründet das Wiener Konsularübereinkommen nicht. Aufgrund der in Art 37 b des Übereinkommens statuierten Benachrichtigungspflicht soll die konsularische Vertretung aber erfahren, daß die Bestellung eines Vormundes für einen Staatsangehörigen des Entsendestaates angebracht erscheint.

11 Art 14 des noch nicht in Kraft getretenen **„Europäischen Übereinkommens über konsularische Aufgaben“** vom 11. 12. 1967 sieht demgegenüber in seinem Abs 2 ausdrücklich das Recht des Konsuln vor, den Behörden eine zur Übernahme einer Pflegschaft geeignete Person vorzuschlagen – eine Regelung, die auch der Konsularvertrag vom 25. 4. 1958 der Bundesrepublik Deutschland mit der UdSSR (BGBl 1959 II 232) enthält.

II. Haager Abkommen zur Regelung der Vormundschaft über Minderjährige vom 12. 6. 1902*

12 Überblick

Das Abkommen zur Regelung der Vormundschaft über Minderjährige vom 12. 6. 1902 (RGBl 1904, 240), dessen französischer Originaltext allein verbindlich ist, trat für Deutschland am 30. 7. 1904 in Kraft (RGBl 1904, 249). Es **gilt** heute (1. 1. 1987) nur noch im Verhältnis zu Belgien und Italien (s oben Rz 2 und 3). Nach dem 2. Weltkrieg wurde die Wiederanwendbarkeit im Verhältnis zu Belgien und Italien ausdrücklich festgestellt (BGBl 1955 II 188). Die Anwendung des Abkommens setzt gemäß seinem Art 9 Abs 1 grundsätzlich voraus, daß der Minderjährige Angehöriger eines Vertragsstaates ist und seinen gewöhnlichen Aufenthalt in einem Vertragsstaat hat.

13 **Vertragsstaaten** waren zunächst (ab 1. 8. 1904) Belgien, Frankreich, Luxemburg, Niederlande, Rumänien und Schweden (RGBl 1904, 249). Später kamen hinzu: Spanien (RGBl 1904, 307), Italien und die Schweiz (RGBl 1905, 716), Portugal (RGBl 1907, 84), Ungarn (RGBl 1911, 919) sowie Polen (RGBl 1929 II 640). **Gekündigt** haben Frankreich mit Wirkung vom 1. 6. 1914 (RGBl 1914, 9); Schweden mit Wirkung vom 1. 6. 1959 (BGBl II 582); Ungarn mit Wirkung vom 1. 6. 1974 (BGBl 1974 II 42); Niederlande und Schweiz mit Wirkung vom 1. 6. 1979 (Tractatenblad van het Koninkrijk der Nederlanden 1977 Nr 58; Sammlung der Eidgenössischen Gesetze 1977, 766). Im Verhältnis zu Luxemburg, Spanien und Portugal wurde das Vormundschaftsabkommen durch das neuere **Haager Minderjährigenschutzabkommen** (vgl dessen Art 18 Abs 1) ersetzt (Vorbem 776 ff zu Art 18 EGBGB). Im Verhältnis zu **Polen** und **Rumänien** ist das Abkommen seit dem 2. Weltkrieg von den Gerichten nicht mehr angewandt worden, und es liegt auch keine Wiederanwendungserklärung vor. Es ist deshalb davon auszugehen, daß das Abkommen im Verhältnis zu Rumänien kraft entgegenstehender Gewohnheit nicht mehr gilt (näher zur Problematik der Vorkriegsverträge mit Feindstaaten oben Vorbem 7; so die überwiegende Meinung im Schrifttum zum Haager Vormundschaftsabkommen (siehe Mitzkus 131 f, 164 ff; anders Soergel-Kegel Art 23 Rz 40). Als Partner des Abkommens bleiben somit nur Belgien und Italien.

---

* **Schrifttum:** Älteres Schrifttum bei Staudinger-Raape 625; s im übrigen das Schrifttum zum Haager Minderjährigenschutzabkommen bei Vorbem 252 zu Art 18 EGBGB.

Art 1 [Heimatrecht] 14

Die Vormundschaft über einen Minderjährigen bestimmt sich nach dem Gesetze des Staates, dem er angehört (Gesetz des Heimatstaats).

Für die Vormundschaft gilt das **Staatsangehörigkeitsprinzip.** Maßgebend sind die Gesetze des Heimatstaates unter Ausschluß der Kollisionsnormen. Eine Rück- oder Weiterverweisung ist – wie bei den meisten sonstigen kollisionsrechtlichen Staatsverträgen – nicht zu beachten.

Das Abkommen gilt nur für die Vormundschaft **Minderjähriger.** Ob eine Person als 15
minderjährig anzusehen ist, richtet sich nach dem IPR der Vertragsstaaten.

Nicht erfaßt wird die **gesetzliche Vormundschaft der Eltern ehelicher oder nichtehe-** 16
licher Kinder (siehe Art 19 Rz 188; Soergel-Kegel Art 19 EGBGB Rz 10, Art 23 Rz 41. Aus der Rechtsprechung OLG München 24. 8. 1938 HRR 1938 Nr 1463 = IPRspr 1935–45 Nr 315 a; RG 25. 1. 1940 RGZ 162, 329, 336 = HRR 1940 Nr 889 = IPRspr 1935–45 Nr 315 b: Anwendbarkeit des Abkommens offengelassen; KG 27. 6. 1963 FamRZ 1963, 576 = IPRspr 1962–63 Nr 217; BayObLG 17. 5. 1963 BayObLGZ 1963, 123 = IPRspr 1962–63 Nr 107; OLG Düsseldorf 4. 12. 1981 FamRZ 1982, 534, 535 = IPRspr 1981 Nr 208).

Das Vormundschaftsabkommen betrifft grundsätzlich **nicht die Pflegschaft,** außer 17
als vorläufige Maßregel nach Art 7.

Vom sachlichen Anwendungsbereich ausgeschlossen sind sonstige Maßnahmen, die 18
im BGB dem Vormundschafts- oder Familiengericht übertragen worden sind, wie zum Beispiel die **Bestellung eines Beistandes** nach § 1685 BGB (BayObLG 8. 10. 1930 BayObLGZ 30 [1931] 338 = IPRspr 1931 Nr 84; KG 10. 2. 1933 JW 1933, 2065 = IPRspr 1933 Nr 47; BayObLG 6. 12. 1933 JW 1934, 699 = IPRspr 1934 Nr 63; OLG München 24. 8. 1938 HRR 1938 Nr 1463 = IPRspr 1935–44 Nr 315 a; KG 28. 11. 1913 KGJ 45 A 18; KG 15. 1. 1915 KGJ 47 A 48. Auch die **Entziehung des Personensorgerechts** und sonstige Maßnahmen im Rahmen des ehelichen oder nichtehelichen Eltern-Kind-Verhältnisses fallen nicht unter das Abkommen (vgl. etwa OLG München 22. 5. 1942 JFG 23, 288 = HRR 1942 Nr 782 = IPRspr 1935–44 Nr 797).

Öffentlichrechtliche Schutzmaßnahmen, wie sie in Deutschland im JWG geregelt 19
sind, werden vom Abkommen nicht erfaßt. Das hat der Internationale Gerichtshof anläßlich eines niederländisch-schwedischen Streites um eine schwedische „Fürsorgeerziehung“ entschieden (I.C.J.Rep. 1958, 55). Näher zu diesem Fall unten Rz 21.

Nicht ausdrücklich geregelt ist die **internationale Zuständigkeit.** Als zuständig sind 20
die Behörden des Staates zu betrachten, dessen Recht aufgrund der Normen der Konvention anzuwenden ist (so auch Mitzkus 134 f; Isenschmid, Die Vormundschaft über Ausländer in der Schweiz und über Schweizer im Ausland [1934] 62; Frankenstein, IPR IV [1935] 232). Schon bei den Beratungen des Abkommens ging man davon aus, daß internationale Zuständigkeit und anwendbares Recht nicht auseinanderfallen sollten (Actes de la troisième session de la Conférence de La Haye pour le droit international privé [1900] 103). Demgemäß sind über Art 1 und 4 primär die Heimatbehörden des Minderjährigen zur Anordnung der Vormundschaft zuständig, während die unter den Voraussetzungen des Art 3 bestehende Zuständigkeit des Aufenthaltsstaates nur subsidiär ist.

Das Abkommen enthält keinen ausdrücklichen **ordre public-Vorbehalt.** Es handelt 21
sich um eine Auslegungsfrage, ob die Berufung auf den ordre public trotzdem zulässig ist (Jayme NJW 1965, 13, 17).

Die Frage wurde im **Fall Boll** aufgeworfen, den der Internationale Gerichtshof zu entscheiden hatte (I.C.J.Rep. 1958, 55). Es ging darum, ob Schweden durch die Anordnung und Aufrechterhaltung der Fürsorgeerziehung über die in Schweden aufgewachsene niederländische Minderjährige Boll das Vormundschaftsabkommen verletzt habe, nachdem in den Niederlanden gemäß dem Abkommen ein Vormund bestellt worden war, dem durch die schwedische Maßnahme die Obhut über das Kind entzogen war, und der sich vergeblich um seine Herausgabe bemühte. Das Gericht ging auf die Frage des ordre public nicht ein, da es meinte, die „Fürsorgeerziehung" falle nicht in den sachlichen Anwendungsbereich des Abkommens. In den Besprechungen des Urteils finden sich jedoch Bezugnahmen auf die Vorbehaltsklausel (Zusammenstellung der Besprechungen bei von Overbeck ZfRvgl 1961, 140, 144 Fn 16). So vertritt der Richter Lauterpacht in seinem Einzelvotum die Ansicht, die schwedische Maßnahme falle unter den ordre public und müsse daher aufrechterhalten bleiben (I.C.J.Rep. 1958, 79–101).

22 Trotz des Fehlens einer ausdrücklichen Vorbehaltsklausel sollte man eine Berufung auf den ordre public in engen Grenzen zulassen, wie dies die neueren Haager Abkommen vorsehen. Denn der Zwang zu einer starren Anwendung der Konvention ohne jede Ausweichmöglichkeit ist wenig sinnvoll (vgl Kropholler, Internationales Einheitsrecht [1975] 340 ff). Das Reichsgericht hat bei der Anwendung des ebenfalls ohne ordre public-Klausel geschlossenen Haager Ehewirkungsabkommens vom 17. 7. 1905 die Berufung auf den ordre public nicht beanstandet (RG 17. 2. 1936 RGZ 150, 283 = IPRspr 1935–45 Nr 12). 10 Monate zuvor hatte der gleiche Senat noch anders entschieden (RG 15. 4. 1935 RGZ 147, 385 = IPRspr 1935–45 Nr 208). Auch in der Wissenschaft sind die Meinungen uneinheitlich (gegen die Anwendung der Vorbehaltsklausel etwa Soergel-Kegel Art 23 EGBGB Rz 42; eine Zusammenstellung der Ansichten findet sich bei Makarov, Die Haager internationalprivatrechtlichen Abkommen und die Vorbehaltsklausel, Ius et Lex, FS Gutzwiller [Basel 1959] 303 ff, 321 f; siehe ferner die Diskussion in Jayme/Meessen, Staatsverträge zum IPR, Berichte der Deutschen Gesellschaft für Völkerrecht Heft 16 [1975] 122 ff).

23 **Art 2 [Diplomaten und Konsuln]**

Sieht das Gesetz des Heimatstaats für den Fall, daß der Minderjährige seinen gewöhnlichen Aufenthalt im Auslande hat, die Anordnung einer Vormundschaft im Heimatlande nicht vor, so kann der von dem Heimatstaate des Minderjährigen ermächtigte diplomatische oder konsularische Vertreter gemäß dem Gesetze dieses Staates die Fürsorge übernehmen, sofern der Staat, in dessen Gebiete der Minderjährige seinen gewöhnlichen Aufenthalt hat, dem nicht widerspricht.

Art 2 des Vormundschaftsabkommens regelt den Fall, daß das Recht des Heimatstaates eines Minderjährigen die Anordnung einer Vormundschaft nicht vorsieht, wenn dieser seinen gewöhnlichen Aufenthaltsort im Ausland hat. Dann kann der diplomatische oder konsularische Vertreter des Heimatstaates nach den Gesetzen des Entsendestaates die Fürsorge übernehmen, wenn der Aufenthaltsstaat nicht widerspricht. Diese Vorschrift hat für Deutschland keine Bedeutung, da gemäß §§ 35 a Abs 1, 36 Abs 2 FGG in derartigen Fällen immer das AG Berlin-Schöneberg zuständig ist (vgl auch Beitzke FamRZ 1967, 592, 603).

24 **Art 3 [Hilfsweise Aufenthaltsrecht]**

Falls eine Vormundschaft gemäß den Bestimmungen des Artikel 1 oder des Artikel 2 nicht angeordnet ist oder nicht angeordnet werden kann, so ist für die Anordnung und die Führung der Vormundschaft über einen Minderjährigen, der seinen gewöhnlichen Aufenthalt im Auslande hat, das Gesetz des Aufenthaltsorts maßgebend.

Das **Recht des Aufenthaltsstaates** (und damit auch die Zuständigkeit der Aufenthaltsbehörden) soll nur ausnahmsweise maßgebend sein. Voraussetzung ist, daß eine Vormundschaft nach den vorstehenden Artikeln nicht angeordnet werden kann oder vom Heimatstaat nicht angeordnet worden ist. Indes hat sich die Regel, eine

Vormundschaft im fernen Heimatstaat zu führen, als schwer durchführbar erwiesen. In der Praxis wurde deshalb – entgegen den Intentionen des Abkommens – von der Aufenthaltszuständigkeit öfter Gebrauch gemacht als von der Heimatzuständigkeit. Dies war einer der Gründe für die Ablösung des Vormundschaftsabkommens durch das Minderjährigenschutzabkommen von 1961, das die Aufenthaltszuständigkeit an die Spitze stellt.

Das Recht des Aufenthaltsstaates gilt nur für die **Anordnung und Führung** der 25
Vormundschaft. Dagegen richten sich die materiellen Voraussetzungen für den Beginn und die Beendigung der Vormundschaft nach dem Heimatrecht des Minderjährigen (Art 5).

Zu beachten ist die **Benachrichtigungspflicht** gemäß Art 8. Danach haben die 26
Behörden des Aufenthaltsstaates, bevor sie vormundschaftsgerichtliche Maßnahmen ergreifen, die Behörden des Heimatstaates zu benachrichtigen. Der Aufenthaltsstaat darf also vor Ablauf einer angemessenen Wartefrist keine eigene Entscheidung fällen, mit Ausnahme von vorläufigen Maßregeln nach Art 7. Man könnte die Wartefrist analog Art 6 des Haager Entmündigungsabkommens vom 17. 7. 1905 auf sechs Monate festsetzen (Frankenstein, IPR IV [1935] 233 f). Eine derartige Lösung ist jedoch zu starr. Auch haben sich die Kommunikationswege seit 1902 erheblich verbessert, wobei sie freilich zu den einzelnen Staaten von unterschiedlicher Qualität sind. Es kommt für die Länge der Frist also auf den jeweiligen Einzelfall an. In jedem Falle ist dem Heimatstaat eine angemessene Überlegungsfrist zuzubilligen.

Die Benachrichtigung ist **keine Wirksamkeitsvoraussetzung.** Hat der Aufenthalts- 27
staat ohne die erforderliche Benachrichtigung oder ohne Einhaltung einer angemessenen Wartefrist eine Vormundschaft angeordnet, so hat diese gleichwohl Bestand. Art 8 enthält lediglich eine Ordnungsvorschrift. Die Interessen des Heimatstaates sind durch Art 4 ausreichend gewahrt, wonach der Heimatstaat jederzeit eine neue Vormundschaft anordnen darf. Ließe man die Maßnahme des Aufenthaltsstaates erst nach Benachrichtigung des Heimatstaates und bei dessen Untätigbleiben wirksam werden (so in der Tat Soergel-Kegel Art 23 EGBGB Rz 43), so wäre erhebliche Rechtsunsicherheit hinsichtlich des genauen Wirksamkeitszeitpunktes der Vormundschaft die Folge.

Art 4 [Nachträgliches Eingreifen des Heimatstaates] 28

Ist die Vormundschaft gemäß der Bestimmung des Artikel 3 angeordnet, so kann gleichwohl eine neue Vormundschaft auf Grund des Artikel 1 oder des Artikel 2 angeordnet werden.

Hiervon ist der Regierung des Staates, in welchem die Vormundschaft zuerst angeordnet wurde, sobald wie möglich Nachricht zu geben. Diese Regierung hat davon entweder die Behörde, welche die Vormundschaft angeordnet hat, oder in Ermangelung einer solchen Behörde den Vormund selbst zu benachrichtigen.

In dem Falle, den dieser Artikel vorsieht, bestimmt sich der Zeitpunkt, in welchem die ältere Vormundschaft endigt, nach der Gesetzgebung des Staates, in dessen Gebiete diese Vormundschaft angeordnet war.

Die Bestimmung legt den **Vorrang einer Vormundschaft im Heimatstaat** fest. Die Behörden des Heimatstaates können eine Vormundschaft anordnen, auch wenn die Aufenthaltsbehörden bereits einen Vormund bestellt haben. Die Vormundschaft des Heimatstaates soll diejenige des Aufenthaltsstaates ersetzen, und die Vormundschaft im Aufenthaltsstaat soll – wie Abs 3 ergibt – enden. Da hoheitliche Maßnahmen eines Staates wegen der territorialen Begrenztheit staatlicher Gewalt grundsätzlich keine unmittelbare Auswirkung auf den staatlichen Akt eines anderen Staates haben und da das Abkommen auch keine unmittelbare Ersetzung der

Vormundschaft des Aufenthaltsstaates vorschreibt, wird diese nicht durch die Anordnung der Vormundschaft im Heimatstaat ex lege unwirksam, sondern der Aufenthaltsstaat ist verpflichtet, seine Maßnahme aufzuheben (OLG Stuttgart 6. 5. 1980 FamRZ 1980, 1152 = IPRspr 1980 Nr 92).

29 Die **Benachrichtigungspflicht** des Abs 2 hat den Sinn, den Aufenthaltsstaat vom nachträglichen Eingreifen des Heimatstaates in Kenntnis zu setzen, damit die Vormundschaft im Aufenthaltsstaat aufgehoben werden kann. Es soll vermieden werden, daß in den Vertragsstaaten konkurrierende Vormundschaften nebeneinander bestehen. Grundsätzlich erfolgen Benachrichtigungen auf dem (umständlichen) diplomatischen Weg (vgl jedoch unten Rz 41).

30 Der **Zeitpunkt des Wirksamwerdens der Aufhebung** einer Anordnung der Aufenthaltsbehörde richtet sich gemäß Abs 3 nach deren Recht.

31 **Art 5 [Zeitpunkt und Gründe für Beginn und Beendigung der Vormundschaft]**

In allen Fällen bestimmen sich der Zeitpunkt und die Gründe für den Beginn sowie für die Beendigung der Vormundschaft nach dem Gesetze des Heimatstaats des Minderjährigen.

Art 5 enthält den Grundsatz, daß sich die materiellen Voraussetzungen der Vormundschaft nach dem Heimatrecht des Minderjährigen richten. Dies soll nach dem Wortlaut des Artikels für *alle* Fälle gelten, also auch bei Anordnung der Vormundschaft durch den Aufenthaltsstaat gemäß Art 3. Eine Rück- und Weiterverweisung des Heimatrechts ist nicht zu beachten (siehe oben Rz 14). Das Heimatrecht des Minderjährigen ergibt, ob er kraft Gesetzes unter einem Gewaltverhältnis steht, insbesondere ob ein Elternteil die elterliche Sorge innehat, so daß sich eine Vormundschaft erübrigt.

32 **Art 6 [Umfang der Vormundschaft]**

Die vormundschaftliche Verwaltung erstreckt sich auf die Person sowie auf das gesamte Vermögen des Minderjährigen, gleichviel an welchem Orte sich die Vermögensgegenstände befinden.

Von dieser Regel sind Ausnahmen zulässig in Ansehung solcher Grundstücke, welche nach dem Gesetze der belegenen Sache einer besonderen Güterordnung unterliegen.

Die Vormundschaft erstreckt sich auf die Personen- und die Vermögenssorge. Bei der Verwaltung des Vermögens kommt es nicht darauf an, an welchem Ort, das heißt in welchem Staat, es sich befindet.

33 Abs 2 ist mit Art 3 Abs 3 EGBGB nF (Art 28 EGBGB aF) vergleichbar. Die praktische Bedeutung ist gering. Für in Deutschland belegene Grundstücke ist eine Anwendbarkeit vor allem im Höferecht denkbar.

34 **Art 7 [Vorläufige Maßregeln]**

Solange die Vormundschaft nicht angeordnet ist, sowie in allen dringenden Fällen können die zuständigen Ortsbehörden die Maßregeln treffen, die zum Schutze der Person und der Interessen eines minderjährigen Ausländers erforderlich sind.

Die Vorschrift gibt den **zuständigen Ortsbehörden** die Befugnis, vorläufige Maßregeln zu treffen. Mit den „zuständigen Ortsbehörden" sind nicht notwendigerweise die Behörden des Aufenthaltsstaates gemeint, wie Art 9 Abs 2 zu entnehmen ist. Vielmehr können in jedem Vertragsstaat vorläufige Maßnahmen angeordnet werden, wenn dafür ein Bedürfnis besteht, etwa zum Schutz der Vermögensinteressen des Minderjährigen.

Ein **dringender Fall** liegt vor, wenn das Kindeswohl oder dringende öffentliche Interessen die Behörde zum Handeln zwingen (RG 25. 11. 1940 RGZ 162, 329; LG Wiesbaden 2. 3. 1965 FamRZ 1965, 284 = IPRspr 1965 Nr 130). 35

Es ist anerkannt, daß die Anordnung einer **vorläufigen Pflegschaft** nach Art 7 möglich ist (KG 19. 12. 1907 KGJ 35 A 15; BayObLG 4. 11. 1919 LZ 1920, 396; KG 4. 2. 1927 OLGE 46, 200 = IPRspr 1926–27 Nr 87; OLG Hamm 19. 5. 1945 HEZ 2, 341 = IPRspr 1945–49 Nr 24; OLG Karlsruhe 25. 7. 1969 OLGZ 1969, 485 = IPRspr 1968–69 Nr 157; LG Augsburg 20. 4. 1972 IPRspr 1972 Nr 89; SCHWIND Anm zu OGH 17. 9. 1975 ZfRvgl 1976, 143, 146; SOERGEL-KEGEL Art 23 EGBGB Rz 41). 36

Öffentlichrechtliche Maßnahmen, wie die Fürsorgeerziehung oder andere im JWG vorgesehene Einrichtungen, fallen nicht in den sachlichen Anwendungsbereich des Abkommens und damit auch nicht unter Art 7 (s oben Rz 19). 37

Die Behörden wenden im Fall des Art 7 ihr **Aufenthaltsrecht** an (so auch FRANKENSTEIN IPR IV [1935] 246; MITZKUS 139). 38

Art 8 [Benachrichtigungspflichten] 39

Liegt Anlaß vor, für einen minderjährigen Ausländer die Vormundschaft anzuordnen, so haben die Behörden des Staates, in dessen Gebiet er sich befindet, von dem Sachverhalte, sobald dieser ihnen bekannt wird, die Behörden des Staates zu benachrichtigen, dem der Minderjährige angehört.
Die in solcher Art benachrichtigten Behörden sollen den Behörden, die ihnen die Mitteilung gemacht haben, sobald wie möglich Kenntnis geben, ob die Vormundschaft angeordnet ist oder angeordnet werden wird.

Abs 1 statuiert eine Mitteilungspflicht des Aufenthaltsstaates an den Heimatstaat des Minderjährigen. Wie bereits bei Art 3 ausgeführt, handelt es sich hierbei um eine bloße **Ordnungsvorschrift,** deren Nichtbeachtung die Wirksamkeit einer Maßnahme des Aufenthaltsstaates nicht berührt (oben Rz 27).

Die Mitteilung ist **entbehrlich,** wenn der Heimatstaat darauf verzichtet hat. Dieser Verzicht muß nicht unbedingt ausdrücklich erklärt werden. Es reicht aus, daß auf ihn aus den Umständen geschlossen werden kann. So hat der „Kleine Rat Graubünden" in seiner Entscheidung vom 11. 2. 1961 einen Verzicht auf die Mitteilung darin gesehen, daß die italienischen Behörden die Überführung des Minderjährigen in die Schweiz selbst veranlaßt hatten und somit den gesamten Sachverhalt kannten (SchwJbIntR 19 [1962] 227). 40

Grundsätzlich erfolgen Mitteilungen auf **diplomatischem Weg.** Maßgebend ist jedoch das jeweilige Verhältnis der einzelnen Vertragsstaaten. Da die noch verbliebenen Vertragsstaaten gleichzeitig dem Haager Übereinkommen über die Zustellung gerichtlicher und außergerichtlicher Schriftstücke im Ausland in Zivil- oder Handelssachen vom 15. 11. 1965 (BGBl 1977 II 1453) angehören, sollte es in analoger Anwendung des Art 2 dieses Übereinkommens möglich sein, die Mitteilung über die „Zentralen Behörden" zu leiten. Die für die Bundesrepublik Deutschland maßgeblichen „Zentralen Behörden" sind am 21. 6. 1979 bekanntgemacht worden (BGBl II 779). Der Übermittlungsweg über die „Zentralen Behörden" hat den Vorteil, daß er erheblich schneller ist als der diplomatische Weg. 41

Art 9 [Persönlich-räumlicher Anwendungsbereich] 42

Dieses Abkommen findet nur Anwendung auf die Vormundschaft über Minderjährige, die Angehörige eines der Vertragsstaaten sind und ihren gewöhnlichen Aufenthalt im Gebiet eines dieser Staaten haben.
Die Artikel 7 und 8 dieses Abkommens finden jedoch auf alle Minderjährige Anwendung, die Angehörige eines Vertragsstaats sind.

Art 10 [Räumlicher Geltungsbereich, Ratifikation]

Dieses Abkommen, das nur auf die europäischen Gebiete der Vertragsstaaten Anwendung findet, soll ratifiziert und die Ratifikationsurkunden sollen im Haag hinterlegt werden, sobald die Mehrzahl der Hohen vertragschließenden Teile hierzu in der Lage ist.
Über die Hinterlegung soll ein Protokoll aufgenommen werden; von diesem soll eine beglaubigte Abschrift auf diplomatischem Wege einem jeden der Vertragsstaaten mitgeteilt werden.

Nach den Art 9 und 10 ist das Übereinkommen grundsätzlich nur auf Minderjährige anwendbar, die Staatsangehörige eines Vertragsstaates sind und ihren gewöhnlichen Aufenthalt im europäischen Hoheitsgebiet eines Vertragsstaates haben. Es gilt also nicht für **Staatenlose.** Die früher vertretene Ansicht, daß das Übereinkommen auf **Mehrstaater** nicht anzuwenden sei, da Art 9 von Angehörigen „eines" Vertragsstaates spreche, ist schon deshalb fragwürdig, weil der maßgebliche französische Text diese Einschränkung in Art 9 Abs 2 nicht enthält (siehe Mitzkus 139). Die Frage, wie Mehrstaater zu behandeln sind, bleibt im Abkommen offen und ist Angelegenheit der einzelnen Vertragsstaaten (Jayme NJW 1965, 16; Mitzkus 140). In der Bundesrepublik Deutschland ist auf die in Art 5 Abs 1 EGBGB nF niedergelegten Grundsätze zurückzugreifen. Im übrigen sei auf die eingehenden Überlegungen zu der parallelen Problematik beim Haager Minderjährigenschutzabkommen verwiesen (siehe Vorbem 531 zu Art 18 EGBGB).

Art 11 [Beitritt]

Denjenigen Staaten, welche auf der dritten Konferenz über internationales Privatrecht vertreten waren, dieses Abkommen aber nicht gezeichnet haben, soll der vorbehaltlose Beitritt zu dem Abkommen freistehen.
Der Staat, welcher beizutreten wünscht, hat spätestens am 31. Dezember 1904 seine Absicht in einer Urkunde anzuzeigen, die im Archive der Regierung der Niederlande hinterlegt wird. Diese wird eine beglaubigte Abschrift davon auf diplomatischem Wege einem jeden der Vertragsstaaten übersenden.

Art 12 [Inkrafttreten]

Dieses Abkommen tritt am sechzigsten Tage nach der Hinterlegung der Ratifikationsurkunden oder nach dem Zeitpunkte der Anzeige von einem Beitritt in Kraft.

Art 13 [Kündigung]

Dieses Abkommen gilt für die Dauer von fünf Jahren, gerechnet von dem Zeitpunkte der Hinterlegung der Ratifikationsurkunden.
Mit diesem Zeitpunkte beginnt der Lauf der Frist auch für diejenigen Staaten, welche die Hinterlegung erst nach diesem Zeitpunkte bewirken oder erst später beitreten.
In Ermangelung einer Kündigung gilt das Abkommen als stillschweigend von fünf zu fünf Jahren erneuert.
Die Kündigung muß wenigstens sechs Monate vor dem Ablaufe des Zeitraums, der in den vorstehenden Absätzen bezeichnet ist, der Regierung der Niederlande zugestellt werden, die hiervon allen anderen Vertragsstaaten Kenntnis geben wird.
Die Kündigung soll nur in Ansehung des Staates wirksam sein, der sie erklärt hat. Für die übrigen Staaten bleibt das Abkommen in Kraft.
Zu Urkund dessen haben die Bevollmächtigten dieses Abkommen unterzeichnet und mit ihren Siegeln versehen.
Geschehen im Haag am zwölften Juni neunzehnhundertundzwei in einem einzigen Exemplare, das im Archive der Regierung der Niederlande hinterlegt wird, und

wovon eine beglaubigte Abschrift auf diplomatischem Wege einem jeden der Staaten übergeben werden soll, welche auf der dritten Konferenz über internationales Privatrecht vertreten waren.

III. Vormundschaftsabkommen zwischen dem Deutschen Reiche und der Republik Österreich vom 5. 2. 1927 43

Überblick

Das Vormundschaftsabkommen mit Österreich vom 5. 2. 1927 (RGBl 1927 II 511) war durch den „Anschluß" im Jahre 1938 gegenstandslos geworden. Es wird seit dem 1. 10. 1959 wieder angewendet (BGBl 1959 II 1250) und ist noch in Kraft, da gemäß Art 18 Abs 2 MSA die Geltung des Abkommens unberührt geblieben ist (BayObLG 25. 4. 1984 Rpfleger 1984, 316 = ZBlJugR 1984, 483 = IPRspr 1984 Nr 114; OLG Stuttgart 26. 7. 1973 FamRZ 1974, 42 = DRspr I (180) 86 c = IPRspr 1973 Nr 85; LG Berlin 13. 12. 1973 DAVorm 1975, 392 = IPRspr 1974 Nr 129; AG Kamen 17. 9. 1982 DAVorm 1983, 157 = IPRspr 1982 Nr 111; LG Graz 4. 2. 1982 DAVorm 1982, 845; Vorbem zu Art 18 EGBGB Rz 780 mwN; Soergel-Kegel Art 23 Rz 51; Mitzkus 147). Außerhalb des Anwendungsbereiches des Abkommens gelten jedoch die Regelungen des MSA (AG Kamen aaO; Soergel-Kegel aaO).

Der **persönliche Anwendungsbereich** bezieht sich gemäß Art 1 auf Minderjährige, 44 die einem Vertragsstaat angehören und sich in dem anderen Staat gewöhnlich aufhalten.

Das Abkommen ist in seinem **sachlichen Anwendungsbereich** auf Vormundschaften 45 beschränkt. Wie das Haager Vormundschaftsabkommen erfaßt es nicht die sonstigen Tätigkeiten des Vormundschaftsgerichts, wie zum Beispiel die Anordnung einer Pflegschaft (KreisG Wels 9. 2. 1968 FamRZ 1969, 37) oder Entscheidungen über die Entziehung oder Beschränkung der elterlichen Sorge oder des Sorgerechts der nichtehelichen Mutter (OLG München 22. 5. 1942 HRR 1942, 782).

Art 3 bestimmt hinsichtlich des **Umfanges der Vormundschaft,** daß sie sich auf das gesamte Vermögen erstreckt, gleichgültig in welchem Staat es sich befindet, mit Ausnahme von Grundstücken, die nach dem Belegenheitsstaat einer besonderen Güterordnung unterworfen sind.

International zuständig sind nach Art 1 die Behörden des Aufenthaltsstaates. Nach 46 Art 1 Abs 2 können die Behörden des Heimatstaates aber jederzeit die Aufhebung der Vormundschaft verlangen. Wie beim Haager Vormundschaftsabkommen gilt also ein Vorrang der Behörden des Heimatstaates. Dies kommt auch in Art 2 Abs 1 zum Ausdruck, wonach die Vormundschaftsbehörden des Heimatstaates verlangen können, einen Minderjährigen im Aufenthaltstaat unter Vormundschaft zu stellen, falls zuvor in seinem Heimatstaat eine Vormundschaft angeordnet war.

Hinsichtlich des **anzuwendenden Rechts** herrscht gemäß Art 4 Abs 1 der Heimat- 47 rechtsgrundsatz insoweit, als für den Beginn und das Ende einer Vormundschaft das Recht des Heimatstaates anzuwenden ist. Im übrigen gilt nach Art 4 Abs 2 das Recht des Staates, in dem die Vormundschaft geführt wird, zum Beispiel für die Auswahl des Vormunds (LG Berlin 22. 10. 1974 DAVorm 1976, 533 = IPRspr 1975 Nr 111; BayObLG 19. 1. 1966 BayObLGZ 1966, 28 = FamRZ 1966, 323 = MDR 1966, 415 = IPRspr 1966–67 Nr 167).

Eine **gesetzliche Vormundschaft** tritt gemäß Art 4 Abs 2 nach den Vorschriften des 48 Aufenthaltsstaates nur ein, „soweit der Aufenthaltsstaat dies bestimmt". Genügt für „diese Bestimmung" eine allgemeine, gegenüber allen Ausländern geltende Regelung, wie sie heute § 41 Abs 1 JWG enthält (s unten Art 24 Rz 46), oder fordert der Passus, daß eine solche Folge von der Bundesrepublik Deutschland als Aufenthaltsstaat gerade für österreichische Kinder festgesetzt wird? Da das Abkommen über den Eintritt einer Vormundschaft grundsätzlich das Heimatrecht entscheiden läßt (Art 4 Abs 1) und erkennbar auf Gegenseitigkeit ausgerichtet ist, erscheint die letztgenannte, engere Auffassung näherliegend (so auch DIV-Stellungnahme DAVorm 1986, 753 ff). Wegen des Vorranges des Abkommens vor dem autonomen deutschen Recht (Art 3 Abs 2 Satz 1 EGBGB) kommt folglich eine gesetzliche Amtsvormundschaft gemäß § 41 JWG über ein österreichisches nichteheliches Kind nicht in Betracht. Die Vormundschaft bedarf vielmehr stets der Anordnung (ebenso DIV-Stellungnahme DAVorm 1986, 756).

49 Nach dem Vorbild von Art 7 des Haager Vormundschaftsabkommens sieht Art 5 in allen dringenden Fällen eine **vorläufige Zuständigkeit** der Ortsbehörden vor, Eilmaßnahmen unter Zugrundelegung des Rechts des Aufenthaltsstaates zu treffen. Art 5 Abs 2 konstituiert die Pflicht, die zur Führung der Vormundschaft zuständige Behörde zu benachrichtigen. Letztere kann von der Ortsbehörde die Aufhebung der Maßnahme verlangen.

50 Das Abkommen gilt nach der deutschen und österreichischen Rechtsprechung nicht für **Mehrstaater,** die sowohl die deutsche als auch die österreichische Staatsangehörigkeit haben, da das Abkommen keine Regeln über die Behandlung der Doppelstaater aufstellt (BayObLG 20. 7. 1981 BayObLGZ 1981, 246 = NJW 1982, 1228 = IPRax 1982, 106, 95 Anm Hüßtege = DAVorm 1981, 691 = IPRspr 1981 Nr 100; OGH 1. 2. 1966 ZfRvgl 9 [1968] 222 Anm Reichelt; Soergel-Kegel Art 23 Rz 51; Mitzkus 151). Anwendbar ist in derartigen Fällen das MSA.

Vormundschaftsabkommen zwischen dem Deutschen Reiche und der Republik Österreich

Art 1

(1) Ein Minderjähriger, der dem einen Staate angehört (Heimatstaat), sich aber gewöhnlich in dem andern Staate aufhält (Aufenthaltsstaat), wird von den Behörden des Aufenthaltsstaates bevormundet.

(2) Die Behörden des Heimatstaates können jederzeit die Aufhebung der Vormundschaft verlangen. Von der Aufhebung ist der ersuchenden Behörde Mitteilung zu machen.

Art 2

(1) Verlegt ein Minderjähriger, der in seinem Heimatstaate bevormundet wird, seinen gewöhnlichen Aufenthalt in den andern Staat, so ist er dort zu bevormunden, wenn die Vormundschaftsbehörde des Heimatstaates es verlangt.

(2) Von dem Eintritte der neuen Vormundschaft ist der bisherigen Vormundschaftsbehörde Mitteilung zu machen.

Art 3

(1) Die Vormundschaft erstreckt sich auf die Person und das gesamte Vermögen des Minderjährigen, gleichviel wo es sich befindet.

(2) Dies gilt nicht für Grundstücke, die nach dem Rechte des Staates, in dem sie liegen, einer besonderen Güterordnung unterworfen sind.

Art 4

(1) In den Fällen der Artikel 1 und 2 ist das Recht des Heimatstaates dafür maßgebend, wann und aus welchem Grunde eine Vormundschaft beginnt oder endet.

(2) In allen übrigen Beziehungen gilt das Recht des Staates, dessen Behörde die Vormundschaft

führt; dabei kommen jedoch die Vorschriften des Aufenthaltsstaates, nach denen eine Vormundschaft ohne Anordnung der Vormundschaftsbehörde eintritt, für Angehörige des andern Staates nur in Betracht, soweit der Aufenthaltsstaat dies bestimmt.

Art 5

(1) Solange eine Vormundschaft noch nicht besteht, sowie in allen dringenden Fällen haben die Ortsbehörden nach den für sie geltenden Vorschriften die Maßnahmen zu treffen, die zum Schutze der Person und des Vermögens eines minderjährigen Angehörigen des andern Staates erforderlich sind.

(2) Von jeder Maßnahme ist der zur Führung der Vormundschaft zuständigen Behörde Mitteilung zu machen. Auf Verlangen dieser Behörde ist die Maßnahme aufzuheben.

Art 6

Die Bestimmungen des Vertrags über Rechtsschutz und Rechtshilfe sind auf den gegenseitigen Verkehr der Vormundschaftsbehörden auch dann anzuwenden, wenn für die den Vormundschaftsgerichten obliegenden Verrichtungen andere als gerichtliche Behörden zuständig sind.

Art 7

(1) In den Fällen der Artikel 1 und 2 sind der Behörde, die eine neue Vormundschaft führt, auf ihr Verlangen die Akten oder Teile davon zu überlassen; an Stelle der Urschriften können Abschriften mitgeteilt werden.

(2) Diese Bestimmungen gelten entsprechend für die im Artikel 5 bezeichneten Fälle.

Art 8

Die Regierungen der beiden Staaten können zur Durchführung und Ergänzung dieses Abkommens Vereinbarungen über die weitere Regelung der Fürsorge für Minderjährige treffen.

Art 9

Die Bestimmungen des Haager Abkommens zur Regelung der Vormundschaft über Minderjährige vom 12. Juni 1902 finden im Verhältnisse zwischen den beiden Staaten keine Anwendung.

Art 10

(1) Dieses Abkommen soll ratifiziert werden; die Ratifikationsurkunden sollen sobald wie möglich in Berlin ausgetauscht werden.

(2) Das Abkommen tritt zwei Monate nach dem Austausch der Ratifikationsurkunden in Kraft. Es kann von jedem der beiden Staaten gekündigt werden, bleibt jedoch nach der Kündigung noch sechs Monate in Geltung.

Urkund dessen haben die Bevollmächtigten das Abkommen in doppelter Urschrift unterzeichnet und mit ihren Siegeln versehen.

So geschehen in Wien, am 5. Februar 1927.

Art 24 nF
Vormundschaft und Pflegschaft

(1) Die Entstehung, die Änderung und das Ende der Vormundschaft und Pflegschaft sowie der Inhalt der gesetzlichen Vormundschaft und Pflegschaft unterliegen dem Recht des Staates, dem der Mündel oder Pflegling angehört. Im Fall einer Entmündigung nach Artikel 8 kann die Vormundschaft nach deutschem Recht angeordnet werden; anstelle dieser Maßnahmen kann auch eine Pflegschaft nach § 1910 des Bürgerlichen Gesetzbuches angeordnet werden.
(2) Ist eine Pflegschaft erforderlich, weil nicht feststeht, wer an einer Angelegen-

heit beteiligt ist, oder weil ein Beteiligter sich in einem anderen Staat befindet, so ist das Recht anzuwenden, das für die Angelegenheit maßgebend ist.
(3) Vorläufige Maßregeln sowie der Inhalt der angeordneten Vormundschaft und Pflegschaft unterliegen dem Recht des anordnenden Staates.

Schrifttum

1. Schrifttum zu Art 24 EGBGB nF

DIV-Stellungnahme, Amtsvormundschaft und Amtspflegschaft nach dem Gesetz zur Neuregelung des IPR vom 25. 7. 1986 (BGBl 1986 I 1142), DAVorm 1986, 669 und 753 sowie 1987, 377; KLINKHARDT, Gesetzliche Vertretung von Ausländerkindern, ZBlJugR 1987, 115; ders, Gesetzliche Amtspflegschaft auch über Ausländerkinder?, ZBlJugR 1987, 455; KRZYWON, Eintritt der gesetzlichen Amtspflegschaft bei ausländischen Kindern?, BWNotZ 1987, 37; OBERLOSKAMP, Die Bedeutung des ab dem 1. 9. 1986 geltenden § 40 JWG für die Jugendämter, DAVorm 1987, 489.

2. Neueres Schrifttum zu Art 23 EGBGB aF

BEITZKE, Amtsvormundschaft für Flüchtlinge und heimatlose Ausländer? ZBlJugR 1956, 190; ders, Pflegschaften für Handelsgesellschaften und juristische Personen, FS Ballerstedt (1975) 185; DUTOIT, La protection des incapables majeurs en d.i.p., Rev crit 1967, 465; GRÄBER, Amtsvormundschaft über aus der SBZ stammende Jugendliche?, ZBlJugR 1958, 160; GREIF-BARTOVICS, Ein Minderjähriger – zwei Vormundschaften in verschiedenen Ländern? DAVorm 1980, 520; HELD, Deutsches Vermögen amerikanischer Minderjähriger, MDR 1955, 149; JAMBU-MERLIN und KEGEL, Vormundschaft über Minderjährige, in: Das internationale Familienrecht Deutschlands (1955) 460 und 472; KEGEL, Zur Reform des deutschen internationalen Vormundschafts- und Pflegschaftsrechts, FS Dölle II (1963) 217; ders, Zur Reform des internationalen Vormundschafts- und Pflegschaftsrechts in der Bundesrepublik Deutschland, FS Lipstein (1980) 117 = BEITZKE (Hrsg), Vorschläge und Gutachten zur Reform des deutschen internationalen Personen-, Familien- und Erbrechts (1981) 186; KOPPENHÖFER, Dower und Guardianship im IPR Deutschlands, DNotZ 1961, 460; MANNES, Endet die vormundschaftliche Gewalt an der Landesgrenze?, ZBlJugR 1955, 221; MITZKUS, Internationale Zuständigkeit im Vormundschafts-, Pflegschafts- und Sorgerecht (1982); PREY, Vormundschaft über uneheliche Kinder nach interzonalem Recht, JR 1960, 249; SCHACK, Vormundschaft und Pflegschaft über volljährige Ausländer im Inland – Zur Auslegung des Art 23 EGBGB, DAVorm 1980, 817; SCHWIND, Vormundschaft und Kuratel im österreichischen IPR, StAZ 1972, 57.

Systematische Übersicht

Alphabetische Übersicht

Vormundschaft und Pflegschaft

A. Grundsätzliches

I. Vorrangige Staatsverträge 1

Die einschlägigen Staatsverträge, die dem Art 24 vorgehen (vgl Art 3 Abs 2 Satz 1 EGBGB nF), sind in der Vorbem aufgeführt und erläutert. Insbesondere kommt für Minderjährige mit gewöhnlichem Aufenthalt in der Bundesrepublik Deutschland das Haager Minderjährigenschutzabkommen von 1961 und nicht Art 24 zur Anwendung. Die praktische Bedeutung des Art 24 liegt deshalb vor allem im Bereich der *Vormundschaft und Pflegschaft für Volljährige.*

II. Die Reform des autonomen deutschen Rechts

1. Die Norm des Art 23 EGBGB aF 2

a) Wortlaut

Die Vorschrift des Art 23 EGBGB aF hatte folgenden Wortlaut:

Art 23 (1) Eine Vormundschaft oder eine Pflegschaft kann im Inland auch über einen Ausländer, sofern der Staat, dem er angehört, die Fürsorge nicht übernimmt, angeordnet werden, wenn der Ausländer nach den Gesetzen dieses Staates der Fürsorge bedarf oder im Inland entmündigt ist.

(2) Das deutsche Vormundschaftsgericht kann vorläufige Maßregeln treffen, solange eine Vormundschaft oder Pflegschaft nicht angeordnet ist.

3 **b) Grundsätze**

Die frühere Norm war überwiegend Verfahrensvorschrift. In Vormundschafts- und Pflegschaftssachen sollte primär der Heimatstaat international zuständig sein. Für das IPR wurde aus der Bestimmung die Maßgeblichkeit des Heimatrechts des Mündels oder Pfleglings für die Entstehung und Beendigung einer Vormundschaft oder Pflegschaft entnommen. Über die Durchführung einer Vormundschaft oder Pflegschaft sollte dagegen das Recht des Entstehungsstaates entscheiden (vgl statt vieler Soergel-Kegel Art 23 Rz 2).

4 **2. Grundsätze des geltenden Rechts**

a) Internationale Zuständigkeit

Das geltende Recht, das auf dem IPR-Gesetz vom 25. 7. 1986 (BGBl 1986 I 1142) beruht und seit dem 1. 9. 1986 in Kraft ist, vermengt die internationale Zuständigkeit nicht mehr (wie Art 23 EGBGB aF) mit dem Kollisionsrecht. In Art 24 EGBGB wird systemgerecht nur das anzuwendende Recht festgelegt. Die internationale Zuständigkeit ist in den teilweise neu gefaßten Vorschriften des FGG geregelt, insbesondere in § 35 a FGG.

Der bei der IPR-Reform neu geschaffene § 35 a FGG geht von einer gleichrangigen Anknüpfung an die Staatsangehörigkeit und an den gewöhnlichen Aufenthalt aus (Abs 1 Nr 1, 2). Darin liegt eine bewußte Abkehr von dem früher geltenden Vorrang des Heimatstaats vor dem Aufenthaltsstaat. Dieser Vorrang erschwerte und verzögerte deutsche Verfahren für Ausländer, da der Heimatstaat in der Regel kein Interesse an einem eigenen Vormundschafts- oder Pflegschaftsverfahren bekundete (Begr RegE, BT-Drucks 10/504, 94).

5 **b) Anzuwendendes Recht**

Hinsichtlich des anzuwendenden Rechts brachte die Reform **keine grundlegende Änderung.** In Art 24 werden im wesentlichen die schon bisher geltenden Grundsätze bestätigt. Insbesondere ist weiterhin das Heimatrecht des Schützlings maßgebend für Entstehung, Änderung und Beendigung der angeordneten Vormundschaft oder Pflegschaft (Abs 1 Satz 1), und für den Inhalt der angeordneten Vormundschaft und Pflegschaft gilt weiterhin die lex fori (Abs 3). Eine Klarstellung bedeutet Abs 1 Satz 2, wonach im Falle der Inlandsentmündigung eines Ausländers nach deutschem Recht (Art 8 EGBGB) auch eine Vormundschaft nach deutschem Recht angeordnet werden kann oder – als mildere Maßnahme – eine Gebrechlichkeitspflegschaft gemäß § 1910 BGB.

6 **Kritisch** anzumerken ist, daß dem Recht am gewöhnlichen Aufenthalt des Schützlings kein weiterer Anwendungsbereich eingeräumt wurde, obwohl am Aufenthaltsort regelmäßig der Lebensmittelpunkt liegt, das Schutzbedürfnis entsteht und die Behörden tätig werden. Diesen Gegebenheiten trägt auf internationaler Ebene das von der Bundesrepublik Deutschland ratifizierte Haager Minderjährigenschutzabkommen von 1961 Rechnung, das nicht nur primär eine Aufenthaltszuständigkeit gewährt (Art 1, 8), sondern im Zusammenhang damit auch das Recht des gewöhnlichen Aufenthalts für maßgebend erklärt (Art 2). Etwas mehr von diesem Geist würde man sich auch für das autonome deutsche Recht wünschen; s den Gesetzentwurf Neuhaus/Kropholler, RabelsZ 44 (1980) 333 (Art 23), 335 (Art 29) sowie die

Stellungnahme des Max-Planck-Instituts, RabelsZ 47 (1983) 654f; ferner Dutoit, in: Lausanner Kolloquium über den deutschen und den schweizerischen Gesetzentwurf zur Neuregelung des IPR (Zürich 1984) 203ff.

Für **weitere Reformvorschläge** zum IPR der Vormundschaft und Pflegschaft s. Lauterbach, KindschR 5 (Gesetzesvorschlag), 216ff (Gutachten Kegel); Beitzke, PersR 11f (Gesetzesvorschlag), 186ff (Gutachten Kegel); Kühne – Entwurf 149ff.

3. Übergangsregelung (Art 220 EGBGB) 7

Die Übergangsvorschrift zum Gesetz vom 25. 7. 1986 zur Neuregelung des IPR ist für Vormundschaft und Pflegschaft weniger bedeutsam, weil die maßgebenden Anknüpfungen im wesentlichen unverändert geblieben sind. Gemäß Art 220 Abs 1 EGBGB bleiben vor dem Inkrafttreten des IPR-Gesetzes am 1. 9. 1986 **abgeschlossene Vorgänge** dem bisherigen IPR unterworfen. Die Entstehung von Vormundschaft und Pflegschaft in der Zeit vor dem 1. 9. 1986 beurteilt sich also weiterhin nach Art 23 EGBGB aF. Dagegen sind die Änderung und das Ende einer bestehenden Vormundschaft oder Pflegschaft sowie ihr Inhalt vom 1. 9. 1986 an nach dem von Art 24 EGBGB nF berufenen Recht zu beurteilen (ebenso Palandt-Heldrich Art 220 EGBGB Anm 2). Eine bestellte **Amtspflegschaft oder Amtsvormundschaft** bleibt als solche bestehen und wandelt sich nicht etwa in eine kraft Gesetzes eintretende Amtspflegschaft oder Amtsvormundschaft, auch wenn die veränderten Voraussetzungen der §§ 40, 41 JWG (dazu unten Rz 41ff) erfüllt sind (DIV-Stellungnahme DAVorm 1986, 669, 676; s zu weiteren Übergangsproblemen im Zusammenhang mit Amtspflegschaft und Amtsvormundschaft auch die DIV-Stellungnahme DAVorm 1986, 753; ferner Rauscher StAZ 1987, 128).

B. Anwendungsbereich

I. Vormundschaft 8

Wie schon der Wortlaut zeigt, betrifft Art 24 die **angeordnete Vormundschaft** (s. Abs 3). Die Bestellung eines Vormunds über einen Minderjährigen richtet sich jedoch nach dem Haager Minderjährigenschutzabkommen, wenn der Minderjährige seinen gewöhnlichen Aufenthalt in Deutschland oder in einem anderen Vertragsstaat hat, s Vorbem 293 zu Art 18 EGBGB.

9 Ebenso eindeutig ist nach dem Wortlaut (Abs 1 Satz 1) die **gesetzliche Vormundschaft** erfaßt. Hierzu gehört die gesetzliche Amtsvormundschaft des Jugendamtes bei nichtehelichen Kindern (§ 1791 c BGB). Dabei ist die Sondervorschrift des § 41 JWG und der Vorrang des Haager Minderjährigenschutzabkommens zu beachten, s Vorbem 293 zu Art 18 EGBGB und unten Rz 46.

10 Die **gesetzliche Vormundschaft der Eltern eines ehelichen oder nichtehelichen Kindes** betrifft der Sache nach Fragen der elterlichen Sorge, so daß Art 3 des Haager Minderjährigenschutzabkommens bzw Art 19 und 20 EGBGB nF eingreifen. Art 24 ist nicht anzuwenden, s Art 19 Rz 188.

II. Pflegschaft 11

Die **angeordnete Pflegschaft** fällt grundsätzlich in den Anwendungsbereich des Art 24 (s den Wortlaut von Abs 3). Dazu gehören unstreitig die *Ergänzungs-, Gebrechlichkeits- und Abwesenheitspflegschaft* (§§ 1909 bis 1911 BGB). Diese Arten der Pflegschaft erwähnt auch die Begründung zum RegE des Art 24, BT-Drucks 10/504, 73. Die Bestellung eines *Ergänzungspflegers* für *einen Minderjährigen* gemäß § 1909 BGB und die Bestellung eines Pflegers vor der Geburt eines nichtehelichen Kindes (§ 1708 BGB) unterliegen jedoch dem *vorrangigen Haager Minderjährigenschutzabkommen,* s Vorbem 294f zu Art 18 EGBGB. Für die Gebrechlichkeitspflegschaft des § 1910 BGB ist die besondere Regelung in Abs 1 Satz 2 zu beachten, s unten Rz 50.

12 Für die **Abwesenheitspflegschaft** besteht eine Sondervorschrift in § 10 Zuständigkeitsergänzungsgesetz. Die Vorschrift erlaubt bei Fürsorgebedürfnis die Bestellung eines Abwesenheitspflegers „für Vermögensangelegenheiten, die im Geltungsbereich dieses Gesetzes zu erledigen sind", unabhängig von den Voraussetzungen des Art 24. Die deutschen Gerichte, die bei Annahme einer deutschen Spalt- oder Restgesellschaft häufig eine Pflegschaft anordnen und nicht ein Notorgan bestellen, haben den Anwendungsbereich des § 10 des Zuständigkeitsergänzungsgesetzes durch diese Praxis weit ausgedehnt (kritisch dazu Beitzke FS Ballerstedt [1975] 185ff, 188).

13 Die **Pflegschaft für unbekannte Beteiligte** (vgl § 1913 BGB) und für **Beteiligte im Ausland** (vgl § 1911 Abs 2 BGB) untersteht der besonderen Kollisionsnorm des Abs 2, s im einzelnen unten Rz 51.

14 **Vermögensbezogene Pflegschaften,** wie die Pflegschaft für Sammelvermögen, unterliegen besonderen Kollisionsregeln. So gilt für die Pflegschaft für Sammelvermögen (§ 1914 BGB) das Recht am Ort der Verwaltung (vgl § 42 FGG); vgl im Rahmen des Art 23 EGBGB aF etwa Soergel-Kegel Art 23 Rz 4, im Rahmen der Reformüberlegungen Kühne-Entwurf 150.

15 Für die **Nachlaßpflegschaft** (vgl §§ 1960, 1961 BGB), ebenfalls eine vermögensbezogene Pflegschaft, gilt nicht Art 24 EGBGB nF. Maßgebend ist in jeder Beziehung das Recht der anordnenden Behörde. Das läßt sich für eine vorläufige Sicherung des Vermögens mit dem im Abs 3 zum Ausdruck gekommenen Gedanken begründen, dessen Verallgemeinerung das Gesetz nicht ausschließt (s Begr RegE, BT-Drucks 10/504, 74), sonst mit einer internationalen Übung (so zum früheren Recht BGH 26. 10. 1967 BGHZ 49, 1 = NJW 1968, 353 = FamRZ 1968, 26 = IPRspr 1966–67 Nr 303). Die Nachlaßpflegschaft ist also selbst dann möglich, wenn das für die Beerbung maßgebende Recht sie nicht kennt (anders wohl Ferid, IPR Rz 8–421). Abs 2 ist nicht anzuwenden, auch wenn der Erbe unbekannt ist (vgl § 1960 Abs 1 Satz 2 BGB). Zum Meinungsstand im Rahmen des Art 23 EGBGB aF s Staudinger-Firsching Vorbem 317ff zu Art 24–26 EGBGB; Soergel-Kegel Vor Art 24 Rz 66.

16 Die **gesetzliche Pflegschaft** unterliegt zwar grundsätzlich dem Art 24, wie Abs 1 Satz 1 zeigt. Für nichteheliche Kinder ist aber die Sondervorschrift des § 40 JWG und der Vorrang des Haager Minderjährigenschutzabkommens zu beachten, s Vorbem 295 zu Art 18 EGBGB und unten Rz 42ff.

17 III. Beistandschaft

Die **Anordnung einer Beistandschaft** als eine der Pflegerbestellung verwandte Maßnahme ist nach dem von Art 24 berufenen Recht möglich. Das wird in der Begr zum RegE zu Art 24 für die Beistandschaft der §§ 1690 Abs 2, 1691 BGB ausdrücklich gesagt, BT-Drucks 10/504, 73. Auch die neu geschaffene Norm zur internationalen Zuständigkeit (§ 35 a FGG) bezieht die Beistandschaft ein. Meist, insbesondere bei gewöhnlichem Aufenthalt des Kindes in der Bundesrepublik Deutschland, kommt jedoch nicht Art 24 EGBGB bzw § 35 a FGG, sondern das vorrangige Haager Minderjährigenschutzabkommen zum Zuge, das die Beistandschaft der §§ 1685 ff BGB als eine „Schutzmaßnahme“ ebenfalls erfaßt.

IV. Sonstige Schutzmaßnahmen für Minderjährige 18

Während die Kollisionsnorm des Art 24 auf Vormundschaft und Pflegschaft für Minderjährige wegen des Vorranges der Staatsverträge, insbesondere des Haager Minderjährigenschutzabkommens, nur selten zur Anwendung gelangt, gilt sie für andere Schutzmaßnahmen für Minderjährige gar nicht.

1. Schutzmaßnahmen im Rahmen des ehelichen und nichtehelichen Kindschaftsverhältnisses 19

Für diese Schutzmaßnahmen, die Entziehung des Sorgerechts (§ 1666 BGB), Verteilung des Sorgerechts nach der Ehescheidung (§ 1671 BGB) und die anderen in Vorbem 276 ff zu Art 18 EGBGB genannten Maßnahmen, gilt bei gewöhnlichem Aufenthalt des Kindes in einem Vertragsstaat das Haager Minderjährigenschutzabkommen, sonst das Statut der ehelichen oder nichtehelichen Kindschaft (Art 19, 20 EGBGB nF); siehe Art 19 Rz 200 ff, Art 20 Rz 75.

Auch **vormundschaftsgerichtliche Genehmigungen** für den Inhaber der elterlichen Sorge fallen nicht unter Art 24, wohl aber die für den Vormund. 20

2. Öffentlichrechtliche Schutzmaßnahmen 21

Auf öffentlichrechtliche Schutzmaßnahmen, wie die **Fürsorgeerziehung,** die im deutschen Recht im JWG enthalten sind, bezieht sich Art 24 nicht. Auf diese Maßnahmen kommt bei gewöhnlichem Aufenthalt des Kindes in der Bundesrepublik Deutschland das Haager Minderjährigenschutzabkommen zur Anwendung, wonach deutsches Recht maßgebend ist (s Vorbem 296 ff zu Art 18 EGBGB). Nach autonomem deutschen Recht wäre ebenfalls deutsches Recht anzuwenden, wenn sich das Kind in Deutschland befindet. Indes ist das autonome deutsche Recht durch das Abkommen praktisch verdrängt (siehe zum autonomen Recht die Nachweise bei Soergel-Kegel Art 19 Rz 27–29, die alle aus der Zeit vor dem Inkrafttreten des Abkommens stammen). Nur bei einfachem Aufenthalt des Minderjährigen in Deutschland und gewöhnlichem Aufenthalt in einem Nichtvertragsstaat des Haager Abkommens kommt das autonome deutsche Kollisionsrecht noch zum Zuge. Danach sind vorläufige Schutzmaßnahmen aufgrund des deutschen Rechts möglich.

Der **Schutz der Pflegekinder** (§§ 27 ff JWG) unterliegt ebenfalls nicht dem Art 24. 22
Vielmehr greift das Haager Minderjährigenschutzabkommen ein, Vorbem 297 zu Art 18 EGBGB. Zur Problematik von Dauerpflegeverhältnissen ausländischer Kinder bei deutschen Pflegeeltern siehe Baer NDV 1979, 57.

V. Vorläufige Maßregeln 23

Bestimmte vorläufige Maßregeln fallen gemäß Abs 3 unter Art 24. Zu ihnen im einzelnen unten Rz 53 ff.

C. Das maßgebende Recht

24 I. Werdegang der angeordneten Vormundschaft oder Pflegschaft (Abs 1 Satz 1)

Der Werdegang (Entstehung, Änderung und Beendigung) einer angeordneten Vormundschaft oder Pflegschaft ist gemäß Abs 1 Satz 1 nach dem Recht des Staates zu beurteilen, dem der Mündel oder Pflegling angehört, also nach dem **Heimatrecht.** Wenn konkrete Anhaltspunkte auf eine fremde Staatsangehörigkeit hindeuten, muß das Gericht sie prüfen (BayObLG 9. 2. 1984, Bericht IPRax 1985, 354 = IPRspr 1984 Nr 113). Maßgebend ist das jeweilige Heimatrecht, s auch unten Rz 31. Eine **Rück- und Weiterverweisung** ist zu beachten (Art 4 Abs 1 EGBGB nF), s unten Rz 58 ff. Für **Mehrstaater und Staatenlose** gelten die Regeln des Art 5 Abs 1 EGBGB nF. Bei einer Vormundschaft oder Pflegschaft für noch **Ungeborene** (vgl §§ 1708, 1774 Satz 2, 1912 BGB) ist auf das mutmaßliche Heimatrecht abzustellen.

25 Der Werdegang von Vormundschaft oder Pflegschaft über **juristische Personen** (und nicht rechtsfähige Personenverbindungen und Vermögensmassen) untersteht ebenfalls, ohne daß dies im Gesetz ausdrücklich gesagt wäre, ihrem Personalstatut; vgl Kegel, in Beitzke, PersR 193. Zur Bestimmung des Personalstatuts einer Gesellschaft s Staudinger-Grossfeld IntGesR Rz 18 ff.

26 1. Entstehung

Die Entstehung der Vormundschaft und Pflegschaft richtet sich nach dem **Heimatrecht.** Dieses Recht legt also die Voraussetzungen fest, die erforderlich sind, damit eine Vormundschaft oder Pflegschaft angeordnet werden kann.

27 Soweit für eine Vormundschaft über einen Minderjährigen Art 24 neben dem meist anwendbaren Haager Minderjährigenschutzabkommen (s dessen Art 13 Abs 1) überhaupt eingreift, sind die notwendigen **Vorfragen** der Minderjährigkeit und der fehlenden elterlichen Sorge selbständig anzuknüpfen. Es sind also idR Art 7 EGBGB und Art 19, 20 EGBGB zu befragen, s unten Rz 88.

28 Nicht zur Entstehung der Vormundschaft gehören die **Auswahl** des Vormunds, die **Unfähigkeit** und **Untauglichkeit,** das **Ablehnungsrecht** sowie seine **Bestellung.** Zwar behandelt das BGB diese Fragen unter der Überschrift „Begründung der Vormundschaft“ (§§ 1773 ff BGB) und nicht unter „Führung der Vormundschaft“ (§§ 1793 ff BGB). Jedoch ist das Kollisionsrecht an diese Einordnung im deutschen materiellen Recht nicht gebunden; s zur Qualifikation im IPR etwa Neuhaus, Grundbegriffe 123 ff. Vielmehr kommt es für die kollisionsrechtliche Einordnung auf den Sinn und Zweck der Kollisionsnorm an. Das Heimatrecht des Mündels oder Pfleglings wird in Art 24 berufen, weil Vormundschaft und Pflegschaft Eingriffe in die persönliche Rechtsstellung des Betroffenen enthalten (Begr RegE, BT-Drucks 10/504, 73). Bei den genannten Fragen geht es aber nicht primär um die Rechtsstellung des Schützlings, sondern um die des Vormunds. Sie sind deshalb zum Inhalt der angeordneten Vormundschaft zu zählen.

29 2. Änderung

Die Änderung einer Vormundschaft oder Pflegschaft bestimmt sich gemäß Abs 1 Satz 1 nach dem **Heimatrecht.** In Betracht kommen Änderungen, die kraft Gesetzes wirksam werden oder die durch Maßnahmen vollzogen werden müssen. Wechselt zB ein wegen Verschwendung entmündigter Deutscher die Staatsangehörigkeit, dann kann sich der Aufgabenkreis des Vormunds vermindern, oder es kann sein, daß sein Amt von selbst endet oder durch Aufhebung beendet werden muß und ein Pfleger bestellt werden muß, vgl Kegel in Lauterbach, KindschR 238.

3. Ende 30

Das Ende der Vormundschaft oder Pflegschaft richtet sich gemäß Abs 1 Satz 1 nach dem **Heimatrecht** des Mündels oder Pfleglings. Das Heimatrecht bestimmt also, wann ein Fürsorgebedürfnis nicht mehr gegeben ist, so daß die Vormundschaft oder die Pflegschaft aufzuheben ist. Von der Beendigung der Vormundschaft als solcher zu unterscheiden ist die Beendigung des Amtes des Vormundes (vgl §§ 1882 ff BGB einerseits, §§ 1885 ff BGB andererseits). Über die Beendigung des Amtes und die Entlassung des Vormundes entscheidet gemäß Abs 3 das Recht der anordnenden Behörde.

Bei einem **Staatsangehörigkeitswechsel** ist das neue Heimatrecht darüber zu befragen, ob das Fürsorgebedürfnis fortbesteht. Ist dies der Fall, so bleibt die Vormundschaft zunächst bestehen. Es kann sich aber empfehlen, sie gemäß § 47 Abs 2 Satz 1 FGG nF an den neuen Heimatstaat abzugeben. Die Vormundschaft ist aufzuheben, wenn der neue Heimatstaat seinerseits eine Vormundschaft anordnet. Entfällt nach dem neuen Heimatrecht das Fürsorgebedürfnis, so endigt die Vormundschaft oder Pflegschaft, und sie ist demgemäß aufzuheben. 31

II. Inhalt der angeordneten Vormundschaft oder Pflegschaft (Abs 3) 32

Das **Recht des anordnenden Staates** entscheidet gemäß Abs 3 über den Inhalt der angeordneten Vormundschaft und Pflegschaft. Der Grund für diese Anknüpfung liegt in dem engen Zusammenhang der Vorschriften über die Durchführung angeordneter Vormundschaften und Pflegschaften mit dem Verfahrensrecht (Begr RegE BT-Drucks 10/504, 73). Die Anwendung der lex fori ist insofern die praktikabelste Lösung. Schutzwürdige Interessen des Mündels oder Pfleglings werden nicht verletzt. Seine Belange sind gewahrt, da sein Heimatrecht über Entstehung, Änderung und Beendigung der Vormundschaft oder Pflegschaft entscheidet und ein gerichtliches Eingreifen das Bestehen internationaler Zuständigkeit voraussetzt. Als Beispiele für den Inhalt der Vormundschaft nennt die Begründung zum Regierungsentwurt „die Auswahl, Bestellung, Beaufsichtigung sowie allgemein die Rechte und Pflichten des Vormunds" (BT-Drucks 10/504, 73). Gemeint ist insbesondere das Verhältnis zwischen Vormund und Vormundschaftsbehörde, zwischen Vormund und Mündel sowie zwischen Vormund und Dritten (Ferid, IPR Rz 8–411).

Auch vor Erlaß des Art 24 EGBGB nF wurde allgemein angenommen, daß sich die Durchführung der Vormundschaft und Pflegschaft nach dem Recht der anordnenden Behörde zu richten hat. Bei der Frage, was zum Inhalt der Vormundschaft oder Pflegschaft gehört, ist deshalb auch die ältere Rechtsprechung und Literatur aufschlußreich. Im einzelnen ist das Recht des anordnenden Staates für die folgenden Bereiche maßgeblich. 33

Auswahl und Bestellung des Vormunds oder Pflegers (Begr RegE, BT-Drucks 10/504, 73). Die Fähigkeit und die Tauglichkeit einer Person zum Amt des Vormunds richtet sich ausschließlich nach dem Recht des anordnenden Staates (KG 22. 5. 1970 NJW 1970, 2165 = FamRZ 1970, 601 = OLGZ 1970, 422 = IPRspr 1970 Nr 88: siehe oben Rz 28). Auch ein Ausländer oder ein ausländischer Verein kann zum Vormund bestellt werden (LG Bochum 28. 3. 1931 IPRspr 1931 Nr 94; LG Aachen 29. 1. 1932 IPRspr 1932 Nr 99). Nach deutschem Recht ist es möglich, daß neben dem deutschen Amtsvormund ein ausländischer Sondervormund für das Ausland 34 bestellt wird (LG Berlin 26. 1. 1934 JW 1934, 1295 = IPRspr 1934 Nr 69). Wie dem Wortlaut des § 1785 BGB zu entnehmen ist, trifft Ausländer jedoch keine Pflicht zur Übernahme einer Vormundschaft, und zwar auch dann nicht, wenn der Mündel dem gleichen Staat angehört (PALANDT/DIEDERICHSEN § 1785 BGB Anm 2).

35 **Benennungsrechte der Eltern.** Nach deutschem Recht sind die §§ 1776–1778 BGB zu beachten, wonach den Eltern grundsätzlich das Recht zusteht, den Vormund zu benennen.

36 **Ablehnungsrecht des Vormunds.** Siehe dazu oben Rz 28; zu Art 23 EGBGB aF anders SOERGEL-KEGEL Rz 8).

37 **Vergütung und Beaufsichtigung,** etwa durch ein Vormundschaftsgericht (wie gemäß § 1837 BGB), durch einen Familienrat, einen Gegenvormund oder dergl.

38 **Rechte und Pflichten des Vormunds,** insbesondere **Vermögens- und Personensorge.** Zur Vermögenssorge gehört das Recht zur *Verwaltung des Mündelvermögens.* Zur Personensorge zählt das Recht auf *Herausgabe des Mündels* und das Recht zur *religiösen Erziehung.* Letztes kann nach deutschem Recht gemäß § 1801 BGB entzogen werden, wenn der Vormund einem anderen Bekenntnis angehört als sein Mündel. Die deliktische **Haftung** des Vormunds richtet sich nach dem Deliktsstatut (vgl SCHWIND, StAZ 1972, 62), bei dessen Ermittlung freilich nach neuerer Auffassung die rechtliche Beziehung zwischen Vormund und Mündel berücksichtigt werden sollte (akzessorische Anknüpfung des Deliktsstatuts).

39 **Vertretungsmacht.** Das Recht des anordnenden Staates entscheidet darüber, ob eine Vertretung überhaupt zulässig ist und ob staatliche Stellen bei einem Rechtsgeschäft mitwirken bzw es genehmigen müssen. Im deutschen Recht sind hier die §§ 1821, 1822, 1828–1832 BGB maßgeblich. Bei *höchstpersönlichen Rechtsakten* kann eine Vertretung ganz ausgeschlossen sein. Die Vertretungsmacht eines Vormunds kann auch über Art 3 Abs 3 beschränkt sein, wenn zum Mündelvermögen Immobilien im Ausland gehören, so zum Beispiel im anglo-amerikanischen Rechtskreis (siehe auch STAUDINGER-BEITZKE Art 7 Rz 50, 54). Bei einem *Mangel der Vertretungsmacht* des Vormunds ist die Verkehrsschutzbestimmung des Art 12 EGBGB zu beachten, die auf einen Mangel der Vertretungsmacht des Vormundes uU analog angewandt werden kann; s BT-RA, BT-Drucks 10/5632, 40 f.

40 **Gesetzliches Pfandrecht des Mündels am Vermögen des Vormunds.** Dem Recht des anordnenden Staates ist zu entnehmen, ob der Mündel ein gesetzliches Pfandrecht am Vermögen des Vormunds hat. Das Pfandrecht kann freilich nicht entstehen, wenn die lex rei sitae es nicht duldet. Das deutsche Recht kennt ein derartiges Pfandrecht nicht.

41 III. Gesetzliche Vormundschaft oder Pflegschaft (Abs 1 Satz 1)

Die gesetzliche Vormundschaft oder die gesetzliche Pflegschaft untersteht gemäß Absatz 1 Satz 1 grundsätzlich in vollem Umfang dem **Heimatrecht.** Das Heimatrecht gilt bei dieser Art von Vormundschaft oder Pflegschaft also nicht nur für die Entstehung, die Änderung und die Beendigung, sondern auch für den Inhalt.

42 1. Gesetzliche Amtspflegschaft (§ 40 JWG)

Für den Eintritt der gesetzlichen Amtspflegschaft des Jugendamtes bei der Geburt eines **nichtehelichen Kindes** stellt § 40 JWG Sonderregelungen auf, die dem Art 24 Abs 1 Satz 1 EGBGB vorgehen (vgl auch BEITZKE ZBlJugR 1986, 542; DIV-Stellungnahme DAVorm 1986, 669, 675 f). Die Vorschrift des § 40 JWG ist auf *meinen* Vorschlag (IPRax 1984, 82 f) durch das Gesetz zur Neuregelung des Internationalen Privatrechts von 1986 geändert worden. Die Änderung wurde im Rechtsausschuß des Deutschen Bundestages beschlossen, um die Bestimmung an die Neuregelung der Anknüpfung für das Rechtsverhältnis zwischen den Eltern und einem nichtehelichen Kind in Art 20 Abs 2 EGBGB anzupassen und dem Haager Minderjährigenschutzabkommen Rechnung zu tragen (Bericht BT-RA, BT-Drucks 10/5632, 48). Während § 40 Abs 1 Satz 1 JWG aF früher in Übereinstimmung mit Art 20 EGBGB aF auf das Heimatrecht der Mutter abstellte und als Voraussetzung für den Eintritt einer Amtspflegschaft verlangte, daß die Mutter Deutsche ist, läßt die Neufassung – dem Art 20 Abs 2 EGBGB nF folgend – den gewöhnlichen Aufenthalt des Kindes in der Bundesrepublik Deutschland entscheiden. Wenn § 40 JWG eingreift, gilt deutsches Recht nicht nur für die Entstehung der Amtspflegschaft, sondern auch für ihren Inhalt sowie für ihre Änderung und Beendigung. Zum Übergangsrecht s oben Rz 7.

Nach § 40 Abs 1 JWG wird das Jugendamt mit der Geburt eines nichtehelichen 43
Kindes Pfleger nach § 1706 BGB, wenn das Kind seinen gewöhnlichen Aufenthalt im Geltungsbereich des JWG hat und nach § 1705 BGB unter der elterlichen Sorge der Mutter steht. Die Bezugnahme auf das Bestehen elterlicher Sorge nach § 1705 BGB ist notwendig, weil die Amtspflegschaft für diejenigen ausländischen Kinder nicht eintreten soll, für die nach ihrem Heimatrecht ein gesetzliches Gewaltverhältnis besteht, das in der Bundesrepublik Deutschland gemäß Art 3 MSA anzuerkennen ist. Sofern beispielsweise der Mutter nach dem Heimatrecht des Kindes (Art 3 MSA) die uneingeschränkte elterliche Sorge zusteht, kommt § 1705 BGB nicht zum Zuge (s Art 20 Rz 31) und folglich tritt gemäß § 40 Abs 1 JWG auch keine Amtspflegschaft ein (s etwa DIV-Stellungnahme DAVorm 1987, 377; Oberloskamp DAVorm 1987, 489; Klinkhardt ZBlJugR 1987, 458; anders OLG Hamburg 19. 5. 1987 DAVorm 1987, 707 = IPRax 1987, 324, 302 Anm Siehr). Wenn das ausländische Heimatrecht eines in der Bundesrepublik Deutschland geborenen nichtehelichen Kindes dagegen kein gesetzliches Gewaltverhältnis vorsieht, ist nach dem Sinn und Zweck des MSA davon auszugehen, daß der Mutter nach dem deutschen Aufenthaltsrecht kraft Gesetzes (§ 1705 BGB) die elterliche Sorge gebührt (str; siehe im einzelnen Vorbem 439–448 zu Art 18 EGBGB und Art 20 Rz 74). In diesem Falle greift § 40 Abs 1 JWG ein, so daß das Jugendamt mit der Geburt des Kindes Pfleger nach § 1706 BGB wird (ebenso etwa DIV-Stellungnahme DAVorm 1986, 669, 671 ff; DIV-Gutachten ZBlJugR 1987, 278; Oberloskamp DAVorm 1987, 489; anders zB Krzywon BWNotZ 1987, 41 mwN).

Nach § 40 Abs 4 Satz 1 JWG tritt für ein nichteheliches Kind, das **außerhalb des** 44
Geltungsbereichs des JWG geboren ist, die gesetzliche Pflegschaft erst ein, wenn es seinen gewöhnlichen Aufenthalt in der Bundesrepublik Deutschland nimmt. Nach Satz 2 entsteht die gesetzliche Pflegschaft nach § 1706 BGB aber dann nicht, wenn in der Bundesrepublik Deutschland oder im Ausland bereits eine Pflegschaft oder Vormundschaft anhängig ist. Wenn beispielsweise ein deutsches nichteheliches Kind zunächst in einem ausländischen Vertragsstaat des MSA gelebt hat und seine Mutter dort gemäß Art 3 MSA iVm § 1705 BGB die elterliche Sorge innehatte, ohne daß zusätzlich eine Pflegschaft angeordnet worden wäre, entsteht gemäß § 40 Abs 4 JWG eine Amtspflegschaft, wenn das Kind später in die Bundesrepublik Deutschland übersiedelt. Dagegen entsteht keine Amtspflegschaft für Kinder ausländischer Staatsangehörigkeit, die gemäß Art 3 MSA iVm ihrem Heimatrecht uneingeschränkt unter elterlicher Sorge stehen und für die § 1705 BGB also nicht gilt (DIV-Stellungnahme DAVorm 1987, 381 ff).

Wenn der gewöhnliche Aufenthalt des Kindes zunächst in der Bundesrepublik 45
Deutschland liegt und später **ins Ausland verlegt** wird, ist die Rechtslage zweifel-

haft. ME bleibt die Amtspflegschaft bestehen, wenn für das Verhältnis der Mutter zu ihrem Kind weiterhin deutsches Recht gilt; das ist der Fall, wenn das Kind die deutsche Staatsangehörigkeit besitzt und der gewöhnliche Aufenthalt in einen anderen Vertragsstaat des MSA verlegt wird (Art 3 MSA; dazu Vorbem 483–486 zu Art 18 EGBGB). Wird dagegen für das Eltern-Kind-Verhältnis durch den Aufenthaltswechsel aus deutscher Sicht fremdes Recht maßgebend, so erlischt die Amtspflegschaft im Zeitpunkt der Begründung des gewöhnlichen Aufenthaltes im Ausland. Dies gilt jedenfalls, wenn der Aufenthaltswechsel nach dem 1. 9. 1986 erfolgte (vgl Art 220 EGBGB). Unter den Voraussetzungen von § 35 a FGG und Art 24 EGBGB kann aber uU wieder eine Pflegschaft angeordnet werden.

46 **2. Gesetzliche Amtsvormundschaft (§ 41 JWG)**

Steht ein nichteheliches Kind nicht nach § 1705 BGB unter der elterlichen Sorge der Mutter, beispielsweise weil die Mutter noch nicht volljährig ist (vgl Art 7 Abs 1 EGBGB, §§ 1705 Satz 2, 1673 Abs 2 BGB), und bedarf das Kind nach § 1773 BGB eines Vormunds, so tritt nach § 41 Abs 1 Satz 1 JWG eine Amtsvormundschaft des Jugendamtes ein, „wenn die sonstigen Voraussetzungen des § 40 Abs 1 JWG vorliegen". Das Kind muß also seinen gewöhnlichen Aufenthalt in der Bundesrepublik Deutschland haben, und es darf nicht nach seinem Heimatrecht unter einem gesetzlichen Gewaltverhältnis stehen, das nach Art 3 MSA anzuerkennen ist. Es entspricht dem Zweck der gesetzgeberischen Änderung des § 40 JWG, den § 41 Abs 1 Satz 1 in diesem Sinn zu lesen und hier nicht als Voraussetzung zu fordern, daß der Mutter nach § 1705 BGB die elterliche Sorge zusteht; denn andernfalls wäre § 41 Abs 1 Satz 1 in sich widersprüchlich, und es bliebe nur die Möglichkeit, eine Amtsvormundschaft als Maßnahme nach dem MSA anzuordnen (dafür in der Tat DIV-Stellungnahme DAVorm 1986, 669, 673 f). Auf die vorstehenden Erläuterungen zu § 40 Abs 1 JWG sei verwiesen. Gemäß § 41 Abs 1 Satz 2 JWG tritt die Amtsvormundschaft nicht ein, wenn bereits vor der Geburt des Kindes ein Vormund bestellt ist. Im Verhältnis zu *Österreich* kommt eine gesetzliche Amtsvormundschaft wegen der vorrangigen, anders lautenden Regelung in Art 4 Abs 2 des deutsch-österreichischen Vormundschaftsabkommens von 1927 nicht in Betracht; s Vorbem 48 zu Art 24.

47 Für den Fall, daß ein im Ausland geborenes nichteheliches Kind seinen **gewöhnlichen Aufenthalt** später in die Bundesrepublik Deutschland **verlegt,** gilt nach § 41 Abs 1 Satz 3 JWG der § 40 Abs 4 entsprechend (s dazu oben Rz 44). – **Endet eine gesetzliche Amtspflegschaft kraft Gesetzes,** so entsteht gemäß § 41 Abs 2 JWG eine gesetzliche Amtsvormundschaft, sofern das Kind eines Vormunds bedarf; letztere Voraussetzung ist nicht erfüllt, wenn ein Kind nach seinem Heimatrecht (Art 3 MSA) bereits kraft Gesetzes unter Vormundschaft oder elterlicher Sorge (etwa des Vaters) steht (DIV-Stellungnahme DAVorm 1986, 669, 675).

48 Auch eine im Inland bestehende Amtsvormundschaft (und nicht nur eine angeordnete Vormundschaft) kann gemäß § 47 Abs 2 FGG unter den dort genannten Voraussetzungen an das Ausland abgegeben werden (siehe unten Rz 120 aE).

49 **IV. Vormundschaft oder Pflegschaft und deutsche Entmündigung (Abs 1 Satz 2)**

Ist die Entmündigung eines Ausländers gemäß Art 8 EGBGB nF nach deutschem Recht erfolgt, so soll zum Schutz seiner Interessen gemäß Abs 1 Satz 2 auch die Anordnung der Vormundschaft **nach deutschem Recht** möglich sein. Die Anwendung deutschen Rechts auf die Entmündigung zieht also die Anwendung deutschen

Rechts auf die Vormundschaft nach sich. Die Vormundschaft unterliegt in vollem Umfang dem deutschen Recht. Auch die Gründe für ihre Beendigung sind dem deutschen Recht zu entnehmen.

50 Wenn – wie soeben dargelegt – ein fremder Staatsangehöriger im Inland nach deutschem Recht entmündigt werden und einen Vormund erhalten kann, so ist es folgerichtig, auch den geringeren Eingriff der Anordnung einer Pflegschaft **nach deutschem Recht** (§ 1910 BGB) zuzulassen (Gegenäußerung der Bundesregierung, BT-Drucks 10/504, 105 f). Die mildere Maßnahme der Pflegschaft anstelle der strengeren Entmündigung soll ebenfalls nach deutschem Recht möglich sein (Stellungnahme des Bundesrates, BT-Drucks 10/504, 100). Das stellt der letzte Halbsatz des Abs 1 Satz 2, der auf Anregung des Bundesrates eingefügt wurde, ausdrücklich klar. Ebenso wie bei einer Entmündigung ist Voraussetzung, daß der Ausländer „seinen gewöhnlichen Aufenthalt oder, mangels eines solchen, seinen Aufenthalt im Inland hat“ (Art 8).

V. Pflegschaft für unbekannte oder verhinderte Beteiligte (Abs 2) 51

Das für die zu regelnde Angelegenheit maßgebende Recht gilt, wenn eine Pflegschaft erforderlich ist, weil nicht feststeht, wer an der Angelegenheit beteiligt ist, oder weil ein Beteiligter sich in einem anderen Staat befindet (Abs 2). Es handelt sich um eine sog akzessorische Anknüpfung: Das Pflegschaftsstatut folgt dem in der Hauptsache maßgebenden Statut. Diese Regelung leuchtet bei einer Pflegschaft für **unbekannte Beteiligte** (§ 1913 BGB) unmittelbar ein; denn das Heimatrecht des Beteiligten kommt dann als Anknüpfungspunkt nicht in Betracht, so daß das Recht des Staates, das für die Angelegenheit gilt, am nächsten liegt. Dies kann beispielsweise das Erbstatut sein. Das Gesetz schreibt in Abs 2 die gleiche Anknüpfung für einen durch Auslandsaufenthalt **verhinderten Beteiligten** vor, und man dachte dabei an die Fälle des § 1911 Abs 2 BGB (Begr RegE, BT-Drucks 10/504, 73). Hier wäre indes auch die Anwendung des Heimatrechts des Pfleglings gemäß Abs 1 möglich, insbesondere wenn die Sorge für seine Person im Vordergrund steht. Insoweit bleibt abzuwarten, wie die Gerichte den Anwendungsbereich der Abs 1 und 2 voneinander abgrenzen.

52 Der **Inhalt** einer nach Abs 2 angeordneten Pflegschaft bestimmt sich nach dem Wortlaut des Gesetzes nach dem Recht des anordnenden Staates (vgl Abs 3). Der Grund der Verwobenheit mit dem Verfahren, der die Maßgeblichkeit der lex fori rechtfertigt, trifft für eine Pflegschaft, die nach Abs 2 angeordnet wurde, ebenso zu wie für andere angeordnete Pflegschaften. Die Sondervorschrift des Abs 2 bezieht sich also nur auf den Werdegang (Entstehung, Änderung, Ende) der Pflegschaft.

VI. Vorläufige Maßregeln (Abs 3) 53

Für vorläufige Maßregeln gilt gemäß Abs 3 die **lex fori.** Dies soll die praktische Rechtsanwendung bei Eilfällen fördern: „Wenn Maßnahmen unaufschiebbarer Art ergriffen werden müssen, bietet nur die Anwendung des Rechts des angerufenen Gerichts die Gewähr für ausreichenden Schutz aller Beteiligten“ (Begr RegE, BT-Drucks 10/504, 74). Die Regelung schließt sich an den Gedanken an, der dem früheren Art 23 Abs 2 EGBGB aF zugrunde lag. Auf die Ansichten, die sich zu dieser Vorschrift entwickelt haben, kann daher noch mit Gewinn zurückgegriffen werden.

54 Vorläufige **Sicherungsmaßnahmen für die Person oder für das Vermögen** können aufgrund der lex fori getroffen werden. Aus dem deutschen Recht sind insbesondere

zu nennen: *Hinterlegung* von Geld, Wertpapieren und Kostbarkeiten, *Aufnahme eines Vermögensverzeichnisses, Bestellung eines Verwahrers, Kündigung von Forderungen, Betreibung eines Arrestes, Anlegen von Siegeln, Abgabe einer Anfechtungserklärung, Veräußerungsverbote, Genehmigung eines Vertrages* und Mitteilung davon an den Gegner unmittelbar vor Ablauf der Frist gemäß § 1829 II BGB (OLG Tübingen 29. 11. 1951 DNotZ 1952, 484), *Bestellung eines Prozeßvertreters* in einem Unterhaltsprozeß (BayObLG 5. 7. 1932 BayObLGZ 1933, 324 = IPRspr 1932 Nr 92). Maßnahmen der religiösen Kindererziehung sind grundsätzlich nicht als vorläufige Sicherungsmaßnahmen zu erlassen (KG 11. 1. 1906 KGJ 31 A 45 = OLGE 14, 257 [dort mit Datum 10. 12. 1905]).

55 **Vormundschaft** und **Pflegschaft** sind **keine** vorläufigen Maßregeln. Für eine *vorläufige* Vormundschaft oder Pflegschaft gelten die folgenden Erwägungen.

56 Schon im bisherigen Recht war die Frage umstritten, ob eine **vorläufige Vormundschaft** als vorläufige Maßregel gemäß Art 23 Abs 2 EGBGB aF von einem deutschen Gericht angeordnet werden konnte. Die hM verneinte dies und unterstellte auch die vorläufige Vormundschaft dem Art 23 Abs 1 EGBGB aF (OLG Hamm 2. 3. 1973 NJW 1973, 1556 = FamRZ 1973, 326 Anm Beitzke = OLGZ 1973, 301 = IPRspr 1973 Nr 103; LG Augsburg 20. 4. 1972 DAVorm 1972, 249 = IPRspr 1972 Nr 89; BayObLG 29. 7. 1971 IPRspr 1971 Nr 112; BayObLG 14. 12. 1970 BayObLGZ 1970, 300 = NJW 1971, 997 Anm Röder = IPRspr 1970 Nr 90; KG 4. 2. 1927 OLGE 46, 200 = IPRspr 1927 Nr 87; KG 11. 1. 1906 KGJ 31 A 45; KG 7. 12. 1903 KGJ 27 A 164; KG 27. 2. 1901 KGJ 21 A 209; Staudinger-Raape 617; Erman-Marquordt Art 23 Rz 26; Zitelmann IPR Bd II 936). Das Hauptargument gegen die Möglichkeit einer Anordnung einer vorläufigen Vormundschaft nach Art 23 Abs 2 EGBGB aF war, daß damit Art 23 Abs 1 umgangen würde. Denn „aus dem Zusammenhange mit Abs 1 dieser Vorschrift ergibt sich, daß die Bestellung eines Vormunds oder Pflegers ausgeschlossen ist, weil darin eben die Anordnung einer Vormundschaft oder Pflegschaft läge" (so OLG Hamm aaO). Eine andere Meinung in der Literatur subsumierte die vorläufige Vormundschaft unter Art 8 EGBGB aF, da es sich um eine beschränkte Entmündigung handele, die erst zur Beschränkung der Geschäftsfähigkeit führe, während Art 23 EGBGB aF das Bestehen der Geschäftsunfähigkeit voraussetze (Staudinger-Beitzke Art 8 Rz 9; ders in FamRZ 1973, 329; ders in FamRZ 1967, 602 Fn 76; MünchKomm-Klinkhardt Art 23 EGBGB aF Rz 60 und Schack DAVorm 1980, 822). Eine dritte Ansicht ließ die Anordnung einer vorläufigen Vormundschaft auch aufgrund des Art 23 Abs 2 EGBGB aF zu (LG Osnabrück 1. 7. 1929 IPRspr 1929 Nr 90; Soergel-Kegel Art 23 Rz 15; Röder NJW 1971, 997; Lewald IPR 164; Schrick, Die Entmündigung von Ausländern im Inland [Diss Bonn 1970] 152). Dieser letzteren Meinung ist für Art 24 Abs 3 EGBGB nF der Vorzug zu geben, da der Akzent nicht darauf zu legen ist, daß es sich um eine Vormundschaft handelt, sondern um eine *vorläufige* Vormundschaft. Bei der vorläufigen Vormundschaft muß aber sichergestellt sein, daß dadurch nicht faktisch eine endgültige Entscheidung herbeigeführt wird, damit die Maßnahme nicht auf eine Umgehung des Art 24 Abs 1 hinausläuft. Die Zulassung der Anordnung der vorläufigen Vormundschaft führt im Ergebnis zu der praxisfreundlichen Konsequenz, daß nicht jeweils zahlreiche einzelne vorläufige Maßregeln angeordnet werden müssen.

57 Das oben Gesagte gilt einschließlich der unterschiedlichen Ansichten auch für die Anordnung der **vorläufigen Pflegschaft.** Nach Art 24 Abs 3 ist also auch die Anordnung einer vorläufigen Pflegschaft möglich (so zum bisherigen Recht im Ergebnis auch MünchKomm-Klinkhardt Art 23 EGBGB aF Rz 61). Ein Beispiel für eine vorläufige Pflegschaft nach deutschem Recht ist die nach § 1909 Abs 3 BGB angeordnete Pflegschaft.

D. Bedeutung der allgemeinen Regeln des IPR

I. Rück- und Weiterverweisung; ausländische Rechte

1. Rück- und Weiterverweisung (Art 4 Abs 1 EGBGB nF) 58

Die Rück- und Weiterverweisung ist im Internationalen Familienrecht gemäß Art 4 Abs 1 EGBGB nF zu beachten. Das Gesetz folgt insoweit bewußt der bisherigen aus Art 27 EGBGB aF entwickelten rück- und weiterverweisungsfreundlichen Praxis (Begr RegE, BT-Drucks 10/504, 38). Im Rahmen der bisherigen Art 23, 27 EGBGB aF war anerkannt, daß ein Renvoi des Heimatrechts des Betroffenen zu beachten ist (Staudinger-Graue Art 27 Rz 136). Daran hat sich durch die Neufassung des EGBGB nichts geändert.

Wenn Abs 1 Satz 1 das **Heimatrecht des Schützlings** für den Werdegang der 59
angeordneten Vormundschaft und Pflegschaft sowie für die gesamte gesetzliche Vormundschaft und Pflegschaft beruft, so ist vor einer Anwendung des materiellen fremden Heimatrechts also jeweils zu prüfen, ob das Kollisionsrecht des Heimatstaates zurück- oder weiterverweist, indem es beispielsweise das Wohnsitzrecht für maßgebend erklärt. Der Begriff des Wohnsitzes ergibt sich dabei aus dem Recht des Staates, der zurück- oder weiterverweist (BayObLG 14. 12. 1970 BayObLGZ 1970, 300 = NJW 1971, 997 Anm Röder = IPRspr 1970 Nr 90; 29. 7. 1971 IPRspr 1971 Nr 112 S 344).

Eine sog **versteckte Rückverweisung,** die namentlich das englische oder amerikani- 60
sche Kollisionsrecht nicht selten enthält, ist ebenfalls zu befolgen. Die von Art 24 bezeichnete fremde Rechtsordnung muß also nicht ausdrücklich das deutsche Recht für maßgebend erklären, sondern es genügt, daß die Anwendung deutschen Rechts dem Sinn des fremden Kollisionsrechts entspricht. Eine derartige „versteckte Rückverweisung" auf das deutsche Recht als lex fori wird zwar nicht schon deshalb anzunehmen sein, weil es um Fragen geht, die in dem betreffenden Land bei eigener Zuständigkeit nach der lex fori beurteilt werden; wohl aber, wenn dort ersichtlich gebilligt wird, daß unsere Gerichte entsprechend verfahren (s statt vieler Neuhaus, Grundbegriffe 282 ff; Staudinger-Graue Art 27 Rz 16).

Auch eine **Teilrückverweisung** ist zu beachten. Soll beispielsweise für einen in 61
Deutschland lebenden amerikanischen Staatsbürger mit letztem Domizil und Vermögen in Wisconsin ein Vormund bestellt werden, so stößt man auf die im Recht der amerikanischen Gliedstaaten anzutreffende Unterscheidung zwischen guardianship of the person (Vormundschaft über die Person) und guardianship of property (Vormundschaft über Vermögen). Nach dem Recht von Wisconsin ist für erstere das Recht des Domizilstaates, für letztere das Recht der belegenen Sache maßgebend. Eine Rückverweisung auf das deutsche Recht liegt dann nur für die Personensorge vor (vgl BayObLG 14. 12. 1970 BayObLGZ 1970, 300 = NJW 1971, 997 Anm Röder = IPRspr 1970 Nr 90).

Im Rahmen des **Art 24 Abs 2** ist denkbar, daß das Recht, „das für die Angelegen- 62
heit maßgebend ist", durch Rück- oder Weiterverweisung bestimmt wird. Das so ermittelte Recht gilt dann auch für die Pflegschaft. Ist beispielsweise kraft Rückverweisung deutsches Erbrecht auf die Beerbung eines Ausländers anzuwenden und muß für einen noch nicht erzeugten Nacherben gesorgt werden, so kann die im deutschen Recht vorgesehene Pflegschaft (§ 1913 Satz 2 BGB) angeordnet werden.

63 **2. Ausländische Rechte***

In den meisten Staaten wird in Fragen der Vormundschaft und Pflegschaft an die Staatsangehörigkeit des Mündels bzw des Pflegebefohlenen angeknüpft. Andere stellen auf den Wohnsitz, den gewöhnlichen oder schlichten Aufenthalt oder das „domicile" des Schützlings ab. Ähnlich wie im deutschen IPR (Art 24 Abs 1 und 3 EGBGB) werden vielfach Entstehung und Beendigung der Vormundschaft und Pflegschaft einerseits und der Inhalt (Verlauf) dieser Rechtsinstitute andererseits getrennt. Soweit diese Trennung ausdrücklich vorgesehen ist, wird der Verlauf der Vormundschaft und Pflegschaft stets dem Recht des Staates unterstellt, dessen Behörden tätig werden.

64 **a) West- und südeuropäische Staaten**

aa) In West- und Südeuropa wird überwiegend an die **Staatsangehörigkeit des Schützlings** angeknüpft. In **Belgien** wird diese Anknüpfung für die Anordnung und Beendigung einer Vormundschaft oder Pflegschaft dem Art 3 Abs 3 cc entnommen (Rigaux, D.I.P. II 308 Rz 1017); die Rechte und Pflichten des Vormunds oder Pflegers sowie seine Kontrolle durch die Behörden folgen dagegen dem Recht des die Schutzmaßnahme anordnenden Staates (Rigaux, D.I.P. II 312 Rz 1024). In **Frankreich** werden demgegenüber auch die den Inhalt der Vormundschaft oder Pflegschaft betreffenden Fragen nach dem Heimatrecht des Schützlings beurteilt. Lediglich die Auswahl der Kontrollorgane und dringende Schutzmaßnahmen richten sich nach der lex fori (Batiffol-Lagarde, D.I.P. II Nr 498 ff; Mayer, D.I.P. [2. Aufl 1983] 418 ff). An die Staatsangehörigkeit des Schützlings ohne Unterscheidung zwischen Anordnung und Inhalt der Schutzmaßnahme knüpfen ferner an: **Griechenland** (Art 24 I ZGB), **Italien** (Art 21 disp prel cc; vgl Vitta, D.I.P. [2. Aufl 1983] 186 f) und **Luxemburg** (nach Art 3 III cc; vgl Bernecker RabelsZ 27 [1963] 263 ff, 295, 274). In **Österreich** richten sich Anordnung, Beendigung und Wirkungen der Vormundschaft und Pflegschaft nach dem Heimatrecht des Pflegebefohlenen, während die „sonstigen mit der Vormundschaft und Pflegschaft verbundenen Fragen, soweit sie die Führung an sich betreffen", nach dem Recht des Staates, dessen Behörden tätig werden, zu behandeln sind (§ 27 IPR-Gesetz v 15. 6. 1978; Text RabelsZ 43 [1979] 375 ff); das österreichische Recht enthält also keine Rückverweisung hinsichtlich der Voraussetzungen für eine Gebrechlichkeitspflegschaft über einen Österreicher mit Wohnsitz in Deutschland (LG Traunstein 17. 5. 1983 IPRspr 1983 Nr 115 = Bericht IPRax 1983, 300). Das Heimatrecht des Schützlings ist ferner in **Portugal** (Art 30 iVm 31 cc) maßgeblich und grundsätzlich auch in **Spanien**; nach Art 9 Nr 6 span cc (dazu von Hoffmann-Ortiz-Arce RabelsZ 39 [1975] 647 ff, 661 f) wird dieser Grundsatz jedoch weitgehend eingeschränkt: vorläufige und dringende Schutzmaßnahmen richten sich nach dem Aufenthaltsrecht, das Verfahren unter Beteiligung spanischer Gerichte oder Verwaltungsbehörden sowie Schutzmaßnahmen gegenüber vernachlässigten Minderjährigen und nicht voll handlungsfähigen Personen mit Aufenthalt in Spanien werden stets nach spanischem Recht beurteilt. In der **Türkei** ist das Heimatrecht des Pflegebefohlenen nur hinsichtlich der Gründe für die Anordnung oder Aufhebung der Schutzmaßnahmen maßgeblich; alle anderen die Vormundschaft und Pflegschaft betreffenden Angelegenheiten werden ausdrücklich dem türkischen Recht unterstellt, das darüber hinaus auch für die Anordnung und Aufhebung maßgebend ist, wenn ein Ausländer mit gewöhnlichem Aufenthalt in der Türkei nach seinem Heimatrecht nicht unter Vormundschaft gestellt werden kann (Art 9 IPR-Gesetz v 22. 5. 1982, Text IPRax 1982, 254 ff).

---

* Unter Mitwirkung meines Assistenten Marius Berenbrok.

bb) Nach dem **Recht am gewöhnlichen Aufenthalt des Pflegebefohlenen** sollen alle Fragen der Vormundschaft und Pflegschaft in der **Schweiz** bestimmt werden, indem dort die Regeln des Haager Minderjährigenschutzabkommens vom 5. 10. 1961 auch gegenüber Erwachsenen und Schützlingen ohne gewöhnlichen Aufenthalt in einem Vertragsstaat für entsprechend anwendbar erklärt werden (Art 83 IPR-Gesetz-E [1982]). Auch in den **Niederlanden** wird heute die Anknüpfung an den gewöhnlichen Aufenthalt des Pflegebefohlenen gegenüber der früher vertretenen Maßgeblichkeit des Heimatrechts bevorzugt (Sauveplanne, Elementair Internationaal Privaatrecht [7. Aufl 1982] 47; vgl auch Lemaire, IPR 98 f). 65

b) Sozialistische Staaten Osteuropas 66

aa) In den sozialistischen Staaten Osteuropas wird ganz überwiegend an die **Staatsangehörigkeit** des Pflegebefohlenen angeknüpft. In **Albanien** (Art 11 I, III IPR-Gesetz), der **DDR** (§ 24 I, III RechtsanwendungsG), der **Tschechoslowakei** (§§ 28, 30 IPR-Gesetz) und in **Ungarn** (§§ 48 I, III, 49 Gesetzesverordnung Nr 13/1979, Text StAZ 1980, 78 ff) richten sich die Voraussetzungen für die Anordnung und Beendigung einer Vormundschaft oder Pflegschaft grundsätzlich nach dem Heimatrecht des Pflegebefohlenen, während das Rechtsverhältnis zwischen dem Vormund und Pfleger einerseits und dem Mündel und Pflegebedürftigen andererseits nach dem Recht des Staates zu beurteilen ist, dessen Behörde den Vormund oder Pfleger bestellt hat; in der DDR sind jedoch vorläufige Maßnahmen über einen Ausländer mit Wohnsitz oder Aufenthalt in der DDR nach dortigem Recht möglich (§ 24 II RechtsanwendungsG). In Ungarn ist auf das Rechtsverhältnis zwischen Vormund und Mündel ungarisches Recht anzuwenden, wenn dieses für ein in Ungarn wohnhaftes Mündel günstiger ist (§ 48 III Gesetzesverordnung Nr 13/1979); eine vorläufige Pflegschaft kann nach dem Recht des Staates, dessen Behörden tätig werden, angeordnet werden (§ 49 II Gesetzesverordnung Nr 13/1979).

Demgegenüber erklären andere Staaten das Heimatrecht des Schützlings insgesamt für maßgeblich; so **Bulgarien** (Art 99 FamilienG v 15. 3. 1968), **Jugoslawien** (Art 15 IPR-Gesetz v 1. 1. 1983; vorläufige Schutzmaßnahmen über Ausländer mit Aufenthalt in Jugoslawien können indes nach jugoslawischem Recht getroffen werden) und **Polen** (Art 23 IPR-Gesetz). 67

bb) In der **UdSSR** richtet sich die Vormundschaft und Pflegschaft für Sowjetbürger nach deren Staatsangehörigkeit, während für in der Sowjetunion lebende Ausländer deren gewöhnlicher Aufenthalt in der UdSSR maßgibt; jedoch wird eine im Ausland nach den Gesetzen des betreffenden Staates bestellte Vormundschaft oder Pflegschaft über Sowjetbürger ebenfalls anerkannt, wenn das jeweilige Konsulat der UdSSR keine Einwendungen erhebt (Art 36 Grundlagen der Gesetzgebung für Ehe und Familie v 27. 6. 1968; dazu Waehler, Neues internationales Familienrecht der UdSSR, FamRZ 1980, 424 ff, 426). 68

c) Nordische Staaten 69

aa) Von den nordischen Staaten stellen **Finnland** und **Schweden** auf die **Staatsangehörigkeit** ab. Die umfangreiche Regelung in den beiden Staaten läuft im Kern auf folgendes hinaus: Grundsätzlich ist das Heimatrecht des Schützlings maßgeblich. Jedoch werden Schutzmaßnahmen, die für im Ausland wohnhafte Inländer (Finnen bzw Schweden) nach deren Wohnsitzrecht getroffen worden sind, idR auch im Inland anerkannt (Finnland: §§ 28 [Minderjährige], 32 [Entmündigte] Gesetz betreffend gewisse familienrechtliche Verhältnisse internationaler Natur v 5. 12. 1929; Schweden: Kap 4 § 1 [Minderjährige], Kap 5 § 1 [Entmündigte] Gesetz vom 8. 7. 1904 über gewisse internationale Rechtsverhältnisse betreffend Ehe und Vormundschaft). Ausländer mit Wohnsitz bzw ständigem Aufenthalt im Inland können trotz der grundsätzlichen Maßgeblichkeit ihres Heimatrechts nach finnischem bzw schwedischem Recht einen Vormund oder Pfleger erhalten, wenn das inländische Gericht innerhalb von 6 Monaten nicht in Erfahrung bringen kann, ob in ihrem Heimatstaat eine entsprechende Schutzmaßnahme angeordnet wird, oder wenn es erfährt, daß keine solche Maßnahme angeordnet wird (Finnland: §§ 29 [Minderjährige], 33 [Entmündigte] Gesetz v 5. 12. 1929; Schweden: Kap 4 § 2 [Minderjährige], Kap 5 § 2 [Entmündigte] Gesetz v 8. 7. 1904). Dringende Maßnahmen können in beiden Ländern nach der lex fori getroffen werden (Finnland: §§ 33 II, 40 Gesetz v 5. 12. 1929; Schweden: Kap 4 § 3, Kap 5 § 4 Gesetz vom 8. 7. 1904).

70 **bb)** In den übrigen nordischen Staaten wird an den **Wohnsitz des Schützlings** angeknüpft. Es werden jedoch Ausnahmen von der Maßgeblichkeit des Domizilrechts zugunsten des eigenen Rechts gemacht, so zB in **Dänemark** bei vorläufigen oder dringenden Schutzmaßnahmen oder wenn sich die Behörden des fremden Domizilstaates eines dänischen Staatsangehörigen wegen dessen Nationalität für unzuständig erklären (vgl Philip, Dansk international privat- og procesret [3. Aufl 1976] 184 ff). Die Anknüpfung an den Wohnsitz des Pflegebefohlenen kennt ferner Art 14 des zwischen den nordischen Staaten geltenden IPR-Abkommens v 6. 2. 1931 über Ehe, Adoption und Vormundschaft; jedoch haben bereits getroffene Schutzmaßnahmen eines anderen Vertragsstaates Bestand und können vorläufige Maßnahmen nach der lex fori getroffen werden.

71 **d) Staaten des Common Law**

In den Common-Law-Staaten wird primär nach der internationalen Zuständigkeit („jurisdiction") gefragt; wird sie bejaht, wendet das angerufene Gericht stets die lex fori an; wird sie verneint, kann eine „versteckte Rückverweisung" (dazu oben Rz 60) vorliegen. Die „jurisdiction" in Angelegenheiten der Vormundschaft und Pflegschaft wird meist vom **gewöhnlichen oder schlichten Aufenthalt** oder aber vom **„domicile"** des Pflegebefohlenen abhängig gemacht; teilweise besteht außerdem eine **Staatsangehörigkeits**zuständigkeit.

72 In **England** ist „jurisdiction" zur Anordnung einer Vormundschaft über Minderjährige gegeben, wenn das Kind britischer Staatsangehöriger („British subject") ist oder seinen gewöhnlichen oder schlichten Aufenthalt in England hat („ordinary residence", „presence"; Dicey-Morris, Conflict II [11. Aufl 1987] 788 ff). Über Geistesgestörte („mentally disordered persons") besteht „jurisdiction", wenn sie sich im Inland aufhalten oder dort Eigentum haben (Dicey-Morris, Conflict II 890). Ähnlich wird die „jurisdiction" in Vormundschafts- und Pflegschaftssachen in **Australien** (vgl Nygh, Conflict 380 ff, 387 f) und **Indien** (vgl Diwan, Indian and English Private International Law [1977] 341) behandelt.

73 In der **kanadischen Provinz Quebec** wird unabhängig von der „jurisdiction" das Recht am „domicile" des Schützlings für maßgeblich erklärt. Darüber hinaus kann für das Vermögen einer nicht voll geschäftsfähigen Person nach Art 348a cc ein Pfleger („curateur") bestellt werden, wenn nach dem Domizilrecht des Schützlings keine entsprechende Schutzmaßnahme getroffen wird (vgl Castel, Droit international privé québécois [1980] 314 ff). In den **übrigen Provinzen Kanadas** besteht „jurisdiction" zur Bestellung eines Vormundes über Minderjährige am gewöhnlichen Aufenthalt des Minderjährigen („residence"; Castel, Conflict II 234 f). Geistesgestörte unterliegen zusätzlich der „jurisdiction" an ihrem schlichten Aufenthalt und ihrem „domicile" (Castel, Conflict II 304 f). Für unbewegliches Vermögen muß jedoch stets am Ort der belegenen Sache ein eigener Pfleger nach

der lex loci bestellt werden (CASTEL, Conflict II 305; IPG 1975 Nr 75 [Hamburg] 229ff).

In **Südafrika** wird „jurisdiction“ sowohl am „domicile“ als auch am gewöhnlichen 74
oder schlichten Aufenthalt des Schützlings angenommen (SPIRO, Conflict of Laws [1982] 91).

In den **USA** muß zwischen Schutzmaßnahmen für die Person des Schützlings 75
(Ernennung eines „guardian of the person“) und solchen für sein Vermögen (Bestellung eines „guardian of the property“, „conservator“) unterschieden werden. Sind Maßnahmen zum Schutz des Vermögens erforderlich, so muß der „conservator“ in jedem Belegenheitsstaat nach der lex fori neu ernannt werden (SCOLES-HAY, Conflict 877). „Jurisdiction“ zur Bestellung eines „guardian of the person“ ist sowohl am „domicile“ als auch an einem Ort gegeben, an dem sich der Pflegebedürftige nur vorübergehend aufhält; dort kann auch ein vorläufiger Vormund bestellt werden („temporary guardian“; vgl SCOLES-HAY, Conflict 881; vgl auch § 79 Restatement, Second, Conflict of Laws), während die Schutzperson am „domicile“ als Hauptvormund („principal guardian“) angesehen wird.

e) Lateinamerikanische Staaten 76

In Lateinamerika überwiegt die Anknüpfung an den **Wohnsitz oder den Aufenthalt** des Mündels bzw des Pflegebedürftigen.

Nach den Art 84ff des für weite Teile Lateinamerikas geltenden **Código Bustamante** 77
(vgl STAUDINGER-STURM, Einl zu Art 7ff EGBGB Rz 153; Text bei BERGMANN-FERID Venezuela 6) richtet sich die Vormundschaft und Pflegschaft nach dem „persönlichen Recht“ des Schützlings, wobei die Vertragsstaaten gem Art 7 des Abkommens wählen können, ob damit das Heimat- oder Wohnsitzrecht berufen sein soll. Die meisten Staaten haben sich für das Wohnsitzrecht entschieden. Dieses wird auch von den Art 25ff des **Vertrages von Montevideo** idF von 1940 berufen (entsprechend Art 19ff der Fassung von 1889, nach der jedoch hinsichtlich Schutzmaßnahmen für das Vermögen die lex situs anzuwenden ist [Art 22]; vgl insgesamt STAUDINGER-STURM, Einl zu Art 7ff Rz 152, Text bei BERGMANN-FERID Argentinien 8). Beide Abkommen gelten zwar grundsätzlich nur zwischen den Vertragsstaaten, werden von diesen jedoch weitgehend zur Lückenfüllung ihres autonomen IPR verwendet (vgl dazu SAMTLEBEN, IPR in Lateinamerika [1979] 158ff, 265ff).

Für **Argentinien** bestimmen die Art 409, 410 ZGB, daß sich Schutzmaßnahmen für 78
das Vermögen nach der lex situs richten. Maßnahmen zum Schutz der Person des Pflegebefohlenen beurteilen sich stets nach argentinischem Recht, sofern sie von den argentinischen Gerichten angeordnet worden sind; diese erachten sich für international zuständig, wenn der Schützling Wohnsitz oder gewöhnlichen Aufenthalt („domicilio“ oder „residencia“) im Inland hat (GOLDSCHMIDT, D.I.P. [5. Aufl 1985] 228ff). Das Wohnsitzrecht des Schützlings ist in **Brasilien** hinsichtlich der Voraussetzungen für die Bestellung eines Vormunds oder Pflegers maßgeblich, während sich der Inhalt der Schutzmaßnahme nach dem Wohnsitzrecht des Vormunds bzw Pflegers richtet (BATALHA, Tratado de Direito Internacional Privado II [1977] 177). In **Mexiko** wird in allen Angelegenheiten der Vormundschaft und Pflegschaft die lex fori angewandt (Art 12 cc; ARCE, Derecho Internacional Privado [7. Aufl 1973] 170f). Das neue IPR von **Peru** aus dem Jahre 1984 erklärt in Art 2071 cc grundsätzlich das Wohnsitzrecht des Schützlings für maßgeblich, dringende sowie in Peru belegenes Vermögen betreffende Maßnahmen können nach peruanischem Recht getroffen werden. Ebenso wird in **Venezuela** eine Anwendung

des Wohnsitzrechtes des Schützlings befürwortet (ROUVIER, Lecciones de Derecho Internacional Privado III [1975] 258), allerdings richten sich Schutzmaßnahmen zugunsten des Vermögens nach der lex situs.

79 Während sonst stets auf die Person des Pflegebefohlenen abgestellt wird, ist in **Nicaragua** gem Art VI Nr 11 ZGB das **Wohnsitzrecht des Vormundes** anzuwenden (s dazu die Rspr bei SAMTLEBEN, IPR in Lateinamerika [1979] 229).

80 **f) Fernöstliche Staaten**

Von den fernöstlichen Staaten haben **Süd-Korea** (Art 25 IPR-Gesetz v 15. 1. 1962) und **Taiwan** die Regelung der §§ 23, 24 Horei (**Japan**) übernommen. Danach richten sich die Vormundschaft und Pflegschaft grundsätzlich nach dem Heimatrecht des Schützlings; jedoch ist auch auf einen Ausländer japanisches Recht anzuwenden, wenn er Wohnsitz oder Aufenthalt in Japan hat und nach seinem Heimatrecht eine Schutzmaßnahme getroffen werden müßte, aber niemand zur Führung der Vormundschaft oder Pflegschaft zur Verfügung steht. Ferner richten sich Maßnahmen zugunsten in Japan entmündigter Ausländer nach japanischem Recht.

81 Auch in **Thailand** wird vom Heimatrecht des Schützlings ausgegangen. Im einzelnen ist indes zwischen Minderjährigen und anderen Schutzbedürftigen zu unterscheiden: Letztere werden nur dann nach ihrem Heimatrecht unter Vormundschaft oder Pflegschaft gestellt, wenn der Grund für die Schutzmaßnahme dem thailändischen Recht nicht widerspricht; die Wirkungen der Maßnahme werden nach dem Recht des anordnenden Gerichts beurteilt (§ 12 IPR-Gesetz v 10. 3. 1938). Bei einer Vormundschaft über Minderjährige ist der Vormund hinsichtlich seiner Verfügungsbefugnis über unbewegliches Vermögen an die lex rei sitae gebunden. Ferner können Minderjährige mit Wohnsitz oder Aufenthalt in Thailand nach thailändischem Recht unter Vormundschaft gestellt werden, wenn ihr Heimatrecht keinen ausreichenden Schutz gewährleistet (§ 32 IPR-Gesetz v 10. 3. 1938).

82 **g) Afrikanische Staaten**

Soweit in den heute unabhängigen ehemaligen afrikanischen Kolonien Frankreichs und Belgiens neue gesetzliche Regelungen des IPR ergangen sind, werden Vormundschaft und Pflegschaft meist nicht ausdrücklich geregelt. Jedoch ist den einschlägigen Kodifikationen ein weiter Begriff des Personalstatuts gemein, das sich nach der Staatsangehörigkeit richtet (vgl dazu BOULANGER, Essai comparatif sur la notion du statut personnel dans les relations internationales des pays d'Afrique noire, Rev crit 71 [1982] 647 ff). Man darf deshalb annehmen, daß auch im Bereich der Vormundschaft und Pflegschaft grundsätzlich das **Heimatrecht des Schützlings** maßgebend ist. Auf das Heimatrecht stellen für die Bestimmung des Personalstatuts ab: **Burundi** (Art 2 Personen- und FamilienG v. 15. 1. 1980), **Gabun** (Art 39 ZGB), **Madagaskar** (Art 28 I Ordonnanz v 26. 5. 1962), **Senegal** (Art 845 FamG v 12. 6. 1972), **Togo** (Art 712 I FamG v 31. 1. 1980) und offenbar auch **Zaire** (Buch 1 Art 28, Buch 3 Art 24 cc) sowie **Zentralafrika** (Art 40 I Gesetz v 3. 6. 1965).

83 **h) Islamische Staaten**

Auch in den islamischen Staaten wird im Anschluß an die Regelung in **Ägypten** (Art 16 ZGB), dessen IPR von vielen islamischen Staaten nahezu wörtlich übernommen wurde (dazu STAUDINGER-STURM, Einl zu Art 7 ff EGBGB Rz 302 sowie KRÜGER-KÜPPERS, IPRax 1986, 389), das **Heimatrecht des Schützlings** berufen. Diese Anknüpfung erklären für maßgeblich: **Algerien** (Art 15 ZGB; jedoch richten sich hier die Verfügung über unbewegliches Vermögen nach der lex rei sitae und der

Verlauf der Schutzmaßnahme nach dem Recht des Staates, dessen Behörden tätig werden. Dringende Maßnahmen können nach algerischem Recht getroffen werden; vgl ISSAD, Droit international privé [1980] 231 ff), **Bahrain** (Art 21 Nr 5 Gesetz Nr 12 für 1971; vgl ELWAN IPRax 1986, 60), **Irak** (Art 20 ZGB Nr 40 v 4. 6. 1953), **Iran** (Art 965 ZGB), **Jordanien** (Art 17 ZGB [Gesetz Nr 43/1976] vgl KRÜGER IPRax 1987, 130), **Kuwait** (Art 46 Gesetz Nr 5/1961 v 14. 2. 1961), **Libyen** (Art 16 ZGB, vgl BERGMANN-FERID 5), **Sudan** (Art 11 IX Gesetz v 14. 2. 1984; vgl ELWAN IPRax 1986, 57), **Syrien** (Art 17 ZGB Nr 84 v 18. 5. 1949), **Tunesien** (Art 1, 2 Dekret zur Regelung kollisionsrechtlicher Fragen v 24. 7. 1957), sowie die **Vereinigten Arabischen Emirate** (Art 16 ZGB nach Gesetz Nr 5/1985). Dagegen ist in der **Arabischen Republik Jemen** die **lex fori** maßgeblich (Art 26 ZGB nach Gesetz Nr 10/1979, vgl KRÜGER-KÜPPERS IPRax 1987, 43).

i) Israel 84

Schließlich ist in Israel nach § 77 Gesetz über die Rechtsfähigkeit und Vormundschaft 5722-1962 das **Wohnsitzrecht des Mündels bzw des Pflegebedürftigen** anzuwenden.

II. Mehrstaater und Staatenlose 85

1. Mehrstaater

Das Heimatrecht eines Mehrstaaters ist gemäß Art 5 Abs 1 EGBGB nF zu ermitteln.

2. Staatenlose 86

Für einen Staatenlosen ist gemäß Art 5 Abs 2 EGBGB nF sowie nach den einschlägigen Staatsverträgen und Sondergesetzen in der Regel der gewöhnliche Aufenthalt anstelle der Staatsangehörigkeit maßgebend; vgl im einzelnen etwa SOERGEL-KEGEL zu Art 29 EGBGB aF. Eine Vormundschaft oder eine Pflegschaft für einen Staatenlosen kann also gemäß Abs 1 iVm Art 5 Abs 2 angeordnet werden, wenn das Recht am gewöhnlichen Aufenthalt des Mündels oder Pfleglings dies vorsieht.

III. Einzelstatut bricht Gesamtstatut (Art 3 Abs 3 EGBGB nF) 87

Ähnlich wie früher Art 28 EGBGB aF schreibt Art 3 Abs 3 EGBGB nF vor, daß sich die familien- und erbrechtlichen Verweisungen des EGBGB nicht auf solche Gegenstände beziehen, die sich nicht in dem Staat befinden, auf dessen Recht verwiesen wird, und die nach dem Recht des Belegenheitsstaates „besonderen Vorschriften“ unterliegen. Hier soll ausnahmsweise das Recht des Belegenheitsstaates gelten. Man spricht davon, daß dieses „Einzelstatut“ das familien- oder erbrechtliche Gesamtstatut „bricht“. Auch das Vormundschafts- oder Pflegschaftsstatut wird nach Wortlaut und Sinn des Art 3 Abs 3 EGBGB nF in einem solchen Fall „gebrochen“. Dies kann bisweilen praktische Bedeutung haben. Zu denken ist an den Fall, daß eine Rechtsordnung, in deren Geltungsbereich ein Grundstück belegen ist (etwa im anglo-amerikanischen Rechtsbereich) eine besondere Vorschrift enthält, nach der ein im Ausland bestellter Vormund oder Pfleger keine Vertretungsmacht zur Verfügung über dieses Grundstück besitzt (s oben Rz 39). Es ist dann nicht dem von Art 24 berufenen Recht zu folgen, sondern der Norm des Belegenheitsstaates, nach der für die Verfügung über dieses Grundstück ein besonderer Vertreter zu bestellen ist.

88 **IV. Vorfragen**

Vorfragen, die bei der Prüfung der Voraussetzungen einer Vormundschaft beantwortet werden müssen, sind grundsätzlich selbständig anzuknüpfen; so die nahezu einhellige Meinung für die im Rahmen von Art 24 auftretenden Vorfragen, ob die als Mündel in Betracht kommende Person geschäftsfähig ist oder nicht und ob ein nicht voll Geschäftsfähiger unter elterlichem Sorgerecht steht (s MünchKomm-Klinkhardt Art 23 Rz 14; Soergel-Kegel Art 23 Rz 6, 34; Erman-Marquordt Art 23 Rz 6). Es entscheidet also die von Art 7 EGBGB nF berufene Rechtsordnung über die Geschäftsfähigkeit, die von Art 19, 20 EGBGB nF bzw dem Haager Minderjährigenschutzabkommen berufene über das Bestehen elterlicher Sorge. Denn wir können nicht eine Vormundschaft über einen „Minderjährigen" anordnen, der nach unserer Auffassung gar nicht minderjährig ist oder unter elterlicher Sorge steht. Freilich ist daran zu erinnern, daß eine Vormundschaft über Minderjährige in der Regel nicht nach Art 24 zu beurteilen ist, sondern nach dem Haager Minderjährigenschutzabkommen; zur Beantwortung der Vorfragen im Rahmen des Abkommens s Vorbem 470 ff zu Art 18 EGBGB.

89 Auch die Vorfrage, ob ein **Volljähriger entmündigt ist,** beurteilen wir nach unserem Recht. Eine wirksame Entmündigung als Voraussetzung für die Anordnung einer Vormundschaft über einen Volljährigen ist also gegeben, wenn die Entmündigung entweder in Deutschland ausgesprochen wurde oder wenn eine ausländische Entmündigung bei uns anerkannt wird. Dagegen können wir keine Vormundschaft über einen volljährigen Ausländer anordnen, wenn dessen Entmündigung zwar in seinem Heimatstaat anerkannt wird, aber nicht in Deutschland. Die Anordnung einer Vormundschaft über einen Volljährigen, den wir nicht als entmündigt betrachten, wäre widersinnig.

90 **V. Ordre public (Art 6 EGBGB nF)**

Das von Art 24 EGBGB nF berufene ausländische Recht ist ausnahmsweise nicht anzuwenden, wenn seine Anwendung zu einem Ergebnis führt, das mit wesentlichen Grundsätzen des deutschen Rechts, insbesondere den Grundrechten, offensichtlich unvereinbar ist (Art 6 EGBGB nF). Gerichtliche Entscheidungen, die das für den Werdegang der Vormundschaft maßgebende Heimatrecht des Betroffenen wegen Verstoßes gegen den ordre public nicht angewendet haben, sind bisher (auch im Rahmen des Art 23 EGBGB aF) nicht bekannt geworden. Zum Eingreifen des ordre public im Zusammenhang mit der Anerkennung einer fremden Vormundschaft s unten Rz 126 ff.

91 **VI. Interlokales Recht (Verhältnis zur DDR)**

Im Verhältnis zur DDR gelten die in Art 24 enthaltenen Regeln ebenfalls. Nach der Rechtsprechung (s zuletzt BGH 16. 5. 1984 BGHZ 91, 186 = NJW 1984, 2361 = IPRax 1985, 37, 18 Anm von Bar = ROW 1985, 50 Anm Drobnig = IPRspr 1984 Nr 63) und herrschenden Meinung (s Staudinger-Sturm Einl zu Art 7 ff EGBGB Rz 352 und 356; anders Palandt-Heldrich Anh zu Art 3 Anm 2 mwN) tritt im innerdeutschen Kollisionsrecht allerdings an die Stelle der Staatsangehörigkeit das Anknüpfungsmerkmal des gewöhnlichen Aufenthalts. Die Entstehung, die Änderung und das Ende der Vormundschaft und Pflegschaft sowie der Inhalt der gesetzlichen Vormundschaft und Pflegschaft (Abs 1 Satz 1) unterliegen im Verhältnis zur DDR also nicht „dem Recht des Staates, dem der Mündel oder Pflegling angehört", sondern dem Recht seines gewöhnlichen Aufenthalts. – Zum interlokalen Verfahrensrecht s unten Rz 113 ff und 128.

E. Verfahrensrecht 92

Der **Vorrang der Staatsverträge** (vgl die Vorbem zu Art 24) ist auch im Internationalen Verfahrensrecht zu beachten. Die im folgenden dargestellten Regeln des deutschen Internationalen Verfahrensrechts kommen also nur subsidiär zum Zuge. Insbesondere enthält das Haager Minderjährigenschutzabkommen vorrangige Regeln über die internationale Zuständigkeit und über die Anerkennung von Entscheidungen aus anderen Vertragsstaaten.

Das Gesetz zur **Neuregelung des Internationalen Privatrechts** vom 25. 7. 1986 93
(BGBl 1986 I 1142) hat im verfahrensrechtlichen Bereich einige Vereinfachungen und Klarstellungen gebracht (vgl zum bisherigen Recht etwa SOERGEL-KEGEL Art 23 Rz 16 ff). Insbesondere wurde die internationale Zuständigkeit in der neuen Vorschrift des § 35 a FGG auf eine klare gesetzliche Grundlage gestellt, wobei der unpraktikable Vorrang des Heimatstaates zurückgenommen wurde; die Bestimmung des § 47 FGG über eine Kooperation mit dem Ausland wurde der Reform des Zuständigkeitsrechts angepaßt, und es wurde eine Norm geschaffen, welche die Voraussetzungen der Anerkennung einer ausländischen Entscheidung festlegt (§ 16 a FGG).

I. Internationale Zuständigkeit

1. Allgemeines 94

Die **einschlägige Norm** des autonomen deutschen Rechts über die internationale Zuständigkeit deutscher Gerichte für Verrichtungen, die eine Vormundschaft, Pflegschaft oder Beistandschaft betreffen, ist § 35 a FGG. Die Vorschrift gilt für endgültige und für vorläufige Maßregeln. Sie begründet drei gleichrangige Zuständigkeiten: die Heimatzuständigkeit, die Aufenthaltszuständigkeit und die Fürsorgebedürfniszuständigkeit. Auf die in Art 23 EGBGB aF aufgestellte Voraussetzung, daß der Heimatstaat die Fürsorge nicht übernimmt, kommt es nicht mehr an.

In **§ 35 a Abs 3 FGG** wird klargestellt, daß die Zuständigkeiten nicht ausschließlich 95
sind. Die deutsche internationale Zuständigkeit ist also eine **konkurrierende** (neben entsprechenden Zuständigkeiten ausländischer Gerichte). Dies ist für die Anerkennung ausländischer Entscheidungen bedeutsam, s unten Rz 126.

Zum **Verhältnis zwischen der internationalen und der örtlichen Zuständigkeit** ist 96
folgendes zu sagen. Nachdem die internationale Zuständigkeit vom Gesetzgeber in einer besonderen Norm (§ 35 a FGG) unabhängig von den Normen über die örtliche Zuständigkeit (§§ 36 ff FGG) geregelt wurde, ist die internationale Zuständigkeit grundsätzlich aus § 35 a FGG herzuleiten und nicht mehr aus den Vorschriften über die örtliche Zuständigkeit. Angesichts dieser Gesetzeslage liegt es im Regelfalle nahe, zunächst die internationale und dann die örtliche Zuständigkeit zu prüfen. Eine vorgeschriebene **Reihenfolge der Prüfung** gibt es jedoch nicht. Vielmehr entscheidet die Verfahrensökonomie im Einzelfall, s allgemein zu dieser Problematik KROPHOLLER in HdbIZVR I Kap III Rz 235 ff.

Die internationale Zuständigkeit ist – hier wie sonst – nach allgemeiner Meinung in 97
jeder Lage des Verfahrens **von Amts wegen** zu prüfen, s etwa Art 19 Rz 226. Spricht das Gericht nach längerem Ruhen des Verfahrens aus, das Verfahren sei fortzuführen, so liegt in diesem Ausspruch keine die Endentscheidung vorwegnehmende, bindende Zwischenentscheidung über die internationale Zuständigkeit (BayObLG 10. 7. 1984 IPRax 1985, 228, 214 Anm RAUSCHER = IPRspr 1984 Nr 201).

98 Die Frage, ob bei Wegfall der Voraussetzungen der internationalen Zuständigkeit während des Verfahrens (zB Wechsel der Staatsangehörigkeit oder des gewöhnlichen Aufenthaltes) eine **Zuständigkeitsfortdauer** besteht, ist im Bereich der freiwilligen Gerichtsbarkeit wie im Zivilprozeßrecht umstritten, s die ausführliche Darstellung für das Zivilprozeßrecht bei Kropholler in HdbIZVR I Kap III Rz 228 ff sowie für beide Verfahrensarten bei Mitzkus 234 ff. Die Frage kann hier nicht vertieft werden. Während man eine Zuständigkeitsfortdauer in Entmündigungssachen in der Regel verneint (s Staudinger-Beitzke Art 8 Rz 29), wird sie in Vormundschaftssachen von der wohl überwiegenden Meinung in Rechtsprechung und Literatur fallweise nach einer Interessenabwägung bejaht (s Art 19 Rz 282 f sowie eingehend Mitzkus 267 ff, der freilich zu dem Ergebnis gelangt, eine perpetuatio fori sei immer anzunehmen). Eine sorgfältige Interessenanalyse bei der es ua auf die Art der in Aussicht genommenen Maßnahme, den Stand des Verfahrens, die Chancen einer Anerkennung im Ausland und auf die Ursachen des Wegfalls der Zuständigkeitsvoraussetzungen ankommen kann, ist jedenfalls zu empfehlen. Eine gewisse Flexibilität, bei der letztlich die Interessen des Mündels entscheiden, erkennt das deutsche Recht auch in § 47 Abs 1 FGG an.

99 **Ausländische Zuständigkeitsvorschriften** hat der deutsche Richter bei der Prüfung seiner internationalen Zuständigkeit grundsätzlich nicht zu berücksichtigen (vgl Kropholler in HdbIZVR I Kap III Rz 25). Insbesondere macht es keinen Unterschied, ob der ausländische Heimatstaat des Betreffenden eine ausschließliche Zuständigkeit für die Vormundschaft oder Pflegschaft beansprucht. Das war sogar im Rahmen des Art 23 EGBGB aF anerkannt, der dem Heimatstaat gegenüber dem Aufenthaltsstaat eine gewisse Priorität einräumte (s AG Rottweil 13. 1. 1957 FamRZ 1957, 227 Anm Gündisch = IPRspr 1956–57 Nr 142; Beitzke FamRZ 1967, 602; Soergel-Kegel Art 23 Rz 21). Auf eine Anerkennung der deutschen internationalen Zuständigkeit durch das Ausland kommt es also nicht an.

100 Bei einer **fehlerhaften Beurteilung** der internationalen Zuständigkeit durch ein deutsches Gericht ist die Vormundschaft oder Pflegschaft wirksam, aber aufzuheben. Es ist etwa an die Fälle zu denken, daß das Gericht zu Unrecht von der deutschen Staatsangehörigkeit oder von einem deutschen gewöhnlichen Aufenthalt des Betroffenen ausgeht. Daß der Mangel nicht zu einer kraft Gesetzes bestehenden Unwirksamkeit der Vormundschaft oder Pflegschaft führt, war schon vor der Neuregelung des deutschen IPR anerkannt (s BGH 26. 10. 1967 BGHZ 49, 1 = NJW 1968, 353 = FamRZ 1968, 26 = LM Art 25 EGBGB Nr 4 Anm Rietschel = IPRspr 1966–67 Nr 303; RG 19. 12. 1911 RGSt 45, 309; RG 9. 1. 1919 Gruchot 63, 491; KG 28. 5. 1915 OLGE 30, 401; KG 16. 12. 1927 HRR 1928 Nr 963 = IPRspr 1928 Nr 54; OLG München 30. 10. 1913 OLGE 30, 146; OLG Schleswig 13. 7. 1956 DAVorm 1957, 282 = IPRspr 1956–57 Nr 143; OLG Karlsruhe 13. 6. 1957 Rpfleger 1957, 308 = IPRspr 1956–57 Nr 7; LG Königsberg 30. 5. 1934 IPRspr 1934 Nr 66; Lewald IPR 163; Wolff IPR 224; s auch Staudinger-Raape 614 f).

101 **2. Heimatzuständigkeit (§ 35 a Abs 1 Nr 1 FGG)**

Nach § 35 a Abs 1 Nr 1 FGG sind die deutschen Gerichte international zuständig, wenn der Mündel, Pflegling oder das Kind **ein Deutscher** ist. Ein deutsches Gericht kann also die in § 35 a Abs 1 FGG genannten Verrichtungen zum Schutze eines Deutschen vornehmen, unabhängig davon, wo dieser seinen gewöhnlichen oder schlichten Aufenthalt hat. Ein Vorrang vor anderen Zuständigkeitsgrundlagen kommt der Heimatzuständigkeit nicht mehr zu, s unten Rz 105.

Für einen **Doppelstaater,** der auch Deutscher ist, sind die deutschen Gerichte unabhängig davon zuständig, ob die deutsche Staatsangehörigkeit die effektive ist (vgl Art 5 Abs 1 Satz 2 EGBGB nF). Für einen **Staatenlosen** entfällt naturgemäß die Heimatzuständigkeit, aber es verbleiben mit den übrigen in § 35 a FGG genannten Zuständigkeiten genügend Möglichkeiten, zu seinem Schutze tätig zu werden. 102

Bei einer Vormundschaft oder Pflegschaft für noch **Ungeborene** (vgl §§ 1708, 1774 Satz 2, 1912 BGB) sind die deutschen Gerichte zuständig, wenn das Kind vermutlich Deutscher wird. Eine hypothetische Beurteilung, die auf das Kind abstellt (so auch § 40 FGG), ist für die Staatsangehörigkeitszuständigkeit systemgerechter als eine Umstellung der Anknüpfung auf die Mutter, wie sie § 36 a FGG für die Wohnsitzzuständigkeit vorsieht (ebenso Soergel-Kegel Art 23 Rz 16). 103

Eine **örtliche Zuständigkeit** in Deutschland ist bei internationaler Zuständigkeit stets gegeben, da § 36 Abs 2 FGG hilfsweise das Amtsgericht Schöneberg in Berlin-Schöneberg für zuständig erklärt. 104

3. Aufenthaltszuständigkeit (§ 35 a Abs 1 Nr 2 FGG) 105

Gemäß § 35 a Abs 1 Nr 2 FGG sind die deutschen Gerichte international zuständig, wenn der Mündel, Pflegling oder das Kind seinen **gewöhnlichen Aufenthalt** im Inland hat. Das Gesetz räumt der Anknüpfung an den gewöhnlichen Aufenthalt damit den gleichen Rang ein wie der an die Staatsangehörigkeit. Der früher geltende „Vorrang des Heimatstaats vor dem Aufenthaltsstaat in Vormundschafts- und Pflegschaftsangelegenheiten (Art 23 EGBGB aF) erschwert und verzögert deutsche Verfahren in bezug auf Ausländer, da in der Regel der Heimatstaat kein Interesse an einem eigenen Vormundschafts- und Pflegschaftsverfahren bekundet. Ein Vorrang des Heimatstaats vor dem Aufenthaltsstaat entspricht auch nicht mehr den heutigen Anschauungen von einer sachgerechten Anknüpfung der internationalen Zuständigkeit“ (so die Begr RegE, BT-Drucks 10/504, 94). Praktisch steht die Aufenthaltszuständigkeit für Vormundschaft und Pflegschaft durchaus im Vordergrund.

Der **Begriff des gewöhnlichen Aufenthaltes** wird im Gesetz nicht definiert (vgl aber die Regelung eines Sonderfalles in Art 5 Abs 3 EGBGB nF). Man wird darunter – hier wie im Haager Minderjährigenschutzabkommen – den tatsächlichen Mittelpunkt der Lebensführung des Schützlings zu verstehen haben, vgl im einzelnen Vorbem 39 ff zu Art 18 EGBGB. 106

Von jeder Zuständigkeit kraft **schlichten Aufenthalts** sieht das Gesetz bewußt ab (s die Begr RegE, BT-Drucks 10/504, 94). Dem Erfordernis, schnell handeln zu können, soll die generell ausgestaltete Fürsorgebedürfniszuständigkeit des § 35 a Abs 2 FGG Rechnung tragen. 107

Bei einer Vormundschaft oder Pflegschaft für noch **Ungeborene** (vgl §§ 1708, 1774 Satz 2, 1912 BGB) sind die deutschen Gerichte international zuständig, wenn die Mutter zu der Zeit, zu der das Gericht mit der Angelegenheit befaßt wird, ihren gewöhnlichen Aufenthalt in Deutschland hat (vgl den Rechtsgedanken des § 36 a FGG über die örtliche Zuständigkeit). 108

4. Fürsorgebedürfniszuständigkeit (§ 35 a Abs 2 FGG) 109

Gemäß § 35 a Abs 2 FGG sind die deutschen Gerichte ferner international zuständig, soweit der Mündel, Pflegling oder das Kind der **Fürsorge durch ein deutsches Gericht** bedarf. Diese Zuständigkeit steht der Heimatzuständigkeit und der Aufenthaltszuständigkeit nach dem Wortlaut des Gesetzes und dem Willen seiner Verfasser „gleichrangig" (Begr RegE, BT-Drucks 10/504, 94) zur Seite. Ein Fürsorgebedürfnis kann beispielsweise am Orte des einfachen Aufenthalts des Schützlings entstehen oder an dem Orte, an dem er Vermögen besitzt. Die Fürsorgebedürfniszuständigkeit ermöglicht es den deutschen Gerichten insbesondere, vorläufige Maßregeln zu treffen. Vor der Anordnung endgültiger Maßnahmen kann es sich empfehlen abzuwarten, ob die Gerichte im Staat des gewöhnlichen Aufenthaltes oder in der Heimat des Betroffenen tätig werden.

110 **Ob ein Fürsorgebedürfnis besteht,** ist gegebenenfalls unter Einschaltung der Regeln des Internationalen Privat- oder Verfahrensrechts zu beurteilen. So bestimmt, soweit nicht das Haager Minderjährigenschutzabkommen eingreift, das von Art 19, 20 EGBGB nF berufene Recht, ob für ein eheliches oder nichteheliches Kind bereits durch das Bestehen elterlicher Gewalt gesorgt ist, und die Regeln über die Anerkennung ausländischer Entscheidungen sagen uns, ob die im Ausland angeordnete Entmündigung und Vormundschaft für einen Volljährigen in Deutschland wirksam ist.

111 **5. Sonstige Zuständigkeiten**

Eine internationale Zuständigkeit wegen **einfachen Aufenthalts** in Deutschland sieht das Gesetz bewußt nicht vor, s oben Rz 107. Statt dessen ist mit der Fürsorgebedürfniszuständigkeit zu helfen.

112 Eine **Statutszuständigkeit** der deutschen Gerichte, dh eine Zuständigkeit, die aus der Anwendbarkeit deutschen Rechts in der Sache herzuleiten ist, also ein sog **Gleichlauf** zwischen anwendbarem Recht und Zuständigkeit, wurde vor der Einführung des § 35 a FGG in Vormundschaftssachen bisweilen angenommen, war aber schon damals selten praktisch, weil in der Regel schon die Heimatzuständigkeit hilft (s Art 19 Rz 230 ff, 259 ff). Nachdem § 35 a Abs 2 FGG eine Fürsorgebedürfniszuständigkeit eröffnet, können mit ihr etwaige Lücken im Zuständigkeitssystem geschlossen werden (so auch die Begr RegE zur Ablehnung einer gesetzlichen Festlegung des Gleichlaufprinzips, BT-Drucks 10/504, 92). Der Ermittlung des anwendbaren Rechts, die durch die Möglichkeit eines Renvoi mitunter schwierig ist, bedarf es also nicht, um die deutsche internationale Zuständigkeit zu begründen.

113 **6. Interlokales Recht (Verhältnis zur DDR)**

Wenn der Sachverhalt Beziehungen zur DDR aufweist, fragt sich, ob die Gerichte der Bundesrepublik oder die der DDR „interlokal" zuständig sind. **Grundsätzlich** sind zur Beantwortung dieser Frage die Regeln über die internationale Zuständigkeit entsprechend anzuwenden, so daß von § 35 a FGG auszugehen ist.

114 Problematisch ist im interlokalen Bereich die **Heimatzuständigkeit.** Ebenso wie die Staatsangehörigkeit als Anknüpfungsmerkmal zur Bestimmung des anwendbaren Rechts beim gegenwärtigen Stand der deutsch-deutschen Beziehungen nach der überwiegenden Meinung versagt (s oben Rz 91), so ist die Staatsangehörigkeit auch zur Begründung der interlokalen Zuständigkeit nicht tauglich (vgl auch Art 19 Rz 288). Für einen **Deutschen mit gewöhnlichem Aufenthalt in der DDR** kann ein Gericht der Bundesrepublik Deutschland also nicht unter Berufung auf § 35 a Abs 1 Nr 1 FGG tätig werden (ebenso vor dem Inkrafttreten dieser Norm: BGH 14. 7. 1956 BGHZ 21, 306 = FamRZ 1956, 347 = JR 1957, 20 Anm Beitzke = NJW 1956, 1439 = IzRspr 1954–57 Nr 368 b; OlG Köln 9. 8. 1971 NJW 1972, 590; OLG Hamm 4. 3. 1966 NJW 1966, 1225 = FamRZ 1966, 458 = OLGZ 1966, 354 = IzRspr

1966–67 Nr 87; OLG Hamm 5. 2. 1965 FamRZ 1965, 291 = MDR 1965, 671 = IzRspr 1964–65 Nr 122; KG 8. 7. 1957 FamRZ 1957, 383 Anm MEYER = IzRspr 1954–57 Nr 19; KG 2. 5. 1957 NJW 1957, 1198 = FamRZ 1957, 272 = IzRspr 1954–57 Nr 370; ERMAN-MARQUORDT Art 23 EGBGB Rz 34; KEIDEL-KUNTZE-WINKLER § 36 FGG Rz 2). Auch für einen Auslandsdeutschen, der nach dem Recht der DDR Bürger der DDR ist und der engere Beziehungen zur DDR als zur Bundesrepublik Deutschland hat, können die Gerichte der Bundesrepublik die Heimatzuständigkeit des § 35 a Abs 1 Nr 1 FGG mE nicht beanspruchen; s allgemein zu der Problematik, ob eine Person als „Deutscher" im Sinne der Zuständigkeitsvorschriften anzusehen ist, wenn sie die Staatsbürgerschaft der DDR im Sinne der dortigen Gesetze besitzt, KROPHOLLER in HdbIZVR I Kap III Rz 77 f.

Die **Aufenthaltszuständigkeit** des § 35 a Abs 1 Nr 2 FGG gilt auch im Verhältnis 115
zur DDR. Für einen Deutschen mit gewöhnlichem Aufenthalt in der Bundesrepublik können die hiesigen Gerichte also auch dann tätig werden, wenn der Betreffende in der DDR als Staatsbürger der DDR gilt (vgl BGH 14. 7. 1956 und KG 2. 5. 1957, beide Rz 114).

Die **Fürsorgebedürfniszuständigkeit** des § 35 a Abs 2 FGG gilt im Verhältnis zur 116
DDR ebenfalls. Aufgrund dieser Zuständigkeit können die Gerichte der Bundesrepublik eingreifen, unabhängig davon, wo die Person ihren gewöhnlichen Aufenthalt hat (vgl BGH 3. 12. 1975 BGHZ 65, 311 = NJW 1976, 480 = LM § 73 FGG Nr 4 Anm JOHANNSEN = Rpfleger 1976, 51 = IPRspr 1975 Nr 211 b; OLG Köln 9. 8. 1971 oben Rz 114; OLG Hamm 4. 3. 1966 und 5. 2. 1965 oben Rz 114; KG 5. 1. 1961 NJW 1961, 884 = IzRspr 1960–61 Nr 211; LG Stuttgart 20. 9. 1977 IPRspr 1977 Nr 182; AG Berlin-Schöneberg 22. 7. 1965 FamRZ 1966, 113). Voraussetzung ist nur, daß der Betreffende der Fürsorge durch ein Gericht in der Bundesrepublik bedarf.

II. Verfahren und Zusammenarbeit mit dem Ausland

1. Durchführung des Verfahrens 117

Die Durchführung des Verfahrens (Amtsermittlung, rechtliches Gehör, Beschwerderecht etc) unterliegt – hier wie sonst – grundsätzlich der **lex fori.** Daran hat das neue Recht nichts geändert (vgl aus früherer Zeit etwa RG 3. 12. 1942 RGZ 170, 198 = DR 1943, 351 = IPRspr 1935–44 Nr 320; BayObLG 14. 12. 1970 BayObLGZ 1970, 300 = NJW 1971, 997 Anm RÖDER = IPRspr 1970 Nr 90 und 29. 7. 1971 IPRspr 1971 Nr 112).

Der **Aufenthalt** des auszuwählenden Vormunds oder Pflegers **im Ausland** stellt 118
keinen Hinderungsgrund für seine Bestellung durch ein deutsches Gericht dar. Zwar sehen die §§ 1915, 1789 BGB eine Verpflichtung bei persönlicher Anwesenheit des Ausgewählten vor, jedoch kann der Vorgang der Bestellung bei weiter räumlicher Entfernung auch von einem deutschen Konsularbeamten im Wege der Rechtshilfe vorgenommen werden, § 2 Konsulargesetz iVm Art 5 lit f, h und j Wiener Übereinkommen über konsularische Beziehungen 1963 (so LG Berlin 12. 4. 1983 StAZ 1985, 14, 73 Anm BEITZKE = IPRspr 1983 Nr 103).

2. Zusammenarbeit mit dem Ausland (§ 47 FGG) 119

Eine Zusammenarbeit mit dem Ausland kann das autonome Recht eines einzelnen Staates naturgemäß nicht in der gleichen Weise vorsehen wie ein **Staatsvertrag,** der einen direkten Verkehr zwischen den Behörden verschiedener Staaten zuläßt. So liegt der Wert des Haager Minderjährigenschutzabkommens von 1961 nicht zuletzt darin, daß die Behörden der berührten Vertragsstaaten zu einem Meinungsaustausch (Art 10) und zu Benachrichtigungen verpflichtet sind und daß ihnen die Durchführung der in einem anderen Vertragsstaat getroffenen Maßnahmen in bestimmten Fällen gemäß Art 6 übertragen werden kann.

120 Außerhalb bestehender Staatsverträge können auf diplomatischem Wege im Einzelfall bestimmte vormundschaftsgerichtliche Geschäfte vom Ausland auf ein deutsches Gericht übertragen werden (RG 18. 12. 1930 SeuffArch 85 [1931] 197 Nr 104 = IPRspr 1931 Nr 92). Ferner sieht **§ 47 FGG** eine gewisse Rücksichtnahme auf eine im Ausland anhängige Vormundschaft oder Pflegschaft vor, und unter Umständen kann eine Vormundschaft oder Pflegschaft auch an das Ausland abgegeben werden. Die Begründung zum RegE führt zum Sinn des § 47 aus (BT-Drucks 10/504, 95): „Durch die Gleichstellung von Heimat- und Aufenthaltsstaat für Vormundschafts- und Pflegschaftssachen im neuen § 35 a FGG geht es in § 47 FGG um das Verhältnis gleichermaßen international zuständiger Gerichte zueinander. Ob die Regelung des § 4 FGG (Vorrang des zuerst tätig gewordenen Gerichts bei mehrfacher örtlicher Zuständigkeit) auch den Fall mehrfacher internationaler Zuständigkeit erfaßt, ist zweifelhaft. Selbst wenn man dies annimmt, so bedarf es bei der internationalen Zuständigkeit für die Dauerverhältnisse der Vormundschaft und Pflegschaft einer elastischen Regel, die den Gerichten Ermessensspielraum gibt.“ Die Vorschrift gilt nicht nur für angeordnete Vormundschaften und Pflegschaften, sondern sie will durch bewußt weit gewählte Wendungen (Abs 1: „in dem anderen Staat anhängig“; Abs 2: „und besteht die Vormundschaft im Inland“) kraft Gesetzes eintretende Vormundschaften und Pflegschaften (Amtsvormundschaften und Amtspflegschaften) mit erfassen (Bericht BT-RA, BT-Drucks 10/5632, 47).

121 Nach **§ 47 Abs 1 FGG** kann die Anordnung einer Vormundschaft **unterbleiben,** wenn sie bereits in einem ausländischen Staat, dessen Gerichte international zuständig sind, anhängig ist und wenn die Untätigkeit des deutschen Gerichts im Interesse des Mündels liegt. Ob ein ausländisches Gericht international zuständig ist, beurteilt sich für die Zwecke des § 47 FGG nach § 35 a FGG. Die Untätigkeit des deutschen Gerichts liegt im Interesse des Mündels, wenn für ihn durch die ausländische Vormundschaft auch im Inland ausreichend gesorgt ist. Miteinander konkurrierende in- und ausländische Vormundschaften können zu Widersprüchen führen und sind daher nach Möglichkeit zu vermeiden. Die Vorschrift des § 47 Abs 1 FGG erspart es dem deutschen Gericht, die Voraussetzungen für die Anerkennung der ausländischen Vormundschaft (vgl § 16 a FGG nF) im einzelnen zu prüfen und läßt dem deutschen Gericht Entscheidungsspielraum. Das deutsche Gericht kann dem Sinn des § 47 Abs 1 FGG entsprechend auch dann untätig bleiben, wenn ihm bekannt ist, daß ein Parallelverfahren bei einem zuständigen ausländischen Gericht anhängig ist, und wenn die Interessen des Mündels damit gewahrt erscheinen.

122 Nach **§ 47 Abs 2 FGG** ist unter den dort genannten Voraussetzungen eine **Abgabe** der inländischen Vormundschaft an den Staat möglich, dessen Gerichte nach unserer Auffassung zuständig sind. Die Abgabe bewirkt eine Aufhebung der inländischen Vormundschaft; falls das Ausland sie später nicht mehr führen kann, muß sie im Inland neu angeordnet werden (BayObLG 12. 12. 1925 BayObLGZ 24, 379 = JW 1926, 1993). Auch der umgekehrte Weg ist möglich: Ein deutsches Gericht kann im Interesse des Mündels und im Einvernehmen mit dem ausländischen Vormund und seiner Aufsichtsbehörde eine ausländische Vormundschaft **übernehmen.** Die Neufassung des § 47 FGG ist ebenso wie die Grundvorschrift des § 35 a FGG und wie die übrigen Vorschriften über die internationale Zuständigkeit zwar einseitig formuliert, aber „allseitig gemeint“ (Begr RegE, BT-Drucks 10/504,

92), dh in- und ausländischen Gerichten wird das gleiche Ermessen zugebilligt (so in diesem Zusammenhang ausdrücklich die Entwurfsbegründungen bei LAUTERBACH, KindschR 44 und bei KÜHNE – Entwurf 199 f).

Gemäß **§ 47 Abs 3** Satz 1 FGG gilt das Gesagte nicht nur für die Vormundschaft, sondern auch für die Pflegschaft und die Beistandschaft. Satz 2 stellt klar, daß einer Beistandschaft nach §§ 1685 ff BGB eine Pflegschaft nach ausländischem Recht oder eine andere der Beistandschaft ähnliche ausländische Rechtseinrichtung gleichgeachtet werden kann. **123**

III. Anerkennung fremder Vormundschaften und Pflegschaften

1. Staatsverträge **124**

Die Pflicht zur Anerkennung ausländischer Vormundschaften und Pflegschaften ergibt sich bisweilen schon aus einem Staatsvertrag. Insbesondere ist eine Vormundschaft oder Pflegschaft für einen Minderjährigen, die in einem Vertragsstaat des **Haager Minderjährigenschutzabkommens** angeordnet wurde, gemäß Art 7 dieses Abkommens in Deutschland anzuerkennen (s Vorbem 617 ff zu Art 18 EGBGB).

Die **bilateralen Anerkennungs- und Vollstreckungsabkommen,** an welche die Bundesrepublik Deutschland gebunden ist, beziehen sich nicht auf vormundschaftsgerichtliche Maßnahmen (s im einzelnen Art 19 Rz 304 ff). Das gilt auch für die neueren Abkommen mit Norwegen vom 17. 6. 1977 (BGBl 1981 II 341), Israel vom 20. 7. 1977 (BGBl 1980 II 925) und Spanien vom 14. 11. 1983 (BGBl 1987 II 34). Der Vertrag mit Norwegen gilt nur für Entscheidungen, durch die über „Ansprüche der Parteien aus einem Rechtsverhältnis des Zivil- oder Handelsrechts erkannt ist" (Art 1 Abs 1), und er bezieht sich nicht auf Entscheidungen, „welche die Rechts- oder Handlungsfähigkeit oder die gesetzliche Vertretung" einer natürlichen Person unmittelbar zum Gegenstand haben (Art 3 Nr 1). Der Vertrag mit Israel nimmt diejenigen Entscheidungen der freiwilligen Gerichtsbarkeit aus, „die in einem einseitigen Verfahren erlassen sind" (Art 2 Abs 1 Satz 2). Verfahren, denen kein Streit über einen Anspruch eines Beteiligten gegen eine andere Person zugrunde liegt – wie die Bestellung eines Vormunds oder Pflegers – scheiden also aus dem Anwendungsbereich des bilateralen Vertrages aus. Auch der Vertrag mit Spanien bezieht sich nur auf Entscheidungen, „durch die über Ansprüche der Parteien" in einem Verfahren der streitigen oder freiwilligen Gerichtsbarkeit erkannt wird (Art 1 Abs 1). **125**

2. Autonomes deutsches Recht (§ 16 a FGG) **126**

Die neu in das FGG eingefügte **Anerkennungsvorschrift des § 16 a FGG** gilt auch für Vormundschaften und Pflegschaften. Eine Anerkennung ist danach insbesondere dann ausgeschlossen, wenn die Gerichte des anderen Staates nach deutschem Recht (§ 35 a FGG) nicht **zuständig** waren. Im Bereich von Vormundschaft, Pflegschaft und Beistandschaft beanspruchen die deutschen Gerichte keine ausschließliche Zuständigkeit (§ 35 a Abs 3 FGG). Schon nach bisherigem Recht wurde eine vom zuständigen Heimatstaat angeordnete Vormundschaft oder Pflegschaft in Deutschland grundsätzlich anerkannt (s etwa OLG München 30. 10. 1964 RzW 1965, 62 = IPRspr 1964–65 Nr 166; SOERGEL-KEGEL Art 23 Rz 16). Wesentlich ist auch, daß dem Betroffenen die Möglichkeit des **rechtlichen Gehörs** gewährt wurde (§ 16 a Nr 2 FGG). Verstöße gegen den **ordre public** schließen – hier wie sonst – die Anerkennung aus (§ 16 a Nr 4 FGG).

127 Beim **Zusammentreffen einer ausländischen mit einer inländischen Vormundschaft** geht die inländische grundsätzlich vor, selbst wenn sie zeitlich später zustande gekommen ist (§ 16 a Nr 3 FGG). Es muß dann aber, um widersprüchliche Maßnahmen zu vermeiden, im Interesse des Mündels geprüft werden, ob eine Abgabe der deutschen Vormundschaft an die ausländische Behörde nach § 47 Abs 2 FGG in Betracht kommt (FERID, IPR Rz 8–419).

128 Im **Verhältnis zur DDR** sind die Anerkennungsvoraussetzungen des § 16 a FGG entsprechend anzuwenden (siehe zur Problematik der Anerkennung von DDR-Entscheidungen nach bisherigem Recht MARTINY in HdbIZVR III/1 Kap I Rz 545 ff; speziell zu Akten der freiwilligen Gerichtsbarkeit KEIDEL-KUNTZE-WINKLER § 16 a FGG Rz 14). Beispielsweise ist eine am gewöhnlichen Aufenthaltsort des Kindes in der DDR angeordnete Pflegschaft grundsätzlich auch im Unterhaltsprozeß in der Bundesrepublik Deutschland anzuerkennen (KG 16. 1. 1980 DAVorm 1980, 204 = IPRspr 1980 Nr 123). Dagegen ist eine nach dem Tode der Mutter in der DDR eingerichtete Vormundschaft wegen Verletzung des ordre public (Elternrecht des Art 6 Abs 2 GG) nicht anzuerkennen, wenn der in der Bundesrepublik lebende Vater ohne ausreichende Begründung übergangen wurde (KG 8. 12. 1960 NJW 1961, 677 = FamRZ 1961, 126 = IzRspr 1960–61 Nr 181).

129 **3. Wirkung der Anerkennung**

Die Anerkennung einer fremden Vormundschaft oder Pflegschaft, die regelmäßig inzidenter erfolgt, bedeutet grundsätzlich, daß sie in Deutschland so wirkt, wie es das Recht der anordnenden Behörde vorsieht. Der im Ausland bestellte Vormund oder Pfleger hat also auch im Inland die Befugnisse, die das ausländische Recht ihm einräumt. Solange eine anzuerkennende fremde Vormundschaft oder Pflegschaft besteht, ist die Anordnung inländischer Maßnahmen, die zu einer Überschneidung führen müßten, unzulässig; KG 22. 10. 1920 KGJ 53 A 50: Kein Familienrat bei einem deutschen Vormundschaftsgericht für den in der „Obervormundschaft eines ausländischen Staates stehenden Mündel", weil sonst der Fall einträte, „daß dieselbe Person gleichzeitig der obervormundschaftlichen Gewalt des inländischen und des ausländischen Staates und der Aufsicht der Vormundschaftsgerichte beider Staaten unterstände"; Wiedergutmachungskammer Kassel 27. 9. 1950 RzW 1951, 162 = IPRspr 1950–51 Nr 40: keine Zuständigkeit eines deutschen Gerichts zur Bestellung eines Abwesenheitspflegers, wenn der ausländische Heimatstaat bereits einen Pfleger bestellt hat, weil der Heimatstaat nach Art 23 EGBGB aF primär zuständig war; LG Karlsruhe 16. 5. 1960 DAVorm 1960, 134 und OLG Karlsruhe 28. 7. 1960 DAVorm 1960, 231 = IPRspr 1960–61 Nr 131 a und b: Hat ein tschechoslowakisches Gericht deutschen Kindern, die in der Tschechoslowakei leben, einen Unterhaltspfleger bestellt, so kann die Anordnung einer Pflegschaft im Inland gemäß § 47 FGG unterbleiben; anders OGH 13. 5. 1964, ZfRvgl 5 (1964) 245 abl Anm SCHWIMANN: inländische Pflegschaft trotz anzuerkennender ausländischer Vormundschaft.

130 Die Anerkennung einer ausländischen Vormundschaft bedeutet insbesondere, daß wir die **Vertretungsmacht** des ausländischen Vormundes in dem Umfang anerkennen, in der sie nach dem Recht der ausländischen anordnenden Behörde besteht. Für in den *Vereinigten Staaten* bestellte Vormünder wird häufig geltend gemacht, ihre Vertretungsmacht erstrecke sich nicht auf Grundstücke, die außerhalb des Vormundschaftsstaates, also etwa in Deutschland, belegen sind. Dem wird der Rechtssatz gegenübergestellt, daß der amerikanische Vormund an Rechtsgeschäften

im Ausland nicht gehindert sei, solange im Belegenheitsstaat kein anderer Vormund eingesetzt worden ist. Generelle Aussagen hierzu sind nicht möglich; es kommt auf das Recht des einzelnen amerikanischen Gliedstaates an (FERID, IPR Rz 8–413).

4. Aufhebung im Inland 131

Die Pflicht zur Anerkennung schließt nicht aus, daß ein international zuständiges deutsches Gericht die fremde Vormundschaft oder Pflegschaft nach Maßgabe des von Art 24 EGBGB berufenen Rechts aufhebt, sofern nach diesem Recht ein Aufhebungsgrund besteht. Weitere Handlungen des Vormunds oder Pflegers sind dann im Inland ohne Wirkung. Ob die Aufhebung in dem ausländischen Staat anerkannt wird, ist eine andere Frage.

Sachregister

Die fetten Zahlen beziehen sich auf die Artikel, die mageren Zahlen auf die Randziffern.

Haager Untnerhaltsvollstreckungsübereinkommen von 1958

MIX

Papier | Fördert gute Waldnutzung

FSC® C083411

Kolibri 360 GmbH
Ferdinand-Jühlke-Straße 7
99095 Erfurt, Deutschland
produktsicherheit@kolibri360.de